Irene Mildenberger
Der Israelsonntag –
Gedenktag der Zerstörung Jerusalems

Studien zu Kirche und Israel
(SKI)

Herausgegeben von
Peter von der Osten-Sacken

Band 22

Institut Kirche und Judentum

Irene Mildenberger

Der Israelsonntag –
Gedenktag der Zerstörung Jerusalems

Untersuchungen zu seiner homiletischen
und liturgischen Gestaltung
in der evangelischen Tradition

Zweite, durchgesehene Auflage

Berlin 2007

Bibliographische Information der Deutschen Bibliothek

Die Deutsche Bibliothek verzeichnet diese Publikation in der Deutschen Nationalbibliografie; detaillierte bibliografische Daten sind im Internet über ⟨http://dnb/ddb.de⟩ abrufbar.

Umschlagbild:
Bearbeiteter Ausschnitt aus dem Bild eines flämischen Meisters des späten 15. Jahrhunderts mit der Darstellung der Ereignisse in den letzten Tagen Jesu in Jerusalem
(Vollständig abgebildet in: Teddy Kollek/Moshe Pearlman, Jerusalem – Heilige Stadt der Menschheit. Seine Geschichte in vier Jahrtausenden, S. Fischer Verlag, Frankfurt am Main 1969)

2., durchges. Aufl., Berlin 2007
Institut Kirche und Judentum
Zentrum für Christlich-Jüdische Studien
an der Humboldt-Universität zu Berlin
Dom zu Berlin, Lustgarten, 10178 Berlin
Alle Rechte vorbehalten
Satz: Andreas Bedenbender mit TUSTEP
Umschlaggestaltung: Ingrid Oehrlein, Grafikdesign Berlin
Druck und Verarbeitung: Schaltungsdienst Lange oHG, Berlin
ISBN 978-3-923095-77-3

Vorwort

Die vorliegende Arbeit wurde 1999 von der Theologischen Fakultät der Universität Heidelberg als Dissertation angenommen. Für die Drucklegung wurde sie an wenigen Stellen überarbeitet. So wurde das Kapitel zur Predigttradition am 10. Sonntag nach Trinitatis bis ins 20. Jahrhundert neu verfaßt, das Kapitel über Valerius Herberger deutlich gekürzt. Nach Abschluß des Manuskripts erschienene und für das Thema besonders relevante Literatur wurde eingearbeitet, vor allem die Studie von Evelina Volkmann, die sich ebenfalls mit dem Israelsonntag beschäftigt.

Ich habe vielen für die Unterstützung bei der Abfassung und Drucklegung dieser Arbeit zu danken. Mein Doktorvater Rudolf Bohren und der Zweitgutachter Lothar Steiger standen immer zum Gespräch zur Verfügung. Gerhard Debus hat geholfen, die Heidelberger Predigtanalysemethode für die Fragestellung der vorliegenden Untersuchung fruchtbar zu machen. Die Studienstiftung des Deutschen Volkes und die Evanglisch-Lutherische Kirche in Bayern haben durch Promotionsstipendien das Entstehen der Arbeit möglich gemacht. Peter von der Osten-Sacken danke ich für die Aufnahme des Bandes in die Reihe Studien zu Kirche und Israel.

Ich widme diese Arbeit meinem ersten theologischen Lehrer, meinem Vater Friedrich Mildenberger.

Irene Mildenberger

Inhaltsverzeichnis

Einleitung 1
1. Das Thema der Arbeit 1
2. Forschungsüberblick und Stand der Diskussion 3
   2.1. Der 10. Sonntag nach Trinitatis in der Forschung 4
   2.2. Die Erneuerung des christlich-jüdischen Verhältnisses
       und die EKD-Studie Christen und Juden II 7
   2.3. Predigen in Israels Gegenwart 15
   2.4. Die aktuelle Diskussion um den Israelsonntag 21
3. Aufbau und Methode 28

A: Die Geschichte des 10. Sonntags nach Trinitatis 30
1. Der 10. Sonntag nach Trinitatis im Mittelalter 30
   1.1. Die Herkunft der Perikope Lukas 19 30
   1.2. Exkurs: Die Predigt über Lukas 19,41–48
       vor der Reformationszeit 34
   1.3. Der 10. Sonntag nach Trinitatis und (der 9. Aw) 54
2. Der 10. Sonntag nach Trinitatis seit der Reformation 57
3. Der 10. Sonntag nach Trinitatis in der Aufklärung 66
4. Der 10. Sonntag nach Trinitatis vom 19. Jahrhundert bis 1945 . . . 67
   4.1. Der 10. Sonntag nach Trinitatis und die Judenmission . . . 70
   4.2. Der 10. Sonntag nach Trinitatis im »Dritten Reich« 72
5. Der 10. Sonntag nach Trinitatis und der 10. August
   als Gedenktag der Zerstörung Jerusalems 73
6. Der 10. Sonntag nach Trinitatis nach 1945 76

B: Die Historie von der Zerstörung Jerusalems 83

1. Die Zerstörung Jerusalems als Thema für die Christen 83
   1.1. Der Bericht von der Zerstörung Jerusalems
        und der Israelsonntag 86
2. Die historischen Quellen für die Berichte
   von der Zerstörung Jerusalems 88
   2.1. Josephus 89
   2.2. Euseb 98
   2.3. Hegesippus 100
3. Bugenhagens Bericht von der »Verstörung der Stad Jerusalem« . . . 101
   3.1. »Von der blindheit der Jüden« 102
   3.2. »Verstörung der Stad Jerusalem« 107
4. Neufassungen der Historie aus der Zeit der Aufklärung 112
   4.1. Johann Adolph Schlegel: Weissagungen Jesu
        von der Zerstörung Jerusalems 114
   4.2. Gesangbuch Heilbronn 124
   4.3. Gesangbuch Bremen 130
   4.4. Georg Friedrich Seiler 133
   4.5. Heinrich Balthasar Wagnitz: Nachricht von der
        Zerstörung Jerusalems 142
   4.6. Zur Interpretation der Aufklärungstexte 146
5. Neufassungen im 19. Jahrhundert 150
   5.1. Gesangbuch Anhalt 150
   5.2. Gesangbuch Crome 152
6. Neufassungen nach 1945 153
   6.1. Otto von Taube 153
   6.2. Detlef Löhr 155
   6.3. Martin Senftleben 156
7. Die besondere Rezeption der Zerstörung Jerusalems
   am Israelsonntag 157
   Exkurs: Die Sonntagslieder des 10. Sonntags nach Trinitatis 160
   Exkurs: Die Kantaten Johann Sebastian Bachs
   zum 10. Sonntag nach Trinitatis 172

C I: Martin Luthers Predigt über Lukas 19,41–48
    in der Kirchenpostille 182

1. Vorüberlegungen 182
   1.1. Zur Auswahl der Predigt 182

1.2. Die Überlieferungsgeschichte der Predigt 184
1.3. Bemerkungen zur Textgrundlage 186

2. Analyse der Predigt 187
   2.1. Der Predigtanfang: Es gilt uns 187
   2.2. Der erste Hauptteil der Predigt 191
   2.3. Der zweite Hauptteil der Predigt 205

3. Interpretation 214
   3.1. Gerichtspredigt und Umkehrruf 214
   3.2. Israel in der Predigt 227
   3.3. Andere Predigten Luthers zu Lukas 19,41–48 231
   3.4. Zusammenfassung 237

C II: Valerius Herbergers Predigt über Lukas 19,41–48
in der Evangelischen Herzpostille 240

1. Vorüberlegungen 240
   1.1. Biographisches zu Valerius Herberger 240
   1.2. Zum Vorgehen 242

2. Analyse der Predigt 243
   2.1. Der Predigtanfang 244
   2.2. »Vom ersten Stück« 252
   2.3. »Vom andern Stück« 257
   2.4. »Vom dritten Stück« 268
   2.5. Valetsegen 276

3. Interpretation 277
   3.1. Der Herzprediger Herberger 277
   3.2. Die Zerstörung Jerusalems und der Tod Jesu 280
        Exkurs: Johann Konrad Dannhauers Predigt
        über Lukas 19,41–48 282
   3.3. Zusammenfassung 286

C III: Die Predigttradition am 10. Sonntag nach Trinitatis
bis ins 20. Jahrhundert 288

1. Vorüberlegungen 288

2. Predigtentwürfe aus Beyers Magazin 289

3. Gerhard Uhlhorn: Predigt über Lukas 19,41–48 293

4. Predigten aus der Anfangszeit des »Dritten Reiches« 297

4.1.	Martin Niemöller: »Frömmigkeit oder Glaube?«	297
4.2.	Martin Niemöller: »Ein letztes Wort«	300
4.3.	Karl Steinbauer: Predigt über Lukas 19,41–44	302

5. Ausblick auf die Zeit nach 1945 305

Zusammenfassung und Ausblick 309
   Einleitung 309
   A: Die Geschichte des 10. Sonntags nach Trinitatis 311
   B: Die Historie von der Zerstörung Jerusalems 314
   C: Die Predigt am 10. Sonntag nach Trinitatis 317
   Ausblick auf die aktuelle Gestaltung des Israelsonntags 321

Anhang I: Quellentexte 325
   Martin Luther: Predigt über Lukas 19,41–48
   am 10. Sonntag nach Trinitatis 326
   Valerius Herberger: Predigt über Lukas 19,41–48
   am 10. Sonntag nach Trinitatis 338

Anhang II: Tabellen zu dem Exkurs in Kap. B:
Die Sonntagslieder des 10. Sonntags nach Trinitatis 355

Literaturverzeichnis 363
   1. Quellen 363
   2. Bibliographien und Hilfsmittel 380
   3. Monographien, Aufsätze und Lexikonartikel 380

Einleitung

1. Das Thema der Arbeit

Der 10. Sonntag nach Trinitatis fällt aus der langen Reihe der ungeprägten Trinitatissonntage heraus. Jerusalemsonntag, Judensonntag, Gedenktag der Zerstörung Jerusalems – verschiedene Namen zeigen sein besonderes Thema an. Heute hat sich die Bezeichnung Israelsonntag durchgesetzt. In manchen Gemeinden fest verwurzelt,[1] in anderen und auch bei vielen Pfarrern völlig unbekannt, fristet der Sonntag ein schwieriges Dasein im Kirchenjahr. Über die Tradition des Tages wird manchmal sehr schnell und hart geurteilt, zugleich ist wenig Genaues über die Geschichte dieses Sonntags bekannt: Seit wann wurde er begangen? Welche liturgischen Traditionen, welche feststehenden Texte prägten ihn? Was läßt sich zur Predigt an diesem Tag sagen?

Bei der Frage nach der Geschichte des Tages ist zu beachten, daß nach dem 2. Weltkrieg ein Umbruch in der Theologie begonnen hat, der gerade auch für den 10. Sonntag nach Trinitatis von wesentlicher Bedeutung ist. Theologie nach Auschwitz, Holocausttheologie, Theologie nach der Schoah,[2] solche Stichworte bezeichnen diesen Umbruch. Es geht um eine neue Sicht des Volkes Israel und seiner Heilsgeschichte, um eine neue Bestimmung des Verhältnisses von Juden und Christen, Israel und Kirche. Dabei ist nicht

---

1 So gibt es in dem mittelfränkischen Ort Reichenschwand seit 1816 bis heute den Brauch, an diesem Tag – »Totengedenken an Zerstörung« wird er in Reichenschwand genannt – einen Bußgottesdienst in der Totenkapelle auf dem Friedhof zu halten. Die Gräber auf dem Friedhof werden für diesen Tag geschmückt, es kommen Familien zum Gottesdienst, die im vergangenen Jahr einen Angehörigen begraben haben, aber auch Auswärtige, die an diesem Tag Gräber ihrer Angehörigen besuchen. Vgl. hierzu Evangelischer Pressedienst Landesdienst Bayern: Die epd-Woche. Wochenübersicht vom 18.08.95 bis 23.08.95, 8, außerdem Wilhelm Schwemmer: Alt-Reichenschwand. Aus der Geschichte einer Gemeinde im Hersbrucker Land, Hersbruck 1978, 36f.

2 Vgl. zu den Begriffen Holocaust und Schoah unten, 8, Anm. 17 und 18.

zuerst eine theologische Deutung der Schoah im Blick – obwohl es, vor allem innerhalb des Judentums, auch Theologen gibt, die sich mit der Möglichkeit der Theologie und des Glaubens überhaupt nach der Schoah befassen.[3] Vielmehr geht es darum, viele Jahrhunderte alte theologische Denkmuster und Urteile zu revidieren bzw. aufzugeben, weil Christen erkannt haben, daß und wie theologische Urteile zu der beispiellosen Verfolgung und Vernichtung der europäischen Juden beigetragen haben. Diese Neubesinnung ist heute eine der wichtigsten Aufgaben für die Kirchen und die christliche Theologie. Gerade in der Diskussion der vergangenen Jahre um die Gestaltung des 10. Sonntags nach Trinitatis, auf die unten noch genauer einzugehen ist, wird versucht, die inzwischen gewonnenen Erkenntnisse umzusetzen.

Auch die vorliegende Arbeit versteht sich als ein Beitrag in diesem Diskussionsprozeß, der auf verschiedenen Ebenen stattfindet, in der wissenschaftlichen Theologie, im Gespräch zwischen Christen und Juden, in kirchlichen Verlautbarungen, aber auch in Diskussions- und Lernprozessen in den einzelnen Gemeinden, die diesen kirchlichen Verlautbarungen zum Teil vorausgehen, zum Teil folgen.[4] Die Diskussion kann hier nicht ausführlich

---

3 Vgl. dazu Birte Petersen: Theologie nach Auschwitz? Jüdische und christliche Versuche einer Antwort, VIKJ 24, Berlin 1996, außerdem Edna Brocke: Der Holocaust als Wendepunkt? in: Umkehr und Erneuerung. Erläuterungen zum Synodalbeschluß der Rheinischen Landessynode 1980 »Zur Erneuerung des Verhältnisses von Christen und Juden«, hg.v. Bertold Klappert u. Helmut Starck, Neukirchen-Vluyn 1980, 101–110, sowie den Sammelband: Wolkensäule und Feuerschein. Jüdische Theologie des Holocaust, hg.v. Michael Brocke u. Herbert Jochum, ACJD 13, München 1982.
4 Vgl. hierzu als Beispiel den Prozeß innerhalb der Evangelisch-Lutherischen Kirche in Bayern, die erst spät begonnen hat, sich mit dem Thema Christen und Juden zu beschäftigen. 1992 konstituierte sich ein »Symposion Christen und Juden«, bestehend aus Vertretern theologischer Aus- und Fortbildungsstätten, Mitgliedern der Kirchenleitung und verschiedener kirchlicher Gremien und Institutionen, das sich bis 1995 insgesamt fünfmal traf und von Anfang an auch das Ziel verfolgte, die Landessynode solle das Thema Christen und Juden als Schwerpunktthema in einer Synodaltagung bearbeiten. Vgl. den Berichtsband des Symposions, der die dort gehaltenen Vorträge und die von dem Kreis beschlossenen Erklärungen enthält: Wolfgang Kraus (Hg.): Christen und Juden. Perspektiven einer Annäherung, Gütersloh 1997. In ihrer Frühjahrstagung 1997 faßte die bayrische Landessynode einen Beschluß: »Christen und Juden haben in ihrem Glauben gemeinsame Wurzeln. Lange Zeit haben wir Christen das vergessen und nur die Unterschiede zu Juden betont. So haben wir die Wurzeln unseres christlichen Glaubens immer weniger verstanden. [...] Es gilt, Gemeinsames und je Eigenes zu entdecken, das Trennende auf seine Gültigkeit hin zu überprüfen und einander neu zu begegnen. [...] Deshalb bittet die Landessynode die Gemeinden, sich von Herbst 1997 bis Herbst 1998 [...] besonders mit dem Verhältnis von Christen und Juden und mit unseren gemeinsamen Wurzeln zu befassen.« (Christen und

dargestellt werden. Die EKD-Studie Christen und Juden II aus dem Jahr 1991[5] zieht eine Zwischenbilanz, zeigt die erreichte Übereinstimmung und die noch offenen Fragen auf. Diese Studie soll als Ausgangsbasis für weitere Überlegungen dienen.

Die Studie benennt am Ende die Aufgabe, die bisher gewonnenen Erkenntnisse in Unterricht und Predigt praktisch umzusetzen. Der Israelsonntag gehört zu den Tagen im Kirchenjahr, an denen sich diese Aufgabe in besonderer Weise stellt. Dazu ist es notwendig, die jahrhundertealte Tradition des 10. Sonntags nach Trinitatis in die Überlegungen mit einzubeziehen. Damit ist das Thema der vorliegenden Arbeit benannt. Sie will die Geschichte des 10. Sonntags nach Trinitatis von verschiedenen Seiten her beleuchten, wobei sie sich überwiegend auf die Zeit vor 1945 beschränkt. Nur kurz ist auch auf die Entwicklung des sogenannten Israelsonntags in den letzten Jahren einzugehen, um am Ende zu fragen, welchen Beitrag die Stimmen der Vergangenheit für die gegenwärtige Diskussion leisten können.

2. Forschungsüberblick und Stand der Diskussion

Der folgende Überblick bezieht die Forschungsgeschichte wie den aktuellen Diskussionsstand ein. Er kann sich dabei nicht auf den Israelsonntag beschränken, sondern hat auch allgemein das Thema Christen und Juden und dabei vor allem die Frage nach dem »Predigen in Israels Gegenwart«[1] aufzunehmen.

> Juden. Einladung zu einem Neuanfang, Beschluß der Landessynode vom 23. April 1997, Amtsblatt für die Evangelisch-Lutherische Kirche in Bayern, hg. vom Landeskirchenrat der Evangelisch-Lutherischen Kirche in Bayern, 10/1997, 188–191, Zitat 188.) Auf der Herbstsynode 1998 in Nürnberg verabschiedeten die kirchenleitenden Organe eine gemeinsame Erklärung: Evangelisch-Lutherische Kirche in Bayern: Erklärung zum Thema »Christen und Juden« vom 24. November 1998, in Hans Herman Henrix u. Wolfgang Kraus (Hg.): Die Kirchen und das Judentum. Bd. II: Dokumente von 1986–2000, Paderborn u. Gütersloh 2001 (zitiert: *Kirchen und Judentum II*), E. III. 66', 805–812.
>
> 5 Christen und Juden II. Zur theologischen Neuorientierung im Verhältnis zum Judentum, Eine Studie der Evangelischen Kirche in Deutschland, im Auftrag des Rates der Evangelischen Kirche in Deutschland hg. vom Kirchenamt der EKD, Gütersloh 1991 (zitiert: *Christen und Juden II*). Erst nach Abschluß dieser Arbeit erschien im Jahr 2000 die Nachfolgestudie: Christen und Juden III. Schritte der Erneuerung im Verhältnis zum Judentum, Eine Studie der Evangelischen Kirche in Deutschland, im Auftrag des Rates der Evangelischen Kirche in Deutschland hg. vom Kirchenamt der EKD, Gütersloh 2000 (zitiert: *Christen und Juden III*). Diese Studie wird darum im folgenden nur an wenigen Stellen aufgenommen.
>
> 1 So ist der entsprechende Abschnitt der EKD-Studie überschrieben, Christen und Juden II, 58–61.

2.1. Der 10. Sonntag nach Trinitatis in der Forschung

Außerhalb von Predigt- und Gottesdiensthilfen zum 10. Sonntag nach Trinitatis finden sich in der Literatur kaum Hinweise auf den sogenannten Israelsonntag. Gerhard Kunze widmet in Leiturgia diesem Tag einen kurzen Absatz.[2] Er kennt den Tag als Gedenktag der Zerstörung Jerusalems und den alten Brauch, an diesem Tag die Geschichte von der Zerstörung Jerusalems vorzulesen. Außerdem konstatiert er einen Traditionsabbruch und die Möglichkeiten einer neuen Entwicklung: »Es ist möglich, daß die mit der Judenverfolgung zusammenhängende [sic!] Neubesinnung der Kirche, aber auch die neueste politische Entwicklung, wie etwa die Gründung des Staates Israel, dieses Gedenken neu beleben.« Bei Paul Graff finden sich verschiedene Belege aus dem 17. Jahrhundert für den Brauch, den Tag durch die Verlesung der Historie von der Zerstörung Jerusalems zu begehen.[3] Außerdem verweist er auf eine Neufassung dieses Berichts in der Zeit der Aufklärung.[4] Weitere Hinweise auf die Geschichte des Sonntags finden sich weder in theologischen Lexika noch in liturgischen bzw. liturgiegeschichtlichen Lehr- und Handbüchern.

Anders sieht es natürlich aus, wenn man Predigtmeditationen und anderes Material zum 10. Sonntag nach Trinitatis auswertet.[5] Dort finden sich

---

2 Gerhard Kunze: Die gottesdienstliche Zeit, Leit. 1, Kassel 1954, 437–535, 521.
3 Paul Graff: Geschichte der Auflösung der alten gottesdienstlichen Formen in der evangelischen Kirche Deutschlands bis zum Eintritt der Aufklärung und des Rationalismus, Göttingen 1921, reprographischer Nachdruck, Waltrop 1994, 125f, Genaueres zu seinen Belegen unten, Kap. A 2.
4 Paul Graff: Geschichte der Auflösung der alten gottesdienstlichen Formen in der evangelischen Kirche Deutschlands, Bd. II: Die Zeit der Aufklärung und des Rationalismus, Göttingen 1939, reprographischer Nachdruck, Waltrop 1994, 81. Es handelt sich hierbei um die unten Kap. B 4.4.1. beschriebene Fassung von Georg Friedrich Seiler aus dem Jahr 1784.
5 Ich nenne hier nur Veröffentlichungen, die etwas ausführlicher auf die Geschichte und Tradition des Sonntags eingehen. Martin Wittenberg: Misericordiae David fideles. Handreichung zu einer Predigt am 10. Sonntag nach Trinitatis, in: ders.: Zeugnis von Israel, Neuendettelsau 1956, 8–19, 8f; J.F. Konrad: Zur Predigt, in: Herbert Girgensohn: Klage über Jerusalem. Predigt über Matthäus 23,34–39, gehalten am 25. August 1946 in Lübeck, Predigt im Gespräch 29, Aug. 1969; Arnulf H. Baumann: Einführungen, in: Christen und Juden. Anregungen zum Gottesdienst, hg. vom Kirchenamt der EKD und dem Lutherischen Kirchenamt der VELKD, o.O. o.J. (1990), 1–6; Wolfgang Raupach: Der Israel-Sonntag, in: Weisung fährt von Zion aus, von Jerusalem seine Rede. Exegesen und Meditationen zum Israelsonntag, hg.v. Wolfgang Raupach, Berlin 1991, 7–15; Axel Denecke: Israel-Gedenktage im Laufe des Kirchenjahres, in: Israel-Gedenken im evangelischen Gottesdienst, hg.v. Kirchenamt der EKD u. d. Luth. Kirchenamt der VELKD, Hannover 1993, 6–16; Wolfgang Raupach-Rudnick: Was ist der Israel-Sonntag? in: Müller, Christiane und Hans-Jürgen (Hg.): Israel-Sonntag 1996. Freut euch über

2. Forschungsüberblick und Stand der Diskussion

immer wieder mehr oder weniger ausführliche Angaben zur Tradition des Sonntags. Dennoch bringen sie kaum neue Information, höchstens einzelne Belege für das Begehen dieses Tages.

Was für ein Bild ergibt sich also aus der Literatur? Der 10. Sonntag nach Trinitatis ist seit langem in der lutherischen Kirche als Gedenktag der Zerstörung Jerusalems gefeiert worden, älteste Belege verweisen ins 17. Jahrhundert, die jüngsten an den Anfang des 20. Jahrhunderts. An diesem Sonntag wurde oft die Geschichte der Zerstörung Jerusalems vorgelesen, die auch in manchen alten Gesangbüchern abgedruckt ist.[6] Es besteht eine Beziehung zum jüdischen Gedenktag der Zerstörung des Tempels, dem 9. Aw.[7]

Neben diesen Informationen findet sich immer wieder auch eine Bewertung des Sonntags und seiner Tradition. Besonders kraß klingt das bei Frank Pauli. Die Christen, so schreibt er, knüpften an die jüdische Tradition des 9. Aw an. »Allerdings ist gleich zu verdeutlichen: Die Christen klagten nicht. Sie empfanden klammheimliche Freude. Lachten sich ins Fäustchen. Höchst hämisch reagierten sie auf den Schmerz der Juden [...] Die Christen nahmen es einfach als gute Botschaft, daß die Juden – nicht anders wollten sie das verstehen – für Jesus einfach zum Heulen waren [...] Sie feierten selbstzufrieden und fröhlich den Anlaß, der die Juden traurig stimmte.«[8] Dieses Urteil zeigt die mangelnde Kenntnis der Tradition des Sonntags, die vorliegende Untersuchung kommt zu deutlich anderen Ergebnissen.[9] Andere Autoren erkennen, daß das Gedenken an die Zerstörung Jerusalems ursprünglich als Warnung für die Christen gedacht war, konstatieren aber, daß diese Intention oft in Distanz, ja Verachtung gegenüber den Juden umschlug.[10]

Jerusalem. Eine Arbeitshilfe zum 10. Sonntag nach Trinitatis (11. August 1996), 6–9.

6 Die Hinweise, die in den verschiedenen Veröffentlichungen genannt sind, werden im einzelnen in dem historischen Überblick in Kap. A aufgenommen.
7 Vgl. dazu unten Kap. A 1.3.
8 Frank Pauli: Anno Domini. Blätter aus dem Kalender der Kirche, Hannover 1986, Zitat 190f.
9 Hier vorerst zwei Hinweise: Die Tränen Jesu werden normalerweise als Beweis seiner Liebe für die Juden ausgelegt, oft verbunden mit dem Wort Ez 33,11, vgl. z.B. die in dieser Arbeit analysierte Predigt von Valerius Herberger, Kap. C II, besonders 2.2.1. und 2.2.2. Für den 10. Sonntag nach Trinitatis waren überwiegend Bußlieder vorgeschrieben, so daß kaum von »klammheimliche(r) Freude« gesprochen werden kann; vgl. dazu in Kap. B 7. den Exkurs zu den Sonntagsliedern. An einer weiteren Stelle ist Pauli historisch unkorrekt, er schreibt, daß »aus dem Geschichtswerk des lateinischen Schriftstellers Josephus Flavius« vorgelesen wurde (Pauli, 191). Es scheint ihm weder bewußt, daß Josephus Jude war, noch, daß er griechisch schrieb.
10 So schreibt Arnulf Baumann: »Es ist deutlich erkennbar, daß das Gedächtnis der Zerstörung Jerusalems als Bußtag begangen wurde, als Warnruf an die eigene

Besonders hart urteilt in diesem Zusammenhang Jürgen Ebach. Auch er geht, wie Pauli, von der Nähe des Israelsonntags zum 9. Aw aus. »Seine Tradition ist aber nicht das trauernde Eingedenken der Shoah in ihren vielen Formen, bei denen seit Jahrhunderten vor allem Christen und in ihrer schrecklichsten Form deutsche Christen die Mörder waren, sondern zuerst der warnende und drohende Erweis des Gerichtes Gottes, das die Juden bereits traf und die Christen noch treffen könnte. [...] Nur mit Mühe wird der Prediger den Eindruck vermeiden können, als ergebe sich aus den Tempelzerstörungen der biblischen Zeit ein Interpretationsschema, nach dem diese und alle weiteren Vernichtungen jüdischen Lebens als gerechte Strafe Gottes erscheinen. [...] Der ›9. Aw‹ wird instrumentalisiert und in ein Drohpotential eingebracht, schlimmer noch: aus den christlichen Tätern werden Zuschauer beim Gottesgericht.«[11] Obwohl Ebach problematische Tendenzen zu Recht kritisiert, kann seinem Urteil nicht zugestimmt werden. Vor allem deswegen, weil er Kritik an der alten Tradition des Sonntags und der gegenwärtigen Ausprägung, wie sie sich an der für ihn aktuellen Perikopenordnung zeigt, vermischt[12] und so schon an die Vergangenheit Maßstäbe anlegt, die erst heute gültig sein können.

Der Überblick zeigt, daß in der Literatur bisher viele Fragen offen bleiben, zumal die Autoren normalerweise vor allem an dem gegenwärtigen Umgang mit dem Israelsonntag interessiert sind und die Geschichte nur kurz streifen. Die vorliegende Arbeit versucht, diese Lücke in der Forschung zu schließen.[13]

Adresse. Allerdings war es oft nur ein kurzer Weg von dem Bußruf an die eigene Gemeinde zur schaudernden oder gar distanzierten Betrachtung des Gottesgerichtes über die anderen, die Juden.« Baumann 1990, 3. J. F. Konrad schreibt zur Darstellung des Gerichtes Gottes an Israel: »Im günstigsten Fall geschah das, um der Christenheit ein warnendes Beispiel zu geben: ›so wird es auch dir gehen, wenn du dich von Christus abwendest‹; vielfach benutzte man aber die Gelegenheit, um Haß und Verachtung gegen die Juden freien Lauf zu lassen« (11). Peter C. Bloth dagegen spricht vom Israelsonntag sehr sachlich, aber auch nur beiläufig als von »einem altkirchlichen Bußtag«, Peter C. Bloth: Die Treue Gottes in der christlichen Predigt. Überlegungen mit Günther Harders homiletischer Arbeit, in: Treue zur Thora. Beiträge zur Mitte des christlich-jüdischen Gesprächs, FS für G. Harder zum 75. Geburtstag, hg. v. Peter von der Osten-Sacken, VIKJ 3, 3., durchg. Aufl., Berlin 1986, 149–154.

11 Jürgen Ebach: Die Niederlage von 587/6 und ihre Reflexion in der Theologie Israels, in: Einwürfe, hg. v. Friedrich-Wilhelm Marquardt u. a., Bd. 5: Umgang mit Niederlagen, München 1988, 70–103, Zitat 82, vgl. dazu auch Anm. 6 auf 102.

12 Es bleibt unklar, wo Ebach Vergangenheit und wo er Gegenwart kritisiert. Er spricht einerseits von den aktuell gültigen Predigtperikopen, andererseits von der »Tradition« des Sonntags. Allerdings ist dabei auch zu beachten, daß er den Israelsonntag überhaupt nur am Rande erwähnt, sein eigentliches Thema liegt anderswo.

13 Inzwischen ist eine weitere Arbeit über den Israelsonntag erschienen: Evelina

2. Forschungsüberblick und Stand der Diskussion

2.2. Die Erneuerung des christlich-jüdischen Verhältnisses und die EKD-Studie Christen und Juden II

Der Erneuerungsprozeß im Verhältnis zwischen Christen und Juden, der bald nach dem 2. Weltkrieg einsetzte, kann hier nicht ausführlich dargestellt werden, zumal er noch lange nicht zum Abschluß gekommen ist. Friedrich-Wilhelm Marquardt beobachtet in Bezug auf diesen Prozeß eine Umkehrung des Verhältnisses zwischen Kirche und wissenschaftlicher Theologie. Kirchliche Verlautbarungen zur Erneuerung des Verhältnisses von Christen und Juden[14] seien der Mehrheit der wissenschaftlichen Theologen voraus, seien in ihren Erkenntnissen weiter.[15] Natürlich gibt es auch wissenschaftliche Theologen, die sich in herausragender Weise mit dieser Frage beschäftigen,[16]

Volkmann: Vom »Judensonntag« zum »Israelsonntag«. Predigtarbeit im Horizont des christlich-jüdischen Gesprächs, Stuttgart 2002. Volkmann setzt die vorliegende Arbeit – in ihrer maschinenschriftlichen Fassung – ausdrücklich voraus (8) und führt sie fort, indem sie den Zeitraum nach 1945 behandelt, dabei untersucht sie Predigthilfeliteratur nach der Methode der Inhaltsanalyse. Ich werde im folgenden auf diese Untersuchung vor allem dort eingehen, wo ich Evelina Volkmann zusätzliche historische Erkenntnisse verdanke. Außerdem werden in Kap. C III 5. einige ihrer Ergebnisse zusammengefaßt. Vgl. zu Volkmanns Arbeit darüber hinaus auch meine Rezension in ThLZ 128 (2003), 664–666.

14 Die entsprechenden kirchlichen Dokumente bis 1985 finden sich in der umfassenden Dokumentation: Rolf Rendtorff u. Hans Hermann Henrix (Hg.): Die Kirchen und das Judentum. Dokumente von 1945 bis 1985, 2. Aufl., Paderborn u. München 1989 (zitiert: *Kirchen und Judentum*). Dokumente werden, soweit sie dort erschienen sind, nach dieser Sammlung und mit der dortigen Nummer zitiert. Vgl. dazu außerdem die Kommentare: Rolf Rendtorff: Hat denn Gott sein Volk verstoßen? Die evangelische Kirche und das Judentum seit 1945. Ein Kommentar, ACJD 18, München 1989; Wolfgang Wirth: Solidarität mit Israel. Die theologische Neubestimmung des Verhältnisses der Kirche zum Judentum anhand der offiziellen Verlautbarungen, EHS.T. 312, Frankfurt a.M. 1987; für die ersten Jahre nach 1945 auch Siegfried Hermle: Evangelische Kirche und Judentum – Stationen nach 1945, AKZG 16, Göttingen 1990. Inzwischen ist der zweite Band der Dokumentensammlung erschienen: Kirchen und Judentum II, vgl. oben, 3, Anm. 4.

15 Zumindest gilt dies im europäischen Raum, wie Marquardt einschränkend feststellt; vgl. Friedrich-Wilhelm Marquardt: Von Elend und Heimsuchung der Theologie. Prolegomena zur Dogmatik, München 1988, 396.

16 Marquardt selbst gehörte zu ihnen, vgl. dazu auch die anderen Bände seiner Dogmatik: Friedrich-Wilhelm Marquardt: Das christliche Bekenntnis zu Jesus, dem Juden. Eine Christologie, Bd. 1, München 1990, Bd. 2, München 1991; ders.: Was dürfen wir hoffen, wenn wir hoffen dürften? Eine Eschatologie, Gütersloh, Bd. 1 1993, Bd. 2 1994, Bd. 3 1996. Dazu die theologischen Entwürfe von Peter von der Osten-Sacken: Grundzüge einer Theologie im christlich-jüdischen Gespräch, ACJD 12, München 1982; Hans-Joachim Kraus: Systematische Theologie im Kontext biblischer Geschichte und Eschatologie, Neukirchen-Vluyn 1983; aus Amerika: Paul M. van Buren: A Theology of the Jewish-Christian Reality. San Francisco, Part 1: Discerning the Way, 1980, Paperback 1987, Part 2: A Christian Theology

dennoch spielen die kirchlichen Diskussionen eine wichtigere Rolle, zumal den Beschlüssen oft Diskussionsprozesse auf allen kirchlichen Ebenen, ausgehend von den Gemeinden, vorangingen.

Die EKD-Studie Christen und Juden II aus dem Jahr 1991 versucht, eine Zwischenbilanz der Diskussion zu ziehen. Hier soll nur kurz der Weg bis zu dieser Studie nachverfolgt werden, danach sind die Einsichten, die nach Ansicht der Verfasser der Studie inzwischen einen Konsens in den deutschen evangelischen Kirchen bilden, sowie die sich daraus ergebenden weiteren Fragen und Aufgaben darzustellen.

Der Holocaust[17] bzw. die Schoah,[18] wie wohl besser zu sagen ist, war Auslöser für eine Neubesinnung innerhalb der christlichen Theologie. Das

---

of the People Israel, 1983, Paperback 1987, Part 3: Christ in Context, 1988. Der erste Band ist auch auf Deutsch erschienen: Eine Theologie des christlich-jüdischen Diskurses. Darstellung der Aufgaben und Möglichkeiten, München 1988. Ich zitiere nach der amerikanischen Ausgabe.

17 Der Begriff »Holocaust« ist von Elie Wiesel eingeführt worden, der sich »jetzt, nachdem es so gängig, so billig geworden ist«, von diesem Wort distanziert. (Elie Wiesel: Lebensstationen, KuI 2 (1987), 56–68, 64.) Die Problematik liegt aber nicht nur in dem inflationären Gebrauch des Wortes, sondern vor allem auch in seiner biblischen Herleitung von dem hebräischen Begriff für Ganzopfer bzw. Rauchopfer (vgl. Lev 1). Hört man bei »Holocaust« nicht nur die griechische Wortbedeutung »vollständig verbrannt« mit, sondern auch den Opfergedanken, so bekommt der Tod von sechs Millionen Juden eine geradezu blasphemische Deutung: »Ein Brandopfer, ein Feueropfer zum lieblichen Geruch für den HERRN« (Lev 1,9). Diese Beziehung zum Opfergedanken wird z.B. in den Thesen zum Rheinischen Synodalbeschluß hergestellt. (»Thesen zur Erneuerung des Verhältnisses von Christen und Juden«, in: Umkehr und Erneuerung. Erläuterungen zum Synodalbeschluß der Rheinischen Landessynode 1980 »Zur Erneuerung des Verhältnisses von Christen und Juden«, hg.v. Bertold Klappert u. Helmut Starck, Neukirchen-Vluyn 1980, 267–281.) Die erste dieser Thesen (267–273) ist überschrieben: »Der Holocaust als Wendepunkt«, dort wird auch die biblische Deutung des Wortes genannt (267). Gegen diesen Sprachgebrauch wendet sich z.B. Günther Bernd Ginzel: Christen und Juden nach Auschwitz, in: Auschwitz als Herausforderung für Juden und Christen, hg.v. Günther Bernd Ginzel, Heidelberg 1980, 234–274, 248–250. Bertold Klappert verteidigt als Mitverfasser der Thesen dagegen »den ökumenischen Terminus Holocaust«, wobei er die theologische Bedeutung ablehnt und den Begriff streng definiert als die »Verfemung, Verfolgung und Ermordung der Juden im Dritten Reich«. (Bertold Klappert: Die Wurzel trägt dich. Einführung in den Synodalbeschluß der Rheinischen Landessynode 1980 »Zur Erneuerung des Verhältnisses von Christen und Juden«, in: Umkehr und Erneuerung, 23–54, 44.)

18 »Schoah« heißt Untergang oder Katastrophe, »Haschoah« ist in Israel die Bezeichnung für *die* Katastrophe, die Vernichtung der Juden durch die Nationalsozialisten. Die Bezeichnung wird auch außerhalb Israels immer häufiger verwendet. Vgl. dazu auch Ginzel, 250. Zur Verbreitung des Begriffs hat auch der gleichnamige Film von Claude Lanzmann beigetragen, vgl. dazu Claude Lanzmann: Shoah, Taschenbuchausgabe München 1988.

2. Forschungsüberblick und Stand der Diskussion

wird in einigen kirchlichen Erklärungen, aber auch in theologischen Entwürfen ausdrücklich festgestellt.[19] Dabei ist sorgfältig zu fragen, welche Bedeutung diesem Ereignis zugeschrieben wird. Bleibt es ein rein innerweltliches Geschehen, auch wenn es die Theologie herausfordert, ja nötigt, darauf zu reagieren, oder kommt ihm eine besondere, eine Offenbarungsqualität zu? Letztere Deutung klingt bei Paul van Buren an.[20] In den Thesen zum Rheinischen Synodalbeschluß von 1980 ist zwar die Rede vom »Holocaust als Wendepunkt«,[21] doch Bertold Klappert erläutert: »Der Holocaust ist *nicht ein Wendepunkt in der Offenbarung Gottes*, aber in der Tat *der Wendepunkt im Verhältnis der Christen zu den Juden.*«[22]

Auch wenn van Burens Reden von der »new revelation« zu Recht nicht aufgenommen wurde,[23] läßt sich jedenfalls festhalten: Zwischen christlichem Antijudaismus und dem rassischen Antisemitismus, der in letzter Konsequenz zur Schoah geführt hat, ist zwar zu unterscheiden.[24] Aber die christ-

---

19 Vgl. u.a. Synode der Evangelischen Kirche im Rheinland: Synodalbeschluß »Zur Erneuerung des Verhältnisses von Christen und Juden« vom 11. Januar 1980, Kirchen und Judentum E. III. 29, 593–596, Punkt 2.(1), 594; von der Osten-Sacken, 18–33; Marquardt 1988, vor allem § 3,4–9, 74–147 u.ö. Vgl. in diesem Zusammenhang auch Johanna Kohn: Haschoah. Christlich-jüdische Verständigung nach Auschwitz, FThS 13, München u. Mainz 1986.

20 Van Buren hält es für möglich, daß der Schoah – in Verbindung mit der Neugründung des Staates Israel – Offenbarungsqualität zukommt. »Revelation is *an acknowledged reinterpretation of the tradition*« und zwar »*in response to Jewish history.*« (van Buren, Bd. I, 37, vgl. zum folgenden ebd., 166–183, vor allem 173–179.) Die Neuinterpretation der Tradition kann nur dann wirklich als Offenbarung gelten, wenn sie von einer Gemeinschaft angenommen wird (168). Die Sinaioffenbarung und Tod und Auferstehung Jesu Christi zeigen für van Buren diese Struktur. Auch die Neuinterpretation des Verhältnisses von Israel und Kirche ist ausgelöst durch Ereignisse der jüdischen Geschichte, die Schoah und die Neugründung des Staates Israel. Diese Neuorientierung wird vor allem auf Konzilen und Synoden ausgesprochen, nicht von einzelnen Theologen. »What else are we to say of all this if not that it is a new revelation?« (179). Vgl. zu van Buren auch Wolfgang Schweitzer: Der Jude Jesus und die Völker der Welt. Ein Gespräch mit Paul M. van Buren. Mit Beiträgen von Paul M. van Buren, Bertold Klappert und Michael Wyschogrod, VIKJ 19, Berlin 1993, zu der Frage nach Schoah und Offenbarung von der Osten Sacken, 23–25.

21 So die Überschrift der ersten These, vgl. oben, 8, Anm. 17. Im Beschluß selber heißt es, die Landessynode stellt sich »der geschichtlichen Notwendigkeit, ein neues Verhältnis zum jüdischen Volk zu gewinnen.« Unter den Gründen wird genannt: »Die Erkenntnis christlicher Mitverantwortung und Schuld an dem Holocaust, der Verfemung, Verfolgung und Ermordung der Juden im Dritten Reich« (Kirchen und Judentum, 594).

22 Klappert 1980/1, 38.

23 Auch van Buren selbst schränkte seine steilen Aussagen im Seminargespräch in Heidelberg wieder ein. Seine Gedanken böten nur einen Versuch, an dem Begriff Offenbarung brauche er nicht festzuhalten.

24 Zur Begriffsklärung vgl. Marikje Smid: Deutscher Protestantismus und Judentum

lichen Urteile über das Judentum haben dem Antisemitismus den Boden bereitet, so wie sie ja auch schon viele Jahrhunderte vor dem Nationalsozialismus zu grausamen Judenverfolgungen geführt haben.

Die Erkenntnis dieser schuldhaften Zusammenhänge hat also die Neubesinnung innerhalb der christlichen Theologie ausgelöst. Innerhalb Deutschlands kommt noch ein zweites Moment dazu, die konkrete Mitschuld an den Judenverfolgungen des Nationalsozialismus. So positiv es ist, daß die Christen ihre Schuld den Juden gegenüber erkennen und bekennen und ihr Denken verändern, bleibt es dennoch belastend, daß es der Schoah als (Mit-)Auslöser für den Neuanfang bedurft hat.[25]

Dem eben gezeigten Zusammenhang entsprechend waren die ersten Verlautbarungen deutscher Kirchen zum Thema Christen und Juden vor allem Schulderklärungen. Zu nennen ist ein Wort des Bruderrats der EKD zur Judenfrage vom 8. April 1948,[26] das einerseits die Schuld der Kirche benennt und sie auch in der falschen Lehre sieht, andererseits aber doch alten Denkstrukturen verhaftet bleibt. Insbesondere ist von der Verwerfung Israels und dem Übergang der Erwählung auf die Kirche die Rede.[27] Hiermit vertritt dieses Wort die sogenannte Substitutionstheorie, das verbreitetste Modell für die Verhältnisbestimmung von Israel und Kirche in der Geschichte des Christentums.[28] Immerhin wird gleichzeitig Gottes Treue zu Israel betont. Die Zukunft für Israel liegt dabei in der Bekehrung zu Christus.[29]

1932/1933, HUWJK 2, München 1990. Sie unterscheidet zwischen dem rassisch motivierten Antisemitismus, christlichem Antijudaismus und Judenfeindschaft, die gesellschaftlich-kulturell geprägt ist (vgl. 199–201, 204–206 u.ö.). Vgl. auch Christen und Juden II, 21f.

25 Vgl. in diesem Sinne auch Ginzel, 235 mit Anm. 4 und 5. Immerhin gab es auch vor 1933 erste Begegnungen und Gespräche, vgl. dazu Gerhart M. Riegner: Verpaßte Chancen im christlich-jüdischen Dialog vor der Scho'a, KuI 4 (1989), 14–30, Robert Raphael Geis u. Hans-Joachim Kraus (Hg.): Versuche des Verstehens. Dokumente jüdisch-christlicher Begegnung aus den Jahren 1918–1933, ThB 33, München 1966.

26 Bruderrat der Evangelischen Kirche in Deutschland: Wort zur Judenfrage vom 8. April 1948, Kirchen und Judentum E. III. 7, 540–544.

27 »Indem Israel den Messias kreuzigte, hat es seine Erwählung und Bestimmung verworfen. Darin ist zugleich der Widerspruch aller Menschen und Völker gegen den Christus Gottes Ereignis geworden. Wir sind alle an dem Kreuz Christi mitschuldig. Darum ist es der Kirche verwehrt, *den Juden* [Hervorhebung I.M.] als den allein am Kreuze Christi Schuldigen zu brandmarken.
3. Die Erwählung Israels ist durch und seit Christus auf die Kirche aus allen Völkern, aus Juden und Heiden übergegangen.« (542) Vgl. auch »5. Israel unter dem Gericht ist die unaufhörliche Bestätigung der Wahrheit, Wirklichkeit des göttlichen Wortes und die stete Warnung Gottes an seine Gemeinde. Daß Gott nicht mit sich spotten läßt, ist die stumme Predigt des jüdischen Schicksals, uns zur Warnung, den Juden zur Mahnung, ob sie sich nicht bekehren möchten zu dem, bei dem allein auch ihr Heil steht.« (ebd.)

28 Der Begriff stammt von Bertold Klappert, vgl. ders.: Israel und die Kirche. Er-

Eindeutiger redete die Synode der EKD in Berlin-Weißensee 1950. In ihrem sehr kurzen Wort heißt es: »Wir glauben, daß Gottes Verheißung über dem von ihm erwählten Volk Israel auch nach der Kreuzigung Jesu Christi in Kraft geblieben ist.«[30] Hier sind erste Ansätze zur Überwindung des alten Denkens zu erkennen, obwohl auch dieses Wort mit der Hoffnung auf die Bekehrung Israels schließt.[31]

Epochemachend für die katholische Kirche war in dieser Frage die Konzilserklärung »Nostra aetate« von 1965.[32] Dort wird an die Wurzel der Kirche im Judentum erinnert und auf die Unwiderruflichkeit der Berufung Gottes verwiesen. Weiter heißt es: »Gewiß ist die Kirche das neue Volk Gottes, trotzdem darf man die Juden nicht als von Gott verworfen oder verflucht darstellen, als wäre dies aus der Heiligen Schrift zu folgern« (43).

Während »Nostra aetate« vor allem in Abgrenzung gegen falsche Behauptungen redet, versuchen einige evangelische Verlautbarungen, positive Aussagen über das Verhältnis der Kirche zu Israel zu machen. So heißt es, »daß Juden und Christen gemeinsam aus der Treue Gottes leben«,[33] und man verweist auf »die biblische Erkenntnis, daß unsere Rettung von der Erwählung Israels nicht zu trennen ist.«[34]

---

wägungen zur Israellehre Karl Barths, TEH 207, München 1980, besonders 11–13. Klappers Terminologie ist inzwischen allgemein übernommen worden.

29 »4. Gottes Treue läßt Israel, auch in seiner Untreue und seiner Verwerfung, nicht los. Christus ist auch für das Volk Israel gekreuzigt und auferstanden. Das ist die Hoffnung für Israel nach Golgatha« (542). In dieser Linie liegt es, daß der Kirche dann gerade ihr fehlendes Zeugnis für die Juden und ihre rein säkulare Lösung der Judenfrage vorgeworfen bzw. als Schuld bekannt wird: »In christlichen Kreisen entzog man sich der Verantwortung und rechtfertigte sich dafür mit dem über Israel verhängten Fluch. Man wollte die Fortdauer der Verheißung über Israel nicht mehr glauben, verkündigen und im Verhalten zu den Juden erweisen« (542f).

30 Synode der Evangelischen Kirche in Deutschland: Wort zur Judenfrage vom April 1950, Kirchen und Judentum E. III. 12, 548f, Zitat 549. Auch in diesem Wort finden sich Schulderklärungen: »Wir sprechen es aus, daß wir durch Unterlassen und Schweigen vor dem Gott der Barmherzigkeit mitschuldig geworden sind an dem Frevel, der durch Menschen unseres Volkes an den Juden begangen worden ist« (ebd.).

31 »Wir bitten den Gott der Barmherzigkeit, daß er den Tag der Vollendung heraufführe, an dem wir mit dem geretteten Israel den Sieg Jesu Christi rühmen werden« (ebd.).

32 Zweites Vatikanisches Konzil: Erklärung über das Verhältnis der Kirche zu den nichtchristlichen Religionen »Nostra aetate« vom 28. Oktober 1965, Kirchen und Judentum K. I. 8, 39–44.

33 Die christlichen Teilnehmer der Leitung der Arbeitsgruppe 6 des 10. Deutschen evangelischen Kirchentages Berlin 1961: Erklärung »Juden und Christen« vom 22. Juli 1961, Kirchen und Judentum E. III. 16, 553f, Zitat 554.

34 Provinzialsynode der Evangelischen Kirche in Berlin-Brandenburg: Erklärung ge-

Der Bristol-Report »Die Kirche und das jüdische Volk«, den die Kommission Glaube und Kirchenverfassung des Ökumenischen Rates der Kirchen 1967 entgegennahm,[35] zeigt das ekklesiologische Problem, das sich stellt, wenn die Kirche sich vom alten Substitutionsmodell abkehrt und die bleibende Erwählung Israels betont. Wenn Israel weiter Gottes erwähltes Volk ist, wie kann sich dann die Kirche selbst verstehen? Dieses Problem, das erst in jüngster Zeit vermehrt diskutiert wird, wurde schon in Bristol angesprochen, wo sich die Gesprächsteilnehmer nicht auf ein ekklesiologisches Denkmodell einigen konnten.[36] Sie halten deshalb fest: »wir sind uns bewußt, daß in dieser Frage das ganze Selbstverständnis der Kirche auf dem Spiel steht« (357).

Einen wichtigen Schritt für die EKD stellte dann die Studie Christen und Juden aus dem Jahr 1975 dar,[37] die versuchte, die gemeinsamen Wurzeln, aber auch die im Laufe der Geschichte entstandene Trennung und die Differenzen aufzuzeigen.[38] Die Studie hat überwiegend beschreibenden Charakter. Ihre Bedeutung lag wohl vor allem darin, einen Diskussionsprozeß in Gang zu bringen, der später zu weit über die Studie hinausgehenden Ergebnissen führte. Der Rheinische Synodalbeschluß von 1980 hatte hierbei eine Vorreiterrolle.[39] Dort heißt es u.a.:

4. Deshalb erklärt die Landessynode: [...] (3) Wir bekennen uns zu Jesus Christus, dem Juden, der als Messias Israels der Retter der Welt ist und die Völker der Welt mit dem Volk Gottes verbindet.

---

gen den Antisemitismus vom Januar 1960, Kirchen und Judentum E.III. 15, 551f, Zitat 552.
35 Kommission Glaube und Kirchenverfassung des Ökumenischen Rates der Kirchen: Bericht »Die Kirche und das jüdische Volk« vom Juli/August 1967, Kirchen und Judentum E.I. 10, 350–363.
36 Eine Gruppe stellte fest, »daß es unzulässig ist, von einer fortbestehenden Erwählung der Juden neben der Kirche zu sprechen« (356), wer anderes sage, leugne, »daß das eine Volk Gottes, die Kirche, der Leib Christi ist, der nicht zerbrochen werden kann« (357). Die andern unterstreichen, »daß nach Christus das eine Volk Gottes auseinandergebrochen ist; der eine Teil sei die Kirche, die Christus annimmt, der andere Teil Israel außerhalb der Kirche, das ihn verwirft, das aber selbst in dieser Verwerfung in einem besonderen Sinn von Gott geliebt bleibt« (357).
37 Rat der Evangelischen Kirche in Deutschland: Studie »Christen und Juden« vom Mai 1975, Kirchen und Judentum E.III. 19, 558–578.
38 Die drei Teile der Studie heißen: I. Gemeinsame Wurzeln; II. Das Auseinandergehen der Wege; III. Juden und Christen heute.
39 Vgl. oben, 9, Anm. 19. Grundlegendes Material dazu in dem Band Umkehr und Erneuerung. Erläuterungen zum Synodalbeschluß der Rheinischen Landessynode 1980 »Zur Erneuerung des Verhältnisses von Christen und Juden«, hg.v. Bertold Klappert u. Helmut Starck, Neukirchen-Vluyn 1980.

2. Forschungsüberblick und Stand der Diskussion 13

(4) Wir glauben die bleibende Erwählung des jüdischen Volkes als Gottes Volk und erkennen, daß die Kirche durch Jesus Christus in den Bund Gottes mit seinem Volk hineingenommen ist (594).

Beschlüsse vieler anderer Gliedkirchen der EKD folgten.[40] Einen Schritt weiter ging die Evangelisch-Reformierte Kirche, die sich in ihrer Kirchenverfassung von 1988 an herausragender Stelle zum Thema äußert. Dort beginnen die Verfassungsgrundsätze mit einer Grundlegung (§ 1), in der der 2. Absatz lautet: »Gott hat Israel zu seinem Volk gewählt und nie verworfen. Er hat in Jesus Christus die Kirche in seinen Bund hineingenommen. Deshalb gehört zum Wesen und Auftrag der Kirche, Begegnung und Versöhnung mit dem Volk Israel zu suchen.«[41]

Die EKD-Studie Christen und Juden II aus dem Jahr 1991 stellt sich die Aufgabe »einer kritischen Bestandsaufnahme des bisher Erreichten.«[42] Dazu geht sie in drei Schritten vor. Nach einem kurzen historischen Rückblick (Teil I: »Die evangelische Kirche und die Juden seit 1945«) wird »Der bisher

---

40 U. a. Kirchenleitung der Vereinigten Evangelisch-Lutherischen Kirche Deutschlands: Erklärung zum Verhältnis von Christen und Juden vom 3. Juni 1983, Kirchen und Judentum E. III. 34, 607–609; Landessynode der Evangelischen Landeskirche in Baden: Erklärung zum Thema »Christen und Juden« vom 3. Mai 1984; Kirchen und Judentum E. III. 35, 609–610; Landeskirchentag der Evangelisch-Reformierten Kirche in Nordwestdeutschland: Beschluß zum Verhältnis von Kirche und Israel vom 11. Mai 1984, Kirchen und Judentum E. II. 36, 611–612; Provinzialsynode der Evangelischen Kirche in Berlin-Brandenburg (Berlin-West): Beschluß: Orientierungspunkte zum Thema »Christen und Juden« vom 20. Mai 1984, E. III. 37, 612–616. Weitere Beschlüsse werden genannt in Christen und Juden II, 13, und in Christen und Juden III, 12.
41 Synode Evangelisch-Reformierter Kirchen in Bayern und Nordwestdeutschland, Kirchenverfassung (Auszug) vom 9. Juni 1988, Kirchen und Judentum II E. III. 9', 566–568, 567. Satz 3 wird später bei den Aufgaben der Synode und der Gesamtsynode noch einmal vertieft. Nach § 56, Nr. 8 gehört es zu den Aufgaben der Synode, »im Synodalverband das Gespräch mit Juden zu suchen und die Solidarität mit der jüdischen Gemeinschaft zu fördern« (ebd.), dazu kommt für die Gesamtsynode noch der Auftrag, »dem Antijudaismus zu widersprechen« (§ 69, Abs. 1, Nr. 9), 568. Eine ähnliche Bestimmung findet sich in § 69 der Grundordnung der Evangelischen Landeskirche in Baden: »Die Landeskirche mit ihren Kirchenbezirken und Gemeinden bemüht sich um die Begegnung mit der Judenheit« (zitiert nach Kirchen und Judentum, 609, Anm.). Auch die Rheinische Kirche benennt in ihrer Kirchenordnung das Gespräch zwischen Christen und Juden als Aufgabe der Kirchengemeinde, der Kreissynode und der Landessynode, Landessynode der Evangelischen Kirche im Rheinland, Kirchengesetz zur Änderung der Kirchenordnung vom 16. Januar 1987, Kirchen und Judentum II E. III. 4', 556. Vgl. dazu Hans-Joachim Barkenings: Ein großer Schritt voran. Zur Änderung der rheinischen Kirchenordnung, KuI 2 (1987), 178–183. Hinweise auf weitere Kirchen, die ihre Grundordnungen entsprechend geändert haben, finden sich in der Studie Christen und Juden III, 10–12.
42 Christen und Juden II, 14.

erreichte Konsens« (Teil II) festgestellt, der dritte, ausführlichste Teil ist überschrieben: »Auf dem Weg zu neuen Einsichten«.

Der entscheidende Konsenspunkt ist die Erkenntnis der bleibenden Erwählung Israels.[43] »Eine Auffassung, nach der der Bund Gottes mit dem Volk Israel gekündigt und die Juden von Gott verworfen seien, wird nirgends mehr vertreten« (18). Das hat Konsequenzen: »Wenn Israel nicht als von Gott verworfen angesehen werden kann, sondern, auch angesichts seiner Ablehnung Jesu als des Messias, als von Gott geliebt und erwählt betrachtet werden muß, ist eine negative Einstellung von Christen zum Judentum grundsätzlich nicht mehr erlaubt« (19). So gehören auch die »Absage an den Antisemitismus« (15) und das »Eingeständnis christlicher Mitverantwortung und Schuld am Holocaust« (16) zum Konsens. Schuldbekenntnis bedeutet vor allem auch, »das theologische Verständnis und die kirchliche Haltung, die das Verhältnis der Christen zu den Juden jahrhundertelang geprägt haben, aufzuarbeiten und zu korrigieren« (17). An anderen Punkten reicht der Konsens nicht so weit,[44] oder die neuen Überlegungen stehen noch am Anfang.[45]

Als theologische Arbeitsgebiete, die wegen der neuen Erkenntnisse einer Weiterarbeit bedürfen, benennt die Studie Christologie und Ekklesiologie. Letzteres erscheint besonders wichtig, weil sich im Gespräch mit dem Judentum die Identitätsfrage für die Kirche stellt.[46] Eine neue Verhältnisbestimmung zwischen Kirche und Israel und damit auch ein neues Selbstverständnis für die Kirche wird z.B. über das Konzept des Bundes gesucht.[47]

---

43 So urteilt auch die Studie selber: »Der wohl wichtigste Schritt gemeinsamer Erkenntnis war die Anerkennung der bleibenden Erwählung Israels als Volk Gottes. Damit wird die Enterbungs- oder Substitutionstheorie abgewiesen, nach der Israel durch die Kirche ersetzt sei.« A.a.O., 20.
44 »Die Bedeutung des Staates Israel« wird verschieden gesehen. Alle betonen zwar das Existenzrecht des Staates Israel, aber nur selten erhält er auch theologische Bedeutung, hier verweist die Studie auf ihre Vorgängerin von 1975 und auf den Rheinischen Synodalbeschluß (»Zeichen der Treue Gottes gegenüber seinem Volk«), a.a.O., 19f.
45 »Die unlösbare Verbindung des christlichen Glaubens mit dem Judentum« wird gesehen, was dies aber konkret heißt, vor allem dort, wo man bisher das Trennende betonte, muß noch weiter entfaltet werden, a.a.O., 17f.
46 »Wenn die Christus ablehnenden Juden weiter als ›Volk Gottes‹ anzusehen sind, was bedeutet dann ›Volk Gottes‹ im Verhältnis von Christen und Juden?« A.a.O., 20.
47 Die Zeitschrift Kirche und Israel hat dieser Fragestellung zwei Ausgaben gewidmet, KuI 6 (1991), Heft 2 und KuI 9 (1994), Heft 1. Die Nachfolgestudie Christen und Juden III behandelt die Frage des Bundes als einen ihrer Hauptpunkte, Christen und Juden III, 19–46, ein weiteres Thema, dem sie sich ausführlich widmet, ist der Streit um die Judenmission, 47–65.

2. Forschungsüberblick und Stand der Diskussion 15

Als weitere Aufgaben werden in der Studie einerseits eine Neuorientierung der gesamten theologischen Arbeit im Blick auf eine Abkehr vom Antijudaismus,[48] zum anderen Fragen der praktischen Umsetzung genannt.[49]

2.3. Predigen in Israels Gegenwart

Neben Voten, die ähnlich wie die Studie einen inzwischen erreichten Konsens sehen, vor allem in der Frage der bleibenden Erwählung Israels und der damit verbundenen Abkehr vom Substitutionsdenken,[50] zweifeln andere daran, ob sich diese Erkenntnisse wirklich schon durchgesetzt haben.[51] Dabei geht es vor allem auch um die Frage, was tatsächlich in den Gemeinden, in Unterricht und Predigt, vermittelt wird.[52]

Dieser Aufgabe der Umsetzung hat die katholische Kirche von Anfang an Aufmerksamkeit zugewendet. So heißt es in »Nostra aetate«: »Darum sollen alle Sorge tragen, daß niemand in der Katechese oder bei der Predigt des Gotteswortes etwas lehre, das mit der evangelischen Wahrheit und dem

---

48 Christen und Juden II: Punkt 3.2 Neuorientierung der theologischen Arbeit, 21–30; hier geht es vor allem um Exegese und Kirchengeschichte.
49 3.5 ist überschrieben: »Christen und Juden heute«, darin geht es um den Staat Israel, um die Begegnung mit dem Judentum, um Unterricht und Predigt, a.a.O., 55–63. Die Nachfolgestudie überschreibt zwei Hauptpunkte »4. Handlungsfelder und Aufgaben von Christen und Juden« (66–96) sowie »5. Orientierungen im christlich-jüdischen Gespräch« (97–107).
50 So schreibt Rolf Rendtorff in seinem Kommentarband zu den kirchlichen Verlautbarungen: »Als eine erste Folge dieses Neuansatzes ist es zu bewerten, daß die klassische Lehre von der ›Verwerfung‹ Israels heute wohl kaum noch vertreten wird.« Rendtorff, 110f. Die Herausgeber von KuI schreiben in ihrem Editorial zu einem Themenheft, das sich mit der Frage nach einer neuen Verhältnisbestimmung von Kirche und Israel beschäftigt, von »einem gewissen ökumenischen Konsens […] Gott hat seinen Bund mit Israel nicht aufgekündigt. […] Die Kirche ist theologisch nicht an die Stelle Israels getreten«. KuI 6 (1991), Editorial zu Heft 2, 97f, Zitat 97.
51 Frank Crüsemann meint, die Studie spreche, wo sie den Konsens über die bleibende Erwählung Israels feststellt, »im präsens propheticum«, Frank Crüsemann: »Ihnen gehören … die Bundesschlüsse« (Röm 9,4). Die alttestamentliche Bundestheologie und der christlich-jüdische Dialog, KuI 9 (1994), 21–38, Zitat 21.
52 So schreibt Wolfgang Raupach: »Bis vor kurzem dachte ich: Was wir tun sind Nachhutgefechte. Die theologische Umkehr hat stattgefunden; es kommt darauf an, sie zu konkretisieren und abzusichern.« Ein Blick auf Predigtmeditationen zum Israelsonntag habe ihn eines anderen belehrt. Und wo noch nicht einmal diese Predigthilfen »ihr Thema am Israel-Sonntag« kennen, »wie weit ist der Weg […] in die alltäglichen Vollzüge der Gemeindearbeit!« Raupach 1991, 10f. Wie sich die Predigthilfen zum Israelsonntag im Laufe der Jahre tatsächlich verändert haben, ist bei Evelina Volkmann genau nachzuvollziehen.

Geist Christi nicht im Einklang steht.«⁵³ Spätere Durchführungsbestimmungen konkretisierten dieses Anliegen.⁵⁴

Die EKD-Studie von 1975 sprach zwar nicht von diesem Problem, in ihrer Folge wurden aber verschiedene Arbeitsmaterialien und Informationen veröffentlicht, die ebenfalls die Praxis der Kirche im Blick hatten.⁵⁵ Die Studie von 1991 behandelt die Frage ausdrücklich und benennt wie die katholischen Dokumente vor allem die Arbeitsbereiche Unterricht und Gottesdienst. Unterrichten und Predigen soll »in Israels Gegenwart« geschehen.⁵⁶

Die Arbeit an der praktischen Umsetzung geschieht dabei in zwei Richtungen. Einerseits ist die bisherige Praxis daraufhin zu befragen, ob und wie bisher von Juden und vom Verhältnis Christen und Juden geredet wird. Finden sich alte antijudaistische Traditionen? Werden die in der Gegenwart lebenden Juden zur Kenntnis genommen? Untersuchungsobjekte sind hierbei Schulbücher, Lehrpläne und Unterrichtsentwürfe genauso wie Predigten, Predigthilfen oder liturgische Texte.⁵⁷ Hier geht es also darum, Fehler zu erken-

---

53 Kirchen und Judentum, 43.
54 Vgl. Kommission für die religiösen Beziehungen zum Judentum: Richtlinien und Hinweise für die Durchführung der Konzilserklärung »Nostra aetate«, Artikel 4 vom 1. Dezember 1974, Kirchen und Judentum K. I. 13, 48–53; Kommission für die religiösen Beziehungen zum Judentum: Hinweise für die richtige Darstellung von Juden und Judentum in der Predigt und in der Katechese der katholischen Kirche vom 24. Juni 1985, Kirchen und Judentum K. I. 31, 92–103. Interessant ist auch der Weg zur Neuformulierung der Karfreitagsbitte für die Juden, der endgültige Text und die verschiedenen Zwischenstadien finden sich ebenfalls in der Dokumentensammlung: Paul VI.: Missale Romanum vom 26. März 1970 (Seit dem 1. Fastensonntag 1976 für das deutsche Sprachgebiet verpflichtend, Auszug: Fürbitte »Für die Juden« in der Karfreitagsliturgie), Kirchen und Judentum K. I. 15, 56–60.
55 Arbeitsbuch Christen und Juden. Zur Studie des Rates der Evangelischen Kirche in Deutschland, hg. v. Rolf Rendtorff, Gütersloh 1979. Was jeder vom Judentum wissen muß, im Auftrag des Arbeitskreises Kirche und Judentum der Vereinigten Evangelisch-Lutherischen Kirche Deutschlands und des Deutschen Nationalkomitees des lutherischen Weltbundes hg. v. Arnulf H. Baumann, 8. Aufl., Gütersloh 1997. Dieses Buch ist zwar nicht von der EKD, sondern von der VELKD herausgegeben, versteht sich aber als Ergänzung der Studie, vgl. dazu das Vorwort. Predigen in Israels Gegenwart. Predigtmeditationen im Horizont des christlich-jüdischen Gesprächs, hg. im Auftrag der Studienkommission »Kirche und Judentum« der EKD von Arnulf H. Baumann und Ulrich Schwemer, Gütersloh, Bd. 1 1986, Bd. 2 1988, Bd. 3 1990.
56 Christen und Juden II, 3.5.3: »Predigen in Israels Gegenwart«, 58–61; 3.5.4 »Unterrichten in Israels Gegenwart«, 61–63; Formulierung übernommen von Baumann/Schwemmer, vgl. vorige Anm.
57 Vgl. Barkenings: »Für die Weiterarbeit tun sich [...] neue Aufgabenbereiche auf: die Sichtung unserer Agenden und die sachgemäße Einbeziehung von Umkehr und Erneuerung im Verhältnis von Christen und Juden in das liturgische Leben der Kirche (einschließlich der Frage nach dem gottesdienstlichen Gedenken an die Opfer und der Fürbitte für Israel/Jerusalem)« (181).

nen und zu korrigieren. Zum andern wird versucht, nicht nur bei negativen, abgrenzenden Aussagen stehen zu bleiben und festzustellen, wie man heute nicht mehr reden darf,[58] sondern positiv neue Möglichkeiten zu erschließen.

In beide Richtungen ist im Rahmen der Religionspädagogik einiges gearbeitet worden.[59] Im folgenden sind Arbeiten kurz vorzustellen, die sich mit dem Bereich Gottesdienst und Predigt befassen. Dabei ist zuerst eine Arbeit zu nennen, die schon sehr früh auf die Notwendigkeit einer grundsätzlichen Erneuerung der Verkündigung der Kirche hingewiesen hat. Ernst Wittekind schrieb 1967 einen Aufsatz mit dem Titel: »Synagoge und Kirche. Eine bleibende Frage unserer Predigt«. Dort heißt es: »Die Verbrennungsöfen von Auschwitz und alles, was damit zusammenhängt, bedrängen uns. Wir können nicht so predigen, als sei nichts geschehen.« Das »göttliche Geheimnis, das hinter dem Volk der Juden steht«,[60] bedeute für die Predigt der Kirche, Gottes »Gnadenhandeln sehen« zu lernen, die Juden als »Zeugen für die Wirklichkeit des Wortes Gottes« und ebenso als »Zeugen seiner *Leiblichkeit und Weltlichkeit*« zu begreifen.[61] Hier wird deutlich, daß es Wittekind nicht um einen oder einige wenige Sonntage im Kirchenjahr geht, sondern um Grundlagen unseres Predigens.

Weiter ist auf Arbeiten hinzuweisen, die die Predigttradition der Vergangenheit untersuchen. Gerhard Rau, dessen Thema ausdrücklich die »antijüdisch-antisemitische Predigt« ist,[62] untersucht Predigten zu Röm 9–11.[63] Er

---

58 Vgl. z.B. Intersynodaler Arbeitskreis Köln/Bonn/Bad Godesberg: Zehn Punkte zur Selbstkontrolle christlichen Redens mit und über Juden. Eine Einladung zum Umdenken, KuI 1 (1986), 82–86.
59 Vgl. u.a. Reinhold Boschert-Kimmig: Erziehung nach Auschwitz. Zur praktischen Dimension des christlich-jüdischen Dialogs, KuI 7 (1992), 83–91; Peter Fiedler: Zehn Thesen zur Behandlung des Judentums im Religionsunterricht, KuI 2 (1987) 169–171; Herbert Jochum u. Heinz Kremers (Hg.): Juden, Judentum und Staat Israel im christlichen Religionsunterricht in der Bundesrepublik Deutschland, Paderborn u.a. 1980; Ruth Kastning-Olmesdahl: Die Juden und der Tod Jesu. Antijüdische Motive in evangelischen Religionsbüchern für die Grundschule, Neukirchen-Vluyn 1981; Martin Rothgangel: Antisemitismus als religionspädagogische Herausforderung. Eine Studie unter besonderer Berücksichtigung von Röm 9–11, Lernprozeß Christen Juden Bd. 10, 2. Aufl., Freiburg 1997.
60 Ernst E. Wittekind: Synagoge und Kirche. Eine bleibende Frage unserer Predigt, PTh 56 (1969), 241–250, Zitate 241.
61 So die Grundthesen der drei Teile seiner Überlegungen, Zitate 242, 244 und 247, Hervorhebung Ernst E. Wittekind.
62 Gerhard Rau: Die antijüdisch-antisemitische Predigt, in: Auschwitz – Krise der christlichen Theologie. Eine Vortragsreihe, hg.v. Rolf Rendtorff u. Ekkehard Stegemann, ACJD 10, München 1980, 26–48.
63 Diese Textwahl ist insofern problematisch, als Röm 9–11 in den altkirchlichen Perikopen nur durch die Epistel am Trinitatisfest, Röm 11,33–36, vertreten war. Die »neuen« Eisenacher Episteln von 1896 legten dazu Röm 10,1–15 für den

spricht von »antisemitischer Verseuchung unserer Theologie und Predigt« (46), deren Strukturen er aufzeigt, und verweist nur ganz knapp auf eine neue, positive Hermeneutik.

Adam Weyer fragt nach einem Neuanfang des Redens von den Juden in den Jahren nach 1945.[64] Er findet zwar nur wenige Ansätze, und die nicht in Predigten,[65] sondern in Überlegungen zu »Gottes Judenfrage«,[66] und stellt fest, daß der Neuanfang erst viel später stattgefunden hat, ja, daß wir, gerade was die Predigt angeht, immer noch am Anfang stehen. Dennoch schließt er mit dem Urteil: »Dieser Anfang aber ist begründet in den – nur nachträglich als unzureichend zu beurteilenden – Versuchen, nach 1945 ein neues Verständnis von ›Gottes Judenfrage‹ in der evangelischen Christenheit zu wecken« (176).

Helmut Barié[67] untersucht aktuelles Material, Predigten badischer LehrvikarInnen, und findet darin beides, die Juden als Negativbild, über die pauschal geurteilt wird, aber auch Versuche, die neuen theologischen Erkenntnisse umzusetzen, von den Juden ein zutreffendes Bild zu zeichnen statt eines Zerrbilds, die jüdisch-christliche Geschichte aufzuarbeiten und andere positive Ansätze. Insgesamt zeichnet Barié ein verhalten positives Bild und empfiehlt schließlich elf »Selbstverpflichtungen für Prediger«. Darin geht es z.B. um bewußten Umgang mit alttestamentlichen Texten, die dem Volk Israel nicht enteignet werden sollen, oder darum, die Schoah nicht als Predigtbeispiel zu instrumentalisieren. Auch wird dazu aufgefordert, <u>Lokal- und Regionalgeschichte</u> zur Kenntnis zu nehmen, um der Predigt Lokalkolorit geben zu können.[68]

---

    2. Sonntag nach Trinitatis fest. Es gab also zu den anderen Texten aus diesen Kapiteln keine feste Predigttradition, die Aussagen des Paulus zu Israel gehörten vielmehr zur ungepredigten Bibel. Vgl. dazu Heinz Kremers: Römer 9–11 in Predigt und Unterricht, in: Im Dienst für Schule, Kirche und Staat, Gedenkschrift für Arthur Bach, hg.v. Hermann Horn und Ingeborg Röbbelen, Heidelberg 1970, 153–172, besonders 156–159.

64 Adam Weyer: Neuanfang? Die Juden in evangelischen Predigten nach 1945, KuI 3 (1988), 163–178.

65 Eine der beiden Predigten, die Weyer ausführlicher darstellt, ist eine von Hans Walter Wolff zum 10. Sonntag nach Trinitatis 1946 (inzwischen wieder abgedruckt, Hans Walter Wolff: Was zu deinem Frieden dient. Predigt über Lukas 19, 41–48 in der evangelischen Kirche Solingen-Wald am 10. Sonntag nach Trinitatis (25. August) 1946, in: ders.: ... wie eine Fackel, Predigten aus drei Jahrzehnten, Neukirchen-Vluyn 1980, 184–192). Weyer geht auf diesen besonderen Anlaß nicht ein (wie es auch Wolff nicht tut).

66 So eine Zwischenüberschrift, ein Stichwort von Hermann Albert Hesse aufnehmend, 167.

67 Helmut Barié: Juden aus der Sicht junger Prediger. Dokumentation einer nötigen und schon in Gang gekommenen homiletischen Umkehr, KuI 3 (1988), 65–80.

68 Das Positivbeispiel, das er dafür gibt (76f), ist vor allem deshalb eindrücklich,

2. Forschungsüberblick und Stand der Diskussion

Grundsätzlicher, als Barié es tut,[69] fragen Arnulf Baumann und Ulrich Schwemer danach, was es bedeutet, in Israels Gegenwart zu predigen.[70] Normalerweise rechnet kein Prediger mit der Anwesenheit von Juden im Gottesdienst, er sollte aber in dem Bewußtsein reden, »daß nach dem Holocaust ein Jude in Deutschland jeden Gottesdienst besuchen können müßte, ohne sich durch die Aussagen des Predigers verzeichnet, herabgesetzt oder gar beleidigt zu fühlen« (10). Notwendig sind ferner das Bewußtsein für gemeinsame Wurzeln, das Vermeiden von antijüdischen Stereotypen, vor allem auch der Verzicht darauf, die Juden als Negativfolie zu verwenden. Wichtig erscheint der Hinweis, daß nicht jeden Sonntag die christlich-jüdische Thematik im Mittelpunkt stehen darf. »Hier kann Übereifer die Hörer abstumpfen und in ihrer Aufnahmefähigkeit einengen« (11). Vorsicht ist auch bei der Übernahme jüdischer Texte geboten, vor allem bei deren liturgischem Gebrauch; sonst besteht die Gefahr einer neuen Enteignung der jüdischen Tradition. Abschließend betonen die Autoren: »Bei allen diesen Fragen wird es sich immer wieder zeigen, daß wir insgesamt noch am Anfang der homiletischen Aneignung der Ergebnisse des christlich-jüdischen Gesprächs stehen. Das sollte aber niemand davon abhalten, sich dieser Aufgabe zu stellen, sondern im Gegenteil zur Bemühung anspornen, die in der Verkündigung noch vorhandenen Quellen antijüdischer Einstellungen der Christen zum Versiegen zu bringen und stattdessen die Predigt zur Quelle einer neuen, die Verbundenheit der Christen mit den Juden betonenden Einstellung werden zu lassen« (12).

Ernst Ludwig Ehrlich ergänzt diese Überlegungen durch »Wünsche eines Juden an christliche Prediger«:[71] Der Jude Jesus solle in seinem jüdischen Kontext gesehen werden, es dürfe nicht von Israels Verwerfung geredet werden, vielmehr müßten die gegenwärtigen Juden im Blick sein, die jüdische Auslegung der hebräischen Bibel solle zur Kenntnis genommen,[72] das AT nicht gegenüber dem NT, das Judentum nicht gegenüber dem Christentum abgewertet werden. Wolfgang Raupach-Rudnick führt ähnliche Regeln

---

weil der Prediger auf eine gute Geschichte des Miteinanders verweisen kann, nicht nur auf die Verfolgung.
69 Vgl. auch eine zweite Arbeit, die dieselben Predigten untersucht: Helmut Barié: Pharisäer – typisch für »die Frommen«? Zum Pharisäerbild junger Prediger, ThBeitr 19 (1988), 257–267. Auch hier schlägt Barié zum Schluß »Selbstverpflichtungen für Prediger« vor (266f).
70 Predigen in Israels Gegenwart 1, Einleitung, 8–15.
71 Ernst Ludwig Ehrlich: Wünsche eines Juden an christliche Prediger, in: Predigen in Israels Gegenwart 1, 16–17.
72 Vgl. als Hilfe dazu Roland Gradwohl: Bibelauslegungen aus jüdischen Quellen, Bd. 1–4: Die alttestamentlichen Predigttexte des 3.–6. Jahrgangs, Stuttgart 1986–1989.

an, die im Kontext des christlich-jüdischen Dialogs in den USA entstanden sind. Der Holocaust soll weder verharmlost, noch christianisiert oder instrumentalisiert werden. Werden jüdische Quellen benutzt, so sollen sie nicht uminterpretiert oder als Negativfolie verwendet werden. Die Erinnerung an den Holocaust soll nicht auf einen einzelnen Tag beschränkt werden.[73]

Die drei Bände Predigtmeditationen, die durch die Überlegungen von Baumann und Schwemer sowie Ehrlich eingeleitet werden, behandeln sowohl Texte, die in Gefahr stehen, antijudaistisch ausgelegt zu werden, als auch solche, »die die gemeinsamen Wurzeln von Christentum und Judentum ins Blickfeld rücken und also der Stärkung des Bewußtseins der Gemeinsamkeit, ja der Verbundenheit zwischen Christen und Juden dienen können.«[74]

Hier wird tatsächlich aufgezeigt, wie die Umsetzung des Konsenses, von dem oben die Rede war, praktisch aussehen könnte. Dem gleichen Anliegen können Predigtsammlungen dienen, die von dem Dialog verpflichteten VerfasserInnen stammen oder Israel zum Thema haben.[75]

Der Suche nach liturgischen Formulierungen, »die in Israels Gegenwart vertretbar sind«, verdanken liturgische Überlegungen zu Lesungen und Gebeten ihre Entstehung, die 1995 unter dem Titel »Lobe mit Abrahams Samen« veröffentlicht wurden.[76] Es handelt sich hierbei um eine Stellungnahme zum Vorentwurf zur Erneuerten Agende.[77] Die hier gegebenen Anstöße haben mit dazu geführt, daß das Evangelische Gottesdienstbuch das Anliegen der Verbundenheit mit »Israel als dem erstberufenen Gottesvolk« ausdrücklich aufgenommen hat.[78]

---

73 Raupach 1991, 13f. Diese Regeln sind im Zusammenhang mit christlichen Gottesdiensten am Jom Haschoah, dem offiziellen israelischen Gedenktag der Schoah, entstanden.
74 Predigen in Israels Gegenwart 1, 9.
75 Vgl. z.B. Israel im christlichen Gottesdienst. Predigten. Ansprachen. Begegnungen, hg.v. Peter von der Osten-Sacken, VIKJ 10, Berlin 1980; Friedrich-Wilhelm Marquardt: Aber Zion nenne ich Mutter ... . Evangelische Israel-Predigten mit jüdischen Antworten, hg.v. Joachim Hoppe, München 1989.
76 Reinhard Buschbeck u.a.: »Lobe mit Abrahams Samen«. Israel im evangelischen Gottesdienst, eine Arbeitshilfe, Heppenheim 1995, Zitat 1. Auf die hier gemachten Vorschläge zum 10. Sonntag nach Trinitatis ist unten im Zusammenhange mit den Perikopen des Tages noch einzugehen.
77 Erneuerte Agende. Vorentwurf, im Auftrag des Rates der EKU ... und der VELKD erarbeitet von der Arbeitsgruppe »Erneuerte Agende«, Hannover 1990.
78 Vgl. dazu nur das letzte der maßgeblichen Kriterien, das sogenannte Israelkriterium: »7. Die Christenheit ist bleibend mit Israel als dem erstberufenen Gottesvolk verbunden.« Evangelisches Gottesdienstbuch. Agende für die EKU und die VELKD, hg.v. der Kirchenleitung der VELKD und im Auftrag des Rates von der Kirchenkanzlei der EKU, Berlin u.a. 1999, 16. Zu der Diskussion um die oben

2. Forschungsüberblick und Stand der Diskussion

2.4. Die aktuelle Diskussion um den Israelsonntag

Die Aufgabe, in Israels Gegenwart zu predigen, stellt sich an jedem Sonntag im Kirchenjahr. In besonderer Weise aber gilt dies am Israelsonntag, wo das Thema Israel bzw. Christen und Juden oft den Gottesdienst bestimmt.[79] Die EKD-Studie von 1991 benennt auch den Karfreitag als Tag im Kirchenjahr, an dem »das Verhältnis von Juden und Christen besonders aufmerksam zu bedenken« ist. Weiter heißt es:

Zum andern ist in den Jahren nach dem Krieg der 10. Sonntag nach Trinitatis als »Israelsonntag« vielerorts zu einem Anlaß geworden, über ein neues Verhältnis zum Judentum nachzudenken. Die Predigttexte der Perikopenordnung sind dafür nicht gerade günstig ausgewählt worden (z.B. Jesus weint über Jerusalem/Tempelreinigung, Lk 19,41–48; Tempelreinigung Joh 2,13–22.) Eine Überarbeitung der Perikopenordnung, zumindest für diesen Sonntag, wäre sehr wünschenswert. (60)[80]

Hier zeigt sich, daß eine Neugestaltung des Israelsonntags im Gespräch ist. Thema soll sein, »über ein neues Verhältnis zum Judentum nachzudenken«. Die alten, z.T. aber auch neuen, nämlich erst seit 1977 gültigen Perikopen passen für die Verfasser der Studie nicht zu diesem Anliegen, wobei hier nicht bedacht wird, daß das altkirchliche Sonntagsevangelium Lk 19,41–48 überhaupt erst Anlaß gab, den Sonntag als Israelsonntag zu begehen. Die aktuelle Diskussion um die Gestaltung des Tages betrifft einerseits die Lesungen und Predigttexte für den Tag, andererseits die Themen, die an dem Sonntag im Mittelpunkt stehen sollen. Diese beiden Aspekte lassen sich allerdings nicht trennen, sondern müssen im Zusammenhang bedacht werden. Bevor einige Beiträge zu dieser Diskussion dargestellt werden, sollen

---

genannte Stellungnahme und die Aufnahme der dort genannten Anliegen vgl. Helmut Schwier: Die Erneuerung der Agende. Zur Entstehung und Konzeption des »Evangelischen Gottesdienstbuches«, Leiturgia, N.F. Bd. 3, Hannover 2000, 313–335, 367–368 und 402–407. Inzwischen ist ein Band erschienen, der versucht, für die liturgische Gestaltung aller Sonn- und Festtage des Kirchenjahres nach der Bedeutung des Israelkriteriums zu fragen: Alexander Deeg (Hg.): Der Gottesdienst im christlich-jüdischen Dialog. Liturgische Anregungen – Spannungsfelder – Stolpersteine, Gütersloh 2003.

79 Vgl. aber Denecke, 9: »Nach sicherlich nicht repräsentativen, aber auch nicht zufälligen Äußerungen in einer Umfrage an Pastoren/Pastorinnen in mehreren Kirchenkreisen der Hannoverschen Landeskirche ist der Israel-Sonntag ein Sonntag, den man bisher im Normalfall nicht besonders bedacht hat: – den man vergessen hat, – dem man ausgewichen ist, – den man verlegen verschwiegen hat.«

80 Auch die bereits genannte 1998 verabschiedete Erklärung der Evangelisch-Lutherischen Kirche in Bayern zum Thema »Christen und Juden« benennt den Israelsonntag als Tag, an dem Konsequenzen dieser Erklärung auf der Gemeindeebene deutlich werden sollen. Unter Punkt IV. 1. heißt es »Aufgaben und Ziele sind: [...] liturgische Gestaltungen der Erinnerung durchführen (z.B. 10. Sonntag nach Trinitatis: Israel-Sonntag)«, Kirchen und Judentum II, 811.

zuerst die Perikopen für den 10. Sonntag nach Trinitatis selbst in den Blick kommen.

Es zeigt sich dabei, daß schon die Ordnung der Predigttexte von 1958, erst recht die Revision der Lesungen und Predigttexte von 1977, versuchte, das Thema Christen und Juden stärker zu profilieren. Die Eisenacher Perikopenrevision von 1890 hielt noch an der altkirchlichen Evangelien- und Epistellesung fest: Lk 19,41–48 und I Kor 12,1–11 waren für den 10. Sonntag nach Trinitatis vorgesehen. Die neuen Eisenacher Perikopen von 1896 ergänzten diese Texte durch das zu Lk 19,41–48 passende Evangelium Mt 23, 34–39 und die alttestamentliche Lesung Jer 7,1–11, die in Lk 19,46 zitiert wird. Dazu kam als neue Epistel Act 20,17–38. Diese Lesung hatte nichts mit dem alten Evangelium und dem dadurch vorgegebenen Thema des Sonntags zu tun, war vielmehr Teil einer Bahnlesung aus Act.[81]

Die Ordnung der Predigttexte von 1958 eröffnete die Möglichkeit, wahlweise statt der altkirchlichen Epistel I Kor 12,1–11 die Lesung Röm 9,1–5; 10,1–4 zu verwenden, dazu kam Röm 11,25–32 (Reihe IV). Neben diesen Texten aus dem Römerbrief standen zwei Predigttexte, die von der Ablösung Israels durch die Kirche, bzw. der Juden durch die Heiden sprachen: Mt 21,33–46 und Act 13,42–52. Die alttestamentliche Lesung Jer 7,1–7(8–15) (Reihe III) wurde aus den neuen Eisenacher Perikopen übernommen. Hier ist also deutlich das Thema Christen und Juden für den Sonntag bestimmend, allerdings z.T. mit Texten, die uns heute in diesem Zusammenhang problematisch erscheinen. Zu einer endgültigen Ersetzung der altkirchlichen Epistel, die zu diesem Sonntagsthema kaum paßt, kam es noch nicht.

Das geschah erst mit der Revision der Perikopen im Jahr 1977. Als Evangeliumslesung war weiterhin Lk 19,41–48 vorgesehen, die Epistellesung Röm 11,25–32 ersetzte die Lesung aus I Kor 12, dazu kam in Reihe IV Röm 9,1–5.31–10,4, alttestamentliche Lesung wurde II Reg 25,8–17 (Reihe VI), Jer 7,1–11(12–15) blieb als Predigttext erhalten (Reihe V), dazu kam die Tempelreinigung nach Joh 2,13–22 (Reihe III). Auch hier zeigt sich das Bemühen, anhand der Texte aus Röm 9–11 das Thema Israel und Kirche zur Sprache zu bringen. Das Gleichnis aus Mt 21,33–46, einer der klassischen Belegtexte für die Substitutionstheorie, ist weggefallen. Dafür erscheint hier der Text aus II Reg problematisch, der nur das reine Faktum der Zerstörung Jerusalems und des Tempels sowie der Exilierung berichtet. Auch Joh 2 läßt sich nur mühsam mit dem Thema Israel und Kirche in Verbindung bringen.[82]

---

81 Diese Bahnlesung umfaßte, mit drei Lücken und zwei Umstellungen, den 1.–12. Sonntag nach Trinitatis: 1. n.Tr.: Act 4,32–35; 3. n.Tr.: Act 3,1–16; 4. n.Tr.: Act 4,1–12; 5. n.Tr.: Act 5,34–42; 6. n.Tr.: Act 8,26–39; 8. n.Tr.: Act 16,16–32; 9. n.Tr.: Act 17,16–34; 10. n.Tr.: Act 20,17–38; 12. n.Tr.: Act 16,9–15.

82 Wie das z.B. geschehen kann, zeigt Peter Hirschberg: Lesepredigt zu Joh 2,13–22,

2. Forschungsüberblick und Stand der Diskussion

Von verschiedenen Seiten wurde Kritik an dieser Perikopenordnung laut, und es wurde gefordert, für den Sonntag andere Texte zu wählen. Dabei ging es wie gesagt nicht nur um neue Lesungen und Predigttexte, sondern zugleich um ein neues, eindeutiges Thema des Sonntags. Die Perikopen, die seit 1977 gültig waren, zeigen ja ein doppeltes, fast ein dreifaches Thema, einerseits das Verhältnis von Juden und Christen, Israel und Kirche (Röm 9,1–5.31–10,4; Röm 11,25–32), andererseits die Zerstörung Jerusalems und des Tempels (Lk 19 und II Reg 25), dazu noch einmal speziell die Kritik am Tempel und Tempelkult, die den zweiten Teil des altkirchlichen Evangeliums aufnimmt (Jer 7 und Joh 2). Dazu kommt, daß auch der Text aus Röm 9–10 in seiner Abgrenzung nicht unproblematisch ist.[83]

Wolfgang Raupach-Rudnick hält diese Perikopenordnung für »höchst problematisch. Als solche macht sie aus der zeitlichen Nähe des 10. nach Trinitatis zum 9. Aw einen überlegenen Gegensatz.«[84] Er schließt sich hier der sehr harten Kritik von Jürgen Ebach an, der in den Perikopen eine »Argumentationskette« erkennt: »Jeremia hat dem Tempel den Untergang angesagt, er ging tatsächlich und als Gericht Gottes unter; Jesus (der nach Lk Jer 7 zitiert) sagt abermals den Untergang an und vertreibt die Händler und Wechsler aus dem Tempel, worauf die vornehmen Juden seinen Tod planen, der Untergang ist abermals gekommen und wird immer weiter kommen, denn das Volk, das sich auf das Gesetz verläßt, ist verworfen und wird erst am Ende der Zeiten gerettet werden (Römerbrief-Texte in dieser Auswahl).«[85] So kommt Raupach-Rudnick zu dem Schluß: »Die Perikopenordnung für den Israel-Sonntag muß geändert werden, sonst bleiben alle Bemühungen Stückwerk.«[86]

Er macht im Rahmen dieser Überlegungen keine konkreten Textvorschläge, wünscht sich aber »<u>einen Israel-Sonntag, der dankbar und positiv entfaltet, was christlicher Glaube dem ersten Bund verdankt, und der die</u>

Israel-Gedenken im evangelischen Gottesdienst, hg. v. Kirchenamt der EKD u.d. Luth. Kirchenamt der VELKD, Hannover 1993, 30–36.
83 Röm 9,31–10,4 kann die Verse 9,1–5 leicht relativieren. Vgl. dazu Kremers, 161, der allerdings noch von der Abgrenzung von 1958, also 9,1–5; 10,1–4, ausgeht. »Warum eigentlich kann ein lutherischer Theologe vor Röm. 9,1–5 nicht einmal andächtig still werden und in froher und dankbarer brüderlicher Solidarität mit den Juden nur über diese Verse predigen? Warum muß man sofort besserwisserisch und geschwätzig 10,1–4 anhängen, damit die ganze Predigt eines deutschen Theologen nach 1945 zu einem einzigen Aufruf zur Judenmisssion werden kann? Es muß auch über Röm. 10,1–4 und ›selbstgewählte Heilswege‹ der Juden *und* Christen gepredigt werden, aber man sollte das *heute* nicht mehr kombiniert mit 9,1–5 tun.«
84 Raupach 1991, 11.
85 Ebach, 102, Anm. 6.
86 Raupach 1991, 12.

gemeinsamen Wurzeln entfaltet.«[87] In ähnlichem Sinn fordert Hans-Joachim Barkenings »die Umwidmung des Israel-Sonntags (10. Sonntag nach Trinitatis), der nicht mehr ein Gedenktag des göttlichen Strafgerichts über die Juden bleiben darf, sondern zum Fest der Verbundenheit der Kirche mit Israel werden muß«.[88]

Schon 1970 kam Heinz Kremers in einer Untersuchung über »Römer 9–11 in Predigt und Unterricht« zu der Überzeugung: »nach allem, was geschehen ist, wären doch die Verse 11,13–24 *der ideale Predigttext* für eine Bußpredigt am Judensonntag!«[89] In der Arbeitshilfe »Lobe mit Abrahams Samen« heißt es: »Die Zerstörung des Tempels soll zurücktreten zugunsten des Bedenkens des christlich-jüdischen Verhältnisses.«[90] Hier werden dann auch konkrete Vorschläge für neue Perikopen gemacht. Die Epistel Röm 11,25–32 soll in die Reihe IV der Predigttexte rücken, Lk 19,41–48 in Reihe V, da das alte Evangelium zwar für unverzichtbar gehalten wird, aber ebenso wie die Epistel als unkommentierte Lesung problematisch erscheint. Als Evangelium ist Mk 12,28–34 vorgeschlagen, als Epistel Röm 9,1–5, als alttestamentliche Lesung und Predigttext der Reihe III Dtn 6,4ff, für Reihe VI Thr 1 (Auswahl); 3,22–24.[91]

In einem allgemeinen Revisionsvorschlag für die Perikopenordnung aus dem Jahr 1995 finden sich ebenfalls neue Texte für den 10. Sonntag nach Trinitatis. Auch nach diesem Vorschlag soll für den Sonntag, dessen Thema mit »Israelgedenken« angegeben wird, Mk 12,28–34 Evangelium, Römer 9,1–5 Epistellesung sein. Als alttestamentliche Lesung ist Ex 19,1–6a ausgewählt. Die übrigen Predigttexte sind Joh 4,19–26, Jes 62,6–12 und Sir 36,13–19, die Marginaltexte Röm 11,25–32 und II Reg 22 (Auswahl). Als Wochenpsalm wird Ps 122 vorgeschlagen, der Wochenspruch bleibt Ps 33,12.[92] Grundtenor der Texte ist eine positive Darstellung des Judentums in verschiedenen Aspekten: Erwählung und Vorrang Israels (Joh 4, Ex 19), Verbundenheit von Israel und Kirche (Mk 12), positive Wertung des Gesetzes (II Reg 22, Mk 12) und Bitte und Heilsweissagung für Jerusalem (Ps 122, Sir 36, Jes 62) kommen hier zur Sprache.

---

87 Ebd.
88 Barkenings, 181.
89 Kremers, 160. Später heißt es: »Röm. 11,1ff. und 11,13–24 muß in die ›ordentlichen‹ Perikopenreihen aufgenommen werden, damit die lutherischen und unierten Christen in Deutschland endlich im Gottesdienst hören, daß Gott das jüdische Volk nicht verstoßen hat, und daß es gefährlich ist, die Juden zu verachten und sich ihnen gegenüber – als die beati possidentes – unseres christlichen Glaubens hochmütig zu rühmen!« (161f).
90 Buschbeck u.a., 37.
91 A.a.O., 38.
92 Lutherische Liturgische Konferenz Deutschlands: Ordnung der Lesungen und Predigttexte. Revisionsvorschlag 1995, die Texte zum Israelsonntag dort Band I, 32.

2. Forschungsüberblick und Stand der Diskussion

Mit diesen neuen Textvorschlägen wird allerdings nur ein Teil der Themen angesprochen, die mit dem 10. Sonntag nach Trinitatis in Verbindung gebracht werden. Die Vielfalt und Unterschiedlichkeit dieser Themen wird deutlich an den Überlegungen von Wolfgang Raupach-Rudnick zur liturgischen Farbe des 10. Sonntags nach Trinitatis. Schwarz als Farbe der Trauer stünde für die Nähe zum 9. Aw, Violett würde die Christen zur Umkehr in ihrem Verhältnis zum Judentum aufrufen, Rot, die Farbe der Märtyrer und Lehrer der Kirche, könnte auf all das verweisen, was die Kirche dem Judentum verdankt.[93] Raupach-Rudnick selbst plädiert für Rot, damit für die Betonung der Verbundenheit und der gemeinsamen Wurzeln. Aber die Farben Schwarz und Violett machen deutlich, daß noch ein anderer Themenbereich zur Beziehung von Christen und Juden gehört, die Geschichte der Verfolgung, der Täter und der Opfer. Auch diese Thematik soll am 10. Sonntag nach Trinitatis mit bedacht werden, hat daneben aber zum Teil auch eigene Gedenktage, in Deutschland den 9. November, den Jahrestag der Reichspogromnacht 1938, und inzwischen den 27. Januar, den Tag der Befreiung von Auschwitz 1945 als Tag des Gedenkens an die Opfer des Nationalsozialismus,[94] in Amerika den Jom Haschoah, den offiziellen israelischen Gedenktag an die Schoah.[95]

Hier wird deutlich, daß der 10. Sonntag nach Trinitatis allein nicht allen Aspekten des Themas Christen und Juden gerecht werden kann. Darum wird von verschiedenen Seiten vorgeschlagen, neben dem Israelsonntag auch an anderen Tagen diese Thematik zu bedenken. Die Erneuerte Agende enthält neben dem Proprium zum 10. Sonntag nach Trinitatis ein eigenes, besonders ausführlich gestaltetes Proprium »Christen und Juden« mit den Lesungen Jer 31,31–34, Röm 11,17–24 und Joh 4,19–26, gibt aber nicht an, für welche Anlässe dieses Proprium gedacht ist.[96] Die Arbeitshilfe »Lobe mit Abrahams Samen« nennt unter dem Stichwort »Israelgedenken / Proprium ›Christen und Juden‹«[97] Vorschläge für »Gedenktage (9. November und an-

---

93 Raupach(-Rudnick) hat diese Überlegungen wiederholt in verschiedenen Materialien zum 10. Sonntag nach Trinitatis veröffentlicht, vgl. neben den beiden bereits genannten Arbeiten noch Wolfgang Raupach-Rudnick: Die liturgische Farbe des Israel-Sonntags, in: Israel-Gedenken im evangelischen Gottesdienst, hg. v. Kirchenamt der EKD u. d. Luth. Kirchenamt der VELKD, Hannover 1993, 20–23.
94 Vgl. in diesem Zusammenhang den Ergänzungsband zum EGb, der ausführliche Materialien für die »Gottesdienstliche Begehung des Holocaust-Gedenkens« bietet und in diesem Zusammenhang nicht auf den 10. Sonntag nach Trinitatis, sondern nur auf den 27.1. und den 9.11. hinweist. Evangelisches Gottesdienstbuch. Ergänzungsband, hg. v. der Kirchenleitung der VELKD und im Auftrag des Rates von der Kirchenkanzlei der EKU, Berlin u. a. 2002, 127–149.
95 Vgl. dazu Raupach 1991, 12f; Denecke, 13. Vgl. auch Nathan Eck: Holocaust Remembrance Day, EJ 8, 916–917.
96 Erneuerte Agende. Vorentwurf, 428–32.
97 Buschbeck u. a., 38f.

dere Daten)«, aber auch für die »Erneuerung des christlichen Gottesdienstes angesichts der heilsgeschichtlichen Bedeutung Israels« und die »Wahrnehmung jüdischer Menschen heute (Begegnung, Woche der Brüderlichkeit, Anteilnahme am Ergehen des Staates Israel)«.[98] Hier werden als Lesungen Jes 49,5–10 (12); Act 15,13–18 (21) oder Jak 2,12–18 (24) und Mt 7,12, als weitere Predigttexte Ps 74 und Neh 4,1–15 genannt.

Denecke schlägt eine ganze Reihe verschiedener Daten für »Israel-Gedenktage« vor, neben dem 9. November und dem Jom Haschoah den Karfreitag, Volkstrauertag-Bußtag-Friedensdekade sowie die Woche der Brüderlichkeit.[99] Er nennt dabei insgesamt vier verschiedene Themenbereiche, die berücksichtigt werden müßten: »Zusammengehörigkeit von Christen und Juden«, »Der ungekündigte Bund – Die bleibende Erwählung«, »Verfolgungsgeschichte des Judentums« und davon unterschieden »Unsere christliche Schuldgeschichte«.[100]

Diese Tage und Themen, die in der aktuellen Diskussion genannt werden, sollen den traditionellen Israelsonntag nicht nur ergänzen, sondern unter Umständen völlig ersetzen. Neben allem anderen wird gegen ihn nämlich sein ungünstiges Datum im Kalenderjahr angeführt. Er fällt meistens in die Ferienzeit. »Die Kirchen sind häufig schlecht besucht, der/die Pfarrer/in ist möglicherweise im Urlaub. In dieser sommerlichen Zeit das schwergewichtige Thema Christen und Juden bedenken?«[101] Denecke selber plädiert zwar dafür, dem geprägten Tag »standzuhalten«, bietet aber dann doch die oben genannten alternativen Daten an.

Mit der Einführung des Evangelischen Gottesdienstbuchs 1999 war an vier Tagen, darunter am 10. Sonntag nach Trinitatis, eine Veränderung des Propriums verbunden. Hierbei wurde ein Teil der genannten Vorschläge aufgenommen. Als Alternative zum alten Evangelium Lk 19,41–48 wird Mk 12,28–34 angeboten, Epistel ist Röm 9,1–8.14–16, atl. Lesung Ex 19,1–6, in Reihe IV steht wahlweise Jes 62,6–12 oder Sir 36,13–19 zur Verfügung, in Reihe V Joh 4,19–26 und Reihe VI Röm 11,25–32, als Marginaltext Jer 7,1–11 (12–15).[102] Zugleich wird auf das Proprium »Christen und Juden« verwiesen, das an diesem Tag gebraucht werden könne und die gleichen Lesungen enthält wie schon die Erneuerte Agende (Jer 31,31–34 Röm 11,17–24 und

---

98 A.a.O. 38.
99 Denecke, 11–15.
100 A.a.O., 15f.
101 A.a.O., 9. Der neue Perikopenvorschlag der Lutherischen Liturgischen Konferenz verändert zugleich die Gliederung des Kirchenjahres, vor allem in der Trinitatiszeit. Hier fällt der Israelsonntag auf den 5. Sonntag nach Johannis, der zwischen dem 23. und dem 29. Juli liegt. Aber auch das ändert an der Ferienproblematik nichts.
102 Evangelisches Gottesdienstbuch, 368f.

2. Forschungsüberblick und Stand der Diskussion

Joh 4,19–26). Liturgische Farbe für diesen Tag ist Violett.[103] Auch diese beiden Proprien enthalten noch immer unterschiedliche Themen. Das Wochenlied für den 10. Sonntag nach Trinitatis »Nimm von uns, Herr, du treuer Gott« (EG 146) sowie die violette Farbe deuten die Tage als Bußtage für die Kirche.[104] Andere Texte sprechen von der Erwählung Israels, und auch die Zerstörung Jerusalems wird weiterhin am 10. Sonntag nach Trinitatis bedacht.

Zusammenfassend läßt sich sagen: Die Feier des Israelsonntags erscheint heute aus den verschiedensten Gründen problematisch. Für viele Pfarrer und Gemeinden ist er überhaupt nicht im Bewußtsein. Das traditionelle Thema des Sonntags, das Gedenken an die Zerstörung Jerusalems, scheint nicht dazu geeignet, das dem Sonntag neu zugewachsene Thema des christlich-jüdischen Verhältnisses zu behandeln. Diese Konkurrenz der Themen spiegelt sich auch in der neuerdings revidierten Ordnung der Predigttexte für den Sonntag. Ein Sonntag allein scheint gar nicht ausreichend zu sein, die verschiedenen Themen und Fragen des Verhältnisses von Israel und Kirche anzusprechen, zumal dann nicht, wenn dieser Sonntag in der Ferienzeit liegt und dadurch oft übergangen wird.

Darum sehen die Änderungsvorschläge, die ja im Evangelischen Gottesdienstbuch zum Teil berücksichtigt wurden, nicht nur eine Veränderung der Sonntagsperikopen vor, sondern darüber hinaus eine Verlegung des Sonntags bzw. die Einführung mehrerer Tage des »Israel-Gedenkens«[105] im Kirchenjahr.

Gerade auch im Zusammenhang dieser Diskussion fragt die vorliegende Arbeit nach der alten, traditionellen Prägung des Gedenktages der Zerstörung Jerusalems. Auf dem Hintergrund einer genaueren Kenntnis der Tradition wird am Ende der Arbeit noch einmal nach dem heutigen Umgang mit dieser Tradition zu fragen sein.

---

103 A.a.O., 450f.
104 Vgl. dazu auch das Sündenbekenntnis im Proprium »Christen und Juden« sowie die im Perikopenbuch zusätzlich genannten Marginaltexte für den 10. nach Trinitatis, Thr 1–2 in Auswahl und Dan 9,15–18(19), Perikopenbuch mit Lektionar, hg. von der Lutherischen Liturgischen Konferenz, 6., aktualisierte Aufl., Hannover 2001, 364–370.
105 Vgl. den Titel der offiziellen Arbeitshilfe der EKD und der VELKD zum Israelsonntag: Israel-Gedenken im evangelischen Gottesdienst, hg.v. Kirchenamt der EKD u.d. Luth. Kirchenamt der VELKD, Hannover 1993.

3. Aufbau und Methode

Um die Geschichte des 10. Sonntags nach Trinitatis darzustellen, geht die Arbeit im folgenden in drei Schritten vor. Zuerst wird ein historischer Überblick über die Geschichte des Sonntags gegeben (Kap. A). Dabei interessiert einerseits die Frage, seit wann sich die besondere Tradition des Sonntags herausgebildet hat, andererseits wird die weitere Entwicklung des Tages kurz dargestellt.

In einem zweiten Schritt untersucht die Arbeit feststehende und sich jährlich wiederholende Elemente des Gottesdienstes am 10. Sonntag nach Trinitatis, vor allem die Geschichte von der Zerstörung Jerusalems (Kap. B). Hierbei lassen sich Erkenntnisse darüber gewinnen, wie die Zerstörung Jerusalems an diesem Sonntag gedeutet und bewertet wurde. Damit wird zugleich der besondere Charakter deutlich, den der 10. Sonntag nach Trinitatis trug.

In einem dritten Schritt werden die so gewonnenen Ergebnisse durch die Analyse zweier exemplarischer Predigten vertieft und ergänzt. Die hier ausgewählten Predigten von Martin Luther (Kap. C I) und Valerius Herberger (Kap. C II) zeigen die Stärke der besonderen Tradition auf, in der am 10. Sonntag nach Trinitatis von der Zerstörung Jerusalems geredet wird. Zugleich werden durch diese Predigten aber auch Gefahren deutlich, die die Tradition an manchen Punkten problematisch erscheinen lassen. In einem dritten, kürzeren Abschnitt (Kap. C III) wird anhand einer knappen Darstellung verschiedener Predigten und Predigtentwürfe die Kontinuität in der Predigttradition bis ins 20. Jh. aufgezeigt.

Am Schluß der Arbeit ist im Rahmen der Zusammenfassung knapp auf die Konsequenzen der Ergebnisse für die gegenwärtige Predigt und Gottesdienstgestaltung am 10. Sonntag nach Trinitatis einzugehen.

Die unterschiedlichen Fragestellungen der einzelnen Schritte der Arbeit bedingen auch ein unterschiedliches methodisches Vorgehen und einen differenzierten Umgang mit den jeweils auszuwertenden Quellen. In Teil A der Arbeit steht das Interesse an historischen Fakten im Vordergrund, darum werden nicht nur die hier vor allem ausgewerteten Kirchenordnungen, Agenden und Gesangbücher, sondern auch die in diesem Kapitel herangezogenen Predigten vorrangig unter der Fragestellung gelesen, was sie über die besondere Gestaltung und Prägung des 10. Sonntags nach Trinitatis aussagen. Als Nebenergebnis wird im Zusammenhang dieses Teils der vorliegenden Untersuchung ein kurzer Überblick über einige Hauptlinien der Predigttradition zum Evangelium Lk 19,41ff im Mittelalter gegeben.

Diese Herangehensweise an Predigten unterscheidet sich von der ausführlichen Textanalyse, mit der in Kap. C I und C II der Arbeit, angelehnt an die sogenannte »Heidelberger Methode« der Predigtanalyse,[1] die beiden ex-

---

1 Vgl. zu dieser von Rudolf Bohren und Gerhard Debus entwickelten Methode

3. Aufbau und Methode

emplarischen Predigten ausgewertet werden. Dabei beschränkt sich die Interpretation der Predigten, die nach dieser Methode einer genauen Textanalyse folgt, auf die Fragestellungen, die im Zusammenhang des Themas von Bedeutung sind. Auch haben die Predigten, vor allem die von Valerius Herberger, einen sehr großen Textumfang, so daß eine alle Einzelheiten erfassende Textanalyse nicht möglich ist. Darum werden nicht alle Teile der Predigten in der gleichen Ausführlichkeit zu Wort kommen.

Eine Mittelstellung zwischen der ausführlichen Textanalyse in C I und C II der Arbeit und der Auswertung der Predigten überwiegend unter historischer Fragestellung nimmt die Untersuchung der Predigten und Predigtentwürfe in Kap. C III sowie vor allem der verschiedenen Fassungen der Historie von der Zerstörung Jerusalems in Kap. B der Arbeit ein. Hier muß vor die jeweilige Analyse eine ausführliche Darstellung der Texte aus dem 16.–19. Jahrhundert treten, da diese meist schwer zugänglich sind. Aufgrund des Umfangs des in diesem Teil der Arbeit untersuchten Quellenmaterials sind die Einzelanalysen weit weniger ausführlich als in Kap. C I und II der Arbeit. Diese knappere Analyse ist aber zugleich auch durch die Gattung der entsprechenden Texte bedingt. Sie dienen vor allem der Darstellung eines historischen Ereignisses; die Deutung des Geschehens, die für die Analyse und Interpretation von besonderem Interesse ist, nimmt dagegen in diesen Texten nur einen geringen Raum ein.

Gerhard Debus, in Verbindung mit Rudolf Bohren, Ulrich Brates, Harald Grün-Rath, Georg Vischer: Thesen zur Predigtanalyse, in: Rudolf Bohren u. Klaus-Peter Jörns (Hg.): Die Predigtanalyse als Weg zur Predigt, Tübingen 1989, 55–61, sowie die ausgeführten Predigtanalysen von Harald Grün-Rath und Georg Vischer, die ebenfalls in diesem Band veröffentlicht wurden: Harald Grün-Rath: Zur Predigt von Karl Barth über Galater 6,2, 63–76, und Georg Vischer: Zur Predigt von Paul Tillich über Röm 5,20, 77–91. Vgl. außerdem Rudolf Bohren: Predigt verantworten, in: ders.: Geist und Gericht. Arbeiten zur praktischen Theologie, Neukirchen-Vluyn 1979, 100–121, 113–121. Hingewiesen sei hier auch auf die Arbeit von Andreas Richter-Böhne: Unbekannte Schuld. Politische Predigt unter alliierter Besatzung, Stuttgart 1989, in der je eine Predigt von Hermann Diem und von Helmut Thielicke nach der von Debus und Bohren entwickelten Methode analysiert werden.

A: Die Geschichte des 10. Sonntags nach Trinitatis

Drei Faktoren kommen zusammen, um den 10. Sonntag nach Trinitatis zu einem besonderen Sonntag innerhalb der langen Reihe der Trinitatissonntage zu machen: Das Sonntagsevangelium Lk 19,41ff, in dem Jesus die Zerstörung Jerusalems ankündigt, der Bericht von der im Jahre 70 tatsächlich erfolgten Zerstörung Jerusalems, der im Gottesdienst einen Platz erhält, und das Bewußtsein dafür, daß der Sonntag zeitlich in die Nähe des Datums der Zerstörung des Tempels fällt.[1] Im folgenden wird untersucht, wann diese Faktoren zusammengekommen sind und wie sich die besondere Tradition des 10. Sonntags nach Trinitatis bis in die Gegenwart weiterentwickelt hat.

1. Der 10. Sonntag nach Trinitatis im Mittelalter

1.1. Die Herkunft der Perikope Lukas 19

Als erstes ist zu fragen, seit wann an diesem Sonntag die Perikope Lk 19,41ff gelesen wurde. Ein Blick auf die ältesten Perikopenverzeichnisse führt zu folgenden Ergebnissen:[2] Ursprünglich wurden die Sonntage nach Pfingsten bzw. nach der Pfingstoktav nicht durchgezählt, sondern nach verschiedenen Festen gegliedert.[3] Den Sonntagen nach Pfingsten folgten die Sonntage nach

---

1 Als Datum für dieses Geschehen gilt in der jüdischen Tradition der 9. Aw (vgl. dazu unten, 1.3.), in der christlichen Tradition der 10. August (vgl. dazu unten, 5.).

2 Ich stütze mich im folgenden auf die Arbeiten von Ernst Ranke: Das kirchliche Perikopensystem aus den ältesten Urkunden der Römischen Liturgie dargelegt und erläutert, Berlin 1847; Theodor Klauser: Das römische Capitulare Evangeliorum, LQF 28, 2., um Verbesserungen und Ergänzungen vermehrte Auflage, Münster 1972; Stephan Beissel: Entstehung der Perikopen des römischen Messbuches, Rom 1967 (= Nachdruck der 1. Aufl. v. 1907).

3 Ranke zeigt anhand der Untersuchung des ihm vorliegenden Materials, daß die Zählung nach diesen Festen die ursprünglichere ist (225). Auch die vier bei Klauser aufgeführten Typen von Perikopenverzeichnissen zählen alle auf diese Art.

1. Der 10. Sonntag nach Trinitatis im Mittelalter

Peter und Paul (29.6.), die nach Laurentius (10.8.) und schließlich die nach Cyprian (14.9.) bzw. manchmal nach Michaelis (29.9.).[4] Der uns interessierende Sonntag war nach dieser Zählung die Ebdomada V post natale apostolorum, d. h. nach Peter und Paul.[5] In den frühen Quellen wird für diesen Sonntag meist das Evangelium Lk 10,25–37 angegeben.[6] Dasselbe Evangelium taucht dann aber noch einmal am 2. Sonntag nach Laurentius auf, wenn auch in einer veränderten Abgrenzung (Lk 10,23–37). Diese Doppelung ist wohl der Grund dafür, daß am 5. Sonntag nach Peter und Paul die Dublette Lk 10 durch die Perikope Lk 19,41–47[7] ersetzt wurde.[8]

Es lassen sich einige Zwischenstufen dieser Entwicklung erkennen. Die Homiliensammlung des Paulus Diaconus[9] hat am 6. Sonntag nach Peter und Paul die Perikope vom barmherzigen Samariter,[10] und zwar in der Abgrenzung Lk 10,23–37. Der Text wird am 2. Sonntag nach Laurentius nicht wiederholt, sondern die folgenden Texte rücken um eine Woche nach vorne.[11] Unter den vier Typen von Perikopenverzeichnissen, die Klauser beschreibt,

---

4 Eine ausführliche Aufstellung der verschiedenen Möglichkeiten findet sich bei Beissel, 143–147.

5 Manche Verzeichnisse beginnen die Zählung mit der Ebdomada II post natale apostolorum, die aber der Oktav des Apostelfestes vorausgeht, also den ersten Sonntag nach dem Fest meint. Der uns interessierende Sonntag heißt dann Ebdomada VI (so z.B. beim ersten der von Klauser beschriebenen Typen, Klauser, 33).

6 Das gilt für alle bei Klauser genannten Typen und für ungefähr die Hälfte der Quellen bei Ranke, auch Beissel nennt einige solcher Quellen (vgl. die Spalten 5. und 6. in der Tabelle 164). Für Paulus Diaconus vgl. das im folgenden Gesagte.

7 Die Perikope ging genauer bis 47a, die Verzeichnisse nennen z.T. neben dem Anfang auch das Ende der Perikope. Auch die mittelalterlichen Predigten, die im folgenden Exkurs besprochen werden (vgl. unten, 1.2.), enden, wo die Tempelreinigung überhaupt einbezogen wird, normalerweise mit dem Lehren Jesu im Tempel, also mit Vers 47a.

8 Eine der Hss., die Klauser beschreibt, läßt diesen Vorgang direkt erkennen. Dort wurde das frühere Evg. ausrasiert und durch die Angabe Lk 19,41ff ersetzt. (Klauser, 33f, kritischer Apparat zu Nr. 165).

9 Vgl. dazu Friedrich Wiegand: Das Homiliarium Karls des Großen auf seine ursprüngliche Gestalt hin untersucht, Leipzig 1897.

10 Paulus Diaconus zählt sieben Sonntage nach Peter und Paul, der erste dieser Sonntage hat das Evg Lk 5,1ff, das meist dem letzten Sonntag nach Pfingsten zugeteilt war. Daher verschiebt sich die Zählung der weiteren Sonntage jeweils um einen.

11 Vgl. dazu das Verzeichnis bei Wiegand 1897, 50–52. Die späteren Ausgaben des Homiliars haben allerdings die neue Sonntagszählung und die veränderte Perikopenordnung übernommen. Vgl. als Endpunkt der Entwicklung Paulus Diaconus: Homiliarius, Nachdruck der Ausgabe von Eucharius Cervicornus Köln 1539, PL 95, 1159–1566. Entsprechendes gilt auch für die früheren Druckausgaben des Homiliars, die ich einsehen konnte, vgl. HOMILIARIVS Doctorum, Köln (Conrad de Homborch) o.J. und Homeliarius Doctorum, Basel (Nicolai Kessler) 1498.

enthält der letzte – Klauser charakterisiert ihn als »römisch-fränkisch, nach 750«[12] – die Perikope Lk 19, und zwar eingeschoben zwischen die dritte und vierte Woche nach Peter und Paul. In diesen Verzeichnissen taucht dennoch Lk 10,(23)25–37 zweimal auf.[13]

Es gibt auch Verzeichnisse mit der alten Sonntagszählung, die für den entsprechenden 5. Sonntag nach Peter und Paul bereits Lk 19,41ff angeben.[14] Ranke hält diese Ordnung für ursprünglicher, da schon Gregor der Große, der sich an die zu seiner Zeit gültigen Perikopen gehalten hat,[15] über diesen Text predigte.[16] Allerdings gehört diese Homilie zu den wenigen, in deren Überschrift eine Datumsangabe fehlt. Auch im sogenannten Gregorianum, dem Sacramentar Gregors, kommt der entsprechende Sonntag nicht vor.[17] Da zudem die Quellen, die diese Perikope bieten, insgesamt jünger sind als die Zeugen für Lk 10[18] und sich schwer erklären läßt, warum eine Perikope durch eine andere ersetzt werden sollte, die drei Wochen später schon einmal vorkommt, halte ich Lk 10 für die ältere Perikope.[19]

---

12 Klauser, 131.
13 Die gleiche Perikopenabfolge findet sich auch in einem Evangelienbuch, das Beissel beschreibt. Es hat nur noch einen zusätzlichen 1., also insgesamt acht Sonntage nach Peter und Paul. (Spalte 8 in der Tabelle Beissels auf 164. Es handelt sich um ein Evangelienbuch aus Paderborn-Hildesheim um 1200).
14 Vgl. die Spalten 2.–4. und 7. in der Tabelle Beissels (164) sowie den Codex Spirensis, dessen Verzeichnis Ranke abdruckt (XXVII–LII, der Sonntag wird auf S. XLIf genannt).
15 Gregor schreibt dazu im Widmungsbrief seiner Evangelienhomilien an den Bischof von Taormina, Secundinus: »Inter sacra Missarum solemnia ex his, quae diebus certis in hac Ecclesia legi ex more solent, sancti Evangelii quadraginta lectiones exposui.« »Von den Texten, die während der heiligen Meßfeier an bestimmten Tagen in der Kirche nach bestehendem Brauch verlesen werden, habe ich vierzig Lesungen des heiligen Evangeliums ausgelegt.« Vgl. Gregor der Große: Homiliae in Evangelia. Evangelienhomilien, übersetzt und eingeleitet von Michael Fiedrowicz, Bd. 1, FC 28/1 Freiburg 1997, 46,4–6, Übersetzung 47.
16 Vgl. Ranke, 216, 394 und 397. Die Predigt Gregors ist die 39. seiner 40 Homilien, vgl. Gregor der Große: Homiliae in Evangelia. Evangelienhomilien, übersetzt und eingeleitet von Michael Fiedrowicz, Bd. 2, FC 28/2, Freiburg 1998, 806–833. Vgl. zu dieser Predigt unten, 1.2.1.
17 Vgl. das Verzeichnis bei Hartman Grisar: Die Stationsfeier und der erste römische Ordo, 1885, 406, Nr. 24. Das Fehlen des Sonntags im Gregorianum erklärt Grisar damit, daß dieser Tag ein Sonntag gewöhnlicher Ordnung war und keine Station hatte (403). Er datiert die Predigt Gregors mit Hilfe anderer Verzeichnisse (408).
18 Von den in Anm. 14 genannten Hss. wird nur der Codex Spirensis ins 8. Jahrhundert datiert (Ranke, XXVII), zwei alte Zeugen, die Beissel zu seiner Kolonne 2. zählt, weichen an diesem Sonntag von den übrigen ab und verzeichnen Lk 10. Es handelt sich um ein karolingisches Evangeliar aus Aachen (vgl. das Verzeichnis 133–141, hier 138) sowie um ein Römisches Evangelienbuch aus dem 8.–9. Jahrhundert (159, Anm. 2). Dagegen stammen immerhin mehr als zehn der in Anm. 6 genannten Hss. aus dem 8. oder frühen 9. Jahrhundert.
19 Anders wäre der vierte Typ bei Klauser schwer zu erklären, der ja einen zusätz-

1. Der 10. Sonntag nach Trinitatis im Mittelalter 33

Möglicherweise war die Predigt Gregors aber ein Grund dafür, daß sich die Perikope Lk 19,41ff später durchsetzte, es lassen sich jedenfalls an anderen Stellen des Kirchenjahres solche Einflüsse Gregors beobachten.[20] Die Wertschätzung dieser Predigt zeigt sich auch daran, daß sie später in die Homiliensammlung des Paulus Diaconus aufgenommen wurde.[21]

Im 11. Jahrhundert jedenfalls ist die Zählung der Sonntage »nach Pfingsten« bzw. öfter nach der »Pfingstoktav« der Normalfall geworden[22] und mit ihr die Perikope Lk 19,41ff für den 10. Sonntag nach der Pfingstoktav.[23]

Zusammenfassend läßt sich also festhalten, daß die Perikope Lk 19,41–47 für den 10. Sonntag nach Trinitatis[24] sich – verglichen mit den meisten Sonntagsperikopen – erst relativ spät, wohl erst im 11. Jahrhundert, allgemein durchgesetzt hat. Vereinzelt wurde sie aber schon im 8./9. Jahrhundert gelesen.[25]

Es stellt sich die Frage, ob der 10. Sonntag nach Trinitatis zugleich mit der Einführung der Perikope Lk 19,41ff auch schon sein besonderes Thema als Gedenktag der Zerstörung Jerusalems erhalten hat. Um diese Frage zu beantworten, werden im folgenden mittelalterliche Predigten über die Peri-

---

lichen Sonntag mit der Perikope Lk 19,41ff bietet. Auch die Datierung der übrigen, älteren Typen bei Klauser, in denen Lk 19,41ff fehlt (I: »rein römisch, um 645«; 1, II: »rein römisch, um 740«, 47; III: »rein römisch, um 755«, 93), spricht gegen Ranke.

20 Die Sammlung Gregors beginnt mit einer Predigt zum 2. Advent über Lk 21, 25–32. Das führte, wie schon der Micrologus de ecclesiasticis observationibus (PL 151, 973–1022, 1003) erklärte, dazu, daß manche diesen Text für den 1. Advent lasen. (Der Micrologus ist ein mittelalterlicher Liturgiekommentar und stammt wohl von Bernold von Konstanz vom Ende des 11. Jahrhunderts; vgl. Anton Hänggi: Micrologus, LThK² 7, 406.) Diese Veränderung setzte sich durch, fand sich später auch im Missale Romanum (vgl. Grisar, 409, Beissel, 63f, Anm. 5, Ranke, 252). Ranke erklärt, daß auch manche Perikopenabgrenzungen nach dem Vorbild der Homiliensammlung Gregors geändert wurden (ebd.).

21 Vgl. hierzu die in Anm. 11 genannten Druckausgaben.

22 Beissel, 144.

23 Es ist mir keine Quelle bekannt geworden, die am 11. Sonntag nach Pfingsten Lk 10 vorschreibt. Die kath. Kirche hat diese Ordnung im Tridentinum wieder geändert, die Perikope fand ihren Platz am 9. Sonntag nach Pfingsten. Die Zählung in den späteren mittelalterlichen Quellen ist im übrigen uneinheitlich, manche Predigten zu Lk 19,41ff sind überschrieben mit 10. Sonntag nach Pfingsten.

24 Ich gebrauche diese in der evangelischen Tradition übliche Bezeichnung für den entsprechenden Sonntag, obwohl das Trinitatisfest erst im 14. Jahrhundert allgemein auf den Sonntag nach Pfingsten gelegt wurde und die katholische Tradition später meistens Sonntage nach Pfingsten zählte.

25 Das zeigt z.B. die Predigt von Walafrid Strabo, Walafridi Strabi fuldensis Monachi de subversione Jerusalem. Sermo, seu Tractatus, PL 114, 965–974. In dieser Predigt finden sich Hinweise darauf, daß sie über das Sonntagsevangelium gehalten wurde, vgl. dazu unten, 1.2.2.

kope Lk 19,41ff auf die Frage hin untersucht, welche Rolle in ihnen die Zerstörung Jerusalems einnimmt. Dabei zeigt sich als Ergebnis, daß zwar ein Teil der Predigten bei der Auslegung von Lk 19,41ff relativ ausführlich von der Zerstörung Jerusalems berichtet, dabei aber keine Beziehung zwischen dem Termin des Sonntags und dem Datum der Tempelzerstörung herstellt. Eine mit der späteren Prägung des Sonntags vergleichbare Tradition findet sich in den untersuchten Predigten nicht.

Die Ergebnisse dieser Untersuchung finden sich im einzelnen in dem im folgenden abgedruckten Exkurs, der zugleich einen Überblick über die mittelalterliche Predigttradition zu Lk 19,41ff bietet.

1.2. Exkurs: Die Predigt über Lukas 19,41–48 vor der Reformationszeit

Im folgenden soll dargestellt werden, wie der Text Lk 19,41ff im Mittelalter gepredigt wurde.[26] Dabei beschränkt sich die Untersuchung auf die westliche Tradition, in der Lk 19,41ff als sonntägliche Evangelienperikope am 10. Sonntag nach Trinitatis bzw. an dem entsprechenden, anfangs noch anders benannten Sonntag[27] ausgelegt wurde. Ein besonderes Interesse der Untersuchung gilt dabei natürlich der Frage, welche Rolle der Zerstörung Jerusalems bei der Auslegung der Perikope zukommt. Dazu sind aber auch die Predigten in den Blick zu nehmen, die an dem historischen Geschehen der Zerstörung Jerusalems nicht interessiert sind.

Da die mittelalterliche Predigt zumindest bis ins 12. Jahrhundert sehr stark von älteren Vorlagen der Kirchenväter abhängig war,[28] muß zu Beginn eine noch ältere Predigt besprochen werden, die Predigt Gregors des Großen über Lk 19,41–47 in seinen Evangelienhomilien.[29] Die Auslegung Gre-

---

26 Zur Predigt im Mittelalter vgl.: Martin Schian: Geschichte der christlichen Predigt, RE³ XV, 623–747 und RE³ XXIV, 333–346, besonders 639–656. Außerdem R. Cruel: Geschichte der deutschen Predigt im Mittelalter, Detmold 1879, und Anton Linsenmayer: Geschichte der Predigt in Deutschland von Karl dem Großen bis zum Ausgange des vierzehnten Jahrhunderts, München 1886.
27 Die Predigten, die im folgenden dargestellt werden, sind verschieden überschrieben, es erscheint der 9., 10. oder 11. Sonntag, wobei entweder Sonntage nach Pfingsten oder nach der Pfingstoktav gemeint sind. Zumindest die Überschrift 9. nach Pfingsten stammt sicher von späteren Herausgebern, da sie die Perikopenordnung des Tridentinums voraussetzt. Ich gehe auf die unterschiedlichen Benennungen hier nicht näher ein.
28 Cruel überschreibt darum die erste Hälfte seiner Untersuchung: »Die Periode der unselbständigen und unorganischen Predigtbildung. 600–1200.«, ganz ähnlich Schian: »Die Zeit der Unselbständigkeit. Von 600 bis ins zwölfte Jahrhundert« (639).
29 Vgl. oben Anm. 16.

gors wurde nämlich von sehr vielen Predigern übernommen, war wohl die wichtigste Vorlage überhaupt.[30]

Ich habe für die vorliegende Untersuchung deutschsprachige mittelalterliche Predigten, die gedruckt vorliegen, berücksicht,[31] dazu ausgewählte lateinisch überlieferte Predigten.[32] Vollständigkeit war hier nicht möglich, aber die ausgewählten Predigten ergeben ein klares Bild bezüglich der Frage, ob die besondere Tradition des 10. Sonntags nach Trinitatis bereits im Mittelalter erkennbar wird.

1.2.1. Die Predigt Gregors über Lukas 19,41–47

Hier soll nun zuerst die Predigt Gregors über Lk 19,41–47[33] kurz dargestellt werden.[34] Sie gehört wie gesagt zu den wenigen überlieferten Evangelienhomilien Gregors, bei denen nicht angegeben ist, an welchem Sonntag im Kirchenjahr sie gehalten wurden.[35]

---

30 Hier ist die Frage nicht weiter von Bedeutung, ob den jeweiligen Predigern die Predigt über Lk 19,41–48 direkt aus der Sammlung Gregors oder über das Homiliar des Paulus Diaconus bekannt war. Die weite Verbreitung der Evangelienhomilien Gregors ist nachgewiesen, vgl. dazu Fiedrowicz in seiner Einleitung zu den Predigten, FC 28/1, 23–25. Linsenmayer nennt einzelne Quellen, die die Verbreitung der Homilien auch aufgrund bischöflicher Anordnungen bestätigen, vgl. Linsenmayer, 13f, Anm. 4 und 20. Zu dem Homiliar des Paulus Diaconus vgl. Friedrich Wiegand: Homiliarium, RE³ VIII, 308–311, 310f. Zu der Diskussion um die Bedeutung des Homiliars von Paulus Diaconus vgl. Cruel, 47–51, der seine Bedeutung für eher gering hält, dagegen Linsenmayer, 42–45, der das Homiliar als wichtiges homiletisches Hilfsmittel betrachtet.
31 Vgl. dazu Karin Morvay und Dagmar Grube: Bibliographie der deutschen Predigt des Mittelalters. Veröffentlichte Predigten, MTUDL 47, München 1974. Die dort im Register zu Lk 19,41–47 genannten Predigten habe ich ausgewertet.
32 Normalerweise wurde im Mittelalter in der Landessprache gepredigt. Vgl. dazu Schian, 639f; Cruel, 8.213–219, Linsenmayer, 36–40. Lateinische Predigten sind entweder Musterpredigten für Prediger oder vor besonderer Zuhörerschaft, Klerikern oder Universitätsangehörigen gehalten; z.T. sind auch urspr. in der Landessprache gehaltene Predigten in Latein aufgezeichnet worden.
33 Genaugesehen geht die Perikope nur bis 47a. Zu Beginn der Predigt ist der Text wiedergegeben bis »Et erat docens quotidie in templo« (806,5–16). Und Gregor legt ihn auch nur bis hierhin aus. Möglicherweise standen schon in der ursprünglichen Ausgabe Gregors die Texte den Predigten voran. Vgl. dazu die Einleitung von Fiedrowicz, FC 28/1, 20, und Georg Pfeilschifter: Die authentische Ausgabe der 40 Evangelienhomilien Gregors des Grossen. Ein erster Beitrag zur Geschichte ihrer Überlieferung, München 1900, 98–100.
34 Die Seiten- und Zeilenangaben im folgenden Abschnitt beziehen sich auf den lateinischen Text der oben angegebenen zweisprachigen Ausgabe in FC 28/2, 806–833. Zum einfacheren Verständnis zitiere ich aber jeweils die deutsche Übersetzung dieser Ausgabe.
35 Ob die Angaben, die die anderen Evangelienhomilien bestimmten Tagen zuord-

Gregor beginnt seine Predigt, die in zehn Abschnitte unterteilt ist, damit, daß er eine kurze historische Erklärung des Textes gibt (1–2, 806,17–810,28), endend mit den Worten: »So sind wir dies durchgegangen, indem wir es kurz hinsichtlich des geschichtlichen Sinnes behandelten« (810,27f). Den größten Teil der Predigt bildet dann die allegorisch-moralische Auslegung der beiden Teile der Perikope (3–9, 810,29–826,29). Die Predigt schließt mit einem Exempel samt Anwendung (10, 828,1–832,5), wie das bei Gregor häufiger der Fall ist.[36] Sowohl für die historische, wie für die allegorische Auslegung geht Gregor am Predigttext entlang, den er Stück für Stück auslegt, beim ersten Durchgang knapp, im zweiten sehr viel ausführlicher.

Die historische Bedeutung des Textes ist für Gregor eindeutig. Keiner, der die Geschichte von der Zerstörung Jerusalems durch Vespasian und Titus liest, so beginnt Gregor seine Auslegung, kann daran zweifeln, daß Jesus von diesem Ereignis sprach (806,19–26). Wie Jesus ankündigte, ist tatsächlich kein Stein auf dem andern geblieben, nichts ist vom alten Jerusalem übrig. Das erweist sich für Gregor daran, daß die jetzige Stadt dort steht, wo Jesus gekreuzigt wurde, also außerhalb der früheren Stadtmauer (806,28–808,4). Die Schuld (culpa), die diese Strafe (poena) ausgelöst hat, wird nach Gregor in Lk 19,44b genannt. Die Heimsuchung ist dabei das Mysterium der Menschwerdung des Schöpfers aller Dinge, das die »glaubenslose« (perfida, 808,15f) Stadt nicht erkannt hat. (808,6–13). Jesus weint über den kommenden Sturz der Stadt, während diese sich freut, weil sie die kommenden Übel nicht voraussieht und sich in der Gegenwart den Begierden des Fleisches ergibt (808,13–28).[37]

Durch die sich sofort an die Worte Jesu anschließende Tempelreinigung zeigt Jesus, »daß der Untergang des Volkes zum größten Teil die Schuld der Priester sei« (810,7f). Bei der genaueren Beschreibung ihrer Schuld greift Gregor schon zu einer allegorischen Auslegung. Die Tauben, die im Tempel verkauft werden, bedeuten den Heiligen Geist, der im Tempel durch Handauflegung ver- und gekauft wird (810,10–15). Eine Räuberhöhle, so wieder

---

nen, immer zuverlässig sind, muß hier nicht interessieren. Vgl. zu den Datierungsfragen Fiedrowicz , FC 28/1, 19f, sowie Pfeilschifter, 100–103.

36 Vgl. dazu Fiedrowicz, FC 28/1, 31f. Gregor hat sogar ein eigenes Werk mit solchen Exempeln verfaßt, die Dialoge. Vgl. dazu und zu den Predigten Gregors Robert Austin Markus: Gregor I., TRE 14, 135–145, 138–139, zu den Predigten Gregors auch Schian, 638.

37 Der schwierig zu übersetzende Vers 42 heißt im Lateinischen: *Quia si cognovisses, et tu, et quidem in hac die tua, quae ad pacem tibi, nunc autem abscondita sunt ab oculis tuis.* Das wird von Gregor und – wohl im Anschluß an ihn – auch bei späteren Predigern so ausgelegt, daß die Stadt (808,17–26) (und später entsprechend die Seele, 812,13–21) jetzt ihren Frieden hat und genießt, indem sie ihre Augen verschließt vor dem kommenden Unglück.

die historische Auslegung, ist der Tempel geworden, weil hier die Menschen, die keine Opfer gaben, körperlich bedrängt, die anderen geistlich getötet wurden (810,17–23). Schließlich zeigt Jesus, indem er im Tempel predigt, seine Gnade, die er auch den Unwürdigen nicht entzieht (810,23–26). Soweit die Auslegung »hinsichtlich des geschichtlichen Sinnes« (810,27).

Aber diese, so Gregor, ist nicht weiter interessant, da Stadt und Tempel inzwischen zerstört sind. Nun »müssen wir aus den äußeren Geschehnissen den Vergleich auf das Innere beziehen und aus den eingestürzten Gebäuden den Einsturz der Mauern der Sitten fürchten« (812,1–4). So, wie Jesus geweint hat, um die Zerstörung der Stadt anzukündigen, so beweint er heute »durch seine Erwählten« (812,7) diejenigen, die sich schlechte Sitten angewöhnt haben. Die Seele solcher Menschen genießt die Gegenwart, in der sie ihren Frieden hat, und verschließt die Augen vor dem kommenden Gericht, der ewigen Verdammnis (812,13–814,5). Dagegen mahnt die Bibel, sich der Gegenwart nicht unbeschwert zu freuen. Gregor zitiert hier Sir 11,27 Vg., I Kor 7,30 und Prov 28,14 (814,5–15).

Nun folgt eine genaue allegorische Auslegung von Lk 19,43–44a (814,16–816,20). Die Feinde sind die »bösen Geister« (814,18), die die Seele im Tod bedrängen. Sie umgeben sie wie mit einem Wall mit den Ungerechtigkeiten, die sie begangen hat, so daß sie nicht entkommen kann. Sie ängsten sie, indem sie ihr nicht nur ihre Werke, sondern auch ihre ungerechten Worte und Gedanken wiederholen. Sie strecken sie zur Erde nieder, indem das Fleisch zum Staub zurückkehren muß. Mit Ps 146,4 deutet Gregor die Kinder der Seele, die mit ihr zu Boden geschmettert werden, als die unerlaubten Gedanken, die nun zerstreut werden. Aber auch die Steine, von denen keiner auf dem anderen bleibt, können nach Gregor als harte, verderbte Gedanken verstanden werden.

Die Seele erduldet ihre Strafe, weil sie die Heimsuchung Gottes nicht erkannt hat. So wird nun Lk 19,44b ausgelegt (816,21–818,17). Gott sucht die Seele der Menschen auf verschiedenerlei Weise heim, durch sein Gebot, aber auch durch Strafe oder durch Wunder, also besondere Wohltaten. Weil die Seele diese Heimsuchung nicht erkennt, wird sie schließlich im ewigen Gericht den Feinden überlassen, was Gregor anhand von Lk 12,58 verdeutlicht. Der Gegner aber, mit dem sich auszusöhnen unterwegs, d.h. im Leben, noch Zeit wäre, ist das Wort Gottes (sermo Dei), das gegen die fleischlichen Begierden streitet. Wer darauf nicht hört, wird dem Gericht und der Urteilsvollstreckung unterworfen.

»Nachdem also die Zerstörung der Stadt dargelegt ist, die wir als Gleichnis für die verlorengehende Seele herangezogen haben« (818,18f), deutet Gregor den zweiten Teil der Perikope. Dabei werden der Tempel und die Tempelreinigung auf zwei Weisen ausgelegt. Der Tempel in der Stadt ist zuerst einmal dem Leben der »Gottgeweihten« (religiosi, 818,22) im Volk der

Gläubigen zu vergleichen (818,18–820,8). Auch hier gibt es, wie im Tempel in Jerusalem, diejenigen, die Gerechtigkeit verkaufen bzw. erkaufen. In dieser Räuberhöhle töten solche verderbten (perversi) Menschen durch das Schwert ihrer Bosheit, anstatt durch ihr Gebet ihre Nächsten lebendig zu machen. Zugleich ist der Tempel der Geist (mens) und das Gewissen der Gläubigen. Er wird zur Räuberhöhle, wenn der Mensch versucht, dem Nächsten zu schaden (820,9–16).

Christus aber lehrt täglich durch die Heilige Schrift den Geist der Gläubigen, um sie vor diesem Übel zu bewahren. Und zwar lehrt er uns, auf unser drohendes böses Ende zu sehen, das wir verhindern können, indem wir die Frist nutzen, die uns Gott noch gibt, erkennen, was zu unserem Frieden dient, und täglich über unsere Sünden weinen (820,16–822,12).

Auch den Erwählten, nicht nur den verderbten Seelen, droht in der Stunde des Todes der Angriff durch die bösen Geister. Denn nur über einen hat der Fürst dieser Welt keine Macht, über Christus, der ohne Sünde ist (Joh 14, 30). Von den Menschen aber ist keiner ohne Sünde, nicht einmal die Apostel, wie Gregor mit vielen Bibelstellen belegt. Darum müssen auch die Frommen immer das drohende Ende vor Augen haben. Nur weil Christus für unsere Schuld bezahlt hat, wird der Fürst dieser Welt auch über uns keine Macht haben (822,13–826,7).

Wir sind nämlich eins geworden mit dem, gegen den der Fürst der Welt nichts tun kann. Allerdings nützt uns diese Verbindung im Glauben nichts, wenn wir uns durch unser Verhalten von Christus trennen. Dem Glauben müssen die guten Werke folgen, der Liebe zu Gott die zu den Nächsten (826,8–29). Für solche Nächstenliebe gibt Gregor schließlich ein wunderbares Beispiel, erzählt ein Mirakel zu Mt 25,40. Ein Mönch erweist einem Leprösen Barmherzigkeit, trägt ihn in seinem eigenen Gewand. In diesem Kranken gibt sich Christus dem Mönch zu erkennen (828,1–830,30).

Gregor schließt seine Predigt, die ihm, wie er sagt, länger geraten ist, als er eigentlich wollte, mit einer trinitarischen Doxologie (830,30–832,5).

Die allegorische Auslegung von Lk 19,41–47, die Gregor in dieser Predigt gibt, wurde im Mittelalter lange Zeit bestimmend.[38] Dabei finden sich verschiedenste Stufen der Abhängigkeit, von genauen, wörtlichen Übernahmen bis hin zu Predigten, die in vielen Bereichen selbständig sind und nur die Allegorese Gregors verwenden. In den oft sehr kurzen deutschen Predigten können dabei natürlich nur die Grundlinien der Gregorschen Predigt aufgenommen werden.

---

38 Nach Cruel (67) standen sehr früh für alle Evangelienperikopen die entsprechenden mystischen bzw. allegorischen Deutungen fest.

1.2.2. Interesse an der Historie – Walafrid Strabo und Haimo von Halberstadt

Bei Gregor ist die Zerstörung Jerusalems im Rahmen seiner historischen Auslegung von Lk 19,41–44 nur in einem Satz angedeutet:

> Daß vom Herrn unter Tränen jene Zerstörung Jerusalems beschrieben wird, die durch die römischen Kaiser Vespasian und Titus geschah, ist niemandem unbekannt, der die Geschichte dieser Zerstörung gelesen hat. (806,19–22)[39]

Da die Zerstörung inzwischen geschehen ist, ist diese Auslegung für Gregor nicht mehr von Bedeutung. Anders als bei Gregor wird diese »historia« und ihre Übereinstimmung mit der Weissagung Jesu in manchen Predigten zu einem eigenen Thema. Als frühe Beispiele hierfür stehen eine Predigt von Walafrid Strabo[40] und eine, die unter dem Namen des Haimo von Halberstadt[41] überliefert ist. Da diese beiden Predigten in weiten Teilen im Aufbau und auch in vielen Einzelheiten übereinstimmen, stelle ich die Predigt von Walafrid ausführlicher dar und verweise dann kurz auf die Abweichungen bei Haimo.[42]

Walafrid Strabo

Walafrid Strabo (808/9–849), ein Schüler von Hrabanus Maurus, war mit einer Unterbrechung von 838 bis zu seinem Tod Abt auf der Reichenau.[43] Schon die Überschrift, mit der seine Predigt überliefert ist, »De subversione Jerusalem. Sermo, seu Tractatus.«, zeigt den Schwerpunkt, den Walafrid setzt.[44] Die Predigt beginnt mit einer kurzen Einleitung: Gott freut sich über die Besserung, das Wachstum (profectus) der Menschen, er trauert über ihren Untergang. Das ist besonders »ex praesenti lectione« (965C)[45] zu erken-

---

39 Dazu kommt dann noch der Hinweis darauf, daß das jetzige Jerusalem an neuer Stelle steht, 806,26–808,4.
40 Es handelt sich hier um einen einzelnen Sermon, vgl. oben, 33, Anm. 25.
41 Haymonis Halberstatensis Episcopi Homiliarum sive concionum ad plebem in Evangelia de tempore et Sanctis, PL 118, 9–816, Homilia CXXII, 653–661. Zur Verfasserschaft der Predigten vgl. unten, 42, mit Anm. 61 und 62.
42 Es ist in unserem Zusammenhang nicht erheblich, welche der beiden Predigten von der anderen abhängig ist. Vermutlich ist die Predigt von Walafrid, die einzeln überliefert ist, die ursprünglichere, die für das unter dem Namen des Haimo von Halberstadt überlieferte Homiliar, also eine dem Kirchenjahr folgende Predigtsammlung, überarbeitet wurde.
43 Vgl. Hermann Tüchle: Wala(h)frid Strabo, LThK² 10, 925–927.
44 Vgl. zu dieser Predigt Strabos auch Heinz Schreckenberg: Rezeptionsgeschichtliche und textkritische Untersuchungen zu Flavius Josephus, ALGHJ 10, Leiden 1977, 35–37.
45 Aus dieser Formulierung läßt sich entnehmen, daß die Predigt über die gottesdienstliche Evangelienlesung gehalten wurde, auch ohne daß in der Überschrift die Predigt einem bestimmten Sonntag zugeordnet wird. Kurz darauf spricht Walafrid von dem der Perikope vorausgehenden Stück als vom »superius Evan-

nen. Walafrid faßt anschließend die vorausgehende Perikope, den Einzug in Jerusalem, kurz zusammen und erklärt dann, daß Jesus natürlich nicht über die Stadt, sondern über ihre Bewohner weine, deren schlimme Zukunft ihnen durch ihren gegenwärtigen Frieden[46] verborgen sei (965C–696D).

»Qualiter autem haec verba[47] juxta litteram impleta sint, in subversione ejusdem civitas et populi Judaici, Josephus historiographus pleniter narrat« (966D). Walafrid erzählt nach dieser Einleitung selbst ausführlich von der Zerstörung Jerusalems. Ich weise hier nur auf einige Einzelheiten hin, die auch in späteren Predigten wieder auftauchen.[48] An mehreren Stellen findet sich die sogenannte Talionsstruktur,[49] d.h. es wird gezeigt, wie den Juden das widerfährt, was sie Christus angetan haben. So heißt es: Jerusalem wird von Vater (Vespasian) und Sohn (Titus) zerstört, weil die Juden Gottvater und Sohn abgelehnt haben.[50] Dazu kommen bei Walafrid die beiden Entsprechungen, die sich auch sonst besonders häufig wiederfinden. Jerusalem wurde am Passafest zerstört, wie Jesus am Passafest getötet wurde (967B). Und nach der Eroberung wurden dreißig Juden um einen Silberling verkauft, als umgekehrte Entsprechung für die dreißig Silberlinge, die Judas für den Verrat Jesu erhielt (969B). Walafrid berichtet ausführlich von den Schrecken der Hungersnot (967 B–D) und auch von der Teknophagie der Maria (968B–C). Auch Bell 5,566[51] wird angeführt, allerdings fälschlicherweise als Zitat des Titus. Nachdem Walafrid schließlich die Zahlen der Toten (1,1 Millionen) und der Gefangenen (90.000) genannt hat (968D), betont er noch einmal, daß er all diese Begebenheiten aufgeführt hat, um zu erweisen, daß Jesu Worte wahr sind.[52] Kein Stein ist auf dem anderen geblieben.[53] Anschließend wird Ez 5,1–3 typologisch auf das Schicksal des Volkes Israel bei der Zerstörung Jerusalems gedeutet (969B–C).

---

gelii textus« (965C). Auch das spricht für die Vermutung, die Predigt sei über das Sonntagsevangelium gehalten.
46 »In die enim sua perversa civitas, ea, quae ad pacem sibi erant, habebat« (966C). Vgl. oben Anm. 37.
47 Gemeint ist Lk 19,43–44a.
48 Vgl. dazu Kap. B 2.1. Die klassischen Topoi, die immer wiederkehren, dort 90f.
49 Vgl. zur Talionstopik unten Kap. B 2.1.1., 95 mit Anm. 24.
50 »Et recte ac merito, ut qui Patrem Deum, et Filium denegaverant, a patre et filio necarentur« (967A).
51 Dort sagt Josephus, daß die Stadt wegen ihrer Verworfenheit von der Erde verschlungen, von einer Flut hinweggespült oder wie Sodom von Feuer verzehrt worden wäre, wenn die Römer sie nicht zerstört hätten. Vgl. zu diesem Zitat auch Kap. B 2.1., 93, Anm. 11.
52 Er führt hier neben Lk 19,43–44 noch Mt 24,2 und Lk 21,20 an.
53 Das begründet er wie Gregor damit, daß die jetzige Stadt da stehe, wo Christus gekreuzigt sei. Zudem nennt er den Namen der neuen, römischen Stadt, Aelia (969B).

1. Der 10. Sonntag nach Trinitatis im Mittelalter 41

Grund für dieses harte Schicksal war, daß die Juden die Zeit ihrer Heimsuchung nicht erkannten, die Inkarnation Christi.[54] Der Herr hat sie auch nach seiner Himmelfahrt 42 Jahre lang mit Vorzeichen heimgesucht und erschreckt, die Walafrid nun aus Josephus anführt (970A–C). Auf das Verbrechen der Juden mußte schließlich die Rache folgen,[55] die im Handeln des Elisa vorabgebildet ist (II Reg 2,23–24).[56]

Nachdem Walafrid noch eine kurze historische Auslegung der Tempelreinigung gegeben und die verderbten Zustände im Tempel geschildert hat (970D–971B), folgt nun die allegorisch-moralische Auslegung. Was von der Stadt Jerusalem gesagt ist, kann auch von der sündigen Seele gesagt werden. Bis in Einzelheiten schließt sich die Deutung an Gregor an (971C–973C).[57] Um das drohende Schicksal zu vermeiden, müssen wir uns in diesem Leben vom Bösen fernhalten und gute Werke tun, solange wir dazu noch Zeit haben. Es folgt die allegorische Auslegung der Tempelreinigung,[58] bei Walafrid nur auf die Kirche, nicht wie bei Gregor auch auf die Seele bezogen (973D–974C).[59] Die Predigt endet mit der Auslegung von Lk 19,47 (974C–D): Der Herr lehrt durch die Prediger täglich in der Kirche, damit keiner am Tage des Gerichtes eine Ausrede habe. Walafrid schließt mit einem Gebetswunsch.[60]

---

54 Walafrid zitiert in diesem Zusammenhang wie Gregor Jer 8,7 (969D–970A).
55 »Neque dignum erat, ut sine ultione remanerent, qui tantis sceleribus fuerant auctores« (970C).
56 Die Juden verspotteten Jesus, wie die Knaben den Elisa. Die zweiundvierzig Knaben stehen für die zweiundvierzig Jahre, die bis zur Strafe vergingen, Vespasian und Titus sind die zwei wilden Bären, die aus dem Wald der Heiden kamen, um die Spötter zu töten (970D).
57 Die Feinde sind die »immundi spiritus«, sie führen die Sünden der Seele in der Stunde des Todes als Wall um sie auf. Das Fleisch des Menschen muß zur Erde zurückkehren. Die Kinder, die mit zu Boden geworfen werden, sind bei Walafrid allerdings nicht allein die Gedanken, sondern zuerst die Werke des Menschen. Die Steine, von denen keiner auf dem andern bleibt, sind die Gedanken; Walafrid zitiert zur Begründung wie Gregor Ps 146,4. Gott sucht die Seele sowohl mit Wohltaten als auch mit Übeln heim.
58 Vorher fügt Walafrid noch die vierfache Deutung der Stadt Jerusalem ein: »Omiseram supra, quia Hierusalem terrestris quatuor modis intelligenda est« (973C). Diese Bemerkung läßt vermuten, daß wir die Mitschrift einer tatsächlich gehaltenen Ansprache vor uns haben. Historisch ist mit Jerusalem die Stadt gemeint, zuerst Moria bzw. Salem, dann Jebus, dann Jerusalem, schließlich Aelia. Allegorisch meint Jerusalem *visio pacis* und bedeutet die Kirche. *Per anagogem* schließlich meint Jerusalem die heilige Seele, die immerdar Gott schaut. Obwohl er von der vierfachen Bedeutung Jerusalems gesprochen hat, gibt Walafrid hier nur drei, die moralische fehlt.
59 Auch hier gibt es Berührungen zu Gregor, die Tauben im Tempel stehen für den Heiligen Geist, der verkauft wird. Dazu werden aber auch die Rinder und Schafe allegorisch gedeutet, die ebenfalls im Tempel verkauft werden.
60 »Precemur itaque Dominum ut qui Hierusalem terrenam destruit permisit, et

Haimo von Halberstadt

Das dem Haimo von Halberstadt (†853) zugeschriebene Homiliar stammt wohl nicht von ihm,[61] sondern von dem zeitgleichen Haimo von Auxerre († um 855).[62] Die Predigt zum 10. Sonntag nach Trinitatis stimmt bis auf Anfang und Schluß weitgehend mit der von Walafrid Strabo überein.[63]

Allerdings wird die Predigt anders eingeleitet: Nach Haimo erweist Christus in diesem Evangelium seine göttliche und seine menschliche Natur. In seiner menschlichen Natur weint er um Jerusalem und geht in den Tempel, in seiner göttlichen Natur sieht er voraus, was der Stadt geschehen wird, und vertreibt die Verkäufer und Käufer aus dem Tempel (653C).

Am Schluß der Predigt, bei der allegorischen Deutung der Tauben im Tempel, betont Haimo, darin über Walafrids Auslegung hinausgehend, ausdrücklich, daß Jesus nicht nur die Verkäufer, sondern auch die Käufer vertrieben habe. Er fügt hinzu, daß eine Synode ausdrücklich auch Laien, die sich des Vergehens der Simonie schuldig gemacht haben, aus der Kirche ausgeschlossen habe (660D). Dafür ist die Auslegung von Lk 19,47a ganz knapp, auch fehlt das Gebet, mit dem Walafrid seine Predigt beendet.

---

postea Hierusalem coelestem permanere disposuit, destruat peccata corporis et animae nostrae, quatenus nos introducat in cubiculis sponsae suae, ut cum eo videamus indeficienter bona quae sunt in Hierusalem« (974D).

61 Vgl. dazu Gerhard Baader: Haimo v. Halberstadt, LThK² 4, 1325f, Raymund Kottje: Haimo v. Halberstadt, LThK³ 4, 1151, und Peter Classen: Haimo, RGG³ 3, 30.
62 So Rainer Berndt: Haimo v. Auxerre, LThK³ 4, 1150 und Julius Gross: Haimo v. Auxerre, LThK² 4, 1325, während Classen die Verfasserschaft der Homilien für ungeklärt hält. Vgl. zu den Predigten selbst Linsenmayer, 48–50, und Cruel, 68f, die beide noch Haimo von Halberstadt für den Autor halten.
63 Es handelt sich z.T. um wörtliche Übereinstimmungen. Deutlicher noch ist die Parallelität des Aufbaus, die oft auch die Überleitungen einschließt. Auch die angeführten Bibelzitate sind größtenteils identisch, und zwar nicht nur da, wo sie auf Gregor zurückgehen. In beiden Predigten werden II Reg 2 und Ez 5 typologisch ausgelegt. Es finden sich auch Übereinstimmungen in typischen Einzelheiten. So heißt es auch bei Haimo, die Stadt sei von Vater und Sohn zerstört worden, weil die Juden Gottvater und Sohn abgelehnt hätten (654B). Auch bei Haimo wird Bell 5,566 als Wort des Titus wiedergegeben (655B). Haimo und Walafrid legen nicht nur die Tauben, sondern auch Rinder und Schafe, die nach Mt ebenfalls im Tempel verkauft wurden, allegorisch aus. Ich verzichte hier auf weitere Belege. Abgesehen von den Abweichungen an Anfang und Schluß der Predigt fehlt bei Haimo die Schilderung der Lk 19,41ff vorangehenden Perikope vom Einzug in Jerusalem sowie die vierfache Deutung der Stadt Jerusalem, außerdem der Bericht von den dreißig Juden, die um einen Silberling verkauft werden. Sonst finden sich nur kleine Unterschiede.

1.2.3. Predigten mit überwiegend allegorischer Auslegung

Die im folgenden dargestellten Predigten beschränken sich größtenteils auf eine allegorische Auslegung nach dem Vorbild Gregors, die Zerstörung Jerusalems wird höchstens in einigen Sätzen angesprochen. Bei den meisten deutschen Predigten kommt dazu am Anfang eine Nacherzählung des Evangeliums.[64]

Hrabanus Maurus (780–856)

Die direkteste Abhängigkeit zeigt sich bei Hrabanus Maurus.[65] Seine Predigt ist eine größtenteils wörtliche Übernahme von Gregors Homilie, allerdings ist die Predigt Gregors fortlaufend gekürzt, endet außerdem bereits mit der Auslegung von Lk 19,47a.[66] Es fehlen also die Aussagen zur Sündlosigkeit Jesu und die moralische Auslegung, die die guten Werke fordert, samt dem Exempel wahrer Nächstenliebe.

Leipziger Sammlung[67]

Bei den sogenannten Leipziger Predigten handelt es sich um eine Handschrift vom Anfang des 14. Jahrhunderts, in der verschiedene Predigtsammlungen vereint sind.[68] In zweien von ihnen findet sich auch eine Predigt über Lk 19,41ff.

Die eine Predigt[69] steht in der letzten Teilsammlung der Leipziger Handschrift, sie ist in der 2. Hälfte des 12. Jahrhunderts entstanden. Der Verfasser war ein Benediktiner.[70] Die Predigt ist sehr kurz. Sie bietet nur eine allegorische Auslegung von Lk 19,41–44.[71] Dazu klingt am Anfang die Deutung

---

64 Damit beginnen allgemein sehr viele deutsche Predigten. Vermutlich wurden die Predigten in der Messe nach der Evangelienlesung gehalten, die ja lateinisch stattfand, so daß der Prediger eine Übersetzung des Textes an den Anfang seiner Auslegung stellte, Linsenmayer, 29 und 137–140.

65 Hrabanus Maurus: Homiliae in Evangelia et Epistolas, PL 110, 135–468, darin die Homilia CXXXVI, 406–409. Vgl. zu Hrabanus Predigten Cruel, 57–68 und Linsenmayer, 45–48. Nach letzterem sind praktisch alle Predigten des Hrabanus aus patristischen Quellen übernommen.

66 In der Predigt Gregors 820,22.

67 Ich übernehme für die deutschen Predigten, die zum großen Teil anonym überliefert sind, die Namen, unter denen sie in der Bibliographie von Morvay und Grube aufgeführt werden. Die Leipziger Sammlung ist abgedruckt bei Anton Emanuel Schönbach: Altdeutsche Predigten, Bd. 1, Graz 1886. Vgl. Linsenmayer, 264–285, er datiert die Sammlung größtenteils ins 12. Jahrhundert (264f), obwohl die Handschrift jünger ist.

68 Vgl. zu diesen Teilsammlungen Linsenmayer, 264–285.

69 Es ist die Nr. 244, Schönbach 1, 371–372.

70 So Linsenmayer 278f, zu dieser Teilsammlung insgesamt 278–285.

71 Die Predigt enthält Einzelheiten, die nicht unbedingt unmittelbar aus Gregors

der Geschichte auf die menschliche und göttliche Natur Christi an, wie sie sich bei Haimo und später bei Radulfus Ardens (s.u.) findet, die aber nicht weiter durchgeführt wird.[72]

Oberalteicher Sammlung

Die Predigten dieser Sammlung haben vermutlich eine Vorlage, die ins 12. Jh. zurückgeht.[73] Die Predigt ist relativ lang.[74] Sie beginnt mit einer Nacherzählung des Evangeliums, schon mit kurzen Erklärungen (144,5-20). Es folgt eine Deutung auf die Menschheit und Gottheit Christi (144,20-29),[75] danach ein kurzer Verweis auf die Zerstörung Jerusalems durch die Römer (144, 30-145,2). Nach einer historischen Auslegung der Tempelreinigung (145,2-11) folgt eine ausführliche Anwendung auf die Gegenwart (145, 11-35). Bemerkenswert daran ist der Vergleich der Käufer und Verkäufer mit Judas. Sie sind Christus ungetreuer als er, verkaufen ihn manchmal für nur einen Pfennig und werden mehr büßen müssen als er (145,26-32)! Die Anklage richtet sich hier nicht nur gegen Simonie, sondern auch gegen soziale Ungerechtigkeit. Die dann folgende allegorische Auslegung auf die Seele (145,39-147,41) ist wohl direkt von Gregor übernommen, es finden sich ausführlich auch seine Ausführungen zu Joh 14,30.[76]

Priester Konrad

Diese Predigtsammlung ist die erste deutsche, die mit dem Namen des Verfassers überliefert ist.[77] Sie stammt vom Ende des 12. Jahrhunderts. Konrad legt in seinen Sonntagspredigten jeweils die Epistel und das Evangelium aus. So beginnt auch unsere Predigt[78] mit einer Auslegung zu I Kor 12,1-11 (141,21-142,35). Es folgt eine Nacherzählung des Evangeliums (142,37-

---

Predigt übernommen sein müssen, aber auf sie zurückgehen. So wird zu den Steinen Ps 146,4 zitiert (372,2-4).

72 »M., welich die scheidunge si des libis und der sele, des werde wir hute bewiset mit eime schonen bispelle an dem ewangelio. do unser herre Jhesus Christus was in dirre werlde an menschlicher nature, do vur er zu einem male, als er dicke tet, zu Jherusalem. do er der stat nahn begonde, do weinte er und sprach ...« (371, 17-22). Es fehlt dann aber der Hinweis auf die göttliche Natur.
73 Anton Emanuel Schönbach: Altdeutsche Predigten, Bd. 2, Graz 1888. Vgl. zu dieser Sammlung Linsenmayer, 291-297.
74 Es handelt sich um die Nr. 53 bei Schönbach 2, 144-147.
75 Die Tränen zeigen seine Menschheit, die Tempelreinigung seine Gottheit. Vgl. Haimo (653C).
76 Bei Gregor 822,26-826,29, hier 147,15-40, wobei u.a. auf das Beispiel von Petrus und Paulus verwiesen wird, die beide nicht sündlos waren.
77 Anton Emanuel Schönbach: Altdeutsche Predigten, Bd. 3, Graz 1891. Zu der Sammlung Linsenmayer, 285-291.
78 Es ist die Nr. 60 bei Schönbach 3, 141-144.

143,14), dann eine kurze historische Erklärung zu Lk 19,41–44. Christus weissagte hier, »daz diu stat zerstoret unde zerfurt solte werden zainer rache sins heiligen todes« (143,17f).[79] Es folgt die allegorische Auslegung der Tempelreinigung, vor allem der Tauben (143,26–39),[80] anschließend die von Gregor übernommene Auslegung der Stadt auf die Seele (143,40–144,40).

Weingartner Predigten[81]

Die Predigt[82] ist ganz knapp, eine halbe Druckseite lang,[83] erzählt nur Lk 19, 41–44 nach und legt sie allegorisch aus. Die Stadt ist die Christenheit, die der allmächtige Gott in seiner Menschheit besucht, zugleich die einzelne Seele, die diesen Trost nicht annimmt. Die Feinde sind die Teufel. Die Predigt endet mit einem kurzen Gebet.

Mettener Sammlung[84]

Diese Predigt[85] ist ebenfalls ganz knapp, enthält nur die Übersetzung und allegorische Deutung von Lk 19,41–44 und endet mit einem Gebet um rechtes Leben.

Predigt über »Cum appropinquaret«[86]

Die Predigt bringt zuerst eine historische Erklärung von Lk 19,41–44. Jesus, der um seine Feinde weint, lehrt uns dabei, es ihm nachzutun. Es folgt die typische allegorische Deutung. Dann die historische Auslegung der Tempelreinigung, die Anwendung auf die Simonie, schließlich ein knapper Predigtschluß.

---

79 Auch Konrad betont die buchstäbliche Erfüllung der Worte Jesu, kein Stein ist auf dem andern geblieben, das neue Jerusalem steht an anderer Stelle (143,22–26). Diese Beobachtung Gregors findet sich sehr häufig.

80 Dabei bezieht sich Konrad bei der Deutung der Tauben als Gaben des Heiligen Geistes auf die Epistel zurück, bezieht den Geist dann aber doch besonders auf die Priesterweihe und die geistliche Gewalt.

81 Franz Pfeiffer: Weingartner Predigten, in: ders.: Altdeutsches Übungsbuch, Wien 1866, 182–190. Zu den Predigten vgl. Linsenmayer 297–299, Cruel 194–198.

82 Nr. 9 in der Sammlung, 189.

83 Cruel diskutiert die Frage, ob es sich bei so kurzen Stücken tatsächlich um Predigten und nicht bloß um Entwürfe gehandelt habe. Er vertritt die Meinung, daß es das ganze Mittelalter hindurch neben längeren Predigten solche kurzen Ermahnungen gegeben habe (196–198).

84 Abgedruckt bei Anton Emanuel Schönbach: Mittheilungen aus altdeutschen Handschriften, 2. Stück: Predigten, SAWW. PH 94 (1879), 187–232.

85 A. a. O., 206f.

86 Gedruckt bei Franz Joseph Mone: Altteutsche Predigten. Predigtbruchstücke, Anzeiger für Kunde der teutschen Vorzeit 7 (1838), 513–515. Der Text der Predigt reicht bis 514.

1.2.4. Predigten, die auch die Historie erzählen

Im folgenden sind Predigten zusammengestellt, die wie Walafrid Strabo und Haimo auch die Historie von der Zerstörung Jerusalems darstellen. Die meisten enthalten daneben die allegorische Auslegung Gregors.

Das Speculum ecclesiae[87] *des Honorius Augustodunensis (12. Jahrhundert)*[88]
Die Predigt des Honorius hat ein kurzes Exordium zu Threni 1,4a (1049C).[89] Es folgt zuerst die ganz knappe allegorische Auslegung im Sinne Gregors (1049C–1050C), dann die historische Auslegung. Dabei gebraucht Honorius eine sehr stark biblisch geprägte Sprache voller Anspielungen und Zitate. Die Stadt Jerusalem hat ihre Heimsuchung, die Inkarnation Christi,[90] nicht erkannt, hat Christus verworfen, der doch vom Gesetz und den Propheten verheißen war und um die Stadt warb.[91] Der barmherzige und geduldige Gott hatte noch 42 Jahre Geduld mit der Stadt, wie er ja auch schon früher dem Volk gnädig war (Ps 80,9). Er schickte noch einmal seine Boten, die verfolgt und getötet wurden (Lk 11,49; Mt 23,34; im Zusammenhang mit Ps 80 ist auch an Mt 21,33ff zu denken), so kam schließlich als Rache Christi Blut und das aller, die die Juden getötet hatten, über sie (Mt 23,35; auch Mt 27, 25 klingt an). Vespasian und Titus, die wilden Tiere aus Ps 80,14, zerstörten die Stadt. Der Taliongedanke wird dabei ausgeführt,[92] Honorius berichtet von Vorzeichen, von der Hungersnot, von der Zahl der Toten, vom Umpflügen der Stadt. In dieser ganzen Darstellung ist der Rachegedanke deutlich ausgeprägt[93] bis hin zu der Umdeutung von Ps 79,10.12. Siebenfach rächt Gott das Blut der Heiligen an Israel.[94]

---

87 Honorius Augustodunensis: Speculum Ecclesiae, PL 172, 807–1104, 1049–1054.
88 Zu Honorius vgl. Rhaban Haacke und Maria Ludovica Arduini: Honorius Augustodunensis, TRE 15, 571–578; außerdem Linsenmayer, 194–200; Cruel, 129–144, zu den Predigten besonders ab 134; Schian, 642.
89 Der Beginn mit einem Exordium ist typisch für Honorius, Cruel, 137. Allerdings ist das Exordium hier kurz, nicht lang, wie sonst oft bei Honorius.
90 Honorius zitiert hier – wie Walafrid (969D) – Lk 1,78.
91 Ein Beispiel für die biblische Sprache: »Ipse autem alas crucis expandit atque eas [eam] sub umbra alarum misericordiae suae congregare voluit, quemadmodum gallina pullos suos sub alis a milvo protegit« (1050D). Hier wird Mt 23,37 aufgenommen.
92 Wie bei Walafried findet sich der Hinweis auf Vater (Vespasian) und Sohn (Titus), die die Stadt zerstörten, weil die Juden Gottvater und Sohn ablehnten (1051B); auch die Zerstörung Jerusalems am Passafest wird genannt (1051C), ebenso der Hinweis auf den Verkauf von je dreißig Juden um einen Silberling (1052A).
93 So schreibt er z.B. bei der Aufzählung der Toten und Gefangenen: »trecenti in ultionem Dominicae necis crucifixi sunt« (1052A).
94 »Sic, karissimi, reddidit Dominus septuplum in sinu eorum qui effuderunt sanguinem sanctorum« (1052A).

Die nachfolgende Anwendung verbindet den Gedanken der Warnung mit soteriologischen Aussagen:

En dilectissimi, audistis captivitatem Judaeorum; cavendum est nobis a captivitate daemoniorum. Illa enim scripta est ad correctionem nostri, ne nos incautos circumcludant castra hostis maligni. Etenim ut nos essemus captivitate liberi, summi Regis Filius datus est obses pro redemptione nostri. Atque ut hoc tenaciter nostrae memoriae imprimatur, panis Christi in modum denarii formatur: quia prefecto ille pro XXX denariis traditus est in manu impiorum[95] qui verus denarius dabitur in vinea usque ad vesperum laborantibus praemium omnium justorum. (1052B–C)

Honorius deutet anschließend noch die Geschichte von Elisa (II Reg 2,23f)[96] und endet die Predigt mit einem langen Exempel.[97] Auffällig an seiner Predigt ist die biblische Sprache und der besonders stark ausgeprägte Rachegedanke, der in anderen Predigten vor allem in der Talionsstruktur anklingt.

Leipziger Sammlung

Die zweite Teilsammlung der Leipziger Sammlung, in der die Predigt[98] überliefert ist, stammt aus der Zeit vor 1187.[99] Die Predigt beginnt mit einer Nacherzählung des Evangeliums (119,3–21). Dann legt der Prediger den Schwerpunkt auf die Erzählung von der Zerstörung Jerusalems. Die Juden haben unseren Herrn, der in die Welt kam, nicht angenommen, sondern getötet. »durch daz unrecht und manich ander groz unrecht so wart Jherusalem die stat vorvluchit« (119,23–25). Der Untergang wird mit vielen Einzelheiten erzählt (119,25–120,40), der Prediger muß andere Quellen als Walafrid und Haimo gehabt haben, denn einiges findet sich dort nicht.[100]

---

95 Hier werden die dreißig Silberlinge, die für die Juden ein Unheilszeichen sind, wie der dazugehörige Talionstopos belegt, für die Christen in ein Heilszeichen umgewandelt.
96 Vgl. dazu die Predigt von Walafried, die sich ebenfalls auf diese Geschichte bezieht.
97 1053A–1054C, das ist ungefähr ein Drittel der Predigt. Der Gebrauch von Exempeln als Schlußteil einer Predigt ist typisch für Honorius.
98 Es ist die Nr. 55, Schönbach 1, 119–121.
99 So Linsenmayer, 265, zu dieser Teilsammlung insgesamt 265–268.
100 Die Episode von dem verschluckten Gold wird erzählt (119,39–120,4), vgl. dazu unten Kap. B 2.1., 91. Der Kaiser ließ so viele Juden kreuzigen, daß das Holz ausging (119,32–34), außerdem weiß der Prediger von dem Schicksal des Kaiphas und der anderen, die Jesus verrieten. Der Kaiser übergab sie »dem burggrevin von Alexandrie der hiez Rufus«, zur Bestrafung (120,34–40). Überhaupt wird Titus bewußt zum Vollstrecker der göttlichen Strafe, wenn er sagt: »daz volk hat sich vorworcht an ireme schepphere den sie crucigtin. ich wer in gerne genedich, ich enmach, wane gotis zorn ist uber sie cumen« (119,37–39). Schönbach 1,416, verweist als Quelle auf ein fälschlich unter dem Namen des Ambrosius abgedrucktes Werk: Sancti Ambrosii Mediolanensis Episcopi De excidio urbis Hierosolymitanae libri quinque, PL 15, 2061–2326. Hierbei handelt es sich um das Werk

Es folgt dann die allegorische Auslegung des Textes im Sinne Gregors, zuerst Lk 19,41–44 (120,42–121,13), dann Lk 19,45–46 (121,13–26). Dabei redet der Prediger bei der Auslegung der Tauben auf den Heiligen Geist hin deutlicher gegen die Simonie, als die meisten lateinischen Predigten: »swer so nu kufit oder vorkufet geistliche gabe, kirchin, bischtum, abtiege, brobiste, sicherliche den wirfit uch der almechtige got uz sime templo von der gemeinschaft aller heiligen« (121,23–26).[101] Er endet mit einer ganz kurzen Ermahnung (121,26–32).[102]

Prager Predigtentwürfe[103]

Die Predigt[104] bietet außer der Nacherzählung des Evangeliums nur eine historische Auslegung des Textes, vor allem einen Bericht von der Zerstörung Jerusalems, die die Juden erleiden mußten, weil sie »unsern herren marterten« (362).[105] Interessant sind zwei Beobachtungen, die zeigen, daß der Prediger mit Anteilnahme von Jerusalem und dem Schicksal der Stadt sprechen kann. Das Evangelium zeigt, so kommentiert er zu Beginn: »ein iemerlich mere« (362). Und er betont, Jerusalem sei dem Herrn die liebste Stadt gewesen von allen, die er geschaffen hatte (362).[106]

1.2.5. Ganz oder überwiegend selbständige Predigten

Die folgenden Predigten stammen aus dem Zeitraum vom späten 12. bis zum 15. Jahrhundert, also aus der Zeit, in der die mittelalterlichen Predigten selbständig wurden und sich von den früheren Vorlagen lösten. Es sind sowohl scholastische, als auch mystische Predigten, außerdem Volkspredigten darunter.[107]

---

des Hegesippus, vgl. Kap. B 2.3. Dort wird aber weder das Schicksal des Kaiphas noch Rufus aus Alexandrien erwähnt.
101 Der Verfasser dieser Predigtsammlung übt häufiger Kritik an der Simonie, Linsenmayer, 267.
102 So, oder aber mit einem kurzen Gebet, enden fast alle hier besprochenen Predigten. Das ist auch allgemein die Regel, so Schian, 644.
103 Joseph Diemer: Deutsche Predigtentwürfe aus dem XIII. Jahrhundert, in: Germania. Vierteljahrsschrift für Deutsche Alterthumskunde, hg. v. Franz Pfeiffer, 3 (1858), 360–367. Zu der kleinen Sammlung, die nur sieben Sonntage umfaßt, Linsenmayer, 314–316. Er datiert sie, anders als der Herausgeber, noch ins 12. Jahrhundert. Cruel hält diese Sammlung für einen Teil der sogenannten Hoffmannschen Sammlung (155f), die er um 1150 datiert (156f).
104 Diemer, 362f.
105 Auch hier wird der Talion zu den dreißig Silberlingen und die Teknophagie der Maria erwähnt.
106 Schon bei der Nacherzählung des Evangeliums redet Jesus sie als »Libiv stat« an.
107 Folgende Predigten bedeutender Prediger können für die Untersuchung dabei

Radulfus Ardens[108]

Radulfus (erste Hälfte des 12. Jahrhunderts – 1200) will den Text zuerst nach seinem Literalsinn, dann nach seinem mystischen Sinn auslegen. Dem Literalsinn nach zeigt Jesus vier Eigenschaften, seine Menschheit durch seine Tränen (2023C–2024B), seine Gottheit[109] durch seine Vorhersage des Untergangs von Jerusalem (2024B–D),[110] seine Gerechtigkeit, indem er die Sünder durch die Tempelreinigung straft (2024D–2025B), und seine Liebe, indem er den Unwürdigen dennoch weiter predigt (2025B–C). Hierbei finden sich z.T. auch Anwendungen. Wir sollen über die eigenen und die fremden Sünden weinen und das Oratorium bzw. die Kirche nicht zu weltlichen Dingen entweihen. Die dann folgende allegorische Auslegung der beiden Teile der Perikope schließt sich eng an Gregor an.

Johannes Tauler[111]

Johannes Tauler (†1361) bezieht sich in seiner Auslegung der Stadt Jerusalem auf weltliche Herzen, die ihre Heimsuchung nicht erkennen wollen (391,14–392,19), ausdrücklich auf Gregor.[112] Seine Auslegung der Tempelreinigung hingegen, auf die er das Schwergewicht legt, ist eigenständig. Der Tempel ist Leib und Seele des Menschen.[113] Die einen machen ihn zum Kauf-

---

außer acht gelassen werden, da sie nur einen einzelnen Vers des Textes behandeln: eine Predigt von Meister Eckhart über Vers 47a, in: Philipp Strauch (Hg.): Paradisus anime intelligentis, DTMA 30, Berlin 1919, Nr. 15, 37–39; zwei Predigten von Bonaventura, die jeweils nur Vers 46 auslegen, vgl. Doctoris Seraphici S. Bonaventurae: Sermones de Tempore, Opera Omnia Tomus IX, Quaracchi 1901, 23–461, 387–392; eine lateinische Predigt des Berthold von Regensburg über Lk 19,47. Georg Jakob: Die lateinischen Reden des seligen Berthold von Regensburg, Regensburg 1880, nennt den Titel und Anfang dieser Predigt, die nicht veröffentlicht ist: »De quatuor peccatis mundi principalibus, et specialiter de avaritia. Historia de decem nuntiis David ad Nabal. Et erat quotidie docens in templo (Luc. 19.) Duo praecipue Dominus docuit« (53).

108 Radulphi Ardentis Epistolas et Evangelia Dominicalia Homiliae, PL 155, 1665–2118, Homilia XXIII, 2023–2026.
109 Diese beiden Deutungen schon bei Haimo, s.o. 1.2.2.
110 In diesem Zusammenhang findet sich bei Radulfus die Talionstopik im Bezug auf das Passafest und auf die dreißig Silberlinge, außerdem zitiert Radulfus wie Gregor Jer 8,7 und verweist auf die an neuer Stelle gebaute heutige Stadt Jerusalem.
111 Ferdinand Vetter: Die Predigten Taulers aus der Engelberger und der Freiburger Handschrift sowie aus Schmidts Abschriften der ehemaligen Straßburger Handschriften, DTMA 11, Berlin 1910, darin die Predigt Nr. 72, 391–394.
112 »Dis vernement nut als min wort, sunder sant Gregorius wort in der omelien.« 392,18f.
113 Tauler bezieht sich dabei ausdrücklich auf Paulus: Was ist der Tempel? »Das ist die sele und der lichame des menschen, die ist eigenlicher ein tempel Gottes wanne alle die tempel die ie gezimbert wurdent, wan sant Paulus sprach: ›der tempel Gottes ist heilig, daz sint ir.‹« (392,23–26).

haus, indem sie ihren freien Willen gegen die Befriedigung ihrer Gelüste verkaufen. Aber auch die, die ihren Eigenwillen Gott unterordnen wollen und alles verlassen, leben in Unfrieden, solange ihr Tempel nicht leer ist, solange sie noch an sich selber hängen. Immerhin, das unterscheidet die Erwählten von den anderen, daß sie unter ihrem Zustand leiden. Ziel aber ist ein ganz leergeräumter Tempel, ein Haus des Gebetes, in dem Gott wohnt (394,30-32).[114]

Johannes Veghe[115]

Es handelt sich bei den Predigten Veghes (um 1431-1504), der zur Brüderschaft des gemeinsamen Lebens gehörte, um sogenannte collazien oder auch collationes, d.h. »erbauliche Besprechungen«,[116] die nachmittags innerhalb religiöser Gemeinschaften gehalten wurden, also nicht um Gemeindepredigten. Sie sind sehr lang. Zwei Predigten über Lk 19,41ff sind überliefert.[117]

Die Predigten von Johannes Veghe sind eigenständig,[118] dabei aber beide untereinander sehr ähnlich. Es geht ihm um die Heimsuchung, die der sündige Mensch nicht erkennt.[119] Der Text gibt dabei nur das Thema vor, die Sünde, wird dann aber nicht weiter ausgelegt. So fehlt die historische Erklärung, der Hinweis auf die Zerstörung Jerusalems. Die erste Predigt behandelt vor allem das Wesen der Sünde, die zweite die Folgen der Sünde. Das Wesen der Sünde ist es, sich über Gott zu erheben, die völlige Abhängigkeit von Gott, dem Schöpfer, und von seiner Gnade abzulehnen. Als herausragendes Beispiel dafür nennt Veghe Luzifer (102f). Die Folgen der Sünde, von denen Veghe auch schon am Ende der ersten Predigt spricht, sind wachsende Verblendung und Verstockung, so daß der Mensch gar nicht einsehen will, daß er in Sünde lebt, darum auch nicht die Vergebung sucht und sich weder von Gott noch von Menschen, die ihm raten und helfen wollen, helfen und zur Buße führen läßt.[120]

---

114 Schon vor dem Ende der Predigt redet Tauler einmal von diesem Zustand, hier ist die Predigt am deutlichsten als die eines Mystikers zu erkennen, die Seele wird zur Braut des Hohenliedes (393,25-33).
115 Franz Jostes: Johannes Veghe. Ein deutscher Prediger des XV. Jahrhunderts, Halle 1883. Vgl. auch Ludwig Theodor Schulze: Veghe, Johannes, RE³ 20, 478-483.
116 Linsenmayer, 135, dort auch allgemein zu den Collationen.
117 Jostes, 100-114; 114-124.
118 Allerdings bezieht sich Veghe durchaus auf verschiedene Kirchenväter und Theologen und zitiert sie, z.B.: Bonaventura (104f), Augustinus (107), Bernhard (108), Johannes Chrysostomos (109).
119 Der zweite Teil der Perikope, die Tempelreinigung, wird darum nur an einer Stelle in der ersten Predigt überhaupt erwähnt. Zu Beginn der Predigten gibt er jeweils nur Lk 19,41-44 kurz wieder.
120 Die erste Predigt nennt hier auch ausdrücklich die Sakramente, die dem Sünder nicht helfen. Denn er geht unwürdig zum Abendmahl, solange er Todsünden

1. Der 10. Sonntag nach Trinitatis im Mittelalter

Predigten in Plenarien

Eine eigene Predigtweise findet sich in verschiedenen Plenarhandschriften und Drucken. Plenarien sind spätmittelalterliche Ausgaben der Evangelien und Episteln in deutscher Übersetzung, ergänzt durch Glossen bzw. Predigten. Z. T. enthalten sie weitere liturgische Texte. Die Plenarien waren von der Erfindung des Buchdrucks bis zur Reformation verbreitete Erbauungsbücher.[121]

In diesen Predigten werden die Tränen Jesu zu einem Hauptthema, es wird aufgezeigt, bei welchen Gelegenheiten und worüber er geweint hat. Immer genannt werden seine Tränen über Jerusalem, am Grab des Lazarus und außerdem am Kreuz.[122] Dazu kommen dann manchmal als vierter Anlaß die Tränen des Kindes und schließlich noch die Tränen über Judas. Die Deutungen der Tränen sind nicht immer identisch, wandeln sich von historischen zu allegorischen Erklärungen.[123] Zu den einzelnen Predigten ist folgendes zu sagen:

Eine Predigt über Lk 19,41ff aus der Sammlung »Elsässische Predigten«[124] ist ganz knapp, bietet nach der Wiedergabe von Lk 19,41-44 nur eine Erklärung der dreimaligen Tränen Jesu.[125]

Die Predigt über Lk 19,41ff aus einer mittelniederdeutschen Plenarhandschrift[126] erzählt vom viermaligen Weinen Jesu samt Deutung. Dann wird noch einmal betont, daß Jesus über die Zerstörung Jerusalems durch Titus

---

nicht gebeichtet hat, er nimmt die Beichte nicht ernst, wenn er nicht alles beichtet oder sich nicht wirklich bessern will (111-113).
121 Vgl. Winfrid Kämpfer: Plenarium, LThK² 8, 559f, außerdem Cruel, 533-535.
122 Diese Tradition bezieht sich wohl auf Heb 5,7, obwohl dort nicht vom Kreuz geredet wird, und man den Vers eher auf die Gethsemane-Szene beziehen muß.
123 So zeigen in der elsässischen Predigt (s.u.) Jesu Tränen beim Tod des Lazarus seine Liebe zu dessen Schwestern, die Tränen am Kreuz sein Mitleid mit seiner Mutter, der ein Schwert durch ihre Seele ging. Später, in dem Plenardruck von 1518 (s.u.), heißt es:»Dann bei Lazaro wird verstanden der sündig mensch, der do gestorben, todt ist an der sele« (340). Nach einer mittelniederdeutschen Plenarhandschrift (s.u.) beweint Jesus am Kreuz unsere Schuld, die so groß ist, daß sie nur durch seinen Tod gesühnt werden kann (135,22-24).
124 Diese Predigt stammt nicht aus einer Plenarhandschrift. Ich habe sie aber hier mit aufgenommen, weil sie denselben Predigttyp vertritt. Vgl. Anton Birlinger: Elsaessische Predigten, Alemannia 1 (1873), 60-87.186-194.225-250, Alemannia 2 (1875), 1-28.110-119.197-223, darin Predigt XLIV, 9-10. Die Handschrift stammt aus dem Jahr 1362, vgl. den Editionsbericht von Birlinger, 60.
125 An einer Stelle erscheint der Rachegedanke: Jesus weint über Jerusalem,»daz in erbarmet die not die in künftig waz, do die stat gar zerstört wart von iren vienden, die vnsers herren martyr an in do rochent« (9).
126 Pekka Katara: Ein mittelniederdeutsches Plenar aus dem Kodex MSC. G. K. S. 94 Fol. der Grossen Kgl. Bibliothek zu Kopenhagen, AASF Ser.A, Bd. XXIV, Helsinki 1932. Darin Nr. 51, 134-136.

und Vespasian weint, die kommen mußte, weil die Juden Gottes Menschwerdung nicht annahmen. Wie sie werden die verdammt, die keinen Christenglauben haben (135,29-33). Die Tempelreinigung bedeutet, daß Gott aus den Menschen den Teufel und alle Wollust austreibt.[127]

Eine Predigt über Lk 19,41ff aus einem Plenardruck von 1518[128] ist ausführlicher als die der anderen Plenarien. Neben der Deutung des fünfmaligen Weinens Jesu (339-340) findet sich die historische Auslegung von Lk 19, 41-44 mit längerer Erzählung von der Zerstörung Jerusalems (341-343).[129] Hierbei wird der Rache- und Strafgedanke ausdrücklich vertreten.[130] Schließlich geht es darum, daß wir über fremde und eigene Sünde weinen sollen (339.343-344).[131]

Geiler von Kaisersberg

Eine Predigt des Geiler von Kaisersberg (1445-1510)[132] legt den Text rein historisch aus und ist durch den Taliongedanken strukturiert. Weil die Stadt sich von Jesus nicht freundlich visitieren lassen wollte, kamen die Visitatoren Titus und Vespasian. Sie haben die Stadt geängstet,[133] wie die

---

127 Bis auf wenige Stellen ist ein früher Plenardruck mit dieser Handschrift identisch, allerdings nicht in Niederdeutsch, sondern in Hochdeutsch. Plenarium, o.O., o.J. Es handelt sich um das bei Paul Pietsch: Ewangely und Epistel Teutsch. Die gedruckten hochdeutschen Perikopenbücher (Plenarien) 1473-1523, Göttingen 1927, 21f, unter dem Sigel e beschriebene Exemplar.
128 Vincenz Hasak: Die Himmelstrasse, oder: Die Evangelien des Jahres in Erklärungen für das christliche Volk nach deutschen Plenarien aus der Zeit 1500, Regensburg 1882, darin 338-344.
129 Dabei wird ausdrücklich auf Josephus verwiesen, außerdem wird am Anfang der Predigt (338) schon »Egesippus« genannt.
130 Das Blut Jesu, das die Juden mit ihrer Selbstverfluchung (Mt 27,25) auf sich gezogen hatten, kam über sie. »Also ward der allerunschuldigst tod des Herrn gerochen an den neidigen verkerten juden, und wird ungerochen nit bleiben untz ewiglich. Aber on zweifel mit fester hoffnung, so wird der heilsam tod Christi uns christglaubigen menschen nütz und gut sein zu dem ewigen leben« (343).
131 Die oben genannte Bibliographie verweist noch auf eine gereimte Glosse zu unserem Text: Hans Vollmer: Berlin Ms.Germ.Fol. 706 nebst nächster Verwandtschaft und Berlin Ms.Germ.Oct. 228., in: ders. (Hg.): Neue Texte zur Bibelverdeutschung des Mittelalters, BDK 10 (1936), 1-23, darin 20f. Die Glosse ist unvollständig überliefert. Erkennen läßt sich nur, daß hier auch von den Tränen Jesu die Rede ist. Jesus hat nie gelacht, aber er hat dreimal geweint. Dann bricht die Glosse ab.
132 Johannes Geiler v. Kaysersberg: Euangelia Das plenarium vßerlesen vnd davon gezogen in des hochgelehrten Doctor keisersbergs vßlegung der ewangelien vnd leren. Anfang der meß/Colect/secret/Epistel vnd Complend. Auch de sanctis von den heiligen / Summer vnd winterteil durch das gantz iar. ..., Straßburg (Johannes Grieninger) 1522, Bl. CXLIIb-CXLIIIIb (fehlerhafte Blattzählung, es gibt kein Bl. CXLIII). Zu Geilers Predigten vgl. Cruel, 538-556.
133 Hierbei gibt Geiler einen Bericht von der Hungersnot, erzählt, daß die Juden ihre

Juden Jesus geängstet und mit Essig getränkt haben. Die Juden wurden zur Erde geworfen, d.h. die Stadt wurde völlig zerstört, weil sie Jesus auch zur Erde geworfen hatten. Sie wurden getötet, wie sie Jesus und seine Jünger getötet hatten. Geiler endet mit einem Verweis auf Josephus.

1.2.6. Zusammenfassung

Vom Beginn des Mittelalters an sind bei der Predigt über Lk 19,41–47 zwei Linien wichtig. Da ist zum einen die allegorisch-moralische Auslegung des Textes im Anschluß an eine Predigt von Gregor dem Großen. Danach bedeutet die Stadt Jerusalem die Seele, die in der Stunde ihres Todes wegen ihrer Sünden von den bösen Geistern bedroht wird.[134] Für diese Auslegung und Anwendung des Textes ist der historische Sinn uninteressant. Nachdem Jerusalem zerstört wurde, ist das Schicksal der Stadt für das Leben der Christen ohne Bedeutung.

Eine zweite Linie legt ein größeres Gewicht auf die historische Auslegung des Textes und auf die Geschichte der Zerstörung Jerusalems. Es findet sich aber in diesen Predigten kein Hinweis darauf, daß der Sonntag als ein besonderer Gedenktag verstanden wurde. Auch wird der Sonntag nicht mit dem Datum der Zerstörung des Tempels oder der Stadt Jerusalem in Beziehung gesetzt. Wird überhaupt in diesem Zusammenhang ein Datum genannt, dann ist es das Passafest. Mit Hilfe dieses Termins wird eine Beziehung zwischen dem Tod Jesu und der Zerstörung Jerusalems hergestellt. Auch durch andere Talionsmotive wird das Schicksal der Stadt Jerusalem als Folge des Todes Jesu gesehen, zum Teil wird die Zerstörung der Stadt auch ausdrücklich als Rache für den Tod Jesu bezeichnet. Die Anwendung des Textes erfolgt auch bei den Predigten, die ausführlicher von der Zerstörung Jerusalems berichten, durch die allegorische Auslegung im Sinne Gregors.

Vor allem seit dem 13. Jahrhundert gibt es von diesen beiden Predigttypen unabhängige Predigten, die keine dieser beiden Linien verfolgen. Sie sind normalerweise an der Geschichte von der Zerstörung Jerusalems nicht interessiert.

    Kinder essen mußten und nennt die Zahl der Toten. In diesem Zusammenhang erwähnt er auch den Talionstopos, daß dreißig Juden um einen Pfennig verkauft wurden.

134 Der Tempel steht nach der Auslegung Gregors einerseits wie die Stadt für die Seele des Menschen, andererseits für das Leben der Gottgeweihten innerhalb der Kirche. Die Tempelreinigung bietet so Anlaß, sehr kirchenkritisch, vor allem gegen Simonie gerichtet, zu predigen. Kritik an Kirche und Klerus war im Mittelalter im übrigen nicht nur bei der Auslegung von Lk 19,41ff ein wichtiges Predigtthema, vgl. dazu Cruel, 107f.

Insgesamt findet sich kein Hinweis auf eine besondere Tradition des Sonntags, die sich mit der späteren vergleichen ließe.

1.3. Der 10. Sonntag nach Trinitatis und der 9. Aw

Da der 10. Sonntag nach Trinitatis in die gleiche Zeit fällt wie der 9. Aw, der jüdische Gedenktag der Zerstörung des Tempels,[135] stellt sich die Frage, ob die Nähe des 10. Sonntags nach Trinitatis zum 9. Aw bzw. zum 10. August die Wahl der Perikope Lk 19,41ff mitbestimmte oder zumindest für die Zeit des Mittelalters schon eine Rolle spielte. Das würde bedeuten, daß ein Zusammenhang zu dem jüdischen Feiertag bestand und damit das Thema der Zerstörung Jerusalems von Anfang an im Blick war. Solche Bezugnahmen auf jüdische Feste kamen vor. So sind die Lesungen der Herbstquatember[136] als Gegenüber zur jüdischen Feier des Versöhnungstages (und des Laubhüttenfests) ausgesucht. Diesen Zusammenhang, der sich schon aus der Wahl der Texte ergibt,[137] unterstreicht zum Beispiel Leo der Große in einigen seiner Predigten zu dieser Fastenzeit.[138]

Die älteste mir bekannte Quelle, die einen Zusammenhang herstellt zwischen der Zuordnung der Perikope auf den 10. Sonntag nach Trinitatis und dem Datum der Zerstörung des Tempels, zugleich die einzige vorreformatorische, die mir begegnet ist, ist der Liturgiekommentar des Honorius Augustodunensis.[139] Honorius versucht, an jedem Sonntag einen Zusammen-

---

135 Zu diesem Feiertag vgl. Israel Meir Lau: Wie Juden leben, 1988, 288–292; Henry Brandt: Der 9. Aw – Gedenktag der Zerstörung Jerusalems, in: Israel-Gedenken im evangelischen Gottesdienst, Hannover 1993, 16–20; Meir Ydit: Av, The Ninth of, EJ 3, 936–940; vor allem aber die Darstellung bei Volkmann, die neben den Bräuchen auch auf Theologie und aktuelle Bedeutung des Tages eingeht, Volkmann, 42–64.
136 Eine Einführung in die Geschichte der Quatemberzeiten, der viermal im Jahr stattfindenden Buß- und Fastenzeiten, gibt Ranke (267–273). Vgl. auch A. Chavasse: Die Quatembertage, HLW(M) II, 277–284.
137 Sie sind aufgeführt bei Ranke, 278f, Anm. 1; dazu gehören Lev 23,27–32.33–44 und Hebr 9,2–12.
138 Vgl. dazu Ranke, 270 mit Anm. 3, und die Predigten von Leo Magnus: Sermones in praecipuis totius anni festivitatibus ad Romanam plebem habitati, PL 54, 137–468, Nr. IV und VII (444–447.453–456). Noch Karl Bernhard Ritter spricht von diesem Zusammenhang in seiner Einführung zur Herbstquatember: »Es handelt sich um herbstliche Einkehrtage, die in ihren Texten die Erinnerung an die drei großen herbstlichen Feste des Alten Bundes anklingen lassen: an das Neujahrsfest, an den großen Versöhnungstag und an das Laubhüttenfest«. Karl Bernhard Ritter: Die eucharistische Feier. Die Liturgie der evangelischen Messe und des Predigtgottesdienstes, Kassel 1961, 401.
139 Honorius Augustodunensis: Gemma animae, PL 172, 541–738.

hang zwischen den verschiedenen Teilen des Propriums – Introitus, Epistel, Graduale, Allelujavers, Evangelium, Offertorium und Communio – herzustellen. Dabei geht seine Erklärung am 10. Sonntag nach Trinitatis[140] vom Tempel aus, er hält also das Gedenken an die Zerstörung Jerusalems keineswegs für das Entscheidende. Immerhin vermerkt er am Schluß, daß das Evangelium an diesem Sonntag gelesen werde, weil sowohl die erste als auch die zweite Zerstörung Jerusalems in diesem Monat geschehen seien.[141]

Die übrigen mir bekannten mittelalterlichen Quellen, vor allem die in dem voranstehenden Exkurs untersuchten Predigten, aber z.B. auch der Liturgiekommentar des Rupert von Deutz,[142] gehen im Zusammenhang mit Lk 19,41ff und dem 10. Sonntag nach Trinitatis weder auf den 9. Aw noch auf dessen christliches Gegenstück, den 10. August, ein. Erst im 16. Jahrhundert wird eine Verbindung hergestellt zwischen der Ankündigung der Zerstörung Jerusalems in Lk 19, dem 9. Aw bzw. 10. August und dem Datum des 10. Sonntags nach Trinitatis, der je nach Ostertermin zwischen den 26. Juli und den 29. August fällt. Dabei wird seit dem 16. Jahrhundert immer wieder angenommen, der Zusammenhang zwischen Lesung und Daten sei nicht zufällig, sondern habe die Wahl der Perikope bestimmt.[143] Doch eine

---

140 A.a.O., 713f.
141 »Notandum quod et Evangelium hic legitur, in quo destructio Hierosolymorum praedicitur, quia in hoc mense et prius a Nabuchodonosor et postmodum a Romanis in eodem mense facta legitur.« (714B–C) In seiner Predigt zu diesem Sonntag (vgl. oben, 1.2.4.) geht Honorius auf diesen Zusammenhang nicht ein.
142 Rupert von Deutz gibt in seinem Liturgiekommentar, der u.a. ähnlich wie Honorius das Proprium aller Sonntage bespricht, keinerlei Hinweis auf die Zerstörung Jerusalems. Er geht nur von der Tempelreinigung aus, vgl. Rupert von Deutz: Liber de divinis officiis. Der Gottesdienst der Kirche, auf der Textgrundlage der Edition von Hrabanus Haacke neu hrg., übersetzt u. eingeleitet v. Helmut u. Ilse Deutz, Bd. 4, FC 33/4, Freiburg 1999, 1480–1483.
143 So sagt Johannes Mathesius in seiner 1565 in erster Auflage erschienenen Evangelien-Postille: »Denn weil der Tempel zu Jerusalem / am zehenden tag diß Monats / darauff S. Lorentz tag gefelt / zwir verbrandt ist / Erstlich vom König zu Babel 681. jar zuvor / darnach vom Keiser Tito / vnd die Juden halten noch für vnd für jre klagtag vmb diese zeit / haben gute leut vns disen Text auch fürhalten wöllen«, Johannes Mathesius: Postilla. Das ist / Außlegung der Sontags vnnd fürnembsten Fest Euangelien / über das gantze Jar. Durch M. Johann Mathesium / Pfarrer der Christlichen Kirchen im Joachims Thal / gepredigt. Nürnberg (Katharina Gerlach) 1584, Bd. 2: Postilla. Das ist: Außlegung der Sontags Evangelien / von Ostern biß auffs Advent, Bl. 155b. Nikolaus Selnecker (Zitat unten, 59) betont auch die zeitliche Übereinstimmung des 10. Sonntags nach Trinitatis mit dem 9. Aw, begründet aber nicht die Wahl des Evangeliums damit. Abraham Scultetus: IDEA Concionum dominicalium, Hanoviae (=Hanau) 1610, schreibt: »DUABUS de causis Textus iste proponitur. 1. *Quia circa hoc tempus, i.e. decima Augusti, templum exustum*« (826). Auch Valerius Herberger, dessen Predigt in Kap. C II ausführlich behandelt wird, spricht in seinem Exordium von dem Zusam-

ursprüngliche Absicht läßt sich nicht nachweisen und erscheint angesichts der Quellenlage unwahrscheinlich.[144]

---

menhang (vgl. Z. 61–79). Im 19. Jahrhundert schreibt z. B. Friedrich Ahlfeld: Predigten über die evangelischen Perikopen, [8]1868, am 10. Sonntag nach Trinitatis: »Warum hat nun die Kirche dies Evangelium in diese Zeit gesetzt? Um der Geschichte willen. Genau genommen gehört es auf den zehnten August. [...] Für die Kirche ist dies ein Tag von hoher Bedeutung. Israel feiert ihn als seinen schwersten Trauertag« (502f). A. F. Souchon: Predigten über die Evangelien auf alle Sonn- und Festtage des Kirchen-Jahres, Berlin 1850, sieht ebenso einen Zusammenhang zwischen beiden Tagen, ohne allerdings den jüdischen Trauertag zu erwähnen: »Die Zerstörung Jerusalems geschah um die jetzige Zeit des Jahres, am zehnten August des Jahres siebenzig nach Christo; daher ist das Evangelium von der Zerstörung Jerusalems auf den heutigen Tag verordnet« (757). Auch Alfred Jeremias: Jüdische Frömmigkeit, 1929, zieht selbstverständlich eine Verbindung zwischen beiden Daten. Bei der Darstellung der jüdischen Feste schreibt er: »Der 9. Ab ist allgemeiner Fasttag und Allerseelentag in Erinnerung an die doppelte Zerstörung des Tempels. Er liegt in der Nähe unseres 10. Sonntags nach Trinitatis, in der die christliche Kirche das Ereignis in Mittrauer feiert« (35) Auch vorher erwähnt er schon einmal, daß der 10. Sonntag nach Trinitatis an Stelle des 9. Aw stehe (1). Ebenso meint Kunze, das Gedenken an die Zerstörung Jerusalems habe die Wahl der altkirchlichen Perikopen für den 10. Sonntag nach Trinitatis bestimmt (521).

144 Anders urteilt Amnon Linder: The destruction of Jerusalem Sunday, in: SE 30 (1987/88), 253–292. Er untersucht neben Perikopenverzeichnissen auch Meßformulare und die Ordnung des Offiziums mit seinen Lesungen und Homilien, und kommt zu dem Ergebnis, der 10. Sonntag nach Trinitatis habe bereits im Mittelalter den Charakter eines Gedenktages der Zerstörung Jerusalems gehabt. Er führt die Entstehung dieses Tages auf Gregor den Großen zurück, meint allerdings, das Sonntagsevangelium, das diesen Tag besonders bestimmte, sei dann ungefähr zwei Jahrhunderte lang durch die Lesung Lk 10,25ff ersetzt worden, bevor wieder Lk 19,41ff gelesen wurde. Neben dem Sonntagsevangelium hält er vor allem die alttestamentliche Brevierlesung für bedeutsam, die in der Zeit Juni bis August aus den Königs- und Chronikbüchern unter anderem den Bericht vom Tempelbau vorgesehen habe. Je nach der unterschiedlichen Sonntagszählung sei diese Lesung in die unmittelbare Nähe des entsprechenden Sonntags gefallen. Für Linder ist dieses Proprium eindeutig in Abhängigkeit zum 9. Aw bestimmt worden. Er zeigt dazu unter anderem auf, daß in seiner Meinung nach für die Entwicklung des Propriums entscheidenden Jahren der entsprechende Sonntag und der 9. Aw in unmittelbarer Nähe lagen. Diese Nähe sei später durch die Trinitatiszählung nicht mehr so deutlich erkannt worden. Mehrere Argumente sprechen für mich gegen die These Linders: Vor allem ist für mich schwer vorstellbar, daß eine ursprünglich gültige Perikope, zumal wenn dazu eine Predigt Gregors bekannt war, durch eine Lesung ersetzt wurde, die bereits an anderer Stelle, nur wenige Wochen später, in den Perikopenordnung stand, wie das für Lk 10 galt (vgl. dazu oben, 1.1.). Auch müßte der Bezug zum 9. Aw oder zum 10. August, den Linder klar behauptet, m. E. ausdrücklich ausgesprochen worden sein, wie er es im 16. Jh. ja wird. Linder meint zwar, »No Christian liturgist, let alone a Roman pontiff, could be expected to expatiate, or even to refer explicitly, to a convergence between a Christian liturgical event and its Jewish exemplar«

1. Der 10. Sonntag nach Trinitatis im Mittelalter

Zusammenfassend läßt sich zum 10. Sonntag nach Trinitatis vor der Reformationszeit Folgendes sagen:

Die Perikope Lk 19,41ff hat sich als Evangelium für den 10. Sonntag nach Trinitatis erst relativ spät durchgesetzt.

Bei der Wahl der Perikope hat die Nähe des 10. Sonntags nach Trinitatis zum 9. Aw bzw. zum 10. August keine Rolle gespielt. Die Nähe des Sonntags zu diesen Tagen ist im Mittelalter nicht bewußt, wird jedenfalls nur ein einziges Mal ausdrücklich erwähnt.

Zwar gibt es eine Predigttradition, die bei der Auslegung von Lk 19,41ff auch von der Zerstörung Jerusalems spricht. Von einer eigenständigen Tradition des 10. Sonntags nach Trinitatis als Gedenktag der Zerstörung Jerusalems kann dabei aber nicht geredet werden.

2. Der 10. Sonntag nach Trinitatis seit der Reformation

Im 16. Jahrhundert wird die Tradition des sogenannten Israelsonntags eindeutig faßbar. Denn seit der Reformationszeit ist der 10. Sonntag nach Trinitatis durch einen besonderen Brauch als Gedenktag der Zerstörung Jerusalems aus der Reihe der Trinitatissonntage herausgehoben.

1534 fügte Bugenhagen seiner Harmonie der Passionsgeschichte[1] einen Anhang bei, den Bericht von der Zerstörung Jerusalems.[2] Während die Passionsgeschichte ihren liturgischen Ort in der Passionszeit, meist direkt am Karfreitag, hatte,[3] wurde der Bericht von der Zerstörung Jerusalems am 10. Sonntag nach Trinitatis gelesen.

---

(278). Aber oben wurde am Beispiel der Herbstquatember gezeigt, daß solche Bezugnahme auch für einen Papst durchaus möglich war (vgl. dazu oben, 54, mit Anm. 137 und 138). Daneben ist gegen Linder zu sagen, daß die Datierung der Predigt Gregors nicht so klar ist, wie er behauptet, zumal er selber darauf hinweist, daß die Zählung der Predigt innerhalb der Homilien Gregors schwankt. Was daneben die alt. Offiziumslesung angeht, so paßt das Thema Tempelbau auch gut zur Prägung dieses Sonntags vor allem durch das Thema Tempel, das auch ohne großen Bezug zur Zerstörung Jerusalems behandelt werden konnte. Vielmehr ging es hier, wie oben im Exkurs gezeigt wurde, einerseits um die allegorische Deutung auf die Seele, andererseits um den Kampf gegen die Simonie. Den Hinweis auf den Aufsatz von Linder verdanke ich Evelina Volkmann. Vgl. auch ihre ausführlichere Darstellung der Argumentation Linders, die weitere seiner Veröffentlichungen aufnimmt, Volkmann 22–24.

1 Vgl. dazu Georg Geisenhof: Bibliotheca Bugenhagiana. Bibliographie der Druckschriften des D. Joh. Bugenhagen, QDGR 6, Nieuwkoop 1963 (Nachdruck der 1. Auflage Leipzig 1908), Nr. 67–135.138.

2 Vgl. Geisenhof, 104.

3 Die Verlesung der Passionsharmonie wird z.B. in folgenden Kirchenordnungen Bugenhagens angeordnet: Hamburg 1529 (86–91), Hildesheim 1544 (858), Lübeck

Johannes Mathesius, Pfarrer in Joachimsthal in Böhmen und vor allem durch seine Predigten über das Leben Luthers bekannt,[4] erwähnt in einer im Jahr 1565 erschienenen Predigt diesen Brauch:

> Lieben freund / jr höret jährlich die Historien lesen von der zurstörung Jerusalem / wie sie auß Josepho zusammen gezogen.[5]

Manche Kirchenordnungen ordnen die Verlesung der Historie ausdrücklich an. So findet sich in einer Regensburger Kirchenordnung des Nikolaus Gallus,[6] vermutlich von 1567,[7] unter der Überschrift: »Was sondere predigen, lectionen und gesänge auf sondere etliche fest und zeiten gehalten werden.«[8] folgende Anweisung:

> Dominica 10. post Trinitatis. Wird zur vesper an stat des catechismi gelesen die historia von der zerstörung Jerusalem ex monotessaro Pomerani.[9]

1531 (353), Braunschweig 1528 (378f) und Wolfenbüttel 1543 (62). In der Kirchenordnnung von Pommern 1535 fehlt ein entsprechender Vermerk. Auch viele andere Kirchenordnungen ordnen die Verlesung an, so im 16. Jahrhundert z.B. Regensburg 1567 (476f) und Preußen 1568 (86); im 18. Jahrhundert Erbach 1753 (18) und Schaumburg-Lippe 1767 (148). Nach Geisenhof schrieben auch die skandinavischen Kirchenordnungen die Verlesung der Passionsharmonie am Karfreitag vor (166, Anm. 1). Anneliese Bieber: Gottes Wort und Erbauung der Christen. Bugenhagens Harmonie der Passions- und Auferstehungsgeschichte, in: Kirchenreform als Gottesdienst. Der Reformator Johannes Bugenhagen 1485–1558, hg.v. Karlheinz Stoll, Hannover 1985, 92–105, geht fälschlicherweise davon aus, daß dieser Passus nur in Ordnungen Bugenhagens vorkomme, auch redet sie bei einer Kirchenordnung von 1620/21 von einer »Spätwirkung« (93, Anm. 9), kennt also offensichtlich nicht die weite Verbreitung des Brauchs. Bugenhagens Passionsharmonie stand sogar bis ins 20. Jahrhundert hinein in manchen Gesangbüchern (vgl. das Gesangbuch Hannover 1928 und das Gesangbuch Württemberg 1912).

4 Zu Mathesius vgl. Georg Loesche: Johann Mathesius. Ein Lebens- und Sitten-Bild aus der Reformationszeit, 2 Bände, Gotha 1895.
5 Mathesius Bd. 2, Bl. 157. Hierbei handelt es sich auf jeden Fall um Bugenhagens Erzählung, denn an einer anderen Stelle in der Predigt sagt Mathesius: »lasset euch heute die geschicht inn euerm Passionalbüchlein herlesen«. (Bl. 155b). Die in Joachimsthal gültige Kirchenordnung stammt von Mathesius selbst (Kirchenordnung Joachimsthal 1551). In ihr findet sich kein Hinweis auf den 10. Sonntag nach Trinitatis.
6 Kirchenordnung Regensburg 1567.
7 Diese Datierung der Bearbeiter (EKO XIII, 380f) stützt sich unter anderem auf die Erwähnung des Monotessaron von Bugenhagen, d.h. eine ganze Evangelienharmonie, die 1566 erschien (=Geisenhof Nr. 136). Nach den Angaben bei Geisenhof enthält diese Ausgabe allerdings die Geschichte von der Zerstörung Jerusalems nicht. Gleiches gilt übrigens auch für die zweite Ausgabe dieser Evangelienharmonie, Nr. 137.
8 Kirchenordnung Regensburg 1567, 475.
9 A.a.O., 478.

2. Der 10. Sonntag nach Trinitatis seit der Reformation

Dies ist der einzige mir bekannte Beleg aus einer Kirchenordnung des 16. Jahrhunderts. Es gibt aber weitere Hinweise. So veröffentlicht Nicolaus Selnecker in seinem Gesangbuch von 1587 auch eine Vertonung der Klagelieder Jeremias, die er für den 10. Sonntag nach Trinitatis vorsieht, obwohl sie nach der früheren – »katholischen« – Ordnung in die Karwoche gehören. Er schreibt:

> WIr haben die *Threnos* oder Klaglieder des Propheten Jeremiae nicht wollen außlassen / sondern Chorals weise auch in dis Gesangbüchlein gesetzt / das man sie singen kann auff den Zehenden Sontag nach Trinitatis / da das Euangelium vom weinen Christi vber die Stadt Jerusalem / in Christlicher gemein gelesen vnnd ausgelegt wird / vnnd vmb welche zeit die Jüden / von wegen der Zustörung vnd verbrennung des Tempels / beyde von Nabuchodonosor vnd hernach vom Tito geschehen / jhre Fasten halten / auff der Erden sitzen / vnnd vnter andern trawrigen Historien / auch die Klaglieder Jeremiae dreymal durchlesen.
>
> VNsere Vorfahren haben diese Threnos zur zeit des Passions geordnet / vnd in der Fasten Lateinisch gesungen / wie wir denn jhre Noten / so weit sichs hat schicken wollen / behalten haben. Weil wir aber auff obgedachten Zehenden Sontag die Historiam von der letzten Zustörung Jerusalem / wie dieselbige aus Josepho D. Johan.Bugenhagius Pomeranus Pfarrherr zu Wittenberg / Gottseliger gedechtnis / fein kurtz zusamm gefasset / in vnsern Kirchen ablesen / vnd Christliche vermahnung dazu thun / So können fromme Christen die Klaglieder Jeremiae zugleich auch gantz mit nemen. Vnd das grosse elend vnd jammer des Volcks / wenn Gottes zorn entbrinnet / betrachten / Vnns selbst zum exempel / die wir on zweiffel solcher Klaglieder wol bedörffen werden. Gott sey vns gnedig.[10]

Interessant an dieser ausführlichen Schilderung ist die genaue Kenntnis der jüdischen Bräuche für die Feier des 9. Aw.[11] Die Schlußwendung Selneckers, die Bitte um die Gnade Gottes, spiegelt sich in der musikalischen Gestaltung dadurch wider, daß der Vortrag der Klaglieder durch das Singen der Litanei unterbrochen wird.[12] Selnecker setzt selbstverständlich den Brauch voraus, am 10. Sonntag nach Trinitatis Bugenhagens Bericht zu lesen. In der

---

10 Gesangbuch Nikolaus Selnecker 1587, 446f.
11 Von diesen jüdischen Bräuchen redet Selnecker auch bei seiner Erklärung der Sonntagsevangelien: Nicolaus Selneccerus: Evangeliorvm et Epistolarvm dominicalvm, quae in ecclesia Christi proponi solent, Explicationis, pars tertia, Frankfurt 1577, 558. Vgl. zur Kenntnis der jüdischen Bräuche auch Johannes Mathesius, der in einer Predigt zum Laurentiustag (=10. August) auch von der Zerstörung Jerusalems schreibt. Der Tempel wurde zweimal am 10. August zerstört, »darumb auch die Juden parfuß gehen / vnnd jre Fasten halten auff disen tag / vnd solchen jammer beweinen.« Johannes Mathesius: Postilla. Das ist / Außlegung der Sontags vnnd fürnembsten Fest Euangelien / über das gantze Jar. Durch M.Johann Mathesium / Pfarrer der Christlichen Kirchen im Joachims Thal / geprediget. Nürnberg (Katharina Gerlach) 1584, Bd. 4: Außlegung der Evangelien / von den fürnemsten Festen / von Ostern biß auffs Advent. Bl. 118b-124a, Zitat Bl. 119a.
12 Diese Einfügung stammt von Selnecker, vgl. Handbuch der deutschen evangelischen Kirchenmusik (HDEKM) I. 1, 609.

entsprechenden Kirchenordnung Sachsens von 1580,[13] in deren Geltungsbereich Selnecker in Leipzig damals lebte,[14] findet sich aber kein entsprechender Hinweis.

Auch in einem weiteren Fall wissen wir, daß der 10. Sonntag nach Trinitatis durch die Verlesung der Geschichte von der Zerstörung Jerusalems gefeiert wurde, ohne daß sich in der entsprechenden Kirchenordnung die Anweisung dazu findet. Es gibt eine polnische Ausgabe der Historie, erschienen in Königsberg 1615, deren Titel übersetzt folgendermaßen lautet:

Historie von der schrecklichen Zerstörung der ehemaligen berühmten Stadt Jerusalem, welche durch Vespasian und Titus, die römischen Kaiser, in [sic!] 40. Jahre nach der Himmelfahrt Jesu Christi unseres Herrn geschah, und gewöhnlich in Königsberg in den deutschen Kirchen am 10. Sonntage nach Trinitatis Mittags anstatt der Vesperpredigt von der Kanzel verlesen ist.[15]

Die preußische Kirchenordnung von 1568 gibt keinerlei Hinweis auf diesen Brauch. Diese Beispiele lassen vermuten, daß die Feier des 10. Sonntags nach Trinitatis als Gedenktag der Zerstörung Jerusalems schon im 16. Jahrhundert verbreitet war, auch ohne in den Kirchenordnungen besonders angeordnet zu werden.[16]

Im 17. und 18. Jahrhundert wird der Gedenktag in weiteren Kirchenordnungen angeordnet. Graff schreibt:

Am 10. n. Trinitatis gedenkt man in der Regel der Zerstörung Jerusalems, deren Beschreibung nachmittags verlesen werden soll, bisweilen (Heilbronn 1654, Limburg 1666) mit besonderem Gebet oder (Mecklenburger Hofkirchenordnung 1613, Weimar 1624, Hohenlohe 1688, Schaumburg-Lippe 1696, Öttingen 1707) mit nachfolgendem kurzen »Sermon«; Heilbronn 1654 bestimmt dazu noch als Gesang: »An Wasserflüssen Babylon ...«[17] (Bd. I, 125f).

Die Öttingische Ordnung von 1707 ordnet statt der sonst üblichen nachmittäglichen Epistelpredigt an:

Dom. 10. post Trinitatis wird allenthalben Nachmittag die Historie der Zerstörung der Stadt Jerusalem gelesen / und eine kurtze Vermahnung daraus gezogen.[18]

---

13 Kirchenordnung Kursachsen 1580.
14 Vgl. zum Leben Selneckers Franz Dibelius: Selnecker, Nikolaus, RE³ 18, 184–191. Von 1574–1589 lebte Selnecker wie vorher schon einmal von 1568–1570 in Leipzig.
15 Geisenhof Nr. 135, die Übersetzung des polnischen Titels dort 172f, Anm. 2.
16 Ich habe alle in EKO edierten Kirchenordnungen sowie die zusätzlich in der UB und dem theologischen Seminar Heidelberg im Original greifbaren Ordnungen des 16. Jahrhunderts überprüft.
17 Dies Lied erscheint in Kirchenordnungen häufiger für den 10. Sonntag nach Trinitatis. Vgl. dazu den Exkurs zu den Sonntagsliedern des 10. Sonntags nach Trinitatis in Kap. B 7. Bis auf die Ordnung Öttingen 1707 (dazu s.u.) war mir keine der von Graff genannten Kirchenordnungen zugänglich.
18 Kirchenordnung Öttingen 1707, 11.

2. Der 10. Sonntag nach Trinitatis seit der Reformation

Renate Steiger schreibt:

> In Leipzig wurde zur Zeit Bachs an diesem Sonntag außerdem der Bericht des Josephus aus dem Jüdischen Krieg über die Zerstörung Jerusalems verlesen, der auch in den Gesangbüchern mit der Perikope abgedruckt war.[19]

Einen entsprechenden Vermerk bietet auch die Kirchenordnung der Grafschaft Erbach von 1753:

> Den 10ten Sonntag nach Trinitatis Nachmittags wird die Geschichte von der Zerstörung der Stadt Jerusalem verlesen, und mit einer nachdrücklichen Warnung vor den Gerichten GOTTES begleitet, wie dann auch auf diesen Fall ein besonderes Gebet verzeichnet worden.[20]

Dieses »Gebet bey Verlesung der Geschichte der Zerstörung der Stadt Jerusalem.«[21] enthält auch die in manchem von dieser Ordnung abhängige Löwenstein-Wertheimische Kirchenordnung von 1756.[22] Allerdings fehlt in ihr eine direkte Anweisung für die Feier des 10. Sonntags nach Trinitatis.

Die Schaumburglippische Kirchenagende von 1767 liefert einen weiteren Beleg für die Verbreitung dieses Brauchs:

> Am zehnten Sontage nach Trinitatis wird nachmittags die Geschichte der Zerstörung Jerusalems gelesen und eine kurze Rede darüber gehalten.[23]

In der Öttingischen, Erbachschen und der Schaumburglippischen Ordnung ist der zu verlesende Text der Geschichte jeweils mit abgedruckt. Martin Wittenberg erwähnt in einer Predigmeditation »Parallelen auch in Mitteldeutschland und Siebenbürgen (!)«.[24]

Sicher sind hiermit nicht alle Kirchenordnungen erfaßt, die eine besondere Gestaltung des 10. Sonntags nach Trinitatis ausdrücklich anordnen. Weitere Hinweise finden sich immer wieder in Predigten zu diesem Sonntag.[25]

---

19 Renate Steiger: Bach und Israel, MuK 50 (1980), 15–22, 21.
20 Kirchenordnung Erbach 1753, 19.
21 Ebd, 41f.
22 Jedenfalls gilt das für das von mir benutzte Exemplar (UB Heidelberg, Signatur Q 7207-6). Nach dem Register müßten dort als dritter Teil ab S. 85 die Evangelien und Episteln samt Passionsgeschichte und Historie von der Zerstörung Jerusalems folgen. Darauf weist auch die ursprüngliche Kustode auf S. 84 unten »Dritter« hin, die überklebt wurde. Statt dessen folgt nun ein »Anhang, enthaltend etliche Kirchen-Gebeter.« mit entsprechender Kustode. Er enthält auf S. 85f als zweite Nummer das Gebet.
23 Kirchenordnung Schaumburg Lippe 1767, 156.
24 Wittenberg, 8.
25 Abraham Scultetus: Psalmpostill / Darinne Vff einen jeden Sontag im jar / einer oder mehr psalmen / welche sich vff die Sontägliche Evangelien reimen / erklärt ..., 2. Teil Heidelberg 1619, schreibt, daß es an diesem Sonntag üblich sei, von

Vor allem zeigen Gesangbücher die weite Verbreitung des Brauchs. Viele Gesangbuchausgaben enthalten im Anhang neben den Evangelien und Episteln und der Passionsharmonie auch die Geschichte von der Zerstörung Jerusalems.[26] Das gilt z. B. für das Kurpfälzisch-Reformierte Gesangbuch von 1749,[27] ein Sächsisch-Thüringisches von 1765, eines aus Bayreuth von 1750, ein Braunschweigisches von 1782, eines aus Dresden von 1793[28] und eines aus Altona um 1790,[29] die ich alle selber einsehen konnte. Hermann Erbacher berichtet, daß zwei Baden-Durlachsche Gesangbücher von 1726 und 1733 den Text ebenso enthielten.[30] Auch in Bremischen Gesangbüchern war die Historie abgedruckt.[31] K. Eberhardt Oehler nennt weitere Gesangbücher, in denen sich der Bericht findet, ein Märkisches aus Soest von 1757, eines aus Weimar von 1784 sowie das Laubansche von 1795.[32] Nach einem Hin-

dem Eintreffen der Weissagungen Jesu »auß den Jüdischen historien« zu reden (425). Johann Gerhardt sagt: »Wie reichlich und überflüssig nun dasselbe [=Lk 19, 43–44a, I. M.] erfüllet, ist aus dem Josephus, Hegesippus und andern Historikern genugsam abzunehmen, […] und kann dieselbe Historie ohne Thränen nicht gelesen noch angehöret werden.« Johann Gerhardt: Postille das ist Auslegung und Erklärung der sonntäglichen und vornehmsten Fest-Evangelien über das ganze Jahr … Nach den Original-Ausgaben von 1613 und 1616. Vermehrt durch die Zusätze der Ausgabe von 1663. Zweiter Theil. Die Trinitatis-Sonntage, hg. und verlegt von Gustav Schlawitz, Berlin 1871, 120. Heinrich Müller: Evangelischer Hertzens-Spiegel, Frankfurt a.M. 1705, schreibt: »Vor sechszehnhundert und mehr Jahren / ist schon die Straffe über Jerusalem ergangen; wie E. L. davon lesen kan den Josephum / und die Historie von der Zerstörung Jerusalem« (487).

26 Geisenhof verweist auch auf den Abdruck der Passionsharmonie in sehr vielen dänischen und anderen skandinavischen Gesangbüchern, da die dortige Kirchenordnung die Verlesung der Passionsgeschichte Bugenhagens am Karfreitag vorschrieb (166, Anm. 1). Daß die Passionsharmonie Bugenhagens in sehr vielen deutschen Gesangbüchern – und zwar manchmal bis ins 20. Jahrhundert hinein – ebenfalls enthalten ist, erwähnt er nicht. Den Angaben bei Geisenhof ist leider nicht zu entnehmen, ob neben der Passionsharmonie auch die Geschichte von der Zerstörung Jerusalems in die dänischen Gesangbücher übernommen wurde.

27 Gesangbuch Kurpfalz 1749, Beiband, dieser Anhang findet sich auch in späteren Auflagen dieser Ausgabe.

28 Gesangbuch Langensalza 1765, Gesangbuch Bayreuth 1750, Gesangbuch Braunschweig 1782, Gesangbuch Dresden 1793.

29 Hier handelt es sich genauer gesagt um einen Beiband zu dem Gesangbuch Schleswig-Holstein 1790 mit dem Titel: Die Collecten, Episteln und Evangelia auf alle Sonn- und Fest-Tage durchs ganze Jahr. Nebst beigefügter Historie vom Leiden und Sterben JEsu Christi, wie auch die Beschreibung der Zerstörung der Stadt Jerusalem und dem allgemeinen Kirchengebet, Altona o.J. (jedenfalls vor 1793, da das Vorsatzblatt des gesamten Bands, den ich einsehen konnte, mit 1793 datiert ist).

30 Hermann Erbacher: Die Gesang- und Choralbücher der lutherischen Markgrafschaft Baden-Durlach 1556–1821, 122.

31 Froriep, Ruth u. Ortwin Rudloff: Bibliographie Bremer Gesangbücher, HosEc 13 (1982), 11–99. Darin z.B. die Ausgaben 0030.1745 und 0030.1761, 40f.

32 K. Eberhardt Oehler: »Die Historie von der Zerstörung Jerusalems«, JLH 38 (1999), 88–98, hier 91.

weis von Jürgen Henkys enthält auch ein schwedisches Gesangbuch von 1697 einen solchen Bericht.³³

Aus dem Zusammenhang, in dem die Historie abgedruckt wurde, ist zu schließen, daß sie zur gottesdienstlichen Verlesung bestimmt war und nicht nur der privaten Erbauung diente. Sie erscheint nämlich nie ohne die übrigen gottesdienstlichen Lesungen, die Evangelien und Episteln sowie die Passions- und manchmal auch noch die Osterharmonie Bugenhagens. Manchmal sind den Evangelien und Episteln zudem die sonntäglichen Kollektengebete beigefügt.³⁴ So kann man wohl davon ausgehen, daß überall dort, wo die Historie in Gesangbüchern auftaucht, sie auch im Gottesdienst gelesen wurde.

All diese Hinweise zeigen, wie weit die Feier des 10. Sonntags nach Trinitatis als Gedenktag für die Zerstörung Jerusalems in Deutschland seit dem 16. Jahrhundert verbreitet war. Dies galt nicht nur für lutherische Gebiete.³⁵ Auch in reformierten Kirchen, die an den Perikopen festgehalten hatten, konnte dem Sonntag sein besonderes Thema zukommen, wie sich am Abdruck der Historie im reformierten Kurpfälzischen Gesangbuch von 1749 erkennen läßt.³⁶

Interessant ist hierbei die Frage, warum dieser Brauch, zu dem sich kein katholisches Gegenstück erkennen läßt,³⁷ sich in der Reformationszeit plötzlich entwickelte. Es gibt hier sicher keine monokausale Erklärung. Vielmehr lassen sich verschiedene Faktoren nennen, die dazu beitrugen, daß der 10. Sonntag nach Trinitatis sein besonderes Thema erhielt.

1. Die Reformationszeit wird als Zeit einer besonderen gnädigen Heimsuchung Gottes erlebt. Das Wort Gottes, das Evangelium, ist neu ans Licht gekommen. Zugleich wird die reformatorische Bewegung gehindert und verfolgt und mit ihr das Evangelium selbst. Damit besteht die Gefahr, daß die Heimsuchung nicht erkannt wird und vorüber geht. Diese Situationswahrnehmung zeigt sich beispielhaft in dem Zitat Luthers vom Evangelium als fahrendem Platzregen:

---

33 Jürgen Henkys: Die Stadt im geistlichen Lied. Vision – Symbol – Milieu, in: Michael Beintker, Eberhard Jüngel und Wolf Krötke (Hg.): Wege zum Einverständnis, FS Christoph Demke, Leipzig 1997, 69–89, 72, Anm. 9.
34 So z.B. in dem oben erwähnten Beiband zum Gesangbuch Schleswig-Holstein 1790.
35 Das nimmt Wittenberg fälschlicherweise an (8).
36 Vgl. auch die oben, 55, Anm. 143, und 61, Anm. 25, genannten Predigten des reformierten Abraham Scultetus.
37 Mir ist jedenfalls weder in katholischen Predigten über Lk 19,41–48 noch an anderer Stelle ein Hinweis auf eine entsprechende Prägung des Sonntags begegnet. Die Perikope wurde seit dem Tridentinum zwei Wochen vor dem 10. Sonntag nach Trinitatis, am 9. Sonntag nach Pfingsten, gelesen und gepredigt.

Denn das sollt yhr wissen, Gottis wort und gnade ist ein farender platz regen, der nicht wider kompt, wo er eyn mal gewesen ist. Er ist bey den Juden gewest, aber hyn ist hyn, sie haben nu nichts. Paulus bracht yhn ynn kriechen land. Hyn ist auch hyn, nu haben sie den Türcken. Rom und lateinisch land hat yhn auch gehabt, hyn ist hyn, sie haben nu den Bapst. Und yhr deutschen dürfft nicht dencken, das yhr yhn ewig haben werdet, Denn der undanck und verachtung wird yhn nicht lassen bleyben. Drumb greyff zu und hallt zu, wer greyffen und hallten kan, faule hende müssen eyn bösses jar haben.[38]

Die Geschichte von der Ankündigung der Zerstörung Jerusalems durch Jesus erhält damit eine besondere Aktualität und Bedeutung, die Gerichtsdrohung Jesu, die sich für Jerusalem erfüllt hat, wird auch als Gerichtsdrohung für die Gegenwart verstanden. Darum ist die Zerstörung Jerusalems von solcher Bedeutung für die Christen. Das wird unten, bei der Analyse der Bugenhagenschen Historie von der Zerstörung Jerusalems und der Predigten Luthers über Lk 19,41-48, noch genauer zu zeigen sein.[39]

2. Ein zweiter Faktor steht im Zusammenhang mit dieser besonderen Situationswahrnehmung. Nicht nur einzelne Menschen sind von Gott heimgesucht, wie es in der Auslegung von Lk 19,41ff im Mittelalter aufgezeigt wird, das neu ans Licht gekommene Evangelium leuchtet dem ganzen Volk. Diese Tendenz, nicht das Individuum, sondern das Volk als Kollektiv in den Blick zu nehmen, erleichtert eine Identifikation mit dem Volk Israel. Damit wird auch das Gericht, das das Volk Israel als Kollektiv erfahren hat, als Exempel für die Christen wichtig.

3. Mit dem Humanismus hat eine neue Wahrnehmung des Judentums begonnen. Das Interesse an der Hebräischen Sprache bewegt Johannes Reuchlin dazu, sich jüdische Lehrer zu suchen. Die von Reuchlin verfaßten Hebräischen Lehrbücher wiederum benutzte u.a. auch Martin Luther. Diese Beschäftigung mit dem Judentum führte wohl auch zu einer besseren Kenntnis des Judentums und seiner Feiertage. So wurde auch der 9. Aw als Gedenktag der Zerstörung Jerusalems bekannt, wie sich zum Beispiel bei Nikolaus Selnecker und Johannes Mathesius an der genauen Beschreibung jüdischer Bräuche erkennen läßt.

4. Es entwickelt sich auch ein neues historisches Bewußtsein. Damit ist es wohl zu erklären, daß der 10. August bzw. sein jüdisches Gegenstück, der 9. Aw, als Tag der Zerstörung des Tempels Bedeutung bekommen. Wie oben

---

38 Martin Luther: An die Ratsherren aller Städte deutsches Lands, daß sie christliche Schulen aufrichten und halten sollen. 1524. WA 15, (8-26) 27-53, Zitat 32,6-14.
39 Spätere Quellen haben schon wieder einen Abstand zu dieser besonderen Situation der Reformationszeit. Aber inzwischen steht das Thema des 10. Sonntags nach Trinitatis bereits fest. Zum Teil kann in späteren Predigten auf die besondere Heimsuchung Deutschlands durch die Reformation und auf die Tempelreinigung durch Martin Luther hingewiesen werden. (Vgl. dazu unten, 210, Anm. 58.)

2. Der 10. Sonntag nach Trinitatis seit der Reformation

gezeigt wurde, erscheint dieses Datum in mittelalterlichen Quellen normalerweise nicht.

Im Zusammenhang mit diesem Interesse an dem genauen historischen Ablauf[40] läßt sich beobachten, daß die sich zuerst bei Euseb findende Behauptung, Jerusalem sei am Passafest zerstört worden, wie bzw. weil die Juden Jesus am Passafest getötet hätten,[41] nicht mehr auftaucht, wo die Zerstörung Jerusalems bzw. des Tempels in den August datiert wird. Historisch korrekt wird nun nur erwähnt, daß die Belagerung am Passafest begann. So hatte schon Josephus die große Zahl der Menschen in der Stadt begründet.[42]

5. Ein weiterer Faktor, der mit dazu geführt hat, daß die Zerstörung Jerusalems eine bestimmende Bedeutung für den 10. Sonntag nach Trinitatis bekam, liegt in der Betonung des historischen Wortsinns bei der Auslegung der Heiligen Schrift. Während Gregor in seiner Predigt die historische Auslegung des Textes als uninteressant und bedeutungslos bezeichnet, da sich die Zerstörung Jerusalems ja bereits ereignet habe, steht nun gerade die historische Erfüllung der Worte Jesu mit im Zentrum des Interesses.

Alle fünf genannten Faktoren haben mit dazu beigetragen, daß der 10. Sonntag nach Trinitatis zum christlichen Gedenktag der Zerstörung Jerusalems werden konnte.

Zusammenfassend läßt sich folgendes sagen:

In der Reformationszeit entstand in Deutschland in den reformatorischen Kirchen sehr bald der Brauch, dem 10. Sonntag nach Trinitatis durch die Verlesung der Geschichte von der Zerstörung Jerusalems einen besonderen Charakter als Gedenktag der Zerstörung Jerusalems zu geben.

Die Verbreitung des Brauches läßt sich an ganz unterschiedlichen Quellen erkennen. Einerseits ordnen Kirchenordnungen die Verlesung der Historie an. Andererseits wird diese Historie, die 1534 von Johannes Bugenhagen verfaßt wurde, in Kirchenordnungen, vor allem aber auch in Gesangbüchern abgedruckt. Weiterhin finden sich immer wieder auch Predigten, die ausdrücklich auf die Verlesung der Historie eingehen.

Der Brauch konnte sich überall da verbreiten, wo an der Perikopenordnung festgehalten wurde, also auch über lutherische Gebiete hinaus.

---

40 Bugenhagen nennt in seiner Fassung der Historie von der Zerstörung Jerusalems auch noch weitere Daten aus dem Bericht des Josephus, vgl. dazu unten Kap. B 3.2.
41 Vgl. dazu unten Kap. B 2.2.
42 Diese Darstellung findet sich sowohl in den in dieser Arbeit ausführlich analysierten und im Anhang abgedruckten Predigten von Martin Luther (Z. 101–106) und Valerius Herberger (Z. 419–423) als auch in vielen der in Kap. B besprochenen Fassungen der Geschichte von der Zerstörung Jerusalems.

Es lassen sich verschiedene Faktoren benennen, die mit dazu beigetragen haben, daß der 10. Sonntag nach Trinitatis zum Gedenktag der Zerstörung Jerusalems wurde: Im 16. Jahrhundert das Bewußtsein, in einer Zeit besonderer Heimsuchung Gottes zu leben, die Heimsuchung als kollektive Erfahrung, die nicht allein den einzelnen betrifft, eine bessere Kenntnis des Judentums und seiner Feiertage, besonders des 9. Aw, das neue historische Bewußtsein der Zeit sowie die Betonung des historischen Schriftsinns bei der Auslegung biblischer Texte.

3. Der 10. Sonntag nach Trinitatis in der Aufklärung

Der Brauch, am 10. Sonntag nach Trinitatis die Historie von der Zerstörung Jerusalems zu verlesen, und damit die besondere Bedeutung dieses Sonntags blieb auch in der Aufklärung in vielen Gegenden erhalten. Allerdings gab es auch Gegenstimmen, die sich vor allem an der Gestalt der Historie festmachten.[1] So entstanden neue Berichte von der Zerstörung Jerusalems, die aber noch immer für die gottesdienstliche Verwendung bestimmt waren.[2] Diese neuen Fassungen wurden auch in Gesangbücher übernommen, so z.B. in Heilbronn,[3] Bremen[4] und in Halle.[5] Es gab daneben allerdings auch weiterhin Gesangbücher, die die alte Fassung der Historie von Bugenhagen abdruckten.[6] Einen weiteren Hinweis auf die besondere Gestaltung des 10. Sonntags nach Trinitatis in der Aufklärungszeit gibt das Gesangbuch Brandenburg-Bayreuth 1780, das im Register auch Lieder zur Verlesung der Historie verzeichnet.[7]

---

1 So wendet sich Herder, damals Oberprediger und Konsistorialrat in Bückeburg, 1771 gegen den in der oben bereits zitierten Kirchenordnung Schaumburg-Lippe 1767 angeordneten Brauch, vor allem gegen die Form der Geschichte und ihren Abdruck in Agende, Schul- und Gesangbüchern. Vgl. Hermann Heidkämper: Herder in Bückeburg, ZGNKG 16 (1911), 1–42, dort Anlage 6, 33f. Auf die genauen Einwände Herders wird unten in Kap. B 4 noch einzugehen sein.
2 Vgl. dazu unten Kap. B 4.
3 Gesangbuch Heilbronn 1774.
4 Die erste Auflage des Bremer Gesangbuchs, die die neue Fassung der Historie enthielt, erschien 1778, es ist die Nr. 0031. GA 1.1778a bei Froriep und Rudloff, 43. Diese Ausgabe war mir nicht zugänglich. Vgl. aber das Gesangbuch Bremen 1814, das ebenfalls diese Fassung enthält und dazu unten Kap. B 4.3. Diese Fassung wurde im 19. Jahrhundert in viele Gesangbücher übernommen.
5 Das Hallesche Gesangbuch von 1785, das ich nicht einsehen konnte, übernahm die Historie von Wagnitz, vgl. dazu Heinrich Balthasar Wagnitz: Nachricht von der Zerstörung Jerusalems, Journal für Prediger 23 (1790), 20–33, 20, Anm.
6 So z.B. das Gesangbuch Hamburg 1829.
7 Das entsprechende Register (unpaginiert) hat folgenden Titel: »III. Register über

Sicher gab es auch Prediger, die völlig andere Themen für den Gottesdienst am 10. Sonntag nach Trinitatis wählten. Zudem wurden in dieser Zeit die alten Perikopenordnungen überhaupt in Frage gestellt und Neuordnungen versucht.[8] Ein Vorschlag von 1797, an den alten Perikopen möglichst festzuhalten, auf sie aber die Hauptwahrheiten der Religion zu verteilen, sieht zum Evangelium Lk 19,41–48 ein »Fest der Vaterlandsliebe« vor.[9]

4. Der 10. Sonntag nach Trinitatis vom 19. Jahrhundert bis 1945

Der Brauch, den 10. Sonntag nach Trinitatis als Gedenktag der Zerstörung Jerusalems zu begehen, hält sich z.T. auch über die Aufklärung hinweg. Wilhelm Löhe ordnet in seiner Agende,[1] die er für die lutherischen Kirchen in Nordamerika schrieb,[2] an: »Am Nachmittag des 10. Sonntags nach Trini-

---

die Lieder, welche sich zu den Sonn- und Festtags-Evangelien und Episteln schikken.« Darin finden sich für den 10. Sonntag nach Trinitatis nicht nur wie sonst Lieder zum Evangelium und zur Epistel, sondern auch »Ueber die Geschichte, von der Zerstörung der Stadt Jerusalem«.

8 Vgl. dazu Graff II, 94–97.

9 Ueber die Perikopen, Eusebia, hg.v. Heinrich Philipp Conrad Henke, 2 (1797), 68–76, 75. Das Thema Vaterlandsliebe begegnet tatsächlich immer wieder in Predigten zu Lk 19,41f. Es wird aus den Tränen, die Jesus für sein Volk weint, abgeleitet. Diese Tränen beweisen die Berechtigung der Vaterlandsliebe. Vgl. z.B. eine Aufklärungspredigt aus einer Predigtsammlung von Johann Erdmann Roth (Hg.): Neueste Sammlung kurzer und auserleßner Predigten über alle Sonn- u. Festtägliche Evangelien des ganzen Jahrs. Besonders zum Gebrauch des gemeinen Mannes eingerichtet und herausgegeben von Johann Erdmann Roth, Schneeberg 1787, 360–368, über das Thema »Von der ächten Liebe des Christen zu seinem Vaterlande.« In einer Predigt von 1933 heißt es: »Das ist die Wahrheit, die wir unserm Text entnehmen, und nehmen sie dankbar hin und wissen also, *daß zur Christusart und Christenweise auch Volksverbundenheit und heilige Vaterlandsliebe gehört*« (Hervorhebung v. Autor); Adolf Lichtenstein: Christus, Volk und Vaterland, in: ders.: Evangelium und Vaterland. Fünf Predigtzeugnisse aus bewegter Gegenwart, Berlin 1933, 16–20, Zitat 18.

1 Löhe Wilhelm: Agende für christliche Gemeinden des lutherischen Bekenntnisses, GW 7.1, Neuendettelsau 1953 (=Nachdruck der 2. Aufl. von 1853/1859). Die erste Auflage erschien 1844.

2 Vgl. dazu auch die Erläuterungen des Herausgebers Klaus Ganzert in: Wilhelm Löhe: Die Kirche in der Anbetung. Gebete. Zur Liturgik. Zum Gesangbuch. Paramentik, GW 7.2, Neuendettelsau 1960, 675–690.719–728, besonders 684f und 719f. Die Zusammenarbeit zwischen den amerikanischen Kirchen und Löhe bzw. seinen Abgesandten war im übrigen nicht unproblematisch. Sie schlossen sich zuerst der Ohio-Synode an, verließen diese aber schon 1845 wieder, waren dann an der Gründung der Missouri-Synode 1847 beteiligt, zu der aber auch bald wieder Differenzen auftraten. So wurde schließlich 1854 die Synode von Iowa ge-

tatis ist Betstunde und wird in derselben die Geschichte der Zerstörung Jerusalems verlesen.«[3] Auch wenn nicht bekannt ist, wie genau sich die amerikanischen Gemeinden an Löhes Agende hielten,[4] so belegt doch ein Gesangbuch der Missouri-Synode aus dem Jahr 1903, das die »Geschichte der Zerstörung der Stadt Jerusalem, nach dem jüdischen Geschichtsschreiber und Augenzeugen Josephus« enthält,[5] daß dem Brauch zumindest teilweise gefolgt wurde.[6] Auch ein Allgemeines Gebetbuch, das von der Allgemeinen Lutherischen Konferenz 1884 herausgegeben wurde, enthielt die Historie, mit einem Hinweis auf den 10. Sonntag nach Trinitatis.[7]

Die Historie findet sich im 19. Jahrhundert weiterhin in vielen Gesangbüchern, meist nicht in der Fassung von Bugenhagen, sondern in neueren Bearbeitungen.[8] Auch Predigten nehmen öfters Bezug auf den Brauch oder

---

gründet. Vgl. dazu Adolph Späth: Nordamerika, Vereinigte Staaten von. e) Die lutherische Kirche, RE 14, 184–213, 199f. Trotz dieser Differenzen scheint die Agende Löhes einem Bedürfnis entsprochen zu haben. Immerhin ist sie 1884 zum dritten Mal aufgelegt worden, und zwar »auf Anregung der evang.-luth. Synode von Iowa u. a. St., bei welcher diese Agende in kirchlichem Gebrauch ist«, wie der Herausgeber dieser Auflage schreibt, vgl. Wilhelm Löhe: Agende für christliche Gemeinden des lutherischen Bekenntnisses, 3. Aufl., besorgt von J. Deinzer, Nördlingen 1884, III. Diese bearbeitete Auflage enthält unverändert den Hinweis auf den 10. Sonntag nach Trinitatis (4). In Amerika erschien 1919 auch noch eine 4. Auflage, vgl. dazu den Hinweis von Ganzert, Löhe, GW 7.2, 720.

3 Löhe, GW 7.1, 27.
4 Löhe selbst hält die Annahme seiner Agende für ein Adiaphoron, so der Herausgeber Ganzert, GW 7.2, 684f. Ein Pfarrer der lutherischen Kirche in Brasilien berichtete mir, daß Löhes Agende auch in seiner Kirche verwendet wurde.
5 Gesangbuch St. Louis 1903. Es handelt sich um eine veränderte Fassung der Bremischen Historie.
6 Zudem zeigt die Agende, daß Löhe in der Mitte des 19. Jahrhunderts an der besonderen Gestaltung des 10. Sonntags nach Trinitatis so selbstverständlich festhielt, daß er die entsprechenden Anweisungen in seine Agende aufnahm.
7 Allgemeines Gebetbuch. Ein Haus- und Kirchenbuch für evangelisch-lutherische Christen, hg. im Auftrag der Allgemeinen lutherischen Konferenz, 2. Aufl., Leipzig 1884, 5. Aufl., Leipzig 1887. Der Aufbau der beiden Auflagen ist unterschiedlich, in der früheren findet sich die Historie als »Achter Teil« ganz am Schluß des Buches (612–619) ohne weitere Hinweise, in der späteren steht sie im ersten Teil als 2. Anhang zum Lektionar nach der Passionsgeschichte mit Verweis auf den 10. Sonntag nach Trinitatis (381–388). Es handelt sich um die Fassung des Bremischen Gesangbuchs.
8 Vgl. die Gesangbücher Hamburg 1829 und 1843, Hannover 1828 und 1883, Anhalt 1859, Crome 1861, Schaumburg-Lippe 1875. Das Gesangbuch von Christian Bunsen von 1846, das nicht für eine bestimmte Kirche bestimmt ist und die Historie in der Bremer Fassung ebenfalls abdruckt, legt allerdings fest, daß der Bericht am viertletzten Sonntag im Kirchenjahr nach dem Evangelium zu verlesen sei (697). Als Evangelium für diesen Sonntag wird Mt 24,15–28 angegeben (680). Am 10. Sonntag nach Trinitatis findet sich kein Hinweis auf die Historie (646–648). Bei Henkys, 72, Anm. 9, findet sich der Hinweis auf ein Gesangbuch aus Wien von

4. Der 10. Sonntag nach Trinitatis vom 19. Jahrhundert bis 1945

erwähnen zumindest das besondere Thema dieses Sonntages.[9] Alfred Jeremias berichtet davon, wie in der Oberlausitz der Tag als großer Bußtag begangen wurde, mit schwarzen Paramenten und schwarz gekleideter Gemeinde.[10] Ähnliches erzählt Wittenberg aus der Hesselberggegend.[11]

1828, eines aus Lüneburg von 1846 sowie eines aus Stettin von 1862. Oehler, 90f, nennt außerdem ein Gesangbuch des Herzogtums Lauenburg von 1841 sowie ein pommersches von 1886, die die Bugenhagensche Historie enthielten, außerdem zitiert er ein »Kirchengesangbuch für den Harz (ohne Jahreszahl, etwa 1880)«, das eine neuere Fassung enthalte. Es handelt sich dabei um die des Bremischen Gesangbuches.

9 Vgl. dazu die oben, 55, Anm. 143, genannten Predigten von Ahlfeld und Souchon. Außerdem seien folgende Beispiele genannt: Wilhelm Wiener: Trinitatiszeit, 1891, schreibt in einem Predigtentwurf: »Hier haben wir eine Weissagung des Heiland, die Zug für Zug in Erfüllung gegangen ist. Ein Jude, der gar nichts von Jesus gewußt hat (Josephus), mußte uns das erzählen, und der 10. Sonntag nach Trinitatis ist der Tag, an dem wir daran denken sollen. Der soll uns zugleich zum Bußtag werden, indem wir dabei an die Schäden der Kirche und an das Werk der inneren Mission uns mahnen lassen« (194). Friedrich Just: Sonntagsarbeit, 1933, erzählt in seiner Predigt: »In den alten Gesangbüchern stand im Anhang immer ein besonderes Lesestück: ›Die Historie von der Zerstörung der Stadt Jerusalem.‹ Am Nachmittag des 10. Sonntages nach Trinitatis wurde diese Geschichte in den Kirchen statt der sonst üblichen Lesepredigt durch den Kantor verlesen« (412). Paul Conrad: Glaube, Hoffnung, Liebe – diese drei, Berlin 1928, kennt den Brauch nicht nur als etwas Vergangenes, er sagt: »An diesem Tage wird der Zerstörung Jerusalems gedacht.« Durch die Zerstörung des Tempels löst sich die christliche Gemeinde vom Tempeldienst und vom Judentum. »Aber nicht deshalb wird auf die Zerstörung Jerusalems so ein großes Gewicht in der Kirche gelegt; nicht deshalb steht in dem Anhange mancher Gesangbücher die ausführliche Beschreibung solcher Greuelszenen; nicht deshalb wird hier und da in den Kirchen im Nachmittagsgottesdienst am zehnten nach Trinitatis diese Geschichte gelesen.« Die Zerstörung Jerusalems zeigt vielmehr, daß Gott sich nicht spotten läßt (462).

10 »In den großen Ferien bei den Oberlausitzer Großeltern war mir jedes Jahr sehr eindrucksvoll die Feier des 10. Trinitatis-Sonntags, der (an Stelle des 9. Ab im jüdischen Kalender) zum Gedächtnis der zweimaligen Zerstörung Jerusalems kirchlich gefeiert wird. Im alten Zittauer Gesangbuch stand die ausführliche Erzählung der Zerstörung durch Titus aus dem Josephus mit allen haarsträubenden Einzelheiten abgedruckt. Sie wurde vor der Predigt über Lukas 19,4 ff. [sic!] vom Pfarrer verlesen. Die ganze Gemeinde trug Trauerkleidung und die Kirche war in Schwarz gekleidet wie am Bußtag und Totensonntag.« Jeremias, 1f.

11 Dort herrschte zur Zeit des ersten Weltkriegs noch die Sitte, »daß am 10. Sonntag nach Trinitatis die lutherische Gemeinde sich in Trauertracht in der Kirche einfand und auch sonst diesen Sonntag als Bußtag durchlebte.« Wittenberg, 8.

4.1. Der 10. Sonntag nach Trinitatis und die Judenmission

In der Mitte des 19. Jahrhunderts bekam der 10. Sonntag nach Trinitatis eine zusätzliche Bedeutung. Die inzwischen entstandenen Judenmissionsgesellschaften nutzten ihn, um auf ihre Anliegen aufmerksam zu machen. In einigen Landeskirchen wurde an diesem Sonntag eine Kollekte für die Judenmission angeordnet. So beantragte die Berliner Gesellschaft zur Beförderung des Christenthums unter den Juden 1853, daß am 10. Sonntag nach Trinitatis in ganz Preußen Predigten über die Judenmission gehalten werden sollten.[12] Seit 1859 wurde vielfach an diesem Tag die Kollekte für diese Gesellschaft erhoben.[13] De le Roi schreibt 1891, daß diese Kollekte die Haupteinnahmequelle für die Gesellschaft sei.[14] Auch der Rheinisch-Westfälische Verein für Israel in Köln erhielt Kollekten vom 10. Sonntag nach Trinitatis.[15] Darüber hinausgehend wurde der Sonntag als »Israelsonntag« begangen.[16] Weder de

---

12 Volkmann zitiert einen in diesem Zusammenhang entstandenen Text von Abraham Geiger, einem der Begründer der jüdischen Reformbewegung, der sich ironisch-kritisch über diesen Antrag äußert, Volkmann, 35.
13 J. F. A. de le Roi: Die evangelische Christenheit und die Juden unter dem Gesichtspunkte der Mission geschichtlich betrachtet, Bd. 2, Leipzig 1974 (Nachdruck der 1. Aufl. von 1891), 145.
14 A. a. O., 153.
15 »Die Rheinische-Westfälische Synode bewilligte für den 10. nach Trinitatis der Gesellschaft eine jährliche Collekte« (de le Roi 160). De le Roi gibt allerdings keine Jahreszahl dafür an. Paul Gerhard Aring: Christliche Judenmission. Ihre Geschichte und Problematik dargestellt und untersucht am Beispiel des evangelischen Rheinlandes, FJCD 4, Neukirchen-Vluyn 1980, zeichnet ein genaueres Bild für das Rheinland. Danach war die Entwicklung in den rheinischen und westfälischen Gemeinden verschieden. In der Synode von 1905 bittet der Verein darum, doch auch für die Rheinprovinz zu übernehmen, was für die westfälische Kirche gelte, daß nämlich die Kollekte an diesem Sonntag für den Westdeutschen Verein für Israel – so hieß der Verein inzwischen – bestimmt sei (Aring, 1980, 205f). In den Synoden von 1908 und 1910 wird dann berichtet, daß der Verein durch die Kollekten inzwischen finanziell gesichert sei (207f).
16 Diese Bezeichnung verwendet Aring in diesem Zusammenhang unhistorisch. Der Name »Israelsonntag« für den 10. Sonntag nach Trinitatis taucht erst 1961 das erste Mal auf, vgl. dazu Volkmann, 151. Wie bei der Kollekte waren es zuerst die westfälischen, dann die rheinischen Gemeinden, die diesem Brauch folgten. 1853 lehnte es die rheinische Provinzialsynode noch ab, »›die Bekehrung Israels zum Gegenstand des besonderen Zeugnisses und der Fürbitte‹ zu machen und auch in der rheinischen Kirche die alte Überlieferung neu zu beleben, ›am 10. Sonntage nach Trinitatis etwa Nachmittags die Geschichte der Zerstörung Jerusalems in der Kirche vorzulesen‹«, Aring 1980, 105, mit Zitat aus dem Synodenprotokoll. Begründet wurde das damit, daß die Gemeinden durch zu viele besondere Predigten nicht erbaut würden (ebd.). In der Provinzialsynode 1865 wurde dann aber berichtet, daß alle westfälischen und viele rheinische Gemeinden den 10. Sonntag nach Trinitatis als »Israelsonntag« begangen hätten (150). In den folgenden Jahren

4. Der 10. Sonntag nach Trinitatis vom 19. Jahrhundert bis 1945

le Roi noch Aring, die beide von diesen Fakten erzählen, fragen danach, warum ausgerechnet dieser Sonntag von den Judenmissionsgesellschaften für ihr Anliegen gewählt wurde. Offensichtlich war er so stark vom Thema Israel bestimmt, daß es selbstverständlich war, diesen Sonntag zu wählen, als man einen Tag suchte, um der Judenmission zu gedenken.[17] Das Thema Judenmission findet sich dementsprechend auch in einigen Predigten zum 10. Sonntag nach Trinitatis aus dieser Zeit wieder.[18]

Die Gesellschaften für die Judenmission spielten in Deutschland allerdings nur eine geringe Rolle und standen vor allem in einer gewissen Distanz zu den Landeskirchen,[19] was unter anderem mit ihrer Herkunft aus der englischen Erweckungsbewegung zusammenhing.[20] Der immer stärker aufkommende Antisemitismus machte ihr Wirken nicht einfacher. Schon vor 1933 wurde die Arbeit der Judenmission erschwert. So wurde der Berliner Judenmissionsgesellschaft schon 1930 die Kollekte am 10. Sonntag nach Trinitatis gestrichen.[21] Im »Dritten Reich« wurde die Arbeit der Judenmissionsgesellschaften dann nach und nach verboten.[22]

---

wurden es noch mehr Gemeinden, die diesem Brauch folgten, 1867 waren es im Rheinland 173 gegenüber 31 im Jahr 1864 (151). Aring gibt nicht an, wie der »Israelsonntag« begangen wurde und ob damit der Beschluß der Synode von 1853 rückgängig gemacht wurde.

17 Die Brüdergemeine, die den 10. Sonntag nach Trinitatis als Gedenktag der Zerstörung Jerusalems nicht kannte, da sie keine Perikopen verwendete, wählte einen anderen Tag für das Gebet für die Judenmission. Sie feierte Jom Kippur als Bettag für Israel und sammelte dabei auch eine Kollekte für die Judenmission. Das galt seit 1884 für die deutschen Gemeinden, seit 1889 auch für alle Missionsgebiete, vgl. dazu de le Roi, 178.

18 Vgl. z.B. Otto Heinzelmann: Predigten über die Evangelien aller Sonn- und Festtage des christlichen Kirchenjahres, Potsdam 1869, 330, sowie Adolf Stöcker: Den Armen wird das Evangelium gepredigt, Berlin ³1890, 344. A.F. Souchon, Evangelien-Predigten auf alle Sonn- und Festtage des Kirchenjahres. Zweite Sammlung, Berlin 1861, ordnet eine Predigt dem 10. Sonntag nach Trinitatis zu, die er ursprünglich am Jahresfest der Gesellschaft zur Beförderung des Christenthums unter den Juden gehalten hat, und begründet das damit, daß ja an diesem Sonntag für die Gesellschaft gesammelt werde, Bd. 2, 257, Anm.

19 Aring 1980 öfter, z.B. 232, Anm. 693, und Jochen-Christoph Kaiser: Evangelische Judenmission im Dritten Reich, in: ders. und Martin Greschat (Hg.): Der Holocaust und die Protestanten. Analyse einer Verstrickung, Konfession und Gesellschaft 1, Frankfurt 1988, 186–215, 186f.

20 Vgl. Kaiser, 186. Allgemein zur Entstehung der Judenmissionsgesellschaften im 19. Jahrhundert vgl. Paul Gerhard Aring: Judenmission, TRE 17, 325–330, 328f.

21 Vgl. Smid, 397f, Kaiser, 187 und 193.

22 Vgl. zur Geschichte der Judenmission im »Dritten Reich« allgemein den Aufsatz von Kaiser. Er berichtet z.B. von einem Vorfall in Lemgo, wo die Gastpredigt eines »nichtarischen« Judenmissionars am 6.8.1933, im Zusammenhang mit dem 10. Sonntag nach Trinitatis (dem 20.8.1933), verboten wurde (198–200). Der Westdeutsche Verein für Israel wurde im April 1935 durch die Gestapo aufgelöst (201).

Das Thema Judenmission konnte allerdings die ältere Tradition nicht verdrängen, sondern trat nur dazu. Viele Predigten nennen nur das Gedenken an die Zerstörung Jerusalems, nicht die Judenmission. Auch wurde die Geschichte von der Zerstörung Jerusalems weiter in manchen Gesangbüchern abgedruckt.[23]

4.2. Der 10. Sonntag nach Trinitatis im »Dritten Reich«

Auch während des »Dritten Reichs« lassen manche Prediger das Bewußtsein für das besondere Thema des Sonntags erkennen,[24] obwohl Gerhard Kunze urteilt:

Während der nationalsozialistischen Herrschaft konnte im Sinne der Kirche das Gedenken dieses Ereignisses überhaupt nicht begangen werden.[25]

Das Konsistorium sagte daraufhin die für den 10. Sonntag nach Trinitatis, den 25.8.1935, angesetzte Kollekte für den Verein ab (Aring 1980, 213). Der Evangelisch-Lutherische Zentralverein für Mission unter Israel löste sich 1935 selbst auf. (Kaiser, 200f) Auch die Arbeit in Österreich wurde 1938 verboten (Aring 1980, 17). Die Berliner Gesellschaft existierte am längsten, sie wurde erst 1941 aufgelöst (Kaiser, 200f).

23 Vgl. das bereits erwähnte Gesangbuch Hannover 1928.
24 Martin Niemöller: Frömmigkeit oder Glaube? Predigt am 20. August 1933 in der St. Annenkirche zu Berlin-Dahlem über Lk 19,45–47a, in: Karl Kampffmeyer (Hg.): Dein Wort ist deiner Kirche Schutz. Predigten von der Kirche, Göttingen 1934, 120–124, beginnt seine Predigt mit den Worten: »Das altkirchliche Evangelium des heutigen Sonntages bringt die Weissagung Jesu vom Untergang Jerusalems, und so ist es seit dem Jahrhundert der Reformation bei uns Sitte geworden, in der Predigt des Tages der Katastrophe des Jahres 70 und des eigenartigen Schicksals des jüdischen Volkes oder auch wohl unsrer Verpflichtung zur Judenmission zu gedenken« (120). Zwei Jahre später, in einer Predigt über Mt 23,34–39, sagt Niemöller: »Der heutige 10. Sonntag nach Trin. gilt seit Jahrhunderten in der Christenheit dem Gedächtnis des jüdischen Volkes; und die Evangelien dieses Sonntags werfen ein Licht auf das düstere Geheimnis, das über der unheimlichen Geschichte dieses Volkes liegt, das weder leben noch sterben kann, weil es unter einem Fluch steht, der ihm beides verwehrt.« Martin Niemöller: Ein letztes Wort. (10. Sonntag nach Trinitatis), in: ders.: Alles und in allem Christus! Fünfzehn Dahlemer Predigten, Berlin 1935, 84–90, 87. Vgl. zu diesen beiden Predigten unten, Kap. C III 4.
25 Kunze, 521. Wie ein solches Gedenken »im Sinne der Kirche« aussehen sollte, führt Kunze allerdings nicht weiter aus, wie er überhaupt sehr knapp bleibt. So beginnen seine Ausführungen, nachdem er vorher von den vaterländischen Festen und denen, die das Gedenken an geschichtliche Ereignisse wachhalten sollten, geredet hat (520), mit den Worten: »Einem wesentlich tiefer liegenden Motiv verdankt der Gedenktag der *Zerstörung Jerusalems* sein Entstehen« (521, Hervorhebung vom Autor). Dieses Motiv wird dann aber nicht genannt. Kunze verweist dann nur noch auf den Abdruck der Historie »in älteren Gesangbüchern [...], die an diesem Gedenktag vorgelesen werden sollte« (ebd.).

4. Der 10. Sonntag nach Trinitatis vom 19. Jahrhundert bis 1945

Natürlich wurde, wie oben bereits gesagt, das Thema Judenmission immer stärker verdrängt. Aber es gab wohl sogar noch Gemeinden, in denen die Historie von der Zerstörung Jerusalems gelesen wurde.[26]

5. Der 10. Sonntag nach Trinitatis und der 10. August als Gedenktag der Zerstörung Jerusalems

Oft taucht in Predigten und auch in den Berichten von der Zerstörung Jerusalems das Datum 10. August auf. Es ist das christliche Gegenstück zum 9. Aw, dem jüdischen Gedenktag.[1] Dennoch ist mir der 10. August als eigener Gedenktag erst spät und fast nur im Umfeld der Berneuchener Bewegung begegnet. So steht der Hinweis auf die Zerstörung Jerusalems am 10. August 70 z.B. im Kalendarium der Jahrbücher »Das Gottesjahr«, die von 1921 bis 1938 erschienen.[2] Auch im Evangelischen Tagzeitenbuch der Michaelsbruderschaft erschien der Tag, hier sogar mit dem Hinweis:

Anstelle einer Auslegung kann die Geschichte von der Zerstörung der Stadt Jerusalem und des Tempels nach Josephus und Hegesipp[3] gelesen werden.[4]

---

26 Vgl. die unten näher behandelte Denkschrift zum Kirchenjahr: Theodor Knolle und Wilhelm Stählin: Das Kirchenjahr. Eine Denkschrift über die kirchliche Ordnung des Jahres, im Auftrag der Niedersächsischen Liturgischen Konferenz und des Berneuchener Kreises hg., Kassel 1934, 56, wo es zum 10. Sonntag nach Trinitatis heißt: »vielfach wurde – und wird unseres Wissens auch noch heute – am Nachmittag dieses Sonntags in der Kirche die Schilderung dieser Zerstörung aus Josephus gelesen.«
1 Die verschiedenen Datumsangaben haben ihre Ursache in den verschiedenen Quellenberichten. So wird in II Kön 25,8 der 7. Tag des 5. Monats als Datum genannt, an dem der erste Tempel verbrannt wurde, die Parallelstelle Jer 52,12 nennt den 10. Tag. Josephus wiederum berichtet Bell 6,250, der zweite Tempel sei am 10. des Monats und damit am selben Tag wie der erste zerstört worden. Er übernimmt damit das Datum aus Jer 52 und geht nicht auf die unterschiedliche Datierung ein. Die Christen sind dieser Datierung gefolgt, während die jüdische Tradition einen Ausgleich suchte. In der Mischna werden fünf Unglücksfälle genant, die Israel am 9. Aw erleiden mußte, darunter die Zerstörung des ersten und des zweiten Tempels (Taan IV,6). Der babylonische Talmud geht dann auf die verschiedenen Daten ein, die Nichtjuden, so heißt es hier, seien am 7. Aw in den Tempel eingedrungen und hätten ihn am Abend des 9. Aw in Brand gesetzt, der Tempel hätte bis zum 10. Aw gebrannt. Auch der zweite Tempel wurde nach dem Talmud am 9. Aw zerstört. (bTaan 29a) (Vgl. dazu Ydit, 936.)
2 Das Gottesjahr, hg.v. Walther Kalbe, ab 1924 v. Wilhelm Stählin, 1921–1928 Rudolfstadt, 1929–1938 Kassel.
3 Vgl. zu Hegesipp unten Kap. B 2.3.
4 Evangelisches Tagzeitenbuch. Ordnung für das tägliche Gebet, hg. im Auftrag der Evangelischen Michaelsbruderschaft von Albert Mauder, 3., veränd. Aufl., Kassel

Allerdings wird im Tagzeitenbuch die Problematik dieses Tages deutlich, er ist zuerst einmal Tag des Märtyrers Laurentius, das eigentliche Proprium des Tages ist auf diesen Anlaß hin ausgewählt, das Gedenken an die Zerstörung Jerusalems von der Messe in den Abendgottesdienst verlegt. Dementsprechend findet sich in der Agende von Karl Bernhard Ritter für den 10. August nur das Proprium zum Laurentiustag.[5] Neben diesem wichtigen Heiligentag, der, wie wir oben gezeigt haben, sogar einmal als Fixpunkt für die Sonntagszählung diente, konnte sich offensichtlich kein weiteres Thema halten. Diese Konkurrenzsituation, bei der das Gedenken an Laurentius überwiegt, zeigt sich auch schon in Löhes Martyrologium.[6] Dort wird zuerst ausführlich die Geschichte des Laurentius erzählt. Dann fährt Löhe fort:

Der 10. August ist der Gedächtnistag der Flammen Jerusalems, die Racheflammen waren. Er ist auch der Gedächtnistag der Flammen des Laurentius, welche die heidnischen Opferflammen Roms auslöschten [...]. (135)

Dieser zweite Gedanke wird dann noch weiter ausgeführt. Auf Jerusalem geht Löhe nicht mehr ein.[7] Das eigentliche Gedenken der Zerstörung Jerusalems hat er wie üblich auf den 10. Sonntag nach Trinitatis gelegt.[8]

Es gab allerdings einen Versuch, die beiden konkurrierenden Daten 10. Sonntag nach Trinitatis und 10. August zu verbinden. Auch dieser Versuch entstammt dem Berneuchener Kreis. In einer Denkschrift zum Kirchenjahr[9] geht es um eine Neugliederung des Kirchenjahres, vor allem der Trinitatiszeit. Diese Zeit ist den Herausgebern zu lang und zu ungegliedert. Ein zusätzliches Problem sehen sie in dem Zwiespalt zwischen den datumsmäßig festliegenden Tagen und der beweglichen Sonntagsreihe. Dieses Problem zeige sich besonders für den 10. Sonntag nach Trinitatis, der deutlich auf die Eroberung Jerusalems Bezug nehme. Dieser Sonntag und der 10. August, das feste Datum der Zerstörung Jerusalems, könnten manchmal Wochen auseinanderliegen. Dadurch »wird diese Beziehung ganz undeutlich und der besondere Sinn dieses 10. Sonntags nach Trinitatis verdunkelt.«[10]

1979, 638. Die aktuelle Neubearbeitung enthält allerdings keinen entsprechenden Hinweis mehr, für den 10. August findet sich nur Laurentius, Evangelisches Tagzeitenbuch, hg. von der Evangelischen Michaelsbruderschaft, 4. völlig neu gestaltete Auflage, Münsterschwarzach u. Göttingen 1998.

5 Ritter, 446f.
6 Wilhelm Löhe: Martyrologium. Zur Erklärung der herkömmlichen Kalendernamen, Nürnberg 1868.
7 Eine ähnliche Verbindung zwischen Jerusalem und Laurentius findet sich in der unten ausführlich besprochenen Predigt von Valerius Herberger (Z. 61-65), vgl. dazu Kap. C II. Auch Johann Mathesius nennt im Zusammenhang mit dem Datum der Zerstörung des Tempels den Laurentiustag, vgl. dazu die Zitate oben, 55, Anm. 143, und 59, Anm. 11.
8 Vgl. das oben, 67f, zu Löhes Agende Gesagte.
9 Knolle/Stählin, vgl. oben, 73, Anm. 26.

5. Der 10. Sonntag nach Trinitatis und der 10. August

Die Herausgeber lösen die Probleme, indem sie nach alter Tradition[11] die Trinitatiszeit in Pfingstzeit, Johanniszeit, Michaeliszeit und Endzeit untergliedern wollen.[12] Die altkirchlichen Evangelienperikopen werden dabei meist übernommen, in ihrer Abfolge aber manchmal verändert. Das Evangelium Lk 19,41ff und damit der Gedenktag der Zerstörung Jerusalems wird dabei auf den 7. Sonntag der Johanniszeit gelegt, das ist immer der Sonntag vor oder nach dem 10. August.[13] Der Neuordnungsvorschlag der Herausgeber dieser Denkschrift hat sich allerdings nicht durchsetzen können, nur die Zählung der Sonntage nach Michaelis wurde zeitweise als Möglichkeit vorgesehen.[14]

Gerhard Kunze bezieht sich vermutlich auf diesen Vorschlag, wenn er über den Gedenktag der Zerstörung Jerusalems sagt:

Dieses Gedächtnis wurde entweder an dem Sonntag begangen, der dem 10. August am nächsten lag, oder überhaupt auf den 10. Sonntag nach Dreifaltigkeit festgelegt. (521)[15]

In neuester Zeit bringt auch Martin Senftleben ein eigenes Proprium für den 10. August mit dem Thema »Zerstörung Jerusalems«.[16] Der 10. Sonntag nach

---

10 A.a.O., 55f, Zitat S. 56.
11 Die Herausgeber gehen auf diese alte Tradition nicht ein, obwohl sie ihnen sicher bekannt war. (Vgl. z.B. Wilhelm Stählin: Große und kleine Feste der Christenheit. Eine Anleitung, sie recht zu begehen, Gütersloh 1963, 135.) Wie oben gezeigt wurde, dienten allerdings früher andere Tage als Gliederungspunkte, Peter und Paul statt Johannis und meist Cyprian statt Michaelis, dazwischen Laurentius.
12 Knolle/Stählin, vor allem 49–55. Auf den Vorschlag, dazwischen noch eine Laurentiuszeit einzufügen, der aus dem Berneuchener Kreis kam, konnten sich die Herausgeber nicht einigen (53f). Allein dieser Vorschlag zeigt noch einmal die große Bedeutung des Laurentiustages.
13 Vgl. 79f. Der Sonntag soll das »Gedächtnis der Zerstörung Jerusalems« festhalten, erhält aber das allgemeine Thema »Gott und Volk«, den Wochenspruch Spr 13,34 und das Wochenlied »Wach auf, wach auf, du deutsches Land.« (80 und Tabelle 1.)
14 Stählin 1963, 135f. Die Zählung findet sich z.B. in der Agende von Karl Bernhard Ritter und im Evangelischen Tagzeitenbuch, 3. Aufl. Auch die Wiedereinführung von Wochenliedern geht übrigens auf diese Denkschrift und ihre Vorschläge zurück. Neuerdings hat die Lutherische Liturgische Konferenz Deutschlands in einem Revisionsvorschlag für die Ordnung der Lesungen und Predigttexte wieder die Untergliederung der Zeit nach Pfingsten in Sonntage nach Trinitatis, nach Johannis und nach Michaelis vorgeschlagen, verlegt dabei dann aber den Israelsonntag auf den 5. Sonntag nach Johannis, so daß er zwischen dem 23. und dem 29. Juli, also immer einige Zeit vor dem 10. August liegt. Vgl. zu diesem Vorschlag im einzelnen oben, 24 mit Anm. 92. Das Stellungnahmeverfahren zu dem Revisionsvorschlag wurde allerdings gestoppt, da die Kirchen den liturgischen Kalender nicht so kurz nach der Neuherausgabe des Evangelischen Gesangbuchs ändern wollten.
15 Es ist mir jedenfalls sonst kein solcher Versuch bekannt geworden, den Gedenktag der Zerstörung Jerusalems auf einen Sonntag um den 10. August zu legen.
16 Martin Senftleben: Mit dem Kirchenjahr leben. Eine Handreichung für unsere

Trinitatis hat bei ihm das Thema »Die Kirche und das Volk Israel«, von der Zerstörung Jerusalems ist in diesem Zusammenhang nicht die Rede.[17] Auch der Laurentiustag wird bei ihm nicht mehr genannt. So vermeidet er Konkurrenz und Zwiespalt der Themen und Tage.

6. Der 10. Sonntag nach Trinitatis nach 1945

Nach dem Krieg wurde die besondere Bedeutung des 10. Sonntags nach Trinitatis zuerst von judenmissionarischen Kreisen wieder ins Bewußtsein gerufen. Der im Oktober 1945 wiedergegründete Evang.-luth. Zentralverein für Mission unter Israel[1] bat die lutherischen Landes- und Freikirchen um eine Kollekte am 10. Sonntag nach Trinitatis.[2] Hermle weist weiter auf ein Rundschreiben der Kirchenkanzlei der EKD an die Landeskirchenregierungen vom 12.6.47 hin, das vom Zentralverein angeregt wurde.[3] Dort wurde auf die Kollekte am 10. Sonntag nach Trinitatis verwiesen, die möglichst auch in den Landeskirchen, in denen es sie früher noch nicht gegeben hatte, eingeführt werden sollte. Dieses Rundschreiben geht dann auch auf das Evangelium zum 10. Sonntag nach Trinitatis ein:

Das Evangelium dieses Sonntages von der Weissagung Jesu über die Zerstörung Jerusalems bietet Veranlassung, dessen zu gedenken, daß Israel nicht nur unter dem Fluch, sondern auch unter der besonderen Verheißung Gottes steht, wie es Paulus Römer 11 eindringlich bezeugt.[4]

Hier wird einmal ausdrücklich die Verbindung des Sonntagsthemas mit dem Evangelium ausgesprochen, die sonst wohl als selbstverständlich einfach vorausgesetzt wird.[5] Ein »Wort an die Leitungen der Evangelischen Kirchen in Deutschland zur Frage des Kirchlichen Dienstes an Israel vom 21. Oktober 1947«,[6] das in einer Tagung von »Sachkennern«[7] in Assenheim

---

Gottesdienste, 2. Aufl., Konstanz 1988, 106. Senftleben gibt hier auch einen kurzen Bericht von der Zerstörung Jerusalems. Siehe dazu Kap. B 6.3.
17 A.a.O., 75. Allerdings verweist er auf den 10. August.
1 Vgl. das Gründungsdokument, Kirchen und Judentum (vgl. oben, 7, Anm. 14) E. III. 2, 529f, und dazu Hermle, 285–287.
2 A.a.O., 286.
3 A.a.O., 303–306.
4 Zitiert nach Hermle, 304.
5 Zum weiteren Inhalt des Schreibens, das vor allem für die Judenmission wirbt, und zur Kritik daran vgl. Hermle, 304–306.
6 Abgedruckt in Kirchen und Judentum, E.III.5, 536–538.
7 So das Begleitschreiben der Kirchenkanzlei der EKD zu dem Wort, Kirchen und Judentum, 537f.

6. Der 10. Sonntag nach Trinitatis nach 1945

erarbeitet wurde,[8] geht ebenfalls auf den 10. Sonntag nach Trinitatis ein. Dabei geht es nicht nur um die Kollekte,[9] sondern auch darum, daß an diesem Tag »im Gottesdienst alljährlich der Weg Gottes mit Israel im Lichte der Heiligen Schrift aufgezeigt«[10] werden soll. Einen entsprechenden Entschluß hatte die württembergische Landeskirche bereits im September 1947 gefaßt.[11] Der Oldenburgische Oberkirchenrat gab am 6.12.47 ein Wort an die Pfarrämter heraus, das durch das Wort der EKD veranlaßt wurde.[12] In diesem Schreiben ist zuerst von der besonderen heilsgeschichtlichen Stellung des Volkes Israel[13] und dem daraus erwachsenden besonderen Missionsauftrag die Rede. Dann geht es um die Judenchristen und ihr Schicksal während des »Dritten Reichs«. Schließlich heißt es:

4. Um in unseren Gemeinden diese Erkenntnis lebendig zu erhalten, ordnen wir an, daß alljährlich am 10. Sonntag nach Trinitatis im Gottesdienst und, wo es angezeigt ist, auch in anderen Veranstaltungen für die Gemeinde der in der Heiligen Schrift bezeugte Weg Gottes mit Israel und die daraus erwachsende Verpflichtung der christlichen Gemeinde aufgezeigt wird.[14]

An den bisher aufgeführten Dokumenten wird deutlich, daß es zuerst die Judenmissionsgesellschaften waren, die den 10. Sonntag nach Trinitatis neu ins Bewußtsein hoben.[15] Bald begann man dann aber, auch neue Themen mit

---

8 Zu dieser Tagung Hermle, 198–202.
9 »6.) Die Kollekte dieses Sonntags möge einheitlich für die Arbeit der Kirche unter Israel bestimmt werden.« Kirchen und Judentum, 537.
10 Ebd.
11 Hermle, 143.
12 »Oberkirchenrat der Oldenburgischen Kirche, Anschreiben an die Pfarrämter wegen der Verpflichtung der Gemeinden gegenüber den Juden vom 6. Dezember 1947«, Kirchen und Judentum, E. III. 6, 538–540. Vgl. zu diesem Wort und zu seiner Entstehung auch Hermle, 309–314.
13 »1. Es ist die der christlichen Kirche von Anfang an verliehene und in der Heiligen Schrift bezeugte Erkenntnis, daß das Volk Israel durch den Ratschluß Gottes eine einzigartige Stellung in der Heilsgeschichte hat, daß das Volk Israel durch Verwerfung seines von Gott gesandten Messias für alle Völker ein Beispiel des göttlichen Gerichtes geworden ist«, Kirchen und Judentum, 539.
14 A. a. O., 540.
15 Ein Grund hierfür war sicher die finanzielle Abhängigkeit von den an diesem Tag erhobenen Kollekten. Aus dem Umfeld dieser Gesellschaften stammen auch Predigthilfen und Materialsammlungen für den Gottesdienst am 10. Sonntag nach Trinitatis, z.B. Hans-Siegfried Huß: Redet mit Jerusalem freundlich. Predigten, hg. im Auftrag der Arbeitsgemeinschaft für Lutherische Judenmission, Neuendettelsau 1951. Im Nachwort dieses Bandes heißt es: »Die eingestreuten Gebete und die Litanei sowie die alte Historie von der Zerstörung Jerusalems in neuem sprachlichem Gewand wollen als Bausteine zur liturgischen Gestaltung insbesondere des 10. Sonntags nach Trinitatis verstanden werden« (96). Unter diesen »Bausteinen« findet sich sogar eine neue Fassung der Geschichte von der Zerstörung Jerusalems: Otto v. Taube, Historie von der Zerstörung Jerusalems im

dem Sonntag zu verbinden, wie die folgenden Verlautbarungen der sächsischen und badischen Landeskirche für diesen Sonntag zeigen.

Die Synode der Evangelisch-Lutherischen Landeskirche Sachsens beschloß im April 1948 eine Erklärung zur Schuld am jüdischen Volk.[16] Auf der Synode wurde darüber diskutiert, in welcher Form das Wort veröffentlicht werden solle. Der Hauptinitiator der Erklärung, Albrecht Oepke, meinte, es sei für eine Kanzelabkündigung zu umfangreich. Auch als Predigtmeditation zum 10. Sonntag nach Trinitatis sei es ungeeignet, denn in ihr wäre »auch zu reden von der Schuld des Judentums und vom Gericht Gottes über das Volk im Jahre 70 nach Christus«.[17] Hier tauchen also für die Predigt die alten Themen des Sonntags wieder auf. In der Abstimmung verabschiedete die Synode dann aber das Wort einstimmig als Abkündigung für den 10. Sonntag nach Trinitatis.

Dies Wort erhält eine sehr eindeutige Schulderklärung, die sich dagegen wendet, »die Verantwortung auf die damaligen Machthaber, an denen Gottes Gericht sich erfüllt hat, abzuschieben.«[18] Nicht nur durch Rassenhaß und fehlenden Widerstand sind die Christen mitschuldig geworden. »Auch unsere sächsische Kirche hat zur Verfolgung der Juden, selbst der christlichen, beigetragen.«[19] Judenchristen wurden »planmäßig« aus der Kirche ausgeschlossen.

Dies Dokument mit seiner für die damalige Zeit einmaligen Benennung der Schuld der Kirche[20] ist für unseren Zusammenhang interessant, weil es zeigt, wie dem 10. Sonntag nach Trinitatis eine neue Thematik zuwächst, nämlich das christlich-jüdische Verhältnis der Gegenwart und die Schuld der Christen an den Juden in der jüngsten Vergangenheit. Diese neue Thematik schließt allerdings, wie oben gezeigt wurde, die alte Predigtthematik nicht aus; Oepke kann sich eine Predigtmeditation, die nicht vom Gericht Gottes an Israel spricht, nicht vorstellen.

Auch der badische Landesbischof, Julius Bender, veröffentlichte eine Abkündigung für den 10. Sonntag nach Trinitatis 1948.[21] In ihr wird einerseits auf die Kollekte für die Judenmission hingewiesen, andererseits spricht Ben-

---

Jahre 70, in: Redet mit Jerusalem freundlich, 90–94. (Vgl. dazu Kap. B 6.1.) Auch die Arbeit von Wittenberg gehört in dieses Umfeld.
16 Kirchen und Judentum, E. III. 8, 544f; vgl. dazu Hermle, 334–339.
17 Synodenprotokoll, zitiert nach Hermle, 336.
18 Kirchen und Judentum, 544.
19 Ebd.
20 So urteilt Hermle darüber (337).
21 Julius Bender: Kollekte für die Judenmission betr., Gesetzes- u. Verordnungsblatt für die Vereinigte Evangelisch-protestantische Landeskirche Badens 1948, 21. Dieses Wort ist in Kirchen und Judentum nicht abgedruckt. Vgl. dazu aber Hermle, 339–341.

der sowohl die Judenverfolgung im »Dritten Reich« als auch den bereits wieder aufkommenden Antisemitismus[22] an.

Auch 1949 richtete Bender ein Schreiben zum 10. Sonntag nach Trinitatis an seine Pfarrer.[23] Er empfiehlt hierin nicht nur die Fürbitte für die Judenmission, sondern nimmt erneut deutlich gegen den Antisemitismus Stellung, der z.B. wieder zu Schändungen jüdischer Friedhöfe geführt habe. Zudem wird deutlicher als 1948 von der Schuld nicht nur des deutschen Volkes, sondern auch der Christen geredet.[24]

Auch hier zeigt sich also, wie in der Stellungnahme der sächsischen Kirche, daß die jüngste Vergangenheit und die Gegenwart nicht ausgeblendet werden können, wo »der Weg Gottes mit Israel im Lichte der Heiligen Schrift aufgezeigt wird.«[25] Zugleich deutet sich ein neues Verständnis von Judenmission und Zeugnis gegenüber Israel an.[26]

Auch Gerhard Kunze erwartet 1954 eine veränderte Wiederbelebung des Gedenktags der Zerstörung Jerusalems, die die jüngste Vergangenheit aufnimmt:

---

22 »Während ringsum in der Welt der Haß gegen das jüdische Volk aufs neue sich zu regen droht«, Bender, a.a.O., 21.

23 Kirchen und Judentum, E.III.9, 545f. Die Vorgeschichte dieses Wortes erläutert Hermle: Eine Kollekte für die Judenmission sollte nicht erhoben werden, da die Mittel vom Vorjahr noch nicht aufgebraucht waren, aber Hermann Maas bat Bender, dennoch Schriften zur Judenfrage und dazu ein Wort des Bischofs »auf den 10. nach Trinitatis, den uralten Tag für die Erinnerung der Gemeinde an ihre Pflicht für Israel« zu versenden (Hermle, 341f).

24 »Wir Christen haben Grund, uns unter die Schuld zu beugen, die unser Volk den Juden gegenüber auf sich geladen hat. Wir können diese Schuld nicht selber wiedergutmachen; wir müssen und dürfen uns der vergebenden Gnade Gottes getrösten« (Kirchen und Judentum, 546). 1948 hatte Bender geschrieben: »in den vergangenen Jahren hat sich unser eigenes Volk zu Haß und Untaten gegen die Glieder des jüdischen Volkes hinreißen lassen und ihnen Menschenwürde und Lebensrecht nicht nur abgesprochen, sondern auch faktisch genommen. Daß es dahin hat kommen können, belastet auch die Christen in unserm Volk, denn im Herzen eines Christen darf Rassenhaß keinen Platz haben«, Bender, 21.

25 So das oben zitierte Wort der EKD, Kirchen und Judentum E.III.5, 537.

26 Diese Frage kann hier allerdings nicht weiter verfolgt werden. Vgl. dazu die genaueren Analysen Hermles zu den jeweiligen Dokumenten. Für die Diskussion um Möglichkeit und Berechtigung der Judenmission sei u.a. verwiesen auf Wilfried Schweikhart: Zwischen Dialog und Mission. Zur Geschichte und Theologie der christlich-jüdischen Beziehungen seit 1945, SJVCG 2, Berlin 1980, Arnulf H. Baumann: Christliches Zeugnis und die Juden heute. Zur Frage der Judenmission, Vorlagen 5, Hannover 1981, neben dem bereits zitierten Werk von Paul Gerhard Aring noch ders.: Christen und Juden heute – und die »Judenmission«? Geschichte und Theologie protestantischer Judenmission in Deutschland, dargestellt und untersucht am Beispiel des Protestantismus im mittleren Deutschland, 2.Aufl., Frankfurt 1989. In unserem Zusammenhang ging es nur darum, aufzuzeigen, wie der 10. Sonntag nach Trinitatis in kirchlichen Verlautbarungen auftaucht.

Es ist möglich, daß die mit der Judenverfolgung zusammenhangende [sic!] Neubesinnung der Kirche, aber auch die neueste politische Entwicklung, wie etwa die Gründung des Staates Israel, dieses Gedenken neu beleben.[27]

Beide Aspekte also finden sich nach dem Krieg, einerseits das Anknüpfen an die alte Tradition des Gedenktags der Zerstörung Jerusalems[28] durch die Judenmissionsgesellschaften, andererseits die durch die Schoah ausgelöste Neubesinnung in Theologie und Kirche. Entsprechend sind es auch in der Folgezeit zwei Richtungen, für die der 10. Sonntag nach Trinitatis besondere Bedeutung hat, was sich zum Beispiel in der Veröffentlichung von Arbeitsmaterialien zu dem Tag ausdrückt. Solche Predigt- und Gottesdiensthilfen finden sich einerseits aus dem Kreis der ehemaligen Judenmissionsgesellschaften, die z.T. noch immer die Kollekte dieses Sonntags erhalten. Sie haben allerdings inzwischen zum großen Teil ihre Namen und entsprechend ihre Anliegen verändert. Die neueren von ihnen veröffentlichten Predigtmeditationen spiegeln diese Veränderung wider.[29] Von einem anderen Aus-

---

27 Kunze, 521.
28 In der Evangelisch-lutherischen Kirche der Slowakei gibt es bis heute die Tradition, »im (fakultativen) Nachmittagsgottesdienst des 10. n. Tr. die Historie der Zerstörung Jerusalems nach Josephus zu verlesen«, Volkmann, 25, Anm. 33. Auch den folgenden Hinweis verdanke ich Evelina Volkmann: Hans Schmiedehausen berichtet in einer Predigtmeditation, er habe 1952 durch seinen Vikarsmentor im Marburger Land die Verlesung der Historie als noch geübten Brauch kennengelernt, Hans Schmiedehausen: 10. Sonntag nach Trinitatis, 11. August 1996, 2. Könige 25,8–12, in: DtPfrBl 63 (1996), 377.
29 Hier seien exemplarisch einige Predigtmeditationen in Friede über Israel, der Zeitschrift des Ev.-luth. Zentralvereins für Zeugnis und Dienst unter Juden und Christen, wie der ehemalige Zentralverein für Mission unter Israel ab 1985 hieß (zur Namensänderung vgl. Kirchen und Judentum, E. III. 39, 620f.), genannt: Wolfgang Kraus: Predigtmeditation über 2 Kön 25,8–12 für den 10. Sonntag nach Trinitatis, FÜI 73 (1990), 59–63, sowie: Martin Holland: Erneuerung aus Gnade. Predigtmeditation zu Daniel 9,15–19, ebd., 64–70, und Peter Hirschberg: Predigtmeditation für den 10. Sonntag nach Trinitatis: Lukas 19,41–47, FÜI 74 (1991), 58–62. Natürlich nehmen diese neuen Predigtmeditationen die theologischen Entwicklungen der letzten Jahre und Jahrzehnte zur Neubestimmung des Verhältnisses von Israel und Kirche auf; mir geht es hier nur darum zu zeigen, daß bis heute der Israelsonntag für ehemals judenmissionarische Kreise eine besondere Bedeutung behalten hat. So gibt auch »Begegnung von Christen und Juden. Verein zur Förderung des christlich-jüdischen Gesprächs in der Evangelisch-Lutherischen Kirche in Bayern (BCJ)« – so der neue Name des Vereins, der frühere Name lautete: »Evangeliumsdienst unter Israel durch die Evang.-Luth. Kirche in Bayern e.V.« – seit 1996 eine eigene Arbeitshilfe zum Israelsonntag heraus: Vgl. z.B.: Christiane und Hans-Jürgen Müller (Hg.): Israel-Sonntag 1996. Freut euch über Jerusalem. Eine Arbeitshilfe zum 10. Sonntag nach Trinitatis (11. August 1996), dies.: Israelsonntag 1997. Eine Arbeitshilfe zum 10. Sonntag nach Trinitatis (3. August 1997), dies.: Israelsonntag 1998. Eine Arbeitshilfe zum 10. Sonntag nach Trinitatis (16. August 1998).

gangspunkt her, dem Gedanken der Versöhnung mit Israel, ist der Sonntag für die Aktion Sühnezeichen wichtig geworden. Seit vielen Jahren werden regelmäßig Predigtmeditationen herausgegeben.[30] Teilweise geht in manchen Landeskirchen auch die Kollekte des Sonntags an die Aktion Sühnezeichen.

Die Frage der Schuld der Christen gegenüber den Juden, die dem 10. Sonntag nach Trinitatis nach dem Krieg als neue Thematik zugewachsen ist, wurde zum Teil auch am 9. November, dem Jahrestag der Reichspogromnacht, zum Thema gemacht. Zum 40. Jahrestag erschienen unter anderem eine Predigtmeditation Rolf Rendtorffs in GPM[31] und eine Predigthilfe der Aktion Sühnezeichen.[32] Der 50. Jahrestag wurde bereits sehr weit verbreitet begangen.[33] Diese beiden Kasus scheinen für viele Predigten fast austauschbar.[34] Allerdings bleibt abzuwarten, ob der inzwischen seit 1989

---

30 Viele von ihnen sind gesammelt herausgegeben: Wolfgang Raupach (Hg.): Weisung fährt von Zion aus, von Jerusalem seine Rede. Exegesen und Meditationen zum Israelsonntag, Berlin 1991. Auch seither gibt Aktion Sühnezeichen jedes Jahr eine neue Arbeitshilfe zum Israelsonntag heraus.
31 Rolf Rendtorff: Predigtmeditation zum 9. November 1987, dem 40. Jahrestag der »Reichskristallnacht«, GPM 32 (1977/78), 417–426.
32 Aktion Sühnezeichen/Friedensdienste e.V. (Hg.): Predigthilfen. Volkstrauertag 1978. 40 Jahre »Kristallnacht«, Berlin 1978.
33 Vereinzelt wurde der 9. November auch schon früher als Gedenktag begangen. Vgl. z.B. den Vortrag von Hans Joachim Iwand zum 20. Jahrestag der Reichspogromnacht: Umkehr und Wiedergeburt, Nachgelassene Werke 2, München 1966, 362–370, und eine Predigt von Heinrich Vogel: Bußpredigt zur 25. Wiederkehr der Kristallnacht, in ders.: Wir sind eingeladen. Predigten eines Grenzgängers, Hamburg 1974, 73–80. Eine ganze Reihe von Predigten zum 40. Jahrestag des 9. November 1938 sind abgedruckt in dem Sammelband von Peter von der Osten-Sacken (Hg.): Israel im christlichen Gottesdienst. Predigten. Ansprachen. Begegnungen, VIKJ 10, Berlin 1980. Von den vielen Predigten zum 50. Jahrestag möchte ich hier nur auf eine hinweisen, die mir besonders beachtenswert erscheint: Ernst Busch: Predigt zum Gedenken an die Reichspogromnacht am 9. November 1988 in der Kirche St. Johannis in Göttingen, in: Predigen zum Weitersagen. Mitteilungen des ökumenischen Vereins zur Förderung der Predigt e.V., Nr. 7 (Buß- und Bettag 1990), 2–6.
34 Das soll eine Predigt von Helmut Ruppel verdeutlichen, die dieser zum 40. Jahrestag der Reichspogromnacht hielt und die später veröffentlicht wurde. Helmut Ruppel: Träume (Ps 16,10–11), in: Peter von der Osten-Sacken (Hg.): Israel im christlichen Gottesdienst. Predigten. Ansprachen. Begegnungen, VIKJ 10, Berlin 1980, 170–174. Diese Predigt ist zu einem guten Teil fast wörtliches Zitat einer Predigt von Manfred Reyle zum Israelsonntag 1968, die zudem einen ganz anderen Predigttext hatte! Vgl. Manfred Reyle: Ekklesia und Synagoge. Römer 9,1–5; 10,1–4, Predigten für Jedermann 16,3 (März 1969). Vgl. zur Ähnlichkeit der Kasus auch Arnulf Baumann, der in der Einleitung zu einer Materialsammlung für den Gottesdienst am Israelsonntag schreibt: »Die Texte und Materialien sind übrigens so ausgewählt und formuliert, daß sie nicht nur am 10. nach Trinitatis allein,

noch einmal neu besetzte 9. November als Gedenktag der Reichspogromnacht überhaupt im Bewußtsein bleiben wird. Der sechzigste Jahrestag 1998 jedenfalls wurde sehr viel weniger beachtet als der fünfzigste.[35]

Die Diskussionen der letzten Jahre um die veränderte Gestaltung des Israelsonntags – diese Bezeichnung für den 10. Sonntag nach Trinitatis hat sich inzwischen allgemein durchgesetzt – wurde bereits in der Einleitung dargestellt,[36] ebenso die 1999 erfolgte Perikopenrevision für diesen Tag. Inwieweit die neuen für den Sonntag vorgeschlagenen Texte die Feier des Tages verändern werden, läßt sich im Moment noch nicht absehen.

---

sondern auch an anderen Gedenktagen (z.B. dem 9. November) verwendet werden können.«, Baumann, Einführungen, 4.

35 Die Materialien zur ökumenischen Friedensdekade 1998 nahmen z.B. keinen Bezug auf das Datum. Vgl. dazu Aktionsgemeinschaft Dienst für den Frieden e.V. (Hg.): Handreichung für Kirchengemeinden zur Friedensdekade 1998 (8.–18.11.), Bonn 1998, sowie Kirchenamt der EKD (Hg.): Bittgottesdienst für den Frieden in der Welt 1998, Hannover 1998.

36 Für die Entwicklung der vergangenen 50 Jahre sei hier aber noch einmal ausdrücklich auf die Arbeit von Evelina Volkmann verwiesen.

B: Die Historie von der Zerstörung Jerusalems

1. Die Zerstörung Jerusalems als Thema für die Christen

Die Zerstörung Jerusalems und des Tempels durch die Römer im Jahr 70 n.Chr. hatte von Anfang an große Bedeutung für die Christen.[1] Schon in den synoptischen Evangelien finden sich Reaktionen auf dieses Geschehen. Dabei zeigt sich bereits eine Deutung, die sich dann im Laufe der Kirchen- und Theologiegeschichte immer mehr verstärkt hat: Die Zerstörung von Stadt und Tempel wird als ein göttliches Zorngericht für die Verwerfung und den Tod Jesu, aber auch für Verfolgung und Tötung der Propheten und Apostel verstanden. So schreibt Mt im Gleichnis vom königlichen Hochzeitsmahl über die geladenen Gäste und ihre Reaktion auf die Einladung: »Einige aber ergriffen seine Knechte, verhöhnten und töteten sie. Da wurde der König zornig und schickte seine Heere aus und brachte diese Mörder um und zündete ihre Stadt an« (Mt 22,6–7).[2]

Diese »antijudaistische« Geschichtsdeutung, die nicht nur für die Zeit Jesu, sondern auch für die gesamte Zeit des AT angewandt wurde, ist neben der »prophetisch-typologischen« Auslegung des AT auf Christus hin nach

---

1 Vgl. dazu die Untersuchung von Heinz Martin Döpp: Die Deutung der Zerstörung Jerusalems und des Zweiten Tempels im Jahre 70 in den ersten drei Jahrhunderten n.Chr., TANZ 24, Tübingen 1998, die jüdische, judenchristliche, christliche und gnostische Quellen berücksichtigt. Dort wird auch weitere Literatur genannt. Eine Untersuchung der theologischen und ideologischen Deutungen des Geschehens schon während des jüdischen Kriegs findet sich bei Helmut Schwier: Tempel und Tempelzerstörung. Untersuchungen zu den theologischen und ideologischen Faktoren im ersten jüdisch-römischen Krieg (66–74 n.Chr.), NTOA 11, Freiburg (Schweiz) u. Göttingen 1989. Vgl. außerdem die älteren Arbeiten von H. Windisch: Der Untergang Jerusalems (anno 70) im Urteil der Christen und Juden, ThT 48 (1914), 519–550, und Erich Fascher: Jerusalems Untergang in der urchristlichen und altkirchlichen Überlieferung, ThLZ 89 (1964), 81–98.
2 Vgl. z.B. auch das Gleichnis von den bösen Weingärtnern, Mt 21,33–44par, sowie Mt 23,34–39par und Mt 27,25.

Hans von Campenhausen für die Deutung der Heilsgeschichte und die Entwicklung des christlichen Geschichtsbildes bestimmend geworden.³ Die ganze Geschichte des Gottesvolkes wurde nach dieser antijudaistischen Sichtweise als Unheilsgeschichte bzw. Geschichte des Ungehorsams verstanden, dem das Gericht folgen mußte. Dieses Gericht erwartete man ursprünglich im Eschaton, aber durch die Zerstörung Jerusalems und später durch die Neugründung der Stadt Aelia Capitolina wurde das Gericht über das Volk Israel historisch verstanden.⁴ Die Gerichtsweissagungen der Bibel über die Juden galten dadurch als erfüllt.

Dies war also eine der Deutungen, die die Christen der Zerstörung Jerusalems gaben: Sie wurde verstanden als die gerechte Strafe für den fortwährenden Ungehorsam der Juden, der in der Verwerfung und Tötung des Messias kulminierte.⁵

Daneben fanden sich sehr bald zwei weitere eng zusammenhängende Deutungsweisen. Die Zerstörung Jerusalems und des Tempels war für die Christen der Beweis für die Ablösung des alten Bundes Gottes mit Israel und damit für die Wahrheit und Überlegenheit des Christentums. Diese Argumentation findet sich schon bei Justin.⁶

---

3 Hans v.Campenhausen: Die Entstehung der Heilsgeschichte. Der Aufbau des christlichen Geschichtsbildes in der Theologie des ersten und zweiten Jahrhunderts, Saeculum 21 (1970), 189–212, vgl. zur prophetisch-typologischen Auslegung des AT vor allem 193–195, zur antijudaistischen 195–199.

4 Vgl. dazu Windisch, 524, der bei der Betrachtung der apokalyptischen Texte der synoptischen Evangelien zu dem Schluß gelangt, »dass die Schrecken, die über Jerusalem und Judäa kommen sollten, ursprünglich mit der allgemeinen Weltkatastrophe verbunden waren und dass nach dem Jahre 70 je später um so deutlicher dieser Zusammenhang gelockert wurde.«

5 Schon bei Tertullian läßt sich diese Verknüpfung feststellen, so Döpp, 59–61, sowie Heinz Schreckenberg: Josephus und die christliche Wirkungsgeschichte seines »Bellum Judaicum«, ANRW 21,2, Berlin – New York 1984, 1106–1217, 1123. Wirkungsgeschichtlich bedeutsam war vor allem die entsprechende Deutung durch Origenes, vgl. dazu Döpp, 64–66.70.

6 Vgl. Campenhausen, 198 mit Anm. 57 u. 58, der die im folgenden genannten Belege aus dem Dialog mit dem Juden Tryphon und aus der Apologie angibt. (Vgl. Iustinus Martyr: Dialogus, in: Die ältesten Apologeten, Texte mit kurzen Einleitungen, hg.v. Edgar J. Goodspeed, Neudruck der 1. Aufl. v. 1914, Göttingen 1984, 90–265.) In Dial. 16 argumentiert Justin, die von Gott lange zuvor verheißenen Strafen seien den Juden nun zu Recht widerfahren (108f). In Dial. 40,1f.5 (137f) und 46,2 (143) zeigt Justin, welche für das Judentum besonders wichtigen Gebote seit der Eroberung Jerusalems nicht mehr erfüllt werden können; besonders darf weder das Passalamm außerhalb Jerusalems geschlachtet werden, noch können die beiden Böcke für das Versöhnungsfest dargebracht werden. Apologia Maior 47 argumentiert Justin, die Verwüstung Jerusalems und Judäas sowie das Verbot für die Juden, Jerusalem zu betreten, seien schon im AT vorhergesagt (er zitiert Jes 64,10–12 sowie Jes 1,7 und Jer 50,3). Vgl. Iustini Martyris Apologiae pro

1. Die Zerstörung Jerusalems als Thema für die Christen

Ein weiterer Beweis für die Wahrheit des Christentums wurde darin gesehen, daß sich die biblischen Weissagungen aufs genaueste erfüllt hatten. In der Kirchengeschichte des Euseb ist diese Argumentationslinie bereits voll ausgeprägt.[7] Die Bibel kündigt die Zerstörung Jerusalems allerdings nur an. Der Bericht über die Erfüllung findet sich im NT nicht. Darum wurde für die Christen der Bericht des Josephus, eines nach ihrem Verständnis unparteiischen Zeugen, sehr wichtig. Er rückte, wie im folgenden zu zeigen sein wird, für die Christen in die Nähe der biblischen Texte.

Heinz Schreckenberg hat ausführlich die Wirkungsgeschichte des jüdischen Krieges von Josephus untersucht.[8] Hierbei zeigt sich, wie sich die drei Deutungslinien für die Zerstörung Jerusalems – die Zerstörung Jerusalems als Strafe für den Tod Jesu, die genaue Erfüllung der Weissagungen darüber als Beweis für die Wahrheit des Christentums, die Zerstörung des Tempels als Beweis für die Überlegenheit des Christentums und die Ablösung der jüdischen Religion – durch die gesamte Kirchen- und Theologiegeschichte ziehen.[9]

Diese Deutungslinien werden im folgenden immer wieder bei der Darstellung und der Analyse der liturgischen Texte und Predigten zum Israelsonntag von Interesse sein. Zugleich wird sich aber die Frage stellen, inwieweit die Bedeutung der Zerstörung Jerusalems für die Christen am Israelsonntag über diese Deutungslinien hinausgeht.

Christianis, edited by Miroslav Marcovich, Berlin 1994, PTS 38, 98. Vgl. in diesem Zusammenhang auch Kap. XIII der Untersuchung von Döpp, »Die abgelaufene Geschichtsepoche im Rahmen des göttlichen Heilsplans«, 248–275, wo er neben Justin (262–264) weitere Quellen untersucht, für die nach der Zerstörung Jerusalems eine neue heilsgeschichtliche Epoche begonnen hat.

7 Vgl. zu Euseb unten, 2.2.
8 Schreckenberg 1984, vgl. oben Anm. 5.
9 Vgl. zu der Deutung der Zerstörung Jerusalems als Strafe für die Juden Schreckenberg 1984, 1122–1134, zu der Deutungslinie Weissagung-Erfüllung ebd., 1116–1122; zu dem Beweis für die Wahrheit des Christentums, der für die Christen in der Zerstörung von Stadt und Tempel lag, 1134–1139. Döpp betont zwar die Vielfalt von Deutungen für die Zerstörung Jerusalems in den ersten drei Jahrhunderten, wobei auch Christen nicht immer von einer endgültigen Verwerfung Israels ausgegangen seien, urteilt dann aber in seiner Zusammenfassung: »Das Auseinandergehen der Wege von Juden und Christen hat christlicherseits in der Wirkungsgeschichte von Origenes zu einer Engführung in der Deutung der Tempelzerstörung geführt. Zur Legitimierung der Substitution Israels als dem erwählten Volk Gottes wurde die Zerstörung Jerusalems immer wieder als Zeichen gewertet, daß Gott Israel verworfen habe. Es galt als Strafe Gottes an den Juden, die seinen Sohn Jesus nicht als den Messias anerkannt sondern getötet haben.« Döpp, 310.

1.1. Der Bericht von der Zerstörung Jerusalems und der Israelsonntag

Wie in dem historischen Überblick in Kap. A gezeigt wurde, läßt sich die Tradition des Israelsonntags daran festmachen, daß die Historie von der Zerstörung Jerusalems im Gottesdienst gelesen und ausgelegt wurde. Nachdem schon im Mittelalter bei Predigten über Lk 19,41ff immer wieder mehr oder weniger ausführlich, öfters unter Bezug auf Josephus, von der Eroberung und Zerstörung Jerusalems erzählt wurde,[10] hat Johannes Bugenhagen dann eine eigenständige Erzählung von der »Verstörung der Stad Jerusalem«[11] verfaßt. Sie erschien 1534 als Teil seiner Passions- und Auferstehungsharmonie.[12] Die letzte von Bugenhagen geänderte Fassung erschien 1544.[13] Sie wurde oft nachgedruckt, nicht nur als selbständige Ausgabe, sondern auch in Gesangbüchern und Kirchenordnungen, dort allerdings nur der zur Verlesung bestimmte Text ohne die Glossen Bugenhagens.[14] Dabei findet sich die Historie fast nie ohne vorangehende Passions-, oft auch Auferstehungsharmonie,[15] während es oft Abdrucke der Passionsharmonie gibt, die die Historie weglassen.

Gegen Ende des 18. Jahrhunderts wurde von verschiedenen Seiten die Fassung Bugenhagens als der Zeit nicht mehr angemessen empfunden und durch neue Versuche ersetzt. Die älteste Neufassung, die mir bekannt wurde, stammt aus einem Heilbronner Gesangbuch von 1774.[16] 1778 erschien

---

10 Vgl. den Exkurs in Kap. A 1.2., vor allem 1.2.2. und 1.2.4. Auch Luther berichtet in seinen Predigten zu Lk 19,41–48 immer wieder von der Zerstörung Jerusalems, vgl. dazu unten Kap. C I.
11 So die Überschrift bei Bugenhagen.
12 Greifbar ist die Passionsgeschichte in einer Faksimileausgabe: Bugenhagen, Johannes: Historia Des lydendes unde upstandige unses Heren Jesu Christi:/ uth den veer Euangelisten. Niederdeutsche Passionsharmonie, Faksimiledruck nach der Barther Ausgabe von 1586, hg. und mit einem Nachwort versehen von Norbert Buske, Berlin u. Altenburg 1985 (=Geisenhof Nr. 122).
13 Johannes Bugenhagen: Das leiden vnd Aufferstehung vnsers HERRN Jhesu CHristi / aus den vier Euangelisten / Durch D. Johan Bugenhagen / Pomern / vleissig zusamen gebracht. Auffs new mit vleis emendirt. Auch die verstörung Jerusalem vnd der Jüden / kurtz gefasset. Wittemberg (Georg Rhaw) 1544 (=Geisenhof Nr. 87). Bugenhagen bezeichnet diese Ausgabe in seiner Vorrede als die autorisierte Fassung, die in Zukunft nachgedruckt werden soll (Bl. Bb).
14 Vgl. z. B. die oben in Kap. A 2. genannten Gesangbücher und die Kirchenordnungen Öttingen 1707, Erbach 1753 und Schaumburg-Lippe 1767.
15 Jedenfalls ist sie mir in Kirchenordnungen und Gesangbüchern bis auf eine Ausnahme, die Kirchenordnung Öttingen 1707, nicht allein begegnet. Außerdem drucken das Gesangbuch Bunsen sowie die 2. Aufl. des von der Allgemeinen lutherischen Konferenz herausgegebenen Allgemeinen Gebetbuches die Historie jeweils an anderer Stelle als die Passionsharmonie. Auch nennt Geisenhof eine polnische Einzelausgabe der Historie (Nr. 135, 172f).
16 Gesangbuch Heilbronn 1774.

1. Die Zerstörung Jerusalems als Thema für die Christen

auch in dem Bremischen Gesangbuch eine neue Fassung der Historie.[17] Georg Friedrich Seiler veröffentlichte eine »Geschichte der Zerstörung Jerusalems« 1784 in seinem liturgischen Magazin,[18] später gab er eine gekürzte Fassung dieser Geschichte zusammen mit zwei weiteren Fassungen in einer Sammlung liturgischer Formulare heraus.[19] Heinrich Balthasar Wagnitz' »Nachricht von der Zerstörung Jerusalems« erschien 1790[20] und wurde in das Hallische Gesangbuch übernommen und auch im Gottesdienst statt der Bugenhagenschen Fassung gelesen.[21] Die Wagnitzsche Nachricht wurde nach 1793 mit verändertem Schluß wiederabgedruckt.[22] Seiler und Wagnitz[23] beziehen sich jeweils auf Johann Adolph Schlegels Werk »Weissagungen Jesu von der Zerstörung Jerusalems«, das 1775 erschien.[24] Dieses Buch steht zwar nicht im Zusammenhang mit dem 10. Sonntag nach Trinitatis, ist aber im Zusammenhang der vorliegenden Arbeit als zusätzliche Quelle interessant.

Aus der Mitte des 19. Jahrhunderts sind mir zwei neue Bearbeitungen bekannt geworden; eine aus einem Anhaltischen Gesangbuch von 1859,[25]

---

17 Ich konnte nur die sechste Auflage dieses Gesangbuchs aus dem Jahr 1814 einsehen (Gesangbuch Bremen 1814). Aber bereits die erste Auflage dieser neuen Ausgabe, die im Jahr 1778 erschien, enthält den Bericht. Es handelt sich um das in der Bibliographie Bremer Gesangbücher von Ruth Froriep und Ortwin Rudloff unter Nr. 0031.1.1778 genannte Gesangbuch. Vgl. dazu Heinrich Balthasar Wagnitz: Ueber die Phaenomene vor der Zerstöhrung Jerusalems, Halle 1780, 91f, wo Wagnitz sich auf die Neufassung der Geschichte bezieht, »wie sie in dem Anhange zum neuen Gesangbuch der evangelischlutherischen Domgemeine zu Bremen (Bremen 1778) erzählt wird.«
18 Georg Friedrich Seiler: Geschichte der Zerstörung Jerusalems, in: ders.: Liturgisches Magazin, Bd. 1, Erlangen 1784, unpaginierte Vorrede und 1–28.
19 Georg Friedrich Seiler: Geschichte der Zerstörung Jerusalems auf eine dreyfache Weise beschrieben, in: ders.: Allgemeine Sammlung liturgischer Formulare der evangelischen Kirchen, Ersten Bandes dritte Abtheilung, Erlangen 1788, eigene Seitenzählung.
20 Wagnitz, Heinrich Balthasar: Nachricht von der Zerstörung Jerusalems, Journal für Prediger 23 (1790), 20–33. Einige Jahre vorher veröffentlichte Wagnitz Vorüberlegungen: Plan zu einer für die Erbauung der Zuhörer zweckmäßig eingerichteten Nachricht von der Zerstörung Jerusalems, Journal für Prediger 18 (1786), 285–289.
21 Wagnitz 1790, 20, Anm.
22 Nachricht von der Zerstörung Jerusalems, Kleine auserlesene Bibliothek für Prediger Bd. 6, Gotha nach 1793, 1–18 (zitert: Wagnitz*). Bei dem von mir benutzten Exemplar fehlt das Titelblatt mit dem Erscheinungsjahr des Bandes, der erste Band erschien 1793.
23 Wagnitz 1790, 20, Anm.; Seiler 1784, Vorwort.
24 Johann Adolf Schlegel: Weissagungen Jesu von der Zerstörung Jerusalems, erläutert und mit der Geschichte verglichen, Leipzig 1775.
25 Beschreibung, wie das der Stadt Jerusalem angedrohte Gericht Gottes vollzogen, und die Stadt zerstört wurde, in: Gesangbuch Anhalt 1859, 545–548.

eine aus einem von K. P. Th. Crome 1861 herausgegebenen lutherischen Gesangbuch.[26] Daneben wurde öfter die bremische Fassung übernommen.[27] Auch im 20. Jahrhundert wurde die Geschichte weiter bearbeitet. 1951 erschien die »Historie von der Zerstörung Jerusalems im Jahre 70« in einer Nacherzählung von Otto Freiherr von Taube. In der Zeitschrift Friede über Israel veröffentlichte Detlef Löhr 1970 aus Anlaß des »1900jährigen Gedenkens der Zerstörung Jerusalems«[28] eine eigene Fassung der Geschichte.[29] Und Martin Senftleben gab 1988 in einer Einführung zum Gedenktag der Zerstörung Jerusalems am 10.8.[30] einen kurzen Abriß der geschichtlichen Ereignisse, die zur Zerstörung Jerusalems führten.[31]

Im folgenden werden zuerst die wichtigsten historischen Quellen für die verschiedenen Berichte von der Zerstörung Jerusalems kurz besprochen. Danach werden die verschiedenen Textfassungen der Historie, beginnend bei Bugenhagen, dargestellt und miteinander verglichen. Hierbei ist zu zeigen, wie sich neben den oben bereits genannten Deutungslinien für die Zerstörung Jerusalems am 10. Sonntag nach Trinitatis eine weitere Interpretationsmöglichkeit zeigt. Diese Deutung läßt sich, wie in zwei Exkursen gezeigt wird, auch in der Auswahl der Lieder für diesen Sonntag sowie in den für diesen Tag bestimmten Kantaten von Johann Sebastian Bach nachweisen.

2. Die historischen Quellen für die Berichte von der Zerstörung Jerusalems

Die wichtigste Quelle für die Berichte von der Zerstörung Jerusalems ist das Werk des Flavius Josephus über den jüdischen Krieg.[1] Die weiteren Quellen, die in unserem Zusammenhang interessieren, sind von ihm abhängig bzw. bilden eine mehr oder weniger freie Bearbeitung.[2] Genannt wird in den uns

---

26 K. P. Th. Crome: Beschreibung der Zerstörung Jerusalems, in: Gesangbuch Crome 1861, Lectionarium 84–91.
27 So enthalten z. B. die Gesangbücher Hannover 1828, 1883, 1928, Hamburg 1843, außerdem das Gesangbuch Schaumburg-Lippe 1875 und das Gesangbuch Bunsen 1846 diese Fassung des Berichts.
28 So Detlef Löhr in der Vorrede des entsprechenden Heftes, FÜI 53 (1970), 65.
29 Detlef Löhr: Die Geschichte der Zerstörung Jerusalems, FÜI 53 (1970), 78–81. Den Hinweis auf diese Fassung verdanke ich Evelina Volkmann.
30 Dieser Gedenktag wird nur selten neben dem 10. Sonntag nach Trinitatis begangen, vgl. Kap. A 5.
31 Senftleben, 106.
1 Ich zitiere nach der Ausgabe Flavius Josephus: De Bello Judaico. Der Jüdische Krieg. Zweisprachige Ausgabe der sieben Bücher, hg. u. mit einer Einleitung sowie mit Anmerkungen versehen v. Otto Michel u. Otto Bauernfeind, Bd. I–III, Darmstadt 1959–1969.
2 Eigenständig ist allerdings der Bericht des Tacitus in seinen Historien, der auch

2. Die historischen Quellen für die Berichte von der Zerstörung Jerusalems   89

interessierenden Texten vor allem noch Hegesipp,[3] aber auch die Deutungen, die Euseb dem Ereignis in seiner Kirchengeschichte gibt, sind bedeutsam für die weitere Tradition.

2.1. Josephus

Hier ist keine zusammenfassende Wiedergabe des Bellum Judaicum von Josephus möglich oder sinnvoll. Vielmehr soll nur auf die Teile und Themen des Werkes verwiesen werden, die für die späteren christlichen Berichte wichtig sind und hauptsächlich übernommen werden. Nach diesem Überblick ist zusätzlich danach zu fragen, mit welcher Absicht Josephus erzählt und wie seine Aussagen durch die christliche Rezeption verändert werden.[4]

Das Hauptinteresse der Nacherzähler gilt Bell 5 und 6, in denen die Belagerung und Eroberung Jerusalems geschildert werden. Der Verlauf des Krieges in Galiläa und Judäa (Bell 3 und 4) wird kaum erwähnt, höchstens im Zusammenhang mit der Person des Josephus. Dabei ist dann besonders der Bericht von seiner Gefangennahme und seiner Prophezeiung an Vespasian, er werde Kaiser werden, von Interesse (Bell 3,340–408). Dagegen erscheint die Vorgeschichte des Krieges, die Bedrückung durch den Prokurator Gessius Florus und vor allem die Belagerung Jerusalems durch C. Cestius Gallus (Bell 2,513–555) häufiger in den Berichten. Denn diese Belagerung wird als Hinweis für die Christen verstanden, Jerusalem zu verlassen.[5]

---

ab und zu in den in dieser Arbeit untersuchten Texten zitiert wird. Vgl. Tacitus: Historien. Lateinisch-deutsch, hg.v. Joseph Borst unter Mitarbeit von Helmut Hross und Helmut Borst, 5., durchgesehene Aufl., München u. Zürich 1984, Sammlung Tusculum. Interessant sind in diesem Zusammenhang hist 5,1.10–13, wo vom Bürgerkrieg, der Belagerung durch Titus und auch von den Vorzeichen der Zerstörung und der Weissagung über einen Weltherrscher aus Judäa berichtet wird (510–512.524–530). Außerdem finden sich auch in Suetons Leben der Cäsaren einige Hinweise. Vgl. C. Suetonius Tranquillus: Die Kaiserviten = De Vita Caesarum. Berühmte Männer = De Viribus Illustribus. Lateinisch-deutsch, hg. und übersetzt von Hans Martinet, Düsseldorf u. Zürich 1997, Sammlung Tusculum, darin Vespasian 4,5 der Bericht von der messianischen Weissagung, aufgrund derer die Juden einen Aufstand begannen (832), Vespasian 5,6 die Weissagung des Josephus über die Kaiserwürde Vespasians (836).

3 So überschreibt die Kirchenordnung Öttingen 1707: »Die Historie von der Zerstörung der Statt Jerusalem, wie sie aus den zwey Geschicht-Schreibern Josepho und Egysippo zusammen gezogen worden« (527).

4 Vgl. zur Frage nach der christlichen Rezeption des Josephus die schon oben genannte Arbeit von Schreckenberg (Schreckenberg 1984). In vielem decken sich Schreckenbergs Ergebnisse mit dem, was sich aus der Untersuchung der hier dargestellten Quellen ergibt.

5 Diese erste Belagerung wird mit der Weissagung Jesu in Lk 21,20f verbunden.

Auch wird oft vom Bürgerkrieg und von den verschiedenen Parteien, die innerhalb Jerusalems miteinander kämpften, berichtet (Bell 4,121-388 und 503-584; Bell 5,1-38).

Die späteren Berichte von der Belagerung Jerusalems sind oft an den Schrecken des Geschehens interessiert, wie sie Josephus darstellt. Wichtiger als die politischen Entwicklungen in der Stadt, die Aufspaltung in verschiedene Bürgerkriegsparteien und deren Kampf gegeneinander sind darum die Stellen, an denen Josephus von der in Jerusalem herrschenden Hungersnot und ihren Folgen spricht (Bell 5,424-438. 512-519; 6,193-213). Diese Hungersnot wurde dadurch verschärft bzw. überhaupt so früh hervorgerufen, daß die Aufständischen viele der in der Stadt vorhandenen Getreidevorräte verbrannten (Bell 5,24). Später raubten die Aufständischen überall Nahrung und wandten auch Foltermethoden an (Bell 5,435), um Lebensmittelverstecke zu erfahren. Auch sonst zerstörte der Hunger alles menschliche Zusammenleben, Eltern raubten ihren Kindern die Nahrung und umgekehrt (Bell 5,429f). Es starben so viele Menschen, daß die Toten nicht mehr begraben werden konnten (Bell 5,514). Die Menschen schreckten auch nicht davor zurück, völlig ungenießbare Dinge wie Heu, Leder und Unrat zu essen (Bell 5,571 und 6,197f).

Die Beschreibung des Josephus gipfelt, als er das dritte Mal von der Hungersnot berichtet, in der Erzählung von Maria, der Tochter Eleazars. Diese reiche und vornehme Frau schlachtete aus Verzweiflung ihr eigenes Kind, das sie nicht mehr ernähren konnte. Selbst die Aufständischen, die bei ihr etwas zu essen suchten, schreckten vor dieser Nahrung zurück (Bell 6, 201-213).

Dieses Motiv der Teknophagie ist biblisch. An mehreren Stellen im AT ist die Rede von einer so großen Hungersnot, daß Eltern ihre eigenen Kinder schlachten müssen. Als Ankündigung bzw. Drohwort begegnet das Motiv Lev 26,29; Dtn 28,53-57; Jer 19,9 und Ez 5,10. In II Reg 6,28f; Threni 2,20 und 4,10 wird von tatsächlich geschehenem Kindsmord bei der Belagerung Samarias bzw. Jerusalems berichtet. Bei Josephus heißt es, daß dieses Geschehen den Mut in der Stadt vollends sinken ließ (Bell 6,212f). Bei den Römern vergrößerte es zumeist den Haß auf die Juden, wenn es auch bei manchen Mitleid erregte (Bell 6,214). Und Titus faßte hierauf den Entschluß, eine Stadt, in der solches möglich sei, zu zerstören. Denn von diesem Moment an konnte nicht mehr auf eine Sinnesänderung und ein Aufgeben bei den Juden gehofft werden (Bell 6,215-219).[6]

---

6 Diese Begebenheit gehört wohl zu den am häufigsten zitierten Einzelheiten aus dem Bericht des Josephus. Vgl. dazu Schreckenberg 1984, 1202f. In den von mir untersuchten Erzählungen fehlt sie nur dreimal (bei Löhr, Senftleben und in dem ersten Seilerschen Bericht).

2. Die historischen Quellen für die Berichte von der Zerstörung Jerusalems

Von Interesse für die späteren Nacherzähler ist auch das Schicksal der Überläufer zu den Römern und der Gefangenen, die auf der Flucht aufgegriffen wurden. Titus hatte wiederholt zugesagt, die Überläufer zu schonen. Dennoch war ihr Leben nicht sicher. Josephus erzählt Bell 5,421.550–561, daß viele Wohlhabende, die zu den Römern überlaufen wollten, ihren Besitz verkauften und das dafür erhaltene Gold verschluckten. Als die syrischen Hilfstruppen einen Juden dabei beobachteten, wie er das wieder ausgeschiedene Gold aufsammelte, verbreitete sich die Nachricht, die Überläufer hätten alle Gold im Bauch. So wurde in einer Nacht ungefähr 2000 Menschen der Leib aufgeschlitzt, wobei die Truppen nur selten fündig wurden. Titus gebot diesem Greuel Einhalt, allerdings kamen auch weiterhin einzelne Juden auf diese Weise ums Leben.[7] Auch ein anderes schreckliches Schicksal drohte den Überläufern. Da sie völlig ausgehungert waren, starben viele im Lager der Römer an zu reichlichem Essen (Bell 5,548f).

Den Fliehenden, die von den Römern aufgegriffen wurden, versagte Titus seine Gnade; er hoffte, durch Strenge die Juden zum Aufgeben bewegen zu können. Darum ließ er viele Gefangene geißeln und anschließend gegenüber der Stadt kreuzigen. Josephus spricht von bis zu 500 Menschen pro Tag, »und bald fehlte es an Platz für die Kreuze und an Kreuzen für die Leiber, so viele waren es« (Bell 5,446–451, Zitat 451).

Von großem Interesse für die christlichen Schriftsteller sind auch die Vorzeichen der Katastrophe, von denen Josephus berichtet. Er erzählt sie erst im Anschluß an die Zerstörung des Tempels, als er davon spricht, daß sich die Juden nicht warnen ließen (Bell 6,288–309). Es handelte sich hierbei um Himmels- und Lichterscheinungen sowie um Ereignisse im Tempel. So öffnete sich das schwere Osttor des Tempels in einer Nacht von selbst, und eine Kuh, die geopfert werden sollte, warf ein Lamm. Auch hörten die Priester eines Nachts ein großes Getöse im inneren Tempelbezirk und anschließend Stimmen, die sagten: Laßt uns von hier fortgehen.

In diesem Zusammenhang berichtet Josephus von einem »Unglückspropheten«, Jesus, Sohn des Ananias, der vier Jahre vor dem Krieg begann, Weherufe über Jerusalem auszustoßen und sich hiervon durch keinerlei Bestrafung abhalten ließ. Besonders rief er an Festtagen, und er setzte sein Auftreten bis zur Belagerung fort. Schließlich starb er mit diesem Weheruf, ergänzt durch ein »wehe auch mir«, auf den Lippen, getroffen von einem Stein der Belagerungsmaschinen (Bell 6,300–309).

Neben diesen Vorzeichen erwähnt Josephus auch eine »zweideutige Weissagung«, die die Juden in ihren heiligen Schriften fanden und die sie

---

7 Josephus legt hier Wert darauf, daß keine Römer an diesem Massaker beteiligt waren, die »Barbaren« (Bell 5,560) hatten damit angefangen und setzten es auch noch nach dem Verbot des Titus fort.

besonders zum Krieg angestachelt habe. Darin hieß es, daß einer aus ihrem Land in dieser Zeit über die Welt herrschen sollte. Die Juden deuteten diese Weissagung auf einen aus ihrem Volk, in Wahrheit aber, so meint Josephus, deutete sie auf Vespasian, der in Israel zum Kaiser gemacht wurde (Bell 6, 312f).[8]

Die Eroberung des Tempels ist für die späteren Erzähler ebenfalls besonders wichtig (Bell 6,249–270). Sie geschah nach Josephus am selben Datum, an dem der erste Tempel erobert wurde (Bell 6,250.268). Titus wollte die Zerstörung des Tempels verhindern, darum bot er den Aufständischen freien Abzug an (Bell 6,124–128.346), sprach sich auch in einem Kriegsrat direkt vor der Eroberung noch einmal dafür aus, den Tempel nicht zu verbrennen (Bell 6,236–243), und versuchte später mehrmals, den Tempelbrand löschen zu lassen (Bell 6,254–258.261–266). Aber Gott, der sich schon länger von dem Heiligtum und der Stadt zurückgezogen hatte (Bell 5,19.412; 6,127.299), verurteilte den Tempel zum Verbrennen (Bell 6,250, vgl. auch schon 4,323), aus übermenschlichem Antrieb wurde der entscheidende Feuerbrand geworfen (Bell 6,252).[9]

Die endgültige Eroberung der Stadt brauchte noch einmal einige Wochen (Bell 6,316–408), dann ließ Titus die Stadt großenteils schleifen, nur drei Türme ließ er stehen, um anhand ihrer Stärke zu zeigen, welch große Tat die Eroberung dieser Stadt war (Bell 6,413). Josephus schreibt, daß bei der Belagerung 1.100.000 Menschen umkamen und 97.000 gefangen wurden (Bell 6,420). Die große Zahl der Menschen erklärt er damit, daß die Belagerung am Passafest begann (Bell 6,421).

Die Entlastung des Titus von der Schuld an der Zerstörung des Tempels entspricht einer allgemeinen Tendenz des Josephus. Titus erklärt nach Josephus mehrmals, keine Verantwortung an dem unermeßlichen Grauen in der Stadt zu haben (Bell 5,519 und 6,215), andererseits betont Josephus, Gott sei auf die Seite der Römer gewechselt (Bell 5,19.412; 6,127.299) und läßt Titus selber bekennen, daß er nur mit Gottes Hilfe die Stadt erobert habe (Bell 6,411).[10] Ja, an einer Stelle sagt Josephus ausdrücklich, wenn nicht die

---

8 Vgl. dazu Schreckenberg 1984, 1162f, sowie Exkurs XV bei Otto Michel u. Otto Bauernfeind (Hg.): De Bello Judaico. Der Jüdische Krieg. Zweisprachige Ausgabe der sieben Bücher, hg. u. mit einer Einleitung sowie mit Anmerkungen versehen, Bd. II,2, 190–192.

9 Josephus betont außerdem, daß ja die Juden selber angefangen hatten, den Tempel zu verbrennen (Bell 6,167.216.251).

10 Diese Aussage wird häufig mehr oder weniger wörtlich zitiert. Titus bekennt hier angesichts der Stärke der Türme, in die sich die Aufrührer zuletzt noch verschanzt und die sie selber verlassen hatten (Bell 6,397–400):»In der Tat, mit Gottes Hilfe haben wir gekämpft, und Gott war es, der die Juden von solchen Festungswerken vertrieb, denn was vermögen Menschenhände und Maschinen gegen die-

Römer die Stadt bestraft hätten, hätte ein neues göttliches Stafgericht, Sintflut oder Feuer vom Himmel kommen müssen (Bell 5,566).[11]

Hier wird deutlich, daß Josephus mit eindeutig romfreundlicher Tendenz schrieb. Zugleich wollte er die Juden in der Diaspora vor einer romfeindlichen Politik warnen.[12] Mit der Anerkennung der römischen Oberhoheit und der Treue zu Gott, so meinte er, könne das Volk seine Zukunft sichern.[13]

2.1.1. Zur christlichen Rezeption des Josephus

Das Werk des Josephus ist sehr lange fast nur von Christen tradiert worden.[14] Im Mittelalter wurde es allerdings indirekt über den Josippon[15] auch bei den Juden bekannt, die oft nur hebräische Texte lasen. Der direkte Zugang jüdischer Wissenschaftler zu Josephus begann aber erst in der Neuzeit. Dafür bekam Josephus christlicherseits z.T. den Rang eines Kirchenlehrers.[16]

---

se Türme?« (Bell 6,411). Von dieser Frömmigkeit des Titus wird auch bei Philostratus berichtet. Vgl. Philostratus: Das Leben des Apollonius von Tyana. Griechisch-Deutsch, hg., übersetzt und eingeleitet von Vroni Mumprecht, München 1983, Sammlung Tusculum. Dort heißt es (6,29, 680–682), Titus habe den ihm von den Nachbarvölkern angebotenen Siegeskranz abgelehnt, da er nur das Werkzeug Gottes gewesen sei. Vgl. dazu Bell 7,105, wo Josephus berichtet, der Partherkönig Vologeses habe Titus einen goldenen Kranz überbringen lassen, den dieser auch angenommen habe.

11 »Ich brauche nicht mehr an mich zu halten, ich muß das Wort heraussagen, zu dem der Schmerz mich drängt. Wenn die Römer gezaudert hätten, gegen dieses verworfene Gesindel einzuschreiten, die Stadt hätte, davon bin ich überzeugt, vom Abgrund verschlungen oder durch eine Flut hinweggespült oder wie Sodom vom Blitz getroffen werden müssen« (Bell 5,566). Dieses Zitat wird – wie das in der vorigen Anm. genannte aus Bell 6,411 – häufig mehr oder weniger wörtlich wiedergegeben. Vgl. insgesamt zu der Deutung der Zerstörung Jerusalems durch Josephus auch Döpp, 219–232.237–238.

12 Vgl. dazu Bell 3,108. Das Werk richtete sich mit dieser Warnung allerdings nicht nur an Juden, sondern auch an andere Völker, die zum Aufstand neigten.

13 Vgl. zur Wirkungsabsicht des Josephus Schreckenberg 1984, 1112f. Dort weitere Literatur.

14 Die Hochschätzung des Josephus hat sicher auch mit dem sogenannten Testimonium Flavianum zu tun, vor allem aber mit seinem Bericht von der Zerstörung Jerusalems.

15 Dies hebräisch geschriebene Geschichtswerk aus der Mitte des 10. Jahrhunderts benutzte als Quelle nicht direkt den »Jüdischen Krieg« des Josephus, sondern den Hegesippus (s.u. 2.3.) und eine lat. Übersetzung der »Jüdischen Altertümer«. Vgl. Angelo Vivian: Josippon, TRE 17, 268f.; David Flusser: Der lateinische Josephus und der hebräische Josippon, in: Josephus-Studien. Untersuchungen zu Josephus, dem antiken Judentum und dem Neuen Testament, FS für Otto Michel, hg.v. Otto Betz, Klaus Haacker und Martin Hengel, Göttingen 1974, 122–132.

16 Vgl. Schreckenberg 1984, vor allem das Kapitel »Josephus als Kirchenschriftsteller, ›Fünftes Evangelium‹ und ›Kleine Bibel‹«, 1167–1172, darin besonders 1169f.

Er hatte sogar fast kanonische Bedeutung. In einer syrischen Bibelhandschrift taucht ein Auszug aus seinem Werk als 5. Makkabäerbuch auf.[17] Auch später ist sein Werk in Bibeldrucken mit enthalten gewesen, meist als Anhang an das NT.[18] Diese Reihenfolge ist theologisch logischer als die Ergänzung des alttestamentlichen Geschichtsbildes mit Hilfe des Josephus.[19] Denn sein Werk wurde, wie oben bereits kurz gesagt wurde, nach dem Schema Weissagung-Erfüllung als die Realisierung der Prophetien des NT (und auch schon des AT) verstanden.[20]

Auch die gottesdienstliche Verwendung der Historie von der Zerstörung Jerusalems und ihr Abdruck in Gesangbüchern und Kirchenordnungen im Anschluß an biblische Texte zeigt die »Verchristlichung« des Josephus.

Im folgenden sollen ganz kurz die wichtigsten Linien der christlichen Josephusrezeption dargestellt werden, wie sie Schreckenberg aufzeigt.[21] Die

---

17 Vgl. Schreckenberg 1984, 1168 mit Anm. 151.
18 Schreckenberg jedenfalls schreibt, »daß in Bibelausgaben und Gebetbüchern fast bis auf den heutigen Tag einschlägige Josephuspassagen abgedruckt wurden« (Schreckenberg 1984, 1168). Bei den »Gebetbüchern« bezieht er sich vermutlich auf die verschiedenen Fassungen der Historie von der Zerstörung Jerusalems in evangelischen Gesangbüchern. Er selber nennt in seiner Bibliographie zu Flavius Josephus, ALGHJ 1, Leiden 1968, 13, eine lateinische Bibelausgabe mit entsprechendem Anhang. Mir wurde eine Bibelausgabe bekannt, die am Ende die Historie von der Zerstörung Jerusalems in der Fassung Bugenhagens abdruckt: BIBLIA. Das ist: Die ganze Heil. Schrift Alten und Neuen Testamentes, von Herrn D. Martin Luther verdeutscht; ... Sammt der kurz-verfaßten Lebens-Beschreibung und Tod unsers Erlösers und seiner Apostel. Deme am Ende noch beygefüget ist, Die Historia von der Zerstöhrung der Stadt Jerusalem. Nebst der Vorrede des seel. Herrn Gustav Philipp Mörls, Predigers der vördern Haupt- und Pfarr-Kirche bey St. Sebald, und des Ministerii Ecclesiastici Antist. SS. Theol. Phil. Moral. & Geograph. Prof. Publ. in Auditorio Aegidiano, & Reipublicae Bibliothecarii, o.O., o.J. (Nürnberg, Vorrede von 1730), Ort und Jahr waren in dem eingesehenen Exemplar abgeschnitten. In den deutschsprachigen evangelischen Bibeln war ein solcher Anhang aber sonst nicht üblich. Auf Anfrage teilte Hartmut Hövelmann, der im Rahmen seiner Forschungen eine Vielzahl von Bibelausgaben ausgewertet hat, mit, ihm sei nirgendwo ein entsprechender Anhang begegnet (Brief vom 24.05.1991). Vgl. Hartmut Hövelmann: Kernstellen der Lutherbibel. Eine Anleitung zum Schriftverständnis, TAzB 5, Bielefeld 1989. Übrigens beschreibt Hövelmann selbst eine Nürnberger Bibel von 1788, die ebenfalls die Vorrede von Philipp Mörl enthielt, bei der es sich also wohl um eine andere Auflage dieser Ausgabe handelte. Diese Ausgabe enthält die Historie nicht, vgl. Hövelmann, 190 und 192.
19 So auch Schreckenberg 1984, 1168, gegen Hans v. Campenhausen, 199, der die Reihenfolge der syrischen Bibel für sinnvoller hält.
20 Vgl. dazu Schreckenberg 1984, 1156, 1168f u.ö., der dort viele, vor allem altkirchliche Belege bringt. Ganz deutlich wird diese Tendenz wieder in den unten besprochenen Texten aus der Aufklärung, am ausdrücklichsten in dem Buch von Schlegel, vgl. unten, 4.1.
21 Die Seitenzahlen im Text beziehen sich alle auf Schreckenberg 1984.

2. Die historischen Quellen für die Berichte von der Zerstörung Jerusalems 95

Zerstörung Jerusalems im Jahr 70,²² die wie gesagt als Strafe Gottes für den Tod Jesu verstanden wurde, lieferte den Beweis für die heilsgeschichtliche Konstruktion, nach der die Erwählung von den Juden auf die Christen übergegangen war. Und Josephus war der Gewährsmann für dies Geschehen.

Um diese heilsgeschichtliche Konstruktion zu belegen, wurde der Bericht des Josephus verändert und dabei z.T. richtiggehend verfälscht. So wurde oft behauptet, das Leben der Juden in der Diaspora habe erst im Jahre 70 n.Chr. mit dem von Josephus berichteten Verkauf der Juden und ihrer Verschleppung begonnen und das Volk der Juden sei damit zu völliger Bedeutungslosigkeit herabgesunken (1179ff, 1194, 1202). Auch wurde behauptet, die Juden hätten nur noch als Sklaven gelebt (1204 u.ö.). Dagegen weist Schreckenberg darauf hin, daß sich die Stellung der Juden in der Diaspora durch den jüdischen Aufstand nicht verändert habe (1180). Aus dem Verkauf der Juden durch Titus und ihrer von da an dauernden Sklaverei wurde im Mittelalter dann sogar die Kammerknechtschaft der Juden begründet (1185–1191).

Josephus wurde auch oft verfälschend wiedergegeben, um die Strafe an den Juden als Entsprechung zu ihrer Verurteilung Jesu erscheinen zu lassen (1145–1155). Die zwei mir am häufigsten begegneten Elemente dieses sogenannten Talionsprinzips seien hier genannt. Es wurde behauptet, die Zerstörung Jerusalems sei am Passafest geschehen, so wie die Juden Jesus am Passafest gekreuzigt hätten.²³ Dabei berichtet Josephus nur, daß die Belagerung zu diesem Zeitpunkt begonnen habe, und begründet so die große Menge der in der Stadt versammelten Menschen.

Nach der Eroberung Jerusalems, so der zweite besonders häufige Talionstopos, gab es so viele und dadurch billige jüdische Sklaven, daß dreißig Juden um einen Silberling verkauft wurden, so wie die Juden Jesus um dreißig Silberlinge verkauft hatten.²⁴

---

22 Die Konzentration auf dieses Ereignis bzw. diese Konstruktion zeigt sich auch in dem Titel, den fast alle Hss. dem Werk des Josephus geben. Nicht mehr »Über den jüdischen Krieg« wurde die Darstellung überschrieben, sondern »Über die Eroberung«. Vgl. dazu Heinz Schreckenberg: Die Flavius-Josephus-Tradition in Antike und Mittelalter, ALGHJ 5, Leiden 1972, 177f; Schreckenberg 1984, 1119f, sowie auch Michel u. Bauernfeind, Bd. I, XIX–XX.
23 Diese Umdeutung findet sich schon bei Euseb, s.u. 2.2.
24 Dieser Topos findet sich in vielen in dieser Arbeit behandelten Predigten, vor allem aus dem Mittelalter, aber z.B. auch noch bei Martin Luther und Valerius Herberger. Aus der Zeit nach dem Bar-Kochba-Aufstand wird übrigens Ähnliches erzählt. Es gab soviele jüdische Kriegsgefangene, »daß man, wie es in einem Bericht heißt, einen Juden für die Futterration eines Pferdes erstehen konnte.« Shmuel Safrai: Das Zeitalter der Mischna und des Talmuds (70–640), in: Geschichte des jüdischen Volkes, hg.v. Haim Hillel Ben-Sasson, München 1978, Bd. 1, 377–469, 409. Ein weiterer Talionstopos findet sich z.B. in den Predigten von

Unterschiedlich wird in den Quellen die Zeit zwischen der Kreuzigung Jesu und der Zerstörung Jerusalems beurteilt. Entweder wird sie als Zeichen der Langmut Gottes und Möglichkeit zur Buße bewertet,[25] oder die unmittelbare Abfolge der beiden Ereignisse wird betont und damit der Zeitraum dazwischen vernachlässigt (1139–1142).

Zudem hat sich, wie Schreckenberg zeigt,[26] im Mittelalter um den Bericht des Josephus eine Vielzahl von Legenden und anderen Texten entwickelt, die immer mehr von dem originalen Text und den von Josephus berichteten Fakten abwichen.

Walafrid Strabo, Haimo von Halberstadt und Honorius Augustodunensis (oben Kap. A 1.2.2. und 1.2.4.): So wie die Juden Gottvater und seinen Sohn verachteten, so wurden sie von Vater und Sohn, Vespasian und Titus, bestraft. Die Kap. C II behandelte Predigt von Herberger nennt ein Fülle weiterer Topoi, vgl. dort 2.3.1. Interessant ist in diesem Zusammenhang, was R. Johanan ben Zakkai in einer Auslegung zu Dtn 28,47–48a zur Zerstörung der Stadt Jerusalem sagt: »You were unwilling to pay the head-tax to God, ›a beka a head‹ (Ex. 38.26); now you are paying a head-tax of fifteen shekels under a government of your enemies. You were unwilling to repair the roads und streets leading up to the Temple; now you have to keep in repair the posts and stations on the road to the royal cities. And thus it says: ›Because thou didst not serve […] therefore thou shalt serve thy enemy.‹ Because thou didst not serve the Lord thy God with love, therefore shalt thou serve thy enemy with hatred; because thou didst not serve the Lord thy God when you hadst plenty, therefore thou shalt serve thine enemy in hunger and thirst; because thou didst not serve the Lord thy God when thou wast well clothed, therefore thou shalt serve thine enemy in nakedness; because thou didst not serve the Lord thy God by reason of the abundance of all things, therefore shalt thou serve thine enemy in want of all things.« Mekilta de Rabbi Ishmael. A critical edition on the basis of the manuscripts and early editions with an English translation, introduction and notes, by Jacob Z. Lauterbach, 2. Aufl., Vol. 2, Philadelphia 1949, Zitat 194–195 (zu Ex 19,1). Diese Stelle auch bei Windisch, 544f, offensichtlich in einer etwas anderen Überlieferung: »Ihr habt nicht Gott dienen wollen – seht, nun dient ihr den Völkern; ihr habt Gott nicht darwägen wollen 1/2 Sekel für den Kopf – sehet nun wägt ihr 15 Sekel dar unter der Regierung eurer Feinde; ihr habt keine Wege und Strassen bereiten wollen für die Festwallfahrer – seht, nun bereitet ihr die Burgen und Kastelle für die, die nach den Weinbergen der Könige hinaufziehen; und so heisst es: weil du deinem Gott nicht gedient hast in Liebe, wirst du deinen Feinden dienen in Hass und weil du deinem Gotte nicht gedient hast in Sättigung (Deut. 28,47), wirst du deinen Feinden dienen in Hunger und Blösse und Mangel an allem (Mechilta zu Ex. 19,1).«

25 Hierbei sind dann auch die Vorzeichen, von denen Josephus spricht, als Warnungen und Bußrufe zu verstehen, eine Deutung, die sich an Josephus anschließt. Vgl. dazu z.B. auch die oben Kap. A 1.2.2. dargestellte Predigt von Walafrid Strabo: »etiam post suam ascensionem per quadraginta et duos annos variis signis et prodigiis ac portentis non solum eos visitavit, sed etiam terruit.« PL 114, 970A. Die Vorzeichen sind also eine Heimsuchung und sollen zugleich erschrekken.

26 Vgl. bei Schreckenberg vor allem das Kapitel »Fiktionen der Legende«, 1172–1179.

2. Die historischen Quellen für die Berichte von der Zerstörung Jerusalems

Man muß allerdings auch sehen, daß einige der Ausschmückungen und Ausdeutungen bei Josephus zumindest schon angelegt sind, daß es sich also nicht einfach um »Geschichtsklitterung«[27] handelt. Vor allem sieht auch er die Römer als Werkzeuge Gottes, die eine gerechte Strafe vollziehen,[28] wobei er allerdings unterscheidet zwischen der Schuld der Aufrührer und dem leidenden Volk.

Die im folgenden in diesem Kapitel dargestellten Texte, also die verschiedenen Fassungen der Historie von der Zerstörung Jerusalems, gehen überwiegend auf den Josephustext direkt zurück, halten sich auch an genaue Einzelheiten.[29] Es lassen sich keine solchen direkten Verfälschungen, wie Schreckenberg sie aufzeigt, feststellen, obwohl natürlich die Texte nach dem Interesse der Autoren ausgewählt und entsprechend kommentiert sind.

Vor allem ist im Blick auf die im folgenden zu besprechende Tradition zu fragen, ob Schreckenberg, der auf die Anführung neuzeitlicher Beispiele fast völlig verzichtet, mit seiner Wertung recht hat, daß »schon im Laufe des Mittelalters die Elemente der Rezeption und Wirkung mehr reproduziert als neu entwickelt werden und die Strukturen des wirkungsgeschichtlichen Gesamtbildes sich zur Neuzeit hin nur noch wenig verändern« (1115).

Es wird in dieser Arbeit zu zeigen sein, daß sich gerade am 10. Sonntag nach Trinitatis neben der apologetischen und triumphalistischen Rezeption, die die Zerstörung Jerusalems und des Tempels als gerechte Strafe der Juden für den Tod Jesu versteht und in diesem Geschehen zudem einen Beweis für die Wahrheit und Überlegenheit des Christentums erkennt, noch eine andere Rezeptionslinie findet. Nach diesem alternativen Deutungsmuster, das in vielen der im folgenden zu besprechenden Texte zu erkennen ist, ist die Zerstörung Jerusalems vor allem warnendes Beispiel, das die Christen, denen ein ähnliches Schicksal droht, zur Buße ruft.[30]

---

27 Dieser Begriff fällt bei Schreckenberg öfter, z.B. 1155, 1162, 1211.
28 Vgl. dazu z.B. Bell 5,566, oben, 93, Anm. 11.
29 Bei den in dieser Arbeit untersuchten Predigten, vor allem im Mittelalter, aber auch später, finden sich eher »Verfälschungen« des Josephus, die aber sicher auch damit zusammenhängen, daß man nicht direkt den Bericht des Josephus, sondern sonstige von ihm abhängige Quellen benutzte.
30 Bei Schreckenberg klingt diese Tradition nur einmal ganz kurz an (Schreckenberg 1984, 1202, Anm. 242). Er bezieht sich dabei unter anderem auf Wilhelm Maurer: Die Zeit der Reformation, KuS 1, 363–452, der das Ende der Historie von Bugenhagen abdruckt, aber offensichtlich die Herkunft und Bedeutung dieser Quelle nicht kennt. Maurer zitiert diesen Text als Predigt (ebd., 433 mit Anm. 93).

2.2. Euseb

Euseb berichtet in seiner Kirchengeschichte[31] von der Belagerung und Zerstörung Jerusalems. Seine wichtigste Quelle ist hierbei Josephus. Schon vor dem eigentlichen Bericht zeigt Euseb auf, in welches Unglück die Juden seit dem Tod Jesu geraten sind.[32] Dabei beruft er sich auf Philo und Josephus. In h.e. II 6,3–8 zitiert er die Berichte des Josephus über Pilatus[33] und nimmt ihn für die eigene Geschichtsdeutung in Anspruch. Josephus habe erklärt, unter Pilatus und nach dem Verbrechen an Christus habe das Unglück des Volkes begonnen.[34] Für weitere Darstellungen der unglücklichen Lage der Juden zitiert er noch Bell 2,227, 247f (=h.e. II 19,1f), Bell 2,254–256 (=h.e. II 10,4–6) und Bell 2,261–263 (=h.e. II 21,1–2).

Unter den Geschehnissen vor der Zerstörung Jerusalems hebt Euseb den Tod des Herrenbruders Jakobus besonders hervor. Manche Juden hätten geglaubt, daß der Martertod dieses Gerechten die Ursache der Belagerung Jerusalems gewesen sei. Hierfür gibt er Josephus als Zeugen an, bei dem sich aber keine entsprechende Aussage findet (h.e. II 23,19–20).[35]

Am Ende des zweiten Buchs seiner Kirchengeschichte faßt Euseb noch einmal die Lage der Juden zusammen (h.e. II 26,1–2).[36] Der Bericht von der Zerstörung Jerusalems findet sich dann h.e. III 5ff. Euseb macht zuerst noch einmal deutlich, daß es sich hier um die Strafe für die Verbrechen an Christus und den Aposteln handle (h.e. III 5,2–3). Die Christen verließen vor dieser gänzlichen Vernichtung des jüdischen Volkes aufgrund einer Weissagung die Stadt und flohen nach Pella (h.e. III 5,3).[37]

Für die Einzelheiten der Geschichte verweist Euseb sodann auf Josephus, wo man alles nachlesen könne. Er erwähnt nur, daß die Belagerung an

---

31 Eusebius: Kirchengeschichte, hg.v. Eduard Schwartz, Kleine Ausgabe, 5. Aufl. (=unveränderter Nachdruck der 2., durchgesehenen Auflage), Leipzig 1955.
32 Dies widerspricht der weiter unten gegebenen Deutung des Zeitraums zwischen Tod Jesu und Untergang Jerusalems (h.e. III 7,8–9). Dort meint Euseb, diese Zeit sei Frist zur Buße gewesen. Um beides zu harmonisieren, hätte Euseb die Unglücksfälle seit dem Tod Jesu als Warnungen Gottes verstehen müssen, was er nicht tut.
33 Bell 2,169f.175–177.
34 Vgl. ähnliche Behauptungen Eusebs in h.e. II 5,6 und 6,8.
35 Dieses angebliche Josephuszitat findet sich schon bei Origenes, vgl. Schreckenberg 1984, 1124f.
36 Hier bezieht er sich auf Bell 2,306–308.284.462.465.
37 Übrigens waren die Christen nicht die einzigen, die die Stadt verließen. Rabban Johanan ben Zakkai, der nach der Zerstörung Jerusalems begann, Jabne zu einem neuen Zentrum des Judentums zu machen, lehnte es wohl ab, sich an dem Aufstand zu beteiligen und ließ sich vor der Eroberung Jerusalems aus der Stadt schmuggeln. Vgl. zu Rabban Johanan und seiner Rolle Safrai, 391–394.

2. Die historischen Quellen für die Berichte von der Zerstörung Jerusalems 99

Ostern begann, so daß die Juden an denselben Tagen, an denen sie Christus getötet hatten, auch ihren eigenen Untergang erlebten (h.e. III 5,5f).[38]

Nur von den Schrecken der Hungersnot will Euseb ausführlich berichten. Er zitiert daher Bell 5,424–438.512–519 (=h.e. III 6,1–15). Genau in seiner Linie liegt auch das Zeugnis des Josephus von der Verderbtheit der Zustände in Jerusalem, die eine neue Sintflut herbeigeführt hätte, wenn die Römer die Frevler nicht bestraft hätten (Bell 5,566). Dieses Zeugnis teilt er darum ebenfalls mit (h.e. III 6,16). Auch der dritte Bericht des Josephus von der Hungersnot, der in der Geschichte von der Teknophagie der Maria gipfelt, wird von Euseb vollständig übernommen (Bell 6,193–213 = h.e. III 6,21). Er fügt hinzu, daß es sich hier um den Lohn für die Gottlosigkeit der Juden handle (h.e. III 6,28).

Im Anschluß daran führt er die Weissagungen Jesu von diesem Geschehen auf (Mt 24,19–21; Lk 19,42–44; 21,20.23f) und zeigt, wie sie sich genau erfüllt haben.[39] Die Juden hätten allerdings nach diesen Weissagungen noch 40 Jahre Zeit zur Umkehr gehabt. Diese Frist wurde ihnen durch Gottes Güte gewährt, und die Apostel bildeten in dieser Zeit eine Schutzmauer für die Stadt (h.e. III 7,8f).[40] Auch warnte Gott in seiner Güte durch vielerlei Zeichen, die Euseb wiederum aus Josephus anführt (Bell 6,288–293.296–304 = h.e. III 8,1–9). Auch über die Weissagung des Herrschers aus Israel berichtet Euseb, korrigiert hier aber Josephus und behauptet, sie beziehe sich nicht auf Vespasian (so Bell 6,312f), sondern auf Christus (h.e. III 8,10f).

Zusammenfassend ergibt sich also folgendes: Nur an einer Stelle, als er von der Flucht der Christen nach Pella spricht, bringt Euseb über Josephus hinausgehende Nachrichten. Sonst werden die Berichte des Josephus charakteristisch umgedeutet, manchmal auch verfälscht, um zu zeigen, daß es sich bei diesem Geschehen um die Strafe Gottes für den Tod Jesu und die Verfolgung der Apostel handelt.[41]

Wenn auch nicht immer mit ausdrücklichem Hinweis auf Euseb, so finden sich doch diese Informationen und Deutungen in den im folgenden zu besprechenden Texten immer wieder.

---

38 Vgl. dazu Bell 6,421f. Mit dieser Synchronisierung des Geschehens begründet Euseb einen der wichtigsten Talionstopoi.
39 Vgl. h.e. III,7, vor allem 7,6f. Nach Schreckenberg 1984, 1156, ist Euseb der erste, der dieses Schema Weissagung-Erfüllung konsequent anwendet.
40 Anklänge an diesen Gedanken finden sich bei Luther wieder. Vgl. dazu den Schluß der unten Kap. C I behandelten Predigt, Z. 470f.
41 Vgl. dazu h.e. II 23,19–20 (zum Tod des Jakobus) sowie h.e. III 5,5f (Eroberung Jerusalems an Ostern).

2.3. Hegesippus

Als weitere Quelle neben Josephus wird, z.B. bei Bugenhagen und auch in den Predigten Luthers, Hegesippus bzw. Egesipp genannt.[42] Es handelt sich hierbei nicht, wie immer wieder fälschlich gesagt wird, um den im 2. Jahrhundert lebenden Hegesipp, von dessen Werk nur noch Fragmente in der Kirchengeschichte des Euseb erhalten sind.[43] Diese Fragmente haben nichts mit der Zerstörung Jerusalems zu tun. Vielmehr bezieht sich dieser Hinweis auf die »Hegesippi qvi dicitur Historiae libri V«,[44] ein gegen Ende des 4. Jahrhunderts entstandenes Werk. Hegesippus[45] bietet die erste lateinische Übersetzung des Bellum Judaicum, allerdings in freier Wiedergabe. Der Autor ist nicht sicher bekannt, vielleicht handelt es sich um einen bekehrten Juden namens Isaak, den Hieronymus erwähnt. Der Name ist vermutlich durch eine Verwechslung von Iosippus und Egesippus entstanden.

Zum Inhalt läßt sich Folgendes sagen: Hegesippus folgt nicht überall dem Bellum Judaicum. Den Anfang seines Werkes übernimmt er aus den Makkabäerbüchern. Er fügt auch Teile aus den Antiquitates ein. Die hier besonders interessierenden Bücher Bell 5 und 6 faßt er mit Bell 7 in seinem fünften Buch zusammen, dabei werden Bell 6 und vor allem Bell 7 stark gekürzt.

Sein freier Umgang mit seiner Vorlage erklärt sich teilweise aus seiner Einschätzung des Josephus, die er in der Vorrede gibt. Dort wirft er Josephus vor, sich mit dem Überlaufen zu den Römern nicht zugleich von der jüdischen Religion getrennt zu haben. Auch habe er die eigentliche Ursache der Trübsale der Juden, die er beklagt, nicht verstanden.[46] Hegesippus selbst will in die Geschichte der Juden »non ingenii ope fretis sed fidei intentione« eindringen, um aus diesen schrecklichen Taten der Ungläubigen wie aus Dornen Rosen zu sammeln.[47]

---

42 Vgl. auch die Kirchenordnung Öttingen 1707, 527.
43 So merkt Erwin Mülhaupt (Hg.): D Martin Luthers Evangelien Auslegung, Dritter Teil: Markus- und Lukasevangelium (Mark. 1–13; Luk. 3–21), Göttingen 1953, zu Luthers Erwähnung des Hegesipp in der Predigt von 1528 (=WA 27, 304–311) an, »Christlicher Geschichtsschreiber aus dem Ende des 2. Jahrhunderts« (341, Anm. 153). Auch Norbert Buske, der die oben, 86, Anm. 12, genannte Faksimileausgabe von Bugenhagens Passionsharmonie herausgegeben hat, gibt als eine der Quellen von Bugenhagen diesen »Hegesipp – dessen Werke nur in wenigen Bruchstücken erhalten blieben und von Eusebius verarbeitet wurden«, an (267, Anm. 1).
44 Hegesippi qui dicitvr Historiae libri V, CSEL 66.
45 Vgl. zum folgenden das Vorwort zur Textedition von Carolus Mras, CSEL 66.2, VII–L, sowie Schreckenberg 1972, 56–58.
46 »consortem se enim perfidiae Iudaeorum etiam in ipso sermone exhibuit, quem de eorum supplicio manifestauit, et quorum arma deseruit eorum tamen sacrilegia non dereliquit: deplorauit flebiliter aerumnam, sed ipsius causam aerumnae non intellexit« (CSEL 66.1, 3).
47 Ebd.

3. Bugenhagens Bericht von der »Verstörung der Stad Jerusalem«

Bugenhagens Bericht von der Zerstörung Jerusalems ist der erste, der für den 10. Sonntag nach Trinitatis besondere Bedeutung bekam. Es ist wichtig, diesen Bericht von der Zerstörung Jerusalems nicht isoliert, sondern im Gesamtzusammenhang von Bugenhagens Passions- und Auferstehungsharmonie[1] zu sehen. Der Bericht bildet den Abschluß des Werks. Am Anfang steht ein Kapitel über die »Vrsachen des Todes CHRISTI«.[2]

DAs Christus gestorben ist / sind zwo vrsachen / Eine bey Gott dem Vater / Die ander bey den Jüden. Bey Gott dem Vater ist die barmhertzigkeit vnd warheit / Diese ist verheissen / jene lauter vmb sonst dargeben. Bey den Jüden ist jhre erschreckliche blindheit / welche sich ergert an CHRisto / vnd anleufft am Stein des anstossens / vnd am Fels des ergernis. Aber diese vrsache were nichts gewest / so die erste nicht were gewest. (Bl. B3a)

Während die erste Ursache nicht weiter ausgeführt wird, schreibt er von der zweiten Ursache unter der Überschrift: »Von der blindheit der Jüden«. Obwohl dieser Abschnitt in Gesangbüchern und Kirchenordnungen nicht mit abgedruckt[3] und natürlich auch im Gottesdienst nicht mit verlesen wurde, soll er hier mit dargestellt werden. Denn Bugenhagen gibt für die LeserInnen[4] seiner Evangelienharmonie Hinweise, wie das Folgende recht zu verstehen sei.

---

1 Vgl. zu Bugenhagens Harmonie allgemein Bieber 1985, außerdem Anneliese Bieber: Johannes Bugenhagen zwischen Reform und Reformation. Die Entwicklung seiner frühen Theologie anhand des Matthäuskommentars und der Passions- und Auferstehungsharmonie, FKDG 51, Göttingen 1993. Letztgenanntes Werk untersucht vor allem die handschriftliche Fassung der Harmonie und spätere Veränderungen, geht auf die Historie von der Zerstörung Jerusalems überhaupt nicht ein.
2 Schon die erste deutsche Ausgabe der Passionsharmonie Bugenhagens von 1526 enthält diesen Abschnitt (Geisenhof Nr. 76). Ich zitiere im folgenden nach der oben, 86, Anm. 13 genannten Ausgabe. Dabei meint Bl. das jeweilige Blatt, die Paginierung des Originals wird etwas vereinfacht wiedergegeben (A, A2, A3 ... a, a 2, a 3 ... statt A, A ii, A iii ... a, a ii, a iii ...), der Buchstabe a bzw. b am Ende meint jeweils die Vorder- bzw. die Rückseite des Blattes.
3 Jedenfalls beginnen alle Abdrucke der Passionsharmonie, die ich gesehen habe, sei es in Gesangbüchern oder Kirchenordnungen, frühestens mit der Auferweckung des Lazarus, normalerweise mit der eigentlichen Geschichte der Passion (»Das Leiden vnsers HErrn Jhesu Christi / nach den vier Euangelisten.« Bl. H3a).
4 Am Schluß dieses Kapitels wird ganz deutlich, daß sich Bugenhagen hier an LeserInnen wendet. Dort heißt es: »das lies aus dem eilfften Capitel Johannis / hiernach geschrieben« (Bl. Cb).

3.1. »Von der blindheit der Jüden«

Dieses Kapitel enthält einerseits eher systematische Überlegungen über das Phänomen der Verstockung, dabei auch Ausblicke Bugenhagens auf seine Zeit. Andererseits hat es auch Einleitungsfunktion, indem hier die Geschichte der Juden mit Jesus kurz zusammengefaßt und gedeutet wird. Diese Zusammenfassung endet mit dem Hinweis auf Jesu letztes und größtes Wunder, die Auferweckung des Lazarus. Seit der Ausgabe von 1530 folgt diesem Hinweis der Abdruck von Joh 11.[5]

Einen Schwerpunkt setzt Bugenhagen bei seiner Einleitung, wie ja schon die Überschrift zeigt, auf die Verblendung der Juden. Schon Jesaja hat sie vorhergesagt, und sie ist die Ursache dafür, daß die Juden Christus nicht erkannt haben, obwohl sie doch schon so lange auf ihren Messias warteten.

> Vnd das geschach darumb / das sie an jm nichts sahen / denn eine gestalt / welche der vernunfft vnd dem fleisch verechtlich war /[6] vnd das sie von jm nichts höreten / denn das jenige, das da verdampt alle fleischliche weisheit /[7] menschliche gerechtigkeit / vnd alles das menschliche kreffte vermögen zur seligkeit. (Bl. B3a-b)

So vermochten weder Jesu Lehre noch seine Werke die Juden zum Glauben zu bewegen, obwohl sich die Welt über die Werke entsetzte. Sie schrieben sie sogar dem Teufel zu.[8] Auch machten sie Anschläge auf Jesu Leben (Lk 4,29)[9] und versuchten, ihn zu steinigen, weil er sich selbst zu Gottes Sohn mache,

> welches doch die wercke / heller denn die Sonne zeugten / aber jre blindheit hindert sie / das sie solchs nicht erkanten. (Bl. B4a)

Dabei differenziert Bugenhagen zwischen den Führern und Geistlichen der Juden und dem Volk. Die Gruppe der Verblendeten heißt zwar einfach »die Juden« bzw. »sie«, aber ihnen stehen andere gegenüber. So verweist Bugenhagen darauf, daß die Diener der Gottlosen von Jesu Lehre zeugten[10] und die Welt sich über seine Wunder entsetzte (Bl. B3b).[11] Dagegen diente der

---

5 Vgl. Geisenhof Nr. 77.
6 Vgl. hierzu Jes 53,3. Seit 1530 wurde unter der Überschrift: »Das LIII. Capitel aus dem Propheten Jesaja / Vom Leiden vnd aufferstehung Christi.« Jes 52,13–53 in Bugenhagens Passionsharmonie mit abgedruckt (Vgl. Geisenhof Nr. 77). Der Beginn von Kapitel 53 schon bei 52,13 entspricht der Abgrenzung in Luthers Bibelausgaben.
7 Von der »fleischlichen Weisheit« redet Paulus II Kor 1,12. Vgl. aber auch I Kor 1+2, auf die Bugenhagen hier wahrscheinlich mit anspielt.
8 Bugenhagen nennt als Beleg Lk 11,15.
9 Am Rand des von mir benutzten Drucks ist fälschlicherweise Lk 8 angegeben, Bugenhagen zitiert aber aus Lk 4.
10 Bugenhagen zitiert Joh 7,46: »Es hat nie kein mensch also geredt / wie dieser mensch« (Bl. B3b).
11 Vgl. z. B. Mt 12,23; 13,54; Mk 1,27; 2,12; 5,42 u.ö.

3. Bugenhagens Bericht von der »Verstörung der Stad Jerusalem« 103

Vorwurf der Juden, Jesus übe Teufelswerk,[12] dazu, Jesu Lehre unglaubwürdig zu machen. Sie behaupteten auch, Jesus verstoße mit seinen Heilungen am Sabbat gegen Gottes Gebot,

> vnd gaben dem andern gemeinen volck zuuerstehen damit / das man sie derhalben jnn keinem wege fur Gottes werck halten solt. (Bl. B3b)

Erst als Bugenhagen von den Mordabsichten der Juden redet, mit denen ihre Ablehnung Jesu den Höhepunkt erreicht, wird diese Gruppe genauer benannt:

> Endlich / gleich wie Saul thet / stelleten die Gottlosen Schrifftgelerten vnd Gleisner[13] dahin all jr vleissig streben / das nicht dieser Dauid Christus / von Gott / fur seinen mitgenossen gesalbet / regieret / sondern das er / welcher das leben ist / möchte sterben. (Bl. B4a)

Bevor Bugenhagen Jesu Reaktion auf die Gottlosigkeit der jüdischen Geistlichkeit aufzeigt, fügt er einen Gedanken aus Röm 11 ein und nimmt damit den Gedanken von der ersten Ursache des Todes Jesu wieder auf.

> Gott der allmechtge aber / nach seinem wunderlichen radte / verkerte jre anschlege / vnd machte das jre blindheit / in welcher sie Christum verfolgeten / vnd vermeinten jn auszutilgen / hat vnser seligkeitgewirckt [sic!]. (ebd.)

Aber auch den Gedanken der Warnung übernimmt Bugenhagen von Paulus und bezieht damit die Geschichte zum ersten Mal ausdrücklich auf die Gegenwart.

> Jr fall vnd jre blindheit sol vns eine witze sein vnd warnung / das wir nicht der massen wie sie / jnn vnserm hertzen verblendet werden / so wir verachten das Gottselige Euangelium / welchs auch vns jtzt / Gott lob / reichlich von Gott gesandt ist. (ebd.)

Nach diesem Einschub kehrt Bugenhagen wieder zu Jesus und den Juden zurück. Christi Amt war es, »zu seligen die Sünder« (ebd.). Als nun die Juden die Predigt des Evangeliums verachteten, fing er statt dessen an, ihnen Strafpredigten zu halten. Er zeigte

> die Tücke vnd die liste / mit welchen der Jüden Geistlichen / welche da sind die Bischoffe / Pfaffen /[14] Phariseer / Schifftgelerten / vnd Tempelknechte / zu jrem Geitz vnd jrer Tyranney trachten / vnd betrogen das volck.[15] (Bl. B4b)

---

12 Bugenhagen fügt hinzu: »wiewol sie solchs thatten / wider Gott vnd jhr Gewissen« (Bl. B3b). Sie wußten also selbst, daß dieser Vorwurf unbegründet war.
13 Nach DWb 7, 8313f ist ein Gleisner nicht nur allgemein ein Heuchler, sondern meint, gerade in Verbindung mit Schriftgelehrten, besonders die Pharisäer.
14 Hier ist die Erzählung Bugenhagens für die Gegenwart durchsichtig, nicht nur die jüdische, auch die römische Geistlichkeit wird kritisiert.
15 Als Belegstelle gibt Bugenhagen Mt 23 an.

Neben Worten griff Jesus auch zu Taten gegen die religiösen Führer und trieb sie mehrmals aus dem Tempel.[16] Dagegen richtete sich die Ankündigung der Zerstörung und Strafe für Israel an das ganze Volk. Aber auch dabei differenziert Bugenhagen noch. Die Strafe sollte »wegen des Gottlosen wesens / das ist / des vnglaubens jhrer öbersten« (ebd.) kommen. Und auch die Ankündigung der Strafe geschah mit verschiedener Absicht:

> Nicht das er damit sie wolt zu schanden bringen / sondern das sie doch durch das entdecken jrer büberey / möchten vmbkehren / vnd buss thun / Odder auff das doch hieraus die andern würden gewitzigt vnd vermahnet / das sie nicht auch etwo durch der öbersten jrthumb betrogen / möchten vntergehen vnd verderben / Denn das ist die einige Vrsach / warumb das Euangelion entdecket vnd offenbar macht / die tücke vnd list der Gottlosen Hirten vnd Schrifftgelerten. (ebd.)

Wenn sich schon die Oberen nicht ändern, so sollen wenigstens die übrigen gerettet werden. Auch hier hat Bugenhagen wohl nicht nur die jüdische, sondern auch die römische Geistlichkeit im Blick.[17] Jedenfalls wird der Blick gleich darauf ausdrücklich auf die Gegenwart gerichtet. Zuerst verweist Bugenhagen noch auf die schrecklichen Widerfahrnisse der Juden nach Jesu Auferstehung, wie sie bei Josephus zu lesen sind.[18] Dann fährt er fort:

> Die bey unsern gezeiten das Euangelion der herrligkeit des grossen Gottes / verfolgen / sollen dermassen auch Gottes gerichtes warten / vnd nicht verhoffen / das Gott sie linder werde richten / denn jhene. (Bl. B4b–Ca)

Nach diesem Ausblick kehrt Bugenhagen zum Thema zurück,[19] nämlich zur Verblendung der Juden. Sie können sich nicht auf Unwissenheit oder auf ihre scheinbare Gerechtigkeit berufen, denn sie haben sich selbst im Gespräch mit Jesus überführt (Mt 21,31.41.45). Auch hat ihnen Jesus vorher-

---

16 Als Belegstellen sind am Rand Mt 21, Mk 11 und Joh 2 genannt. Bugenhagen datiert in der folgenden Evangelienharmonie die Tempelreinigung bei Mt auf Palmsonntag (Bl. E3a-b), die bei Mk auf den Montag (Bl. F1a-b). Zusammen mit Joh 2 kommt er also auf drei verschiedene Tempelreinigungen. Dieses Verfahren, Parallelperikopen, die nicht übereinstimmen und sich so nicht als Berichte vom selben Ereignis verstehen lassen, verschiedenen Ereignissen zuzuordnen, findet sich bei Bugenhagen öfter. Vgl. dazu Bieber 1985, 95f.

17 Auf jeden Fall sind die verwendeten Begriffe übertragbar, wenn auch der Hinweis nicht so eindeutig ist, wie in dem oben zitierten Abschnitt. Immerhin schreibt er hier nicht von Pharisäern und von Tempelknechten, also den beiden am wenigsten leicht übertragbaren Gruppen der obigen Aufzählung.

18 »Wie es aber ergangen sey / vnd was widderfaren sey diesem geschlechte der Jüden / nach der verklerung Christi / ist schrecklich zu erzelen. Die Historia Josephi beschreibet solchs« (Bl. b4b). Hier wird kein Hinweis auf die Historia am Ende der Passionsharmonie gegeben.

19 Er sagt das auch selber, versteht also den Hinweis auf die Gegenwart nur als Einschub: »Auff das wir weiter von der sachen / so jtzt angefangen / reden / vnd darin fort faren« (Bl. Ca).

3. Bugenhagens Bericht von der »Verstörung der Stad Jerusalem«

gesagt, daß sie ihn töten würden,[20] genau wie ihre Väter die Propheten töteten.[21]

Aber die Juden, die auf eine freundliche Mahnung nicht geachtet hatten, nahmen die Strafpredigt Jesu erst recht nicht an. Damit stehen die Juden nach Bugenhagen nicht allein da; wenn das Licht des Evangeliums leuchtet, »(wie auch zu vnsern zeiten)«, verfinstern sich die Herzen der Gottlosen

> vnd dasselb nach gewohnheit der blöden augen / gegen der hellen Sonne /[22] Denn je heller das liecht des Eungelij jnn der welt leuchtet / je mehr sie verblendet werden (Bl. Cb)

Nach dieser allgemeinen Feststellung, die auch auf die Gegenwart zielt, leitet Bugenhagen zur Passionsharmonie über. Die Verstockung durchs Evangelium wurde bei der Auferweckung des Lazarus noch einmal deutlich, »welchs ein Wunderzeichen war / des gleichen znuor [sic!] nicht war gehort« (ebd.). Wenn überhaupt ein Wunder die Verstockten hätte bewegen können, dann dieses. »Aber dem blinden geschichts nach seiner gewohnheit / Er sihet auch am hellen tage nichts« (ebd.). So berieten die Juden stattdessen, wie sie Jesus töten könnten. Jesus aber floh. Genaueres, so endet dieser Abschnitt, ist in Joh 11 nachzulesen, das im folgenden abgedruckt wird.

Zwei Gesichtspunkte in diesem Kapitel sind wichtig. Zum einen gibt Bugenhagen eine klare theologische Deutung des Geschehens: Die erste Ursache des Todes Jesu ist die Barmherzigkeit Gottes. Die Tat der Juden, ausgelöst durch ihre Verblendung, ist demgegenüber von untergeordneter Bedeutung. Zudem wird die Verblendung mit Hilfe von Röm 11 heilsgeschichtlich gedeutet.

Zum andern überträgt Bugenhagen das Geschehen von Anfang an auf seine Gegenwart. Die Gegner Christi werden mit den Verfolgern des Evangeliums gleichgesetzt.[23] Dem dient auch die Unterscheidung zwischen dem

---

20 Hier fügt Bugenhagen ein, daß Jesus die Art seines Todes auch seinen Jüngern vorhersagte, »das sie zur zeit des leidens nicht wehnen sollten / jhm widerfüre etwas vnuersehens jnn seiner bittern marter / welchs er zuuor nicht hatte gewust« (ebd.).
21 Bugenhagen denkt hier wohl an die Gleichnisse Mt 21 und 22, auf die er sich ja gerade schon einmal bezog, dazu an Mt 23,32.34.37. Auf diese Reden Jesu bezieht er sich später auch in der Passionsharmonie, wo die Verkündigung Jesu in Jerusalem in der Historie des Dienstags nach Palmsonntag zusammengefaßt wird.
22 Diese Metaphorik findet sich auch schon, als Bugenhagen von den Werken Jesu redet, vgl. Bl. B4a, Zitat oben, 102.
23 Vgl. dazu die bereits zitierte Warnung: »Jr fall vnd jre blindheit sol vns eine witze sein vnd warnung / das wir nicht der massen wie sie / jnn vnserm hertzen verblendet werden / so wir verachten das Gottselige Euangelium / welchs auch vns jtzt / Gott lob / reichlich von Gott gesandt ist« (Bl. B4a). Später heißt es bei der

jüdischen Volk und seinen Führern, weil er besonders die der Reformation entgegenwirkende Geistlichkeit im Blick hat. Diese Übertragung findet sich auch in den Glossen Bugenhagens zur folgenden Passionsgeschichte wieder. So heißt es z.B. in der Glosse zu Joh 12,10f:

> Hie sihe und mercke / waser art sind die Hohenpriester / die wirdigen Veter / vnd an diesen lerne auch erkennen die vnsern / bey vnsern zeiten / Blutdürstig sind sie / Also nennet sie auch die Schrifft / sind also gesinnet wie du hie sihest / das sie gerne wolten / das jnn einer stund / gleich untergieng das Euangelion CHristi / vnd die jenigen / so dasselb lauter vnd rein predigen vnd bekennen / auff das sie nicht möchten verlieren land vnd leut / jr ehre / vnd den nutz jres Bauchs. (Bl. D3b)

In der Gethsemaneszene erklärt Bugenhagen: »Die jenigen verraten des menschen Son mit einem kuss / welche vnterm schein der heiligkeit oder Gottesdienst / das jre suchen« (Bl. O4a). Das rechte Ohr der Diener unserer Hohenpriester fehlt auch heute, sie hören das Evangelium nicht.

> Vnd es sey denn / das jn Christus wiederumb das rechter ohr / so durch falsche lere jrer Bischoffen verstopfft / eröffene / so ists vmb sie geschehen / denn sie können nichts denn das Euangelion Christi verfolgen. Die erfahrung vnserer zeiten ist des ein gezeugnis. (Bl. O4a-b)

Ganz ausdrücklich findet sich die Gleichsetzung in einer Glosse der Ausgabe von 1534: »Was thun aber die lieben Juden an ihrem Messia? Eben das selbe wie unser Papisten am Evangelio.«[24]

Der Gleichheit des Vergehens entspricht die zu erwartende Strafe:

> Die bey vnsern gezeiten das Euangelion der herrligkeit des grossen Gottes verfolgen / sollen dermassen auch Gottes gerichtes warten / vnd nicht verhoffen / das Gott sie linder werde richte / denn jhene. (Bl. B4b-Ca)

Das Schlußwort der Historie von der Zerstörung Jerusalems nimmt diese Übertragung auf die Gegenwart noch einmal ganz ausdrücklich auf (s.u., 109). So macht Bugenhagen es seinen LeserInnen durch die Rahmung seiner Evangelienharmonie unmöglich, die Geschichte nur unter dem Aspekt der Schuld der Juden (und ihrer gerechten Strafe) zu verstehen.[25]

Zusammenfassung der Reden Christi am Dienstag zu Mt 22,41–46par: »Sie wissen meisterfragen furzugeben / vom Gesetze vnd vom grossen Gebote / vnd fragen nicht ein mal nach dem Christo / wie auch vnsere grossen Doctores thun« (Bl. F4b). Später: »Auffs letzte / müssen die verfolger des Euangelij das von jhm hören / das er sagt / Sehet / ewer haus sol euch wüst gelassen werden [...]« (Bl. Ga).

24 Zitiert nach Bieber 1985, 100. Allgemein zu dieser Gleichsetzung und zur Übertragung in die Gegenwart ebd., 98–101.

25 Allerdings ist nicht nur das Einleitungskapitel, sondern auch die Schlußbemerkung zur Historie von der Zerstörung Jerusalems später oft nicht mit abgedruckt worden.

3. Bugenhagens Bericht von der »Verstörung der Stad Jerusalem« 107

3.2. »Verstörung der Stad Jerusalem«

Nach dem Bericht von der Auferweckung des Lazarus und der Passions-, Auferstehungs- und Himmelfahrtsgeschichte, die den Hauptteil von Bugenhagens Werk ausmacht, gibt er dem Leser noch einen Kommentar zu seiner Harmonisierung der Ostergeschichten, anschließend wird Jes 53 abgedruckt. Dann folgt als letzter Text die »Verstörung der Stad Jerusalem«.

Der Bericht beginnt ohne große Vorrede sofort mit der Darstellung der Ereignisse:

> ALS sich die zeit nahet / das Gott wolt vber Jerusalem / vnd das Jüdisch volck / den entlichen zorn gehen lassen / wie die Propheten / und der HErr Christus selbs jnen gedrawet / vnd zuuor gesagt hatten / sind diese nachfolgende zeichen vorher gangen. (Bl. d2b)

Es wird also nur summarisch auf die biblischen Weissagungen verwiesen, danach folgt eine Aufzählung der Vorzeichen, die Bugenhagen aus Josephus übernommen hat (Bell 6,288–309).[26] Zu der Stimme, die im Tempel sprach: »Last vns von hinnen weg zihen« (Bl. d3b, vgl. Bell 6,299) sagt Bugenhagen:

> Wiewol etliche sagen / das sey geschehen zu der zeit / da der Vorhang im Tempel / vnter Christus leiden / gerissen ist. (ebd.)[27]

Am ausführlichsten wird, wie bei Josephus, von Jesus, dem Sohn des Ananias, erzählt (Bell 6,300–309). Dann berichtet Bugenhagen von den Ereignissen, die zur Belagerung und Zerstörung Jerusalems führten.

> Da die Jüden / wie Stephanus sagt / als mörder vnd verrheter /[28] den gerechten vnd vnschuldigen Christum getödtet hatten / ist es mit dem gantzen Jüdischen Reich / jnn allen Stenden jmmer erger worden (Bl. d4b).[29]

Geistliches und weltliches Regiment waren völlig zerrüttet (ebd.). Der Aufstand gegen die Römer wurde angestachelt durch die Niederlage des Cestius Gallus,[30] woraufhin Nero Vespasian und Titus mit der Kriegführung

---

26 Bugenhagen läßt nur den Bericht von einer Kuh, die im Tempel ein Lamm geworfen habe (Bell 6,292), aus.
27 Diese Tradition findet sich bei Roger Bacon, vgl. Schreckenberg 1984, 1161, Anm. 132. Außerdem gab es eine jüdische Tradition, die ein anderes der Zeichen, das Aufspringen des Tempeltores, 40 Jahre vor der Zerstörung des Tempels datierte. Vgl. dazu den Exkurs bei Michel und Bauernfeind zur Stelle (Bd. II,2, Exkurs XIII, 183f).
28 Vgl. Act 7,52.
29 Dieser Gedanke findet sich bei Euseb, der behauptet, nach dem Tod Jesu habe das Unglück der Juden begonnen (s.o. 2.2., 98).
30 Hierbei bringt Bugenhagen Cestius Gallus und Florus Gessius durcheinander, er schreibt von Cestius Florus (Bl. ea). Von der Flucht der Christen nach Pella spricht er in diesem Zusammenhang nicht.

beauftragte. Hier fügt Bugenhagen den Bericht von der messianischen Weissagung ein (Bell 6,312f), die für ihn weder durch Vespasian noch durch die Juden, sondern durch Christus erfüllt wurde (Bl. ea-b).[31] Im Zusammenhang mit den Feldzügen Vespasians in Galiläa wird von der Gefangennahme des Josephus erzählt. »Vnd derselbige Josephus hat geschrieben / was wir von dieser Historia wissen« (Bl. e2a). Auch vom Beginn des Bürgerkriegs in Jerusalem berichtet Bugenhagen (Bl. e2a-b).

Nachdem Vespasian Kaiser geworden war, übernahm sein Sohn Titus die Kriegsführung, er begann die Belagerung Jerusalems, wo sich drei Parteien bekriegten, an Ostern. Weil die Stadt so überfüllt war, beeilte er sich, »ein wagenburg vmb sie zu schlagen / wie Christus jnen gesagt« (Bl. e4a). Die Juden versuchten vergeblich, das zu verhindern. »Aber es war aus / da war kein glück mehr / vnser Herr Gott wolt das garaus mit jn spielen« (Bl. e4b). Die Schrecken der Hungersnot werden beschrieben (Bell 5,430.571; 6,197f) und Zahlen der Opfer genannt (Bell 5,567–569).[32]

Titus eroberte die Burg Antonia, den Tempel wollte er verschonen, »aber es war aus / Gott schickts / das da kein verschonung war« (Bl. f2a). Der Tempel konnte nur durch Feuer erobert werden. Die Priester baten Titus um Gnade, »aber da ist gnad bey Gott vnd den leuten aus gewesen« (ebd.).[33] Der Tempel wurde am 10. August zerstört, am selben Tag wie der erste (Bl. f2b). Erst hier erzählt nun Bugenhagen von der Teknophagie der Maria und behauptet, von diesem Zeitpunkt ab hätten die Juden sich ergeben wollen (Bl. f2b-f3a).[34] Auch von dem Massaker an den übergelaufenen Juden wegen der Suche nach verschlucktem Gold berichtet Bugenhagen (Bl. f3b). Schließlich wurde die Stadt erobert, 40 Jahre nach Christi Tod, und fast dem Erdboden gleichgemacht. Der Bericht endet, nachdem die Zahl der Gefangenen genannt wurde (97.000), mit den Worten:

Also hat Jerusalem die aller berümtiste Stad im gantzen Morgenland / ein elend jemerlich ende gehabt. (Bl. f5a)

In dem ganzen Bericht gibt es nur die genannten Hinweise auf Christus und Gott.[35] Insgesamt ist Bugenhagen an einer historisch genauen Darstellung

---

31 Vgl. Euseb, h. e. III 8,10f. Allerdings wird Euseb, im Gegensatz zu Josephus und Hegesipp, von Bugenhagen nie ausdrücklich zitiert.
32 Hierbei beruft sich Bugenhagen ausdrücklich auf Hegesipp (Bl. fa).
33 Auch hier zitiert Bugenhagen Hegesipp, und zwar Buch V,45,1, (CSEL 66.1, 396), vgl. Bell 6,321f.
34 Josephus sagt dagegen in diesem Zusammenhang, die Menschen in der Stadt wollten möglichst schnell sterben und priesen die Toten glücklich (Bell 6,213). Zugleich erkannte Titus, daß sich die Juden, die zu so einer Verzweiflungstat fähig waren, nie ergeben würden (Bell 6,215–219).
35 Es handelt sich zusammengefaßt um folgende Stellen, die Christus betreffen:

3. Bugenhagens Bericht von der »Verstörung der Stad Jerusalem« 109

des Geschehens interessiert, gerade auch was den Kriegsverlauf, die politischen Verhältnisse in Jerusalem und den Ablauf der Eroberung der Stadt angeht. Die eigentliche Deutung gibt Bugenhagen in seiner Schlußbemerkung, zugleich Schlußwort der ganzen Passions- und Auferstehungsharmonie, die das Geschehen auf die Gegenwart bezieht:

> Also hat Gott die verachtung vnd verfolgung des Euangelij gestrafft / vnd aller welt ein schrecklich Exempel furgestellet / sie zu vermahnen / Gottes zorn vnd straffe zu fürchten / vnd sich zu Gott vnd zum erkentnis Christi zu bekeren / Denn hat Gott dieses volks nicht verschonet / dem er so herrliche verheissung hat geben / darinne so viel hoher heiliger Patriarchen und Propheten gewesen / ja welches Christo mit dem geblüt verwant ist / Wie viel schrecklicher wird er andere Völcker straffen / welchen aus sondern gnaden das Euangelion mitgeteilet ist / vnd sie dennoch vndanckbar sein / vnd rechte Gottesdienst vnd erkantnis verachten / vnd mit grösserer halsstarrigkeit vnd grausamkeit verfolgen / denn zuuor jnn der welt nie geschehen / Darumb ist nicht zweiuel / die straffe wird nicht fern sein / vnd wird jn gehen / wie es mit Jerusalem gangen. Dieses sollen wir ernstlich betrachten / vnd zu hertzen nemen / das wir vns bessern / vnd zu rechter erkentnis Christi bekeren / Amen. (Bl. f5a-b)

Hier wird klar, warum Bugenhagen diese schreckliche Geschichte erzählt. Sie ist ein warnendes Exempel für die Christenheit, der er keinen Anlaß gibt, sich den Juden überlegen zu fühlen. Im Gegenteil, Gott hat das Volk Israel vor den anderen ausgezeichnet, »welchen (die Kindschaft gehört und die Herrlichkeit und der Bund und das Gesetz und der Gottesdienst und) die Verheißungen; welcher auch sind die Väter, und aus welchen Christus herkommt nach dem Fleisch« (Röm 9,4f). Weniger direkt, aber dennoch deutlich klingt auch Röm 11,21 an: Hat Gott dieses Volk nicht verschont,[36] wieviel schrecklicher wird er andere strafen, welchen nur aus Gnade das Evangelium gegeben ist. Zudem scheinen diese anderen für Bugenhagen schlimmer

---

Christus hat die Zerstörung vorhergesagt (Bl. d2b, zur Wagenburg Bl. e4a), ein Vorzeichen geschah vielleicht im Zusammenhang mit dem Tod Christi (Bl. d3b), als die Juden Christus getötet hatten, ging es im jüdischen Reich bergab (Bl. d4b), die Zerstörung geschah 40 Jahre nach dem Tod Christi (Bl. f4b). Dreimal wird gesagt, daß Gottes Gnade vorbei war (Bl. e4b; zweimal Bl. f2a).

36 Zu fragen bleibt in diesem Zusammenhang, ob Bugenhagen nur die Zerstörung von Stadt und Tempel als politisch-historisches Geschehen oder ausdrücklich auch das Ende der jüdischen Religion im Blick hat. Zwei Stellen lassen sich in diesem letzteren Sinne verstehen: Wo Bugenhagen in der Historie von der Zerstörung des Tempels schreibt, betont er, daß diese nach Gottes Willen geschah: »Man sagt / Titus sey willens gewesen des Tempels zuuorschonen (als der Religion) aber es war aus / Gott schickts / das da kein verschonung war« (Bl. fb-f2a). Mit dem Tempel waren auch Gottesdienst und Priesteramt an ihrem Ende: »Die Priester haben jr leben zu fristen gantz kleglich gebeten vnd geflehet / aber da ist gnad bey Gott vnd den leuten aus gewesen. Titus / wie Egesippus schreibet / hat geantwortet / so jr Tempel vnd Gottesdienst dahin sey / dürff man der Priester nicht« (Bl. f2a).

zu sein, als die Juden. Die Gerichtsankündigung endet mit dem Ruf zur Bekehrung, auch hier wird deutlich, daß die Christen nicht die Besitzenden, Überlegenen sind. Das abschließende Amen unterstreicht noch einmal den Charakter einer Bußpredigt.

Dieses Schlußwort verstärkt, was schon zu Beginn der Passionsgeschichte in dem Abschnitt von der Blindheit der Juden anklang. Es geht um die Gegenwart, nicht um die einstigen Verfolger Jesu. Bugenhagen ist nicht vorrangig an der Schuld der Juden interessiert. Ihr grausames Schicksal bietet nicht Anlaß zu genüßlichem Gruseln, sondern zu echtem Erschrecken, eben weil uns auch Entsprechendes droht. Diese Übertragbarkeit wird dadurch erleichtert, daß Bugenhagen auch den Juden nicht so sehr den Tod Jesu, sondern ihre Verblendung und Verachtung des Evangeliums vorwirft.[37]

Allerdings ist gerade der Schluß der Erzählung – wie auch der einleitende Abschnitt von den Ursachen des Todes Jesu Christi – bei späteren Nachdrucken in Gesangbüchern und Kirchenordnungen meist weggelassen worden.[38] Mir sind nur wenige Fassungen bekannt geworden, die den Passus übernommen haben.[39] Alle anderen schließen mit der Konstatierung des

---

37 Nur an zwei Stellen findet sich ausdrücklich der Bezug auf den Tod Jesu, einmal als freies Zitat aus der Stephanusrede: »Da die Jüden / wie Stephanus sagt / als mörder vnd verrheter / den gerechten vnd vnschuldigen Christum getödtet hatten / ist es mit dem gantzen Jüdischen Reich / jnn allen Stenden jmmer erger worden« (Bl. d4b). Und in der Einleitung über die Blindheit der Juden heißt es ganz zu Beginn: »DJe Jüden (nach der weissagung des Propheten Esaie) verblendet / haben bis zum tode verfolget jren Messiam / vnsern Herrn Jhesum Christum« (Bl. B3a).
Vgl. in diesem Zusammenhang auch die Summarien Bugenhagens zu den Sonntagsevangelien. Johannes Bugenhagen: INDICES QUIDAM IOANNIS BUGENHAgij Pomerani in Euangelia (ut uocant) dominicalia, Insuper usui temporum et sanctorum totius anni seruientia. AB IPSE AVCTORE IAM primum emisi et locupletati. o.O. u.J. (Ausgabe Geisenhof Nr. 51, Geisenhof in Nürnberg und kurz nach Oktober 1524 erschienen). Das Evg. Lk 19 lehrt den Glauben, indem es uns Christus zeigt »qualis sit.« Dazu wird auf Sach 9 verwiesen. Es zeigt die Liebe Jesu, der über das kommende Übel seines Volkes weint, statt sich über den Jubel beim Einzug zu freuen. Dann erfolgt die Anwendung: »3 Tempus uisitationis suae non cognoscunt, qui iam praedicatio Euangelio non suscipiunt Christum, hinc pereunt. Admonitio haec est. 4 Et hodie quid aliud est Ecclesia, quam domus negociationis, omnia uenduntur, etiam ipsa remißio peccatorum. Vae nobis« (Bl. D6a). Auch hier geht es Bugenhagen also nicht um den Tod Jesu, sondern um die Mißachtung des Evangeliums. Die Summarien Bugenhagens sind öfter nachgedruckt worden, z.B. setzte Stephan Roth sie in seinen Ausgaben der Kirchenpostille jeweils in deutscher Übersetzung den Predigten Luthers voran, vgl. zu Lk 19 WA 10 I 2, 345,21–346,8.
38 Vgl. dazu Norbert Buske im Nachwort zu der oben Anm. 12 genannten Faksimileausgabe, 250f. Das entspricht auch meinen Beobachtungen.
39 Es handelt sich um die Gesangbücher Bayreuth 1750, Langensalza 1765, Dresden

3. Bugenhagens Bericht von der »Verstörung der Stad Jerusalem« 111

jämmerlichen Endes Jerusalems. Immerhin ordneten die Kirchenordnungen eine Vermahnung oder Rede nach der Verlesung der Historie an, die Raum für eine Anwendung im Sinne Bugenhagens ließen.

Eine andere als die hier gegebene Wertung der Passionsharmonie Bugenhagens und speziell seiner Historie von der Zerstörung Jerusalems gibt Tobias Kriener.[40] Für ihn ist Bugenhagens Werk »ein Stück judenfeindlicher christlicher Theologie«. Er fällt ein sehr hartes Urteil, sieht vor allem in der Glossierung, aber auch in den wenigen Änderungen des biblischen Textes durch Bugenhagen Polemik gegen die Juden und judenfeindliche Stereotype. Er erkennt zwar auch die Kritik an der Gegenwart, die sich in den Glossen zur Harmonie und am Schluß der Historie findet, sieht diese aber einseitig auf »den katholischen Gegner« gerichtet.[41] Damit setzt er voraus, daß die Kirchenspaltung bereits endgültig vollzogen ist, so daß Kritik z.B. an den Bischöfen nur »die anderen« meint, nicht die eigene Kirche, an deren Situation man leidet. Auch die Gerichtsansage, mit der Bugenhagen endet, gilt nach Kriener nur der katholischen Kirche. Vor allem aber ist dieser aktuelle Bezug nur ein Nebenzweck neben einer »unreflektierte[n] Benutzung des antijüdischen Arsenals«, die vor allem der »Definition und Sicherung der eigenen schwachen Identität« gilt.[42]

Die Wirkungsgeschichte des Berichts von der Zerstörung Jerusalems bzw. der Zusammenhang, in dem dieser Text am 10. Sonntag nach Trinitatis gebraucht wurde, widerspricht m.E. der Deutung und Wertung Krieners. Hier geht es, wie in der vorliegenden Arbeit immer wieder zu erkennen ist, nicht zuerst um die Kritik an den anderen, sondern um den Bußruf an die eigene Gemeinde.[43]

1793, Züllichau 1801 und 1871, sowie die Kirchenordnung Öttingen 1707. Vgl. auch das unten unter 4.2. besprochene Gesangbuch Heilbronn 1778. Aus der dortigen Bearbeitung der Schlußbemerkung von Bugenhagen läßt sich vermuten, daß Vorgängerausgaben Bugenhagens Bericht mit Schluß enthielten.

40 Tobias Kriener: Johannes Bugenhagens Passionsharmonie als ein Stück judenfeindlicher christlicher Theologie, in: Martin Stöhr (Hg.): Lernen in Jerusalem – Lernen mit Israel. Anstöße zur Erneuerung in Theologie und Kirche, VIKJ 20, Berlin 1993, 334–370.
41 A.a.O., 363–367.
42 A.a.O., 363.
43 Noch eine Anmerkung zu Kriener: Wenn er von der »Breitenwirkung« (369) von Bugenhagens Passionsharmonie spricht, darf er die Bedeutung der Glossen nicht überbewerten. Wie oben gezeigt, wurde vor allem der Text der Harmonie, nicht aber Bugenhagens Erklärungen weiter überliefert.

4. Neufassungen der Historie aus der Zeit der Aufklärung

In der Aufklärungszeit wurde der Bericht Bugenhagens verschiedentlich kritisiert. Johann Gottfried Herder machte in seiner Zeit in Bückeburg, in der er Mitglied des Konsistoriums war, eine Eingabe[1] an seinen Landesherrn. Er kritisierte, daß in der neu aufgelegten Agende[2] immer noch verordnet werde, am 10. Sonntag nach Trinitatis die Geschichte von der Zerstörung der Stadt Jerusalem vorzulesen. Er störe sich am märchenhaften Ton der Erzählung, vor allem aber an der Moral, »wie schrecklich diese Zerstörung von Gott zur Rache und ewigem Fluche des Volkes bewirkt worden« (33). Man solle die Geschichte darum nicht mehr gebrauchen und in Zukunft in Agende, Schul- und Gesangbüchern nicht mehr drucken, »damit nicht der christliche Haß gegen eine unschuldige und gegenwärtig durch weltliche Rechte beschützte Nation auf solche Weise noch heilig und kirchenagende mäßig gestärkt werde« (ebd.). Das einzig Positive, was zu dieser »Reliquie des Aberglaubens« (ebd.) gesagt werden könne, sei, daß sie die Wahrheit der Weissagungen Jesu zeige. Aber das soll doch jeder Prediger besser selber verdeutlichen, wenn er Jesu Worte auslege. So, wie die Geschichte geschrieben sei, helfe sie dabei wenig.

Diese von Herder genannten Gedanken leiten auch Georg Friedrich Seiler bei seiner Neufassung der Geschichte, die er 1784 veröffentlicht.[3] Er will zwar an dem Brauch festhalten, diesen Text zu verlesen,[4] aber nicht in der alten Fassung. Der Bericht darf seiner Ansicht nach nicht mit den zu Aberglauben verführenden Vorzeichen der Zerstörung beginnen,[5] die Erzählung darf nicht darauf angelegt sein, Schrecken zu erregen oder Haß gegen die Juden zu fördern:

Der sonst gewöhnliche Haß gegen die Juden, wenigstens die Verachtung und Geringschätzung derselben, schimmert hier und da ein wenig durch und verhindert gar leicht die herzliche Liebe, die wir ihnen unsern irrenden Nebenmenschen schuldig sind.

Hauptsächlich aber komme es darauf an zu zeigen, daß die Weissagungen der Propheten und Jesu an Jerusalem und dem jüdischen Volk genau erfüllt wurden, denn diese Erfüllung sei »ein bis jetzt noch fortdauernder nicht unwichtiger Nebenbeweiß für die Wahrheit der geoffenbarten Religion«.

---

1 Abgedruckt bei Heidkämper, 33–39, zur Historie 33f. Die Seitenzahlen im Text beziehen sich auf diese Eingabe Herders vom 6. Juli 1771.
2 Es handelt sich um die Kirchenordnung Schaumburg-Lippe 1767.
3 Vgl. zum folgenden die Vorrede zu Seiler 1784 (unpaginiert).
4 Obwohl Seiler meint, man könne die Geschichte auch in die Predigt einflechten.
5 Seiler erwähnt und erklärt die Zeichen allerdings in der ungekürzten Fassung seines ersten Berichts, wenn auch nicht gleich am Anfang, sondern später (Seiler 1784,15–18).

4. Neufassungen der Historie aus der Zeit der Aufklärung

Auch für Heinrich Balthasar Wagnitz, der sich 1786 zu einem »Plan zu einer für die Erbauung der Zuhörer zweckmäßig eingerichteten Nachricht von der Zerstörung Jerusalems« äußert,[6] ist dieser Gedanke bestimmend. Die Geschichte

> bleibt doch immer nur insofern uns und unsern Zuhörern wichtig, insofern sie uns theils in dem Glauben an Jesum der sie nach mehreren besondern Umständen vorher verkündigt hat, befestiget, theils zu vielen nützlichen Lehren und Betrachtungen Anlaß geben kann. (285)

Darum soll die Geschichte als Kommentar zu den Weissagungen Jesu erzählt werden (286), die Bezüge sollen fortwährend, nicht erst am Ende hergestellt werden (287).

> Die ganze Erzählung müßte also durchaus Glauben an Jesum, Schätzung unsrer christlichen Vorzüge, Mitleid gegen das Volk, welches dies Unglück traf, befördern helfen und Leichtsinn und Sünde verabscheuen lehren. (Ebd.)

Auch er nennt also ausdrücklich die Gefahr des Judenhasses, der durch die Geschichte geschürt wird.[7] Außerdem beklagt er, daß die meisten Predigten über die Zerstörung Jerusalems nur vom Zorn Gottes reden und nicht davon, was hieraus an Positivem entstanden ist und welche Beziehung zu unserer Religion besteht. Außerdem wird zu wenig betont, daß die Zerstörung Folge der Verwerfung Jesu war und nicht Willkür Gottes (288).

Wagnitz hat sich zudem ausführlich zu den Vorzeichen der Zerstörung Jerusalems geäußert, von denen Josephus berichtet und die in der Fassung der Historie von Bugenhagen gleich zu Beginn ausführlich dargestellt werden. Durch sie wird, so meint er, der Aberglaube genährt. 1780 veröffentlichte Wagnitz eine Untersuchung »Ueber die Phaenomene vor der Zerstöhrung [sic!] Jerusalems«.[8] Diese Schrift richtet sich ausdrücklich gegen den Aberglauben, insbesondere gegen den mit himmlischen Zeichen verbundenen.[9] Wagnitz kommt zu dem Ergebnis, die Phänomene seien alle natürlich zu erklären. Die Verbindung zur Zerstörung Jerusalems werde nur durch

---

6 Wagnitz 1786, darauf beziehen sich die Seitenzahlen im Text. Seine Historie erschien dann 1790.

7 Vgl. auch 288: »Bei den gewöhnlichen Predigten über die Zerstöhrung habe ich insonderheit das auszusetzen, [...] daß sie anstatt Mitleid gegen die Nachkommenschaft dieser Unglücklichen und Gefühl für unsere Vorzüge zu erregen, den Abscheu vergrößern«.

8 Wagnitz 1780.

9 In der Vorrede sagt er: »so verdient eine jede Schrift, die, nach Absicht ihres Verfassers, ein Beitrag zur Bestreitung so wohl des Aberglaubens überhaupt, als auch dieser Art desselben insonderheit seyn soll, desto eher gelesen und geprüft zu werden. Diesen Endzweck habe ich auch vorzüglich bei dieser Abhandlung [...] vor Augen gehabt« (ebd., 4f).

die Worte Jesu, die solche Erscheinungen vorhersagen, hergestellt. So hätten die Zeichen nur für die Christen eine besondere Bedeutung gehabt, sie konnten sich dadurch auf die Zerstörung Jerusalems vorbereiten (27.79). Am Ende seiner Untersuchung kommt Wagnitz dann auf die Historie von der Zerstörung Jerusalems zu sprechen. Der Prediger, der die alte (Bugenhagensche) Fassung der Geschichte vorlesen müsse und nicht auf die Bremische ausweichen dürfe, solle die Zeichen möglichst in diesem Sinn auslegen, auf jeden Fall aber deutlich machen, daß heutige ähnliche Erscheinungen keinerlei Bedeutung hätten (91–94).[10]

Übereinstimmend geht es den Theologen also vor allem darum, anhand der Geschichte von der Zerstörung Jerusalems die Wahrheit der Weissagungen Jesu aufzuzeigen. Daneben darf die Geschichte den Haß gegen die Juden[11] und den Aberglauben nicht verstärken.

Im folgenden sollen die verschiedenen mir bekannt gewordenen Fassungen der Geschichte, die in der Aufklärung entstanden sind, dargestellt werden. Am Ende ist dann auch zu fragen, wieweit sie diesen Kriterien, vor allem der Vermeidung des Antijudaismus, gerecht werden. Da der Weissagungsbeweis eine so große Rolle spielt, wird zu Beginn noch das Werk dargestellt, auf das sich Seiler und Wagnitz ausdrücklich als Quelle beziehen.[12]

4.1. Johann Adolph Schlegel: Weissagungen Jesu von der Zerstörung Jerusalems

1775 erschien in Leipzig das Buch des Hannoveraner Consistorialraths Johann Adolph Schlegel: »Weissagungen Jesu von der Zerstörung Jerusalems, erläutert und mit der Geschichte verglichen«. Schlegel verfolgt mit seinem Werk die Absicht, »den so faßlichen und deswegen so gemeinnützigen Beweis, welcher aus der genauen Erfüllung der Weissagungen Jesu von dieser Begebenheit [der Zerstörung Jerusalems, I.M.] für die Wahrheit der christlichen Religion erwächst, in sein volles Licht zu setzen«.[13]

---

10 Konsequenterweise kritisiert Wagnitz an Seilers erster Fassung der Historie ausdrücklich die Wiedergabe der Vorzeichen (Wagnitz 1786, 286). Die kritische Haltung gegenüber dem Bericht Bugenhagens von den Vorzeichen der Zerstörung führte in einigen Fällen auch dazu, daß die Historie Bugenhagens ohne diesen ersten Teil in Gesangbüchern abgedruckt wurde, so z.B. in den Gesangbüchern Altmark und Prignitz 1786 und 1883 und im Gesangbuch Züllichau von 1871, im Gegensatz zu der Ausgabe des Züllichauer Gesangbuches von 1801, das den Anfang der Historie noch abdruckt.
11 Dieser Gedanke ist bei Herder am stärksten gewichtet, Seiler und Wagnitz legen den Schwerpunkt auf den Weissagungsbeweis.
12 Seiler 1784, Vorwort, Anm., und Wagnitz 1790, 20, Anm.
13 So sagt er in seinem Vorbericht (unpaginiert). Die im folgenden Text angegebenen Seitenzahlen beziehen sich alle auf Schlegels Buch.

In der Einleitung nennt er neben der Erfüllung der Weissagungen noch zwei weitere »beträchtliche Vortheile« (1), die die Religion aus der Zerstörung Jerusalems zieht. Erstens wurde durch die Zerstörung des Tempels der jüdische Gottesdienst aufgehoben. Das beweist die Wahrheit des Anspruchs der christlichen Religion, an die Stelle der mosaischen getreten zu sein.[14] Zweitens ist die Zerstörung der Stadt die Strafe für die Mörder Jesu und Verfolger seiner Religion.[15] Gott »erklärte dadurch den gekreuzigten Jesum fast ebenso feyerlich vom Himmel herab für seinen Sohn« wie bei seiner Taufe und Verklärung (12). Hiermit benennt Schlegel in seiner Vorrede ausdrücklich die drei oben genannten Deutungen der Zerstörung Jerusalems durch die Christen.

Schlegel gliedert sein Buch in vier Teile. Zuerst erzählt er die Geschichte der Zerstörung Jerusalems. In einem zweiten Teil, der ungefähr die Hälfte des Buches ausmacht, werden die Weissagungen Jesu von dieser Zerstörung dargestellt und ausgelegt.[16] Der dritte Teil enthält »Allgemeine Betrachtungen über die besondern Eigenschaften und Vorzüge dieser Weissagungen Jesu« (498). Im letzten Teil vergleicht Schlegel schließlich die Weissagungen Jesu mit den historischen Begebenheiten. Er folgt dabei der ausführlichen Weissagung von Mt 24par. Ich stelle Schlegels Gedanken anhand der drei »Vortheile« dar, die nach seinen Worten aus der Zerstörung Jerusalems abzuleiten sind.

4.1.1. Der Tempel und das Ende der mosaischen Religion

Da Gott selber den jüdischen Gottesdienst eingesetzt hat, so Schlegels Argumentation, konnte auch nur er ihn wieder aufheben. Dazu war es nötig, daß die Zerstörung des Tempels eindeutig als Gottes Werk erkannt wurde. Die Christen durften nicht daran beteiligt sein, sonst hätte es wie eine Begünstigung der christlichen Religion ausgesehen. Tatsächlich bekannte der Heide Titus nach dem Zeugnis des Juden Josephus, daß er Jerusalem nur

---

14 »Eine längere Fortdauer desselben würde leicht den Zweifel erregt haben, ob nicht die christliche Religion, da sie an die Stelle der mosaischen getreten zu seyn behauptet, und da die gänzliche Erfüllung, folglich auch die Aufhebung des vorbildlichen, levitischen Gottesdienstes ihre Grundlage ist, fälschlich einen göttlichen Ursprung sich anmaaße« (3).

15 »Sie wird ferner auch dadurch eine herrliche Bestätigung der christlichen Religion, daß Gott durch eine so schreckliche Zerstörung der mörderischen Stadt, und durch diesen Umsturz der ganzen kirchlichen und bürgerlichen Verfassung der Jüden gleichsam alle Schmach von dem Kreuze des Erlösers hinwegnahm« (12).

16 Die ausführlichen exegetischen Diskussionen, die Schlegel hierbei führt, können für unseren Zweck meist vernachlässigt werden.

mit Gottes Hilfe erobert habe (3f).[17] Titus versuchte sogar immer wieder, den Tempel zu schonen, einerseits aus religiöser Ehrfurcht, andererseits auch wegen der Schönheit des Bauwerks. So bot er dem Aufrührer Johannes von Gischala freien Abzug aus dem Tempel, in dem er sich mit seinen Kämpfern verschanzt hatte, damit er den Tempel nicht zerstören oder auch nur entweihen müsse (65f).[18] Dabei hatte, so erklärt Schlegel, der Tempel sowieso beim Tod Jesu aufgehört, Gottes Heiligtum zu sein.[19] Titus aber wollte den Tempel auch bei Eroberung nicht zerstören, verbot den Soldaten, ihn in Brand zusetzen und versuchte noch, ihn zu löschen, als er doch in Brand geriet (647ff).

Aber menschliche Entschließungen und Bestrebungen konnten nicht retten, was Gott einmal zum Untergange verdammet hatte. (652)

Die Zerstörung mußte für Schlegel auch vorhergesagt sein, damit klar war, daß Gott hiermit wirklich die Abschaffung der bisherigen Religion beabsichtigt hatte. Neben den Weissagungen Jesu (Lk 13,32–35, 139f; Mt 21,32–45, 288) lehrt das die Predigt des Stephanus Act 6,13 (5) und auch schon Dan 9, 26f (9ff).[20]

Hierbei führt Schlegel einen Gedanken ein, der sich in diesem Zusammenhang immer wieder findet und über die Zerstörung des Tempels und den Bericht davon bei Josephus hinausreicht. Der mißglückte Versuch, unter

---

17 Vgl. Bell 6,409–411.
18 Vgl. Bell 6,93–129.
19 Schlegel erklärt, daß die jüdischen Kämpfer den Tempel selbst durch den Frevel, im Allerheiligsten ihr Nachtlager aufzuschlagen, nicht mehr entweihen konnten. (Schlegel bezieht sich hier auf Bell 6,122.) »Ein Frevel, den sie, gleich manchem Frevler in den vorigen Zeiten, durch strenge Ahndung Gottes, theuer würden haben büßen müssen, wenn es nicht schon im Tode Jesu durch wunderthätige Zerreißung des Vorhangs aufgehört hätte, ein Allerheiligstes Gottes zu seyn« (66). Zu dem Bericht des Josephus, Priester hätten eine Stimme gehört, die sagte: Laßt uns hier fort ziehen, meint Schlegel: »Von wem sollte die Stimme herrühren? Gott wich ja nicht erst dazumal mit seiner Gnadengegenwart von dem Tempel zu Jerusalem«, sondern schon beim Tod Jesu (579, Anm. 272). Vgl. dazu den Bericht Bugenhagens, der mitteilt, daß manche diese Stimme auf den Zeitpunkt des Todes Jesu datieren (vgl. oben, 107 mit Anm. 27).
20 Dan 9 wird öfter in unserem Zusammenhang genannt, zum Beispiel in allen Berichten Seilers (Seiler 1784, 1; Seiler 1788, 12 und 19f). Schreckenberg 1984, 1192f, nennt altkirchliche Belege für die Verwendung dieser Stelle bei Tertullian, Euseb und Chrysostomos. Luther legt Dan 9,25–27 in einer Predigt über Mt 24 im Zusammenhang mit dem Untergang Jerusalems aus, vgl. WA 15, 743,32–745,17. Auch in der unten behandelten Predigt von Herberger wird Dan 9,26 und 27 zitiert (Z. 479–487). Vgl. auch Bell 4,388, wo sich Josephus auf eine alte Weissagung über den Untergang von Stadt und Tempel bezieht. Damit könnte, so Michel und Bauernfeind in der Anm. 101 zur Stelle (Bd. II,1, 221f), Dan 9,24–27 gemeint sein.

4. Neufassungen der Historie aus der Zeit der Aufklärung 117

Julian Apostata den Tempel in Jerusalem wieder zu errichten, zeigt die Gültigkeit der Worte Jesu. Julian Apostata wollte durch den Wiederaufbau des Tempels, so Schlegel, bewußt die Weissagung Jesu zunichte machen und ist damit kläglich gescheitert.[21] Nachdem die letzten Reste des alten Tempels abgetragen worden waren, wurden die Fundamente des neuen Tempels durch ein Erdbeben und aus der Erde schießende Flammen zerstört. So wurde Jesu Wort umso genauer erfüllt. Von dieser Begebenheit zeugen die christlichen Kirchenhistoriker,[22] aber auch heidnische[23] und jüdische[24] Schriftsteller. Auch haben die Kirchenväter schon in ihren Predigten davon geredet. Als Beleg hierfür zitiert Schlegel aus einer »Predigt« von Chrysostomos (534f).[25] All dies erläutert für Schlegel deutlich,

daß, vermittelst derselben [=der Zerstörung Jerusalems], das mosaische Gesetz und der levitische Gottesdienst feyerlich durch den Arm des Allmächtigen aufgehoben, und die Lehre der Apostel hiervon sichtbarlich durch den Lauf der Schicksale, der dieselbe begleitete, bekräftiget worden. (12)[26]

---

21 »Daher beschloß er, unter andern Mitteln, das Christenthum zu schwächen, den so sichtbaren, vor aller Augen daliegenden, und stets fortdauernden Beweis für ihre Göttlichkeit, der aus der Erfüllung der Weissagungen Jesu entsprang, zu vernichten, und Jerusalem sammt dem jüdischen Tempel und levitischen Gottesdienste wieder herstellen zu lassen« (531). Vgl. zu Julian und dem Wiederaufbau des Tempels Rudolf Brändle: Das Tempelneubauprojekt Julians, in: Israel und Kirche heute. Beiträge zum christlich-jüdischen Dialog, FS für Ernst Ludwig Ehrlich, hg.v. Marcel Marcus, Ekkehard W. Stegemann u. Erich Zenger, Freiburg 1991, 168–183.
22 Schlegel nennt Rufin, Sokrates, Sozomenus und Theodoret (533).
23 Ammian Marcellinus (525).
24 Schlegel nennt ein Zeugnis »in des Rabbi David Gans seinem Zemach David« (536). Hierbei handelt es sich um eine jüdische Chronik, die 1592 in Prag erschien, ein historisches Standardwerk. Ende des 17. Jahrhunderts wurde sie auch ins Lateinische übersetzt. Dies ist wahrscheinlich die Fassung, die Schlegel kannte. Vgl. Editorial Staff der EJ: Gans, David Ben Solomon, EJ 7, 310–311.
25 Johannes Chrysostomus: Adversus Judaeos et Gentiles demonstratio, quod Christus sit Deus, ex iis, quae multis in locis de illo dicta sunt apud prophetas, PG 48, 813–838, 835.
26 Dieser Gedanke findet sich in Ansätzen schon bei Bugenhagen. Er schreibt in seiner Passionsharmonie bei der Zusammenfassung der Predigt Jesu am Palmdienstag zu Mt 24,1f: »Da sagte er zu jhnen / Es wird nicht ein stein auff dem andern bleiben / der nicht zubrochen werde / auff das nicht auch zu vnsern gezeiten / die Jüden ein frolocken hetten / uns zur schmaheit / als were all jr thun noch gantz« (Bl. Ga-b).

4.1.2. Gottes Strafgerichte

Diese Begebenheit gehöret zu den augenscheinlichsten Offenbarungen der göttlichen Strafgerechtigkeit, welche, wie uns die Schrift belehret, von Gott zu Vorspielen des künftigen Weltgerichts aufgestellet sind. (1)

So schreibt Schlegel gleich zu Beginn seiner Einleitung. Im folgenden zeigt er aber mehrmals auf, daß dies Strafgericht nicht unausweichlich war. Die Juden hätten Jesu Lehre annehmen können, das hätte dazu geführt, daß sie sich der römischen Besatzungsmacht willig untergeordnet hätten und so ihrer Vernichtung entgangen wären (16).[27] Mit dem leiblichen Frieden hätten sie auch ihren geistlichen bewahrt (236, Anm. 117). Auch zur Zeit der Apostel hätte noch die Möglichkeit der Bekehrung bestanden, wenn Jerusalem die Evangeliumspredigt der Apostel angenommen hätte, obwohl die Juden da ja schon die Schuld am Tod Jesu auf sich geladen hatten (233ff, Anm. 116).[28]

Aber die Juden wollten nicht, sie lebten zu dieser Zeit in der festen Erwartung des Messias (503), erwarteten aber in ihm einen politischen Retter (506f),[29] so daß sie Christus nicht akzeptieren konnten. Diese Hoffnung auf einen irdischen Messias[30] und ihr übergroßer, religiös gefärbter Nationalstolz (21f; 157, Anm. 59; 502f)[31] sowie der Wahn, Tempel und levitischer

---

27 Die Umwandlung des jüdischen Königreichs zu einer römischen Provinz führte keineswegs zwangsläufig zum Untergang. »Hätten sie sich geneigt finden lassen, das Evangelium Jesu Christi anzunehmen: so würde diese Veränderung in der Verfassung ihres Staates nichts weniger, als so schlimme Wirkungen, für sie gehabt haben. Vielmehr würde sie das Evangelium durch seine kräftige Sittenlehre, wie von ihrem blinden Hasse gegen andere Nationen, auch von ihrer unseligen Neigung zu Empörungen und von der Wurzel derselben, ihren fleischlichen Träumen und Erwartungen geheilet, zur Unterwürfigkeit gegen alle bürgerliche Ordnung willig gemacht, und die Hoffnung des ihnen verheißnen Heils nicht in irdischen Dingen, sondern mehr jenseits dieser Welt in einer bessern suchen gelehrt haben« (16).
28 »Durch gläubige Annehmung desselben würde es die Strafgerichte, welche damals freylich bereits durch die Tödtung Jesu verwirket waren, haben abwenden, und wenn nur wenigstens die Hälfte der Einwohner gläubig worden wäre, um vieles haben mildern können« (234f, Anm. 116).
29 506f: »nach Vorurtheilen, welche ihr fleischlicher Sinn veranlaßt hatte, [...] erwarteten sie [...] in demjenigen, von welchem verheißen war, daß er aus Sünden erlösen solle, einen irdischen Heiland und Helfer.«
30 Auch manche Jünger erwarteten »nach den Vorurtheilen ihrer Nation« einen irdischen Messias (583 u.ö.).
31 »Sie waren ja wohl allerdings für ein sehr stolzes Volk bekannt, das immer auf seine Stammväter, Abraham, Isaak und Jakob, nicht anders als auf geistliche Ahnen, trutzte; in den Augen Gottes allein einer gnädigen Vorsehung werth geachtet zu seyn meynte; und auf alle übrige Völker der Erde mit der äußersten Verachtung herniederschaute« (502f).

4. Neufassungen der Historie aus der Zeit der Aufklärung

Gottesdienst sollten bis zum Ende der Welt dauern (508), stachelten ihren Aufruhr gegen die Römer nur immer mehr an.

Obwohl Schlegel hier also auch eine immanente Erklärung für die Zerstörung Jerusalems gibt – der jüdische Nationalstolz ertrug keine fremde Herrschaft und führte so zum Aufstand –, betont er doch immer wieder, vor allem im Zusammenhang der Weissagungen Jesu, daß die Zerstörung die Strafe für die Verwerfung und Verfolgung Jesu und später seiner Apostel[32] war (104; 229; 240f;[33] 312).

Die Ablösung des Judentums als Gottes auserwählter Religion durch das Christentum, die durch das Strafgericht über Stadt und Tempel bestätigt wird, ist für Schlegel dabei etwas Endgültiges. Er wendet sich mehrere Male ausdrücklich gegen die Erwartung einer allgemeinen Bekehrung der Juden oder gar ihrer Rückkehr nach Israel (135ff; 662–664). Wozu sollte eine solche Rückkehr auch gut sein? Diejenigen Juden, die »ihren Unglauben fahren lassen,« können genauso unter den Christen wohnen, das wird »sie weder glücklicher noch unglücklicher machen« (662). Was Röm 11,25f angeht, so meint Paulus mit »dem ganzen Israel« nur »Ueberbliebne nach der Wahl der Gnaden«, das heißt diejenigen, »von denen der Allwissende erkannt hat, daß sie noch künftig das Christenthum annehmen würden« (663).[34] Und dies Wort hat sich bereits erfüllt, als sich nach der Zerstörung des Tempels viele Juden bekehrten. Mit dem Bericht davon schließt Schlegels Buch:

Eusebius erzählet davon, daß unter Trajans Regierung, als Justus, ein bekehrter Jude, Bischoff von Jerusalem gewesen, eine unzählige Menge Juden das Christenthum angenommen« (664).[35]

---

32 Vgl. z. B. 595: »Anfangs waren es überall die Jüden, welche die Gemüther der Heiden gegen die christliche Religion aufwiegelten.«
33 Hier heißt es zu Lk 19,42–44: »Dabey wiederholet sie [=die Weissagung] auch, was nicht zu oft wiederholt werden konnte, daß die Verwerfung des Messias, der doch so gnadenreich unter ihnen sich verherrlichet hatte, die Ursache eines so fürchterlichen Schicksals seyn werde« (240f).
34 Schlegel begründet das mit folgendem Gedanken: »Wie viele, die in ihrem Unglauben dahin gestorben sind, und die doch gleichwohl unter dem ganzen damals verworfnen Israel begriffen seyn müßten, wenn das ganze Israel alle, die von dieser Nation sind, in sich fassen sollte, und nicht vielmehr bloß auf die sich einschränkte, die des Namens, ein Israel Gottes zu seyn, in irgend einiger Betrachtung werth geachtet werden konnten, entweder schon Gläubige waren, oder nach der Vorhersehung Gottes es schon werden würden« (663). Da sich also nicht das ganze zur Zeit des Paulus lebende Israel bekehrt hat, kann Paulus auch nicht ganz Israel meinen, also muß dies Wort anders verstanden werden.
35 Schlegel verweist hier auf Euseb, h. e. III,35.

4.1.3. Die Weissagungen Jesu und ihre Erfüllung

Die Weissagungen Jesu unterscheiden sich nach Schlegel in vielerlei Hinsicht nicht nur von falschen Prophezeiungen, sondern auch von denen der Propheten. Diese Unterschiede zeichnen die Weissagungen Jesu aus und machen sie zu einem umso vorzüglicheren Beweis für die Wahrheit des Christentums. Hier redet nicht ein Prophet, der von seinen Worten oft selbst überrascht ist und dessen Begeisterung zu affektvoller und poetischer Sprache führt. Hier redet der Herr der Propheten, der Weltenrichter und Weltenheiland selbst, in unbewegter Sprache (499f). Auch war zu seiner Zeit das kommende Schicksal Jerusalems noch keineswegs abzusehen, die Weissagung Jesu klang also völlig unwahrscheinlich (501ff). Zudem widersprach Jesus den Erwartungen eines irdischen Messias und dem Wahn, der Tempel und der levitische Gottesdienst sollten bis zum Ende der Welt dauern. Damit setzte er sich dem Vorwurf der Gotteslästerung aus und begab sich damit in Gefahr, wie das Beispiel des Stephanus zeigt. Falsche Propheten dagegen reden den Leuten nach dem Mund (505ff).[36]

Bedeutsam ist für Schlegel auch, daß es einen völlig unparteilichen Zeugen gibt, Josephus. Dieser hatte nichts weniger vor, als den Christen einen Beweis für die Wahrheit ihrer Religion zu liefern. Er erwähnt sie ja nicht einmal. Dennoch zeigen seine Berichte bis in die Einzelheiten die Erfüllung der Weissagungen Jesu.[37]

Diese z.T. grausamen Einzelheiten führt Schlegel erst im letzten Teil seines Buches an. Die fortlaufend erzählte Geschichte der Zerstörung Jerusalems zu Beginn des Werkes ist in dieser Beziehung überraschend zurückhaltend. So bringt er erst im letzten Teil die Beschreibung der Hungersnot (566–568, 632–334)[38] und die Teknophagie der Maria (635–637). Gleiches gilt für die Zahlen der Opfer und weitere Einzelheiten. Auch von den Vorzeichen der Katastrophe, die Josephus überliefert, spricht Schlegel im Zusammenhang mit den Worten Jesu Lk 21,11 (574–583). Dabei erklärt er all diese Zeichen als natürliche Phänomene[39] oder deutet sie psychologisch.[40] Manch-

---

36 Natürlich wirft Schlegel damit nicht den alttestamentlichen Propheten vor, sie hätten den Leuten nach dem Mund geredet.
37 »so hat es dennoch die göttliche Vorsehung also zu lenken gewußt, daß er, ganz ohne seinen Vorsatz, alle Umstände, welche die Propheziung Jesu zu erläutern dienen, sorgfältig anmerken müssen« (530).
38 Es finden sich Einzelheiten aus Bell 5,429ff; 5,512ff; 5,567, 6,193ff.
39 Bei den Himmelserscheinungen handelte es sich um einen Kometen (574) und einen Meteor (575); das im Tempel zu sehende Licht war ein Nordlicht, welches sich in diesen Breiten nur sehr selten zeigt (575).
40 Die Leute konnten das sich von selbst öffnende Tempeltor vor lauter Schrecken kaum wieder schließen (576). Jesus, der Sohn des Ananus, war so schwermütig, daß sein Verstand darunter litt, darum wiederholte er sich dauernd. Zu seinem

4. Neufassungen der Historie aus der Zeit der Aufklärung

mal sieht er auch nur Aberglauben dahinter.[41] Was die Stimme angeht, die die Priester im Tempel gehört haben wollen, so kann es sich gar nicht um Gottes Stimme gehandelt haben, da dieser den Tempel ja schon bei der Kreuzigung Jesu mit seiner Gnadengegenwart verlassen hatte (578f mit Anm. 272).[42] Möglicherweise erdachten sich die Priester diese Geschichte nur, um damit das Volk zum Frieden zu bewegen (ebd.).

Neben dem Beweis für die Wahrheit seiner Religion, den Christus mit seinen Weissagungen durchaus bezweckt hat, war seine andere Hauptabsicht, seine Anhänger vor dem Schicksal der Juden zu bewahren. Besonders die ausführliche Weissagung Mt 24par diente diesem Zweck.[43] Schlegel bringt dafür auch einzelne Beispiele. So durfte die Belagerung durch Cestius Gallus nicht zum Erfolg führen, sonst hätten die Christen keine Zeit gehabt, rechtzeitig zu flüchten (38f).[44]

4.1.4. Zusammenfassung

Zwei Dinge fallen bei Schlegel besonders auf. Zum einen die harte, eindeutige Substitutionstheorie, die er vertritt, und zum anderen die einseitige Betrachtungsweise des Geschehens, die nur auf die Vorteile der christlichen Religion abzielt.

Weheruf selbst gehörte kein großer Scharfsinn. Daß er zuletzt auch rief »Weh auch über mich«, lag daran, daß er den Stein sehen oder hören konnte, der nach ihm geworfen wurde (577f, Anm. 270).

41 So die Anekdote von der Kuh, die ein Lamm geworfen haben soll. Schlegel meint, es habe sich hier wohl um ein mißgebildetes Kalb gehandelt, alles weitere sei abergläubische Ausschmückung (578).
42 S. o., 116, Anm. 19.
43 Über Mt 24 par schreibt Schlegel: »Aber nebst der Absicht, durch dieselbe, wenn sie, so wie es geschah, von seinen Aposteln noch vor ihrer Erfüllung niedergeschrieben würde, auf alle künftigen Zeiten einen unüberwindlichen Beweis für die Göttlichkeit seiner Religion zu geben, durch dieselbe, wenn sie nun in Erfüllung gegangen seyn würde, Ungläubige zu bekehren und Gläubige im Glauben zu befestigen,« wollte Jesus auch seinen Christen genaue Anweisungen für ihre Flucht geben, »damit sie nicht in das allgemeine Verderben ihrer Nation mit verwickelt würden« (339f). Vgl. auch 521f.
44 Schlegel nennt einen weiteren Grund, warum die Belagerung keinen Erfolg haben durfte: In diesem frühen Stadium hätte der ganze Aufruhr niedergeschlagen werden können. So wäre die völlige Zerstörung von Stadt und Tempel verhindert worden, und das hätte Gottes Absicht widersprochen: »Aber die göttliche Vorsehung hatte ein andres beschlossen. Sie wollte dadurch, auf mehr als eine Art, sich für die Sache des Evangelii augenscheinlich erklären, und zugleich durch die Hintertreibung einer so frühzeitigen Eroberung die zu Jerusalem wohnhaften Christen Zeit und Gelegenheit gewinnen lassen, sich aus dem allgemeinen Untergange ihrer Nation ganz unversehrt zu retten« (39). Vgl. hierzu den ähnlichen Gedanken Bell 2,539: Gott hatte sich schon damals vom Tempel abgewandt und verhinderte das Kriegsende schon zu diesem Zeitpunkt.

Die Ersetzung der jüdischen Religion durch die christliche wird, wie oben gezeigt, schon in der Einleitung ausdrücklich behauptet. Der Beweis dafür ist für Schlegel die Zerstörung des Tempels und die Unmöglichkeit seines Wiederaufbaus. Gott konnte dabei nicht das jüdische Volk verwerfen, ohne eine andere Kirche[45] an seine Stelle zu setzen, denn damit wäre der Monotheismus untergegangen.[46]

Die Substitution erfolgt nach Schlegels Argumentation auf zwei Ebenen bzw. in zwei Stufen: Die christliche Religion ersetzt die jüdische, darum hört der Tempel schon bei Jesu Kreuzigung auf, das Heiligtum Gottes zu sein. Die Verwerfung der Juden aber ist die Folge dessen, daß sie diese Veränderung und Erfüllung ihrer Religion nicht annehmen.[47] Die Zerstörung Jerusalems ist also nicht direkte Konsequenz der christlichen Religion.

Schlegel versucht keine theologische Erklärung für die Tatsache, daß die Juden Christus nicht annahmen, so wie es Bugenhagen mit Hilfe der Rede von der Verstockung tut. Es gibt auch keinen heilsgeschichtlichen Zusammenhang zwischen dem Unglauben der Juden und unserer Erwählung. Schlegel erklärt die Haltung der Juden nur aus ihrem Nationalstolz und ihrer falschen Messiaserwartung.

Die Verwerfung des jüdischen Volkes ist für Schlegel, wie schon gezeigt, etwas Endgültiges, er glaubt nicht an eine noch ausstehende Erfüllung von Röm 11. Sein Buch endet ja mit der Feststellung, daß die Worte des Paulus sich bereits erfüllt hätten. So kommt das zeitgenössische Judentum, das in der Zerstreuung lebt, aber an seiner Religion festhält und »in eben derselben ungläubigen Verwerfung des Evangelii, welche ihm dieß schreckliche Rachgerichte zugezogen hat«, (660) beharrt, nur als fortdauernder Beweis für die Wahrheit des Christentums in den Blick.[48]

---

45 Schlegel redet auch von der »jüdischen Kirche«, z.B. 288.
46 »Die Ursache war wohl, damit durch die feyerliche Verwerfung desjenigen Volkes, welches bisher sein Volk gewesen, nicht die göttliche Religion, zu deren Aufbewahrung es von ihm gebraucht worden, und absonderlich die Erkenntnis des einigen wahren Gottes, dieser ihr erster Grundartikel, der unter allen übrigen Völkern sich verloren hatte, zugleich mit leiden möchte. Deswegen wollte er vor ihrer Verwerfung sich eine neue ansehnliche Kirche aus allen Völkern und unter allen Völkern gesammelt haben« (603).
47 Wie schon Bugenhagen unterscheidet übrigens auch Schlegel zwischen den religiösen Führern und dem Volk. So schreibt er bei der Auslegung des Gleichnisses von den bösen Weingärtnern: »Jesus verkündiget ihnen hier sehr harte zeitliche Strafgerichte, die absonderlich auch den Vorstehern und Häuptern des Volkes, den Priestern, Schriftgelehrten und Pharisäern, einen gewaltsamen Tod bringen, und zugleich die Vorrechte der Kirche von ihrem Volke ganz hinwegnehmen würden« (288). Das nimmt er wieder auf, als er von der Erfüllung der Weissagungen spricht: »Durch ihre Verfälschung der Religion, und durch die feyerliche Verwerfung Jesu, zu welcher sie das Volk verführten, waren sie hauptsächlich an dem Untergange der Nation schuldig« (641). Von ihnen starben darum auch besonders viele.

4. Neufassungen der Historie aus der Zeit der Aufklärung

Welche Funktion hat nun die Beschäftigung mit der Zerstörung Jerusalems? Auch das sagt Schlegel schon in der Einleitung eindeutig. Es geht um einen Wahrheitsbeweis für das Christentum. Dabei hatten schon Jesu Weissagungen die Absicht, diesen Beweis zu liefern. Es ist auch in der Darstellung des Geschehens nichts von Mitleid oder zumindest Entsetzen zu spüren.[49] Denn die Ergebnisse des Geschehens sind nur positiv und von Vorteil für die Religion. Der Gedanke der Warnung und des Rufs zu Buße, der Bugenhagens Bericht bestimmt, fehlt bei Schlegel völlig.

Allerdings muß man hierbei auch die Gattung des Buches von Schlegel betrachten. Die übrigen im folgenden darzustellenden Texte sind alle für die gottesdienstliche Verwendung gedacht. Und auch die Historie Bugenhagens ist so verwendet worden, auch wenn sie vielleicht nicht von Anfang an von Bugenhagen dafür vorgesehen war. Jedenfalls stellt Bugenhagen sie in den Kontext biblischer Berichte, die zur liturgischen Verwendung gedacht waren. Schlegel dagegen schreibt ein langes wissenschaftliches Werk, um die Wahrheit des Christentums zu beweisen.[50]

Exkurs: Schlegels Lied über die Tränen Jesu

Im Gesangbuch Bayreuth 1780 steht ein von Schlegel gedichtetes Lied, das für den 10. Sonntag nach Trinitatis vorgesehen ist: »Es weinet um Jerusalem Mein Jesus heisse zähren«.[51] Es handelt sich hierbei um die Umdichtung eines Liedes von Johann Heermann: »Von Christi Thränen«.[52] Schlegel be-

---

48 »Die stete Fortdauer dieses Volks und seiner Drangsalen ist der stets fortdauernde Beweis von der Wahrheit der christlichen Religion« (660f).
49 So kann Schlegel zur Vernichtung der Feinde in Lk 19,27 sagen: »Das hier befindliche Wort bedeutet so viel als, abschlachten, und wird vom Viehabschlachten gebraucht. Hier ist es in Beziehung auf die Geschichte sonderlich wohlgewählt« (229, Anm. 113).
50 Das Werk Schlegels entspricht auch von allen in dieser Arbeit besprochenen Texten am ehesten der von Schreckenberg aufgezeigten Tradition der Josephusrezeption. Dabei ist Schlegel allerdings normalerweise genau in der Anführung seiner Quellen. Nur einen Josephus und die historische Wahrheit verfälschenden Gedanken übernimmt er aus der Tradition. Er behauptet, daß die Diaspora mit der Zerstörung Jerusalems zusammenhänge und spricht in diesem Zusammenhang auch von einem Überrest der Juden (660f). Dieser Gedanke ist unhistorisch; schon vor der Zerstörung Jerusalems lebte ein großer Teil der Juden außerhalb Palästinas. Vgl. dazu Schreckenberg 1984, 1211.
51 Es ist die Nr. 832, 706, und steht unter der Rubrik:»Von den Trübsalen der Christen«.
52 Dies Lied findet sich bei Albert Fischer: Fischer, Albert: Das deutsche evangelische Kirchenlied des siebzehnten Jahrhunderts, vollendet und hg.v. W.Tümpel, Bd. 1–6 Gütersloh 1904–1916, Reprografischer Nachdruck Hildesheim 1964 (zitiert: Fischer-Tümpel), Bd. 1, 292f.

ginnt mit der Betrachtung der Tränen Jesu, von denen in Lk 19 erzählt wird: »Es weinet um Jerusalem Mein Jesus heisse zähren; Zeugt so: es sey ihm angenehm, Wenn Sünder sich bekehren. Wie sollte je vor unsern schreyn Sein zärtlich herz verschlossen seyn? Aus seinen thränen, sünder! wißt't [sic!], Daß Jesus Christ, Ein treuer hoherpriester ist.«[53] Die Tränen Jesu, die er um Jerusalems Schicksal weint, auch wenn dies Schicksal im Lied nicht weiter ausgeführt wird, rufen die Christen zur Buße. Im folgenden geht es um die Bußtränen der Christen sowie um ihre Tränen in Kummer und Leid. Das Lied endet mit einem eschatologischen Ausblick auf das Lob, das der Christ im Himmel auf Jesu Tränen singen wird.

Auch wenn hier das Evangelium Lk 19,41–48 nur kurz anklingt und von der Zerstörung Jerusalems gar nicht die Rede ist, so zeigt dies Lied doch, daß Schlegel diese Perikope und den 10. Sonntag nach Trinitatis auch mit dem Gedanken der Buße der Christen verbindet, wie er bei Bugenhagen am Ende der Historie ausdrücklich genannt wird.[54]

4.2. Gesangbuch Heilbronn

1774 erschien in Heilbronn ein neues, durch die Aufklärung geprägtes Gesangbuch. Es wurde herausgegeben von dem Rektor des Heilbronner Gymnasiums, Johann Rudolf Schlegel (1729–1790).[55] In der Vorrede findet sich folgender Hinweis: »Noch ist anzumerken, daß man auch die Geschichte

---

53 Bei Heermann heißt diese 1. Strophe: »DV weinest für Jerusalem,/ HErr JESV, liechte zähren,/ Bezeugst, es sey dir angenehm,/ wann Sünder sich bekehren./ Wann ich für dir mit Buß erschein / Vnd vber meine Sünde wein,/ So weschstu ab aus lauter Gnad / Die Missethat,/ So mich bißher gequelet hat.«

54 Allerdings ist der Bußgedanke im Lied Heermanns deutlicher ausgesprochen, vor allem redet er deutlicher von Sünde und Vergebung. Bei ihm beginnt die 2. Strophe: »Wann deines Vaters Zorn entbrennt / Von wegen meiner Sünde,/ Zu deinen Thränen ich mich wend,/ Da ich Erquickung finde.« Bei Schlegel heißt die entsprechende Stelle: »Ja, heiland! diese thränen sinds, Die kräftig für mich bitten, Wenn ich die pflichten eines kinds Treubrüchig überschritten.«

55 Vgl. zu Johann Rudolf Schlegel Felix Werner: Johann Rudolf Schlegel 1760–1790, in: 350 Jahre Gymnasium in Heilbronn. FS zum Jubiläum des Theodor-Heuss-Gymnasiums, Heilbronn 1971, 89–93. Darin vermerkt Werner, zu den Publikationen Schlegels gehörten »Neubearbeitungen des Heilbronner Gesangbuchs« (ebd., 92). Vgl. außerdem Friedrich Schlichtegroll (Hg.): Nekrolog auf das Jahr 1790. Enthaltend Nachrichten von dem Leben merkwürdiger in diesem Jahre verstorbener Personen. Gesammelt von Friedrich Schlichtegroll. Erster Band, Gotha 1791, 188–199, darin folgender Hinweis: »Zu einer Zeit, wo er noch nicht gar viele Vorgänger und Muster darin hatte, ward er der Sammler des schon 1774 in Heilbronn gedruckten und bald darauf mit Klugheit eingeführten neuen Gesangbuchs« (ebd., 197).

4. Neufassungen der Historie aus der Zeit der Aufklärung 125

der Zerstörung Jerusalems, welche der hiesigen Gemeine allemal den X: Sonntag nach Trinit. pflegt vorgelesen zu werden, in eine unsern Zeiten angemessene Erzählung gebracht habe.«[56] Der Bericht steht wie üblich hinter den Evangelien und Episteln sowie hinter der Passionsgeschichte.

»Geschichte von der Zerstörung der Stadt Jerusalem« ist er überschrieben[57] und beginnt mit den Worten:

Unter allen grossen Begebenheiten, wodurch GOtt bey der Regierung der Welt einen thätigen Beweiß seiner Gerechtigkeit und Heiligkeit gegeben hat, ist keine für die Christen wichtiger, als der Untergang des Jüdischen Staates und seiner mächtigen, festen und reichen Hauptstadt Jerusalem. (107)

Schon Daniel hatte das vorhergesagt (Dan 9,26f), und die Juden hätten sich durch seine Worte zum Glauben an Jesus führen lassen sollen.[58] Jesus wiederholte die Weissagung, die zu seiner Zeit noch unwahrscheinlich schien, mit vielen Einzelheiten. Dabei deutete er die zukünftigen Ereignisse als Strafen Gottes für die Verachtung der Gnade und die Verfolgung der Propheten und Apostel.[59] Neben dieser »theologischen« Begründung für den Untergang Jerusalems steht aber auch eine historische: »Den Grund zu diesem grossen Unglück der Juden legten theils die römischen Statthalter, theils die Juden selbst« (108). Es folgen ausführliche historische Informationen. Zum Aufkommen der Rebellion und zur Entstehung des Bürgerkriegs trug die ungerechte und grausame Behandlung der Juden durch die römischen Besatzer bei. Die Entstehung des jüdischen Kriegs, dabei auch des Bürgerkriegs innerhalb Israels und Jerusalems, wird dargestellt, dabei wird auch die Flucht der Christen aus Jerusalem nach Pella erzählt[60] sowie auf die

---

56 Gesangbuch Heilbronn 1774, unpaginierte Vorrede.
57 107–112 des Anhangs, in dem die sonntäglichen Perikopen und die Passionsgeschichte abgedruckt sind. Die Seitenzahlen im folgenden Text beziehen sich auf diese Geschichte. Zwischen 108 und 109 wechselt in dem mir vorliegenden Exemplar die Größe der Drucktypen und die Form der Satzzeichen (»/« statt »,«).
58 »Schon fünf hundert Jahre vorher hatte der Prophet Daniel geweissaget, daß nach der Offenbarung des Messias unter seinem Volke und nach der grausamen Hinrichtung desselben die Stadt und der darinn befindliche Tempel der Juden zerstöret werden und wüste liegen bleiben solte. Diese Weissagung, welche den Juden und Christen gleich wichtig war, hatten die Juden selbst in ihren heiligen Büchern aufbewahret, und sie hätten sich dadurch sollen warnen und erinnern lassen, an JEsum von Nazareth zu glauben und ihn und seine Lehre mit willigem Gehorsam anzunehmen« (107).
59 »Er versicherte, daß diese Straffen deßwegen über die Juden kommen würden, weil sie die ausserordentliche Gnade GOttes, die sie mehr als ein Volk auf dem ganzen Erdboden durch unzälige Mittel und Personen zu bessern gesucht hätte, so lang und so muthwillig verachtet, und alle Boten GOttes an sie, die Propheten und die Apostel, verfolgt und bis auf den Tod verfolgt hätten [sic!]« (107f).
60 Die Christen erkannten in der abgebrochenen Belagerung Jerusalems das Signal,

Vorzeichen der Zerstörung hingewiesen, ohne diese jedoch wiederzugeben.[61]

Neben den direkt den jüdischen Krieg betreffenden Ereignissen wird auch die politische Entwicklung im Römischen Reich berichtet und kommentiert, die zur Kaiserwürde Vespasians führte.[62] Dessen Sohn Titus begann schließlich mit der Belagerung der Stadt Jerusalem, die durch ihre Befestigungsanlagen und die außerordentliche Begeisterung ihrer Verteidiger eigentlich sehr stark war. Aber der Bürgerkrieg und die Menge der Osterpilger in der Stadt sowie die Fähigkeiten des feindlichen Heerführers und seiner Soldaten machten »ihre Eroberung unvermeidlich« (110).

Mehrmals forderte Titus die Juden auf, sich zu ergeben, zumal die Zustände in der Stadt immer kläglicher wurden. Nur knapp wird in diesem Zusammenhang von der Hungersnot und der Teknophagie der Maria erzählt (110).[63] Sowohl das Vertrauen der Juden auf Gottes Beistand für Stadt und Tempel[64] als auch die Angst der Aufrührer vor ihrer Bestrafung durch die Römer hielten die Belagerten von der Kapitulation ab.

Der Heide Titus achtete »den Tempel einer andern Religion / worinn er auch den Christen lehrreich und manchen beschämend werden kan« (111). Er warnte die Juden vor der Entheiligung des Tempels, wollte den weiteren Gottesdienst garantieren und den Tempel auch gegen den Willen der Juden bewahren. Doch der Tempel wurde trotz aller Versuche zur Rettung am 10. August zerstört.[65] »Ganz augenscheinlich ließ denselben eine höhere

---

das Jesus zur Flucht aus Jerusalem gegeben hatte, »und einige von ihnen sollen gar durch eine besondere göttliche Offenbarung zur Flucht ermuntert worden seyn« (108).

61 »Zugleich ereigneten sich vornemlich im Tempel zu Jerusalem verschiedene Wunderzeichen und Vorbedeutungen / welche weder natürlich erklärt / noch / da sie von glaubwürdigen Zeugen aufgezeichnet worden / in Zweifel gezogen und alle für abergläubische Einbildungen gehalten werden können« (108f).

62 Das Drei-Kaiser-Jahr nach dem Tod Neros wird dargestellt (109), zur Regentschaft des Vespasian heißt es: »Dieser Vespasian versezte das Römische Reich wieder in glückliche Umstände / welches über fünfzig Jahre von lauter unwürdigen Fürsten beherrscht und entkräftet worden war / und bey der fast gänzlichen Auslöschung der Liebe zum Vatterland und Vertilgung aller natürlichen Tugenden seinem völligen Untergang entgegen zu eilen schien« (110).

63 Ihr Name wird nicht genannt.

64 »Dannoch glaubten die meisten unter ihnen noch stets / daß GOtt sie und ihren Tempel nicht verlassen werde / obgleich alles / was JEsus gelehrt und gethan hatte / und so manches / was nach seiner Himmelfahrt vor ihren Augen erfolgt war / wann sie es mit den Weissagungen ihrer eignen Propheten verglichen / sie auf die Gedanken hätte bringen können / daß eben jetzt die Zeit dieser Verlassung gekommen sey« (110–111).

65 Es wird in diesem Zusammenhang nicht auf die Zerstörung des ersten Tempels verwiesen.

4. Neufassungen der Historie aus der Zeit der Aufklärung

Hand anzünden / welche den von ihr gegründeten Sitz der Religion umstürzte / und der Welt dadurch ein allgemeines Merkzeichen gab / daß nun eine vollkommenere Religion die Stelle der Jüdischen einnehmen solte« (ebd.).

Die Eroberung der Stadt wurde schon durch Titus selbst dem Eingreifen Gottes zugeschrieben, wie durch ein Zitat aus Josephus belegt wird.[66] Den Abschluß des Berichts bildet sodann eine Zusammenfassung der Zahlen der Opfer und des Schicksals der jüdischen Gefangenen sowie noch einmal eine Bemerkung über den gütigen Titus und seine Versuche, die Juden vor der völligen Vernichtung zu retten.[67]

Bis hierher zeigt die »Geschichte von der Zerstörung der Stadt Jerusalem«, wie sie das Heilbronner Gesangbuch wiedergibt, keinen besonderen Bezug zu der früheren, Bugenhagenschen Fassung. Den Abschluß aber bildet die Überarbeitung der Schlußmahnung von Bugenhagen. Gerade durch die zum Teil große Nähe sind andererseits auch die Abweichungen bzw. Erweiterungen interessant. Darum sollen hier beide Texte nebeneinander abgedruckt werden:

Heilbronn 1774	Bugenhagen
So hat also GOtt die Verachtung und Verfolgung des Evangelii an demjenigen Volke gestrafft / welchem sein Sohn und dessen Apostel das Evangelium zuerst geprediget und es mit unzähligen Wunderwerken bekräfftigt hatten – an einem Volk / welches auf eine ganz besondere Weise sein Volk war / welchem er sich durch so mancherley Erscheinungen und Wunderwerke geoffenbaret / mit dem Er einen feierlichen Bund geschlossen / dem er sein Gesetz gegeben / dessen Gottesdienst er selbst eingerichtet / und dem er die herrlichsten Verheisungen von dem Welt-Heiland anvertrauet hatte.	Also hat Gott die verachtung vnd verfolgung des Euangelij gestrafft /

---

66 Bell 6,411, vgl. oben, 92, Anm. 10.
67 »Es ist merkwürdig / daß sich die göttliche Vorsehung zur Bestraffung dieses sündhafften Volkes des gütigsten und leutseligsten Fürsten bedient / der jemals über Heiden regiert hat; und daß selbst dieser Eroberer und Zerstörer Jerusalems den Juden unzähligmal die Hände zu ihrer Rettung angebotten hat / die sie aber in ihrer Hartnäckigkeit nie ergreifen wolten« (112).

Dieses schreckliche Beyspiel der göttlichen Gerichte solte billig alle Welt erwecken / GOttes Zorn und Strafe zu fürchten und sich ernstlich zu GOtt und zu einer lebendigen Erkenntniß Christi zu bekehren.

Denn hat GOtt dieses Volk nicht verschonet / dem er so herrliche Verheissungen gegeben / welches so viele heilige Patriarchen und Propheten unter sich gehabt / ja welches Christo dem Blute nach verwandt war;

so werden die gewiß nicht ungestrafft bleiben / welche die Gnade GOttes in Christo JEsu verachten und in Undanck / Heucheley und Sicherheit verschmähen.

Dieses laßt uns zu Herzen nehmen / daß wir uns ernstlich bessern und der Ermahnung des Apostels beständig eingedenck seyn: Schaue die Güte und den Ernst GOttes / den Ernst an denen / die gefallen sind; die Güte aber an dir / so ferne du an der Güte bleibest; sonst wirst du auch abgehauen werden.[68]

vnd aller welt ein schrecklich Exempel furgestellet / sie zu vermahnen / Gottes zorn vnd straffe zu fürchten / vnd sich zu Gott vnd zum erkentnis Christi zu bekeren /

Denn hat Gott dieses volks nicht verschonet / dem er so herrliche verheissung hat geben / darinne so viel hoher heiliger Patriarchen und Propheten gewesen / ja welches Christo mit dem geblüt verwant ist /

Wie viel schrecklicher wird er andere Völcker straffen / welchen aus sondern gnaden das Euangelion mitgeteilet ist / vnd sie dennoch vndanckbar sein / vnd rechte Gottesdienst vnd erkantnis verachten / vnd mit grösserer halsstarrigkeit vnd grausamkeit verfolgen / denn zuuor jnn der welt nie geschehen / Darumb ist nicht zweiuel / die straffe wird nicht fern sein / vnd wird jn gehen / wie es mit Jerusalem gangen.

Dieses sollen wir ernstlich betrachten / vnd zu hertzen nemen / das wir vns bessern / vnd zu rechter erkentnis Christi bekeren / Amen.[69]

An zwei Stellen weicht die Heilbronner Fassung deutlich von Bugenhagen ab. Gleich zu Beginn wird erweitert: Gott hat die Verachtung und Verfolgung des Evangeliums gestraft, so stellt Bugenhagen fest. Hier wird ergänzt, an wem er sie gestraft habe, nämlich an einem mit ganz besonderen Vor-

---

68 Gesangbuch Heilbronn, 112.
69 Bugenhagen, Bl. f5a-b.

zügen ausgezeichneten Volk. Dabei werden, wie später noch einmal in beiden Fassungen, Aussagen des Paulus aus Röm 9,4f aufgenommen: Das Volk Israel ist ausgezeichnet durch den Bund, das Gesetz, den Gottesdienst und die Verheißungen. Daneben wird im Heilbronner Gesangbuch auf die Predigt Jesu und der Apostel sowie die Wunderwerke Jesu und die Offenbarungen Gottes verwiesen.

Die Erweiterung bedeutet eine gewisse Akzentverschiebung. Bugenhagen spricht von den Vorzügen Israels, um zu begründen, daß Gott andere Völker erst recht strafen wird, wenn er sogar sein auserwähltes Volk nicht verschont hat. Dagegen kann die Verbindung von Verachtung des Evangeliums und Strafe an dem Volk, das eigentlich besonders erwählt war, auch als Hinweis auf die Undankbarkeit Israels gehört werden. Es hat sich der besonderen Auszeichnungen Gottes nicht würdig erwiesen.

Im Gegensatz zu der Erweiterung am Beginn kürzt die Heilbronner Fassung die Gedanken Bugenhagens, wo er von der zu erwartenden Strafe für andere Völker spricht. Nur die Verachtung der Gnade Gottes wird als Schuld genannt, im Gegensatz zu der grausamen Verfolgung des Evangeliums, die Bugenhagen anspricht. Zudem droht letzterer ausdrücklich eine Strafe an, die mit der Zerstörung Jerusalems vergleichbar bzw. sogar schrecklicher ist. Dagegen beschränkt sich Heilbronn auf die blassere Formulierung: »so werden die gewiß nicht ungestrafft bleiben«. Die ausdrückliche Anklage der gegenwärtigen Zustände unterbleibt.[70]

Neben diesen auffälligen Veränderungen finden sich weitere Unterschiede zwischen beiden Fassungen. Die Wertung des Geschehens als Exempel der Strafe Gottes wird aus Bugenhagen in das Heilbronner Gesangbuch übernommen. Dabei bedeuten aber die Beifügungen »ernstlich« zu bekehren und »lebendig« zur Erkenntnis Christi eine Einschränkung und Verinnerlichung.

Auch der Schlußsatz Bugenhagens ist erweitert, an Stelle des Rufs zur Bekehrung steht die Mahnung Röm 11,22. Hiermit wird die Strafandrohung noch einmal aufgenommen.

Insgesamt schwächen diese Veränderungen den Schluß Bugenhagens mit seiner Gerichtsansage deutlich ab. Dennoch ist es beachtenswert, daß zumindest einige seiner Gedanken aufgenommen werden. Denn schon bei den Nachdrucken der Bugenhagenschen Historie war dieser Schluß ja oft weggelassen worden. Und unter den hier dargestellten Berichten von der Zerstörung Jerusalems aus der Aufklärungszeit ist das Heilbronner Gesangbuch das einzige, das die Gedanken Bugenhagens immerhin so weit und so direkt aufnimmt.

---

70 Vgl. bei Bugenhagen die Androhung der schrecklicheren Strafe für die, die das Evangelium »mit grösserer halsstarrigkeit vnd grausamkeit verfolgen / denn zuuor jnn der welt nie geschehen«.

4.3. Gesangbuch Bremen

1778 erschien in Bremen ein »Neues Gesangbuch der evangelischlutherischen Domgemeine zu Bremen.« Dieses Gesangbuch enthielt im Anhang nach Gebeten, Evangelien und Episteln, der Passionsharmonie und einer Ordnung für Katechismuspredigten die »Zuverlässige Nachricht von der Zerstörung der Stadt Jerusalem.«[71] Die Geschichte der Zerstörung der Stadt wird tatsächlich sehr genau, wenn auch knapp, erzählt. Die Einleitung deutet das Geschehen als Strafe für die Sünde der Juden, insbesondere für die Kreuzigung Jesu. Die biblischen Weissagungen, die dieses Geschehen vorhersagten, werden zu Beginn nur ganz kurz angesprochen, auf ihnen liegt kein besonderes Interesse:

> Als das vormals von Gott so außerordentlich begnadigte volk der Juden das maaß seiner gehäuften sünden[72] durch die verwerfung und kreuzigung des unter ihnen erschienenen heilandes der welt erfüllet hatte; so näherte es sich demjenigen erschrecklichen strafgerichte immer merklicher, welches durch die propheten und den mitleidigen erlöser selbst mit thränen zuvor verkündiget war, und in der gänzlichen zerstörung Jerusalems und des ganzen Jüdischen reichs, der welt ein belehrendes denkmal vor augen legte: wie schwer Gott beharrliche verächter seiner gnade strafe, und wie groß insonderheit die verschuldung sey, die dieses unglückliche volk durch die vergießung des unschuldigen und heiligen blutes Jesu Christi auf sich geladen. (99)

Nach dieser Einleitung beginnt sofort der historische Bericht. Wichtiger als alle anderen Vorzeichen, von denen Josephus spricht,[73] war, so wird betont, die unaufhaltsame Verschlechterung der sittlichen, politischen[74] und religiösen Zustände[75] im jüdischen Reich. Gessius Florus, der römische Statthalter, provozierte den Aufstand, Cestius Gallus griff ein, belagerte schließlich Jerusalem. Er hätte dem Krieg ein Ende gemacht, »wenn nicht die Juden schwerern gerichten wären aufbehalten gewesen« (99f). So zog er wieder ab, die Juden nützten das zu Kriegsvorbereitungen.[76] »Die Christen hingegen waren der warnung ihres Heilandes eingedenk« (100) und flohen nach Pella.

---

71 Ich zitiere im folgenden nach einer späteren Auflage, Gesangbuch Bremen 1814, das ist die Nr. 0031.6.1814a bei Froriep und Rudloff. Die Historie findet sich im Anhang, 99–104.
72 Vgl. I Thess 2,15f und Mt 23,32.
73 Die Vorzeichen werden nach dieser Erwähnung nicht wiedergegeben.
74 »die ganze nation beförderte ihren untergang durch ihre eigene zerrüttung mehr, als die gewalt der Römer« (99).
75 »Man verließ nun völlig die heiligen gesetze Gottes, setzte die ganze religion nur in eine abergläubische beobachtung äußerlicher gebräuche« (99).
76 Hierbei wird auch Josephus erwähnt, den die Juden als Feldherrn für Galiläa bestimmten, »einen sehr verständigen und tapfern Mann, der diese geschichte hinterlassen hat« (100).

4. Neufassungen der Historie aus der Zeit der Aufklärung

Kaiser Nero schickte Vespasian, der Galiläa eroberte, dabei Josephus gefangennahm,[77] und sich anschließend nach Judäa wendete. Dort und in Jerusalem herrschte inzwischen Bürgerkrieg (100f). So beschloß Vespasian, die Stadt nicht sofort anzugreifen:

> der Römische feldherr hielt rathsamer, einem volke, das sich selbst aufrieb, und welches Gott, wie er sagte, in die hände der Römer geben würde, zur eigenen beförderung seines untergangs noch ferner raum zu lassen. (101)

Nachdem Vespasian Kaiser geworden war, setzte Titus den Krieg fort und begann im April 70, zur Zeit des Passa,[78] mit der Belagerung Jerusalems. Der Bürgerkrieg ging dennoch weiter, Titus bot vergeblich Frieden an (101) und begann die Eroberung. Überläufer zu den Römern wurden begnadigt, Gefangene aber

> wurden in so großer menge in dem angesichte der stadt gekreuziget, daß nach Josephi ausdruck es zuletzt an raum und holz zu kreuzen mangelte. Ein gewiß sehr merkwürdiger anblick vor einer stadt, deren einwohner die kreuzigung Christi dem Pilatus mit der größten wuth abgedrungen hatten! (102)

An dieser Stelle findet sich also ein Anklang an die alte Talionstopik. Mit solcher Grausamkeit wie auch mit wiederholten Aufforderungen, sich zu ergeben, wollte Titus die Juden zur Sinnesänderung bewegen, aber diese »gänzlich verstockten« beriefen sich »frech auf den schutz Gottes, dessen veräachter sie doch waren« (102). Da umschloß Titus die Stadt mit einer Mauer,[79] die Hungersnot wurde unerträglich. Nun werden die Schrecken geschildert, einschließlich der Teknophagie der Maria und des Massakers wegen des verschluckten Goldes (102).[80]

Nachdem die Burg Antonia erobert war, griff Titus schließlich den Tempel an, nachdem er nichts unversucht gelassen hatte, ihn zu retten.[81] Aber »diese bösewichter« wehrten sich und »machten denselben durch raub und blutvergießen, nach Christi worten, nun völlig zur mördergrube« (103). So

---

77 Hier wird auch von der Prophezeiung des Josephus über Vespasian und ihrer Erfüllung berichtet.
78 Dadurch waren besonders viele Menschen in der Stadt, so daß die Hungersnot schneller entstand, und »der auf der ganzen nation ruhende fluch um so deutlicher offenbaret wurde« (101).
79 »Hiedurch ward dasjenige aufs genaueste erfüllt, was Christus vorher geweissaget« (102).
80 Titus war davon entsetzt und bezeugte, »daß er an diesen unnatürlichen grausamkeiten unschuldig sey, und solche unerhörte gräuel unter den trümmern der stadt begraben werden müßten« (102f). Dies ist eine Kombination aus Bell 5,519 und 6,217.
81 Er beschwor die Aufrührer, »daß sie durch ihren fortgesetzten frevel das heiligthum Gottes nicht entweihen, und durch eine endliche übergabe es dem nahen untergange entreißen mögten [sic!]« (103).

wurde der Tempel am selben Tag wie der erste erobert und verbrannt, wobei Titus letzteres zu verhindern suchte. Aber Gott wollte es so.[82]

In den nächsten Wochen wurde die Stadt vollends erobert und außer drei Türmen dem Erdboden gleichgemacht, »und Jerusalem ward also nach Christi weissagung völlig geschleifet« (104). Titus betonte, er habe nur mit Gottes Hilfe diesen Krieg geführt.[83]

Wie nun die merkwürdige geschichte, nebst der ganz sonderbaren erhaltung der Jüdischen nation bey ihrer großen zerstreuung, die göttlichkeit der lehre Jesu ausnehmend bestätiget; so muß einem jeden, der solche erkennet, bey einer mitleidigen erwägung dieser gerichte Gottes, jene warnung des Apostels stets wichtig bleiben: Sey nicht stolz, sondern fürchte dich. (104)

Es folgen als Schlußwort die Verse Röm 11,21–22. In dieser Schlußbemerkung klingt der Gedanke des Weissagungsbeweises an, »die göttlichkeit der lehre« Jesu« wird durch diese Geschichte »ausnehmend bestätigt«. Auch in der Erzählung wurde ja ab und zu auf Jesu Weissagung verwiesen.[84] Aber dieser Gedanke steht nicht im Vordergrund wie bei Schlegel und den im folgenden dargestellten Texten von Seiler und Wagnitz.

Von den zeitgenössischen Juden ist kaum explizit die Rede. Der Bericht spricht von der »ganz sonderbaren erhaltung der Jüdischen nation bey ihrer großen zerstreuung« (104). Sie sind zudem möglicherweise Objekte der »mitleidigen erwägung dieser gerichte Gottes«, werden aber nicht als Ziele missionarischer Bemühungen genannt. Dafür ist am Schluß der Gedanke der Warnung betont. Das entspricht dem »belehrenden denkmal« des Anfangs.

Diese Fassung der Historie im Bremer Gesangbuch wurde öfter nachgedruckt. Sie findet sich z. B. in den Gesangbüchern Hamburg 1843, Hannover 1828, 1883 und 1928.

---

82 So heißt es: »keine menschliche vorsicht vermogte [sic!] den rathschluß Gottes zu verhindern.« Ein Soldat setzte »aus eignem antriebe, oder vielmehr von einer höheren hand geleitet,« den Tempel in Brand (103). An dieser Stelle wird auch von der Tötung der Priester berichtet, ein Detail, das sich schon bei Bugenhagen findet (vgl. oben, 109, Anm. 36).
83 »denn was würden menschliche hände und maschinen gegen solche thürme vermögen?« (104, vgl. Bell 6,411).
84 Jesus kündete mit Tränen das Strafgericht an (99), die Christen flohen, damit der Warnung Jesu gehorchend, aus der Stadt (100), Titus umgab die Stadt mit einer Mauer: »Hiedurch ward dasjenige aufs genaueste erfüllt, was Christus vorher geweissaget« (102), die Aufständischen machten den Tempel »nach Christi worten« zu einer Mördergrube (103), Jerusalem wurde »nach Christi weissagung« geschleift (104).

4.4. Georg Friedrich Seiler

Georg Friedrich Seiler, von 1770 bis 1807 Professor für Theologie in Erlangen,[85] hat eine Vielzahl von liturgischen Werken veröffentlicht. Dabei handelt es sich zum Teil um eigene Texte, zum Teil aber auch um Sammlungen, die auch fremde Texte enthalten. 1784 veröffentlichte Seiler in seinem liturgischen Magazin eine erste neue Fassung der Geschichte von der Zerstörung Jerusalems. Eine gekürzte Form dieser Geschichte zusammen mit zwei weiteren Fassungen erschien 1788 in Seilers Allgemeiner Sammlung liturgischer Formulare der evangelischen Kirchen.

4.4.1. Geschichte der Zerstörung Jerusalems – erste Fassung

Die Weissagungen der Bibel und ihre Erfüllung sind das Hauptthema eines ausführlichen Prologs, der Seilers 1784 veröffentlichtem Bericht[86] vorangestellt ist.[87] Gott hat die Zerstörung Jerusalems vorhersagen lassen, damit sie als Gottesgericht erkannt werden kann und nicht der Grausamkeit der Römer zuzuschreiben ist (1f). Damit zeigt er, daß er seine Drohungen wahr macht (2). Die Juden und ihr Schicksal sind also Exempel für die strafende Gerechtigkeit Gottes.[88]

Zugleich beweist die Vernichtung der Juden, die »gegen das Reich Jesu auf Erden unaufhörlich wütheten« (3), für Seiler den Schutz Jesu für seine Kirche. Denn einerseits hat er so seine Feinde besiegt, wie Ps 110 vorhersagt, andererseits wurden die Christen, die unter den Juden lebten, aus dem allgemeinen Untergang errettet. Das stärkte ihren Glauben,

und auch wir können desto gewisser hoffen, daß er seine Gemeine bis ans Ende der Tage noch ferner wider die mächtigsten Feinde beschützen werde. (3f.)

Das Entscheidende aber ist für Seiler, daß die Zerstörung Jerusalems einen immerwährenden Beweis für die christliche Religion darstellt (4). Doch die Geschichte dient auch zur Warnung. Der letzte Satz des Prologs geht damit

---

85 Vgl. zu Seiler Ottfried Jordahn: Georg Friedrich Seilers Beitrag zur Praktischen Theologie der kirchlichen Aufklärung, EKGB 49, Nürnberg 1970.
86 Seiler 1784, die Seitenzahlen im Text beziehen sich hierauf.
87 Seiler meint in seiner Vorrede, daß Prolog und Epilog aus Zeitgründen auch weggelassen werden können.
88 »An dieser sündigen Stadt und ihren Bewohnern zeigte denn also Gott zum Schrecken aller nachfolgenden Menschengeschlechter, daß er seine Drohungen eben so, wie seine Verheissungen zu seiner Zeit in Erfüllung bringe, und daß er muthwillige Uebertreter seiner Gebote, die sich durchaus nicht bekehren und bessern lassen, endlich durch seine furchtbaren Gerichte ganz darniederschlagen und vertilgen könne« (2f).

über die in der Vorrede von Seiler genannten Ziele hinaus. Denn dort findet sich der Gedanke der Warnung, mit dem der Prolog endet, nicht:

> So laßt uns denn diese Geschichte mit Aufmerksamkeit betrachten, um durch den Ernst Gottes gegen jene, wie durch seine Güte gegen uns zur Besserung geleitet, und vor ähnlichen Sünden bewahret zu werden. (4)

Der eigentliche Bericht Seilers beginnt mit einem Lobpreis der Stadt Jerusalem, die nicht nur besonders prächtig und berühmt, sondern vor allem von Gott auserwählt war (5). Aber die Zustände in dieser Stadt wurden immer schlimmer.[89] Der Aufruhr gegen die »Oberherren, die Römer«, begann (6), durch den das Gemeinwesen schließlich zugrunde gehen sollte. Zweierlei ist hier für Seiler wichtig. Die Juden sind selber an diesem Krieg schuld, zugleich spielen die Zeloten, die zu den Pharisäern gehören, eine herausragende Rolle.

> So mußte es geschehen, daß eben diejenige pharisäische Sekte, welche Jesum am meisten verfolgt hatte, die nächste Veranlassung zu dem Umsturz des Glückes der ganzen Nation gab. (7)

Seiler erzählt vom Feldzug des Cestius Gallus und der Aufhebung der Belagerung Jerusalems, die »gewiß nicht ohne göttliche besondere Regierung« (8) geschah und den Christen das Signal zur Flucht gab (7f). Die Juden aber, die durch falsche Propheten und eine irdische Messiaserwartung sowieso verblendet waren, wurden dadurch noch weiter zum Aufruhr angestachelt (8–10). Der Feldzug des Vespasian in Galiläa wird nur knapp erwähnt, aber nicht ohne Zahlen der Opfer zu nennen (10f). Umso ausführlicher erzählt Seiler von der Belagerung Jerusalems, die an Ostern begann, so daß Jerusalem voller Menschen war, vom Bürgerkrieg, der Hungersnot, der Kreuzigung der Flüchtenden (11–15) und auch dem Massaker an den Überläufern (18). Zu all diesen Schrecken kamen noch ungewöhnliche Ereignisse, die die abergläubischen Juden zusätzlich ängstigten (vgl. Bell 6,288–309). Sie waren von Jesus vorausgesagt worden (Lk 21,25f), Seiler erklärt sie alle natürlich (15–18).[90] Schließlich wurde die Stadt erobert, der Tempel gegen den Willen des Titus verbrannt. Titus sah sich dabei als Werkzeug Gottes.[91]

Nachdem er den Bericht von der Eroberung Jerusalems beendet hat, schreibt Seiler über das weitere Schicksal der Juden und Jerusalems. Das

---

89 Seiler bezieht sich auf Mt 21,37f und zitiert Bell 5,566.
90 Seilers Deutung schließt sich dabei z.T. an Schlegel an (vgl. oben, 120f), er spricht vom Nordlicht (17) und bezeichnet den weissagenden Jesus als durch die Ereignisse schwermütig gewordenen Bauern (17f).
91 »Titus selbst erkannte die Strafen der allmächtigen Hand in dem schrecklichen Untergang dieser Stadt, und er sah sich nur als ein Werkzeug der höchsten Rache an« (20).

4. Neufassungen der Historie aus der Zeit der Aufklärung

jüdische Volk lebt seither verstreut unter allen Völkern, wie Mose Dtn 28 vorhergesagt hat, ohne sich doch mit ihnen zu vermischen.[92]

So läßt denn Gott die Nachkommen jener grundverderbten Voreltern zum Schrecken aller Völker in ihrer jüdischen Blindheit dahingehen bis auf diesen Tag, weil sie das Licht der Wahrheit nicht achten und der Gelegenheit sich nicht bedienen wollen, zu beßren Einsichten und zum Glauben an Christum zu gelangen. (22f)

Auch die den Tempel und die Stadt betreffenden Weissagungen Jesu (Mt 23, 38; Lk 19,24; 21,24) sind alle eingetroffen. Die Stadt wurde geschleift und später als Aelia Capitolina von den Heiden wiederaufgebaut. Der Versuch Julians, den Tempel und Jerusalem wiederzuerrichten und damit Christus zu einem falschen Propheten zu machen, scheiterte durch das Eingreifen Gottes (23–25). Dies deutet Seiler mit Hilfe einer Predigt des Johannes Chrysostomus. Der Versuch wurde gestattet, um zu zeigen, daß es Gottes Wille und nicht mangelndes Interesse der Juden sei, daß der Tempel zerstört bleibe (25f).[93]

Nun folgt der Epilog Seilers (26–28). Noch einmal wird der Wahrheitsbeweis für Christus und die christliche Religion betont. Dann folgt der Dank für Gottes Gnade,

die er uns, deren Voreltern Heiden gewesen sind, bisher in so reichem Maaße durch Christum erzeiget hat! Wir sind nun durch den Glauben an Jesum wahre Kinder Abrahams und Erben der göttlichen Verheissung geworden; [...] das von ihm auserwählte Geschlecht, das von ihm geheiligte Volk des Eigenthums (27).[94]

Gottes Gnade sollen sich die Zuhörer würdig erweisen[95] und sich dabei durch das Schicksal Jerusalems vor ähnlichen Sünden wie denen der Juden hüten,

damit wir uns ja nicht durch Ungerechtigkeit, durch Zwietracht, durch sorglose Ueppigkeit, durch Verachtung des Wortes Gottes, oder durch kühne Unternehmungen und Ungehorsam gegen die Obern selbst untereinander schaden und schwere göttliche Gerichte über uns herbeiziehen; sondern vielmehr unter dem Schutze des allmächtigen Vaters und der gnädigen Regierung Jesu Christi seines Sohnes gebessert, durch den heiligen Geist, in Frieden und glücklicher Ruhe ein gottseeliges Leben

---

92 »daß sie zu einem ewigen Denkmal der an ihnen so lange Zeit verschwendeten göttlichen Wohlthaten, noch mehr aber der an ihnen sich zu beweisenden Strafgerechtigkeit Gottes bis auf die lezten Zeiten der Welt aufbehalten werden sollten« (22).
93 Dieses Chrysostomuszitat hat Seiler von Schlegel übernommen, dort 534f (vgl. oben, 117 mit Anm. 25).
94 Hier wird einmal der Substitutionsgedanke erkennbar, die Christen als die wahren Kinder Abrahams ersetzen, so ist der Gedanke zu ergänzen, die Juden.
95 »Aber, lasset uns doch ja diesen Ueberfluß der göttlichen Gnade nicht misbrauchen; lasset uns als würdige Jünger Jesu Christi, als geliebte und folgsame Kinder Gottes mit unserm Wandel ihn preisen!« (27).

führen, und würdig werden in die himmlischen Stadt Gottes einzugehen, um der durch Christus bereiteten Seeligkeit ewig einst zu geniessen.[96] (27f)

Auffällig ist, welche Sünden der Juden hier genannt werden. Vom Tod Jesu wird überhaupt nicht geredet, aber auch die Verachtung des Wortes Gottes ist nur eine unter vielen, nicht die entscheidende. Dem entspricht, daß auch vorher das fortdauernde Schicksal der Juden damit begründet wurde, daß sie nicht »zu beßren Einsichten und zum Glauben an Christum« gelangen wollen (23).

Seiler hat später wie gesagt noch einmal drei Fassungen der Historie veröffentlicht. Die erste[97] davon ist eine um ungefähr ein Viertel gekürzte Fassung des Berichtes von 1784. Es fehlen der Hinweis auf die Bewahrung der Christen und die Vorzeichen der Zerstörung samt ihrer Erklärung. Auch erzählt Seiler hier nicht vom Schicksal der Stadt nach dem Jahr 70 und von dem Versuch, den Tempel wiederzuerrichten. Durch die Kürzung wird der ziemlich lange Bericht leichter liturgisch verwendbar.[98]

4.4.2. Geschichte der Zerstörung Jerusalems – zweite Fassung

Der zweite Bericht, den Seiler 1788 in seiner Allgemeinen Sammlung liturgischer Formulare veröffentlicht hat,[99] basiert zum Teil auf der Fassung des Heilbronner Gesangbuchs, wie Seiler selbst in der Vorrede dieser Sammlung schreibt.[100] Der Bericht beginnt unvermittelt mit dem Gedanken des Wahrheitsbeweises:

---

96 Vgl. zu diesem Schluß die Kap. C II besprochene Predigt von Valerius Herberger. Dort wird ebenfalls der Gedanke des himmlischen Jerusalems an den Schluß gestellt (Z. 691–693.705–708).
97 Seiler 1788, 4–12.
98 Seiler selbst sieht in den Vorüberlegungen in seinem Magazin das Problem der Unaufmerksamkeit der Zuhörer. »Beym Vorlesen wird es darauf ankommen, daß der Ton der Stimme sich sehr oft etwas erhebe, damit die Zuhörer, wie in dem Nachmittaggottesdienst des Sommers so leicht möglich ist, nicht schläfrig oder unachtsam werden« (Seiler 1784, Vorrede).
99 Seiler 1788, 12–18. Die Seitenzahlen im folgenden Abschnitt beziehen sich auf diesen Band.
100 »Die andere Erzählung ist von Herrn Pastor und Professor Becker in Rostock gedruckt mir mitgetheilt worden; sie kommt an einigen Orten mit dem Formular überein, welches im Heilbronner Gesangbuch von 1774 steht.« Georg Friedrich Seiler: Allgemeine Sammlung liturgischer Formulare der evangelischen Kirche, 1. Bd. 3. Abt., Erlangen 1788, unpaginierte Vorrede. Wie Seiler in der Vorrede zu der ganzen Sammlung schreibt, hat er auch die Formulare, die er von anderen übernimmt, z.T. bearbeitet (1. Bd. 1. Abt., Erlangen 1787, unpaginierte Vorrede). Darum führe ich diese Fassung unter Seilers Namen auf. Die Abhängigkeit vom Heilbronner Gesangbuch wird hier nicht im einzelnen nachgewiesen, da das für die vorliegende Untersuchung nichts austrägt. Allerdings ist am Ende nach den charakteristischen Unterschieden der beiden Fassungen zu fragen.

4. Neufassungen der Historie aus der Zeit der Aufklärung

Durch das Schicksal Jerusalems und des jüdischen Volks wird die Göttlichkeit der christlichen Religion noch mehr bestätiget. (12)

Nach einem Verweis auf Dan 9 werden die Weissagungen Jesu knapp zusammengefaßt. Sie erschienen damals unwahrscheinlich, aber »alles, was Jesus verkündigte, ist auf das genaueste in Erfüllung gegangen« (13).

Dann wird die Vorgeschichte der Belagerung Jerusalems seit 66 (13f) und die Flucht der Christen (14) erzählt. Dabei werden die Vorzeichen der Zerstörung neu bewertet. Wie können wir sie bezweifeln und »für abergläubische Einbildungen« halten, Christus hat sie doch vorhergesagt (ebd.).[101] Es folgt der Parteienstreit in Jerusalem (14f) und schließlich die Belagerung und Eroberung selbst. Die Verteidiger waren dabei wohlgerüstet und bereit, alles einzusetzen. »Aber die Gerichte Gottes über Jerusalem sollten in Erfüllung gehen« (15). Seiler erzählt dabei von der Teknophagie der Maria als Erfüllung von Dtn 28,56 (16) und erwähnt auch das Massaker an den Überläufern wegen des angeblich verschluckten Goldes (ebd.). Die wiederholten Friedensbemühungen des Titus werden betont (15,16),[102] wie auch sein Wille und erfolgloser Versuch, den Tempel zu schonen, der schließlich am gleichen Tag wie der erste zerstört wurde.

Die Schlußbemerkung beginnt wieder mit dem Gedanken des Wahrheitsbeweises.[103] Dann spricht Seiler von den Juden, deren Rest verachtet und oft verfolgt in der Welt umherirrt und sich, anders als alle anderen Völker, nicht mit anderen Nationen vermischt. Dies sei eine Erfüllung von Lk 21,24 (18). Er schließt mit den Worten:

Bis an das Ende der Welt wird dies Volk auch ein dauerndes Denkmal und lebendes Zeugniß von der Wahrheit der heiligen Geschichte, und der Vorhersagung Jesu seyn, und seine künftigen Schicksale werden noch die Ehre Jesu, als des Sohnes Gottes und Erlösers der Menschen, verherrlichen, und die göttliche Wahrheit seines Evangelii bestätigen. (18)[104]

---

101 Diese Wertung, es handle sich nicht um »abergläubische Einbildungen«, trifft sich mit der im Heilbronner Gesangbuch gegebenen (vgl. oben, 126, Anm. 61): Beide Male wird auf die glaubwürdigen Zeugen verwiesen, hier ausdrücklich auf Josephus: »wie Josephus, der den jüdischen Krieg beschrieben hat und ein Augenzeuge desselben gewesen ist, berichtet« (14). Daneben betont das Heilbronner Gesangbuch die fehlende natürliche Erklärungsmöglichkeit, Seiler dagegen die Weissagung Christi, der solche Wunderzeichen angekündigt habe.
102 Auch seine Versuche, die Massaker an den Überläufern zu verhindern, werden erwähnt und ebenso seine Beteuerung aus Bell 5,519, die Vielzahl der Toten sei nicht sein Werk (16).
103 »Dieses Volk der Juden, das von Mose aus Egypten geführt ist, das Jesum von Nazareth gekreuziget hat, und alle die Schicksale erlitten, die er ihnen vorher gesagt hat, sehen wir noch vor unsern Augen, und sie sind ein unwidersprechlicher Beweis der Wahrheit der Geschichte, worauf unser Glaube gebauet ist« (18).
104 Vgl. zu diesem Gedanken Schlegel, 660, oben, 123, Anm. 48.

Zusammenfassend läßt sich feststellen: Die Bestätigung der Wahrheit der christlichen Religion ist der ausdrücklich im ersten und letzten Satz dieser Geschichte genannte »Nutzen«, der aus dem Schicksal des jüdischen Volkes zu ziehen ist. Die Erfüllung der Weissagungen Jesu steht im Zentrum der Nacherzählung. Nur einmal wird ausdrücklich genannt, warum die Juden Gottes Strafgericht erleiden, und auch dies im Zusammenhang mit Jesu Worten. »Er versicherte, daß diese Strafen die Juden wegen ihrer Verachtung der ausserordentlichen Gnade Gottes, und besonders deswegen treffen würde, weil sie alle göttliche Boten verfolgten« (12f). Auch die Zerstörung des Tempels wird als Beweis für die Wahrheit des Christentums interpretiert: »Offenbar zündete eine höhere Hand dieses Feuer an, stürzte selbst den von ihr gegründeten Sitz der Religion ein, und gab der Welt dadurch ein allgemeines Merkzeichen, daß eine vollkommenere die Stelle derselben einnehmen sollte« (17).

Während diese Deutung der Tempelzerstörung mit dem Heilbronner Gesangbuch übereinstimmt,[105] finden sich sonst charakteristische Veränderungen: Historische Einzelheiten, vor allem zur römischen Geschichte, sind weggelassen, dagegen werden grausame Details der Zerstörung Jerusalems hinzugefügt.[106] Vor allem aber fehlt in Seilers Bericht völlig der Gedanke der Buße bzw. der Warnung für die Christen, mit dem das Heilbronner Gesangbuch in Anlehnung an Bugenhagen schließt.

4.4.3. Geschichte der Zerstörung Jerusalems – dritte Fassung

In der dritten von ihm veröffentlichten Fassung Fassung[107] verbindet Seiler von Anfang an die Erzählung von der Zerstörung Jerusalems mit einer erbaulichen Anwendung für die Gegenwart.[108] Zu Beginn nennt er verschiedene Nutzanwendungen des Geschehens. Neben der »Bestättigung des

---

105 Dort heißt es: »Ganz augenscheinlich ließ denselben eine höhere Hand anzünden / welche den von ihr gegründeten Sitz der Religion umstürzte / und der Welt dadurch ein allgemeines Merkzeichen gab / daß nun eine vollkommenere Religion die Stelle der Jüdischen einnehmen solte« (Gesangbuch Heilbronn 1774, 111).
106 Es wird über das Massaker an den übergelaufenen Juden wegen des verschluckten Goldes berichtet, immer wieder werden verschiedene Zahlen der Opfer der Belagerung und Eroberung genannt; es heißt, daß die Römer im Tempel ein Blutbad anrichteten (17, vgl. Bell 6,259.271 u.ö.), und es ist von einem Massaker der Aufständischen auf dem »Berg Zion« die Rede (17, vgl. Bell 6,358).
107 Seiler 1788, 19–27.
108 Er schreibt dazu auch ausdrücklich in der Vorrede (s.o., 136, Anm. 100), er habe den Versuch gemacht, »wie diese Geschichte sogleich während der Erzählung der Begebenheiten erbaulich angewendet werden könnte.« Zugleich meint er, daß diese Fassung »vielleicht am besten für Landgemeinden sich schicken wird.«

4. Neufassungen der Historie aus der Zeit der Aufklärung

Glaubens«, dem Beweis für die Wahrheit des Christentums, dient die Zerstörung Jerusalems auch als Warnung und Ruf zu Dankbarkeit und Treue Gott gegenüber:

> Die Zerstörung der Stadt Jerusalem ist für uns Christen eine der allermerkwürdigsten Begebenheiten, die sich je auf Erden zugetragen hat; sie kann uns dienen zur Bestättigung des Glaubens an Jesum, zur Warnung vor Sünden, zum Dank gegen Gott, der uns mit so vieler Langmuth bisher getragen hat, und zur Ermunterung, ihm desto getreuer zu dienen. (19)

Der Hauptteil des Textes folgt der Weissagung Jesu in Mt 24 und zeigt fortlaufend die Erfüllung dieser Weissagung.[109] Das wird aber immer wieder unterbrochen durch den Bezug auf die Gegenwart, wie ihn schon die Einleitung ganz deutlich herstellt. Zweimal wurde Jerusalem, »der einzige Ort auf der ganzen Erde, da der wahre Gott einen Tempel hatte, [...] um der Sünden der Juden willen« (19) zerstört, zweimal wurden heidnische Herrscher Werkzeuge von Gottes Strafgerechtigkeit gegen sein Volk.

> Sollten das nicht alle und jede Einwohner eines christlichen Ortes mit vieler Aufmerksamkeit wohl erwägen, und bey sich selbst denken: hat Gott damals seines eigenen Volkes nicht verschont, da es sich mit widerspenstigen Herzen ihm widersetzte; kann er nicht auch über uns endlich des Schonens müde werden; kann er nicht um der vielen Sünden wegen, die leider noch im Schwange gehen, unsern Ort, oder auch unser ganzes Land, mit ähnlichen schrecklichen Gerichten heimsuchen? Ach heiliger und gerechter Gott! schone unserer nach deiner Gnade; erwecke viele von den rohen Sündern durch das Andenken an den Aschenhaufen des verwüsteten Jerusalems, und durch die Vorstellung des entsetzlichen Jammers, der über einen grossen Theil der jüdischen Nation sich ausgebreitet hat; befestige aber auch in allen Frommen den redlichen Entschluß, dir in kindlichem Gehorsam zu dienen. (19)

Nun wird, nach dem Verweis auf frühere Weissagungen, die Erfüllung von Mt 24 aufgezeigt, es folgen jeweils Deutungen und Mahnungen für die Gegenwart, z.T., wie bei der Einleitung, gefolgt von einem Gebetswort. Es traten falsche Messiasse auf (V. 4f) – wer sich von Verführern verlocken läßt, gerät ins Verderben (20). Es gab überall Krieg (V. 6) – uns geht es gut, wir sind darum Gott Dank schuldig und Bitte um weitere Bewahrung (20f). Es gab Erdbeben und Hungersnot (V. 7), dazu Haß und Ungerechtigkeit (V10.12) – wenn Christen einander hassen und verfolgen, so kann das nur Jammer und Unsegen nach sich ziehen; wir sollen einander in Liebe und Güte begegnen (21f). Die Juden waren verblendet wie zur Zeit Noahs (V38f) – ebenso geht es allen sorglosen Sündern, die doch vielmehr bereuen und zu Gott zurückkehren sollten (22). Die Stadt wurde belagert, es brach Hungers-

---

[109] Diesen Aufbau hat Seiler wohl von Schlegel übernommen, genau so ist auch dessen vierter Hauptteil aufgebaut. Hier bei Seiler wird natürlich weniger ausführlich erzählt.

not und Pestilenz aus (Mt 24,15 und Lk 19,43) – was würde aus uns, wenn Gott einige Jahre Mißernten schicken würde. Hätten nicht viele ähnliche Strafen wie die Juden verdient? Nur Gottes Langmut hat das verhindert.[110] Noch eine Lehre zieht Seiler hieraus. Es gibt weniger Seuchen als früher, vor allem sorgt die Obrigkeit dafür, daß sie sich nicht ausbreiten. »Desto bereitwilliger sollten wir ihren Befehlen gehorchen, und nicht mehr, wie jene bösen Juden, sie betrüben« (23). Seiler erzählt weiter von den Schrecken der Belagerung, vom Massaker wegen des verschluckten Goldes, schließlich von der Teknophagie der Maria und fragt, wie Gott so etwas geschehen lassen kann. Nachdem er seinem Volk mehr Wohltaten erwiesen und mehr Zeit zur Besserung gegeben hat als irgendeinem sonst – so die Antwort, die er gibt –, nachdem er ihm sogar seinen eigenen Sohn geschickt hat, hat er schließlich erfüllt, was in seinem Gesetz vorhergesagt war (Ex 20,5) und was auch Jesus predigte (Mt 23,37f). Je länger Gott also einen Ort schont, je mehr Wohltaten er ihm erweist, desto schlimmer wird die Strafe sein. Uns war Gott lange gnädig. »Wenn wir dieß alles nicht achteten; wenn wir muthwilligen Sünden nicht von Herzensgrund entsagten; wenn wir nicht, wie Kinder, ihm, unserm gütigsten Vater, zu gehorchen bereitwillig wären: Was würde uns einst bevorstehen? Vielleicht etwas ähnliches von dem, was dort den widerspenstigen Einwohnern Jerusalems wiederfuhr« (25). Jerusalem jedenfalls und der Tempel wurden völlig zerstört,[111] die wenigen überlebenden Juden in alle Gegenden verkauft (25f).

Mt 23,35f hat sich erfüllt, das unschuldige Blut wurde gerächt (25),[112] damit beginnt Seiler seine Schlußgedanken. Er nimmt dann die Gedanken

---

110 Hier fügt Seiler wieder einen Gebetsruf ein: »O theuerster Erlöser! der du zur Rechten deines Vaters sitzest und uns vertrittst, nimm dich unserer ferner gnädig an, mache uns durch deine Religion immer fertiger, die milden Gaben unseres gütigen Gottes zu empfangen, und immer weiser, sie recht zu gebrauchen« (23).
111 In diesem Zusammenhang findet sich ein Ansatz des alten Talionsdenkens: »An eben dem Orte, wo Jesus die Juden so oft gelehrt, und zur wahren Sinnesänderung vergebens ermahnt hatte; an dem Orte, wo die Vorgesetzten derselben seiner gespottet, und den gottlosen Anschlag, ihn zu tödten, öfters gefaßt hatten: eben da wurde das Blut vieler Tausende derselben stromweise vergossen« (25).
112 Vgl. dazu auch, was Seiler in seinen Passionsandachten zu Mt 27,25 sagt: Die Juden konnten wegen Ex 20,5 und Lk 23,28 wissen, daß Gott ihre Sünden an ihren Nachkommen strafen würde. »In der That erfolgten denn auch die schrecklichsten Strafen der Bosheit der damaligen Juden an ihren eben so boshaften Nachkommen. Etwa sieben und dreißig Jahre nach Christi Tod wurden von ihnen viele hundert Tausende durch die Römer jämmerlich ermordet, und die übrigen beynahe unter alle Völker auf Erden zerstreut. In dieser Zerstreuung, die eine Folge der Sünden ihrer Väter war, leben sie noch [...] So sey uns denn dieß Volk ein immerwährendes Denkmal der Strafgerechtigkeit Gottes! So sey uns die Schmach und das Elend, in dem es bisher in der Zerstreuung unter den Völkern lebte, eine stete Warnung vor Neid und Haß, vor Ungerechtigkeit und allen andern Sün-

4. Neufassungen der Historie aus der Zeit der Aufklärung

des ersten Satzes wieder auf, betont noch einmal den Wahrheitsbeweis für Christus[113] und die Warnung, die das Geschehen für uns darstellt (26).[114] Aber auch Trost liegt in der Geschichte, und zwar in der wunderbaren Errettung der Christen. Auch hier wird verallgemeinert: »So weiß der Herr die Gottseligen zu erhalten, wenn er, nach seiner Gerechtigkeit, Rache übet an den muthwilligen Sündern« (27). Seiler endet mit einem Gebet.[115]

Zusammenfassend läßt sich zu dieser Fassung der Geschichte sagen: Was bei Bugenhagen und im Heilbronner Gesangbuch vor allem in der Schlußbemerkung geschieht, die Anwendung des Geschehens auf die Gegenwart bzw. die ZuhörerInnen, durchzieht hier den gesamten Bericht. Er erhält dadurch eher den Charakter einer Predigt. Dabei werden Gottes Strafgerichte, anders als bei Bugenhagen, den konkreten ZuhörerInnen allerdings nur hypothetisch angedroht: »Erkennet also ja wohl hieraus, wie die Strafgerichte des allmächtigen Gottes über ein Volk, über eine Stadt, und über einen Ort desto fürchterlicher hereinbrechen, je länger er derselben geschont, [...] Wenn wir dieß alles nicht achteten; wenn wir muthwilligen Sünden nicht von Herzensgrund entsagten; wenn wir nicht, wie Kinder, ihm, unserm gütigsten Vater, zu gehorchen bereitwillig wären: Was würde uns einst bevorstehen?« (24f) Die Mißachtung Gottes ist hier nur eine irreale Möglichkeit. Entsprechend endet der Bericht nach einer Bitte um Sündenvergebung mit dem tröstlichen Ausblick auf das himmlische Jerusalem.

---

den.« Georg Friedrich Seiler: Erbauliche Betrachtungen über die Leidensgeschichte Jesu, 2., unveränderte Auflage, Erlangen 1799, 106. Die erste Auflage dieser erbaulichen Betrachtungen erschien 1787 als zweiter Teil von Seilers allgemeiner Sammlung liturgischer Formulare.

113 »Dadurch wurde die Wahrhaftigkeit Jesu Christi auf eine schreckliche Weise an den Juden bestättiget; und noch bis diese Stunde müssen sie einen fortdaurenden Beweis der Wahrheit der geoffenbarten Religion in ihrem Elende abgeben« (26). Später heißt es: »Wer konnte dieß alles mehrere tausend Jahre vorher sehen, als allein der allwissende Regent Himmels und der Erden?« (ebd.).

114 »Er hat dieß nach seiner Güte und Gerechtigkeit also geordnet, und uns zur immerwährenden Warnung diese furchtbare Geschichte aufzeichnen lassen. Möchte uns doch das Andenken an dieselbe vor allen und jeden Sünden warnen; möchte doch der Steinhauffen jener verheerten Stadt uns alle erwecken, bey Zeit zu bedenken, was zu unserm Frieden dienet!« (ebd.).

115 »Nun, gütigster Gott und Vater! deiner weisen Fürsorge empfehlen wir uns, unser ganzes Land, und diesen Ort. Ach handle nicht mit uns nach unsern Sünden; vergilt uns nicht nach unsern Missethaten! [vgl. Ps 103,110] Laß uns, um Jesu Christi willen, ferner Theil nehmen an deiner Gnade, und regiere uns durch deinen heiligen Geist, daß wir den Ermahnungen Jesu, unsers göttlichen Lehrers gehorchen, und dich mit kindlichem Gehorsam verherrlichen, bis du uns einst aufnehmen wirst in das himmlische Jerusalem, in deine ewige herrliche Stadt, wo wir dich mit allen Engeln und Auserwählten preisen werden immer und ewiglich. Amen!« (27) Vgl. hierzu auch den Schluß der Fassung von 1784, oben, 135f.

4.5. Heinrich Balthasar Wagnitz: Nachricht von der Zerstörung Jerusalems

Heinrich Balthasar Wagnitz war Prediger an der Hauptkirche Zur Lieben Frau in Halle. Schon 1780 hat er sich in seiner Schrift »Ueber die Phaenomene vor der Zerstöhrung Jerusalems.«[116] auch zu der Geschichte von der Zerstörung Jerusalems geäußert. Dort kritisiert er vor allem den Bericht über die verschiedenen wundersamen Phänomene, den Bugenhagen aus Josephus wiedergibt, und empfiehlt, lieber die Fassung des neuen bremischen Gesangbuchs zu lesen, die darüber schweigt. 1786 veröffentlichte er dann Vorüberlegungen über eine eigene Neufassung der Geschichte, die »Nachricht von der Zerstörung Jerusalems« selbst erschien 1790.[117] Sie war vom Konsistorium in Halle approbiert, sollte die Fassung Bugenhagens ersetzen und wurde auch im halleschen Gesangbuch gedruckt.

Wagnitz meint in seinen Vorüberlegungen von 1786, eine neugefaßte Erzählung von der Zerstörung Jerusalems müsse eine gesonderte Predigt dazu überflüssig machen.[118] Sein Text[119] beginnt mit den Worten:

Ist je eine Begebenheit in der ganzen jüdischen Geschichte für uns Christen merkwürdig, so ist es die Zerstörung der Stadt Jerusalem und die damit verbundene Verwüstung so vieler anderer Städte und der ganzen umliegenden Gegend.[120] Durch sie wurde nicht nur dem Levitischen Gottesdienst, der an den Tempel zu Jerusalem gebunden war, ein Ende gemacht, und das Christenthum, welches noch immer mit dem Judenthume vermischt gewesen war, von diesem getrennt: sondern es wurde auch der Lauf des Evangeliums, der bis dahin von den Juden am mächtigsten aufgehalten worden war, befördert, und der Glaube an Jesum Christum, der dieses wichtige Ereignis so bestimmt und genau vierzig Jahre vorher gesagt hatte, erleichtert und bestätigt. (20f)

In dieser Einleitungsbemerkung deutet Wagnitz für seine HörerInnen die Zerstörung Jerusalems bereits. Das Ende des »levitischen« Gottesdienstes verweist auf die Substitution des Judentums durch das Christentum, entscheidend aber ist die Erfüllung der Worte Jesu und die Ausbreitung des Evangeliums. Weil Gott diesen Erfolg nach Wagnitz vorhergesehen hatte, ließ er die Zerstörung geschehen, zu der allerdings die Juden durch ihr Verhalten beigetragen hatten. Dazu gehörte ihr (National-)Stolz und der dadurch geförderte Aufruhr gegen ihre Obrigkeit, die Römer, ihre Lasterhaftigkeit und schließlich vor allem ihr Verhalten gegen Jesus (21).

---

116 Vgl. dazu oben, 113f.
117 Wagnitz 1790. Dabei vermerkt Wagnitz: »Uebrigens ist die ganze Nachricht nach Schlegels Auszuge aus dem Josephus [...] geformt und gestellt worden« (ebd., 20, Anm.).
118 Wagnitz 1786, 287f. Das ist ein Anspruch, den die dritte Seilersche Fassung des Berichts am ehesten einzulösen versucht.
119 Wagnitz 1790, hierauf beziehen sich die folgenden Seitenzahlen.
120 Dieser erste Satz ist fast wörtlich von Seiler 1784 übernommen.

4. Neufassungen der Historie aus der Zeit der Aufklärung 143

Hätten sie an diesen geglaubt, auf seine sanft warnende Stimme gehört, und sich durch ihn von ihrem blinden Hasse gegen andere Nationen, von ihrer unseligen Neigung zu Empörungen, von ihren falschen Erwartungen einer außerordentlichen Hülfe, die ihnen Gott durch einen Retter nach ihrem Sinne senden werde, heilen lassen, und Unterwürfigkeit unter alle bürgerliche Ordnung und glaubiges Hinsehen auf Gott, der seine Freunde mit ewigen Gütern lohnt, gelernt, sie würden gewiß dem Unglück, das ihnen begegnete, entgangen seyn. (21f)[121]

Hier scheint Wagnitz den Nationalstolz und den Aufruhr gegen die Römer für die Hauptfehler der Juden zu halten. Von Jesus hätten sie anderes Verhalten lernen und sich so retten können. Im folgenden klingt die Argumentation theologischer, er redet von der Verwerfung Jesu als Ursache des Untergangs.[122] Dann schwenkt Wagnitz wieder auf die andere, eher historische Argumentationsebene zurück: Auch die Römer hatten ein gewisses Maß an Schuld, indem sie durch ungerechte Behandlung der Juden deren Empörungssucht förderten (22). Im folgenden wird die Geschichte erzählt, immer wieder mit Verweis auf entsprechende Vorhersagen Jesu.[123] Wagnitz erwähnt die Flucht der Christen aus Jerusalem (24)[124] und den Beistand Gottes für Vespasian (26)[125] und Titus (29; 32f), den beide auch als solchen erkannten. Auch die schrecklichen Einzelheiten der Belagerung fehlen nicht, die Kreuzigung der Flüchtenden (28), die Hungersnot und die Teknophagie der Maria (29f). Der Tempel wurde schließlich gegen den Willen des Titus bei der Eroberung zerstört (30f).

---

121 Dieser Gedanke findet sich auch bei Schlegel, vgl. dort z.B. 16, Zitat oben, 118, Anm. 27.
122 »Aber der Stimme Jesu glaubten sie nicht, und ihn kreuzigten sie! Daher auch Jesus selbst ihnen dieses ihr Unglück als Folge seiner Verwerfung vorher verkündigte« (22).
123 Dafür ein Beispiel: »So wie aber unter Gottes Leitung und Regierung selbst das Böse etwas Gutes bewirken muß, so mußte diese Hartnäckigkeit der Juden [mit der sie sich weigerten, sich zu ergeben, I.M.] nur dazu dienen, den weit in die Ferne sehenden Blick Jesu und seine Weissagungen, die alles das, was kein Mensch sich damals als möglich dachte, vorher sagten, zu rechtfertigen« (29). Denn wer hätte damals die völlige Zerstörung des Tempels und der Stadt für möglich gehalten.
124 Nur weil Cestius Gallus – Wagnitz nennt ihn fälschlicherweise Cassius Gallus – ein unerfahrener Feldherr war, brach er die Belagerung Jerusalems erfolglos ab. »Doch unter Gottes Regierung muß oft selbst der Fehler, den ein Mensch macht, heilsame Endzwecke befördern.« Denn dieser Abzug gab den Christen das Signal und die Möglichkeit zur Flucht (24).
125 »Vespasian war bey alle diesen innerlichen Zerrüttungen stille, denn er wollte dem Volke, das sich selbst aufrieb und welches wie er immer sagte Gott gewiß in die Hände der Römer geben würde, zur eigenen Beförderung ihres Unterganges noch Raum lassen« (26). Vgl. die Fassung des Bremer Gesangbuchs (dort 101, vgl. oben, 131), an die Wagnitz sich hier offensichtlich anschließt.

In seiner abschließenden Bemerkung faßt Wagnitz noch einmal seine ihn leitenden Gedanken zusammen. Mit Titus kann er sagen, daß Gott die Juden aus Jerusalem vertrieb, »denn was würden menschliche Hände und Maschinen gegen solche Thürme vermocht haben« (33).[126] Zugleich ist der Schutt Jerusalems

ein immerwährender Beweis, [...] daß Jesus Christus, der sei, für den wir ihn halten, der [...] Sohn Gottes, der auf die Erde kam, die, die an ihn glauben, seelig zu machen, und die, die ihn verwerfen [...] zu strafen, mit Strafen, welche sie sich selbst [...] bereiten. (Ebd.)

Wir aber, »deren Vorältern Heiden gewesen sind«, sollen Gott für seine Gnade danken,

als Christen fromm vor ihm wandeln, und die Nachkommen jener Unglücklichen, die ihn verwarfen, und durch Sünde und Ungehorsam jene furchtbaren Gerichte herbeyriefen, mit Mitleid ansehen, und durch unser Verhalten und Beyspiel sie den hoch schätzen lehren, durch den wir hier und dort wahrhaftig glücklich gemacht werden sollen, und der auch ihnen Retter und Heiland seyn will. Gott gebe uns dazu seine Kraft durch Jesum Christum Amen. (Ebd.)

Der Gedanke der Buße findet sich in dieser Schlußmahnung nicht.[127] Nur die dankbare Antwort auf Gottes Gnade, ein frommer Lebenswandel, ist geblieben. Dafür kommen die zeitgenössischen Juden als Objekte des Mitleids und möglicherweise auch der Mission in den Blick.

4.5.1. Nachricht von der Zerstörung Jerusalems – veränderte Fassung

Dieser Gedanke wird in einem Nachdruck der Wagnitzschen Geschichte mit verändertem Schluß, der nach 1793 erschien,[128] verstärkt. Dort heißt es am Ende:

Endlich wollen wir auch heute [...] den Vorsatz fassen, die Nachkommen des unglücklichen Volks, das einst Jesum verwarf, und durch Aberglauben und Laster den Untergang seiner Hauptstadt und seiner ganzen Verfassung herbeyrief, welche unter uns Christen zerstreut leben, nicht mit Haß und Verachtung, sondern mit mitleidiger Schonung zu behandeln. Nie wollen wir aus falschem, abergläubischem Eifer für das Christenthum ihnen die Pflichten versagen, die der Mensch dem Menschen schuldig ist. Nein wir wollen ihnen vielmehr durch liebreiche und menschenfreundliche Be-

---

126 Vgl. Bell 6,411.
127 Allerdings ist die Zerstörung Jerusalems ein Beweis für Gottes strafendes Handeln, aber die Möglichkeit, daß die HörerInnen der Geschichte Gott verwerfen und damit eine solche Strafe verdienen könnten, kommt für Wagnitz nicht in den Blick.
128 Wagnitz* (vgl. oben, 87, Anm. 22). Die Seiten 3–16 entsprechen Wagnitz bis 33 oben. Nach dem Zitat Bell 6,411 folgt ein eigener Schluß (16–18). Die folgenden Seitenzahlen im Text beziehen sich auf diesen Nachdruck.

4. Neufassungen der Historie aus der Zeit der Aufklärung

handlung, die Bedrückungen, unter welchen sie leider unter Christen noch an so manchen Orten seufzen, erträglich und ihnen dadurch unsere Religion selbst achtungs- und ehrwürdig zu machen suchen. (17f)

Nicht nur Mitleid, sondern eine humane Behandlung der Juden wird hier angemahnt, und vor Aberglauben bzw. abergläubischem Eifer gewarnt, der sonst vor allem als Merkmal der jüdischen Religion erscheint und ja auch hier als ein Hauptgrund für den Untergang Jerusalems genannt wird. Die Verwerfung Jesu erscheint dagegen zweitrangig. Dieser Aberglaube besteht vor allem in einem falschen Stolz auf die Vorzüge der eigenen Religion und Nation.[129] So ist es bemerkenswert, daß hier dieser abergläubische Eifer auch Christen vorgeworfen wird. Zudem wird gesehen, daß die Leiden dieses »unglücklichen Volks« von Christen mit verursacht sind. Dennoch steht wohl das Ziel im Hintergrund, die Juden zum Christentum zu bekehren, denn wozu sonst sollte die christliche Religion den Juden angenehm gemacht werden.

Allerdings scheint es, als sei der Autor selbst nicht ganz frei von »abergläubischem Eifer«. Er schreibt von der Weisheit der göttlichen Regierung, die aus einer so schauderhaften Begebenheit dennoch Gutes entstehen ließ:

Denn hat nicht der gänzliche Umsturz des Judenthums, dieses unversöhnlichen Feindes des Christenthums, unter der göttlichen Regierung zur leichteren und allgemeinern Verbreitung der vollkommnern christlichen Religionslehre und zu höherer Erleuchtung und Veredlung eines großen Theils des Menschengeschlechts beytragen und bey vielen das göttliche Ansehen seines Stifters bestätigen müssen. (16).

Auch hier findet sich der Stolz auf die vollkommenere Religion, nur nicht verbunden mit Nationalbewußtsein. Dem Autor geht es hier allerdings darum, daß aufgrund dieses Beispiels »unser Glaube an die Weisheit, Heiligkeit und Güte des erhabenen Wesens, das die Begebenheiten ganzer Völker, so wie einzelner Menschen regiert« (ebd.), nicht ins Wanken gerät, wenn die HörerInnen ähnlich furchtbare Begebenheiten erleben. Daneben warnt der Untergang Jerusalems vor den Ursachen, die ihn hervorgerufen haben. »Wir«, d.h. die HörerInnen, sollen die Fehler der Juden nicht wiederholen, sondern aus Dank für die uns von der göttlichen Vorsehung geschenkte Erleuchtung uns bessern

und durch einen tugendhaften und rechtschaffenen Lebenswandel durch Gehorsam und Unterwürfigkeit unter die Gesetze unsrer Obrigkeit, der Religion, die wir bekennen Ehre zu machen suchen. (17)

---

129 So heißt es zuvor: »Waren es nicht Aberglauben und falsche Religionsbegriffe, Stolz auf ihre vermeinten Vorrechte vor andern Völkern und auf die besondere Gnade, in der sie bey Gott zu stehen glaubten, verbunden mit Empörungssucht und Lastern aller Art, welche einst die jüdische Nation ins Verderben stürzte?« (17).

Der Text endet mit einem Gebet: »Stärke du o Gott uns selbst zu der Ausführung dieser Vorsätze, die wir dir jetzt von neuem geloben durch deines Geistes Beystand! Amen!« (18).

Die Abänderung des Wagnitzschen Schlusses unterscheidet sich von ihrer Vorlage durch größere Ausführlichkeit, stärkere Betonung der Weisheit der göttlichen Weltregierung[130] und des Mitleids gegenüber den Juden und durch den Gedanken des warnenden Beispiels der Juden, der zumindest kurz angesprochen wird.

4.6. Zur Interpretation der Aufklärungstexte

Bei der Interpretation der Aufklärungstexte sind zwei verschiedene Linien von besonderem Interesse. 1. Wie wird die Zerstörung Jerusalems gedeutet, was waren die Ursachen, was für Folgen ergeben sich aus diesem Geschehen? 2. Was sagen die Texte über die zeitgenössischen Juden?

1. Es zeigt sich, daß es sehr verschiedene, miteinander konkurrierende Deutungskategorien für die Zerstörung Jerusalems gibt, die sich oft überschneiden. Zuerst einmal ist zu unterscheiden zwischen der Angabe von Gründen, die zur Zerstörung geführt haben, und dem Aufweis der Folgen, die dieses Geschehen hatte.

Die Zerstörung Jerusalems wird als Folge der Sünden der Juden gesehen,[131] allerdings werden diese Sünden sehr verschieden bestimmt. Es geht dabei nicht nur um die Verwerfung und den Tod Jesu[132] sowie die Verfolgung der Christen.[133] Genauso werden daneben auch andere Sünden genannt, Laster aller Art, besonders aber das falsche Nationalbewußtsein, der Stolz und die Empörungssucht der Juden.[134] Dabei ist mit zu bedenken, daß

---

130 Dieser Gedanke wird bei Wagnitz an anderen Stellen auch herausgestellt.
131 Vgl. z.B. das »maaß seiner gehäuften Sünden«, das das Volk der Juden erfüllt hatte (Gesangbuch Bremen 1814, 99); »göttliche Strafgerichte jener ruchlosen Sünder« (Seiler 1784, 2); Jerusalem und Tempel sind »um der Sünden der Juden willen« zerstört worden (Seiler 1788, 19).
132 So z.B. Schlegel 12 (vgl. oben, 115, Anm. 15), 240f (oben, 119, Anm. 33) u.ö.; Gesangbuch Bremen 1814, 99; Seiler 1784, 27: Christus ist der Heiland, »den die Juden zu ihrem großen Schaden verworfen« haben; Wagnitz 1790, 22 (Zitat oben, 143, Anm. 122).
133 So z.B. Seiler 1788, 12f. Ebd., 26, am Ende seiner dritten Erzählung heißt es, es war »als wenn Gott alles unschuldige Blut, daß auf der Erde vom Anfang des Menschengeschlechts an vergossen worden war, an diesem boshaften Volke hätte rächen wollen.« Vgl. auch das Heilbronner Gesangbuch, wo von der Verfolgung der Boten Gottes, der Propheten und Apostel geredet wird (107f).
134 Gott straft »muthwillige Uebertretter seiner Gebote, die sich durchaus nicht bekehren und bessern lassen« (Seiler 1784, 2f). Dem entspricht, daß Seiler am Ende

4. Neufassungen der Historie aus der Zeit der Aufklärung

für die Texte ein natürlicher Zusammenhang besteht zwischen diesen Sünden und der Verwerfung Jesu. Als Anhänger Jesu hätten die Juden ein sittlich besseres Leben geführt.

Dieser Zusammenhang wird noch einmal wichtig, wenn gefragt wird, wie sich die Strafe denn ereignete. Dabei wird dann betont, daß die Sünden der Juden, vor allem die Empörungssucht, zum Untergang des Volkes führen mußten, d.h., daß die Sünde ganz immanent ihre Strafe hervorbringt.[135] Umgekehrt hätte die Bekehrung zu Jesus auf ganz natürliche Weise diesen Untergang verhindert.[136]

Gleichzeitig findet sich die andere Betrachtungsweise, die das Wirken Gottes in diesem Strafgeschehen betont. Das zeigt sich besonders da, wo Titus als Ausführender des Gotteswillens dargestellt wird oder selber bekennt, Gott habe den Krieg gegen die Juden gewonnen.[137] In diesem Zusammenhang wird dann auch die Stärke Jerusalems, seine Uneinnehmbarkeit betont.[138]

Diese Linien finden sich oft parallel in den Texten. Deutlich wird das am Schluß der Wagnitzschen Erzählung, wo es heißt, Christus sei gekommen, um

die, die ihn verwerfen und außer ihm ihr Heil suchen, zu strafen, mit Strafen, welche sie sich selbst durch ihren Leichtsinn, durch sorglose Ueppigkeit, durch Ungerechtigkeit, und durch ähnliche Laster, die aus der Hintansetzung und muthwilligen Verachtung des Glaubens an seinen Nahmen entspringen, bereiten. (Wagnitz 1790, 33)

---

des Berichtes die »Verachtung des Wortes Gottes« nur als eine unter vielen Sünden aufzählt, die wir, gewarnt durch das Beispiel der Juden, vermeiden sollen (ebd., 27f, Zitat oben, 135f). Schon in seinen Vorüberlegungen sagt Seiler, es sei wichtig, »die damals herrschenden Vorurtheile der Juden« aufzuzeigen, nämlich ihre falsche Messiaserwartung, »dadurch sie zur Rebellion gegen die Römer gereizt und in ihren aufrührerischen Unternehmungen so lange unterhalten wurden, bis endlich keine Rettung mehr da war« (Seiler 1784, Vorrede). Vgl. auch Wagnitz 1790, 21; Wagnitz* 17 (vgl. oben, 145, Anm. 129).

135 Dieser Gedanke ist im Gesangbuch Bremen 1814 angedeutet, wenn es heißt, daß das Volk sich selbst aufrieb (99, Zitat oben, 130, Anm. 74, und 101, Zitat oben, 131). Vgl. Wagnitz*, 17: das Volk, »das einst Jesum verwarf, und durch Aberglauben und Laster den Untergang seiner Hauptstadt und seiner ganzen Verfassung herbeyrief«.

136 Schlegel, 16 (vgl. oben, 118, Anm. 27); Wagnitz 1790, 21f (vgl. das Zitat oben, 143).

137 Vgl. das häufige Zitat aus Bell 6,411, besonders prägnant bei Wagnitz 1790, 32f. Auch die immer wieder betonten vergeblichen Versuche des Titus, den Tempel zu retten, sind hier mit zu bedenken. Vgl. außerdem z.B. Seiler 1784, 20 (Zitat oben, 134, Anm. 91).

138 So z.B. Seiler 1788, 15: Stadt und Tempel waren »unbezwinglich«, die Verteidiger kämpften »mit unüberwindlicher Standhaftigkeit. [...] Aber die Gerichte Gottes über Jerusalem sollten in Erfüllung gehen.«

Christus straft, aber mit Strafen, die sich die Sünder selbst bereiten. Bei den Sünden, die Wagnitz aufzählt, wird die Verwerfung Jesu nicht genannt, aber sie entspringen der Verachtung des Glaubens.[139]

In der Anwendung folgt daraus, daß wir uns vor den Sünden der Juden hüten sollen.[140] Hierbei zielt die Anwendung normalerweise mehr auf das sittlich gute Leben und die Unterordnung unter die Obrigkeit als auf die Warnung vor der Verachtung des Wortes Gottes bzw. der Verachtung Jesu.[141]

Neben dieser Frage nach der Ursache der Zerstörung Jerusalems, die dieses Ereignis dann zu einem warnenden Beispiel für die Christen werden läßt, gibt es aber auch noch eine ganz andere Betrachtungsweise. Sie fragt danach, welche für das Christentum positiven Folgen[142] das Geschehen hat. Hier finden sich drei Linien.

Zum einen, und darauf legen die meisten Autoren den Schwerpunkt, ist die genaue Erfüllung der Weissagungen Jesu ein Beweis für seine Göttlichkeit und für die Wahrheit des Christentums.[143] Schlegel kann soweit gehen zu behaupten, Jesus habe schon bei seinen Weissagungen diesen Beweis beabsichtigt.[144]

Zum anderen spielt die Zerstörung Jerusalems, vor allem aber des Tempels, eine Rolle im Substitutionsdenken der Christen. Die Zerstörung des Tempels, die von Gott vorhergesagt war und von ihm gegen den Willen und die Absicht des Titus vollzogen wurde, sowie die damit verbundene Been-

---

139 Vgl. auch die Nebenordnung, wenn Wagnitz von den Juden redet, »die ihn [=Christus] verwarfen, und durch Sünde und Ungehorsam jene furchtbaren Gerichte herbeyriefen« Wagnitz 1790, 33.
140 Der Gedanke der Warnung ist im Heilbronner (112) und im Bremer Gesangbuch (104) besonders stark, die ja beide mit den Worten aus Röm 11,20b–22 enden. Auch die dritte Seilersche Fassung führt die Übertragung und damit auch den warnenden Aspekt durchgängig aus. Vgl. auch Wagnitz*, 17.
141 Vgl. Seiler 1784, 27f (Zitat oben, 135f); Seiler 1788, 26: diese Geschichte soll uns »vor allen und jeden Sünden warnen«. Die Unterordnung unter die Obrigkeit wird in der dritten Seilerschen Erzählung immer wieder angesprochen, so 20, 21, 23. Vgl. außerdem Wagnitz*, 17 (vgl. oben, 145). Eine Ausnahme bildet die von Bugenhagen abhängige Schlußmahnung des Heilbronner Gesangbuchs, »so werden die gewiß nicht ungestrafft bleiben / welche die Gnade GOttes in Christo JEsu verachten und in Undanck / Heucheley und Sicherheit verschmähen« (Gesangbuch Heilbronn 1774, 112).
142 Schlegel, 1: »Besonders zieht die Religion aus ihr [=aus der Zerstörung Jerusalems] mancherley überaus beträchtliche Vortheile.«
143 Vgl. neben den oben immer wieder gegebenen Beispielen noch Schlegel (12): »Doch die herrlichste Bestätigung des Christenthums, ein unumstößlicher Beweis der Wahrheit und Göttlichkeit desselben wird diese Begebenheit durch die umständliche ausführliche Weissagung Jesu davon, die in allen Stücken so pünktlich in Erfüllung gegangen ist.«
144 Schlegel 339f (vgl. oben, 121, Anm. 43).

digung des »levitischen« Gottesdienstes und des Tempelkultes, beweist die Ablösung des Judentums durch das ihm überlegene Christentum.[145]

Eine dritte Deutungslinie zeigt anhand des schrecklichen Geschehens die Weisheit und Güte der göttlichen Weltregierung. Sie konnte aus solch einem grausamen Ereignis etwas Positives entstehen lassen, nämlich die ungehinderte Ausbreitung des Christentums, dessen Hauptgegner ausgeschaltet war.[146] Außerdem zeigt das Schicksal der christlichen Gemeinde Jerusalems, die rechtzeitig nach Pella floh, daß Gott die Seinen bewahrt.[147] Beides dient den Christen in entsprechenden Situationen als Trost.[148]

2. Seiler und Wagnitz hatten ja, wie vor ihnen schon Herder, betont, die Erzählung von der Zerstörung Jerusalems dürfe nicht den Haß gegen die Juden wecken oder verstärken (vgl. oben, 112–114). Hier ist zu fragen, inwieweit die Texte diesem Anspruch gerecht werden.

Wenn von den Sünden der Juden die Rede ist, wird ihnen nur selten direkt der Tod Jesu zum Vorwurf gemacht.[149] Es wird also nicht das alte Bild der Juden als Gottesmörder noch weiter verstärkt. Dennoch wird die Religion der Juden negativ dargestellt, oft ist vom Aberglauben die Rede,[150] und gerade an der Zerstörung des Tempels erweist sich die Überlegenheit der christlichen Religion. Außerdem wird auch das Verhalten der Juden negativ bewertet, ihre Unsittlichkeit betont. Weniger stark ist die Linie gewichtet, die von der Verblendung der Juden spricht, und auch diese ist eher rational erklärt. Sie vertrauten so sehr auf einen politischen Messias und die Hilfe Gottes, daß sie weder Jesus anerkannten noch später die Überlegenheit der Römer akzeptierten.[151]

Die zeitgenössischen Juden kommen auf zweierlei Weise in den Blick. Einerseits sind sie, die unter die Völker zerstreut leben und sich doch nicht mit ihnen vermischt, sondern selbständig erhalten haben, ein fortdauernder Beweis für die Wahrheit der Worte Gottes und auch für seine Strafgerechtigkeit.[152] Dabei kann auch ihre fortdauernde Verblendung betont werden.[153]

---

145 Vgl. dazu das zu Schlegel Gesagte (oben, 4.1.1.). Außerdem z.B. Seiler 1788, 17 (vgl. oben, 138) und Gesangbuch Heilbronn, 111 (vgl. oben, 126f). Nur zweimal, bei Schlegel und in der ungekürzten ersten Fassung des Seilerschen Berichts wird in diesem Zusammenhang auf den Tempelbauversuch unter Julian verwiesen.
146 Wagnitz*, 16 (vgl. oben, 145); vgl. auch Wagnitz 1790, 21: »es wurde auch der Lauf des Evangeliums, der bis dahin von den Juden am mächtigsten aufgehalten worden war, befördert«.
147 Seiler 1788, 26f.
148 Ebd., vgl. außerdem Wagnitz*, 16f.
149 Vgl. aber den Talionsgedanken im Zusammenhang mit der Kreuzigung der jüdischen Gefangenen (Gesangbuch Bremen 1814, 102, Zitat oben, 131) und Schlegels Rede von der mörderischen Stadt (12, Zitat oben, 115, Anm. 15).
150 Z.B. Wagnitz*, 17; Seiler 1784, Vorrede, redet von den Vorurteilen der Juden und von »unsern irrenden Nebenmenschen«.
151 Ausdrücklich von Verblendung spricht Seiler 1788, 22.

Zum anderen sind sie ein Volk, das unser Mitleid verdient,[154] nicht unseren Haß, und dem wir durch unser Verhalten die Überlegenheit des Christentums beweisen sollen.[155] Dieser Gedanke erscheint zwar da, wo er genannt wird, am Ende der jeweiligen Texte, also an gewichtiger Stelle, dennoch hebt er die negative Bewertung nicht auf, die sich sonst durch die Argumentation zieht. Die Texte werden also dem Anspruch ihrer Verfasser, mit der Erzählung von der Zerstörung Jerusalems keinen Haß gegen die Juden zu wecken oder zu verstärken, nicht überzeugend gerecht.

5. Neufassungen im 19. Jahrhundert

5.1. Gesangbuch Anhalt

Im Anhaltischen Gesangbuch aus dem Jahr 1859 ist die »Beschreibung, wie das der Stadt Jerusalem angedrohte Gericht Gottes vollzogen, und die Stadt zerstört wurde.«[1] abgedruckt, »zur kirchlichen und zur häuslichen Erinnerung an die erschütternde Erfüllung der ernsten Weissagungen Jesu« (VII). Diese Fassung lehnt sich im Aufbau sehr eng an die des Bremischen Gesangbuchs an, auch wenn sie sprachlich neu gefaßt ist.

Als das vormals von Gott so hoch begnadigte Volk der Juden das Maaß seiner Sünden durch die Verwerfung des Sohnes Gottes erfüllt hatte, ward es von den Strafgerichten Gottes getroffen, (545)

so beginnt die Beschreibung und gibt damit eine Anweisung, wie das Folgende recht zu verstehen ist, ein Strafgericht für die Sünden der Juden, die in der Verwerfung Jesu gipfeln. Dies Strafgericht war vorher angedroht von Mose, den Propheten und Jesus. Es wird ohne viele Deutungen, allerdings immer wieder mit biblischen Zitaten oder Anspielungen, die nicht eigens markiert werden, erzählt. Die Zustände in Israel wurden seit der Kreuzigung immer schlimmer, die Religion äußerlicher, die Ungerechtigkeit grö-

---

152 Schlegel, 660f; Seiler 1784, 4 und 22; Seiler 1788, 18 und 26.
153 Schlegel, 660. Seiler 1784, Vorrede, wo es heißt, daß die Juden bis heute eine Messias erwarten, der ihren »eitlen Hoffnungen« entspricht, und dadurch »bis auf den heutigen Tag im Unglauben an Jesum ihren Messias zurückgehalten werden.« Dazu Seiler 1784, 22f (vgl. oben, 135).
154 Dieses Mitleid klingt vielleicht an, wenn in dem Gesangbuch Bremen 1814 von dem »unglückliche[n] volk« geredet wird (99).
155 Wagnitz 1790, 33 und Wagnitz*, 17f. Vgl. dazu auch die Vorüberlegungen von Wagnitz, Wagnitz 1786, 287f.
  1 So die Überschrift, 545, die gesamte Erzählung 545–548, wie üblich im Anschluß an die Passions- und hier auch an die Auferstehungsgeschichte.

5. Neufassungen im 19. Jahrhundert

ßer. Schließlich brach der Aufstand gegen die Römer aus. Die Christen flohen rechtzeitig nach Pella (545). Vespasian besiegte den Feldherrn Josephus und nahm ihn gefangen.

Und das geschah gewiß nicht ohne göttliche Zulassung; denn Gott wollte einen Zeugen haben, der die Erfüllung seiner Gerichte aller Welt verkündigen könnte (546).

Innerhalb Jerusalems herrschte Bürgerkrieg, gleichzeitig wurde die Stadt von Titus belagert (546).[2] Die Hungersnot wird beschrieben, dabei die Teknophagie der Maria[3] und auch das Massaker wegen des verschluckten Goldes erzählt (546f). Die Römer kreuzigten viele Geflüchtete. »Das Blut des auf Golgatha von ihnen Gekreuzigten kam über sie und über ihre Kinder« (547). Titus konnte den Tempel nicht retten, »von dem der Herr gesagt hatte, daß an ihm kein Stein auf dem andern bleiben sollte« (547); so ließ er dann die gesamte Stadt dem Erdboden gleich machen (547f). Titus bekannte, daß Gott selbst die Juden besiegt habe, deren Befestigungen eigentlich uneinnehmbar waren.

Die Schlußbemerkung (548) deutet die Zerstreuung, in der Israel seither lebt, als Erfüllung prophetischer Weissagungen (Dtn 28,25.59.65; Hos 3,4; Am 9,9). Alles das geschah ihnen, so wird die Erklärung des ersten Satzes noch einmal bestärkt, weil sie Christus verwarfen.[4] Der Text endet mit einer Warnung:

Der du dies liesest, siehe dich wohl vor, daß du nicht auch den Sohn Gottes verachtest und mit Sünden kreuzigest. (548)

Danach wird, wie im Heilbronner und im Bremer Gesangbuch, noch Röm 11,22 zitiert.

Zusammenfassend läßt sich zu diesem Bericht sagen: Zwar ist in der Vorrede des Gesangbuchs von der »erschütternde[n] Erfüllung der ernsten Weissagungen Jesu« (VII) die Rede, und dem entsprechen im Text eine Vielzahl von biblischen, vor allem auch alttestamentlichen Zitaten. Der Bericht ist also durchaus als Erfüllung von Weissagungen erzählt, aber es findet sich

---

2 Interessant ist dabei eine Bemerkung über die römischen Sturmböcke, »die ein Rabbine jener Zeit das Schwert des Würgengels nennt« (546). Der Verfasser kennt offensichtlich neben Josephus andere jüdische Quellen.
3 Hierbei findet sich der ausdrückliche Hinweis: »Ja, es geschah, was Moses auch zuvor verkündigt hatte« (547). Dann wird Dtn 28,56f zitiert.
4 »Ihr Haus ist ihnen wüste geworden. Und das Alles ist über sie gekommen darum, daß sie den Rathschluß Gottes von ihrer Seligkeit verachtet und, statt sich von dem verheißenen Heiland Jesu Christo sammeln zu lassen undter seine Flügel, ihn, den Sohn Gottes, verworfen und gekreuzigt haben. Und ihr Haus wird ihnen wüst gelassen werden, bis sie sprechen: Gelobt sei, der da kommt im Namen des Herrn!« (548) Möglicherweise ist das Zitat Mt 23,39 dabei als Hinweis auf die letztendliche Bekehrung der Juden verstanden.

nicht die aus den Aufklärungstexten bekannte Argumentation, die diese Erfüllung als Beweis für die Wahrheit des Christentums versteht. Als Schuld, mit der die Juden diese Strafe verdient haben, wird die Verwerfung bzw. Kreuzigung Jesu genannt.[5] Die Warnung an die Christen, die am Ende des Berichtes steht, nimmt diesen Gedanken auf und überträgt ihn auf die Zuhörer: »Der du dies liesest, siehe dich wohl vor, daß du nicht auch den Sohn Gottes verachtest und mit Sünden kreuzigest« (548). Das Gefälle des Textes führt von der Sünde der Juden zur Warnung vor den Sünden der Christen.[6]

5.2. Gesangbuch Crome

Auch die »Beschreibung der Zerstörung Jerusalems.« in dem von K.P.Th. Crome, Pastor zu Rade vorm Wald, herausgegebenen Gesangbuch, die für die zweite Auflage dieses Buches 1861 neu verfaßt wurde,[7] beschränkt sich in weiten Teilen auf eine Beschreibung der historischen Gegebenheiten und gibt nur an wenigen Stellen eine Deutung. Der Text beginnt mit dem Zitat von Lk 19,43f. Jesu Drohung, wie die seiner Boten nach ihm, haben die Juden mißachtet, sie haben sie verfolgt nach Jesu Vorhersage (Mt 23,34).

Damit hatten sie das Maß ihrer Sünden erfüllt und so mußte denn auch das angedrohte Strafgericht über sie kommen. (84)

Von den vielen Vorzeichen wird die Geschichte des Jesus, Sohn des Ananus, erzählt, dann der allgemein zerrüttete Zustand des Landes und die Vorgeschichte des Aufstandes beschrieben. Zur Errettung der Christen, nachdem Cestius Gallus die Belagerung Jerusalems aufgehoben hatte, heißt es:

Man kann nur glauben, daß Gott die Eroberung der Stadt jetzt noch abgewandt habe, um sie zu dem schrecklicheren Strafgericht, in welchem er sie und das in ihr zusammengedrängte Volk dem Untergang zu übergeben beschlossen hatte, aufzusparen und dagegen den Seinen und allen die sich wollten warnen lassen, eine Frist zur Rettung zu geben. (85)

---

5 Vgl. die bereits im Text zitierten Aussagen: »Als das vormals von Gott so hoch begnadigte Volk der Juden das Maaß seiner Sünden durch die Verwerfung des Sohnes Gottes erfüllt hatte« (545); »Das Blut des auf Golgatha von ihnen Gekreuzigten kam über sie und über ihre Kinder« (547).
6 Diese Fassung der Geschichte findet sich wieder im Gesangbuch Braunschweig 1902, während die Braunschweigischen Gesangbücher aus dem 19. Jh., spätere Auflagen des Gesangbuchs Braunschweig 1782, noch die Fassung von Bugenhagen ohne Schlußmahnung enthalten.
7 So wird im Vorwort zu dieser zweiten Auflage mitgeteilt.

Auch die Gefangennahme des Josephus wird erzählt, allerdings ohne sie theologisch zu deuten (86). Die Belagerung wird mit vielen Einzelheiten zu den Parteienkämpfen beschrieben (86f). Auch die Schrecken der Hungersnot werden ausdrücklich geschildert, samt der Teknophagie der Maria (88f). Die vielen Kreuzigungen durch Titus werden kommentiert:

So eindringlich predigte Gott dem Volke, welches die Ursache seines Zornes über sie und ihres Untergangs sei. Sie aber hörten es nicht. (89)

Es fehlen auch nicht die Zahlen der Toten und das Massaker wegen des verschluckten Goldes (89). Schließlich wurden die Stadt und auch der Tempel erobert, den Titus zu bewahren versuchte. »Gott aber hatte es anders beschloßen« (90). Hier wechselt der Bericht ins Präsens und erzählt dramatisch von der Eroberung und dem Brand des Tempels (90). Es folgen die endgültige Eroberung der Stadt, ihre Schleifung[8] und das Schicksal der Überlebenden. Das Land wurde schließlich

an die umwohnenden Heidenvölker verkauft, auf daß, wie der HErr gesagt, Jerusalem von den Heiden zertreten werde, bis auch der Heiden Zeit erfüllt sein wird. (91)

Diesem Bericht fehlt jeder Bezug zur Gegenwart, der Gedanke der Warnung wird nirgends ausgesprochen. Das Eintreffen der Weissagungen Jesu wird zwar aufgezeigt, aber ohne die in der Aufklärung übliche Betonung des Wahrheitsbeweises. Wo die Erzählung überhaupt gedeutet wird, findet sich der Rache- bzw. Strafgedanke.

6. Neufassungen nach 1945

Auch nach 1945 gab es Versuche, die alte Tradition des Israelsonntags samt Verlesung der Historie wieder aufleben zu lassen.[1]

6.1. Otto von Taube

Otto von Taubes Fassung der »Historie von der Zerstörung Jerusalems im Jahre 70« wurde 1951 veröffentlicht. Sie ist für die liturgische Verwendung, zur Verlesung im Gottesdienst, bestimmt.[2]

---

8 Auch hier wird das Zeugnis des Titus aus Bell 6,411 wiedergegeben.
1 Vgl. oben Kap. A 6. Aus der Zeit vor 1945 sind mir keine weiteren Fassungen der Historie bekannt geworden. In Gesangbüchern des 20. Jahrhunderts habe ich nur die Fassung des Bremer Gesangbuches und einmal (Braunschweig 1902) die des Anhaltischen Gesangbuches gefunden.
2 Im Nachwort des Bandes, in dem die Erzählung erschienen ist, heißt es: »Die

Taube deutet in einer kurzen Einleitung das Geschehen:

> Unser Herr hat die Zerstörung Jerusalems verkündet. Er kam in sein Eigentum und die Seinen nahmen ihn nicht auf; er kam, auf daß er die Welt von der Sünde erlöste, sie aber begehrten nach einem Messias, der sie von der Herrschaft Roms befreite [...] In diesem Wahne verwarfen die Juden den als einen von ihnen geborenen Sohn Gottes und darum m u ß t e das Gottesgericht über sie ergehen. (90)

Nicht den Heiland also erwarteten die Juden, sondern einen politischen Messias, darum verwarfen sie Jesus, und darum mußte die Zerstörung Jerusalems, die Jesus vorhergesagt hatte, geschehen.

Die dann folgende Darstellung der Ereignisse folgt Josephus und unterscheidet sich auch in den erwähnten Einzelheiten kaum von den älteren Berichten. Relativ ausführlich wird von Jesus, dem Sohn des Ananias, berichtet.[3] Es wird von dem Massaker an den Überläufern, von der Teknophagie der Maria und von den Massenkreuzigungen erzählt. An einer Stelle findet sich ein spannender Unterschied. Der Tod des Hohenpriesters Hannas wird auch sonst öfter erzählt, dann aber wird Hannas positiv bewertet als einer, der sich den Zeloten entgegenstellte.[4] Bei Taube aber heißt es:

> So endete der Sohn des Hohenpriesters Hannas des Älteren, der Jesu Kreuzigung herbeigeführt hatte, der jüngere Hannas, der die erste Christenverfolgung angestiftet und Jakobus, den Bruder Jesu und Verfasser des Jakobusbriefes, hatte umbringen lassen. (91)

Der Schluß der Historie aber setzt eigene Akzente, nachdem die Deutung des Anfangs, die Notwendigkeit des Geschehens, wieder aufgenommen worden ist.

> So vollzog sich das Strafgericht am jüdischen Volke, die notwendige Folge seiner eigenen Entscheidung: »Und ihr habt nicht gewollt.« (Matth. 23,37). Doch ist es nicht Menschensache, zu richten, gar, wo Gott gerichtet hat, mit Steinen nachzuwerfen. Das Wort, das der HErr Christus am Kreuze sprach: »Vater vergib ihnen, denn sie wissen nicht, was sie tun«, galt doch gerade denen, die ihn kreuzigten, also den Juden nicht minder als den Römern, und im Römerbriefe schreibt Paulus, daß den Juden auch nach ihrer Fehlentscheidung »die Kindschaft und die Herrlichkeit und der Bund und das Gesetz und der Gottesdienst und die V e r h e i ß u n g e n« fortgehören (Röm. 9,4), ferner: »Gottes Gaben und Berufungen können ihn nicht gereuen« (Röm 11,29). Hier nachzufolgen, das ist, was uns gewiesen ist. (94)

---

    eingestreuten Gebete und die Litanei sowie die alte Historie von der Zerstörung Jerusalems in neuem sprachlichem Gewand wollen als Bausteine zur liturgischen Gestaltung insbesondere des 10. Sonntags nach Trinitatis verstanden werden« (96).
3 Allerdings nennt von Taube seinen Namen nicht.
4 So z.B. im Gesangbuch Bremen, 100. Das entspricht der Wertung des Josephus, Bell 4,314–325.

6. Neufassungen nach 1945

Mit diesen Überlegungen deutet Taube einen Unterschied zwischen Gericht und Verwerfung an, läßt allerdings die Konsequenzen offen. Andere Konsequenzen als neues Nachdenken über Israel gibt es für uns nicht. Der Gedanke der Buße fehlt völlig, von dem durch die Christen und die Deutschen an den Juden begangenen Unrecht ist nicht die Rede, die Schoah hat keine Konsequenzen für Taube.

6.2. Detlef Löhr

Detlef Löhr schreibt in einem kurzen Vorwort zu seiner Fassung der Geschichte,[5] die, wie bereits gesagt, aus Anlaß des 1900jährigen Gedenkens an die Zerstörung Jerusalems 1970 verfaßt wurde, von dem früher verbreiteten Brauch der gottesdienstlichen Verlesung. »An dem damals Geschehenen sollte die Christenheit lernen, wie Gott sein Wort im Richten und Retten wahr macht. Die Lesung war mit einer Bußpredigt und Klageliedern verbunden und sollte so die Christen teilhaben lassen an der Trauer des jüdischen Volkes über das furchtbare Gericht an seinem Haus und Volk.« (78) Die alte Fassung ist nicht mehr brauchbar, »die jetzige Christenheit muß sich aber angesichts der Staatsgründung Israels und der Wiedergewinnung Alt-Jerusalems mit dem damaligen Geschehen und seinen Folgerungen auseinandersetzen.« (ebd.) Die Neufassung soll Lehrern und Predigern für Unterricht und Gemeindearbeit helfen, von einer gottesdienstlichen Verwendung ist nicht ausdrücklich die Rede.

Die eigentliche Erzählung beginnt mit dem Verweis auf das Evangelium des 10. Sonntags nach Trinitatis. Jesu Worte haben sich am 9. Aw des Jahres 70 erfüllt. Die Zerstörung Jerusalems wird in den Kontext eines 200jährigen Widerstands der Juden gegen die Römer gestellt, der vor allem religiös motiviert gewesen sei. Dann werden die politischen und militärischen Ereignisse der Jahre 66–70 dargestellt, darunter auch die Gefangennahme des Josephus. Auch von der Flucht der Christen nach Pella ist die Rede, aber ebenso vom Auszug jüdischer Gelehrter. »Sie schufen später in Jawne bei Jaffa ein neues geistiges Zentrum des Judentums« (80). Die Situation während der Belagerung der Stadt wird nur in äußerster Knappheit erzählt.[6] Ein Ausblick auf die Situation nach der Eroberung verweist auf den Triumph des Titus und den Titusbogen.

---

5 Die Seitenzahlen im folgenden Text beziehen sich auf diese Fassung.
6 »Sie schnitten durch einen Belagerungswall die Stadt von der Außenwelt ab, so daß drinnen bald die Nahrungsmittel knapp wurden. Mit dem Hunger kamen Krankheiten und Seuchen und wüteten furchtbar unter den Bewohnern. Wer aber diesem Elend durch Flucht zu entrinnen suchte, wurde von den römischen Wachen aufgegriffen und gefoltert oder gekreuzigt« (80).

Schließlich folgt eine Schlußbemerkung, die hier vollständig wiedergegeben werden soll:

Seit Jerusalems Untergang sind nun 1900 Jahre vergangen. Das jüdische Volk lebte zerstreut in aller Welt, wurde so oft verfolgt und blieb doch erhalten. Wir rühmen Gottes Treue, die er an diesem Volk erwiesen hat. – Auch in der Ferne vergaß Israel sein Land und seine heilige Stadt Jerusalem nicht. Darum freuen wir uns mit denen, die heute wieder in der alten Heimat leben können. Und wir empfinden schmerzlich, daß ihre Rückkehr das biblische Land mit Unruhe und Krieg überzogen hat. Es scheint, als sollten sie auch hier nicht den Frieden finden, nach dem sie sich sehnen. Darum werden wir an Jesu Wort erinnert, mit dem er sein Volk mahnt, zu erkennen, was zu seinem Frieden dient. Gott hat mit Israel mehr vor, als ihm staatliches Eigenleben und eine friedliche Heimat zu geben: es soll in seinem Heiland Jesus Christus den Frieden mit Gott finden. Um Jesu willen hat Gott Israel nicht verlassen; denn er will ein neues Israel schaffen, dem alle angehören werden, die sich nach seinem Namen nennen. In dieser Verheißung sehen wir den Sinn des Weges Israels durch Gericht und Bewahrung (81).

Heil sieht Löhr für Israel in der Bekehrung zu Christus, darum hat Gott das Volk bisher durch alles Gericht hindurch bewahrt. Diese deutlich judenmissionarische Tendenz Löhrs entspricht der Publikation, in der er veröffentlicht. Wie bei Taube findet sich auch hier keinerlei Hinweis auf die Schoah und die Schuld der Christen an der Situation der Juden.

6.3. Martin Senftleben

Das ist bei Martin Senftleben anders. In seinem Buch über das Kirchenjahr wird der 10. August als Tag der »Zerstörung Jerusalems« aufgeführt. Aber auch zum 10. Sonntag nach Trinitatis finden sich grundsätzliche Überlegungen. Senftleben bietet hier nicht nur, wie zu jedem Sonntag, ein Eingangsvotum, sondern schreibt zuerst:

Traditionell ist der 10. Sonntag nach Trinitatis dem Volk Israel als dem Volk Gottes gewidmet. Erst recht nach dem Holocaust darf unser Verhältnis zum jüdischen Volk nicht mehr von Vorurteilen und pauschalen Vorwürfen, die doch nur einzelnen Gruppen gemacht werden dürften, geprägt sein. Vielmehr muß unser Bemühen einer Verständigung zwischen der christlichen Gemeinde und dem jüdischen Volk dienen. (75)

Auch in dem von ihm vorgeschlagenen Eingangsvotum wird dann unter Verweis auf Paulus (Röm 11,25f) betont, daß wir Israel nicht als verworfenes Volk bezeichnen dürfen (ebd.). Das wiederholt Senftleben zu Beginn seiner Ausführungen zum 10.8. noch einmal, hier mit ausdrücklichem Hinweis auf die Rolle, die die Zerstörung Jerusalems im Substitutionsdenken der Kirche gespielt hat (106). Er gibt sodann Deutungsmöglichkeiten für die Zerstörung des Tempels. Symbolisch zeigt sie uns, daß es nach dem Sühnetod Jesu keine Teilhabe am Tempelkult mehr braucht. Diese Deutung knüpft – wenn auch sicher unbewußt – an die Deutung der Aufklärer an. Außerdem braucht die Gottesbegegnung keinen festen Ort.[7] Die Zerstörung des Tempels ist zwar ein Zeichen von Gottes Gericht, aber keine endgültige Verwerfung. Gott steht weiter zu seinem Volk, das ja auch weiter Gottesdienste feiert.

Nach diesen Vorbemerkungen folgt ein ganz knapper, sehr sachlicher Bericht vom Aufstand der Juden und der Eroberung Jerusalems.[8] Kurz wird dann noch von der Niederschlagung des Bar-Kochba-Aufstandes und der Umbenennung des Landes in Palästina erzählt. Senftleben endet mit einem Blick in die Gegenwart:

> Heute ist Jerusalem wieder die Hauptstadt des jüdischen Staates Israel, was uns deutlich vor Augen führt, daß die Geschichte Gottes mit seinem Volk nicht, wie damals die Römer meinten, zu Ende ist. (107)

7. Die besondere Rezeption der Zerstörung Jerusalems am Israelsonntag

Zu Beginn des Kapitels wurden kurz drei Deutungslinien aufgezeigt, die die christliche Rezeption der Zerstörung Jerusalems bestimmen. Verschieden ausgeprägt finden sich diese Linien auch in den Texten, die für den 10. Sonntag nach Trinitatis bestimmt sind.

Die Zerstörung Jerusalems als Erfüllung der Weissagungen Jesu und des Alten Testaments und damit als Beweis für die Wahrheit des Christentums aufzuzeigen ist ein Hauptanliegen der Texte, die in der Aufklärung entstanden sind. Darum wird dieses Ziel oft bereits am Anfang der Texte angesprochen. »Durch das Schicksal Jerusalems und des jüdischen Volks wird die Göttlichkeit der christlichen Religion noch mehr bestätiget.«[1] Auch bei

---

7 Senftleben betont, daß uns diese Erkenntnis mit dem Volk Israel verbinde, und verweist dafür auf I Reg 8,27 und Jes 66,1 (106).
8 So werden alle Schrecken der Belagerung nur einmal aus dem Blickwinkel der einmarschierenden Soldaten geschildert: »Das Bild, das sich den Soldaten bot, war freilich grausig. Neben den Hungerleichen lagen die von den Führern des Aufstandes Ermordeten, und nach dem Bericht des Josephus hatten manche sogar begonnen, das Fleisch ihrer Mitmenschen zu essen« (107).
1 Seiler 1788, 12. Vgl. auch 19: »Die Zerstörung der Stadt Jerusalem ist für uns Christen eine der allermerkwürdigsten Begebenheiten, die sich je auf Erden zugetragen hat; sie kann uns dienen zur Bestättigung des Glaubens an Jesum«, sowie Wagnitz 1790, 19: »Ist je eine Begebenheit in der ganzen jüdischen Geschichte für uns Christen merkwürdig, so ist es die Zerstörung der Stadt Jerusalem [...]. Durch sie wurde [...] der Glaube an Jesum Christum, der dieses wichtige Ereignis so bestimmt und genau vierzig Jahre vorher gesagt hatte, erleichtert und bestätigt.«

der Darstellung der Ereignisse wird immer wieder besonderer Wert auf die Übereinstimmung von Ankündigung und Erfüllung gelegt.² Vor allem wird der Gedanke am Schluß der Berichte wieder aufgenommen: »Bis an das Ende der Welt wird dies Volk auch ein dauerndes Denkmal und lebendes Zeugniß von der Wahrheit der heiligen Geschichte, und der Vorhersagung Jesu seyn, und seine künftigen Schicksale werden noch die Ehre Jesu, als des Sohnes Gottes und Erlösers der Menschen, verherrlichen, und die göttliche Wahrheit seines Evangelii bestätigen.«³

Auch in den Berichten aus dem 19. und 20. Jahrhundert wird z.T. auf die biblischen Weissagungen Bezug genommen,⁴ aber der Zusammenhang zwischen Weissagung und Erfüllung bildet hier keinen Schwerpunkt der Darstellung.

Der Gedanke, daß die Zerstörung des Tempels die Überlegenheit des Christentums und die Ablösung des Judentums durch die Kirche beweise, wird in den hier behandelten Texten nicht besonders betont, findet sich aber immer wieder in einzelnen Bemerkungen wie der folgenden: »Ganz augenscheinlich ließ denselben eine höhere Hand anzünden / welche den von ihr gegründeten Sitz der Religion umstürzte / und der Welt dadurch ein allgemeines Merkzeichen gab / daß nun eine vollkommenere Religion die Stelle der Jüdischen einnehmen solte.«⁵

In allen hier untersuchten Texten wird die Zerstörung Jerusalems als Strafe Gottes gedeutet. Allerdings steht hierbei nicht die Tötung Jesu als Schuld, die die Strafe verursacht, im Vordergrund. Vielmehr werden als Sünden der Juden einerseits Unglaube bzw. Verachtung oder Verfolgung des Evangeliums und seiner Boten⁶ genannt. Zum anderen betonen die Autoren mora-

---

2 Vgl. dazu z.B. die dritte Fassung der Historie von Seiler, oben, 4.4.3.
3 Seiler 1790, 18.
4 Vgl. die Darstellung des Gesangbuchs Anhalt 1859 mit seiner stark von den biblischen Texten geprägten Sprache, oben, 5.1. Noch Otto von Taube beginnt seine Erzählung mit dem Satz: »Unser Herr hat die Zerstörung Jerusalems verkündet« (Taube, 90). Vgl. auch den Beginn der Historie von Bugenhagen: »ALS sich die zeit nahet / das Gott wolt vber Jerusalem / vnd das Jüdisch volck / den entlichen zorn gehen lassen / wie die Propheten / und der HErr Christus selbs jnen gedrawet / vnd zuuor gesagt hatten/« (Bugenhagen, Bl. d2b).
5 Gesangbuch Heilbronn, 111, vgl. auch Seiler 1790, 17, vgl. außerdem den ausführlichen Bericht Seilers über den Versuch, unter Julian den Tempel wieder zu errichten, Seiler 1784, 24–26, sowie den Beginn der Erzählung bei Wagnitz, wo es von der Zerstörung Jerusalems heißt: »Durch sie wurde nicht nur dem Levitischen Gottesdienst, der an den Tempel zu Jerusalem gebunden war, ein Ende gemacht« (Wagnitz 1790, 21). Eine Ausnahme macht die Untersuchung von Schlegel, die den Gedanken der Ablösung ausdrücklich ausführt, vgl. oben, 4.1.1. Aber diese Untersuchung ist ja auch nicht für den Israelsonntag bestimmt, fällt dadurch für unsere Fragestellung hier nicht ins Gewicht.
6 In diesem Zusammenhang ist dann natürlich auch von dem Tod Jesu und seiner Jünger die Rede.

7. Die besondere Rezeption der Zerstörung Jerusalems am Israelsonntag 159

lische Verfehlungen, z.B. Stolz, übertriebenes Nationalbewußtsein, Auflehnung gegenüber der Obrigkeit, aber auch verschiedenste Laster. Diese Benennung der Sünden der Juden erleichtert eine Deutungslinie der Zerstörung Jerusalems, die den 10. Sonntag nach Trinitatis prägt. Die Zerstörung Jerusalems ist Beispiel der Strafgerechtigkeit Gottes und damit eine Warnung für die Christen. Auch sie haben das Gericht Gottes zu befürchten. Der Vergleich mit den Juden und eine Parallelisierung der jeweiligen Sünden wird ermöglicht, weil den Juden vor allem andere Verfehlungen und nicht der Tod Jesu vorgeworfen werden.

Der Bericht von der Zerstörung Jerusalems, wie er am 10. Sonntag nach Trinitatis im Gottesdienst verlesen wird, soll die Christen zur Buße rufen. Diese Anwendung ist typisch für die besondere Rezeption der Zerstörung Jerusalems an diesem Sonntag. Sie findet sich nicht in allen in diesem Kapitel besprochenen Texten in gleicher Deutlichkeit. Die Darstellung Bugenhagens legt mit ihrer harten Gerichtsdrohung, die den Abschluß seines Berichts bildet, ein besonderes Gewicht auf den Bußruf.[7] Aber auch die Gesangbücher Heilbronn 1774, Bremen 1814 und Anhalt 1859, die jeweils mit dem Zitat Röm 11,(20b-)22 enden, betonen damit den Ruf zur Buße. Ebenso zeigt der dritte Seilersche Bericht, der Darstellung und Anwendung jeweils verbindet, damit deutlich die für den 10. Sonntag nach Trinitatis typische Rezeptionslinie.

Gerade dieses Beispiel des Seilerschen Berichts, der eine zusätzliche Predigt überflüssig machen soll, zeigt, daß für die Anwendung und damit die Deutlichkeit des Bußrufs im Gottesdienst nicht allein die Geschichte von der Zerstörung Jerusalems in Betracht zu ziehen ist. Normalerweise wurde über diese Geschichte ja mindestens kurz gepredigt. So ordnen es einige Kirchenordnungen auch ausdrücklich an.[8]

Mir sind einige solcher Ansprachen bekannt geworden.[9] Eine ausführliche Darstellung dieser Texte würde den Rahmen der vorliegenden Unter-

---

7 Vgl. dazu das Zitat oben, 109.
8 Z.B. die Kirchenordnungen Öttingen 1707, Erbach 1753, Schaumburg-Lippe 1767.
9 Nicolaus Haas: Allzeit fertiger geistlicher Redner, Leipzig (Gleditsch) 1702, führt in seinem 10. Kapitel:»Von ablesung der ehe-ordnung und historie der zerstörung Jerusalems« eine ausgeführte Predigt mit Exordium vor der Verlesung der Historie, zwei knappe Dispositionen und eine ausführlichere Disposition mit ausgeführtem Exordium an (ebd., 923-934). Fünf »Kurze Betrachtungen bey Verlesung der Geschichte von der Zerstörung Jerusalems.« finden sich in: Allgemeines Magazin für Prediger nach den Bedürfnissen unserer Zeit, hg.v. Johann Rudolph Gottlieb Beyer, Leipzig, Band 5, 1791, 144-166. Neben diesen Musteransprachen sind mir zwei solcher Predigten in Predigtbänden bekannt geworden. Valerius Herberger druckt in seiner Epistolischen Herzpostille neben einer Predigt über die Epistel des 10. Sonntags nach Trinitatis eine Predigt zur Historie ab, Herberger, Epistolische Herzpostille, 429-440. In einem Predigtband von Caspar Jacob

suchung sprengen.¹⁰ Hier sei nur darauf hingewiesen, wie Nicolaus Haas seinen Abdruck von Musterpredigten und Dispositionen einleitet: »<u>Die historie der einäscherung und zerstörung der stadt Jerusalem pflegt man Dominica X</u>. <u>Trinitatis zur warnung allen sichern sündern fürzutragen / und die zuhörer zur busse anzumahnen.</u>«¹¹

Auch die Untersuchung einer anderen Gattung von Texten, die zum Gottesdienst am 10. Sonntag nach Trinitatis gehören, zeigt deutlich die Grundprägung, die dieser Tag erhalten hat. Die für diesen Sonntag bestimmten Lieder legen einen Schwerpunkt auf <u>Klage</u>, Sündenbekenntnis und <u>Buße</u>, wie im folgenden Exkurs zu zeigen sein wird.

Exkurs: Die Sonntagslieder des 10. Sonntags nach Trinitatis

Die heute übliche liturgische Praxis, nach der zum Proprium eines Sonntags neben den Lesungen auch ein Wochenlied gehört, geht auf Arbeiten aus dem Berneuchener Kreis zurück.¹² Aber schon seit dem 16. Jahrhundert finden sich Ansätze solcher Festlegungen.¹³ Manche Kirchenordnungen bieten Listen von Liedern für jeden Sonntag des Kirchenjahres. Normalerweise werden in diesen Verzeichnissen ein bis drei Lieder für jeden Tag genannt, dabei wiederholen sich manche Lieder, d.h. sie werden mehreren verschiedenen Sonntagen zugeordnet.

Eine zweite Quelle für die Zuweisung von Liedern zu bestimmten Sonntagen bilden Register in Gesangbüchern, die für jeden Sonntag bestimmte Lieder nennen, oft getrennt nach Evangelium und Epistel.¹⁴ Hier finden sich

---

Huth aus dem Jahr 1767 ist im Anschluß an die Vormittagspredigt am 10. Sonntag nach Trinitatis über Lukas 19 eine solche Ansprache, allerdings von einem anderen Prediger, abgedruckt. »Eine kurze Rede Nachmittags gehalten von Herrn Johann Lorenz Burrucker aus Franken, ... über die Geschichte von der Zerstöhrung der Stadt Jerusalem.« Vgl. Caspar Jacob Huth: Herrn D. Caspar Jacob Huths der heiligen Gottesgelahrtheit ordentlichen Professors ... in Erlang Erbauliche Sonn- und Festtags-Predigten ... Schwabach 1767 (Joh. Gottlieb Mizler), 958–973.

10 Vgl. aber unten in Kapitel C III 2. die Zusammenfassung zu den Betrachtungen aus Beyers Magazin sowie unten, 289, Anm. 2 zu Haas.
11 Haas, 923.
12 Vgl. dazu Knolle/Stählin, 44f.
13 Hier soll nicht weiter auf die Vorgeschichte dieser Propriumsstücke, also auf das gregorianische Proprium jedes Tages (Introitus, Graduale, Halleluja, Offertorium und Communio) eingegangen werden. Das heutige Wochenlied entspricht von seiner Stellung und Funktion her am ehesten dem Graduale, jedenfalls in einem Gottesdienst mit zwei Lesungen.
14 Wo sich diese Trennung findet, habe ich im folgenden nur die Lieder zum Evangelium berücksichtigt.

7. Die besondere Rezeption der Zerstörung Jerusalems am Israelsonntag 161

oft an die zehn, manchmal bis zu zwanzig verschiedene Lieder, die für einen Tag vorgeschlagen werden. Dementsprechend ist hier auch die Bandbreite der genannten Lieder groß, ein einzelnes »Sonntagslied« läßt sich dabei nicht nennen.[15] Dennoch zeigen sich gerade für den 10. Sonntag nach Trinitatis deutliche Tendenzen, die für die vorliegende Untersuchung interessant sind. Neben den Registern haben manche Gesangbücher eine eigene Abteilung mit Sonntagsliedern, oft getrennt nach Evangelien und Episteln. Solche Jahrgänge von Liedern haben z.B. Johann Olearius und Benjamin Schmolck gedichtet.[16]

Ich lege der Untersuchung sechs Ordnungen aus dem 16. Jahrhundert zugrunde,[17] dazu zwei spätere Kirchenordnungen, die ebenfalls derartige Anweisungen enthalten.[18] Dazu habe ich elf Gesangbücher, vorwiegend aus dem 18. Jahrhundert ausgewertet.[19] Ergänzend werden herangezogen eine

---

15 Vgl. zur Frage nach den Sonntagsliedern die Untersuchungen von Rochus Freiherr von Liliencron: Liturgisch-musikalische Geschichte der evangelischen Gottesdienste von 1523 bis 1700, Schleswig 1893, darin Kapitel IV.: Das deutsche Kirchenlied de tempore, 45–83, sowie Detlef Gojowy: Lied und Sonntag in Gesangbüchern der Bach-Zeit. Zur Frage des »Detempore« bei Chorälen in Bach-Kantaten, BJ 37 (1972), 24–60.
16 So findet sich im Gesangbuch Gotha 1742 ein »Neuer Anhang Geistlicher Lieder Auf Sonn- Fest- und Apostel-Tage gerichtet«, 1272–1369. Zum 10. Sonntag nach Trinitatis wird hier das Lied von Benjamin Schmolck: »Ihr heißen Thränenquellen« abgedruckt, vgl. unten, 166, Anm. 37. Im Gesangbuch Langensalza 1765 findet sich die Rubrik »Geistliche Lieder, auf alle Sonn- und Fest-Tage gerichtet« (481–530), darin zum 10. Sonntag nach Trinitatis wieder das Lied von Schmolck. Im Gesangbuch Riga 1741 steht die Abteilung: »Sonntags-Lieder aus den Evangelien« von Johann Olearius, Nr. 363–420. Auch das Gesangbuch Hamburg 1766 hat eine »Vierte Abtheilung. Sonntägliche Evangelien- und Epistel-Gesänge, von D. Johann Oleario«, 122–164. Zum Lied von Johann Olearius, »Liebster Heiland! dein Verlangen, nach der Menschen Frömmigkeit«, vgl. unten, 167, Anm. 38.
17 Es handelt sich um die Kirchenordnungen Naumburg 1537/38, darin: »Was man an einem jedem sontage gemeiniglich vor einen psalm nach der epistel singen soll«, 76f; Pirna (nach 1555, so die Datierung der Hg., vgl. EKO I,1, 635) darin: »cantica per annum curriculum ordinata salvo meliori iudicio ad aedificationem ecclesiae«, 642f; Pommern 1569, darin: »Wat men vor düdische psalmen singen schal up de sondage unde festdage, de mit den evangelien unde festen averein kamen«, 477–480; Weissenfels 1578; Mansfeld 1580, darin: »Ordnung der gesenge auf die heuptfesta und gemeinen sontage«, 237–239; Colberg 1586, darin 502–505 eine Liste von Liedern für alle Sonntage bzw. Wochen, ohne eigene Überschrift.
18 Kirchenordnung Hessen 1657, darin »Das Zwantzigste Capitul. Abtheilung der Psalmen und Gesänge / wie sie in Kirchen auff die Son- und Feyrtage zu singen sind«, 367–372, und Kirchenordnung Magdeburg 1740, darin: »Ordnung der Gesänge, welche durchs gantze Jahr, nebst andern eingeführten Liedern können gesungen werden«, 59–67.
19 Es handelt sich um die Gesangbücher Hannover 1659, darin »Das ander Register / Auff die Sonn- und Festtage. Wie man nemlich auff die gewönliche Evan-

Untersuchung von Rochus von Liliencron,[20] der 15 Gesangbücher von der Mitte des 16. Jahrhunderts bis zum Ende des 17. Jahrhunderts auf die Frage des Sonntagsliedes hin untersucht hat, sowie eine Arbeit von Detlev Gojowy, der die Liederlisten in 51 Gesangbüchern, vorwiegend zwischen 1650 und 1750, zugrunde legt.[21]

Für das 16. und 17. Jahrhundert kann man, wie die Auswertung der genannten Quellen zeigt,[22] tatsächlich von einem Hauptlied des 10. Sonntags

---

gelia durchs gantze jahr seine andacht zu hause richten könne«; Riga 1741, darin ein Abschnitt: »Sonntags-Lieder aus den Evangelien«, Nr. 363–420 von Johann Olearius, sowie: »Das andere Register, Weiset was durchs gantze Jahr auf alle Sonn- und Feyertage aus diesem Gesang-Buch füglich mag gesungen werden«; Gotha 1742, darin: »Verzeichniß, wie die Gesänge, so mit den gewöhnlichen Fest- und Sonntags-Evangelien und Episteln übereinstimmen, können gesungen werden«, sowie ein »Neuer Anhang Geistlicher Lieder Auf Sonn- Fest- und Apostel-Tage gerichtet«, 1272–1369; Hanau 1756, darin: »Verzeichniß derer Gesänge, welche bey den Sonn- und Festtags-Evangelien und Episteln, wie auch wochentlichen Bet-Stunden durchs gantze Jahr können gesungen werden« (getrennt nach Evangelien und Episteln); Langensalza 1765, darin: Rubrik »Geistliche Lieder, auf alle Sonn- und Fest-Tage gerichtet« (481–530, zum 10. Sonntag nach Trinitatis Ihr heißen Thränenquellen), sowie »Verzeichniß derer Lieder und Kirchen-Gesänge, welche sowohl Sonn- als Fest-Tages mit den Evangelischen und Epistolischen Texten durchs ganze Jahr überein kommen« (getrennt nach Evangelien und Episteln); Magdeburg 1760, darin: »Register derer Gesänge, welche bey den Sonn- und Feyertags-Evangelien und Episteln können gesungen werden« (getrennt nach Evangelien und Episteln); Hamburg 1766, darin »Vierte Abtheilung. Sonntägliche Evangelien- und Epistel-Gesänge, von D. Johann Oleario«, 122–164; Marburg 1774, darin: »Neu- und vollständig eingerichtete Anweisung zu denen hierinnen stehenden geistreichen Psalmen und Liedern wie solche bey Erklärung der Evangelien und Episteln auf alle Sonn- Fest- und Feyer-Tage durch das gantze Jahr mit vielem Nutzen und Erbauung mögen gesungen werden« (getrennt nach Evangelium und Epistel); Bayreuth 1780, darin: »III. Register über die Lieder, welche sich zu den Sonn- und Festtags-Evangelien und Episteln schicken« (getrennt nach Evangelien und Episteln, am 10. Sonntag nach Trinitatis findet sich zudem die hier mit ausgewertete Rubrik »Ueber die Geschichte, von der Zerstörung der Stadt Jerusalem.«); Leipzig 1830, darin »Zweytes Register, worinnen Lieder auf alle Episteln und Evangelien im Kirchenjahre nach der Lied-Nummer angezeigt sind« 612–618; Züllichau 1890, darin »Lieder-Verzeichniß nach dem Inhalt der Evangelien und Episteln« IX–XII.

20 Vgl. oben, 161, Anm. 15.
21 Vgl. ebd. Er nennt hierbei nur eines der von mir ausgewerteten Gesangbücher, das Gesangbuch Gotha 1742. Eine Vollständigkeit ist bei der Fülle des Materials für diese Untersuchung nicht möglich; immerhin stimmen meine Ergebnisse mit denen von Liliencron und Gojowy weitgehend überein, können also wohl als aussagekräftig gelten.
22 In den von mir untersuchten Kirchenordnungen werden für den 10. Sonntag nach Trinitatis insgesamt zehn verschiedene Lieder genannt, davon fünf einmal, vier zweimal, eines sechsmal. Liliencron, der nur Lieder aufnimmt, die mindestens zweimal genannt werden, nennt insgesamt sieben Lieder, davon eines in drei

7. Die besondere Rezeption der Zerstörung Jerusalems am Israelsonntag 163

nach Trinitatis sprechen. Das Lied »An Wasserflüssen Babylon«[23] von Wolfgang Dachstein aus dem Jahr 1525, eine Nachdichtung des 137. Psalms, wird in sechs der acht Kirchenordnungen[24] sowie elf der fünfzehn bei Liliencron untersuchten Gesangbücher für diesen Sonntag genannt, auch sechs der elf von mir herangezogenen Gesangbücher führen das Lied mit in ihren Registern auf.[25] Es ist allerdings in der Aufklärungszeit aus den meisten Gesangbüchern verschwunden,[26] vermutlich wegen der letzten Strophe, die Ps 137,8f aufnimmt.[27] Diesen Grund nennt auch Cunz in seiner Behandlung des Liedes.[28]

Fassungen. Von diesen sieben werden fünf auch in den von mir genannten Kirchenordnungen vorgeschlagen. Eines dieser Lieder wird elfmal genannt, die übrigen zwischen zwei und sechsmal.

23 Das Lied »AN wasserflüssen Babilon« findet sich bei Philipp Wackernagel: Das deutsche Kirchenlied von der ältesten Zeit bis zum Anfang des XVII. Jahrhunderts, Bd. 1-5, Reprografischer Nachdruck der Ausgabe Leipzig 1864-1877, Hildesheim 1964, Bd. III, Nr. 135, 98. Ich zitiere nach dieser Ausgabe. Vgl. dazu auch A. F. W. Fischer: Kirchenliederlexikon. Hymnologisch-literarische Nachweisungen über ca. 4500 der wichtigsten und verbreitetsten Kirchenlieder aller Zeiten in alphabetischer Folge nebst einer Übersicht der Liederdichter, Bd. I-II, Gotha 1878-1879, Reprographischer Nachdruck Hildesheim 1967, Bd. 1, 44, sowie F. A. Cunz: Geschichte des deutschen Kirchenliedes vom 16. Jahrhundert bis auf unsere Zeit. Bd. 1, Leipzig 1855, 332-334.

24 Graff führt an, daß auch die Kirchenordnung von Heilbronn aus dem Jahr 1654 dieses Lied für den 10. Sonntag nach Trinitatis anordnet, Graff I, 126.

25 Gojowy bringt wegen der Fülle der genannten Lieder jeweils keine einzelnen Titel – abgesehen von in Bachkantaten verwendeten Chorälen, denen ja seine Untersuchung im besonderen gilt –, so daß seine Untersuchung hier nicht weiterhilft. Für den 10. Sonntag nach Trinitatis hat er insgesamt 62 Lieder erfaßt.

26 Das läßt sich auch an den Melodieangaben verfolgen. Das Lied von Paul Gerhardt »Ein Lämmlein geht und trägt die Schuld« ist auf die Melodie von »An Wasserflüssen Babylon« gedichtet. In späteren Gesangbüchern findet sich der Hinweis »Eigene Melodie«, bzw. bei anderen Liedern auf diese Melodie findet sich die Melodieangabe »Ein Lämmlein geht und trägt die Schuld«.

27 Diese Strophe endet mit den Worten: »Wol dem der deine kinder klein erfaßt und schlecht sy an den stein, damit din werd vergessen!« Auch die vierte, die vorletzte, Strophe nimmt bereits den Rachegedanken aus Ps 137,7 auf.

28 Er verweist auf Lk 9,54-56, um den Rachegedanken abzulehnen, und meint, dieser Rachegedanke sei der Grund dafür, daß dieses Lied »keine Aufnahme in die neueren Gesangbücher« finden konnte (Cunz, 333). Übrigens nennt auch er dieses Lied im Zusammenhang mit dem 10. Sonntag nach Trinitatis (ebd.). Es wurde außerdem seit der Zerstörung Magdeburgs 1631 beim jährlichen Bußgottesdienst in Erinnerung an diese Zerstörung gesungen (ebd., 332). Cunz teilt verschiedene anekdotenhafte Begebenheiten im Zusammenhang mit Text und Melodie dieses Liedes mit, darunter auch folgende, die hier im Blick auf Kap. C II der Arbeit wiedergegeben werden soll: »Der berühmte Valerius Herberger, Sohn des frommen Kürschnermeisters in Fraustadt, Martin Herberger, hat sich die schwere Weise lebenslang im Gedächtnisse behalten, da er erst neuen Jahre alt war bei

Wie fest das Lied von Dachstein tatsächlich mit dem 10. Sonntag nach Trinitatis verbunden war, läßt sich auch durch eine weitere Beobachtung belegen. Von den weiteren in den Gesangbuchregistern zum 10. Sonntag nach Trinitatis genannten Liedern sind mehrere auf die Melodie von »An Wasserflüssen Babylon« gedichtet, darunter auch einige mit Bezug auf Lk 19.[29]

Bevor die weiteren Ergebnisse der Untersuchung der Gesangbücher aufgezeigt werden, soll zuerst das Lied von Wolfgang Dachstein genauer betrachtet werden. Es handelt sich um eine Nachdichtung des Psalms, die ganz eng am Text bleibt, keinerlei eigene Gedanken und keine Ansätze zur Übertragung einbringt.[30] Der Psalm selbst ist als Klagelied der Verbannten nach der ersten Zerstörung Jerusalems zu klassifizieren. Die Wahl dieses Liedes für den 10. Sonntag nach Trinitatis ist nur zu verstehen, wenn sich die Christen mit dem Volk Israel identifizieren. Eine solche Identifikation, die in die Klage um die Zerstörung Jerusalems einstimmen läßt, paßt kaum zu den zu Beginn des Kapitels genannten Deutungen der Zerstörung Jerusalems. Versteht man dies Geschehen als verdiente Strafe für den Tod Jesu, als Beweis für die Ablösung des Judentums durch das Christentum oder allgemein als Beweis der Wahrheit des Christentums, so wäre die Zerstörung Jerusalems nicht Anlaß zur Klage, sondern eher zur (Schaden-)Freude. Hingegen ist eine solche Identifikation zu verstehen, wenn die Zerstörung Jerusalems von den Christen als Schicksal verstanden wird, das auch ihnen widerfahren könnte, wenn sie nicht Buße tun und umkehren.[31]

---

dem Tode seines Vaters, der es oft bei seiner täglichen Arbeit zu singen pflegte« (ebd., 332).
29 Paul Gerhardt: »WAs soll ich doch, o Ephraim«, Fischer-Tümpel III, 382f, Nr. 443; »WJr wissen nicht / HErr Zebaoth / Was wir anfangen sollen«, Gesangbuch Hannover 1659, 494–497, Nr. 234; B. Münter: »Du rächer, Gott! wie schrecklich drohn Uns deines zornes flammen?« Gesangbuch Bayreuth 1780, 724f, Nr. 852 (bei diesem Lied findet sich die Melodieangabe »Ein Lamm geht hin, und trägt die Schuld.«); Joh. Job: »Ach Jesu, muß dein Angesicht der Sünden Nacht beweinen«, Gesangbuch Leipzig 1830, 298f, Nr. 372 (auch hier die Melodieangabe »Ein Lämmlein geht und.«); Chr.Chr. Sturm: »Der du die Liebe selber bist«, Gesangbuch Züllichau 1890, 541f, Nr. 613. Vgl. außerdem das Lied von Johann Frentzel: »STeh auff von deinem Sünden-Schlaffl!«, ein »Buß-Lied von den Thränen Jesu vor Jerusalem.« Fischer-Tümpel IV, 55f, Nr. 60, das allerdings in den von mir untersuchten Registern nicht angeführt wird.
30 Strophe 1 entspricht den V. 1–2, Strophe 2 dem V. 3, Strophe 3 den V. 4–6a, Strophe 4 den V. 6b–7, Strophe 5 den V. 8–9.
31 Vgl. zu dieser Deutung des Klageliedes auch den Vorschlag von Nikolaus Selnecker, die Klagelieder Jeremias am 10. Sonntag nach Trinitatis zu singen. Nach Selnecker sollen Christen »das grosse elend vnd jammer des Volcks / wenn Gottes zorn entbrinnet / betrachten / Vnns selbst zum exempel / die wir on zweyffel solcher Klaglieder wol bedörffen werden. Gott sey vns gnedig.« Gesangbuch Ni-

7. Die besondere Rezeption der Zerstörung Jerusalems am Israelsonntag 165

Das Lied »An Wasserflüssen Babylon« verschwand wie gesagt im Laufe des 18. Jahrhunderts aus fast allen Gesangbüchern. In einem zweiten Schritt soll hier darum dargestellt werden, welche weiteren Lieder diesem Sonntag zugeordnet wurden. Hierbei handelt es sich um eine größere Anzahl von Liedern, die im einzelnen in den Tabellen im Anhang aufgeführt werden.[32] Es ergeben sich aber durchaus deutliche Tendenzen:

Nach »An Wasserflüssen Babylon« fallen am meisten Nennungen auf verschiedene Übersetzungen des »Aufer immensam«, eines Bußgesangs.[33] Die Zuordnungen der Gesangbücher sind verschieden, das Lied findet sich sowohl unter dem Stichwort »Gemeine Not« als auch als Bußgesang, sowie unter »Kreuz, Verfolgung und Anfechtung«. Vom Inhalt her ist es aber eindeutig unter das Stichwort Buße und Verschonung von – verdienter – Strafe einzuordnen.[34]

Das Lied »Ach Gott, vom Himmel sieh darein«, das ebenfalls häufig genannt wird, spricht aus einer anderen Perspektive. Bei dieser Nachdichtung von Ps 12 durch Luther kommen nicht die Sünder, sondern die wenigen Frommen zu Wort, die sich um die Verachtung des Wortes Gottes sorgen und Gott um sein Eingreifen bitten. Dem entspricht die Einordnung unter die Rubriken »Von der christlichen Kirche« bzw. »Kreuz und Verfolgung«.

---

kolaus Selnecker 1587, 446f. Vgl. dazu ausführlicher oben Kap. A 2, 59f. Die Schlußwendung spiegelt sich in der musikalischen Fassung dadurch wider, daß der Vortrag der Klagelieder durch das Singen der Litanei unterbrochen wird, eine Einfügung, die von Selnecker stammt, vgl. HDEKM I. 1, 609.

32 Die Lieder sind in zwei Tabellen aufgeführt. Die erste in alphabetischer Reihenfolge des Titels nennt die Kirchenordnungen und Gesangbücher, in denen sich das Lied findet, wenn möglich den Autor und die Fundstelle des Liedes in den Sammlungen von Wackernagel und Fischer-Tümpel. Wenn das Lied in beiden Sammlungen nicht erscheint, wird nach Möglichkeit auf das Kirchenliedlexikon von Fischer hingewiesen. Außerdem wird die Nummer im Evangelischen Gesangbuch (EG) angegeben, wenn das Lied dort aufgenommen ist. Die zweite Tabelle ordnet die Lieder nach der Häufigkeit der Nennungen, wobei Neubearbeitungen eines Liedes, wie sie sich in der Aufklärung ja häufiger finden, bzw. verschiedene Übersetzungen oder Nachdichtungen eines Textes (vgl. die Psalmlieder und das Aufer immensam) jeweils zusammengenommen werden. In dieser Tabelle sind, soweit möglich, die jeweiligen Rubriken der Gesangbücher angegeben, unter denen die Lieder eingeordnet werden. Außerdem finden sich Hinweise auf zugrundeliegende Bibeltexte.

33 Die wohl verbreitetste Fassung von Martin Moller steht noch im EG als eines der drei Lieder zum Bußtag, im EKG war sie eines von zwei Liedern unter der Rubrik Buß- und Bettage. Das Lied ist bis heute Wochenlied für den 10. Sonntag nach Trinitatis.

34 Vgl. dazu auch das unten zur Bachkantate BWV 101 Gesagte. Diese Kantate beruht auf dem Lied in seiner Fassung durch Martin Moller.

Hiermit sind die wichtigsten Themenbereiche, zu denen die für den 10. Sonntag nach Trinitatis genannten Lieder gehören, benannt: Es handelt sich erstens um Bußlieder wie das »Aufer immensam«, zweitens um Lieder in Not oder in Kriegszeiten bzw. mit der Bitte um Frieden. Diese Kategorie, man könnte sie auch als »Volksklagelieder« bezeichnen, trägt oft auch den Bußgedanken in sich, wenn davon ausgegangen wird, daß die Not, unter der die Beter leiden, selbstverschuldet bzw. verdient ist. Die dritte Kategorie »Von der Kirche« überschneidet sich z.T. mit der zweiten.[35] Auch diese Lieder haben oft Klagecharakter, nur daß hier eher von seiten der wahren Gläubigen aus gedacht wird. Zu dieser Kategorie gehört neben »Ach Gott, vom Himmel sieh darein« z.B. auch »ES spricht der vnweisen mund wol«, ebenfalls ein Psalmlied Luthers.[36]

Neben diesen genauso an anderen Sonntagen zu singenden Liedern gibt es einige, die einen besonderen Bezug zum 10. Sonntag nach Trinitatis haben. Hier sind zuerst die beiden Lieder zu nennen, die einem größeren Zyklus von Sonntagsliedern für das ganze Kirchenjahr entstammen. Das Lied von Benjamin Schmolck »Ihr heissen thränen-quellen«[37] geht aus von

---

35 Auch das Lied »An Wasserflüssen Babylon« läßt sich nicht eindeutig in eine der beiden Kategorien einordnen; wie die zweite Tabelle zeigt, wird es aber in den Gesangbüchern eher der dritten Kategorie zugeordnet.

36 Gojowy nennt einzelne Lieder nur da, wo sie auch in Bachkantaten zum entsprechenden Sonntag erscheinen, ansonsten führt er die Gesangbuchrubriken an, unter denen die für den Sonntag bestimmten Lieder jeweils stehen. Seine Ergebnisse passen genau zu dem hier Gesagten. Er nennt für den 10. Sonntag nach Trinitatis »Bußlieder« (9 Gesangbücher), »Lieder in Kriegszeit, vom Krieg usw.« (5 Gesangbücher), »vom Frieden« und »von der christlichen Kirche« (jeweils zwei Gesangbücher), sowie »Kreuzlieder« (ein Gesangbuch), vgl. Gojowy 54.

37 Da dieses Lied nicht in den großen Sammlungen abgedruckt ist, sei hier der gesamte Text wiedergegeben. Ich zitiere nach dem Gesangbuch Gotha 1742, 1333–1334: »Ihr heissen thränen-quellen, wo schmertz und hertze fleusst, ihr jammer-vollen wellen, es lässet sich nicht geist bey euren brunnen nieder, wo er sich selbst vergisst, und nur auf thränen-lieder jetzund gerichtet ist. 2. Wer hat euch ausgepresset, ihr theuren perlen ihr? und welche hand zerlässet euch in dem eßig hier? ach! salems grosse sünden verwunden aug und hertz, je näher sie sich finden, je mehr quillt auch der schmertz. 3. Holdseligster! du weinest um ein verkehrtes kind; wie treulich du es meynest, doch ist dein volck so blind: es will gar nicht bedencken, was ihm zum friede dient, auch sich zu dem nicht lencken, was GOttes zorn versühnt. 4. Du weinest, daß die stätte zu grunde gehen soll, du siehst das Kriegsgeräthe der strengen feinde wohl, wie sie sie werden schleiffen, und ihre herrlichkeit im blute gantz ersäuffen, bey nun versäumter zeit: 5. O zarte liebes-thränen! beweint ihr noch den feind, der doch bey eurem sehnen nicht eine zähre weint. O grosse sünder-liebe! wer kan dich gnug erhöhn? die sonne scheinet trübe, eh sie will untergehn. 6. O fliesst, ihr heissen tropffen, auch in mein armes hertz. Lasst eure quell nicht stopffen, bis daß mich reu und schmertz in eine sündfluth setzet, die immer fleusst berg-an; denn ich hab euch verletzet, wie

den Tränen Jesu (Strophe 1) und erzählt dann das Sonntagsevangelium bzw. dessen ersten Teil nach (Strophe 2–4). Die Deutung der Tränen Jesu als Beweis für seine Sünderliebe (Strophe 5) lenkt den Blick auf das Ich des Dichters/Sängers. Auch über dieses Ich soll und muß Jesus weinen, denn es hat wie Jerusalem die Gnadenzeit nicht erkannt und Jesus verletzt, so daß ihm Jerusalems Strafe droht (Strophe 6–7). Es folgt die Bitte an Jesus, zur Buße zu helfen (Strophe 8) und den Herzenstempel zu reinigen (Strophe 9). Zuletzt wechselt noch einmal die Perspektive, es spricht das fromme Ich, das mit Jesus weinen muß, aber auf das Lachen in Gottes Reich vertraut (Strophe 10). Das Lied hat also die Struktur einer kurzgefaßten Predigt mit Explicatio und Applicatio. Bei letzterer steht der Bußgedanke eindeutig im Vordergrund.

Das Sonntagslied von Johann Olearius, »Liebster Heiland! dein Verlangen«[38] ist sehr viel kürzer. Es nimmt nur den Gedanken der Tränen aus dem Sonntagsevangelium auf. Diese Tränen beweisen, daß Jesus die Umkehr und Seligkeit der Menschen sucht (Strophe 1).[39] Es folgt die Bitte um rechte Buße (Strophe 2–3). Hierbei klingt Röm 11,22 an: »Hilf daß ich den Ernst und Güte […] stets bedenk«. Beide Sonntagslieder sind also Bußlieder eines einzelnen.

Neben diesen Liedern gibt es weitere, die das Sonntagsevangelium mehr oder weniger ausdrücklich aufnehmen. Das Lied von Johann Heermann »DU weinest für Jerusalem« sowie seine Bearbeitung durch Johann Adolf

---

Salem hat gethan. 7. Wie hab ich auch so wenig die gnaden-zeit erkannt, wenn du, mein gnaden-König: dich hast zu mir gewandt: Jerusalems exempel ist leider! mein prophet, wo weder stadt noch tempel in seinem flore steht. 8. Soll ich nicht auch so büssen, so laß mich alsobald in thränen gantz zerfliessen, eh deine huld erkalt. Ich setze die thränen auch meinen thränen bey, mir einen weg zu bähnen, daß GOtt versöhnlich sey. 9. Treib allen sünden-handel im hertzens-tempel aus, und mache durch den wandel ein rechtes beth-haus draus. Bau es auf dieser erde, damit es nimmermehr zur mörder-grube werde, und dir allein gehör. 10. Und muß ich mit dir weinen auf dieser bösen welt, wie meistens auf die deinen der thränen-regen fällt, so laß den schluß mich machen: wer dir an zähren gleich, der wird auch mit dir lachen in deines Vaters reich.«

38 Auch dieses Lied soll hier wiedergegeben werden. Ich zitiere nach dem Gesangbuch Hamburg 1766, 150: »Liebster Heiland! dein Verlangen, nach der Menschen Frömmigkeit, Buße, Heil und Seligkeit, zeigen deine nasse Wangen, deine Thränen, deine Wort', die mich warnen immerfort. 2. Laß mich ja bey Zeit bedenken, weil noch währt die Gnaden-Frist, was zum Frieden dienlich ist; laß mein Herz durch dein Wort lenken, daß mich nicht der Sünden-Gräul, bring um meiner Seele Heil. 3. Hilf daß ich den Ernst und Güte, daß ich die Gerechtigkeit, neben der Barmherzigkeit, stets bedenk und mein Gemüthe, wende von der Eitelkeit, trachte nach der Seligkeit.«

39 Vgl. dazu Ez 33,11. Dieser Text wird z.B. in der unten besprochenen Predigt von Valerius Herberger im Zusammenhang mit den Tränen Jesu genannt (vgl. Z. 319–321).

Schlegel sind oben im Zusammenhang mit Schlegels Buch über die Zerstörung Jerusalems bereits besprochen worden (vgl. den Exkurs oben, 123f). Jerusalem kommt jeweils nur in der ersten Strophe im Zusammenhang mit Jesu Tränen vor. Diese Tränen beweisen Jesu Liebe zu den Sündern und seinen Ruf zur Bekehrung. Neben den Bußtränen der Christen bedenkt das Lied in beiden Fassungen dann aber auch die Tränen, die Christen in Kummer und Not weinen und endet – wie das Lied von Schmolck – mit einem eschatologischen Ausblick.

Im Gesangbuch Leipzig 1830 findet sich das Lied »Ach Jesu, muß dein Angesicht der Sünden Nacht beweinen«.[40] Das Lied hat die Melodie »An Wasserflüssen Babylon«. In der ersten Strophe sagt der Beter, daß Jesu Tränen ihn »zu wahrer Buß und bitt'rer Reue lenken.« Strophe zwei und drei nehmen Lk 19,41–44 auf, geben Jesu Worte wieder, konstatieren aber auch die Unbußfertigkeit Jerusalems und die dadurch verdiente Rache: »verachtest du das höchste Gut: ey nun, so wird des Richters Gluth den Ungehorsam rächen.« In der vierten Strophe spricht der Beter von seiner eigenen Buße, in der letzten von dem Schicksal seines Landes: »Ach, laß dein weinend Auge nicht auch unserm Lande dräuen, verstoße seinen Leuchter nicht, weil wir die Schuld bereuen«. Das Lied steht in der Rubrik »Von der Buße und Vergebung der Sünden.«

Das Lied von Johann Jakob Rambach »O wunderfluth! Das höchste gut«[41] nimmt ebenfalls die Motivik der Tränen Jesu auf, ohne dabei Jerusalem direkt anzusprechen. Auch hier werden die Tränen als Zeichen der Sünderliebe Jesu verstanden. Hauptthema ist der Ruf zur Buße, wobei der einzelne auch in der 2. Person Singular angeredet wird. In der letzten Strophe spricht dann das Ich: »O heil'ge flut! Komm mir zu gut Im leben und im sterben: Laß mich einst durch dein verdienst Ew'ge freud ererben.«

Neben diesen Liedern, die alle in Gesangbuchregistern ausdrücklich für den 10. n. Trinitatis angegeben werden, finden sich in der Sammlung von Fischer-Tümpel zwei Lieder von Johann Frentzel, die vom Thema her in diesen Zusammenhang gehören, ohne daß sie mir in Gesangbüchern begegnet sind. Das Lied »STeh auff von deinem Sünden-Schlaff«[42] ist überschrieben: »Buß-Lied von den Thränen Jesu vor Jerusalem.« und ist auf die Melodie »An Wasserflüssen Babylon« zu singen. Die erste Strophe ruft die Seele, die zweite die »Christen-Schaar« zur Umkehr, die dritte lenkt den Blick auf die Tränen Jesu. Dann wird in Strophe 4–6 auf das Beispiel Jerusalems verwiesen. Die erwählte Gottesstadt[43] wurde wegen ihrer Sünden zerstört.

---

40 Gesangbuch Leipzig 1830, Nr. 298, 298f. Als Autor ist angegeben Joh. Job.
41 Ich zitiere nach dem Gesangbuch Bayreuth 1780, 372f.
42 Fischer-Tümpel IV, Nr. 60.
43 »Jerusalem war ja die Stadt, Da GOtt sein Herd und Feuer hatt Vnd Die zu

7. Die besondere Rezeption der Zerstörung Jerusalems am Israelsonntag 169

Die Sünde war die Widersetzlichkeit gegenüber der göttlichen Gnade. In diesem Zusammenhang nimmt Frentzel Mt 23,37-39 auf. Auch für die »Christen-Leut«, die dies betrachten, hat Gott »Den Bogen seines Grims gespannt«, aber noch ist Umkehr möglich, bevor Gott seine Pfeile abschießt (Strophe 7). Reuige Sünder wird Gott gerne annehmen (Strophe 8). In der letzten Strophe wird Gott angerufen, uns zur Buße zu bereiten: »Bekehre du uns, unser GOTT, So werden wir bekehret!« Auch in diesem Lied ist also die Betrachtung des Schicksals der Stadt Jerusalem deutlich eingebunden in den Bußruf an die Christen.

Das zweite in diesem Zusammenhang zu besprechende Lied von Frentzel, »JERVSALEM, nim doch einmal zu Hertzen«, ist überschrieben »Der Blut-weinende JESVS redet das verbooste Jerusalem selbst an.«[44] Die Strophen 1–5 des Liedes reden eindeutig Jerusalem an, wobei Frentzel Motive aus Lk 19,41-44 und Mt 23,34-39 verwendet. Obwohl in der 5. Strophe Jerusalem das letzte Mal angesprochen wird, kann man auch die Strophen 6-8 als Anrede an die Stadt verstehen. Von der 9. Strophe her sind sie aber zugleich als Anrede an den einzelnen Sünder zu hören, der in dieser letzten Strophe deutlich gemeint ist: »Drüm eile doch mit Buß in deine Kammer Vnd bitte Gott, daß ER dir wolle geben Ewiges Leben.« Jerusalem wie der einzelne werden mit Verweis auf die Liebe, die Tränen und den Schmerz Jesu zur Umkehr gerufen.

Neben den Liedern, die durch ihren Text, vor allem durch das Motiv der Tränen Jesu, eine besondere Beziehung zum 10. Sonntag nach Trinitatis haben, ist nun noch kurz auf die Lieder zu verweisen, die im Zusammenhang mit diesem Sonntag genannt werden und auf die Melodie von »An Wasserflüssen Babylon« komponiert sind. Diese Melodie ist zwar nicht nur auf diesen Tag festgelegt,[45] wie ja schon das bekannteste Lied zu dieser Melodie,

---

überwinden Den Menschen gantz unmüglich war: Noch liegt sie ietzt zerstöret gar Von wegen ihrer Sünden.« Vgl. zum Motiv der besonderen Erwählung Jerusalems die Predigten von Luther zu Lk 19, unten Kap. C I 3.3.2.

44 Fischer-Tümpel IV, Nr. 61.

45 Ein typisches Beispiel für eine Melodie, die einer ganz bestimmten Zeit zugeordnet ist, ist »Vom Himmel hoch, da komm ich her.« Mindestens drei weitere Weihnachtslieder sind auf diese Melodie komponiert: »Vom Himmel kam der Engel Schar«, »Wir singen dir, Immanuel« und »Dies ist der Tag, den Gott gemacht«. Ein weiteres Beispiel für solche Verbindung von Melodie und Thema ist das Epiphaniaslied »Wie schön leuchtet der Morgenstern«. Wegen der Brautmystik des Textes wurde das Lied häufig bei Hochzeiten gesungen. Um eine Verwechslung dieser Jesusliebe mit »weltlicher« Liebe zu vermeiden, wurde später an manchen Orten der Gebrauch des Liedes bei Hochzeiten verboten. Vgl. dazu Fischer, Kirchenliederlexikon II, 382f. Die Melodie des Liedes wurde dann für »echte« Ehestandslieder gewählt, vgl.: »Wie schön ist's doch, Herr Jesu Christ« von Paul Gerhardt (EKG 172) und »Ich und mein Haus, wir sind bereit« von Philipp Spitta (EKG 173).

Paul Gerhards »Ein Lämmlein geht und trägt die Schuld«, zeigt. Dennoch ist es wohl kein Zufall, daß von den 67 Liedern, die hier im Zusammenhang des 10. Sonntags nach Trinitatis untersucht werden,[46] neben »An Wasserflüssen Babylon« sechs weiteren Liedern diese Melodie zugewiesen wird. Die davon hier bisher noch nicht besprochenen Lieder sollen darum ebenfalls kurz dargestellt werden.

Im Gesangbuch Hannover 1659 steht unter der Rubrik »Jn Kriegs-zeiten und ümb friede« das Lied »WIr wissen nicht / HErr Zebaoth / Was wir anfangen sollen«.[47] Der Autor des Textes ist nicht bekannt.[48] Das Lied entspricht in vielem der alttestamentlichen Gattung des Volksklageliedes, auch wenn sich keine direkte Psalmvorlage findet. Die Beter sind von Feinden bedrängt, das Unglück wird als Folge von Sünden gedeutet,[49] Gott wird an frühere Gnade erinnert,[50] es finden sich auch Vertrauensaussagen.[51] Selbstverständlich identifizieren sich die Beter mit Israel, dem Volk Gottes, ähnlich wie in dem Lied »An Wasserflüssen Babylon«. So heißt es einmal »Der du zuvor Israel offt Errettet / wanns zu dir gerufft: Die noth auch jetzund wende.« Und später: »Wir sind dein volck / du unser GOtt / Der retten kan von plagen.«

Das Lied von Paul Gerhardt: »WAs sol ich doch, o Ephraim«[52] auf der Grundlage von Hos 11,8f gibt in Strophe 1–4 die Worte Gottes wieder, der aus Liebe Ephraim nicht der verdienten Strafe übergeben will. In der 5. Strophe ist nicht mehr Ephraim, sondern der Mensch allgemein angeredet, außerdem spricht hier nicht mehr Gott, sondern Christus, der für die Sünde der Menschen stirbt: »Jch bin der heilge unter dir, Der ich aus lauter güte Für meinen feinden in den tod Vnd in des bittern creutzes noth Mich als ein lamm[53] wil geben«. In der letzten Strophe schließlich redet das gläubige »Ich«, das Gott um Buße, Glauben und ewiges Leben bittet. Indem dieses Lied die Sünderliebe Gottes zeigt und mit dem Gedanken der Buße endet, paßt es in das Umfeld des 10. Sonntags nach Trinitatis.

---

46 Bei dieser Zählung wurden die Bearbeitungen von älteren Liedern jeweils nicht extra gezählt.
47 Gesangbuch Hannover 1659, Nr. 234, 494–497.
48 Das Lied findet sich weder in den Sammlungen von Wackernagel und Fischer-Tümpel, noch im Kirchenliederlexikon von Fischer.
49 »Die straff ist zwar sehr wol verschuld Durch unsre schwere sünden«, Strophe 4.
50 In der 4. Strophe heißt es: »Der du zuvor Israel offt Errettet / wanns zu dir gerufft: Die noth auch jetzund wende.«, in der 5. Strophe: »Du hast vormals die missethat Vergeben deinem volcke: Warumb deckstu jetzt deine gnad mit einer dicken wolcke?«
51 Die vorletzte Strophe beginnt mit den Worten: »Diß macht uns freudig in der noth / Daß wir nicht gar verzagen. Wir sind dein volck / du unser GOtt / Der retten kan von plagen.«
52 Fischer-Tümpel III, Nr. 441.
53 Vgl. hier den Anklang an das Lied »Ein Lämmlein geht und trägt die Schuld«!

Das Lied von B. Münter »Du Rächer, Gott! wie schrecklich drohn Uns deines zornes flammen?« ist ein Klagelied »Jn gemeiner Noth.«[54] Gott straft die wohlverdiente Schuld, da Laster überhand genommen haben. Dabei wird auch die Strafe nicht als Gericht Gottes erkannt: »Du schlägst sie, und sie fühlens nicht, Und wollen es nicht fühlen.«[55] Darum wird Gott gebeten, die Sünder statt durch sein Gericht durch sein Erbarmen zu bewegen (Strophe 6). »Doch mußt du strafen, so gescheh, Herr, unser Gott, dein wille!« (Strophe 7). Nur möge Gott dabei die Frommen schonen: »Laß sie die schrecken dieser zeit Nicht sehn, laß sie mit freudigkeit Jm glauben an dich sterben.«

Das Lied von Christoph Christian Sturm »Der du die Liebe selber bist«[56] paßt als einziges der genannten Lieder kaum in den Zusammenhang des 10. Sonntags nach Trinitatis. Es steht unter der Rubrik »Vom christlichen Leben und Wandel überhaupt«. Eine Verbindung zu Lk 19 ist höchstens darin zu sehen, daß die Liebe Jesu zu seinen Feinden betont wird.[57] Ebenso erbittet der Beter für sich selbst die Liebe zu den Sündern.

Die weiteren Lieder, die in den verschiedenen Kirchenordnungen und Gesangbuchregistern für den 10. Sonntag nach Trinitatis genannt werden, können hier nicht alle besprochen werden. In den im Anhang abgedruckten Tabellen ist als Kurzinformation zu den übrigen Liedern soweit möglich angegeben, unter welcher Gesangbuchrubrik das jeweilige Lied eingeordnet wurde. Aber schon die hier dargestellten Lieder machen deutlich, wie sich auch in der Liedauswahl für den Sonntag die <u>Grundprägung der Buße und Klage</u> wiederfindet.

Zum Abschluß dieses Exkurses soll noch kurz darauf hingewiesen werden, welche Wochenlieder im 20. Jahrhundert für den 10. Sonntag nach Trinitatis bestimmt waren und sind. Nach der lutherischen Agende I war das Wochenlied das Lied von Johann Walter »Wach auf, wach auf, du deutsches Land«. Mit der Revision der Predigttexte von 1978 änderten sich z.T. auch die Wochenlieder. Für den Israelsonntag wurden zwei Lieder genannt: »<u>Nimm von uns, Herr, du treuer Gott</u>« von Martin Moller, das von Anfang an zu den am häufigsten für den Sonntag vorgeschlagenen Liedern gehört, sowie das Lied von Martin Luther »<u>Gott der Vater wohn uns bei</u>«, eine Litanei. Dazu nennt der Vorentwurf der erneuerten Agende von 1990 das Lied »<u>Zion klagt mit Angst und Schmerzen</u>« von Johann Heermann, das

---

54 Es steht im Gesangbuch Bayreuth 1780, Nr. 853, 724f.
55 Vgl. Jer 5,3 und dazu die unten besprochene Kantate BWV 102 von Bach, den ersten Satz.
56 Es findet sich im Gesangbuch Züllichau 1890, Nr. 613, 541f.
57 »Der du die Liebe selber bist und gern uns Menschen segnest, ja selbst dem, der dein Feind noch ist, mit Wohlthun doch begegnest«.

allerdings nicht im Stammteil des damals noch gültigen EKG stand. Der liturgische Kalender im neuen Evangelischen Gesangbuch nennt weiterhin die Litanei von Martin Luther, jetzt mit dem leicht veränderten Text »Gott der Vater steh uns bei«, dazu das Psalmlied zu Psalm 105 »Nun danket Gott, erhebt und preiset«, das neu in den Stammteil des Gesangbuchs aufgenommen ist. Während alle anderen genannten Lieder gut in die hier aufgezeigte Linie passen, ist die Wahl dieses Psalmliedes eine Reaktion auf die Bemühungen, dem 10. Sonntag nach Trinitatis eine neue Ausprägung zu geben: Hier klingt die bleibende Erwählung Israels an. Das Evangelische Gottesdienstbuch von 1999 bleibt bei den Wochenliedern von 1978, »Gott der Vater steh uns bei« und »Nimm von uns, Herr, du treuer Gott«, allerdings wird das Lied zu Psalm 105 als Tageslied für das Proprium »Christen und Juden« genannt.

Es gibt neben den verschiedenen Fassungen der Historie von der Zerstörung Jerusalems und den für den Sonntag vorgesehenen Liedern viele weitere Hinweise auf die feststehende Prägung, die der 10. Sonntag nach Trinitatis mindestens bis zur Zeit der Aufklärung hatte. So zeigen die im folgenden Exkurs kurz dargestellten Kantaten Johann Sebastian Bachs ebenfalls, wie fest der Gedanke der Buße mit dem Sonntag verbunden war.

Exkurs: Die Kantaten Johann Sebastian Bachs zum 10. Sonntag nach Trinitatis

Es mag auf den ersten Blick verwunderlich scheinen, in einer homiletischliturgiegeschichtlichen Arbeit neben Predigten Bachkantaten als Quellen heranzuziehen. Immerhin gibt es schon lange eine theologische Beschäftigung mit dem Werk Johann Sebastian Bachs.[58] Innerhalb dieser theologischen Bachforschung spielen natürlich die Kirchenkantaten eine große Rolle. Sie sind in verschiedener Hinsicht interessant, einmal in Bezug auf Bach selbst, zum anderen als frömmigkeitsgeschichtliche Quelle für das frühe 18. Jahrhundert.

Bach selbst war theologisch gebildet und besaß eine reichhaltige theologische Bibliothek.[59] Man kann daher die Frage stellen, wie sich in den Kan-

---

58 Hier sei nur verwiesen auf die 1976 gegründete *Internationale Arbeitsgemeinschaft für theologische Bachforschung e.V.*, die sich dieser Arbeit im besonderen angenommen hat, und die von dieser Arbeitsgemeinschaft veröffentlichten Schriften, die *Beiträge zur theologischen Bachforschung* (BTBF) sowie die seit 1988 von Renate Steiger herausgegebenen Bulletins, in denen die Tagungsbeiträge der Arbeitsgemeinschaft veröffentlicht werden.

59 Wir kennen den Bestand dieser Bibliothek durch ein Nachlaßverzeichnis. Vgl. dazu Robin A. Leaver: Bachs theologische Bibliothek. Eine kritische Bibliographie, BTBF 1, Stuttgart 1983.

7. Die besondere Rezeption der Zerstörung Jerusalems am Israelsonntag

taten, ihrer textlichen und vor allem musikalischen Gestaltung, Bachs theologisches Verständnis spiegelt. Dieser Gesichtspunkt ist umso interessanter, als die Einordnung Bachs in die Theologie- und Frömmigkeitsgeschichte sehr umstritten ist. War er orthodoxer Lutheraner, Mystiker oder Pietist? Wie war es überhaupt um seine Kirchlichkeit bestellt?[60]

Man kann die Kirchenkantaten Bachs, vor allem ihre Texte, aber auch als frömmigkeitsgeschichtliche Quellen der Bach-Zeit verstehen. Erdmann Neumeister, der »Erfinder« der madrigalischen Kirchenkantate,[61] schreibt im Vorwort seines ersten Kantatenjahrgangs:

> Wenn die ordentliche Amts-Arbeit des Sonntags verrichtet, versuchte ich das Vornehmste dessen, was in der Predigt abgehandelt worden, zu meiner Privat-Andacht in eine gebundene Rede zu setzen und mit solcher angenehmen Sinnenbemühung den durch Predigen ermüdeten Leib wieder zu erquicken. Woraus denn bald Oden, bald poetische Oratorien und mit ihnen auch gegenwärtige Cantaten gerathen sind.[62]

Neumeisters Kantatentexte sind also *verdichtete Predigten*. Und Entsprechendes gilt auch für andere Kantaten und für die Bachschen Passionen. Daher ist es interessant, diese Texte im Zusammenhang mit der Predigttradition der Zeit zu betrachten, wie es beispielhaft Elke Axmacher mit den Passionen Bachs getan hat. Sie hat dabei eine literarische Abhängigkeit des Librettos der Matthäuspassion von Passionspredigten Heinrich Müllers festgestellt.[63] Mögen auch solche direkten literarischen Abhängigkeiten der Kantatentexte von Predigten[64] bzw. sonstiger Erbauungsliteratur[65] selten sein, so zeigen

---

60 Vgl. zu diesen verschiedenen Einordnungen Bachs Elke Axmacher: »Aus Liebe will mein Heiland sterben«. Untersuchungen zum Wandel des Passionsverständnisses im frühen 18. Jahrhundert, BTBF 2, Stuttgart 1984, 7f. In der Arbeit von Andreas Marti: »... die Lehre des Lebens zu hören«. Eine Analyse der drei Kantaten zum 17. Sonntag nach Trinitatis unter musikalisch-rhetorischen und theologischen Gesichtspunkten, BSHST 46, Bern 1981, geht es ausdrücklich um »die Frage der kirchengeschichtlichen Einordnung Bachs« (9). Dabei kommt Marti zu dem Ergebnis (vgl. 155–175), Bach sei in die lutherische Orthodoxie einzuordnen, »aber wohl ohne bewußte Abwehr gegen Pietismus oder theologische Aufklärung« (172).

61 Zu Neumeister und seiner Bedeutung für die Kirchenkantate des 18. Jahrhunderts vgl. Alfred Dürr: Die Kantaten von Johann Sebastian Bach. Mit ihren Texten, 5. überarbeitete Aufl., München u. Kassel 1985, Bd. 1, 20–22.

62 Erdmann Neumeisters Geistliche Cantaten statt einer Kirchen-Music. Die zweite Auflage nebst einer neuen Vorrede [...] 1704, zitiert nach Philipp Spitta: Johann Sebastian Bach, 7. Aufl., Wiesbaden 1970 (fotomechanischer Nachdruck der 4., unveränderten Aufl., Leipzig 1930), Bd. 1, 468.

63 Axmacher 1984, vor allem 170–185.

64 Eine solche Abhängigkeit von einer Predigt Müllers hat Elke Axmacher auch für die Kantate BWV 168 aufgezeigt. Vgl. dazu Elke Axmacher: Bachs Kantatentexte in auslegungsgeschichtlicher Sicht, in: Bach als Ausleger der Bibel, hg. von Martin Petzoldt, Berlin 1985, 15–32, 17–22.

65 Vgl. Renate Steiger: Actus tragicus und ars moriendi. Bachs Textvorlage für die

sich doch häufig enge Berührungen zwischen den Texten und der Auslegungstradition in Predigten. Auf dem Hintergrund dieser Auslegungstradition werden auch viele der uns zuerst fremd und unverständlich scheinenden Kantatentexte doch verständlich.⁶⁶ Umgekehrt aber erlauben die Kantatentexte auch Rückschlüsse auf die Predigttradition zur Zeit Bachs. So schreibt Elke Axmacher:

> Es kann [...] kaum ein Zweifel daran bestehen, daß eine Untersuchung der Kantatentexte nicht nur das Verständnis von Bachs religiöser Stellung in seiner Zeit vertiefen, sondern auch unsere Kenntnis darüber erweitern könnte, wie im frühen 18. Jahrhundert die Evangelienperikopen verstanden wurden.⁶⁷

Inzwischen gibt es einige Arbeiten, die den Zusammenhang zwischen Bachs Kantaten und der zeitgenössischen Predigt- und Erbauungsliteratur untersuchen.⁶⁸ Diese Arbeiten zeigen alle, welch enge Zusammenhänge tatsächlich bestehen.

Johann Sebastian Bach hat drei Kantaten für den 10. Sonntag nach Trinitatis komponiert, BWV 46, 101 und 102.⁶⁹

Kantate »Gottes Zeit ist die allerbeste Zeit« (BWV 106), in dies.: Gnadengegenwart. Johann Sebastian Bach im Kontext lutherischer Orthodoxie und Frömmigkeit, Stuttgart-Bad Cannstatt 2002, 227–239. Renate Steiger hat herausgefunden, »daß der Text des *Actus tragicus* anhand der *Christlichen Bet=Schule* von Johann Olearius zusammengestellt worden ist« (235).

66 Vgl. das Beispiel bei Axmacher 1985, 15.

67 Axmacher 1984, 10, Anm. 8.

68 Vgl. neben den bereits genannten Arbeiten von Elke Axmacher und Renate Steiger noch Renate Steiger: Vom Sieg singen – den Frieden austeilen. Die Kantate »Halt im Gedächtnis Jesum Christ« BWV 67 auf den Sonntag nach Ostern, in: dies.: Gnadengegenwart (vgl. Anm. 65), 3–21; Helene Werthemann: Erforsche mich Gott und erfahre mein Herz. Kantate 136 auf den 8. Sonntag nach Trinitatis ... , in: Parodie und Vorlage. Zum Bachschen Parodieverfahren und seiner Bedeutung für die Hermeneutik. Die Messe BWV 234 und die Kantaten BWV 67, 179, 79 und 136, hg. von Renate Steiger, Internationale Arbeitsgemeinschaft für theologische Bachforschung e.V., Bulletin 2, Heidelberg 1988, 158–165; Ulrich Meyer: »Sein menschlich Wesen machet euch Den Engelsherrlichkeiten gleich« – J.S. Bachs Kantate BWV 91, in: Bulletin 3, 9–31; Renate Steiger: Eine Predigt zum Locus De iustificatione. Die Kantate »Jesu, der du meine Seele« BWV 78, in: dies.: Gnadengegenwart (vgl. Anm. 65), 22–52; Helene Werthemann: Die Kantate 158 »Der Friede sei mit dir«, in: Bulletin 3, 123–132; Renate Steiger: Eine emblematische Predigt. Die Sinnbilder der Kantate »Ich will den Kreuzstab gerne tragen« BWV 56, in: dies.: Gnadengegenwart (vgl. Anm. 65), 93–118; Lothar und Renate Steiger: Sehet! Wir gehn hinauf gen Jerusalem. Johann Sebastian Bachs Kantaten auf den Sonntag Estomihi, Veröffentlichungen zur Liturgik, Hymnologie und theologischen Kirchenmusikforschung 24, Göttingen 1992.

69 Vgl. die kritische Ausgabe dieser Kantaten in der Neuen Bach Ausgabe, Johann Sebastian Bach: Kantaten zum 9. und 10. Sonntag nach Trinitatis, hg. von Robert L. Marshall, Johann Sebastian Bach: Neue Ausgabe sämtlicher Werke, Serie I:

7. Die besondere Rezeption der Zerstörung Jerusalems am Israelsonntag 175

BWV 46: Schauet doch und sehet, ob irgendein Schmerz sei

Die 1723 komponierte Kantate BWV 46 bezieht sich direkt auf das Sonntagsevangelium Lk 19,41–48, genauer auf die Verse 41–44. Der Textdichter ist nicht bekannt. Der Eingangschor vertont Thr 1,12 und bildet die Klage des zerstörten Jerusalem ab:[70] »Schauet doch und sehet, ob irgendein Schmerz sei wie mein Schmerz, der mich troffen hat. Denn der Herr hat mich voll Jammers gemacht am Tage seines grimmigen Zorns.« Die Klagelieder gehören zur jüdischen Liturgie am 9. Aw und werden von Nikolaus Selnecker entgegen der älteren katholischen Tradition dem 10. Sonntag nach Trinitatis zugeordnet.[71]

Im zweiten Satz wird Jerusalem angesprochen und seine Zerstörung kommentiert: »So klage du, zerstörte Gottesstadt,/ Du armer Stein- und Aschenhaufen!/ Laß ganzer Bäche Tränen laufen,/ Weil dich betroffen hat / Ein unersetzlicher Verlust / der allerhöchsten Huld,/ So du entbehren mußt / Durch deine Schuld./ Du wurdest wie Gomorra zugerichtet,/ wiewohl nicht gar vernichtet./ O besser! wärest du in Grund verstört,/ Als daß man Christi Feind jetzt in dir lästern hört./ Du achtest Jesu Tränen nicht,/ So achte nun des Eifers Wasserwogen,/ Die du selbst über dich gezogen,/ Da Gott, nach viel Geduld,/ Den Stab zum Urteil bricht.« Die Zerstörung der Stadt ist Strafe für ihre Schuld, die in einer Mißachtung der Tränen und damit auch der Worte Jesu besteht. Der Vergleich mit der Zerstörung von Sodom und Gomorra findet sich immer wieder in Predigten.[72] Gleichzeitig

---

Kantaten, Band 19, Kassel 1985. Ich zitiere den Text der Kantaten nach Werner Neumann (Hg.): Sämtliche von Johann Sebastian Bach vertonte Texte, Leipzig 1974, 118–120. Vgl. zu den Kantaten außerdem Dürr, Bd. 2, 533–546 und Renate Steiger: Johann Sebastian Bachs Kantaten zum 10. Sonntag nach Trinitatis und die Frage nach dem Antijudaismus, in: Der Freund des Menschen, FS für Christian Macholz, hg.v. Arndt Meinhold u. Angelika Berlejung, Neukirchen-Vluyn 2003, 283–323.

70 Alfred Dürr deutet die Worte aus den Klageliedern als Klage Jesu: »Ausgangspunkt ist ein Vers aus den Klageliedern des Jeremia [...], der hier auf Jesu Schmerz über Jerusalem umgedeutet wird«, 534. Dagegen spricht der Beginn des nachfolgenden Rezitativs: »So klage, du zerstörte Gottesstadt«.

71 Vgl. dazu Kap. A 2, 59f. Vgl. auch Johann Arndt: Postille Oder Geistreiche Erklärung Derer Evangelischen Texte durch das gantze Jahr, Auf alle Sonn- Hohe- und andere Fest- und Apostel-Tage, Sammt Betrachtungen über die Paßions-Historie ..., 2. Band, Hof (Johann Ernst Schultz) 1737, der am Schluß einer Predigt zum Sonntag schreibt: »Hierher gehören die Klage-Lieder Jeremiä, die eure Liebe heute lesen sollen, keine nützlichere Arbeit könnet ihr thun, denn sie sind eine gewaltige Auslegung über diß Evangelium, will eure Liebe dahin gewiesen haben« (814).

72 Vgl. z.B. die in Kap. C II analysierte Predigt Herbergers, dort Z. 185–187, 528–530, außerdem das immer wieder zitierte Wort des Josephus aus Bell 5,566 (vgl. oben, 93, Anm. 11).

klingt in »des Eifers Wasserwogen« auch die Sintflut, das andere große Beispiel der Strafgerechtigkeit Gottes, an. Der Steinhaufen spielt an auf die Weissagung Jesu, es solle kein Stein auf dem andern bleiben.

Nachdem zu Beginn von Satz 2 auf die bereits geschehene Zerstörung zurückgeschaut wird, ändert sich diese Perspektive im Laufe des Satzes. An seinem Ende bricht Gott den Stab zum Urteil. Hier schließt Satz 3 an, der nun das Gericht selber abbildet, und zwar als Gewitter: »Dein Wetter zog sich auf von weiten,/ Doch dessen Strahl bricht endlich ein / und muß dir unerträglich sein,/ Da überhäufte Sünden / Der Rache Blitz entzünden / Und dir den Untergang bereiten.« Das Bild des Gewitters als Gottesgericht findet sich im AT öfter in Theophanieschilderungen, hier ist aber auch noch einmal sowohl an die Sintflut als auch an Sodom und Gomorra zu denken. Daneben klingt hier Prov 1,27 an: »wenn über euch kommt wie ein Sturm, was ihr fürchtet, und euer Unglück wie ein Wetter«.[73] Deutlich wird hier noch einmal angesprochen, daß die Zerstörung der Stadt als Rache für Sünden zu verstehen ist.

Dieser Gedanke bildet den Anknüpfungspunkt für die Anwendung auf die Zuhörer, der im 4. Satz folgt: »Doch bildet euch, o Sünder, ja nicht ein,/ Es sei Jerusalem allein / Vor andern sünden voll gewesen!/ Man kann bereits von euch dies Urteil lesen:/ Weil ihr euch nicht bessert / Und täglich die Sünden vergrößert,/ So müsset ihr alle so schrecklich umkommen.« Hier wird Lk 13,3.5[74] aufgenommen, wobei die konditionale Formulierung in eine konsekutive umgeformt und damit zu einer direkten Gerichtsansage verschärft wird. Das Urteil ist schon geschrieben – allerdings ist der Stab über die Zuhörer noch nicht gebrochen, vielleicht hat Gott also noch Geduld.

Der folgende Satz betrachtet dann die sich vollziehende Gottesstrafe, genauer, das Schicksal der Frommen in einer solchen Situation: »Doch Jesus will auch bei der Strafe / Der Frommen Schild und Beistand sein,/ Er sammelt sie als seine Schafe,/ als seine Küchlein liebreich ein;/ Wenn Wetter der Rache die Sünder belohnen,/ Hilft er, daß Fromme sicher wohnen.« Auch

---

73 Das Bild des Zornwetters Gottes findet sich öfter in unserem Zusammenhang, z. B. auch in der unten behandelten Predigt von Herberger, Z. 384f: »Aber ie langsamer seine Zorn-Wetter aufziehen, ie härter sie schlagen«. Und Erdmann Neumeister: Heilige Sonntags-Arbeit, An ordentlichen Amts-Predigten So wohl über alle gewöhnliche Sonn- als auch Festtages-Evangelia durchs gantze Jahr, Nach unterschiedener und zufälliger Lehr-Arth, ... Leipzig (Johann Friedrich Gleditsch und Sohn) 1716, schreibt: »Solche grausame Wetter der Trübsal, dergleichen vom Anfange der Welt nicht gewesen waren, noch auch künfftig seyn werden, kamen über Jerusalem« (1043).

74 Dieses Wort, das in unserem Zusammenhang häufig zitiert wird, legt Herberger als biblischen Predigttext seiner Predigt über die Historie von der Zerstörung Jerusalems zugrunde, vgl. Valerius Herberger, Epistolische Herzpostilla, 429–440.

7. Die besondere Rezeption der Zerstörung Jerusalems am Israelsonntag 177

für diese Wendung finden sich Beispiele aus der Predigtliteratur.[75] Der Kantatentext nimmt das Bild aus Mt 23,37 auf.

Der Schlußchoral der Kantate ist die letzte, neunte Strophe des Chorals »O großer Gott von Macht«:[76] »O großer Gott von Treu,/ Weil vor dir niemand gilt / als dein Sohn Jesus Christ,/ Der deinen Zorn gestillt,/ So sieh doch an die Wunden sein,/ Sein Marter, Angst und schwere Pein;/ um seinetwillen schone,/ Uns nicht nach Sünden lohne.« Der Choral wird in einigen Gesangbüchern für den 10. Sonntag nach Trinitatis genannt.[77] Er ist nicht aus der Perspektive der Frommen gesprochen, sondern aus der Perspektive der reuigen Sünder, die Gottes Erbarmen erflehen.

BWV 101: Nimm von uns, Herr, du treuer Gott

Die Kantate 101 ist eine Choralkantate über das Lied von Martin Moller: »Nimm von uns Herrr du treuer Gott«.[78] Das Lied steht bis heute als eines von drei Liedern zum Bußtag im Evangelischen Gesangbuch.[79] Es ist eine deutsche Nachdichtung des lateinischen »Aufer immensam«. Der Textdichter der 1724 komponierten Choralkantate ist nicht bekannt. Strophe eins und sieben des Liedes sind in Satz eins und sieben wörtlich übernommen, Satz

---

75 Vgl. hierzu den Schluß der dritten Fassung der Historie durch Seiler, Seiler 1790, 27, wo dieser Gedanke der Bewahrung aus der Bewahrung der Christen in Jerusalem abgeleitet wird, sowie den Schluß der unten zu besprechenden Predigt von Herberger, Z. 682-691. Arnold Schering, der Hg. einer anderen Ausgabe der Kantate, schreibt zu diesem »Blickwechsel« zwischen 4. und 5. Satz: »Das Rezitativ wendet sich jetzt unmittelbar an das lebende Sündergeschlecht. Schlimmste Prophezeiung donnert ihm entgegen. Man erwartet nach den letzten Worten einen erneuten Ausbruch des Unwillens. Statt dessen klingt – welche maßlos ungeschickte Dichterhand – ein mildes Trostwort daher von Jesu, der der Frommen Hirte und seiner Schafe treuer Hirte ist. Ohne die geringste psychologische Vorbereitung [...] springt der Text [...] von einem Fluche in eine Segensverheißung über und knickt damit die bisher so großartige Entwicklung der Kantate an unpassender Stelle aufs allergefährlichste um.« Arnold Schering (Hg.): Johann Sebastian Bach: CANTATA. Schauet doch und sehet (Dominica 10 post Trinitatis) für 3 Solostimmen, Chor und Kammerorchester BWV 46, London u.a., o.J., V-VI.
76 Der Choral findet sich bei Fischer-Tümpel, Bd. III, 243f, mit der Autorenangabe Balthasar Schnurr. Die Zuweisung ist umstritten, einige Gesangbücher nennen als Autor Johann Matthäus Meyfart. Diese Angabe übernehmen auch Werner Neumann und Alfred Dürr.
77 Vgl. dazu vor allem die Belege bei Gojowy, 54.
78 Dieses Lied wird häufig als Sonntagslied für den 10. Sonntag nach Trinitatis vorgeschrieben, vgl. dazu oben den Exkurs über die Sonntagslieder des 10. Sonntags nach Trinitatis.
79 EG 146, die anderen Lieder zum Bußtag sind »Aus tiefer Not laßt uns zu Gott« von Michael Weiße sowie »Wach auf, wach auf, du deutsches Land« von Johann Walter.

drei und fünf erweitern die Choralstrophen jeweils durch Tropierungen, der zweite Satz ist eine freie Nachdichtung der zweiten Strophe, Ähnliches gilt für Satz vier und sechs, wobei hier jeweils einzelne Choralzeilen in den Arientext übernommen werden. Der Kantatentext hat den Plural der Vorlage übernommen, nur im sechsten Satz findet sich abweichend von der Choralstrophe der individualisierende Singular.[80]

In der Kantate findet sich nur eine deutliche Anspielung auf das Sonntagsevangelium, und zwar in dem freigestalteten zweiten Satz. »Handle nicht nach deinen Rechten / Mit uns bösen Sündenknechten,/ Laß das Schwert der Feinde ruhn!/ Höchster, höre unser Flehen,/ Daß wir nicht durch sündlich Tun / Wie Jerusalem vergehen.«[81] An zwei weiteren Stellen finden sich möglicherweise Anspielungen auf die Zerstörung Jerusalems. In Satz 3 heißt es: »Du kannst dem feindlichen Zerstören / Durch deine Macht und Hilfe wehren.« Hierbei könnte man an die römischen Angreifer Jerusalems denken. In Satz 4 ist die Rede von Gottes Zorn: »Es schlagen deines Eifers Flammen / Schon über unserm Haupt zusammen.« Dahinter verbirgt sich möglicherweise das Bild der Flammen, die Sodom und Gomorra zerstörten und als Vorbild und Hinweis auf die Zerstörung Jerusalems gesehen wurden.

Insgesamt zeigt diese Kantate, daß der Bußcharakter des Sonntags auch ohne ausdrücklichen Bezug auf das Sonntagsevangelium, das hier nur in Andeutungen aufscheint, die für diesen Tag bestimmten Texte prägte.

BWV 102: Herr, deine Augen sehen nach dem Glauben!

Das wird noch deutlicher bei der Kantate 102. Der Hauptgedanke dieser gesungenen Bußpredigt ist es, die Frist zu nutzen, die Gott uns in seiner Güte zur Umkehr setzt, und dabei auch die Strafen Gottes als Ruf zur Besserung zu verstehen. Zwei Sätze sind Bibelzitate, Satz 1 (Jer 5,3) und Satz 4 (Röm 2,4-5), in denen jeweils der Gedanke der Verstockung aufscheint.[82] Dabei wird Verstockung als Unbußfertigkeit verstanden. Während die ersten beiden Sätze im Plural von den Sündern sprechen,[83] ist ab Satz 3 nur

---

80 »Erzeig auch mir zu aller Zeit,/ Barmherzger Gott, Barmherzigkeit!/ Ich seufze stets in meiner Not:/ Gedenk an Jesu bittern Tod!« Im Choral heißt es: »Des trösten wir uns allezeit / und hoffen auf Barmherzigkeit.«
81 Eine entsprechende Anspielung auf Jerusalem fehlt in der Choralvorlage: »Erbarm dich deiner bösen Knecht,/ wir flehn um Gnad und nicht um Recht;/ denn so du, Herr, den rechten Lohn / uns geben wollst nach unserm Tun,/ so müßt die ganze Welt vergehn / und könnt kein Mensch vor dir bestehn.«
82 Röm 2,5 spricht ausdrücklich von Verstockung, in Jer 5,3 nehmen die Fühllosigkeit und das steinerne Angesicht Verstockungsbilder auf.
83 Im ersten Satz, in dem Gott angesprochen wird, wird von den Sündern in der

7. Die besondere Rezeption der Zerstörung Jerusalems am Israelsonntag 179

noch der einzelne bzw. die einzelne Seele im Blick. Während in Satz 3 in einem Weheruf über die Seele geredet wird, die »von ihres Gottes Gnaden / Selbst sich trennt«, wird mit Röm 2,4–5 der einzelne direkt angesprochen. Das setzt sich in Satz 5 fort: »Erschrecke doch;/ Du allzu sichre Seele!/ Denk was dich würdig zähle / Der Sünden Joch./ Die Gotteslangmut geht auf einem Fuß von Blei,/ Damit der Zorn hernach dir desto schwerer sei.« In Satz 6 wird die versäumte Gelegenheit zur Buße mit dem unerwarteten, unvorbereiteten Sterben gleichgesetzt. Den Abschluß der Kantate bilden die beiden letzten Strophen des Chorals von Johann Heermann: »So wahr ich lebe, spricht dein Gott«.[84] Die vorletzte Strophe nimmt den Gedanken aus Satz 6 auf: »Heut lebst du, heut bekehre dich, [...] So du nun stirbest ohne Buß,/ Dein Leib und Seel dort brennen muß.« Den Abschluß der Kantate wie des Chorals bildet ein an Jesus gerichtetes Bußgebet: »Hilf, o Herr Jesu, hilf du mir,/ Daß ich noch heute komm zu dir / Und Buße tu den Augenblick,/ Eh mich der schnelle Tod hinrück,/ Auf daß ich heut und jederzeit / Zu meiner Heimfahrt sei bereit.«

In der ganzen Kantate findet sich keine direkte Anspielung auf das Sonntagsevangelium oder auf das Schicksal Jerusalems. Eindeutig aber ist der Bußcharakter des Sonntags in der Kantate aufgenommen.

Die in den Exkursen untersuchten Sonntagslieder und Bachkantaten zum 10. Sonntag nach Trinitatis unterstützen das Ergebnis der Analyse der verschiedenen Fassungen der Historie von der Zerstörung Jerusalems. Eindeutig wird der Sonntag durch den Gedanken der Buße geprägt, auch wenn immer wieder andere Aspekte mit angesprochen werden. Darum ist zu fragen, wie es zu der besonderen Deutung der Zerstörung Jerusalems im Zusammenhang mit dem 10. Sonntag nach Trinitatis kommen konnte.

Entscheidend scheint mir die Gattung und der besondere Sitz im Leben der hier untersuchten Texte zu sein. Die Historie von der Zerstörung Jerusalems ist für die gottesdienstliche Verwendung bestimmt. Sie bekommt dabei eine den biblischen Lesungen und Predigttexten vergleichbare Funktion. In einigen Kirchenordnungen wird angeordnet, daß im Anschluß an die

---

dritten Person geredet, der zweite Satz spricht in der ersten Person: »Wo ist das Ebenbild, das Gott uns eingepräget,/ Wenn der verkehrte Will sich ihm zuwiderleget?/ Wo ist die Kraft von seinem Wort,/ Wenn alle Besserung weicht aus dem Herzen fort?/ Der Höchste suchet uns durch Sanftmut zwar zu zähmen,/ Ob der verirrte Geist sich wollte noch bequemen; Doch, fährt er fort in dem verstockten Sinn,/ So gibt er ihn in's Herzens Dünkel hin.«

84 Dieses Lied wird im Gesangbuch Bayreuth 1780 für den 10. Sonntag nach Trinitatis genannt, vgl. dazu die Tabellen zum Exkurs über die Sonntagslieder, unten, 355–362. Gojowy hat in den von ihm ausgewerteten Gesangbüchern keinen Beleg dafür gefunden, daß dieses Lied am 10. Sonntag nach Trinitatis vorgeschlagen wird, Gojowy, 54.

Verlesung eine Vermahnung oder ein besonderes Gebet zu folgen habe, manchmal steht die Historie auch anstelle der Predigt.[85] Auch der Abdruck der Texte in Gesangbüchern und Kirchenordnungen im Zusammenhang mit den sonntäglichen Evangelien und Episteltexten sowie der Passionsharmonie, also mit biblischen Predigttexten, verweist auf diese besondere Funktion.

Die Geschichte von der Zerstörung Jerusalems ist also Teil der Verkündigung. Ziel der Verkündigung aber ist die Applicatio; es geht also darum, den Text auf das Leben der Menschen zu beziehen, denen die Verkündigung gilt. Wird die Zerstörung Jerusalems als warnendes Beispiel verstanden, so ermöglicht eine solche Deutung die Anwendung. Das Gericht über Jerusalem ruft die Christen, die im Gottesdienst von der Zerstörung der Stadt hören, zur Buße. Durch diesen Zusammenhang läßt sich erklären, wie es zu der besonderen Deutungslinie der Zerstörung Jerusalems im Zusammenhang des 10. Sonntags nach Trinitatis kommen konnte, die den Charakter des Tages bestimmend prägte.

Allerdings eignet sich auch die Deutung des Geschehens nach dem Schema von Weissagung und Erfüllung für eine Anwendung. Wie gezeigt wurde, wird dieses Deutungsschema in der Zeit der Aufklärung mit bestimmend für die Darstellung der Zerstörung Jerusalems. Dabei konkurrieren aber beide Deutungen nicht miteinander, sondern können nebeneinander stehen.

Zusammenfassung

Sowohl an den verschiedenen Fassungen der Historie von der Zerstörung Jerusalems als auch an den für den 10. Sonntag nach Trinitatis vorgesehenen Liedern läßt sich eine feststehende Deutung der Zerstörung Jerusalems erkennen. Die Zerstörung Jerusalems als Beispiel für die Strafe Gottes ruft die Christen, denen Gottes Gericht ebenfalls droht, zur Buße. Diese Deutung und die Prägung, die sie dem 10. Sonntag nach Trinitatis gegeben hat, findet sich z.B. auch in den Kantaten Johann Sebastian Bachs für diesen Sonntag wieder.

---

85 Eine Vermahnung ordnen an die Kirchenordnungen Öttingen 1707, 11, Erbach 1753, 19 und Schaumburg-Lippe 1767, 156, sowie weitere bei Graff I, 126 genannte Ordnungen. Auch Selnecker erwähnt in seinem Gesangbuch diesen Brauch. Ein besonderes Gebet findet sich in den Kirchenordnungen Erbach 1753 und Löwenstein-Wertheim, 85f. Vgl. auch hierzu weitere Belege bei Graff I, 126. Die Kirchenordnung Regensburg 1567, 478, ordnet die Verlesung der Geschichte anstelle der Katechismuspredigt in der Vesper an, und auch in Königsberg wurde sie im 17. Jahrhundert anstelle der Vesperpredigt gelesen (Geisenhof, 172f, Anm. 2). Die entsprechenden Belege sind alle oben in Kap. A 2 abgedruckt.

7. Die besondere Rezeption der Zerstörung Jerusalems am Israelsonntag

Die Entwicklung dieser besonderen Deutung hängt damit zusammen, daß die Zerstörung Jerusalems Thema des Gottesdienstes und der Bericht davon also Teil der Verkündigung war. Da Verkündigung auf Applicatio zielt, waren nur Deutungen des Geschehens brauchbar, die eine Anwendung auf die Gemeinde ermöglichten.

Zur Bewertung dieser besonderen Deutung ist vorläufig festzuhalten:

Es ist biblische Tradition, innerweltliche Ereignisse als Gericht Gottes zu deuten, in diesem Zusammenhang sei hier nur auf die deuteronomistische Theologie und ihre Verarbeitung der ersten Zerstörung Jerusalems und des Exils verwiesen. Entsprechend gibt es viele jüdische Traditionen, die auch die zweite Zerstörung Jerusalems und des Tempels als Strafe Gottes für die Sünden des Volkes Israel deuten. Allerdings bleibt festzuhalten, daß eine solche Deutung ihren Charakter verändert, wenn nicht mehr von der Strafe Gottes für eigene Sünden geredet wird, sondern ein solcher Zusammenhang zwischen Sünde und Strafe für andere festgestellt wird. Am 10. Sonntag nach Trinitatis bleibt es aber nicht bei dieser unbeteiligten Feststellung des strafenden Gerichtshandelns Gottes an der Stadt Jerusalem und dem Volk Israel, sondern es wird der Bezug zur Sünde der Christen und dem ihnen drohenden Gericht hergestellt.

Die Anwendung der Zerstörung Jerusalems als warnendes Beispiel für die Gemeinde setzt voraus, daß als Sünde der Juden nicht, zumindest nicht vorrangig, der Tod Jesu genannt wird. Das ist auf jeden Fall als positiver Aspekt der Tradition des 10. Sonntags nach Trinitatis zu bewerten, gerade wenn man bedenkt, zu welch verheerenden Folgen der Vorwurf geführt hat, die Juden seien Gottesmörder.

Die Tradition des 10. Sonntags nach Trinitatis führt zu einer gewissen Identifikation mit dem Volk Israel, so daß sein Schicksal nicht distanziert oder gar mit Schadenfreude betrachtet werden kann. Gerade die Lieder, die für diesen Sonntag ausgewählt wurden, vor allem das Psalmlied »An Wasserflüssen Babylon«, zeigen diese Identifikation deutlich.

C I: Martin Luthers Predigt über Lukas 19,41–48 in der Kirchenpostille

1. Vorüberlegungen

1.1. Zur Auswahl der Predigt

Martin Luther hat oft am 10. Sonntag nach Trinitatis gepredigt. Insgesamt sind zehn Predigten von ihm zu Lk 19,41–48 überliefert, z.T. in Einzeldrukken, z.T. nur in Nachschriften.[1] Dazu kommen die Predigten in den verschiedenen Fassungen der Kirchenpostille und der Hauspostille. Wollte man Luthers Predigtweise möglichst genau untersuchen, seine »ipsissima vox« kennenlernen, müßte man sich vor allem an die Predigtnachschriften halten.

In der vorliegenden Arbeit aber interessiert die Wirkungsgeschichte der Predigt Luthers, die einen Teil der Tradition des 10. Sonntags nach Trinitatis darstellt. Darum wird hier die Predigt Luthers zum 10. Sonntag nach Trinitatis aus der Kirchenpostille untersucht, genauer gesagt aus der von Caspar Cruciger bearbeiteten Sommerpostille von 1544. Die Kirchenpostille, und zwar in dieser Ausgabe, war – neben der Hauspostille – wohl das verbreitetste Predigtbuch Luthers. Die verschiedenen Auflagen und Ausgaben sind nicht zu zählen.[2] Ein Licht auf die Verbreitung wirft die Tatsache, daß Kirchenordnungen den Besitz dieses Buches für die Pfarrbibliothek vorschrieben[3] und daß die Kirchenpostille in späteren Predigten ausdrücklich zitiert wird.[4]

---

1 Wir kennen Predigten aus folgenden Jahren: 1524 (WA 15, gedruckt), 1525 (WA 17 I, gedruckt), 1526 (WA 20), 1528 (WA 27), 1529 (WA 29), 1531 (WA 34 II, gedruckt), 1532 (WA 36), 1534 (WA 37), 1537 (WA 45), 1545 (WA 51, gedruckt). Vgl. dazu im einzelnen das Quellen- und Literaturverzeichnis.

2 Die Hauspostille Luthers in der Ausgabe von Veit Dietrich war ähnlich verbreitet. Vgl. dazu die Bibliographie in WA 52, wo allein zwischen 1544 und 1546 neun hochdeutsche Drucke, dazu eine niederdeutsche und eine lateinische Übersetzung verzeichnet werden. Dazu wird vermerkt: »Die Hauspostille ist auch nach dem unendlich oft gedruckt« (WA 52, XXIX, Anm. 1).

3 Vgl. z.B. die Kirchenordnung Hildesheim 1544. Dort heißt es, die Prediger sollten

1. Vorüberlegungen

Im übrigen zeigt ein kurzer Blick auf die anderen Predigten zum 10. Sonntag nach Trinitatis, daß die Predigt der Kirchenpostille typisch für Luther ist. Nur die Predigten von 1524 und 1545 weichen von diesem Grundtyp ab.[5] Daneben setzen die Hauspostille und die ihr zugrundeliegenden Predigten[6] einen etwas anderen Akzent.[7]

---

gute Bücher haben, als erstes wird genannt »Postillam Lutheri« (839). Auch Veit Dietrich schreibt in seinem Agendbüchlein von 1545 vor, die Pfarrherrn auf dem Land sollten gute Bücher gebrauchen, »die postillen D. Luthers, Corvini und dergleichen«, Veit Dietrich, Agendbüchlein 1545, 502. In der Kirchenordnung Wolfstein 1574 wird angeordnet, die Pfarrer sollten für die Predigt »sich rainer postillen [...] gebrauchen«, an erster Stelle wird Luther genannt, EKO 13, 569.

4 Hier nur zwei Beispiele: Johann Benedikt Carpzov zitiert in einer Predigt zum Sonntag Quasimodogeniti Luther zur Frage der Nägelmale Christi: »Soll ich aber darüber mit wenigen meine gedancken eröffnen / so kan ich als ein lutherischer Prediger nicht besser thun / denn daß ich es mit unserm seligen vater Luthero halte«. Sodann wird Luthers »gutachten« aus »der andern predigt seiner Kirchenpostill über dieses Evangelium« angeführt. Johann Benedikt Carpzov: Evangelische Fragen und Unterricht: Oder Sonderbahrer Jahr-Gang / Da aus allen Sonn- und Fest-täglichen Evangeliis / welche im Eingange erkläret und mit einer Historie oder Fürbilde aus dem Alten Testament überleget seynd / Vier Fragen abgehandelt werden / Nemlich I. eine Catechismus-Frage / II. eine Streit-Frage / III. eine Gewissens-Frage / IV. eine curiöse Frage. Leipzig (Thomas Fritsch) 1700, (857). Spener verweist in seiner Predigt am Sonntag Quasimodogeniti 1687 auf die Lehre von der Macht aller Christen, einander in Gottes Namen die Sünden zu vergeben, wie »unser theure Lutherus solche lehr offtmals / sonderlich in seiner kirch- und hauß postill / stattlich getrieben hat / bey diesem Evangelio / und auf den XIX. Sontag nach Trinit. Sonderlich sagt er in der Kirchen-postill auff diesen sontag [...]« Philipp Jakob Spener: Die Evangelische Glaubens-Lehre 1688. Predigten über die Evangelien (1686/87). 1. Advent bis 4. p.Trin., eingeleitet von Dietrich Blaufuß und Erich Beyreyther, Philipp Jakob Spener: Schriften Band III. 1 Teilband 1, Hildesheim 1986, 511.

5 Das gilt vor allem für die Predigt von 1524 (WA 15, (662–664) 664–671). Der erste kurze Teil der Rörer-Nachschrift (WA 15, 664,1–665,12) ähnelt den übrigen Predigten, dann kommt Luther auf seine eigene Rolle zu sprechen. Er hat getan, was er konnte, um die Menschen zur Annahme des Evangeliums zu bewegen. Ab 665, 16 faßt er dann »sein Evangelium« zusammen. Nur dieser Teil der Predigt wurde gedruckt. In der Predigt vom 12.8.1545 (WA 51, 22–41) legt Luther den Schwerpunkt auf die Tempelreinigung und damit auf die Kirchenkritik und redet kaum von der Zerstörung Jerusalems. Diese Predigt ist nicht in einem Sonntagsgottesdienst gehalten, sondern am Mittwoch nach dem 10. Sonntag nach Trinitatis, vgl. Georg Buchwald: Lutherkalendarium, SVRG 147, 1929, 1–159.

6 Die Predigt in der Hauspostille findet sich WA 52, 435–444, ihr liegen die Predigten von 1532 und 1534 zugrunde. Vgl. zu dem besonderen Akzent, der durch die andere Zuhörerschaft bestimmt ist, unten, 3.3.1.

7 Mülhaupt führt in der Evangelien-Auslegung Luthers zwei Predigttypen zu Lk 19,41–48 auf. Seine Einteilung erscheint aber willkürlich, die Predigten, die er zitiert, haben auch viele Übereinstimmungen. Es geht höchstens um die Frage, wo ein Schwerpunkt gesetzt wird (Mülhaupt, 341–353).

1.2. Die Überlieferungsgeschichte der Predigt

Luthers Predigten sind in verschiedener Form überliefert.[8] Einerseits kennen wir Nachschriften der Predigten, die lange verschollen waren und Ende des 19. Jahrhunderts wiederentdeckt wurden.[9] Daneben liegen viele Predigten Luthers gedruckt vor. Hierbei ist zu unterscheiden zwischen Predigten, die Luther selbst für den Druck bearbeitete, solchen, die in seinem Auftrag oder doch zumindest durch ihn autorisiert erschienen, und »Raubdrucken«, die ohne sein Wissen anhand von Nachschriften hergestellt wurden.[10]

Die Predigt zum 10. Sonntag nach Trinitatis in der Kirchenpostille gehört zu den Predigten Luthers, die mehrfach überliefert sind. Gehalten wurde die zugrunde liegende Predigt am 13. August 1525. Wir kennen Nachschriften von Rörer und von Roth.[11] Die Predigt wurde noch im selben Jahr gedruckt und zwar unter dem Titel:

EYN SERmon von der zerstörung Jerusalem. Das teutsch landt auch also zerstört werd, wo es die zeyt seiner heymsuchung nicht erkent. Was der tempel Gottis sey.[12]

Es gab 1525 mehrere Nachdrucke, zum Teil zusammen mit einer Predigt vom 20.11.1524 über Mt 24 mit der Überschrift:

Ein Sermon von des Judischen reichs vnd der welt ende. Matth. 24.[13]

---

8 Vgl. zum folgenden Georg Buchwald (Hg.): Predigten D. Martin Luthers auf Grund von Nachschriften Georg Rörers und Anton Lauterbachs bearbeitet, Bd. 1, Gütersloh 1925, die S. 1–7 der Einleitung.
9 Vgl. dazu Georg Buchwalds Bericht WA 22, XXXIII.
10 Letztere gaben Luthers Predigten oft genauer wieder, als die von Luther bearbeiteten Drucke. Das zeigt ein Vergleich verschiedener Fassungen. Vgl. z.B. den Sermon vom ehelichen Stand. Diese Predigt erschien zuerst in einem von Luther nicht autorisierten Druck (WA 9, (213) 213–219), danach unter dem Titel: Eyn Sermon von dem Elichen Standt vor endert und corrigirt durch D. Martinum Luther, Augustiner zu Wittenberg. (WA 2, (162–165) 166–171). Ein weiteres Beispiel für eine solche Doppelüberlieferung bietet der »Sermon von dem reichen Mann und dem armen Lazarus« vom 22.6.1522 (Text des ersten Drucks und der Bearbeitung Luthers WA 10 III, (CXIII–CXXII) 176–200). Buchwald urteilt dazu: »Auch hier gibt freilich der nicht von Luther besorgte Druck das gesprochene Wort sicher mehrfach treuer wieder als die von ihm später herausgegebene Predigt« (Buchwald, 2). Vgl. auch noch den »Sermon vom unrechten Mammon« vom 17.8.1522 (WA 10 III, (CXLII–CXLVIII) 273–282.283–292). Luther selbst wendet sich gegen Raubdrucke seiner Predigten, z.B. in seiner Vorrede an die Buchdrucker zum »Sermon von dem reichen Mann und dem armen Lazarus«, WA 10 III, 176.
11 WA 17 I, (XLIII–LVI) 380–399. Dort sind die beiden Nachschriften und der Text des Erstdruckes wiedergegeben.
12 Ebd., XLVIIIf.
13 Diese Predigt steht WA 15, (738–740) 740–758. Sie wurde in den Anhang von Roths Winterpostille übernommen, vgl. WA 21, 189–191.

1. Vorüberlegungen

Die Bedeutung und Verbreitung dieser Predigt über Lk 19 läßt sich u.a. daran ablesen, daß sie auf dem Reichstag zu Speyer 1526 verteilt wurde[14] und noch 1621 in einem Separatdruck erschien.[15]

Das nächste Stadium der Überlieferungsgeschichte ist die Aufnahme der Predigt in die sogenannte Sommerpostille von Stephan Roth. Dieser hatte seine Postille, vermutlich ohne Auftrag Luthers,[16] als Fortsetzung der Kirchenpostille herausgegeben, deren Winterteil Luther selbst veröffentlicht hatte.[17] Roth legte seiner Sommerpostille, die 1526 erschien, bereits gedruckte Predigten sowie seine eigenen und die Nachschriften Rörers zugrunde. In unserem Fall hält er sich eng an seine gedruckte Vorlage, stellt nur, wie in seiner ganzen Postille, die Übersetzung der Summarien Bugenhagens, die 1524 auf lateinisch erschienen waren, der Predigt voran.[18]

Luther war mit Roths Arbeit unzufrieden und beauftragte Caspar Cruciger mit der Neubearbeitung der Sommerpostille, die dann 1544 erschien,[19] nachdem er selbst den Winterteil 1540 noch einmal bearbeitet hatte.[20] Cruciger hatte schon viele Predigten Luthers zu dessen Zufriedenheit herausgegeben. So sagte Luther einmal über eine von Cruciger bearbeitete Predigt: »Ich halte, er hats besser gemacht, dan ichs gepredigt habe.«[21] Dabei hatte Cruciger die Angewohnheit, mit seinen Vorlagen, auch den eigenen Mitschriften,[22] sehr frei umzugehen. Für die Kirchenpostille arbeitete er zudem oft mehrere Predigten zu einer zusammen. Auch für die Predigt zum 10. Sonntag nach Trinitatis[23] legt Cruciger zwei Predigten zugrunde, die von

---

14 Vgl. WA 17 I, LVI.
15 Dieser Druck hat den Titel: »Ein Sermon, VOn der Zerstörung Jerusalem. Das Teutschland auch also zerstöret werd, ehe 100. Jahr zum Ende gehen, vnd so lange werde es nicht wehren, wo es die Zeit seiner Heimsuchung nicht erkent« WA 17 I, LI. Dieser Druck stand möglicherweise im Zusammenhang mit dem nahenden Ende der im Titel angegebenen hundertjährigen Frist, die im Text der Predigt von 1525 keinen Anhalt hat.
16 So Buchwald in der Einleitung zu Roths Postillen (WA 21, IX–XIX), IX.
17 Die Kirchenpostille Luthers besteht aus drei Teilen, die zuerst separat veröffentlicht wurden, die Adventspostille (WA 10 I 2, 1–208) und die Weihnachtspostille (WA 10 I 1) 1522, die Fastenpostille (WA 17 II, 5–247) 1525.
18 Die Predigt in Roths Fassung findet sich WA 10 I 2, 345–347, hierbei werden nur die Abweichungen von dem Druck von 1525 verzeichnet.
19 Zur weiteren Textgeschichte der Kirchenpostille insgesamt, besonders zur historisch-kritischen Arbeit an ihr vgl. Buchwald, WA 22, XXX–XXXIV. Eine erste »kritische« Ausgabe der Kirchenpostille gab Spener heraus (ebd., XXX).
20 Vgl. zum folgenden die Einleitung Buchwalds zu Crucigers Sommerpostille, WA 22, XI–XIX.
21 WA 22, XVI.
22 Seine Mitschriften müssen besonders zuverlässig gewesen sein, jedenfalls wird seine Fähigkeit zur Schnellschrift von Zeitgenossen gerühmt (WA 22, XIV Anm. 8).
23 Sie findet sich in Crucigers Fassung WA 22, 188–194.

1525, die auch Roth schon abgedruckt hatte, und eine Predigt vom 13.8.1531. Auch diese Predigt kennen wir wie die von 1525 aus zwei Nachschriften und einem Druck.[24]

Am Anfang der Predigt folgt Cruciger relativ genau der Predigt von 1525.[25] Bei seiner zweiten Vorlage, der Predigt von 1531,[26] verwendet er nicht die Druckfassung, sondern vor allem Rörers Nachschrift, geht aber mit ihr sehr frei um.

1.3. Bemerkungen zur Textgrundlage

Die komplizierte Überlieferung der Predigt zum 10. Sonntag nach Trinitatis in der Kirchenpostille hat zur Folge, daß der Text in der Fassung von Cruciger in den kritischen Ausgaben nicht zusammenhängend wiedergegeben ist. Die WA gibt für den ersten Teil der Predigt nur die Abweichungen von der Predigt von 1525 an. Erst da, wo Cruciger nur noch frei seiner zweiten Vorlage folgt, der Predigt von 1531, ist der Text abgedruckt.[27] Die zweite Auflage der Erlanger Ausgabe bietet einen Mischtext von verschiedenen Fassungen,[28] die nur mit Hilfe des Apparats und nicht sehr zuverlässig rekonstruiert werden können.[29]

Der Praktikabilität und Genauigkeit wegen gehe ich darum direkt auf die Ausgabe von 1544 zurück.[30] Eine Abschrift der Predigt nach dieser Ausgabe findet sich unten S. 326–337. Dieser Text ist der folgenden Analyse zugrunde gelegt. Ich zitiere nach der dortigen fortlaufenden Zeilenzählung.

---

24 Alle drei Fassungen WA 34 I, 80–97.
25 Er benutzt WA 17 I, 380,27–393,30.
26 Es läßt sich zeigen, daß Cruciger schon in WA 22, 189,1–190,32 diese Predigt verwendet. Die genauen Nachweise hierfür werden unten bei der Besprechung der Predigt gegeben werden. Die Hg. der WA hingegen erkennen die Verwendung der Predigt erst ab 191,1 (vgl. ebd., 190).
27 WA 22, 188–194, fortlaufender Text ab 189 unten, vorher nur kritischer Apparat zu WA 17 I, 380,27–393,30.
28 Einzeldruck der Predigt von 1525, verschiedene Ausgaben der Postille von Roth sowie Crucigers Postille.
29 EA 2. Aufl., Bd. 13, 312–334.
30 Das ist die in der Bibliographie zu den Postillen Luthers, WA 10 I 2, XIII–XL, als Cr. A verzeichnete Ausgabe (ebd., XXI).

2. Analyse der Predigt

Zum ersten Eindruck

Das erste Mal las ich die Predigt Luthers in einer Reihe mit vielen anderen Predigten. Von daher ist mir nur der erste Eindruck geblieben, sie sei typisch und passe in das allgemein gefundene Schema. Beim späteren Wiederlesen war der Eindruck zwiespältig, er schwankte zwischen großer Faszination durch die Ernsthaftigkeit der Gerichtspredigt und dem Erschrecken über die harten Aussagen zu Israel.

Für die folgende Analyse erscheint es wichtig, die Predigt nicht nur von unseren Erfahrungen und Erkenntnissen her zu verstehen. Es wäre zu einfach, die Predigt nur des Antijudaismus zu überführen und damit abzuschreiben. Vielmehr ist es wichtig, beiden Seiten des ersten Eindrucks nachzugehen.

Zur Gliederung

Die Predigt hat zwei Hauptteile, die den beiden Teilen des Predigttextes, Jesu Weinen über Jerusalem und die Tempelreinigung, entsprechen. Ihnen geht eine Einleitung voraus. Der zweite Hauptteil ist mit einer eigenen Überschrift versehen (Z. 316). Der Übergang vom Predigtanfang zum ersten Hauptteil ist nur im Text selber durch »Zum ersten« (Z. 55) markiert. Die weiteren hier angegebenen Untergliederungen sind in der Predigt nicht vorgegeben und folgen inhaltlichen Gesichtspunkten.

2.1. Der Predigtanfang: Es gilt uns (Z. 19–54)

Die Einleitung der Predigt ist noch einmal untergliedert in Z. 19–32, den eigentlichen Predigtanfang, und Z. 33–54. Da im Predigtanfang meist bereits die wichtigsten Entscheidungen für den Fortgang der Predigt fallen, soll der erste Anfang ausführlich analysiert und danach gefragt werden, welche Predigtintention sich daraus erkennen läßt.

Der Prediger beginnt mit einer knappen Einordnung des Predigttextes in seinen Kontext (Z. 19–22). Er nennt das vorausgehende (Lk 19,28–40) und das nachfolgende Geschehen (Lk 20–21). Der Prediger übernimmt hierbei die Darstellung der synoptischen Evangelien, nach denen Jesus zuvor nicht in Jerusalem aufgetreten ist, und ordnet in der Chronologie der Karwoche dem Montag bis Mittwoch die Predigt Jesu im Tempel zu. Dann folgt eine Zusammenfassung, die Summe des Evangeliums. Der Prediger kommt hiermit ohne weitere Vorbereitung direkt zur Sache: »Die Summa vnd der inhalt dieses Euangelij ist / das er sich bekümmert / vnd beklaget den jamer deren / die das Wort Gottes verachten« (Z. 22–24). Dieser Jammer wird hier nicht weiter ausgemalt. Die Zuhörer können aber Jesu Worte assoziieren, mit denen er die Zerstörung Jerusalems ankündigt. Nicht nur der Jammer bleibt abstrakt, auch den Verächtern des Wortes Gottes wird kein Name gegeben. Erst später ist von den Juden die Rede.

Das, was als Inhalt des Evangeliums behauptet wurde, wird nun noch etwas genauer erläutert, und zwar zuerst durch eine negative Bestimmung. Jesus predigt hier nicht (über) das Wort Gottes, lehrt nicht, was es ist (Z. 24f). Daß diese negative Bestimmung extra gegeben werden muß, deutet darauf hin, daß das Negierte für den Prediger der normale Inhalt des Evangeliums ist. Hier ist die doppelte Bedeutung von Evangelium zu beachten. Das Wort wird einerseits für die Perikope des Sonntags, also den Predigttext, gebraucht. Andererseits ist es gleichbedeutend mit »Wort Gottes«. Genauer müßte man sagen, daß Wort Gottes mit Evangelium gleichgesetzt wird, also mit der frohmachenden Botschaft. Eben deshalb, weil es beim Wort Gottes, beim Evangelium, eigentlich um die frohe Botschaft (von der Rechtfertigung des Sünders) geht, muß betont werden, daß dieser Text einen anderen Inhalt hat. Hier gibt der Prediger also einen Hinweis darauf, daß es sich um einen untypischen Text handelt.

Nach der negativen Abgrenzung wird der Inhalt des Textes etwas ausführlicher wiedergegeben (Z. 25–28). Es geht nicht nur um Jammer, sondern um Strafe. Diese Deutung ist oben noch nicht gegeben worden. Auch wird benannt, wem dieser Jammer und diese Strafe gilt, nämlich den Juden. Der Grund für den Jammer wird, in direkter Anlehnung an den Text, anders bestimmt als oben in der Summa. Die Juden haben die Zeit ihrer Heimsuchung nicht erkannt. Hierbei wechselt der Prediger das Tempus. Sowohl die Ursache für den Jammer, als auch dieser selber (»der [...] gehen solt«), liegen in der Vergangenheit. Aber der Prediger zeigt dabei kein besonderes Interesse an der Zerstörung Jerusalems als historischer Begebenheit, der Name Jerusalems fällt nicht einmal. Es ist zu vermuten, daß dieses Geschehen vielen Hörern bekannt war, so daß sie es auch ohne explizite Erwähnung assoziieren konnten.[1]

Dann wechselt das Tempus wieder zur Gegenwart, der Prediger spricht die Zuhörer direkt an, wobei er sich in die 1. Person Plural mit einschließt. Er ruft zur Aufmerksamkeit (Adhortativ) und begründet auch: »Vnd lasst vns eben darauff sehen / denn es gilt vns auch« (Z. 28f). Zur Verdeutlichung dieser Begründung argumentiert er mit einer comparatio,[2] wobei die Schluß-

---

1 Auch später, wo der Prediger dann von der Zerstörung spricht, kann er sich ja auf knappe Hinweise beschränken, verweist ansonsten auf die Historie, die anderswo zu lesen sei (Z. 99f, dazu s.u. 2.2.1.).
2 Zur comparatio, dem Vergleich, einem der rhetorischen Mittel der Steigerung,

folgerung nicht als Aussage, sondern als Frage formuliert wird (Z. 29–31). Vergleichspunkt ist das Vergehen, auf der einen Seite das Nichterkennen der Heimsuchung, auf der anderen das wissentliche Verfolgen, Lästern und Schänden des Evangeliums. Die wissentliche (und damit absichtliche) Verfolgung ist dabei das größere Vergehen. Wenn den einen Strafe droht, dann den anderen auch, so ist die Argumentation aufzulösen. Und da das Vergehen größer ist, droht auch eine größere Strafe (»Was wird dann erst denen geschehen?«).

Der Prediger macht deutlich, daß dieser Schluß von ihm selbst gezogen wird und nicht von Jesus. Der hat nur von denen geredet, die »es«, also das Evangelium, eigentlich aber die Zeit der Heimsuchung, nicht erkennen (Z. 32). Der Prediger verbürgt sich also selber für die Strafandrohung, die er ausspricht.

Die erste Analyse des Predigtanfangs führt zu folgenden Ergebnissen:
Der Prediger stellt in seinem Predigtanfang drei Behauptungen auf. Wir verachten das Evangelium genauso wie die Juden. Uns droht genauso eine Strafe.[3] Unser Vergehen ist sogar schlimmer als das damalige, wir tun wissentlich, was die Juden in ihrem Nichterkennen getan haben.

Im Text finden sich insgesamt drei Beschreibungen des Vergehens: das Wort Gottes verachten, die (Zeit der) Heimsuchung bzw. das Evangelium nicht erkennen, das Wort Gottes wissentlich verfolgen. Die erste Beschreibung ist dabei so offen angelegt, daß sich ihr die beiden folgenden unterordnen lassen. Schon in der Summa, die der Prediger nennt, ist also die Übertragbarkeit von den Juden auf uns angelegt. Die – indirekte – Gleichsetzung von Heimsuchung und Evangelium bzw. Wort Gottes – direkt werden die ablehnenden Reaktionen darauf gleichgesetzt – zeigt den Geschehnischarakter des Evangeliums.

Der Prediger gebraucht die 1. Person Plural, wo er seine Hörer anspricht.[4] Dieses »Wir« wird mit denen gleichgesetzt bzw. gehört zu denen, die das Wort Gottes wissentlich verfolgen. Hier bleibt offen, ob der Prediger diesen harten Vorwurf wirklich denen machen will, die unter seiner Kanzel sitzen, und ob er sich selbst in diesen Vorwurf einbezieht, wie es die 1. Person Plural andeutet. Eine solche Solidarisierung paßt nur schwer mit dem prophetischen Anspruch des Predigers zusammen.[5]

---

vgl. Gert Ueding u. Bernd Steinbrink: Grundriß der Rhetorik. Geschichte, Technik, Methode, Stuttgart 1986, 254.
3 Auf beides, Vergehen wie Strafe, bezieht sich das »denn es gilt vns auch.«
4 Dabei hat sich der Hörerkreis sofort auf die Leser ausgeweitet. Schon die zugrundeliegende Predigt von 1525 ist ja sehr schnell veröffentlicht worden.
5 Jesus redet nicht von den wissentlichen Verfolgern des Evangeliums, sondern der Prediger sagt mit eigener Autorität, daß die Strafe erst recht ihnen droht, Z. 32.

Die Anfrage läßt sich nicht aus dem Predigtanfang allein beantworten, der Fortgang der Predigt muß darüber Auskunft geben. Aber hiermit ist zumindest eine der Fragestellungen für die Interpretation formuliert: Wer sind die Adressaten des Predigers, speziell seiner Gerichtsdrohung?

Aus den ersten Zeilen der Predigt läßt sich einiges über die Intention des Predigers erkennen:

Der Predigttext spricht nicht vom Evangelium, er verkündet nicht die frohe Botschaft, sondern kündigt das Gericht an. Darum hat auch die Predigt nicht Evangelium, sondern Gericht zu verkünden. Dabei steht der Prediger selbst ein für die Übertragung der Gerichtspredigt Jesu auf die Gegenwart.

Das Gericht gilt denen, die das Evangelium verachten. Dabei zeigt der Prediger kein eigenständiges Interesse an dem Gericht über die Juden. Sie werden nur einmal genannt. Das Gericht, das sie erfahren haben, die Zerstörung Jerusalems und des Tempels, wird nicht ausdrücklich benannt. Darum fehlt auch jeder Hinweis auf das Datum der Zerstörung des Tempels. Wo von diesem Gericht die Rede ist, da als von etwas Vergangenem, Abgeschlossenem.

Die Verbindung zwischen den Juden und den Zuhörern ist nicht primär das Gericht, das die einen hinter sich haben und das den anderen noch droht, sondern die gemeinsame Verfehlung. Hierbei unterscheidet der Prediger verschiedene Grade der Verfehlung. Das Nichterkennen der Heimsuchung, also die Sünde der Juden, ist weniger schlimm als die wissentliche Verfolgung des Evangeliums.

Das Gericht, das der Prediger zu verkünden hat, gilt einer noch nicht genauer bestimmbaren Größe, einem »Wir«. Dabei ist offen, ob der Prediger sich und auch seine Gemeinde wirklich zu diesem »Wir«, also zu den Verfolgern des Evangeliums, rechnet.

Wie in einem zweiten Anlauf ordnet der Prediger den Text und sein Thema in Z. 33–54 noch einmal neu ein, diesmal nicht in einen historischen Ablauf (vgl. Z. 19–22), sondern in die Predigt Jesu. Die Verbindung zum vorher Gesagten bildet die Mißachtung des Wortes Gottes. »Es sind zweierley weise zu predigen / wider die verechter des Worts Gottes« (Z. 33f). Christus predigt zum einen mit Drohen wie Mt 11,21–24, das ausführlich zitiert wird, zum andern mit Weinen, Mitleid und Erbarmen. Deutlich wird aber, daß es beide Male um dasselbe geht, nämlich darum, das Gericht noch abzuwenden. Mit diesem Ziel redet Jesus jeweils von den drohenden Schrecken (Z. 45–47.52f).

Noch zwei Beobachtungen sind von Bedeutung. Der Prediger redet von Verstockung (Z. 50), deutet damit die Ablehnung der Juden. Er nimmt dabei den Text auf, der vom Nichtsehenkönnen der Juden spricht.[6] Das Thema

---

6 Vgl. »die armen blinden Leute« (Z. 49) sowie das Begriffspaar »verstockt vnd verblendet« (Z. 50), später aufgenommen in Z. 69 und 453f.

wird nicht weiter ausgeführt.[7] Aber es liegt in der Linie des Redens von Verstockung, daß der Prediger feststellt, »es ist verloren«, für Jerusalem besteht keine Hoffnung mehr (Z. 53f). Trotz dieses harten Urteils aber, und das ist die zweite Beobachtung, liebt Jesus seine Feinde – auch hier werden weder die Juden noch Jerusalem mit Namen genannt – und hat Mitleid mit ihnen. Dadurch wird der Gedanke unterstützt und verstärkt, daß die Gerichtspredigt das Ziel hat, das Gericht zu verhindern.

Das bereits zur Intention des Predigers Gesagte wird durch Z. 33–54 unterstützt und ergänzt: Es geht um die Predigt des Gerichts, aber das Ziel der Gerichtspredigt ist, das Gericht zu verhindern.

2.2. Der erste Hauptteil der Predigt

2.2.1. »EYN SERmon von der zerstörung Jerusalem« (Z. 55–144)

Der Titel, mit dem die Predigt von 1525 gedruckt wurde, eignet sich für den ersten Teil der Predigt als Gliederungshilfe. In Z. 55–144 geht es nur um Jerusalem und die Juden, hier »gilt es uns« noch nicht. Der zweite Teil der Überschrift wird erst in Z. 145ff aufgenommen.

Der Prediger beginnt mit der Auslegung des Textes. Er hat schon im ersten Satz der Predigt auf den Palmsonntag Bezug genommen, nun wird der Einzug Jesu kurz geschildert (Z. 55–59). Mitten im Jubel fängt Jesus an zu weinen.[8] Der Prediger geht nun den Predigttext durch, zitiert jeweils ein Stück und paraphrasiert es (Z. 59–98). Dabei führt er aus, was Friede meint. Friede ist ein umfassender Begriff.[9] Er ist nicht nur der Gegensatz zur drohenden Zerstörung, es geht nicht nur um zeitlichen, sondern auch um den ewigen Frieden (Z. 66f).

Der Prediger versucht außerdem, die Blindheit der Juden zu erklären. Sie fühlten sich zu sicher, die Stadt Jerusalem vertraute auf die Macht ihrer Bewohner und die Stärke ihrer Befestigungen (Z. 70–72). Diese waren sogar nach dem Urteil der Römer eigentlich uneinnehmbar (Z. 85–88).[10] Neben diesem falschen Vertrauen in die eigene Stärke, »auff jrem eigen rhum« (Z. 89), gründete die Zuversicht der Juden sich zudem auf die Verheißungen

---

7 Es klingt allerdings, als wäre die normale Reaktion auf die Verstockung das Drohen: »schilt vnd drawet jnen nicht als den verstockten vnd verblenten« (Z. 49f).
8 Das ist ein klassischer Topos, der später oft ausgemalt wird, vgl. dazu z.B. die unten behandelte Predigt von Valerius Herberger, Z. 139–146.
9 »Friede heisst in der Schrifft / wenn es einem wolgehet« (Z. 93), »rechten fried vnd alles gutes« (Z. 98).
10 Vgl. Bell 6,409–411, Josephus wird hier aber nicht ausdrücklich als Zeuge benannt.

Gottes und auf den Tempel und Gottes Gegenwart (Z. 81–84), »auff falschen wahn« (Z. 90).

Der Begriff Verstockung fällt in diesem Zusammenhang nicht. Vielmehr geht es um oberflächliches und tieferes Sehen und Wissen.[11] Der Prediger benennt auch noch einmal ausdrücklich, was Jerusalem zum Frieden diente: »du wurdest das Wort wol annemen / welchs dir brechte rechten fried vnd alles gutes« (Z. 97f).

Nach dieser Paraphrasierung des Predigttextes erklärt der Prediger den Text. Er verweist dabei auf die Historie.[12] »Daraus / wer da wil / wird dis Euangelium wol verstehen« (Z. 100f). Die Historie wird also als eine Art Kommentar zum Predigttext verstanden. Der Prediger begnügt sich nicht damit, auf diese Historie hinzuweisen, sondern erzählt sie knapp, aber doch mit Einzelheiten:[13] Die Christen konnten rechtzeitig aus Jerusalem fliehen (Z. 107–111), die Stadt selbst war überfüllt (Z. 103–106. 111f). Die daraus resultierende Hungersnot mit ihren Schrecken einschließlich der Teknophagie wird beschrieben (Z. 113–124).[14] Beim Bericht von der Eroberung wird das Massaker an übergelaufenen Juden (Z. 128–134) erwähnt, dazu der Verkauf der Gefangenen: »Da waren die Jüden so wolfeil / das man jr dreissig vmb einen pfenning kauffte« (Z. 134–136). Allerdings fehlt hier der ausdrückliche Bezug auf die dreißig Silberlinge, für die Judas Jesus verriet, also verkaufte.[15]

---

11 »Der HErr aber sahe tieffer denn sie / da er saget / O Jerusalem / wüstest du / was ich weis/« (Z. 91f).
12 »Die jemerliche Historien der zerstörung Jerusalem magstu anderswo lesen« (Z. 99f). Mit der Historie ist nicht unbedingt der Text von Johannes Bugenhagen gemeint, der ja 1534 das erste Mal gedruckt wurde (vgl. dazu Kap. A 2, 57, und B 3). Denn schon in der Fassung der Predigt von 1525 stand der Hinweis auf die Historie: »Wer die histori list, der wirt das Euangelium wol verstan« (WA 17 I, 384,25). Später nennt der Prediger Josephus selbst als Quelle (Z. 104).
13 Es ist nicht erkennbar, welche Quellen Luther vorlagen. Er nennt ausdrücklich Josephus, zitiert aber falsche Einzelheiten (vgl. Anm. 14). Es müssen ihm christliche Quellen vorgelegen haben, so berichtet er z.B. von der Flucht der Christen, zu der Josephus schweigt. Auch übernimmt er klassische Umdeutungen, wie das Talionsmotiv von den dreißig Juden, die um einen Pfennig verkauft werden.
14 Hierbei bringt Cruciger eine korrigierende Veränderung an Luthers Text an: »Vnd zu letzt ein Weib fur grossem hunger jr eigen Kind schlachtet« (Z. 116f). In der Predigt von 1525 hieß es: »sie musten vor grossem hunger yhr eygne kinder schlachten, namen den weybern die gekochten kinder« (WA 17 I, 385,15f). Ähnlich heißt es z.B. auch in der Predigt von 1531: »Es kam endlich darzu, das die armen unseligen müter jre eygene kinder abwürgeten und kochtens, und kundt jn doch nit gedeyen, daß sieß essen. Dann die hungerigen lesterbuben, die zu solchem krieg flüchtig gehollffen und trewlich geratten hetten, die het der schimpff gerewen, Lüffen umbher, ruchen, wo man kochet, und stiessen die heuser auff und namens jn vom herde« (WA 34 II, 83,26–84,17). An dieser Ungenauigkeit bzw. Übertreibung wird erkennbar, daß Luther seine Informationen nicht direkt aus Josephus übernahm.

2. Analyse der Predigt

Abschließend zieht der Prediger ein doppeltes Resümee. Zuerst wird das Schicksal der Juden betrachtet, das sich bis in die Gegenwart hinein nicht geändert hat. Die Juden

> wurden also in die gantze Welt zurstrewet / vnd fur das aller verechteste Volck gehalten / wie es auch noch heute des tages das verachteste Volck auff Erden ist / allenthalben zurstrewet / haben kein eigene Stedte noch Land / vnd können nicht zusamen komen / vnd nimermehr jr Priesterthumb vnd Königreich / wie sie doch meinen / wiederumb werden können auffrichten. (Z. 136–141)

Dieses Schicksal wird dann im Schema von Tun und Ergehen gedeutet, wobei neue Fakten ins Spiel kommen. Es geht nicht mehr zuerst um das Nichterkennen der Heimsuchung, es ist ausdrücklich von Rache die Rede: »Also hat Gott den tod Christi vnd aller Propheten gerochen« (Z. 142).[16] Erst in einem zweiten Schritt kommt der Prediger wieder auf die Deutung des Predigtanfangs zurück: »Also ist jnen vergolten / das sie nicht erkennet haben die zeit jrer heimsuchung« (Z. 142–144).

Inwiefern, so ist am Ende dieses Predigtabschnitts zu fragen, hilft dieser Bericht, das Evangelium zu verstehen? Diese Funktion hatte der Prediger der Historie ja zugewiesen.

Der Prediger legt keinen Wert darauf, die genaue Erfüllung der Worte Jesu zu belegen. Die »Fakten«, die er erzählt, geben auch keinen historischen Abriß des Geschehens oder doch nur einen extrem verkürzten. Um das Evangelium zu erklären, hätte es all dieser Einzelheiten nicht bedurft. Es würde reichen, wenn der Prediger erklärte, daß die Worte Jesu sich erfüllt haben, als die Römer 40 Jahre später die Stadt eroberten. Die Einzelheiten dienen vielmehr dazu, den Schrecken des Geschehens anschaulich zu machen.

Daneben enthalten sie aber auch eine Wertung: Das Motiv der dreißig Juden, die um einen Pfennig verkauft werden, wird zwar nicht ausdrücklich mit dem Verrat Jesu durch Judas in Verbindung gebracht, aber diese Deutung war den Zuhörern sicher geläufig. Hier klingt also der Rachegedanke in dem Bericht an. Das Bild von Stroh und Korn, das der Prediger verwen-

---

15 Auch in anderen Predigten Luthers taucht dieser Topos auf, so WA 27, 305,14; WA 34 II, 84,24f. In der Hauspostille wird der Bezug zu Jesus ausdrücklich hergestellt. Es wurden laut Josephus 97.000 Juden gefangengenommen. »Die sind so gar vnwerd gewest, das man jr dreyssig umb einen pfenning verkaufft hat. Also müste Christus gerochen werden, den sie umb dreissig silberling erkaufft hetten.« WA 52, 436,23f, vgl. die Vorlage dazu, WA 36, 225,13f.

16 Schon im NT findet sich die Verbindung zwischen dem Ergehen Jesu und der Propheten, so in I Thess 2,14-16, vgl. auch Mt 23,29–36.37. Vgl. in diesem Zusammenhang auch Odil Hannes Steck: Israel und das gewaltsame Geschick der Propheten. Untersuchungen zur Überlieferung des deuteronomistischen Geschichtsbildes im Alten Testament, Spätjudentum und Urchristentum, WMANT 23, 1967.

det, als er von der Flucht der Christen erzählt,[17] zeigt eine distanzierte und zugleich billigende Haltung zu den Schrecken der Belagerung und Eroberung. Es handelte sich bei den in der Stadt versammelten Menschen ja nur noch um wertlose Spreu, das Korn wurde gerettet. Diese distanziert ablehnende Haltung gegenüber den Juden spiegelt sich auch im Resümee, das der Prediger am Ende seines Berichtes zieht (Z. 134–141): Die Juden waren damals verachtet und sind es noch heute. Schließlich wird ausdrücklich von der Rache für den Tod Christi geredet, damit haben die Juden also ihre gerechte Strafe erhalten.

Zusammenfassend ist zu sagen:

Der Bericht von den Schrecken der Belagerung Jerusalems, den der Prediger gibt, um den Predigttext zu erklären, wirkt in zwei Richtungen. Zum einen verstärkt er die Warnung an die Adressaten der Predigt. Die ihnen drohende Strafe wird noch schlimmer sein als die der Juden, so hat der Prediger zu Beginn festgestellt und nun gezeigt, wie unvorstellbar schrecklich[18] diese Strafe war. Zugleich aber zeigt der Hinweis auf die Flucht der Christen und die Rede von der Spreu, genau wie das Talionsmotiv der verkauften Juden, daß der Prediger in der Eroberung Jerusalems die verdiente Strafe der Juden sieht. Das wird am Ende ausdrücklich gesagt. Diese Strafe hat zudem Wirkung bis in die Gegenwart.

---

17 »Denn die Aposteln vnd Christen waren alle heraus gezogen / in Herodis land / Samaria / Galilea / vnd vnter die Heiden zerstrewet. Also hat Gott das korn heraus genomen / vnd die sprewe auff einen hauffen geschüt« (Z. 107–111). Dieses Bild ist angelegt in der Täuferpredigt Mt 3,12par. Bei Irenäus findet es sich ähnlich (Irenäus: Adversus Haereses Buch IV, SC 100, 416–424 (=IV,4)). Auch bei Luther findet sich das Bild in diesem Zusammenhang öfter: WA 20, 471,19: »Deus congregavit paleam quam voluit concremari«; WA 27, 304,17: »Triticum exemit et paleam reliquit, ut dominus incenderet igne.«; WA 45, 123,11 wird die Täuferpredigt zitiert, dann heißt es Z. 21f: »da man die worffschaufel und hies Christen ex Hierusalem ziehen und lies in Jerusalem eitel sprey«. In der Predigt von 1545, WA 51, erscheint das Bild am Ende der Predigt und wird auch auf die Gegenwart übertragen: Noch ist die Zeit, in der Gott die Körner sammelt, danach wird das Stroh durch die Türcken und das höllische Feuer verbrannt werden (WA 51, 40, 16–31). Auch der Schlußsatz der Predigt nimmt das Bild noch einmal auf: »Darümb lasst uns allesampt, beide, Lerer und Schüler, auch zur zeit dieser Heimsuchung Gotte helffen seine körnlin zusamen bringen, ehe denn der endliche zorn angehe, der die sprew ewiglich anzunden und verbrennen wird« (ebd., 41, 21–24).
18 »Das niemand hette können gleuben / das Gott künde so grewlich zürnen« (Z. 121f).

2.2.2. »Das teutsch landt auch also zerstört werd ...«[19] (Z. 145–216)

Mit Z. 145 beginnt deutlich ein neuer Abschnitt der Predigt. Thema und Zeit wechseln, nachdem vom Tod Christi und der Propheten die Rede war, geht es nun um »uns«: »Hie lasst vns lernen / denn es gilt vns / nicht alleine hie / sondern dem gantzen Deudschen lande« (Z. 145f). Der harte Wechsel von Z. 142 zu Z. 145 ist nur durch Z. 142–144 vermittelt. Nicht die Rache für den Tod Christi soll »uns« gelten, sondern die Strafe für das Nichterkennen der Heimsuchung.

Hier wird der Predigtanfang wieder aufgenommen, vor allem Z. 28f: »Vnd lasst vns eben darauff sehen / denn es gilt vns auch.« Zugleich wird jetzt das »Wir« genauer bestimmt. Der Prediger hat nicht nur seine Gemeinde im Blick, sondern ganz Deutschland. Mehr noch, er erhebt den Anspruch, ganz Deutschland etwas zu sagen zu haben und wird damit auch politisch.[20] Im folgenden weist er mögliche Einsprüche und Einwände zurück: »Es ist kein schertz« (Z. 146). Und gerade wenn die Adressaten das nicht glauben wollen, dann zeigt sich darin die Parallele zu den Juden, die ja auch nicht an das angedrohte Gericht glauben wollten (Z. 145–149).

Diese Parallele zu den Juden wird dann das erste Mal in der Predigt genauer ausgeführt, sie betrifft sowohl die gnädige Heimsuchung durch das Evangelium (Z. 149–152) als auch die Reaktion darauf (Z. 152–155). Deutlich legt der Prediger den Schwerpunkt auf die Reaktion, folgt damit dem, was er am Anfang der Predigt festgestellt hat: Es geht hier nicht um den Inhalt, die Botschaft des Evangeliums (Z. 24f), die darum auch nur in dürren Worten zusammengefaßt wird.[21] Bei der Darstellung der Reaktion dagegen gebraucht er das rhetorische Mittel der Steigerung, spricht zuerst von den einzelnen, dann von den Ständen. Dabei steigern sich jeweils auch die Reaktionen: Die einzelnen wollen das Evangelium nicht mit Ernst annehmen, verachten und verspotten es, die Stände sind undankbar, verfolgen und verschmähen es. Diese Steigerung wird in der zweiten Reihe ausdrücklich als solche benannt, »vnd das noch grösser ist« (Z. 154f), auch vorher klingt sie an: »Ja wir verachtens dazu« (Z. 153). Mit dieser Argumentation wird die comparatio des Predigtanfangs (Z. 29–31) wieder aufgenommen.

---

19 Vgl. die Fortsetzung des Titels der Predigt von 1525. Dort ist der Wechsel von Jerusalem zu Deutschland auch durch eine eigene Überschrift markiert: »Auff das teutsch landt gedeut«, WA 17 I, 386,23.

20 Dazu paßt die Wirkungsgeschichte der Predigt von 1525, auf die oben schon kurz hingewiesen wurde: Die Predigt wurde auf dem Reichstag zu Speyer 1526 verteilt. Ob das nun im Auftrag Luthers geschah oder nicht, es entsprach jedenfalls seiner Intention, wie sie sich aus der Predigt erkennen läßt.

21 »sein heiliges Euangelium / dadurch wir seinen willen erkennen / vnd sehen / wie wir in des Teufels gewalt gesteckt haben«, Z. 150–152. Vgl. aber Luthers Predigt über Lk 19,41ff von 1524, in der die Botschaft des Evangeliums Hauptthema wird (vgl. dazu oben, 183, Anm. 5).

Bei der Schlußfolgerung auf das drohende Gericht betont der Prediger dagegen wieder die Parallelität. Es ist der gleiche Gott,[22] der handelt, also auch sein gleicher Zorn. »Darumb wird gewislich die straff an leib vnd an seele auch gleich sein« (Z. 160f). Dabei hat die Strafe verschiedene Aspekte. Das Gericht ist einerseits das Ende der Heimsuchung, die Aufhebung des Wortes (Z. 157). Dieser Gedanke klingt hier nur an, wird aber später ausführlicher dargestellt. Zum andern erwartet der Prediger ein Gericht über ganz Deutschland (Z. 161f) und deutet die Plagen der Gegenwart[23] schon im Licht dieses kommenden Gerichts, als einen Anfang, einen Vorlauf dessen, was noch kommen wird. Historische Ereignisse werden hier also theologisch als Gericht Gottes gedeutet, umgekehrt wird deutlich, daß das Gericht innerweltlich erfahrbar sein wird.[24]

Dabei sind die gegenwärtigen Plagen nur Drohungen (Z. 162–164), zu vergleichen den Drohworten Jesu aus Mt 11 (Z. 34–47). Noch ist das Gericht also aufzuhalten. Dennoch glaubt der Prediger nicht an diese Möglichkeit, vielmehr, so fährt er resignativ fort, werden wir wie die Juden nicht auf diese Drohung achten, bis »vns weder zu raten noch zu helffen sein wird« (Z. 168). Wie hier[25] wird auch im folgenden, wo der Prediger versucht, um seine HörerInnen zu werben, fast wörtlich die Paraphrase der Worte Jesu vom Anfang der Predigt (Z. 68f) aufgenommen: »jtzund were es zeit / das wir vnser bestes erkenneten« (Z. 169f). Der Konjunktiv verrät dabei wieder die Resignation des Predigers. Denn genau wie die Juden (Z. 81–90) wiegen wir uns in falscher Sicherheit (Z. 174f).

Dann wird der Gedanke aus Z. 162–166 wiederholt, typisch für die Predigt überhaupt, die nicht einen klaren Gedankenfortschritt zeigt, sondern eher ein immer neues Kreisen um das Thema, wobei jeweils etwas andere Aspekte betont werden. In diesem Fall ist der Anfang der Strafe nicht der

---

22 »Denn es ist gleich ein Wort / eben der selbige Gott vnd Christus«, Z. 158f. Hier klingt die Epistel des Tages, I Kor 12,1–11, an, und zwar V. 4–6.
23 Crucigers Fassung der Predigt läßt nicht mehr erkennen, worauf sich der Prediger ursprünglich bezog, die Konkretion ist abgeschwächt. Luther redete 1525 vom Bauernkrieg: »Es hat sich auch wol angehept mit den pauren, wir haben eyn gros volck verlorn, hundert tausent man zwyschen Ostern und Pfingsten, es ist eyn gros werck Gottis« WA 17 I, 387,20-23.
24 Hierbei zeigt sich auch die Größenordnung des Gerichtes, das Luther erwartet: Hunderttausend getötete Bauern, diese Zahl nennt er 1525 (vgl. vorige Anm.), sind erst ein Fuchsschwanz (Z. 164–166), »eine gut gemeinte, mit freundlichen Worten strafende ermahnung« (DWb 4, 353, zum Stichwort Fuchsschwanz). Betrachtet man den 30jährigen Krieg, den Luther wohl mit dem Gericht hätte identifizieren können, das er für Deutschland erwartete, so stimmen die Dimensionen des Bildes.
25 Über die Juden hatte es vorher geheißen: »so wird denn weder hülffe noch rat da sein« (Z. 69f).

2. Analyse der Predigt

Bauernkrieg, sondern es sind falsche Lehre und Sekten (Z. 174–179), gemeint sind damit die Schwärmer und Täufer.[26]

Im Gegensatz zu der falschen Lehre wird nun einmal etwas ausführlicher vom Wort Gottes gesprochen. Es ist »so ein grosser schatz / das es niemand gnugsam begreiffen kan« (Z. 180f).[27] Inhaltlich füllt der Prediger den Begriff Evangelium bzw. Wort Gottes – an dieser Stelle spricht er auch von Gnadenheimsuchung[28] – durch das zuvorkommende Heilshandeln Gottes (Z. 185–191). Jesu irdisches Wirken, Karfreitag, Ostern und Pfingsten werden genannt,[29] wobei dort mit dem Geist auch das Wort gegeben wird, dazu wird das bewahrende Handeln des Schöpfers angesprochen.[30]

Diese dichte Beschreibung von Gottes gnädiger Zuwendung wird gerahmt durch die verschiedenen Möglichkeiten der Reaktion auf diese Zuwendung. Gott will, daß wir das Wort freiwillig annehmen, er zwingt uns nicht (Z. 182–185), »wir aber verachtens / vnd schlahens in wind« (Z. 192).

Wieder redet der Prediger von der daraufhin folgenden Strafe, nun aber mit neuer Dringlichkeit. Die Verachtung des Wortes ist eine Sünde, die nicht ungestraft bleiben kann (Z. 191f. 194–196. 200f).[31] Hierbei gibt es noch gra-

---

26 Auch hier ist Cruciger weniger konkret als die Predigt von 1525. Dort heißt es: wir »sehen nicht, das uns Godt so yemerlich strafft mit den falschen propheten und secten, die er uns allenthalben schickt, welche so sicher predigen, als haben sie den heyligen geyst gar gefressen« (WA 17 I, 388,18–20). Vgl. auch noch das Ende dieses Predigtabschnittes, wo es nach unserer Z. 216 heißt: »Es ist eyn wenig still worden, Godt well, das es also bleyb, und das die Fursten nicht doller werden, denn solt es widerumb anfahen, ist zubesorgen, es wurde keyn end haben« (ebd., 390,25–27). Dieses Abschwächen der konkreten zeitgeschichtlichen Bezüge ist – auch in anderen Predigten – typisch für Crucigers Bearbeitung. Das ist nicht so kritisch zu sehen, wie Buchwaldt es tut. Er schreibt dazu: »Da ist zunächst festzustellen, daß Cruciger das in der Vorlage befindliche Zeitgeschichtliche – für uns besonders wertvoll – übergeht oder verflacht« (in der Einleitung zu Crucigers Postille, WA 22, XVIII). Vielmehr war Crucigers Vorgehen durchaus verständlich. In unserem Fall z.B. waren ja die Ereignisse, auf die sich Luther bezieht, schon an die 20 Jahre her.
27 Der Begriff Schatz wird auch Z. 150 schon einmal für das Evangelium gebraucht.
28 Z. 182: »wenn er vns heimsucht mit gnaden«; Z. 191f: »Darumb ist die gnadenreiche zeit jtzt hie«.
29 1525 wird auch die Menschwerdung ausdrücklich benannt, damit klingt der Abschnitt durch die dreimalige Wiederholung von *Kommen* noch eindrücklicher: »wiewol er nicht harret, bys wyr kumen, sunder kumpt uns vor, kumpt yn die welt, wirt mensch, dient uns« (WA 17 I, 388,30f).
30 Die zuerst ganz knappe Reihung der Werke Gottes für uns wird ausführlicher, als es nach Pfingsten um die Verheißung für das Leben der Gläubigen geht. Die Klimax erreicht der Prediger mit der umfassenden Aussage »vnd schüttet seine gnade gantz vnd gar aus« (Z. 190f). Diese Aussage wird durch die dreifache Alliteration noch zusätzlich betont.
31 In der Predigt von 1529 nennt Luther diese Verachtung ausdrücklich die Sünde

duelle Unterschiede: »Vnd je heller das Wort ist / je grösser die straffe wird sein« (Z. 197f). Das Evangelium leuchtet jetzt so hell, wie zuvor nur zur Zeit der Apostel,[32] dem entspricht die Größe des Gerichts, das der Prediger erwartet. Er spricht hier ausdrücklich mit prophetischem Anspruch: »Das ich fürchte es werde gantz Deudsch land kosten / Gott wölle / das ich ein falscher Prophet sey in dieser sache / Es wird aber all zu gewis geschehen«[33] (Z. 198–200). Dieser Anspruch klang schon in Z. 32 an (s.o. 2.1.). Dem prophetischen Selbstbewußtsein Luthers entspricht auch die Behauptung, das Evangelium werde erst jetzt wieder so klar gepredigt wie in apostolischen Zeiten.

Mit seinem prophetischen Anspruch tritt der Prediger aus dem »Wir« heraus, stellt seine Person Deutschland gegenüber.[34] Im folgenden Absatz wird diese einheitliche Größe »Wir« noch weiter aufgelöst. Entgegen allen bisherigen resignativen Äußerungen des Predigers gibt es Hörer des Wortes. Zu dieser Gruppe gehört auch der Prediger selber, wenn er sagt: »Wir / die wir das Euangelium lang gehört haben / solten Gott hertzlich bitten / das er wölte lenger friede geben« (Z. 205f). Dem Evangelium entsprechend soll der Friede nicht mit Waffengewalt erreicht werden,[35] nur durch das Gebet. Hier-

---

wider den Heiligen Geist: »Sed quod contemnitur visitatio est peccatum in Spiritum sanctum« WA 29, 508,29f.

32 »Denn das Euangelium ist so reichlich geprediget / das es so klar nicht ist gewesen / sint der Apostel zeit / als es jtzt / Gott / lob / ist« (Z. 202–204). Im ersten Druck der Predigt hatte es sogar geheißen: »das es so klar nicht ist gewesen zu der Apostel zeyt« (WA 17 I, 389,21f). Dagegen wandte sich Paulus Amnicola, ein Gegner Luthers, und warf ihm teuflische, unermessene Hoffart vor (ebd., 389, Anm. 1). Aber bei dieser Lesart handelt es sich offensichtlich um ein Mißverständnis, Rörer jedenfalls schreibt: »quia adeo lucet Euangelium, quantum a temporibus Apostolorum non luxerit« (ebd., 389, 5f).

33 Vgl. hierzu eine andere Äußerung Luthers in einem vergleichbaren Zusammenhang: Martin Luther: Vorrede zu Johann Sutel, Das Euangelion von der grausamen, erschrecklichen Zerstörung Jerusalems. 1539, WA 50, 665–667. Dort sagt Luther: »Ich weissage nicht gern, wil auch nicht weissagen, Denn, was ich weissage, sonderlich das böse, kompt gemeiniglich mehr denn mir lieb ist, das ich auch mit S. Michea mir offt wündsche, das ich ein lügener und falscher Prophet sein muste. Denn weil ich Gottes wort rede, so mus es geschehen. Besorge mich aber und mus sorgen, Es werde unserm Deudschen lande auch ein mal gehen, wie Jerusalem. (Ah Gott helffe, das mein sorge feile und mein Prophecey lügen sey)« ebd., 667,14–20.

34 Vgl. dazu auch schon Z. 161f: »Vnd wird / hab ich sorg / noch dazu komen / das Deudsch land auff einem hauffen wird ligen«. Dort fehlt zwar der ausdrückliche prophetische Anspruch, aber auch dort findet sich das Gegenüber von »ich« und »Deutschland«.

35 Unklar ist, worauf sich Z. 206–209 bezieht: »Fürsten vnd Herrn wöllen es allein mit dem schwert hinaus füren / greiffen Gott zu frech in den bart / der wird sie auch auff das maul schlahen«. Wahrscheinlich geht es hier um die gewaltsame

bei geht es nicht darum, die Strafe abzuwenden, sondern um einen Aufschub, damit das Evangelium auch da gepredigt werden kann, wo es bisher noch nicht zu hören war (Z. 209-213). Am Ende des Absatzes ist aber die Trennung zwischen dem frommen »Wir« und dem allgemeinen »Wir« schon wieder aufgehoben. Der Prediger wendet sich wieder an die Gruppe, die er von Anfang an im Auge hat, wenn er sagt: »Darumb wolt ich / das wir das Euangelium / den köstlichen schatz / nicht so vbel verachteten / nicht allein von vnsern / sondern auch von deren wegen / die es noch sollen hören« (Z. 213-216).

Zusammenfassend läßt sich sagen:

Der Prediger kreist in Z. 145-216 immer wieder um die gleichen Gedanken. Die Gegenwart wird parallel zu Jerusalem zur Zeit Jesu gesehen. Deutschland ist gnädig heimgesucht, verachtet aber den Schatz des Evangeliums. Auch das Vorspiel der drohenden Strafe bewegt nicht zur Änderung. So muß Gott mit der endgültigen Strafe kommen, die ganz Deutschland treffen wird. Die Parallelen zwischen den Juden und Deutschland gehen dabei bis in sprachliche Einzelheiten.

Der Prediger spricht aus einer resignativen Haltung heraus. Die Strafe erscheint ihm unabwendbar. Nur einzelne nehmen das Evangelium an, einzelne Seelen können gerettet werden (Z. 212f), Deutschland als ganzes aber ist dem Gericht verfallen.

2.2.3. Der Bauch oder Gott (Z. 217-270)

Im folgenden Abschnitt fragt der Prediger nach einer Erklärung dafür, daß das Evangelium nicht angenommen wird. Bisher hatte er nur die falsche Sicherheit genannt, in der sich Juden wie »Wir« wiegen (Z. 81-90. 173f). Nun wird ein anderer Grund genannt, wieder ganz parallel für die Juden und die Gegenwart. »Aber wir thun gleich wie die Jüden / Die hatten mehr acht auff jren bauch / denn auff Gott« (Z. 217f). Es geht um den Gegensatz zwischen leiblichem und ewigem Wohl, für den Prediger, der dabei an Röm 16,18 und Phil 3,19 anknüpft, festgemacht am Gegeneinander von Bauch und Gott. Dabei steht Bauch für *Leib* (Z. 222), *Creatur* (Z. 245) und *zeitliches Leben* (Z. 257).

Der Konflikt wird zuerst an den Juden aufgezeigt (Z. 217-229), aber schon mit Verweis auf die Gegenwart (Z. 217. 223-226). Aus Angst um das leibliche Wohlergehen wird das Evangelium verachtet,[36] mit dem Erfolg, daß Leib

---

Niederschlagung der Bauern. Auf den Bauernkrieg hatte sich Luther ja 1525 ausdrücklich bezogen. Vgl. dazu das oben zu Z. 162-166 bzw. zur Fassung der Predigt von 1525 Gesagte (196 mit Anm. 23).

36 Z. 226f klingt dabei Joh 11,48 an.

und Seele zugrunde gehen. Wie schon im vorangehenden Abschnitt kreist der Prediger im folgenden um diesen Gedanken, am Anfang ist auch von den Juden (Z. 217–223. 226–228. 230–232), später nur noch vom »Wir« die Rede (Z. 224–226. 232–238. 239–245).[37]

Insbesondere hat die Sorge um den Bauch zur Folge, daß wir den Verheißungen Gottes und Christi nicht trauen. Hier geht es zum einen um Gottes, des Schöpfers, erhaltendes Wirken: »Der Gott / der mich erschaffen hat / wird mich wol erneeren« (Z. 268f).[38] Zum andern wird Jesu Wort vom Lohn der Nachfolge aufgenommen (Mt 19,29par): »Ich wil dirs hundertfeltig wider geben / vnd dort das ewige Leben / Las Weib vnd Kind faren / ich wils wol erhalten / oder auch widergeben« (Z. 234–236).[39] Man kann sagen, Vertrauen auf Gott bedeutet Vertrauen auf den Inhalt des Evangeliums, wie es der Prediger oben zusammengefaßt hatte: »Gibt vns dazu reiche verheissung vnd zusagung / das er vns wölle versorgen / zeitlich vnd ewiglich / hie vnd dort / vnd schüttet seine gnade gantz vnd gar aus« (Z. 189–191).

Es gibt Menschen, die diesen Verheißungen trauen. Ihr Bild setzt der Prediger dem Unglauben entgegen, läßt dabei ein gläubiges Ich sprechen (Z. 246–255). Auch hier also kommt die Gruppe der Glaubenden in den Blick, wie schon Z. 205f. Diese trauen Gott nicht nur, sie sind auch bereit, ihr Leben für ihn zu lassen (Z. 252–255). »Wer nicht also thut / der verleugnet Gott / vnd mus gleichwol verlieren beide / zeitlichs vnd ewiges leben« (Z. 256f). So fährt der Prediger fort, umkreist damit das Thema von neuem. Dem gläubigen Ich wird das Ungläubige entgegengesetzt (Z. 260–268), schließlich redet der Prediger ein »Du« an, dem er das Vertrauen vorspricht (Z. 268–270).

Zusammenfassend läßt sich sagen:
Der Prediger versucht in diesem Abschnitt, eine Erklärung für den Unglauben zu geben. Er sieht sie in der Angst und Sorge um das leibliche Wohlergehen, den Bauch. Der Unglaube war in Jerusalem der gleiche wie heute.[40] Allerdings liegt der Schwerpunkt auf der Gegenwart. Nur in ihr werden die Verheißungen inhaltlich gefüllt, nur hier zeigt sich das Gegenbild der Glaubenden. Glaube ist dabei bestimmt als Vertrauen auf den Schöpfer und Erhalter des Lebens, der auch da, wo er den Tod fordert, dafür das ewige Leben gibt.

---

37 Dabei redet der Prediger nie von den Juden allein, sondern immer in Verbindung mit dem »Wir«: »Aber wir thun gleich wie die Jüden / Die hatten [...]« (Z. 217); »Haben auch gleich die vrsach furgewand / wie jtzund die vnsern/« (Z. 223f). Die Juden kommen nach Z. 230–232 erst in Z. 282–284 und Z. 309f noch einmal ganz knapp in den Blick.
38 Vgl. dazu auch Z. 241–243. 248f. 263f und 266–268.
39 Vgl. auch Z. 250–252 und 270.
40 Vgl. jeweils Z. 219f mit 244f; 223. 226–228 mit 224–226; 231f mit 232–238.

Sowohl Unglaube als auch Glaube sind hierbei sehr stark individuell geprägt. Es geht weder um Verfolgung des Evangeliums, noch kommt eine kollektive Strafe in den Blick.[41] Deutschland wird in diesem Abschnitt nicht erwähnt.

2.2.4. Der Tag der Gnade oder die Nacht des Unglücks (Z. 271–315)

Noch einmal wird der Gegensatz Gott und Bauch aufgenommen, in einer Mischung von unpersönlicher und persönlicher Rede. Der Prediger spricht von »man« (Z. 271. 276), wo es um Verachtung der Heimsuchung und um die Strafe geht, aber von »Wir«, wo er die gnädige Heimsuchung nennt. Er faßt damit den vorigen Abschnitt noch einmal zusammen, weitet den Blick dabei wieder auf die Gemeinschaft aus. Die Strafe trifft nicht nur den einzelnen, es geht um den Zorn Gottes, der »Land vnd Leute zu grund vmbkeret« (Z. 276). Hier liegt es nahe, an die Zerstörung Jerusalems zu denken. Auch Gedanken aus den anderen Teilen der Predigt werden aufgenommen, die gnädige Heimsuchung erinnert an Z. 180–191 (u. ö.), die »Summe« des Textes (Z. 22–24) klingt an, wo von der mutwilligen Verachtung geredet wird (Z. 273f). Auch im folgenden, wo der Prediger wieder ganz zum »Wir« wechselt, wird bereits Gesagtes wiederholt. Gott kann nicht anders, als zu strafen (Z. 277–282, vgl. Z. 194–197).

Schließlich wird der steigernde Vergleich, die comparatio, wieder aufgenommen, diesmal allerdings inhaltlich etwas anders gefüllt und wieder unpersönlich: »Denn so die der straffe nicht frey sind / so das Gesetz vbertretten / vnd wider die zehen Gebot sündigen / wie viel weniger wird er vngestrafft lassen / die / so das Euangelium seiner gnade lestern vnd verachten? Sintemal das Gesetz noch lang nicht so viel guts bringet / als das Euangelium« (Z. 282–286).[42] Auch hier ist die Sünde der Christen, die Verachtung des Evangeliums, größer als die der Juden, obwohl letztere jetzt anders bestimmt wird, nicht als das Nichterkennen der Heimsuchung (vgl. Z. 29–31), sondern als Übertretung des Gesetzes.[43]

---

41 Jedenfalls nicht für die Gegenwart, vgl. aber für die Juden Z. 226–228.
42 Schon hier verwendet Cruciger die Predigt von 1531, und zwar die Nachschrift von Rörer. Dort heißt es: »Ipsi non sunt frey der straff, qui peccant in legem, multoplus in spiritum sanctum et Euangelium. Ideo iste contemptus Euangelii ist weit uber all sund, quae fiunt contra legem« (WA 34 II, 93,6–8). Im Druck dagegen heißt es: »Dann sein die Jüden mit jrem gesetz also gemartert worden, wie vil mer wir, die wir das Euangelium Gottes haben« (93,26f).
43 Beide Male wird die Vergleichsgruppe nicht ausdrücklich benannt, aber es ist deutlich, daß jedesmal die Juden gemeint sind (vgl. auch den Druck der Predigt von 1531, Zitat vorige Anm.).

Die folgende Passage (Z. 287–309) gehört zu den rhetorisch dichtesten der Predigt. Hier zeigt der Prediger die Alternative auf, vor der die ZuhörerInnen stehen. Bis auf Z. 299–303 ist der ganze Text antithetisch formuliert. Aus dem Predigttext werden die beiden Begriffe *Tag* und *Frieden* aufgenommen und durchziehen den Abschnitt.

Die erste Antithese redet von Tag und Nacht:

Wöllen wir des frölichen tags nicht haben / den er vns zu gnaden vnd seligkeit gibt / so kan er vns auch dafur eitel finstere vnd betrübte nacht alles jamers vnd vnglücks lassen sehen vnd fülen. (Z. 287–289)[44]

Dem fröhlichen Tag steht die eitel finstere und betrübte Nacht gegenüber. Dabei ist der Tag durch das Hendiadyoin *Gnade und Seligkeit* näher bestimmt, die Nacht entsprechend durch das Synonymapaar *Jammer und Unglück*. Trotz der parallelen Konstruktion der beiden Glieder der Antithese ist die Nacht stärker betont, einmal durch die gehäuften Adjektive, aber auch durch die Verben der Wahrnehmung. Den Tag *gibt* Gott, die Nacht läßt er *sehen und fühlen*. Diese Wahrnehmung wird durch das *Lassen* zudem als eine erzwungene charakterisiert. Die zwei Glieder der Antithese sind durch *so* konditional miteinander verknüpft, wobei die Verneinung der ersten Möglichkeit die Bedingung der zweiten darstellt.

Die nächste Antithese wechselt das Bild. Ihre Glieder sind kausal miteinander verbunden, wobei wieder die Verneinung der ersten Möglichkeit den Grund für die zweite bildet:

Vnd weil wir dis liebe Wort vnd die Predigt des friedes nicht wollen hören / So werden wir dafur müssen hören des Teufels mordgeschrey / zu allen seiten zun ohren schallen. (Z. 290–292)

Obwohl die positive Bildseite durch die Doppelung von *liebes Wort* und *Predigt des Friedens* betont ist, wirkt doch auch hier das negative Bild durch die Verben stärker. Des Teufels Mordgeschrei *muß* man hören, und es ist so laut, daß es *zu allen Seiten in die Ohren schallt*. Diese Steigerung gegenüber dem lieben *Wort* steckt auch schon im Mord*geschrei*.

Die dritte Antithese, sie ist wie die erste konditional verknüpft, nimmt das Bild des Tages wieder auf:

Jtzt ist die zeit / das wir solten den tag erkennen / vnd des reichen gülden jars wol brauchen / weil wir den Jarmarck fur der thür haben / vnd sehen / das er vns heimsuchet / Versehen wirs / vnd lassens fur vber gehen / so dürffen wir auch keines bessern tages / noch friedes mehr / hoffen vnd warten / Denn der HErr wird auch nicht mehr da sein / der da ist / der HErr des Friedes. (Z. 292–298)

---

44 In der Predigt von 1531 heißt es: »Wyr haben des tags nicht brauchen, Nhue scheynet uns die nacht« (WA 34 II, 91,6; vgl. auch 91,29–32).

Das Bild des Tages wird hier zuerst erweitert und damit gesteigert zum reichen gülden Jahr. Der punktuelle Charakter der Heimsuchung wird dann durch das Bild des Jahrmarktes, der vor der Tür ist,[45] wieder stärker betont. Wie in den beiden vorigen Antithesen ist auch hier die Negation der zuerst aufgezeigten Möglichkeit die Bedingung der zweiten. Diese Struktur wird hier noch betont, da die Negation durch die Verben *Versehen* und *Vorübergehen lassen* ausgedrückt wird.

Im zweiten Glied der Antithese werden die beiden Begriffe *Tag* und *Friede* miteinander verknüpft. Das verbindende Dritte ist der *Herr*, dessen Heimsuchung den Tag qualifiziert und der der Herr des Friedens ist. Dieser Zusammenhang wird im folgenden, nicht antithetisch formulierten Abschnitt noch vertieft, und zwar wieder nach der negativen Seite hin:

> Wenn aber Christus nicht mehr da ist / so sol vnser ding auch nicht mehr bleiben / Vnd wo man diesen lieben Gast verstösset / vnd seine Christen nicht mehr leiden wil / so sol auch Regiment / friede / vnd alles zu grund gehen / Denn er wil auch mit essen vnd regieren / vnd gnug geben / (Z. 299–303)

Dieser Abschnitt besteht aus zwei parallel gebauten Konditionalsätzen, wobei der zweite noch erweitert ist. Unser Ergehen ist an die Behandlung Christi gebunden. Gegenüber dem allgemein formulierten ersten Konditionalsatz wird der zweite durch größere Anschaulichkeit verstärkt. Christus ist nicht einfach nicht mehr da, er, der liebe Gast, wird verstoßen und mit ihm seine Christen. Die Konsequenzen dieser Verstoßung sind noch einmal in einer Klimax formuliert: *Regiment, Friede und alles* geht zugrunde.

Hier erscheint, wie auch in der folgenden Antithese, die Gruppe der Christen, die auf der Seite Christi und damit dem »Wir« bzw. hier noch dem unpersönlichen »man« gegenüber stehen. Die ZuhörerInnen selbst werden also nicht als Christen, sondern als deren Gegenüber angesprochen.

Die Erweiterung des zweiten Konditionalsatzes bildet zugleich die Verbindung zur nächsten Antithese, das hier zum ersten Mal angesprochene *Mitessen* wird im folgenden weiter ausgeführt und in die Bereiche Nahrung und Steuern differenziert:

> Er wil aber auch erkent sein fur solchen HErrn / das wir jm danckbar sein / vnd lassen auch diesen Gast vnd seine Christen mit vns essen / vnd den Zinsgroschen fur jn geben / Wo nicht / so werden wir es müssen einem andern geben / der vns also dafur dancken vnd lohnen wird / das wir keinen bissen brots vnd keinen pfennig mit friede behalten. (Z. 303–309)[46]

In dieser letzten Antithese wird nun direkt die unterschiedliche Herrschaft Christi und des Teufels angesprochen. Denn Letzterer ist mit dem anderen

---

[45] Auch dies Bild findet sich in der Predigt von 1531 wieder (WA 34 II, 93, 24).
[46] Vgl. auch hier den Anklang an die Predigt von 1531, ebd., 92, 20–28.

Herrn gemeint, wie es z.B. des Teufels Mordgeschrei kurz vorher nahelegt. Auch hier erfolgt die Verknüpfung der beiden Glieder konditional, wobei das zweite Glied wieder gegenüber dem ersten gesteigert ist. Christus verlangt nur, mitzuessen und Steuern zu bekommen, der andere aber wird alles nehmen, Nahrung, Geld und Friede.

Das hauptsächlich gebrauchte rhetorische Mittel, die Antithese, entspricht auch dem Inhalt. Es geht um eine Alternative: Tag oder Nacht, Christus oder der Teufel. Dabei fordert der Prediger seine Gemeinde nicht ausdrücklich zur Entscheidung auf, aber er macht deutlich, was auf dem Spiel steht. Wichtig ist die Art der Verknüpfung der antithetischen Aussagen, nur einmal werden sie kausal verbunden (Z. 290–292), sonst konditional. Damit ist das in der jeweils zweiten Hälfte der Antithese Genannte noch nicht unausweichlich. Hier gilt also erst recht, was für die unbedingten Drohworte Jesu in Mt 11 gesagt wurde (Z. 45–47), der Prediger spricht mit der Intention, das angedrohte Gericht zu vermeiden.

Allerdings zeigt der Fortgang wieder, daß der Prediger nicht viel Hoffnung hat. »Aber das mus die Welt nicht gleuben / wie es die Jüden auch nicht gleuben wolten / bis sie es erfare / vnd der Glaube jnen in die hand kompt/«[47] (Z. 309–311). Damit nimmt er wieder auf, was er Z. 146–149, zu Beginn der Übertragung auf die Gegenwart, gesagt hat. Allerdings ist hier der Blick noch ausgeweitet. Es geht nicht nur um uns und Deutschland, es geht um die Welt. Das entspricht dem eschatologischen Ausblick auf die Herrschaft Christi, mit dem der erste Teil der Predigt endet. Hierbei zitiert der Prediger ausdrücklich Ps 2. Aber auch Ps 110,1 und Ps 8,7, schon im NT christologisch gedeutete Texte, klingen an:[48]

Denn es ist ja von Gott beschlossen / das dieser Christus sol der HErr vnd König sein auff Erden / dem es alles vnter die füsse gethan / vnd wer es gut vnd friede haben wolle / müsse jm hülden vnd gehorsam sein / oder sol wie ein töpffen zuschmettert werden / Psalm. ij. (Z. 311–315)

Auch hierbei geht es noch einmal um eine Alternative, sie liegt aber nur noch in der verschiedenen Reaktion auf Christi Herrschaft und in der sich daraus ergebenden Konsequenz. Diese Herrschaft ist »von Gott beschlossen« (Z. 311), die Herrschaftsfrage ist bereits entschieden, ein Gegenspieler Christi ist nicht mehr zu erkennen. Auch die Konsequenzen sind in Gottes Ratschluß vorherbeschlossen, abzulesen in dem Psalm, den der Prediger zitiert: Entweder wird Christi Herrschaft im Gehorsam anerkannt, so daß

---

47 Vgl. dazu DWb: »*sprichwörtlich*: der glaube wird dir noch in die hand kommen, *das jetzt nicht geglaubte wird dir gleichsam körperlich und greifbar entgegentreten*«, Art.: Hand, DWb 4 II, 324–363, 344. In der fast parallelen Stelle Z. 146–149 steht anstelle dieses Ausdrucks »Innewerden«.
48 Vgl. I Kor 15,25.27.

2. Analyse der Predigt

Leben in Frieden möglich wird, oder aber es folgt die vernichtende Strafe, im Bild von Psalm 2,9 formuliert.

Zusammenfassend läßt sich zu Z. 271–315 sagen:
Mit diesem Abschnitt wird die Predigt zu einem vorläufigen Abschluß gebracht. Das bisher Gesagte wird zusammenfassend wiederaufgenommen (Z. 271–286), dann zeigt der Prediger Handlungsalternativen für seine Gemeinde auf (Z. 287–309). In den Schlußsätzen (Z. 309–315) mischt sich Gewißheit mit Resignation. Christi Herrschaft wird sich durchsetzen, auch wenn die Welt nicht glaubt. Dieser Unglaube hat dabei zwei Seiten, es geht einerseits darum, Christus und das Evangelium nicht an- und aufzunehmen, andererseits darum, das drohende Gericht nicht ernst zu nehmen.

Der Prediger, im Gegensatz und Gegenüber zur Welt, kennt Gottes Ratschluß und ist von der kommenden Herrschaft Christi überzeugt. Das entspricht seinem prophetischen Selbstbewußtsein. Er steht mit seinem Glauben nicht allein. Deutlicher als vorher[49] wird die Gruppe der frommen Christen erkennbar. Sie stehen auf der Seite Christi, werden mit ihm zusammen aufgenommen oder mit ihm verfolgt (Z. 300f. 304f).

Die Gruppe der nicht Glaubenden wird verschieden benannt: Neben dem »Wir« spricht der Prediger von einem unpersönlichen »man« (Z. 300–302, vgl. auch 271–273) oder »sie« (Z. 284f). Am Schluß ist umfassend von der »Welt« die Rede (Z. 309–311).

2.3. Der zweite Hauptteil der Predigt

2.3.1. Die Tempelreinigung (Z. 317–348)

Der zweite Hauptteil der Predigt beginnt wieder mit dem Zitat (Z. 319–320) und der Paraphrasierung und Erklärung des Predigttextes. Dabei geht es dem Prediger vor allem darum, die beiden Teile des Predigttextes[50] miteinander zu verknüpfen. Das geschieht einerseits antithetisch: Vorher war von Jesu Erbarmen, jetzt ist von seinem Zorn die Rede (Z. 323–326), dabei galt sein Erbarmen »dem armen hauffen des Volcks« (Z. 339, vgl. Z. 48f), sein Zorn hingegen den Verantwortlichen (Z. 338–341, vgl. auch 333–335). Der Zorn Jesu ist dabei etwas Ungewohntes (Z. 341–344) und wird damit erklärt, daß Jesus vom Geist getrieben sei (Z. 325–329.[51] 344f).

---

49 Vgl. Z. 205–207.246–255.
50 Es geht hier um Lk 19,41–44, Jesu Weinen um Jerusalem, und V. 45–46, die Tempelreinigung, V. 47f werden nicht ausdrücklich und ausführlich ausgelegt.
51 Hier klingt Ps 69,10 an, vgl. auch Joh 2,17.

Andererseits wird der zweite Teil der Perikope, die Tempelreinigung, als Begründung für den ersten verstanden. »HJE zeigt er / warumb es jm zu thun ist / vnd was jm zum höchsten anligt / welches jm auch vrsach seines weinens gegeben« (Z. 321-323, vgl. 328-331. 345f): Die Verkehrung des Gottesdienstes ist die Ursache für den angekündigten Untergang Jerusalems (Z. 331-337. 344-348). Dabei bleibt der Prediger bei sehr allgemeinen Aussagen über diese Verkehrung. Sie geschieht aus Geiz und um eigener Ehre willen (Z. 335) und ist eine Schändung des Namens Gottes (Z. 347f). Gottes Wort und rechter Gottesdienst werden unterdrückt (Z. 333f).

Die Mißstände sind darum so wichtig, weil der Tempel das vornehmste Regiment ist (Z. 331f), also der Religion der Vorrang vor Politik und Ökonomie zukommt. Hier läßt sich eine Verbindung zum ersten Teil erkennen, wo die Verachtung des Wortes Gottes bzw. des Evangeliums als Ursache für das drohende Gericht genannt wurden.

Zusammenfassend läßt sich sagen:

Der Prediger verknüpft Jesu Weinen und die Tempelreinigung, indem er sie als verschiedene Reaktionen Jesu auf die Mißstände versteht, die zum Untergang Jerusalems führen. Die verschiedenen Reaktionsweisen sind dabei durch die verschiedene Verantwortlichkeit der Menschen bedingt; die religiösen Führer und Lehrer haben eine größere Verantwortung als das »arme Volk«.

2.3.2. Die Verkehrung des Gottesdienstes (Z. 349-411)

Nachdem bisher nur vom Tempel in Jerusalem die Rede war, wechselt der Prediger jetzt, wo er die Verkehrung des Gottesdienstes genauer benennt, immer wieder zwischen Jerusalem und der Gegenwart, d.h. der Papstkirche, hin und her und zeigt die Parallelen auf.

Z. 349-365 reden noch von Jerusalem. Dabei werden sowohl der Gottesdienst, wie er eigentlich sein sollte, als auch seine Verkehrung ganz vom reformatorischen Denken her gesehen. Im Tempel sollte man »Gottes Wort treiben« (Z. 350), »mit dem eusserlichen Gottes dienst des opfferns solches bezeugen vnd jm dafur dancken« (Z. 351f). Die Priester »machten auch eine Mönchische wercklere daraus« (Z. 353f), indem sie die Opfer als Werke verstanden, mit denen man Gottes Gnade verdienen konnte, »Baweten also alles / so sie von Gott warten solten aus lauter güte vnd gnade / auff jre werck vnd verdienst« (Z. 357f).

Noch einen zweiten Vorwurf macht der Prediger, nimmt damit den Predigttext auf: »in des Teufels namen« (Z. 359) und aus Geiz standen Wechseltische und Taubenkrämer im Tempel, als Mittel, um möglichst viele Opfer zu erhalten (Z. 358-365).

Im folgenden zusammenfassenden Absatz (Z. 366–373) spricht der Prediger allgemeiner. Er gebraucht vor allem die 1. Person Plural, so ist hier bereits die Übertragung auf die Gegenwart angedeutet,[52] auch wenn sie noch nicht ausdrücklich vollzogen wird. Auch hier finden sich reformatorische Termini: *Gnade, Verdienst, Werk*. Durch die Verwendung der 1. Person Plural wird deutlich, daß die folgende Kritik an der Papstkirche nicht einfach die Kritik an den anderen ist, sondern der Prediger sich und seine Zuhörer einschließt:

Das heisst eben vnter dem namen Gottesdiensts / den rechten Gottesdienst vmbgekeret vnd getilget / Aus Gottes gnade vnd güte vnser verdienst / aus seinem geschenck / vnser werck gemacht / die er müsse von vns annemen / vnd vns dafur dancken (Z. 366–369).

Danach wird der Vergleich zwischen dem Tempel in Jerusalem und der Kirche ausdrücklich gezogen: »Gleich wie vnser Babstshauffe / Pfaffen vnd Mönche / auch gethan« (Z. 374f). Hier zeigt der Prediger konkret, wie aus dem Gottesdienst verdienstliche Werke gemacht wurden und wie der Klerus an allem verdiente: »Da ist nichts vberblieben / das jnen nicht zu jrem Geitz hette müssen dienen / vnd fur gelt feil getragen were / Gott / Christus / Sacrament in der Messe / Absolutio vnd vergebung der sünde / lösen vnd binden« (Z. 378–381). Dabei kritisiert er auch die neu von der Kirche erdachten Bräuche und zudem herrschende Mißstände, die ebenfalls Geld erbrachten:

Jtem / darüber auch jr eigen ertichter Menschen tand / so sie fur Gottes dienst furgegeben / als der Mönchen bruderschafft / vnd jre vbrige verdienst / ja auch kappen vnd stricke den todten an zu legen /[53] Des gleichen der Bischoue vnd Pfaffen garsti-

---

52 Vgl. dazu auch schon die Bezeichnung »Mönchische wercklere« (Z. 354) für das Verhalten der Tempelpriester.
53 Luther spricht hier einen weitverbreiteten Brauch an. Laien oder Weltpriester traten vor ihrem Tod in ein Kloster ein und ließen sich in das Mönchshabit einkleiden. Viele Predigtexempel und Mirakelerzählungen zeigen die Wirkung dieser Sitte: Der Sterbende ist vor den Teufeln und bösen Geistern sicher und wird bald aus dem Fegefeuer befreit. Dem Mönchsgewand bzw. der Einkleidung als »zweiter Taufe« kommt sakraler Charakter zu. Luther wendet sich wohl vor allem gegen den Glauben an die Wirkung der Ordenstracht. Daneben geht es aber auch hier um das Thema Geld, der Eintritt in einen Orden war auch Einnahmequelle für das jeweilige Kloster. Vgl.: Wolfgang Brückner: Sterben im Mönchsgewand. Zum Funktionswandel einer Totenkleidsitte, in: Kontakte und Grenzen. Probleme der Volks-, Kultur- und Sozialforschung, FS für Gerhard Heilfurth, Göttingen 1969, 259–277. Vgl. dort besonders 274 mit Anm. 79 zu Luther, mit weiteren Belegstellen für seine Polemik gegen die Mönchskleidung. Dieser Brauch findet sich übrigens auch noch im 20. Jahrhundert. So wird von der Trauerfeier für Gerhart Hauptmann berichtet: »Gerhart Hauptmann war in die braune Franziskanerkutte mit dem weißen Strick gehüllt.« Vgl. Gerhart Pohl: Bin ich noch in meinem Haus? Die letzten Tage Gerhart Hauptmanns, Berlin 1953, 98.

ger Chresem /⁵⁴ allerley Todten bein / welches sie heiligthumb hiessen / Butter brieue /⁵⁵ Eheweiber /⁵⁶ Pfaffenkinder etc. Das hat alles teglich müssen jnen gelt tragen vnd geben. (Z. 381–388)

Der Papst hat besondere Verdienstmöglichkeiten, er kann alles verbieten und sich dann für Dispense bezahlen lassen (Z. 389–395).

Wie schon am Predigtanfang und im ersten Hauptteil wird auch nun nicht nur die Parallele zwischen den Zuständen in Jerusalem und der Gegenwart gesehen, sondern die Überbietung: »Das heisst viel schendlicher vnd vnuerschampter aus dem Tempel Gottes ein Kauffhaus / ja Mördergruben gemacht / denn diese zu Jerusalem gethan haben« (Z. 396–398). Der Papst wird sogar mit dem Antichrist identifiziert, als Begründung wird II Petr 2,3 zitiert (Z. 398–402). Das ist eine Steigerung der Aussage, daß die jüdischen Priester im Namen des Teufels handeln (Z. 358f).

Der Abschnitt Z. 403–411 faßt noch einmal zusammen, was über die Verkehrung des Tempeldienstes gesagt wurde. Dabei redet der Prediger jetzt wieder von Jerusalem: »Darumb zürnet Christus hie billich vber solche ent-

---

54 Chrisam ist eines der heiligen Öle, die für sakramentale Handlungen benötigt werden. Es bestand vor dem Vatikanum II aus mit Balsam gemischtem Olivenöl und wird bis heute am Gründonnerstag vom Bischof geweiht. Chrisam wird bei Taufe, Firmung, Bischofs- und Priesterweihe sowie bei der Weihe von Kirchen und Altären verwendet, vor der Liturgiereform fand es z.B. auch bei der Weihe des Taufwassers, von Kelch und Patene sowie von Glocken Verwendung. Vgl. Peter Maier: Chrisam, LThK³ 2, 1099.

55 Die sogenannten Butterbriefe waren Dispense von der Pflicht, in Fastenzeiten, vor allem während der Quadragesimalfasten, neben Fleisch auch auf sonstige tierische Produkte zu verzichten (Eier und Milchprodukte). Diese Dispense waren nötig, um eine ausreichende Ernährung zu gewährleisten, vor allem um das in Deutschland kaum vorhandene pflanzliche Öl zu ersetzen. (Vgl. Johannes Ev. Pruner: Fastenspeisen, WWKL 4, SP. 1252–1256, 1254; Josef Anton Fritz: Butterbrief, WWKL 2, 1620).

56 Luther bezieht sich hier auf die bekannten Mißstände, die sich aus der erzwungenen Ehelosigkeit des Klerus ergaben. Vgl. zum folgenden Johann Anton Theiner und Augustin Theiner: Die Einführung der erzwungenen Ehelosigkeit bei den christlichen Geistlichen und ihre Folgen, 3. Aufl., Bd. 1–3, Barmen 1892–1898. Darin vor allem Bd. 3, 72–148 zu der Zeit vom Basler Konzil bis zur Reformation und 149–189 zur Reformationszeit. Speziell geht es Luther hier wohl um den sogenannten »Hurenzins«, d.h. Abgaben, die im Konkubinat lebende Kleriker an ihren Bischof zu leisten hatten (ebd., z.B. 142, 172). Entsprechende Abgaben hatten sie auch für ihre Kinder zu bezahlen (ebd., 170f). Die Bischöfe waren darum oft nicht daran interessiert, die Mißstände zu beseitigen, da dies eine wichtige Einnahmequelle hätte versiegen lassen (ebd., z.B. 112, 154–156, 167). Verschiedenste Synoden und Konzile versuchten, diese Mißstände zu beseitigen, indem sie vorschrieben, mit Pfründenentzug und kanonischen Strafen gegen die Kleriker und ihre Konkubinen vorzugehen (vgl. z.B. den entsprechenden Beschluß des Basler Konzils, ebd., 71f). Doch wie aus den immer wiederholten Beschlüssen ersichtlich wird, hatten solche Versuche keine große Wirkung.

heiligung seines Tempels« (Z. 403f). Die Zusammenfassung ist aber so formuliert, daß sie zugleich als das Urteil des Predigers über die Papstkirche gehört werden kann.

Hier wird auch erklärt, warum der Tempel zur Mördergrube geworden ist. Dort geschieht ein Seelenmorden, »weil man Gottes Wort schweiget / dadurch die Seelen selig werden / vnd dafur auff des Teufels lügen weiset etc« (Z. 410f). Es geht also um den Gegensatz zwischen Gottes Wort und den Lügen des Teufels, von dem auch im ersten Teil die Rede war (vgl. Z. 290–292. 303–309). Die Verbindung zum ersten Teil der Predigt und zum Predigtanfang besteht aber vor allem darin, daß hier die Vorwürfe gegen falschen Gottesdienst zusammengefaßt werden als Unterdrückung des Wortes Gottes. Das ist eine Variante des Motivs der Verachtung und Verfolgung des Evangeliums.

Zusammenfassend läßt sich sagen:

Bei der Übertragung der Tempelreinigung auf die Gegenwart hat der Prediger eine andere Vergleichsgröße als im ersten Teil der Predigt, nicht Deutschland oder »Wir«, sondern die Papstkirche, das Papsttum, ist im Blick. Entsprechend ist schon bei der Auslegung des Textes von den Priestern im Tempel und den religiösen Führern die Rede, nicht vom Volk.

Der Prediger zeigt die Parallele zwischen dem Tempel in Jerusalem und der Papstkirche. In beiden wird der wahre Gottesdienst verkehrt, indem die Verdienstlichkeit frommer Werke statt der freien Gnade Gottes gepredigt wird. Das geschieht aus Geiz und Gewinnsucht.[57] Damit werden die Seelen derer, für die die Priester Verantwortung tragen, getötet.

Tempel und Papstkirche werden an der reformatorischen Lehre gemessen. Ihre Verkehrung des rechten Gottesdienstes läßt sich als Unterdrückung des Wortes Gottes beschreiben.

Neben der Parallelität zwischen Jerusalem und der Gegenwart findet sich auch wieder die Argumentationsstruktur der comparatio. Die Zustände in der Papstkirche sind schlimmer als die in Jerusalem, der Papst ist der »Antichrist«.

2.3.3. Das Vorspiel des Gerichts (Z. 412–436)

Nun verknüpft der Prediger noch einmal neu die Verkehrung des Gottesdienstes, die Tempelreinigung und das angekündigte Gericht miteinander, spricht dabei zuerst von Jerusalem (Z. 412–424), dann von der Papstkirche (Z. 425–436). Hier wird die Alternative zwischen Gott und dem Teufel aus-

---

57 Vgl. dazu auch die beiden parallel formulierten Marginalien zu Z. 352 und zu Z. 374f.

geführt, die Z. 409–411 bereits anklang. Der falsche Gottesdienst baut das Reich des Teufels und zerstört Gottes Reich. »Das ist die rechte heubtsünde« (Z. 412). Darum zerstört Gott wiederum das Reich der Juden (Z. 412–418). Hierbei wird nicht mehr unterschieden zwischen den Oberen und dem Volk, Gott will »alles zu grund zustören« (Z. 416f), »das sie mit Tempel vnd allem müsten zu scheitern gehen« (413). Die Tempelreinigung ist in diesem Zusammenhang ein Vorspiel dessen, was noch kommt (Z. 418–420), die Römer sollen es vollends ausführen:

Nemlich / das sie solten also mit allem / was sie hatten / auffgereumet werden / wie er sie da aus dem Tempel reumet / Das sie weder Gottesdienst / Tempel noch Priesterthumb / Land noch Leute mehr haben würden. (Z. 421–424)

An dieser Stelle kommt noch einmal, wenn auch nicht so deutlich wie im ersten Teil der Predigt (vgl. Z. 137–141), das weitere Schicksal der Juden in den Blick. Aber dieser Gedanke wird nicht weiter ausgeführt. Wichtig ist nicht das gegenwärtige Ergehen der Juden, sondern der Kirche. Auch hier findet eine Tempelreinigung statt (Z. 425–427). Christus hat angefangen, seine Kirche durch sein Evangelium zu reinigen.[58] Der für den ersten Teil der Predigt zentrale Begriff »Evangelium« fällt hier zum ersten Mal im zweiten Teil. Auch diese Tempelreinigung ist ein Vorspiel des kommenden Endes (Z. 428f).

Hier gebraucht der Prediger wieder die comparatio: »Vnd viel greulicher wird zu bodem gestossen werden / vnd ewiglich zu grund gehen müssen / denn die Jüden zustört vnd vertilget sind / Dieweil es auch viel ein schendlicher grewel ist« (Z. 430–433, vgl. Z. 396–398). Die Argumentation ist formal nicht konsequent. In Jerusalem folgte auf die Reinigung des Tempels von falschem Gottesdienst die Zerstörung des ganzen Volkes, hier geht es um die Reinigung der Kirche vom Papsttum und dann um dessen Vernichtung.

So, wie er für Jerusalem verschiedene Stufen des Gerichtes aufgezeigt hatte, zuerst die Tempelreinigung, dann die Zerstörung durch die Römer, sieht der Prediger auch für das Papsttum ein mehrstufiges Gericht, das allerdings nicht ganz klar zu deuten ist:

Das sol sich erst recht anfahen / wenn nu das Euangelium hinweg ist / vmb der schendlichen / greulichen lesterung willen / Aber zu letzt mit dem Jüngsten tag erst recht sein endliche vnd ewige zerstörung nemen. (Z. 433–436)

---

58 Auch in späteren Predigten, vor allem im 19. Jahrhundert, wird die Reformation, jetzt allerdings mit großem historischem Abstand gesehen, mit der Tempelreinigung parallelisiert. Dabei übernimmt dann manchmal sogar Luther die Rolle Christi. So sagt z. B. K. K. Münkel: Der Tag des Heiles. Evangelienpredigten über das ganze Kirchenjahr, 2. Aufl., Hannover 1877, in seiner Predigt am 10. Sonntag nach Trinitatis: »Hat ein einziger Mann, Doctor Luther, zur Zeit der Reformation den Tempel Gottes von dem unchristlichen Jahrmarkt reinigen können, weil er Eifer und Glauben genug hatte und dem Worte Gottes seine Ehre gab« (575f).

Die Abwesenheit des Evangeliums wird nicht, wie zu erwarten wäre, eine Restituierung des Papsttums bedeuten, sondern eine weitere Schwächung. Verständlich wird die Aussage, wenn man beachtet, daß für den Prediger das Weggehen des Evangeliums Gericht bedeutet und bewirkt.[59] Der jüngste Tag bedeutet jedenfalls das Ende für das Papsttum.

Zusammenfassend ist zu sagen:

Die Übertragung von den Zuständen in Jerusalem auf die Papstkirche darf nicht so verstanden werden, als predige Luther hier das Gericht nur für die anderen, für eine Kirche, zu der er nicht gehört. Durch die Verwendung der ersten Person Plural bezieht er sich und seine Gemeinde in die Kritik ein.[60] Christus reinigt durch sein Evangelium seine eine Kirche. Das Mittel dieser Kirchenreinigung ist die reformatorische Bewegung.

Ereignisse der Gegenwart werden als Anfang, Vorspiel des kommenden Gerichts gedeutet,[61] entsprechend wird auch schon die Tempelreinigung als Vorspiel zur Zerstörung Jerusalems gesehen.

2.3.4. Verstockung oder »das Evangelium ist an allem schuld« (Z. 437–463)

Der Prediger wendet den Blick nun wieder auf Deutschland hin, vom Tempel und der Tempelreinigung ist nicht mehr die Rede. Vielmehr werden wieder Gedanken des ersten Teils der Predigt aufgenommen. Noch einmal zieht Luther den Vergleich zwischen den Juden und Deutschland (Z. 437–441). Letzterem droht eine der Zerstörung Jerusalems vergleichbare Strafe, da das Vergehen, Verachtung und Undankbarkeit, entsprechend ist.[62] Noch ist die Zeit der gnädigen Heimsuchung, Deutschland hat jetzt das Evangelium, dennoch ist bereits ein Vorspiel der Strafe erkennbar: »wie sichs schon leider all zu starck dazu anlesst« (Z. 438f).

Ab Z. 441 redet der Prediger nicht mehr von Deutschland, sondern – wie schon Z. 309ff, am Ende des ersten Teils – von der (gottlosen) Welt. Sie wird dem Evangelium die Schuld für ihre Plage und Strafe geben, genau wie das schon die Juden zur Zeit Jesu[63] und dann zur Zeit der Apostel und später

---

59 Vgl. Z. 205–216 und schon Z. 153, sowie später Z. 455–457. Vgl. auch die Predigt von 1537, WA 45, 125,3f: »Ista straff, amissio verbi est hochste, aliae omnes nihil.«
60 Vgl. dazu Z. 366–372. Allerdings wird die erste Person Plural in diesem Teil relativ selten gebraucht. Vgl. dazu unten, 3.1.1.
61 Vgl. dazu im ersten Teil der Predigt Z. 162–166. 174–179. Auch dort werden gegenwärtige Ereignisse (Bauernkrieg und Schwärmer) als Anfang des Gerichts verstanden.
62 »Deudschland / so Gott lob / jtzt das Euangelium hat / mag zusehen / das es jm nicht auch also gehe« (Z. 437f). Diese Stelle kann sich zwar auch auf das Ende der Papstkirche beziehen, von der direkt vorher die Rede war, aber in Z. 440f sind ausdrücklich die Juden die Vergleichsgröße.
63 Hier klingt noch einmal Joh 11,48 an, vgl. Z. 226–228.

die Römer getan haben. Alle gaben die Schuld an ihrem Unheil der neuen Lehre, »Gleich wie man jtzt sagt / weil das Euangelium auff komen sey / sey es nie gut gewest« (Z. 449–451).

Diese Ansicht ist ein Zeichen von Verstockung und Verblendung und eine Verkennung der wahren Zusammenhänge: Das Evangelium erhält noch am Leben; der Welt (Z. 454) bzw. »vnser eigen verdienst«[64] (Z. 460) wäre das Verderben. Dabei wird das Evangelium im Gegenüber zum Teufel gesehen.[65] Die Verstockung wird hier als Folge der Verachtung und Verfolgung des Evangeliums verstanden (Z. 452–454). Indirekt wird das Evangelium tatsächlich Ursache des Verderbens werden:

> Weil man denn also fort feret zu lestern / vnd / nicht erkennen wil vnser eigen verdienst / vnd die gnade vnd wolthat / so wir vom Euangelio haben / So mus Gott solche lesterer auch also bezalen / auff das sie jr eigen Propheten seien /[66] vnd fur zwifeltige bosheit auch zwifeltigen lohn empfahen. (Z. 458–463)

Zusammenfassend läßt sich sagen:

Wie schon am Ende des ersten Teils wird der Blick vom Papsttum und von Deutschland auf die Welt hin ausgeweitet. Diese Ausweitung reicht auch in die Vergangenheit, zur Geschichte des Römischen Reiches (Z. 448f).

Eine neue Spielart der Verachtung des Evangeliums wird aufgezeigt: Die Verächter des Evangeliums weisen diesem die Schuld für ihr Unglück zu.

Abgesehen von der zweiten Einleitung der Predigt (Z. 49f) ist nur hier von Verstockung die Rede. Der verstockten Welt wird keine Umkehr, sondern nur Gericht gepredigt.[67]

2.3.5. Das aufgehaltene Gericht (Z. 464–473)

Der Schluß der Predigt nimmt noch einmal den Gedanken des Vorspiels auf und bezieht sich dabei auf die Tempelreinigung zurück. In der Gegenwart überhaupt, nicht nur in der Papstkirche (vgl. Z. 425–429), hat das Vorspiel des Gerichtes begonnen (Z. 464).

---

64 Hier gehört die 1. Person Plural, das »Wir«, auf die Seite der gottlosen Welt (Z. 442.452) bzw. des unpersönlichen »man« (Z. 450.459).

65 »Noch mus es die schuld tragen / alles was der Teufel vnd seine Schupen ausrichten« (Z. 457f). Die »Schupen«, d.h. Schuppen, des Teufels sind seine Anhänger und Diener. Der Begriff leitet sich ab vom Bild des Teufelsdrachens (Leviathan), dessen Körper mit Schuppen besetzt ist. Vgl. DWb 9, Art. Schuppe, 2012–2016, 2014.

66 Vgl. oben die Rede von den Juden die »selbs vber jren hals weissagten / wo der Christus würde mit seinem Euangelio fortfaren / so würden die Römer komen / vnd jnen Land vnd Leute nemen« Z. 445–448.

67 Einzige Ausnahme ist Z. 437, wo für Deutschland noch eine Rettungsmöglichkeit aufscheint.

2. Analyse der Predigt

Die Predigt schließt mit einem Gedanken, der nur in Ansätzen im ersten Teil der Predigt schon einmal aufschien. Das Gericht wird aufgehalten »vmb weniger fromen willen« (Z. 465). Genauso hat schon Jesus das Gericht aufgehalten, indem er im Tempel lehrte (Z. 467–470).[68] Die Apostel folgten seinem Vorbild (Z. 470). Ihre Anwesenheit in bzw. Abwesenheit von Jerusalem ist von Bedeutung, wie es schon das Bild vom Stroh und Korn aus Z. 107–111 zeigte. Solange sie in Jerusalem lebten, wurde die Stadt bewahrt. Diese Deutung der Christen als derjenigen, die das Gericht für Jerusalem aufhielten, ist eine alte Tradition. Euseb schreibt in seiner Kirchengeschichte, die Christen seien die feste Schutzwehr der Stadt gewesen. Solange sie noch darin lebten, war noch Zeit zur Reue.[69] Der Prediger schließt, indem er sich und seine Mitchristen mit den Aposteln parallelisiert:

Also auch jtzt wir noch auffhalten / so lang wir leben / die an Christo hangen / Aber wenn die auch das heubt legen / so mag denn die Welt sehen / was sie gehabt hat. (Z. 471–473)[70]

Dieser Gedanke erinnert an Z. 205–216. Allerdings werden dort konjunktivische Formulierungen gebraucht. Auch redet der Prediger am Schluß nicht mehr vom Gebet. Schon die bloße Anwesenheit der Christen hält das Gericht auf. Deutlicher ist die Verbindung zu Z. 299–309, wo von Christus und seinen Christen die Rede ist. Wo man diese vertreibt, folgt das Gericht. Nun, am Schluß der Predigt, stellt der Prediger sich zusammen mit einem frommen »Wir« auf die Seite dieser Christen, während am Schluß des ersten Teils das »Wir« den Frommen noch gegenüberstand. In der Parallelisierung mit den Aposteln und ihrer Funktion zeigt sich noch einmal das große Selbstbewußtsein des Predigers.

Zusammenfassend läßt sich sagen:

Es gibt Gemeinsamkeiten zwischen dem Predigtschluß[71] und dem Schluß des ersten Teils der Predigt. Hier kommen jeweils verschiedene Größen in den Blick, die ungläubige Welt, aber auch die frommen Christen.

Der Prediger bzw. das »Wir«, dem er sich zuordnet, verändert dabei seine Rolle. Am Ende des ersten Teils, standen die Christen dem »Wir« gegenüber, am Schluß der Predigt stellt sich der Prediger auf die Seite der Frommen.

---

68 Hier wird neben Z. 20f das einzige Mal in der Predigt Lk 19,47 erwähnt.
69 Euseb h.e. III,7.
70 Etwas anders taucht dieser Gedanke in der Predigt von 1528 auf. Dort heißt es: »Deus det gratiam, ne vivamus, sed timeo futurum post mortem« (WA 27, 306, 10f).
71 Die Abgrenzung ist hier nicht eindeutig, schon Z. 437–463 könnten zum Predigtschluß gerechnet werden.

Zwar wirbt der Prediger am Ende des ersten Teils noch um die Umkehr der Hörer (Z. 287–309), aber weder dort noch am Schluß des zweiten Teils zeigt der Prediger Hoffnung für die Zukunft der Welt. Er konstatiert nur das kommende Gericht.

3. Interpretation

In Teil A und B der vorliegenden Arbeit wurde gezeigt, daß der 10. Sonntag nach Trinitatis seit dem 16. Jahrhundert zum Gedenktag der Zerstörung Jerusalems wurde. Das Thema zeigt sich an der Verlesung der Historie von der Zerstörung Jerusalems, der besondere Charakter als Bußtag an der Deutung der Zerstörung Jerusalems, aber auch an den für diesen Tag bestimmten Liedern. Bei der Interpretation der Predigt von Martin Luther über Lk 19 aus der Kirchenpostille, die ja aus der Zeit stammt, in der diese besondere Prägung des Sonntags sich zu entwickeln begann, interessiert darum vor allem, wieweit diese Predigt die bisher gewonnenen Erkenntnisse vertieft, aber auch ergänzt oder korrigiert. Darum sind zwei Themenbereiche besonders zu beachten, zum einen die Frage nach der Predigt von Gericht und Umkehr durch Luther, zum anderen die Frage, welche Funktion Israel und der Zerstörung Jerusalems in Luthers Predigt zukommt. Anschließend soll ein kurzer Blick auf andere Predigten Luthers zu Lk 19 zeigen, inwieweit die hier besprochene Predigt typisch für Luthers Verständnis des 10. Sonntags nach Trinitatis ist. Die Zusammenfassung dient auch der Einordnung der Ergebnisse von Analyse und Interpretation in die Gesamtargumentation der vorliegenden Arbeit.

3.1. Gerichtspredigt und Umkehrruf

Wie die Analyse gezeigt hat, wird schon im Predigtanfang deutlich, was sich im Fortgang der Predigt bestätigt: Luther versteht sich als (Unheils-)Prophet, der von der Wahrheit seiner Vorhersagen überzeugt ist (Z. 32.198–200).[1] Entsprechend enden beide Teile der Predigt mit dem Blick auf das Gericht. Man könnte daher die Predigt Martin Luthers zum 10. Sonntag nach Trinitatis in der Kirchenpostille in Anlehnung an alttestamentliche Gattungen als prophetische Gerichtspredigt charakterisieren.

---

1 Vgl. dazu die Analyse zu Z. 198–200, oben, 198, mit Anm. 33 und 34, außerdem oben, 189, zu Z. 32.

3. Interpretation

Dabei stellt sich die Frage, die ja auch innerhalb der Exegese des AT diskutiert wird, mit welcher Intention das Gericht angekündigt wird. Z. 45f und 53f reflektiert der Prediger ausdrücklich die Intention der jesuanischen Gerichtsankündigungen: Jesus, wie ihn Luther versteht, wollte mit seinen Worten das Gericht abwenden. Das gilt sowohl für seine Drohworte in Mt 11 (Z. 45f) wie für seine Vorhersage unter Tränen in Lk 19 (Z. 53f). Jesu Predigt zielt also, so Luther, auf die Umkehr der HörerInnen. Die ausdrückliche Parallelisierung zwischen der neutestamentlichen Zeit und Situation und der Gegenwart[2] legt den Schluß nahe, daß der Prediger mit seiner Predigt eine entsprechende Intention verbindet.

Dabei ist darauf hinzuweisen, daß weder Jesus noch Luther eine nur bedingte Gerichtsansage aussprechen. Wo Luther von der geforderten Umkehr und Buße redet, gebraucht er den Konjunktiv II.[3] Es geht Jesus wie Luther zwar um die Umkehr und die Abwendung des drohenden Gerichts, aber beide rechnen nicht mit einer entsprechenden Wirkung ihrer Predigt. Noch wäre die Möglichkeit, das Gericht aufzuhalten, für Jerusalem (Z. 68–70. 97f) wie für Deutschland (Z. 169–171). Mehr als das: Noch ist Heilszeit, Zeit der gnädigen Heimsuchung (Z. 149–152, vgl. auch Z. 181–192). Aber die Juden wie die Bewohner Deutschlands lassen diese Zeit ungenutzt vorübergehen. Die Hilfe Gottes wird ausgeschlagen.[4]

Zugespitzt kann man sagen: Die intendierte Wirkung der Predigt Luthers würde ihn zu einem falschen Propheten machen, was er ja wünscht: »Gott wölle / das ich ein falscher Prophet sey in dieser sache« (Z. 199f), aber er glaubt nicht an diese Wirkung: »Es wird aber all zu gewis geschehen« (Z. 200).

Im folgenden sind einzelne Aspekte der Gerichtspredigt genauer zu untersuchen:
– Wer sind die Adressaten der Gerichtspredigt?
– Was ist die Ursache des Gerichts?
– Wie wird dieses Gericht aussehen? Hierbei geht es zum einen um das Verhältnis von Vorspiel und eigentlichem Gericht, zum anderen um die Frage nach dem zeitlichen und dem Endgericht.

---

2 Vgl. dazu besonders die Analyse von Z. 145–216 (2.2.2.) und Z. 217–270 (2.2.3.), aber auch zu Z. 349–411 (2.3.2.). Auch an anderen Stellen der Predigt findet sich diese Parallelisierung.
3 »jtzund were es zeit / das wir vnser bestes erkenneten / vnd das Euangelium mit friede annemen / weil vns die gnade furgetragen / vnd friede angeboten wird«, Z 169–171. Vgl. die entsprechende Formulierung in Bezug auf Jerusalem: »Jtzund were es zeit / das du dein bestes erkenntest«, Z. 68f.
4 »Wie sol oder kan er vns mehr helffen / so wir mit freuel vnd trotz die hülffe von vns schlahen«, Z. 280f.

3.1.1. Die Adressaten des Gerichts

Der Prediger unterscheidet in seiner Predigt zwischen verschiedenen Gruppen, zu bzw. von denen er spricht. Dem korrespondieren zum Teil unterschiedliche Gruppen innerhalb des jüdischen Volkes. Diese Unterscheidung ist für Israel in den letzten Versen des Predigttextes, in Lk 19,47–48, angelegt. Der Prediger unterscheidet dementsprechend zwischen den »armen blinden Leute[n]« (Z. 49) und denen, »so die Heubter vnd Lerer sein sollen« (Z. 334f), unter denen dann noch einmal die Priester besonders genannt werden (Z. 349ff). Jesus behandelt diese beiden Gruppen zwar unterschiedlich (Z. 323–341), letzlich fällt diese Unterscheidung aber nicht ins Gewicht, da das Gericht schließlich das ganze Volk trifft. Neben diesen beiden Gruppen redet der Prediger ganz am Schluß noch von Jesus und den Aposteln, wobei letztere im Predigttext nicht vorkommen und in der Predigt als diejenigen eingeführt werden, die Jesu Verkündigung fortsetzen (Z. 445f. 470).

Für die Gegenwart spricht der Prediger von der versammelten Gemeinde, dem »Wir«, und von »dem gantzen Deudschen lande« (Z. 146). Als andere Gruppe kommt im zweiten Hauptteil der Predigt die Papstkirche in den Blick. Zwei weitere Gruppen, die sich gegenüberstehen, sind die (gottlose) Welt (Z. 309. 442. 452–454. 473, vgl. auch schon Z. 175f) auf der einen und »Wir / die wir das Euangelium lang gehört haben« (Z. 205), die »frommen« (Z. 465), »die an Christo hangen« (Z. 472) auf der anderen Seite. Hierzu gehören auch »seine Christen« – die in Z. 299–309 ganz auf der Seite des Herrn gesehen werden.[5]

Diese verschiedenen Gruppen in Israel und in der Gegenwart werden nun jeweils miteinander in Beziehung gesetzt. So parallelisiert der Prediger die Tempelpriester mit dem Klerus der Papstkirche. Die Kritik Jesu am Tempelkult, die sich in der Tempelreinigung zeigt, wird zur Kritik bzw. Gerichtsansage für die römische Kirche. Diese Übertragung legt sich nahe,[6] bildet aber nur ein Nebenthema der Predigt, das weder im Predigtanfang noch im Predigtschluß genannt wird.

Die Gemeinde und das ganze deutsche Volk setzt der Prediger mit ganz Israel gleich. Dieser Gruppe droht ein dem jüdischen Volk entsprechendes Schicksal. Im Schluß des ersten und des zweiten Teils weitet Luther diese Gruppe, der das Gericht angesagt wird, auf die Welt aus. Ihr gegenüber und damit auf der Seite Jesu stehen die Frommen. Im Predigtschluß werden sie

---

5 Vgl. außerdem diejenigen, die »gleuben«, in Z. 246–255.
6 In manchen Predigten führt Luther dies Thema weiter aus, vor allem in der von 1545 (WA 51). Ein weiterer Ansatzpunkt für Kirchenkritik bei der Auslegung von Lk 19 liegt in dem Begriff der Heimsuchung. Luther erklärt hieraus das Bischofsamt, so in der Predigt von 1528 (WA 27), vgl. dort 306,36ff (Nachschrift in der Kopenhagener Handschrift) sowie 307,7ff (Nachschrift von Rörer).

3. Interpretation

in ihrer Funktion Jesus und seinen Aposteln gleichgestellt. Ihre Anwesenheit hält das Gericht noch auf.[7]

Wichtig für die Interpretation ist die Frage, in welchem Verhältnis diese verschiedenen Gruppen zueinander stehen. Vor allem ist zu fragen: Wo steht der Prediger und wohin stellt er seine Gemeinde? Um diese Frage zu klären, soll nun genauer nach der Verwendung von *Ich, Du, Ihr, Man, Wir* und *Welt* in der Predigt Luthers gefragt werden.[8]

»Ich«

Die erste Person Singular wird nicht nur da verwendet, wo der Prediger spricht, sondern auch als inneres Ich der Glaubenden bzw. der Nichtglaubenden (Z. 246–270). Das »Ich« des Predigers erscheint nur viermal in der Predigt, Z. 161. 198. 199 und 213. An diesen Stellen sorgt sich der Prediger um das Schicksal Deutschlands[9] und verkündet das Gericht als persönliche, prophetische Überzeugung.[10] Er schließt sich hier aber nicht von der Gruppe derer aus, denen das Gericht gilt. Direkt auf das Ich in Z. 161 folgt Z. 163 wieder die erste Person Plural. Und in Z. 213–215 gilt der Wunsch des Predigers auch seinem eigenen Verhalten: »Darumb wolt ich / das wir das Euangelium / den köstlichen schatz / nicht so vbel verachteten«.

»Du«

Der Prediger gebraucht fast nie die zweite Person, er redet seine Zuhörer kaum direkt an. Nur in Z. 246–270 erscheint dreimal das »Du«, wobei dies zweimal in der Einleitung eines inneren Monologs geschieht, hier also das gläubige Ich zu sich selbst spricht (Z. 247f).[11] Nur Z. 268 spricht der Prediger

---

7 Vgl. dazu auch Z. 205: »Wir / die wir das Euangelium lang gehört haben / solten Gott hertzlich bitten / das er wölte lenger friede geben« (Z. 205f). Hier hat diese Gruppe eine ähnliche Funktion wie die Frommen am Predigtschluß, nämlich das Aufhalten des Gerichts. Anders als in Z. 205–216 wird Z. 471f aber das Aufhalten des Gerichts nicht mehr ausdrücklich als Chance zur Verbreitung des Evangeliums gesehen.

8 Ausgenommen werden dabei die Stellen, bei denen sich die entsprechenden Pronomina auf die Juden oder Jesus beziehen oder aus dem Predigttext zitiert werden.

9 Z. 161f: »Vnd wird / hab ich sorg / noch dazu komen / das Deudsch land auff einem hauffen wird ligen«; Z. 198f: »Das ich fürchte es werde gantz Deudsch land kosten«.

10 Z. 199f: »Gott wölle / das ich ein falscher Prophet sey in dieser sache / Es wird aber all zu gewis geschehen«.

11 »Die aber glauben / die wagens auff Gott [...] vnd dencke also / Gott hat dir Haus / Hoff / Weib vnd Kind gegeben / du hasts selber nicht gezeuget / Dieweil es denn Gottes ist / so will ichs auff jn wagen« (Z. 246–250). Wie der Vergleich mit dem Erstdruck der Predigt von 1525 zeigt, dem Cruciger hier genau folgt, handelt es sich bei »dencke« sicher nicht um einen Imperativ, sondern um einen Druck-

sein Gegenüber an und fordert damit seine Zuhörer auf, wie das gläubige Ich auf Gott zu vertrauen. Neben dieser Anrede legt der Prediger im gleichen Zusammenhang das »Du« Christus (Z. 234–238) und dem Evangelium (Z. 259f) in den Mund.

Die Verwendung der zweiten Person Singular findet sich also, auch wenn man die »indirekte« Anrede durch Christus bzw. das Evangelium mit einbezieht, nur in dem Abschnitt Z. 217–270, der von Glauben und Unglauben des einzelnen spricht und auch bei der Androhung einer Strafe rein individualistisch bleibt.[12]

»Ihr«

Der Prediger redet seine Zuhörer nie in der zweiten Person Plural an. Das »Ihr« findet sich nur als Anrede Jesu an seine Zeitgenossen.[13] Dieser Befund ist im Zusammenhang mit der von Luther bevorzugten Verwendung der ersten Person Plural zu deuten.

»Man«

Aus der Verwendung des Pronomens »man« lassen sich keine Schlüsse ziehen. Es steht sowohl in Verbindung mit Wir (Z. 271. 276. 300), als auch für die Priesterschaft im Tempel (Z. 346. 347. 350. 354. 407 und 410), für den papstkirchlichen Klerus (Z. 376) und für die gottlose Welt (Z. 450. 459).

»Wir«

Das entscheidende Pronomen für unsere Fragestellung ist das »Wir«, das der Prediger schon im Predigtanfang einführt (Z. 28f) und bevorzugt gebraucht. Hier lassen sich einige verschiedene Verwendungen beobachten:

Meistens ist mit der ersten Person Plural die Gemeinde bzw. Deutschland, dessen Stelle sie ja vertritt (Z. 145), gemeint.[14] Das gilt vor allem für Z. 145–315, wo das »Wir« gehäuft auftritt. Eine Ausnahme macht Z. 205–216, wo »Wir« eine andere Gruppe meint. Im zweiten Teil der Predigt wird die

---

fehler. In der Fassung von 1525 heißt die entsprechende Passage: »Die aber Godt glewben, die wagent es auff Godt [...] und dencken also: Godt hat dyr deyn hus und deyn hußfrowen geben, du hasts selber nicht gezeugt, dieweil es nu Gottis ist, so will ichs auff yhn wagen« (WA 17 I, 392,21-24).

12 Vgl. dazu 2.2.3. Die zweite Person Singular erscheint auch noch Z. 99 als direkte Aufforderung an die Zuhörer bzw. Leser der Predigt. Diese Stelle ist für unsere Fragestellung aber nicht bedeutsam.

13 Anders als in Z. 234–238, wo durch Christus eindeutig die ZuhörerInnen Luthers angeredet werden, bezieht sich das »Ihr« Jesu nur auf seine ursprünglichen Adressaten.

14 Entsprechend wird in den Teilen der Predigt, die nur von Israel reden, die erste Person Plural nicht verwendet. Das gilt vor allem für Z. 33–144 und im 2. Teil für Z. 316–365.

erste Person Plural mit Bezug auf die Gemeinde oder Deutschland seltener gebraucht, eine Ausnahme bildet der Abschnitt Z. 366–373.[15] In diesem Teil der Predigt ist vor allem die Papstkirche im Blick.[16] Erst in Z. 437–463 erscheint das »Wir« aus dem ersten Teil wieder häufiger. Hierbei wird dieses »Wir« in die Nähe der (gottlosen) Welt gerückt, und zwar Z. 443f und 460.

Aber auch von einer zweiten Gruppe redet der Prediger in der ersten Person Plural, schließt sich also mit ein. Das ist die Gruppe der Frommen. In Z. 205–216 wird diese Gruppe nur sehr kurz sichtbar,[17] spätestens Z. 213f meint »Wir« wieder die Verächter des Evangeliums.[18] Am Ende des ersten Teils der Predigt (Z. 299–309) werden die Frommen, »seine Christen« (Z. 301. 305), nicht mehr in der ersten Person Plural angesprochen. Aber am Schluß der Predigt, wo diese Gruppe an herausragender Stelle noch einmal in den Blick kommt, schließt sich der Prediger wieder ein, gebraucht das »Wir«: »Also auch jtzt wir noch auffhalten / so lang wir leben / die an Christo hangen / Aber wenn die auch das heubt legen / so mag denn die Welt sehen / was sie gehabt hat« (Z. 471–473).

»Welt«
Von der »Welt« spricht der Prediger am Schluß des ersten Teils der Predigt (Z. 309–315) und am Ende der gesamten Predigt (Z. 441–473). Diese Gruppe steht dem ersten »Wir« (=Gemeinde/Deutschland) nah,[19] insofern beiden Gruppen das Gericht gepredigt wird. Gleichzeitig steht die Welt dem frommen »Wir« gegenüber.

Bereits bei der Analyse wurde festgestellt, daß der Prediger das Gericht für die Welt nur konstatiert, sie nicht zur Buße ruft. Nimmt man diese Beobachtung mit den jetzt gemachten zusammen, so zeigt sich folgendes:

Die mit Wir angesprochene Gemeinde ist die Gruppe, der die Bußpredigt bzw. der Umkehrruf des Predigers gilt. Der Prediger schließt sich durch das Wir zumindest sprachlich mit in diese Gruppe ein, die auch stellvertretend für ganz Deutschland steht.[20] Er tritt ihr nicht als ganzer gegenüber, ge-

---

15 Vgl. dazu noch Z. 374f und Z. 425f.
16 Vgl. dazu 2.3.2. und 2.3.3.
17 »Wir / die wir das Euangelium lang gehört haben / solten Gott hertzlich bitten / das er wölte lenger friede geben« Z. 205f.
18 »Darumb wolt ich / das wir das Euangelium / den köstlichen schatz / nicht so vbel verachteten«, Z. 213–215.
19 Vgl. Z. 442 und 460.
20 Das wird Z. 145f besonders deutlich: »es gilt vns / nicht alleine hie / sondern dem gantzen Deudschen lande.« Vgl. aber z. B. auch Z. 437–441: »Deudschland / [...] mag zusehen / das es jm nicht auch also gehe / [...] Denn wir dürffen nicht dencken / das die verachtung vnd vndanckbarkeit [...] werde vngestrafft bleiben.«

braucht für seine Gerichtsankündigung und für seinen Bußruf nie die zweite Person Plural. Nur an einer Stelle ruft er seine ZuhörerInnen in der zweiten Person Singular zum Glauben.

Der Einschluß in die erste Person Plural erscheint als Solidarisierung des Predigers mit seiner Gemeinde und mit Deutschland. Für diese Deutung spricht auch die Verwendung der ersten Person Singular in der Predigt. Denn die wenigen Stellen, an denen das (prophetische) Ich des Predigers zu Wort kommt, sprechen von einer Verbundenheit mit dem Schicksal Deutschlands und der Gemeinde. Der Prediger hat Sorge (Z. 161f); er fürchtet für Deutschland (Z. 198f) und wäre gerne ein falscher Prophet, damit seine schlimmen Vorhersagen nicht einzutreffen brauchten (Z. 199f); er sorgt sich um die in Deutschland, die noch keine Möglichkeit hatten, das Evangelium zu hören (Z. 213–216).

Aber diese Solidarisierung mit seiner Gemeinde und vor allem mit Deutschland ist nicht eindeutig und durchgängig. Denn der Prediger gehört ja auch zu der zweiten mit Wir angesprochenen Gruppe, den Frommen.[21]

Diese Ambivalenz des Wir hängt mit der Ambivalenz in der Adressatengruppe zusammen, die Luther anspricht. Er hat einerseits das ganze von Gott gnädig heimgesuchte deutsche Volk vor Augen, das in Gefahr steht, diese Heimsuchung nicht zu erkennen, andererseits die davon nicht zu trennende, aber doch zu unterscheidende Kirche. So identifiziert sich Luther einerseits mit dem deutschen Vok, für das er das Gericht Gottes kommen sieht. Andererseits sieht er in seiner Kirche Menschen, die das durch die Reformation neu ans Licht gekommene Evangelium hören und annehmen. Und es ist selbstverständlich, daß er sich zu dieser Gruppe, die mit dem zweiten, »frommen« Wir gemeint ist, rechnet.

Zu fragen ist dabei: Steht Luther als einer der Frommen nur im Gegenüber zur gottlosen Welt, oder auch zu Deutschland oder zu seiner Gemeinde? In Z. 300–306 sind die Christen ein eindeutiges Gegenüber der Gemeinde.[22] Aber hier redet der Prediger nicht in der ersten, sondern in der dritten Person Plural von ihnen, rechnet sich also auch nicht zu dieser Gruppe. In Z. 205–216 dagegen können die Gemeinde oder einzelne ihrer Glieder zum frommen Wir gehören. Entsprechendes gilt für den Predigtschluß Z. 471–473. Während der Gegensatz zwischen den Frommen und der Welt eindeutig ist – entweder man huldigt Jesus oder man verfällt dem Gericht (Z. 309–315) –, läßt der Prediger der Gemeinde durch die Sprache die Mög-

---

21 Hierbei wird, gerade am Schluß der Predigt (Z. 469–473), noch einmal das große Selbstbewußtsein des Predigers deutlich, der seine eigene Funktion mit der der Apostel parallelisiert.
22 Man könnte hier außerdem noch das Bild der Glaubenden (Z. 246–255) im Gegensatz zu den Ungläubigen anführen.

lichkeit offen, sich mit ihm auf die Seite des frommen Wir zu stellen. Wir, »die wir das Euangelium lang gehört haben« (Z. 205) und »die an Christo hangen« (Z. 472), zu dieser Gruppe können sich auch PredigthörerInnen zählen. In diesem Zusammenhang ist noch einmal auf das Fehlen der zweiten Person Plural zu verweisen. Nie droht der Prediger seiner ganzen Gemeinde als direktem Gegenüber das Gericht an. Auch so gibt er den einzelnen die Freiheit, sich zu den Frommen zu zählen.

Mit der Möglichkeit, daß ganz Deutschland zu dem frommen Wir gehören könnte, rechnet der Prediger nicht. Das aber bedeutet, daß auch das für ganz Deutschland erwartete Gericht nicht abzuwenden ist. Für die einzelnen Frommen gibt es Heil, aber nur individualistisch gesehen, nämlich das ewige Leben (vgl. Z. 253-255 und 268-270). Für Deutschland aber ist das kommende Gericht höchstens aufzuhalten.

Dieses Aufhalten des Gerichts ist Aufgabe der Frommen (Z. 205-213. 471-473). Damit entzieht sich der Prediger auch da, wo er sich zu den Frommen zählt, nicht völlig seiner Solidarität mit Deutschland.[23]

Zusammenfassend läßt sich sagen:

Die Gerichtspredigt Luthers gilt der Gemeinde stellvertretend für ganz Deutschland. Der Prediger rechnet nicht damit, daß sein Ruf zur Umkehr, der mit der Predigt des Gerichts ja intendiert ist, von Deutschland als ganzem oder gar von der Welt gehört wird.

Trotz dieser prophetischen Gewißheit rechnet er aber mit einzelnen Frommen, die schon umgekehrt sind oder sich zur Buße rufen lassen.

Der Prediger zählt sich selber zu dieser Gruppe. Das wird vor allem am Schluß der Predigt unübersehbar deutlich. Er rechnet zumindest mit der Möglichkeit, daß er selber das unabwendbare Gericht über Deutschland nicht mehr erleben muß.

Das Aufhalten des Gerichts, das eine Aufgabe der Frommen ist, erhofft er vor allem, um noch mehr Menschen die Möglichkeit der Bekehrung durch das Hören des Evangeliums zu geben.

---

23 Übrigens endete Luthers Predigt von 1525, also die Vorlage für den ersten Teil der Predigt in der Kirchenpostille, mit dem Aufruf zum Gebet der Gläubigen für die anderen: »Darumb last uns Godt bitten, Das uns sein reych zuhkumme, die Christen sich mheren, und das er klug und vernunfftig prediger schicke, die das volck annem und yhn gehorche. Wer die gab Gottis erkent, der bitt fur die andern, die das wort noch nicht gehört haben, es ist hohe zeyt. Sprecht eyn pater noster« (WA 17 I, 399, 28-32). Hier wird der Gedanke aus Z. 205-213 wieder aufgenommen.

3.1.2. Die Ursache des Gerichts

Der Prediger nennt verschiedene Ursachen für das angekündigte bzw. an Jerusalem bereits vollzogene Gericht. Die wichtigsten erscheinen bereits im Predigtanfang: Nichterkennen der Heimsuchung, Verachtung und Verfolgung des Evangeliums bzw. des Wortes Gottes. Diese Anklagen ziehen sich durch die Predigt.[24]

Ein weiterer Vorwurf des Predigers gilt einer falschen Sicherheit: Die Juden verlassen sich auf ihre Mauern und falsch verstandene Verheißungen.[25] Menschen verlassen sich auf Geld, um ihr Leben zu sichern.[26] In beiden Fällen fehlt das Vertrauen auf Gott und seine Verheißungen. Die Alternative ist hier also, sich auf Gott oder auf irgendetwas sonst zu verlassen. Letzteres ist Zeichen des Unglaubens.

Im zweiten Teil der Predigt klagt der Prediger die Verkehrung des rechten Gottesdienstes an.[27] Auch diese läßt sich auf die Frage zuspitzen, ob Menschen sich auf Gott verlassen oder ihn zu einem Götzen machen, der sich durch Werke bestimmen läßt.[28] Der Gewinn, den Priesterschaft und Klerus daraus ziehen, ist nur eine Folge dieser Grundentscheidung, nicht das eigentliche Übel. Die Hauptsünde der Priester ist die Verkehrung des Evangeliums, die falsche bzw. fehlende Predigt von Gottes Gnade und Güte.[29]

Die bisher genannten Vorwürfe gelten jeweils den Juden damals und den Menschen der Gegenwart. Es gibt nur eine Ausnahme, nur eine Anklage,

---

24 Nur einige Belege: Nichterkennen und Nichtannehmen der Heimsuchung: Z. 29f. 191f. 271–274; Verachtung des Evangeliums: Z. 23f. 153f. 195f. 213–215 u.ö.; Verfolgung des Evangeliums: Z. 30f. 155.

25 »DJE Jüden stunden steiff / verliessen sich auff die zusagung Gottes / das sie nicht anders meineten / denn sie solten ewiglich bleiben / waren sicher / vnd dachten / Wir haben einen Tempel / hie wonet Gott selbs« Z. 81–84. »Denn es haben auch die Römer vnd der Keiser / nach dem er die Stad gewann / selbs bekant / die Stad sey so wol erbawet vnd so fest gewesen / das es vnmüglich were sie zu gewinnen / wo es nicht Gott sonderlich gewolt hette« Z. 85–88.

26 »Vnd wenn ich nur zehen gülden habe / so machen sie mir einen mut / das ich gedencke / ich habe jrgend zehen tage zu essen / verlasse mich auff solchen nichtigen vorrat / vnd vertrawe Gott nicht / der mich bisher erneeret hat / das er mich morgen auch versorgen werde« Z. 260–264. Vgl. insgesamt den Abschnitt Z. 239–270.

27 Z. 331–335 u.ö.

28 »das man mit solchem Opffer Gottes gnade verdienete / vnd wenn sie nur viel opfferten / so würde jnen Gott den Himel vnd alles guts auff Erden dafur geben / Baweten also alles / so sie von Gott warten solten aus lauter güte vnd gnade / auff jre werck vnd verdienst« Z. 354–358, vgl. auch Z. 366–372.

29 »Vnd also warhafftig aus dem Tempel / den Gott geordnet / das man solt die Leute Gottes Wort leren / vnd gen Himel bringen / nichts anders denn eine Mördergruben gemacht / da eitel verderben vnd seelen morden geschicht / weil man Gottes Wort schweiget / dadurch die Seelen selig werden« Z. 406–411.

die für die Gegenwart nicht gilt: An einer einzigen, allerdings herausgehobenen Stelle wird das Gericht über Jerusalem als Strafe für den Tod Jesu und der Propheten gedeutet (Z. 142).[30]

Die Verbindung zwischen Israel und der Gegenwart wird durch zwei typische Argumentationsfiguren hergestellt. Einerseits zeigt der Prediger immer wieder die Parallelen auf: Wir handeln genau wie die Juden.[31] Andererseits gebraucht er die Figur der comparatio: Die Menschen der Gegenwart handeln schlechter als die Juden der Vergangenheit, der Unglaube ist größer, dementsprechend droht ein härteres Gericht.[32] Die Figur findet sich niemals umgekehrt, auch nicht im Zusammenhang mit dem Tod Jesu. Dieser wird nicht als die größere oder größte Sünde bezeichnet. Eine solche Argumentation würde der Intention der Predigt widersprechen, da vom Tod Jesu gerade kein Bezug auf die Gegenwart hergestellt werden könnte.[33]

Die verschiedenen genannten Ursachen für das Gericht lassen sich unter dem Oberbegriff »Unglauben« zusammenfassen. Unglaube führt dazu, daß die Heimsuchung nicht erkannt, daß das Evangelium verachtet oder gar verfolgt wird. Der Ungläubige verläßt sich auf Mauern oder auf Geld statt auf Gott. Auch die Verkehrung des rechten Gottesdienstes in eine »Werklehre« (Z. 354) ist Auswirkung des Unglaubens.

Es kommt also dem Prediger nicht auf moralische Verfehlungen an,[34] nicht auf das Aufzeigen einzelner Tatsünden. Vielmehr geht es um eine

---

30 Und selbst diesen Anklagepunkt überträgt der Prediger in Z. 300–306 ansatzweise in seine Gegenwart, indem er die Behandlung Jesu und »seiner Christen« miteinander in Verbindung bringt. Hier wird den Adressaten der Predigt zwar nicht der Tod Jesu, aber die Verfolgung der Christen vorgeworfen.
31 Vgl. ausdrücklich Z. 167f: »Wir werden aber auch eben thun wie die Jüden / werden es nicht achten / bis vns weder zu raten noch zu helffen sein wird« und Z. 217: »Aber wir thun gleich wie die Jüden«, sowie fortlaufend die Analyse der Predigt.
32 Z.B. Z. 29–31. 282–286. 396–398 und 430–432.
33 Jedenfalls nicht mit den Argumentationsmustern der Parallelisierung und der comparatio. Der Bezug auf die Gläubigen wird im Zusammenhang der Passion, z.B. in vielen Passionsliedern, durch ein ganz anderes Argumentationsmuster hergestellt. Hier besingt das gläubige Ich seine Schuld am Tod Jesu. Nur zwei bekannte Beispiele, zum einen Johann Heermanns Lied »Herzliebster Jesu«, überschrieben »Ursache des bittern Leidens Jesu Christi und Trost aus seiner Lieb und Gnade: Aus Augustino.« Dort heißt es in der dritten Strophe: »Was ist doch wol die Ursach solcher Plagen?/ Ach meine Sünden haben dich geschlagen./ Ach HERR JESU, ich hab diß wol verschuldet,/ Was du erduldet.« Zitiert nach Fischer-Tümpel 1, Nr. 334, 284. Auch in Paul Gerhardts Passionslied »O Welt, sieh hier dein Leben« findet sich diese Wendung. In der vierten Strophe heißt es: »Ich, ich und meine Sünden,/ Die sich wie Körnlein finden / Des Sandes an dem Meer,/ Die haben dir erreget / Das Elend, das dich schläget,/ Und das betrübte Marter-Heer.« Fischer-Tümpel 3, Nr. 387, 308.
34 Diese sind auch nur im Zusammenhang mit dem Gewinnstreben des Klerus angesprochen.

Grundeinstellung des Unglaubens. Das entspricht der Argumentation des Predigttextes, der ebenfalls nicht einzelne Verfehlungen, sondern das Nichterkennen der Heimsuchung als Grund des Gerichts nennt.

Allerdings unterscheidet der Prediger zwischen dem Unglauben der Gesellschaft und des einzelnen. Letzterer ist in Z. 230–270 angesprochen. In diesem Teil der Predigt ist am deutlichsten eine Alternative zum Unglauben zu erkennen, das Leben als Glaubender, der sich Gott anvertraut.

Zusammenfassend läßt sich also sagen:

Die Ursache für das Gericht, das der Prediger seiner Gemeinde und ganz Deutschland predigt, ist der Unglaube. Luther zieht dabei enge Parallelen zwischen der Situation in Jerusalem und in seiner Gegenwart.

Allerdings überbietet der Unglaube der Gegenwart den in Jerusalem damals herrschenden. Als Folge davon wird auch das zu erwartende Gericht härter sein.

Der Prediger unterscheidet zwischen dem Unglauben der einzelnen und der Gesellschaft. Für ersteren sieht er die Möglichkeit der Umkehr.

Der Prediger benennt nur an einer Stelle den Tod Jesu als Ursache für das Gericht an Jerusalem, dieser Gedanke wird nicht weiter ausgeführt.

3.1.3. Verschiedene Aspekte des Gerichts

Der Prediger spricht verschiedene Aspekte des Gerichts Gottes an. Einerseits unterscheidet er zwischen dem »Vorspiel« oder Anfang des Gerichts und dem eigentlichen Gericht. Andererseits findet sich die Unterscheidung zwischen dem Gericht in der Zeit und dem Endgericht. Hier ist zu fragen, was diese Unterscheidungen für die Predigt des Gerichts austragen.

Vorspiel und eigentliches Gericht

An mehreren Stellen unterscheidet der Prediger zwischen einem Vorspiel und dem eigentlichen Gericht. Die Tempelreinigung Jesu war ein solches Vorspiel, dem das eigentliche Gericht, die Zerstörung Jerusalems, folgte (Z. 418–424). Entsprechend ist die Reformation, die Reinigung der Kirche, ein Vorspiel für das Gericht über das Papsttum. Aber nicht nur für das Papsttum und die Kirche wird dieser Gedanke des Vorspiels ausgeführt. Die »plagen« der Gegenwart sind ein »vorlauff vnd ein drawung« (Z. 162–164). Dabei denkt der Prediger in der ersten Fassung dieser Predigt 1525 an den Bauernkrieg mit seinen vielen Toten.[35] Aber auch falsche Lehre und Sekten

---

35 »Es hat sich auch wol angehept mit den pauren, wir haben eyn gros volck verlorn, hundert tausent man zwyschen Ostern und Pfingsten, es ist eyn gros werck Gottis, hab sorg, es werd nicht dar bey bleyben, das wirt nur eyn vorlauff und

3. Interpretation

sind solch ein Vorspiel (Z. 175f). Das Verhältnis zwischen Vorspiel und dem noch zu erwartenden Gericht wird drastisch veranschaulicht: »Es ist noch nicht mehr / denn ein fuchsschwantz / kömpt er mit der rechten peitschen hernach / so wird er gar redlich drein schmeissen« (Z. 164–166).

Am Schluß der Predigt wird der Gedanke des Vorspiels noch einmal aufgenommen, allerdings ohne Konkretion für die Gegenwart.[36] Die Betonung liegt hier auf der Zeitspanne zwischen dem Vorspiel und dem eigentlichen Gericht. Letzteres wurde für Jerusalem durch das Wirken Jesu und seiner Apostel noch aufgehalten. In der Gegenwart übernehmen die Frommen eine entsprechende Funktion.

Was erreicht der Prediger durch diese Differenzierung des Gerichtshandelns Gottes? Konkrete Ereignisse der Gegenwart werden als Gericht und damit als Handeln Gottes interpretiert. Da diese Ereignisse erst ein Vorspiel, ein Vorgeschmack auf das eigentliche Gericht sind, kann der Prediger auch ein Geschehen, das verglichen mit der Zerstörung Jerusalems wenig gravierend ist, mit dem Gerichtshandeln Gottes in Verbindung bringen.[37] Gleichzeitig gewinnt durch die Konkretion in der Gegenwart auch die Ankündigung des noch ausstehenden Gerichts an Ernsthaftigkeit.

Zudem unterstützt die Unterscheidung zwischen Vorspiel und eigentlichem Gericht die Intention des Predigers, durch die Gerichtspredigt zur Umkehr zu rufen. Das Vorspiel des Gerichts ist eine Warnung. Damit besteht noch die Möglichkeit, Schlimmeres zu verhindern:

Vnd die plagen / so wir bisher vnd noch haben / nur ein vorlauff vnd ein drawung sein / damit er vns wil schrecken / das wir vns fursehen sollen (Z. 162–164).

Zusammenfassend läßt sich sagen:
Die Unterscheidung zwischen Vorspiel und eigentlichem Gericht verhilft dem Prediger dazu, das Gerichtshandeln Gottes bereits in der Gegenwart konkret aufzuzeigen und damit zugleich die Warnung vor dem zukünftigen Gericht Gottes zu verstärken.

Zeitliches Gericht und Endgericht

Der Prediger unterscheidet bei seinem Reden von Gericht und Strafe zwei Dimensionen des Gerichtshandelns Gottes. Gottes Strafe trifft die Menschen in ihrem zeitlichen, irdischen Leben. Die Zerstörung Jerusalems ist Beispiel

---

eyn tröwung seyn, dar mit er uns will abschrecken, das wyr uns fursehen,« WA 17 I, 387,20–25.
36 Für Jerusalem ist hier noch einmal von der Tempelreinigung die Rede.
37 Vgl. aber die Urfassung der Predigt von 1525, s.o. Anm. 35. Hier hat auch das Vorspiel, der Bauernkrieg, schon Dimensionen, die mit der Zerstörung Jerusalems verglichen werden können.

für dieses strafende Handeln Gottes, genauso der Bauernkrieg als Vorspiel der Deutschland drohenden Strafe. Neben dieser leiblichen Strafe spricht der Prediger auch von der Strafe an der Seele (Z. 160) oder vom Verlieren der Seele (Z. 222f). An manchen Stellen redet er von der letzten (Z. 196), der endlichen Strafe (Z. 174f), der ewigen Zerstörung (Z. 432. 436) bzw. dem Verlust des ewigen Lebens (Z. 257, vgl. Z. 277). Einmal ist auch ausdrücklich vom »jüngsten tag« die Rede (Z. 435).[38]

Aus diesem Sprachgebrauch wird ein zweifaches Gericht Gottes erkennbar, es gibt eine Strafe im irdischen Leben und die Strafe, die beim jüngsten Gericht trifft. Anders gesagt, es gibt eine Strafe für den Leib und eine für die Seele. Das Verhältnis beider zueinander wird verschieden bestimmt. Für das Gericht am Papsttum gilt, daß dem irdischen Vorspiel der Kirchenreinigung am jüngsten Tag die »endliche vnd ewige zerstörung« folgen wird (Z. 436). Hier sind die beiden Ebenen also deutlich unterschieden.

Im Zusammenhang mit der Zerstörung Jerusalems redet der Prediger von der Strafe an bzw. dem Verlust von Leib und Seele,[39] ohne hierbei weiter zu differenzieren. Für den Prediger besteht ein Zusammenhang zwischen beidem: Das zeitliche Gericht, im Falle der Juden also die Zerstörung Jerusalems, ist die Strafe für den Unglauben.[40] Und zugleich hat der Unglaube den Verlust der Seele zur Folge:

> Aber wir thun gleich wie die Jüden / Die hatten mehr acht auff jren bauch / denn auff Gott / haben sich mehr geuliessen / wie sie den Geitz fülleten / denn wie sie solten selig werden / Darumb haben sie die beide verloren / vnd ist jnen recht geschehen / dieweil sie das ewige Leben vnd friede nicht wolten annemen / hat jnen Gott den bauch dazu genomen / das sie nu leib vnd seele verloren haben. (Z. 217–223)

Auch an den anderen Stellen, die zeitliche und ewige Strafe nebeneinander nennen, geht es um den Unglauben, um die Verachtung des Wortes Gottes.[41]

---

38 In diesen Zusammenhang gehört auch die Rede von der eschatologischen Herrschaft Christi am Ende des ersten Teils der Predigt (Z. 311–315).
39 Vgl. dazu Z. 217–223. Schon vorher heißt es einmal, ebenfalls im Zusammenhang eines Vergleichs zwischen den Juden und Deutschland: »Darumb wird gewislich die straff an leib vnd an seele auch gleich sein« (Z. 160f).
40 Dabei resultiert der Unglaube oft gerade aus der Angst um Gut und Leben: »Wir wolten das Euangelium wol gerne annemen / wo nicht darauff stünde ferligkeit leibs vnd des gutes / wo es nicht kostet Weib vnd Kinder« Z. 224–226.
41 »Vber diese vnd der gleichen viel Sprüche gehen wir fur vber / verachtens dazu / […] Sehen auch nicht / wenn wir Gotte verlieren / das der bauch auch hinweg mus / Darumb geschicht vns eben recht / das wir beide verlieren / Gott vnd die Creaturen dazu« (Z. 239f. 243–245). »Wer nicht also thut / der verleugnet Gott / vnd mus gleichwol verlieren beide / zeitlichs vnd ewiges leben« (Z. 256f). »Wolan / wo diese plage angehet vnd vberhand nimpt / das man vmb des bauchs vnd kleines zeitlichen nutzs vnd vorteils willen / den tag / da vns Gott durch sein Wort vnd gnade heimsucht / mutwilliglich verachtet / So mus auch darauff fol-

Die enge Verbindung von zeitlichem und ewigem Gericht Gottes, die der Prediger hier herstellt, dient seiner Intention, durch die Drohung mit dem Gericht zur Umkehr zu rufen. Er zeigt seinen HörerInnen, daß sich der Unglaube weder im irdischen Leben noch für die Ewigkeit lohnt.

Zusammenfassend läßt sich sagen:
Die Unterscheidung von zeitlichem und ewigem Gericht läßt sich mit dem Gedanken von Vorspiel und endgültigem Gericht verbinden. In diesem Sinn argumentiert der Prediger im Zusammenhang seiner Kritik am Papsttum. Konkrete Ereignisse in der Gegenwart bekommen so eine Verbindung zum Endgericht am Jüngsten Tag.

Wichtiger aber ist dem Prediger, den doppelten Aspekt von Gottes Strafgericht als Einheit zu zeigen. Gottes Strafhandeln betrifft Leib und Seele. Der Versuch, durch Unglauben hier den Leib zu retten, führt zum Verlust von Leib und Seele. Damit entkräftet der Prediger einen Haupteinwand der Menschen, die das Evangelium nicht hören wollen, nämlich die Furcht, durch den Glauben werde das Leben bedroht.[42]

3.2. Israel in der Predigt

Schon aus dem Predigtanfang ist zu erkennen, daß der Prediger vor allem die Übertragung des Textes auf seine gegenwärtige Situation im Blick hat: »Vnd lasst vns eben darauff sehen / denn es gilt vns auch« (Z. 28f). Dem entspricht auch das Verhältnis von Erklärung und Anwendung des Predigttextes. Im ersten Teil der Predigt nimmt die Explicatio nur halb so viel Raum ein wie die Applicatio auf die Gegenwart.[43] Im zweiten Teil sind Auslegung und Übertragung stärker miteinander verbunden, aber auch hier liegt der Schwerpunkt auf der Gegenwart.[44] Mit dieser Schwerpunktsetzung zeigt der Prediger zugleich, daß ihn nicht primär das Schicksal Jerusalems und Israels[45] interessiert, von dem in der Auslegung des Textes zu reden ist.

---

gen die endliche straffe vnd zorn / der es gar ausmachet / vnd dem fas den boden ausstösset / Land vnd Leute zu grund vmbkeret / das man beide / zeitlichs vnd ewiges verlieren mus« (Z. 271–277).

42 Vgl. dazu den Abschnitt Z. 217–270, die Alternative »Bauch oder Gott«.
43 Z. 54–144 sprechen von Jerusalem, Z. 145–315 von Deutschland. Dabei ist allerdings in diesem zweiten Abschnitt, wie die Analyse gezeigt hat, immer wieder auch von der Parallele zwischen Jerusalem und der Gegenwart die Rede. Es gibt also keine eindeutige Trennung von Explicatio und Applicatio.
44 Vom Umfang her läßt sich hier kein Unterschied feststellen. Rechnet man Z. 366–373 und Z. 403–411 zur Auslegung des Predigttextes, so ergibt sich für beide Bereiche ein gleicher Umfang. Wie die Analyse zeigte, ist aber sicherlich Z. 366–373 und wohl auch 403–411 zugleich auf die Papstkirche bezogen. Dadurch ergibt sich eine Gewichtsverschiebung hin zur Gegenwart.

Auch das immer wieder verwendete Mittel der comparatio, mit dem der Prediger seine Gerichtsankündigung begründet, lenkt den Blick von dem Israel der neutestamentlichen Zeit auf die Gegenwart. Diese Argumentationsstruktur findet sich ebenfalls bereits im Predigtanfang: »Werden die gestrafft / die nicht erkennen / das sie sind heimgesucht / Was wird denen geschehen / die das Euangelium vnd Wort Gottes wissentlich verfolgen / lestern vnd schenden?« (Z. 29–31). Dennoch ist zu fragen, wie der Prediger über Israel redet und welche Funktion dieses Reden über Israel und seine Geschichte hat.

Hierzu eine erste wichtige Beobachtung: Wenn in der Predigt von den Juden geredet wird, so handelt es sich fast ausschließlich um die Menschen, die zur Zeit Jesu bzw. während der Eroberung Jerusalems gelebt haben. Sowohl bei der Auslegung des Textes als auch bei der Übertragung und Anwendung mit Hilfe von Parallelisierung oder comparatio befaßt sich der Prediger mit dieser Gruppe. Es gibt nur zwei Stellen in der Predigt, in denen die Geschichte Israels bzw. der Juden seit der Zerstörung Jerusalems und bis in die Gegenwart in den Blick kommt, Z. 137–141 und weniger deutlich Z. 423f. Die jüdischen Menschen seiner Zeit sind also kein Thema für den Prediger.[46]

Wie aber wird über die Juden zur Zeit Jesu geredet? Sie sind für den Prediger in zweierlei Hinsicht interessant. Ausführlich berichtet er zum einen von der Zerstörung Jerusalems, also von dem Gericht Gottes, das sie erleben. Und zum andern werden die Ursachen des Gerichtes aufgezeigt, die Verfehlungen der Juden. Dabei steht, wie in 3.1.2. gezeigt wurde, der Unglaube im Vordergrund. Nur einmal wird ausdrücklich der Tod Jesu als Ursache des Gerichts genannt (Z. 142).[47]

Die Darstellung des Gerichts an den Juden durch Luther erweckt einen zwiespältigen Eindruck. Einerseits gibt es Anzeichen von Mitleid und Erschrecken[48] angesichts des grauenvollen Geschehens. Beide Emotionen wer-

---

45 Eine Bemerkung zur Terminologie: Luther redet nicht von »Israel«, sondern von den »Juden« oder von »Jerusalem«. Der Begriff »Israel« ist theologisch prägnanter und wird darum hier gebraucht.

46 Insofern ist die Predigt auch nicht aussagekräftig für den Themenkomplex »Luther und die Juden«. Auch die übrigen Predigten Luthers am 10. Sonntag nach Trinitatis stehen in keinem thematischen Zusammenhang mit den sogenannten Judenschriften Luthers. Darum wird die Diskussion um diese Thematik in der vorliegenden Arbeit ausgeklammert.

47 In diesem Zusammenhang ist außerdem der alte Talionstopos zu nennen: »Da waren die Jüden so wolfeil / das man jr dreissig vmb einen pfenning kauffte« (Z. 134–136.). Obwohl Luther hier nicht ausdrücklich auf den Verrat des Judas anspielt, wurde er sicher mitgehört und damit auch der Zusammenhang zwischen Tod Jesu und Gericht über die Juden.

48 »Die jemerliche Historien« Z. 99; »Summa / es war ein solcher jamer vnd ein

3. Interpretation

den bei den ZuhörerInnen durch die grausamen Einzelheiten des Geschehens verstärkt. Aber es findet sich immer wieder auch eine andere Haltung: »vnd ist jnen recht geschehen« (Z. 220). Deutlich erkennbar wird diese Haltung in Z. 107–111, als vom Auszug der Christen erzählt wird: »Also hat Gott das korn heraus genomen / vnd die sprewe auff einen hauffen geschüt.« Diese Spreu ist wertlos und nur noch zum Verbrennen bestimmt.

Bei der Analyse der Predigt wurde schon nach der Funktion des ausführlichen Berichts von der Zerstörung Jerusalems gefragt. Der Prediger gibt selbst eine Antwort: »Die jemerliche Historien der zerstörung Jerusalem magstu anderswo lesen / Daraus / wer da wil / wird dis Euangelium wol verstehen« (Z. 99f). Doch diese Erklärung des Predigers reicht nicht aus. Für das Verständnis des Evangeliums wäre solch ausführliches Erzählen nicht notwendig. Vielmehr unterstützt die anschauliche und abschreckende Darstellung des Gerichts an Jerusalem die Gerichtsdrohung für die AdressatInnen der Predigt. Die Zerstörung Jerusalems ist ein warnendes Exempel für das Strafgericht Gottes.[49] Dies Beispiel ist umso eindrücklicher, als der Prediger für Deutschland ein schlimmeres Gericht androht und erwartet. Das Gericht über Jerusalem ist also trotz seiner eigentlich unvorstellbaren Schrecklichkeit[50] für den Prediger ein wiederholbares Geschehen. Er kann darum auch auf andere Beispiele des strafenden Handelns Gottes verweisen.[51] Trotzdem behält die Zerstörung Jerusalems eine besondere Bedeu-

---

solch blutvergiessen / das es ein stein möcht erbarmet haben / Das niemand hette können gleuben / das Gott künde so grewlich zürnen / vnd ein Volck so jemerlich verderben« Z. 119–122. In diesem Zusammenhang ist auch zu sehen, daß vom Mitleid und Erbarmen Jesu geredet wird.

49 Vgl. dazu unten, 3.3.1., zu anderen Predigten Luthers, wo diese Exempelfunktion ausdrücklich benannt wird.

50 Vgl. Z. 119–122, Zitat oben Anm. 48.

51 Zumindest für einen einzelnen Aspekt des Geschehens gibt Luther in seiner Predigt selber ein anderes Beispiel aus der Geschichte: »Also auch hernach / die Römer auch jrer zustörung diesem newen Gott vnd der newen lere schuld gaben« (Z. 448f). In der Predigt Luthers von 1529 werden weitere Beispiele genannt: »Italia olim etiam sic persecuta: Venit Gottia et Romae fecerunt ut Cesar Hierusalem. Sic Turca venit Graeciam et vastavit« (WA 29, 507,16f). Ähnlich, nur ausführlicher, einige Zeilen später: »Sic Romani dicebant, cum Caesar vellet Christum in numerum deorum referre. Nolebant autem, quia non ipsi eum pro deo auffgeworffen, sed vulgus. Ergo non sol gelten. Putabant se esse qui facerent deos et doctrinam eorum. Rex Gottorum et Vandalorum leret sie, quomodo ec.« (507,32–36). Vgl. dazu auch das bekannte Wort Luthers vom Evangelium als fahrendem Platzregen: »Denn das sollt yhr wissen, Gottis wort und gnade ist ein farender platz regen, der nicht wider kompt, wo er eyn mal gewesen ist. Er ist bey den Juden gewest, aber hyn ist hyn, sie haben nu nichts. Paulus bracht yhn ynn kriechen land. Hyn ist auch hyn, nu haben sie den Türcken. Rom und lateinisch land hat yhn auch gehabt, hyn ist hyn, sie haben nu den Bapst. Und yhr deutschen dürfft nicht dencken, das yhr yhn ewig haben werdet, Denn der undanck und verach-

tung, nicht nur wegen der Größe und Härte der Strafe, sondern auch wegen der Bedeutung Jerusalems als Gottes erwählter Stadt und Israels als seines erwählten Volks.[52]

Die Funktion des Redens von Israel und dem in der Zerstörung Jerusalems erfahrbaren Gottesgericht als warnendem Exempel paßt zu der herausgearbeiteten Intention des Predigers, der das Gericht über Deutschland verkünden und zugleich zur Umkehr rufen will. Um Israel als Exempel für Deutschland gebrauchen zu können, deutet Luther das Gericht als Folge des Unglaubens der Juden.

Daneben findet sich aber auch, wenn auch nur an einer Stelle, die Deutung des Gerichts als gerechte Strafe für den Tod Jesu. Diese in der christlichen Tradition weit verbreitete Deutung[53] gerät in Widerspruch zur Intention des Predigers. Denn diese Deutung ist ganz auf die Vergangenheit beschränkt und läßt sich nicht auf die Gegenwart beziehen. Darum wird der Gedanke Z. 142 auch in der Predigt später nicht mehr aufgenommen. Denn die Analyse der Predigt hat ja gezeigt, daß ab Z. 142 die Argumentation des Predigers immer wieder auf der Parallelisierung von Vergangenheit und Gegenwart aufbaut.

Zusammenfassend läßt sich sagen:

Wenn in der Predigt von den Juden geredet wird, so sind es die Juden, die zur Zeit Jesu bzw. bis zur Eroberung Jerusalems gelebt haben. Die Juden der Gegenwart kommen nur ganz knapp in den Blick, wo von den bis heute andauernden Folgen des Gerichts die Rede ist.

Die Eroberung Jerusalems ist ein warnendes Exempel für die AdressatInnen der Predigt. Dies Beispiel unterstützt durch seine fast unvorstellbare Grausamkeit die Gerichtsankündigung des Predigers. Indem Israels Geschichte als Exempel gebraucht wird, wird erkennbar, daß der Prediger kein selbständiges Interesse an dem Schicksal Israels hat. Diese Beobachtung wird dadurch unterstützt, daß Luther auch andere Beispiele für das Gerichtshandeln Gottes an einem Volk kennt.

Die Juden sind kein selbständiges Thema der Predigt, weswegen aus ihr auch keine Aufschlüsse zu der Frage nach Luthers Stellung zu den Juden seiner Zeit gewonnen werden können.

Das Gericht an Israel wird aber nicht nur als Exempel der Strafe Gottes für den Unglauben verstanden, sondern noch in einem anderen Zusammen-

---

tung wird yhn nicht lassen bleyben. Drumb greyff zu und hallt zu, wer greyffen und hallten kan, faule hende müssen eyn böses jar haben.« Martin Luther: An die Ratsherren aller Städte deutsches Lands, daß sie christliche Schulen aufrichten und halten sollen. 1524. WA 15, (8–26) 27–53, Zitat 32,6–14.

52 Vgl. dazu unten, 3.3.2.
53 Vgl. dazu oben Kap. B 1.

hang gesehen. Es ist gerechte, verdiente Strafe für den Tod Jesu. Diese Argumentation entstammt alter christlicher Tradition. Sie gehört zu den traditionellen Wurzeln der christlichen Judenfeindschaft. Der Prediger bedient sich hierbei auch alter Topoi.[54] Da diese Deutung der Zerstörung Jerusalems als Strafe für den Tod Jesu die Übertragung auf die Adressaten der Predigt verhindert, wird sie nur an einer Stelle gegeben.

3.3. Andere Predigten Luthers zu Lukas 19,41–48

Luther hat mindestens zehnmal über Lk 19,41–48 gepredigt.[55] Hier können nicht all diese Predigten dargestellt oder gar analysiert und interpretiert werden. Auch der Nachweis, daß sich viele Topoi aus der Predigt der Kirchenpostille in den anderen Predigten wiederfinden, trägt für die Interpretation wenig aus.[56] So soll hier nur an einigen für die Interpretation bedeutsamen Punkten gezeigt werden, daß Luthers übrige Predigten am 10. Sonntag nach Trinitatis die hier vorgelegte Interpretation der Predigt der Kirchenpostille stützen und vertiefen.

Im folgenden sollen daher Luthers Aussagen über die Zerstörung Jerusalems als warnendes Exempel betrachtet werden. Beachtenswert ist daneben ein Argumentationsmuster, das die Besonderheit dieses Exempels zeigt und sich so in der Kirchenpostille nicht findet. Auffallend ist schließlich Luthers besondere Bewertung des Evangeliums für den 10. Sonntag nach Trinitatis.

3.3.1. Die Zerstörung Jerusalems als Exempel

In der Interpretation wurde gezeigt, daß der Prediger die Zerstörung Jerusalems als warnendes Beispiel für seine ZuhörerInnen gebrauchte. Allerdings fällt in der Kirchenpostille in diesem Zusammenhang der Begriff Exempel nicht.[57] Immerhin nennt der Prediger aber ein weiteres Beispiel für Gottes strafendes Handeln, das Ende des Römischen Reichs.[58] In seinen anderen Predigten redet Luther z.T. ganz ausdrücklich vom Schicksal Jerusalems als Exempel für die Christen. Die Funktion dieses Beispiels ist Warnung und

---

54 Vgl. oben, 194, Anm. 17, zu Z. 107–111 und die Talionstopik in Z. 134–136.
55 Vgl. oben, 182, Anm. 1.
56 In einzelnen Fällen wurde dieser Nachweis schon während der Analyse der Predigt geführt.
57 Vgl. aber Z. 465–467, wo die Tempelreinigung als Exempel bezeichnet wird.
58 »Also auch hernach / die Römer auch jrer zustörung diesem newen Gott vnd der newen lere schuld gaben« Z. 448f. Vgl. auch das oben in 3.2. zum Thema Exempel Gesagte.

Belehrung. »Doch ists gut, ut sciamus propter nos esse scriptum, ut caveamus,« heißt es in der Einleitung der Predigt von 1528 (WA 27, 304,12). Und 1534 sagt Luther: »Es ist uns zur warnung geschrieben« (WA 37, 504,31).[59]

In der Predigt der Hauspostille und ihren Vorlagen[60] wird die Historie von der Zerstörung Jerusalems als eine Beispielgeschichte dargestellt, aus der man lernen kann:

Darumb lerne yedermann Gott fürchten, yederman, groß und klein, jung und alt, lerne, wenn er unrecht thut und davon nit wil ablassen, das die straff nicht werde aussen bleyben. Denn da stehet das Exempel mit Hierusalem, der heyligen, schönen Stat, welcher auch die Heydnischen Historien das lob geben, das sie sey pulcherrima Ciuitatem Orientis, die herrlichste, schönste Stat in den Morgen lendern gewest, die ist dahin und zu grundt vertilget, Darumb, das sie von sünden nit ablassen und sich an das wort nit hat keren wöllen. Solches Exempel stellet uns der Herr im heutigen Euangelio für, das wir uns darab besseren sollen [...]

Unnd stehet nun das arme, zerstörte, verwüste, zerschleyffte Jerusalem zum Exempel da aller, die mutwillig böß sind und sich nit bessern wöllen, das sie dergleichen straffen auch leyden müssen, Den andern aber, die Gottes wort annemen und sich bessern, den ist es zum trost und unterricht, das sie lernen, weyl Gott die straffe verbirget, es geschehe jhnen zum fride, Gott wölle es jhnen vergeben, wenn sie nur noch auff hören und sich bessern. (WA 52, 440,25–33; 441,27–33)

Wie sich schon an diesen Ausschnitten erkennen läßt, betont Luther in seinen im Haus für eine besondere Hörerschaft gehaltenen Predigten den Gedanken des Lernens besonders. So beginnt die Predigt von 1532 mit den Worten: »Das Euangelium sollen die kinder mercken, das sie draus lernen

---

59 An diesen Stellen klingt jeweils I Kor 10,11 an. Vgl. auch noch die Hauspostille: »Das ist das schröckliche Exempel, welches der Euangelist uns zur besserung geschriben hat« (WA 52, 438,26f).

60 Die Hauspostille gibt im Gegensatz zur Kirchenpostille Predigten Luthers wieder, die dieser »im Hause« gehalten hat. Diese Predigten setzen also eine besondere Hörerschaft voraus, Kinder und Gesinde. Vgl. dazu die Vorrede des Herausgebers Veit Dietrich über die in dieser Postille gesammelten Predigten Luthers. Es handle sich um »Haußpredigten, welche er daheim in seim hauß an Sonntagen, da er schwachheit halb in der Kirche nit predigen kondt, seinen kinden unnd gesind gethun« (WA 52, 5,36–38). Luther selber nennt in seiner kurzen Vorrede einen anderen Grund für diese Predigten: »DJse Predigt hab ich unterweilen in meinem hause gethan für meinem gesinde, Damit ich, als ein Hauß vatter, auch das mein thete bey meinem gesinde, sie zu unterrichten, ein Christlich leben zu füren« WA 52, 1,3–6. Ähnlich wie die Kirchenpostille hat auch die Hauspostille Luthers eine komplizierte Entstehungsgeschichte. Es gab im 16. Jahrhundert zwei konkurrierende Ausgaben, eine von Veit Dietrich aus dem Jahr 1544 sowie eine von Andreas Poach aus dem Jahr 1559. Veit Dietrich hat ähnlich wie Cruciger oft aus mehreren Predigten Luthers eine für seine Hauspostille gemacht. Vgl. zur Überlieferungsgeschichte im einzelnen die Einleitung Georg Buchwalds in WA 52. Die Vorlagen, die Veit Dietrich für die Predigt am 10. Sonntag nach Trinitatis verwendet hat, waren die Predigten Luthers von 1532 (WA 36) und 1534 (WA 37).

3. Interpretation

Gott furchten« (WA 36, 224,18f).[61] Der Gedanke des Lernens wird am Schluß der Predigt von 1534, der zweiten Vorlage für die Hauspostille, noch einmal ganz deutlich: »Ergo quando audis Hierusalem, so dencke, es sey ein herrlicher stad denn die gantz welt, [...] Tamen da sie die Zeit visitationis nicht wolt erkennen, [...] hette sie erunter must« (WA 37, 506,2–6). Mit dem Namen Jerusalem soll sich diese Geschichte einprägen.[62]

Das Stichwort Exempel fällt in der Hauspostille und ihren Vorlagen immer wieder.[63] Aber auch andere Predigten reden vom Exempel Jerusalems, so beginnt die Predigt Luthers von 1529 nach einer kurzen Bemerkung zur Historie von Palmsonntag mit folgenden Worten:

ein warnung und vermanung an die qui Euangelium contemnunt, und billich ut hoc Euangelium praedicetur, halt und denck dran, ut hoc horrendum greulich exemplum maneat in memoria apud omnes quod ergangen uber Stadt Hierusalem, quia est principium et signum, wies ghen sol contemptoribus verbi et persecutoribus. (WA 29, 506,4–8)[64]

Zusammenfassend läßt sich sagen:

Der Befund der anderen Predigten Luthers über Lk 19,41–48 unterstützt die hier gegebene Interpretation der Predigt in der Kirchenpostille. Luther hat kein eigenständiges Interesse am Schicksal Jerusalems und an der Zerstörung der Stadt. Vielmehr dienen seine mehr oder weniger ausführlichen

---

61 Dietrich verallgemeinert in seiner gedruckten Fassung: »Diß Euangelion sollen die Christen fleyssig mercken, das sie darauß lernen Got forchten« WA 52, 435,3–4.
62 Vgl. dazu die Bedeutung, die Luther grundsätzlich der Kenntnis von Historien für die Erziehung zumißt. Deutlich wird das in Luthers bereits oben, 229, Anm. 51 zitierter Schulschrift von 1524. Dort ist Geschichte neben den Sprachen wichtiger Unterrichtsinhalt. Geschichte bedeutet für die damalige Zeit Historien, Geschichten. Hätte die Jugend Lehrer, die sie »historien lereten, da würden sie hören die geschichte und sprüche aller wellt, wie es diser stad, disem reich, disem Fürsten, disem man, disem weybe gangen were, und künden also yn kurtzer zeyt gleich der gantzen wellt von anbegynn wesen, leben, rad und anschlege, gelingen und ungelingen fur sich fassen wie yn eym spigel, daraus sie denn yhren synn schicken und sich yn der wellt laufft richten künden mit Gottis furcht, Dazu witzig und klug werden aus der selben historien, was zu suchen und zu meyden were yn dissem eusserlichen leben, und andern auch darnach radten und regirn« WA 15, 45,14–22. Entsprechend wichtig sind in den anzulegenden Bibliotheken die entsprechenden Bücher: »Mit den fürnemsten aber sollten seyn die Chronicken und Historien, waserley sprachen man haben künde« WA 15, 52,11–12.
63 So in der gedruckten Hauspostille WA 52, 436,7f; 438,26–28; 440,31–35; 442,9–13. In der Predigt von 1532 heißt es: »Hoc est exemplum praecipuum. [...] Ergo last uns dis Exempel mercken, ut timeamus deum« (WA 36, 226,23 und 227,27f; vgl. auch noch 227,20f). In der Predigt von 1534 sagt Luther: »Ideo hoc Euangelium proponit horribile exemplum« (WA 37, 505,13).
64 Das Stichwort Exemplum fällt in dieser Predigt noch öfter (WA 29, 507,3.12). Hinzuweisen ist auch noch auf die Predigt von 1528, WA 27, 305,19f.28–31.

Berichte von der Belagerung und Eroberung dazu, seine ZuhörerInnen mit Hilfe des warnenden Beispiels vom Untergang Jerusalems vor dem Unglauben und seinen Folgen zu warnen.

3.3.2. Die Sonderstellung Jerusalems

In der Analyse der Predigt Luthers in der Kirchenpostille zeigte sich ein typisches Argumentationsmuster Luthers, die comparatio: Die Sünde der Gegenwart, speziell die Verachtung des Evangeliums, ist größer als die der Juden zur Zeit Jesu. Darum droht Deutschland bzw. der Welt auch ein größeres Gericht. In anderen Predigten Luthers findet sich eine verwandte Argumentation: Jerusalem und die Juden haben einen Vorrang vor allen anderen Städten und Völkern. Wenn Gott Jerusalem nicht verschonte, wird er uns erst recht nicht verschonen. Hiermit nimmt Luther Gedanken aus Röm 9 und Röm 11 auf.

Trotz des anderen Blickwinkels dient auch diese Argumentationsstruktur dem Ziel, das Gericht über Deutschland und die Welt als unausweichlich zu erweisen. Wenigstens kurz soll diese Argumentation nun aufgezeigt werden. So heißt es in der Predigt von 1531:

quia Ierusalem erat electum, ut mansio dei und sein namen sol da rasten, et suos cultos prae omnibus cultibus in terris et ad hoc ordinaverat suos sacerdotes et prophetas et Sancta erat, Sancta civitas et erat maximus honor huic Civitati, quasi ista, quae fuerit Sancta prae illa. (WA 34 II, 80,5-81,3)

Und in der Hauspostille wird Jerusalem gerühmt als Gottes

liebste und heyligste Stat Jerusalem und sein eygen volck; Welche stat unsers lieben Herren Gottes eygnes hauß und herdstette, und das volck sein eygnes haußgesinde gewest ist. Denn Jerusalem ist gleich wie ein halber himel gewest, Da Gott selb mit seinen Engeln gewonet hat, Da aller Gottes dienst hin geordnet, Da schir alle Patriarchen gelebt und jre begrebnuß gehabt, Da endtlich Christus, der Sone Gottes, selb gewandlet, gestorben und begraben und aufferstanden und den heyligen geyst geben hat. Das also dise Stat mit heyligkeit der massen uberhauffet ist gewest, das der geleichen in die welt nit kummen ist noch kummen wirdt biß an Jüngsten tag. (WA 52, 435,28-436,1)

Hier klingt mit der Erwähnung der Patriarchen und Christi Röm 9,4f an. Diese Nähe zu Paulus wird in der Predigt von 1537 noch deutlicher:

Ibi so viel heiliger leute am tod und leben et eius blutfreunde, Christus ir veter, ohem, a stirpe Abrahae. Et Iudei adhuc contra omnes gentes gloriantur, quod Abrahae semen et Messiae vetern und ohem, et verum. (WA 45, 122,34-123,1)[65]

---

65 Ähnlich redet Luther auch an den folgenden Stellen: WA 29, 506,13-17; WA 36, 224,25-225,1 (das ist die Vorlage der oben zitierten Stelle aus der Hauspostille), ebd., 225,15f (= WA 52, 436,25-27), 227,20f; WA 37, 504,13-17. In seiner Predigt

3. Interpretation

Die Konsequenz, die Luther aus diesen Lobreden auf die Stadt Jerusalem zieht, gleicht den Worten des Paulus in Röm 11,21:

Nam si deus non pepercit tantae civitati et peculiari populo suo ob contemptum euangelium, quid putas nobis futurum gentibus et peccatoribus, si non agnoscamus et cum gratiarum actione verbum euangelii amplexi fuerimus? (WA 27, 305,25–28)

In der Predigt von 1537 wird Paulus sogar ausdrücklich zitiert:

Si huic Civitati non pepercit, quae eius focus et ubi habitabat, et ut Paulus: »Si naturalibus ramis non pepercit«. Ja hat er den baum ausgewortzelt, quid nobis, qui insititii? (WA 45, 124,12–15)[66]

Allerdings fehlt der weiterführende Gedanke des Paulus Röm 11,23f. Von einem Wiedereinpfropfen, einer positiven Zukunft für Israel, redet der Prediger in diesem Zusammenhang nicht. Das bedeutet aber nicht, daß Luther diesen Gedanken überhaupt nicht kennt. In einem ähnlichen Zusammenhang, bei der Auslegung von Mt 23,39, kann er von der letzlichen Bekehrung Israels reden.[67]

---

   von 1545 rühmt Luther das Regiment der Juden, die Hohenpriester und das Synhedrion, »unter denen das volck gieng in schönem regiment, zucht und gehorsam, und war nur alles auffs allerhöhest anzusehen, das wir jetzt solchs regiments keines sehen noch unter den Heiden gesehen ist wie bey den Jüden unter Mose« (WA 51, 25,31–34).

66 Vgl. dazu außerdem WA 34 II, 86,24–28; WA 36, 225,1–5; WA 37, 504,13.17f; 506,2–7; WA 52, 435,9–12, 436,1–6: »Und dennoch solches alles unangesehen, da sie Gottes wort nicht annemen und dem selben nit volgen wolt, hat unser Herr Gott so vest uber seinem wort gehalten, das sein liebste Stat auff das greulichst hat müssen verwüstet werden, Wie vil weniger wirdt ers andern Stetten schencken, da er nicht gewonet hat, und andern völckern, die jm nicht so nahend zu gehören als dise Bürger?«

67 So legt Luther in der Kirchenpostille von 1522, in der Predigt zum Stephanustag (26.12.), Mt 23,39 folgendermaßen aus: »Doch endlich ist hie den Juden trost tzugesagt, da er spricht: Furwar sag ich euch, yhr werdet mich von nu an nit sehen, biß das yhr sagt: Gebenedeyet sey, der do kompt ynn dem namen des herrn« (WA 10 I 1, 287,15–17). Da Jesus diese Worte nach Palmsonntag redete, sind sie noch nicht erfüllt. Nicht mehr sehen werden die Juden Jesus als Prediger, da dies seine letzte öffentliche Predigt war. »So ists nu gewiß, das die Juden werden noch sagen tzu Christo: Gebenedeyett sey der do kommet ynn dem namen des herrn« (ebd., 288,8f). So haben es auch Mose (Dtn 4,30f), Hosea (Hos 3,4f) und Asarja (II Chr. 15,2–4) vorhergesagt, deren Worte von den jetzigen Juden verstanden werden müssen, »sie sind yhe tzuuor noch nie keyn mal on fursten, on propheten, on priester, on lerer und on gesetz geweßen« (ebd., 289,6f). Damit stimmt auch Paulus (Röm 11,25f) überein. »Gott gebe, das die tzeytt nah bey sey, als wyr hoffen! AMEN« (ebd., 289,10). In anderen Predigten zu dieser Stelle drückt sich Luther allerdings nicht so eindeutig aus. »Bis ihr sprecht« wird dabei dann als Bedingung verstanden. So heißt es in der Predigt vom 26.12.1520: »Dißes mag alßo vorstanden werden, das sie es noch sagen werden. Mag auch vorstanden werden, das sye nymmer mehr werden sagen und ine nymermehr sehen, als

Zusammenfassend läßt sich sagen:

Luther betont in einigen seiner Predigten den besonderen Vorrang Israels aufgrund seiner besonderen Erwählung durch Gott. Dieser Gedanke fehlt in der Predigt der Kirchenpostille. Die Argumentation aber, die Luther auf dieser besonderen Erwählung Israels aufbaut, entspricht der Predigtintention der Kirchenpostille. Das Gericht sogar an Gottes geliebtem Volk läßt das Gericht für Deutschland und die Welt umso sicherer erwarten.

3.3.3. Der besondere Charakter des Evangeliums Lukas 19,41–48

Auch eine weitere Beobachtung, die sich an den übrigen Predigten Luthers machen läßt, unterstützt die Ergebnisse der Interpretation der Predigt Luthers aus der Kirchenpostille, vor allem die Bewertung als (prophetische) Gerichtspredigt. In einigen Predigten zu Lk 19 äußert sich Luther am Anfang zum besonderen Charakter dieses Evangeliums. Am ausführlichsten redet Luther zu Beginn der Predigt von 1537. Dort heißt es:

> Hoc Euangelium mus man auff den Sontag halten, ut non taceatur hoc stück und streng urteil, quod Gott huic civitati gedrawet und uber sie lassen ghen. Quanquam semper die grosse barmherzigkeit predig, ut pia corda consolationem accipiant und wissen, wie sich schicken im leben und sterben, et propter hanc causam Euangelii praedicatio, tamen halsstarrige, qui neque deum, homines curant, talia exempla irae divinae proponere, ut sciant se non posse fugere iram dei, qui leben, ut frech, mutwillig. Sed cogitent, ehs wird ein mal ubel zu gehen. (WA 45, 122,11–18)

Es geht also hier nicht um Evangelium und Glauben,[68]

> Sunder es ist ein schreck Predig, die uns troet und warnet, Es gilt yederman, glaubigen und unglaubigen, doch am meysten den falschen Cristen, werck heyligen, falschen Predigern und Phariseern (WA 34 II, 80,17–19)[69]

---

wollt ehr sprechen: Ir habt dye wal, ab ir mich sehen werdet aber nicht. Ir werdet das aber nicht thuen, ir gebt mir denn die ehre, das ir sagt zcu mir: Gelobt [...] Denn diße Ehre muß ihm eyn itzlicher geben, der zcu im kommen soll« (WA 9, 529,32–37). Ganz ähnlich redet Luther in einer Predigt von 1539: »Die andere frage ist: ob die Juden sollen bekeret werden fur dem Jungsten Tage, wie mans gemeiniglich dafur helt. Ich lass so bleiben, aber der text lautet: Sie sollen nicht eher den herrn erkennen und von ihme auch nichts wissen noch horen, es sej den, das sie singen diesen gesang« (WA 47, 545,7–10, Martin Luther: Matth. 18–24 in Predigten ausgelegt. 1537–1540. WA 47, (IX–XI) 232–627, darin diese Predigt, wohl vom 12.10.39, 537–545).

68 Vgl. in der Kirchenpostille: »Denn hie leret er nicht / was das Wort Gottes sey / was es mit sich bringe / vnd was es fur Schüler habe«, Z. 24f.

69 Vgl. den Beginn der Predigt von 1528: »In hoc Euangelio non est, quod betreffe Christlich lere, sed est ein schrecklich drewen uber die Stad Hierusalem, et ideo quod non cognovit tempus« (WA 27, 304,10–12).

3. Interpretation

Luther kann sich auch über den besonderen Schrecken dieses Textes äußern, der »ideo scriptum, ut nos praesertim dran stossen« (WA 20, 470,2). So heißt es in der Hauspostille:

> Dann es ist das grewlichest Euangelion im gantzen Luca unnd ein seer schröckliche Histori, die uns dermassen solte zu hertzen gehen, das wirs nymmer mer vergessen solten. (WA 52, 435,3–6)[70]

Zusammenfassend läßt sich sagen:
Für Luther hat das Evangelium des 10. Sonntags nach Trinitatis einen besonderen Charakter, den er oft schon in der Einleitung seiner Predigten betont. Dieser Text muß durch eine Gerichtspredigt ausgelegt werden. Dem entspricht auch die Predigt der Kirchenpostille.

3.4. Zusammenfassung

Die Deutung der Zerstörung Jerusalems, die Martin Luther in seiner Auslegung von Lk 19,41–48 in der Kirchenpostille – und ähnlich auch in anderen Predigten über dieses Evangelium – gibt, entspricht in der Grundtendenz dem, was sich im vorangehenden Kapitel bei der Analyse und Interpretation der verschiedenen Fassungen der Historie von der Zerstörung Jerusalems gezeigt hat. Luther sieht in der Zerstörung Jerusalems eine Warnung an die Christen vor dem Gerichtshandeln Gottes, das auch ihnen gelten kann. Allerdings ist in seiner Predigt das Verhältnis von Darstellung des historischen Geschehens und Auslegung bzw. Anwendung für die Gegenwart – der Gattung des Textes entsprechend – deutlich verschoben. Die Darstellung nimmt gegenüber der Auslegung nur einen kleinen Raum ein. Dabei geht es zudem nicht nur um die Zerstörung Jerusalems, sondern auch um die Ereignisse, die in Lk 19 selbst geschildert sind, also das Weinen und die Weissagung Jesu.

Interessant und für die vorliegende Untersuchung weiterführend ist dabei die besondere Ausprägung, die Martin Luther dieser Aussage gibt. Diese ist nicht nur durch die Gattung Predigt im Unterschied zur Darstellung der Historie bestimmt, sondern auch durch die besondere Situationswahrnehmung seiner Zeit durch Luther und durch das besondere Selbstverständnis Luthers.

---

[70] Entsprechend auch in der Vorlage WA 37, 504,9f.

Situationsanalogie – die gnädige Heimsuchung durch das Evangelium

Luther nimmt seine Zeit wahr als Zeit der gnädigen Heimsuchung durch das mit der Reformation neu ans Licht gekommene Evangelium, das seit der Apostel Zeit nicht mehr so klar gepredigt wurde wie jetzt (Z. 202–204). Er versteht seine Gegenwart also analog zu der Zeit Jesu und damit zu der Situation in Jerusalem, die Lk 19 vorausgesetzt wird. Aber die Situationsanalogie geht weiter. Auch die in der Gegenwart erfolgende Verachtung des Evangeliums entspricht dem Verhalten der Juden zur Zeit Jesu.

Diese Situationswahrnehmung ist bei Luther besonders ausgeprägt, sie zeigt sich aber auch bei anderen Theologen der Reformationszeit. So sieht auch Johannes Bugenhagen in der oben besprochenen Schlußbemerkung zu seiner Historie vor allem die große Gefahr der Verachtung und Verfolgung des Evangeliums.[71]

Die Hauptsünde sowohl der Juden zur Zeit Jesu als auch der Zeitgenossen Luthers ist der sich in der Ablehnung der gnädigen Heimsuchung Gottes zeigende Unglaube. Für die Tötung Jesu findet sich dagegen kein analoges Verhalten in Luthers Gegenwart, weswegen der Tod Jesu nur ein einziges Mal als Ursache für das Gericht Gottes genannt wird.

Israel – ein Exempel für die Christen

Das Schicksal des Volkes Israel und der Stadt Jerusalem ist für Luther nur insofern von Bedeutung, als es durch die Parallelisierung mit der Gegenwart seinen Zeitgenossen als Warnung dient. Die Zerstörung Jerusalems wird zum Exempel für das Gerichtshandeln Gottes. Der Prediger Martin Luther hat also kein eigenständiges Interesse am Schicksal des jüdischen Volkes. Das zeigt sich auch daran, daß das jüdische Volk nach der Zerstörung Jerusalems und damit erst recht das Judentum seiner Zeit überhaupt nur an zwei Stellen ganz kurz in den Blick kommen. An diesen Stellen wird die Vergangenheit bis in die Gegenwart hinein ausgezogen, die politische und religiöse Situation der Juden ist bestimmt durch das Gericht Gottes, das bis heute andauert.

Die Juden sind also nicht eigentliches, vor allem nicht eigenständiges Thema der Predigt Luthers am 10. Sonntag nach Trinitatis. Darum gehören die Predigten Luthers über Lk 19,41–48 auch nicht vorrangig in den Zusammenhang der Frage nach dem Verhältnis Luthers zu den Juden.

---

71 Vgl. als Beispiel für die besondere Situationswahrnehmung auch das Lied von Johann Walter: »Wach auf, wach auf, du deutsches Land.« aus dem Jahr 1561, Evangelisches Gesangbuch Nr. 145, Wackernagel III, Nr. 220, 190–192. Das Original hat 26 Strophen und geht auch ausdrücklich auf Luther und seine Predigt ein. Wie der Exkurs zu den Sonntagsliedern (vgl. oben Kap. B) zeigt, war dieses Lied im 20. Jahrhundert eine Zeit lang Wochenlied für den 10. Sonntag nach Trinitatis.

3. Interpretation

Gerichtspredigt – ein Ruf zur Umkehr

Luther warnt seine Zuhörer vor dem Gericht Gottes. Er tut dies nicht in der Form eines Bußrufes, sondern indem er das Gericht als Folge der Sünden der Deutschen ankündigt. Das Gericht, das er für Deutschland erwartet, ist genau wie das Gericht über die Stadt Jerusalem und das jüdische Volk ein historisches Geschehen. Das wird auch daran erkennbar, daß er Ereignisse seiner Zeit, vor allem den Bauernkrieg, als Anfang des Gottesgerichts deutet. Diese historisch und politisch faßbare Erwartung des Gerichtes Gottes entspricht der Wahrnehmung einer besonderen gnädigen Heimsuchung, wie sie in dem ja ebenfalls historisch faßbaren Geschehen der Reformation erkennbar wird.

Mit der Erwartung des Gerichts als eines historischen Geschehens, unterschieden vom Endgericht, wird zugleich deutlich, daß dieses Gericht nicht den einzelnen, sondern dem Volk als ganzem gilt. Dementsprechend redet der Prediger seine Zuhörer fast nie als einzelne, sondern im Plural an.

Indem der Prediger das Gericht Gottes ankündigt, spricht er als Prophet, der von der Wahrheit seiner Ankündigung überzeugt ist. Dabei schließt er sich in die Gruppe derer, denen er das Gericht Gottes ankündigt, mit ein. Das zeigt sich an der bevorzugten Verwendung der ersten Person Plural in der Predigt.

Auch wenn Luther fest von dem Eintreffen des Gottesgerichtes überzeugt ist, zielt seine Predigt dennoch auf die Umkehr der Hörerinnen und Hörer. Er rechnet damit, daß es einzelne Fromme innerhalb des deutschen Volkes gibt, die die gnädige Heimsuchung durch das Evangelium annehmen. Diese Frommen, zu denen er sich selber zählt, können das Gericht verzögern und dabei die Ausbreitung des Evangeliums fördern.

C II: Valerius Herbergers Predigt über Lukas 19,41–48 in der Evangelischen Herzpostille[1]

1. Vorüberlegungen

1.1. Biographisches zu Valerius Herberger

Valerius Herberger, ein über lange Zeit als Erbauungsschriftsteller und Prediger hochgeschätzter Theologe, ist heute fast nur noch durch sein Lied »Valet will ich dir geben« bekannt. Darum soll hier ein knapper biographischer Abriß gegeben werden.[2] Valerius Herberger wurde am 21. April 1562 in Fraustadt im damaligen Großpolen geboren, einer Stadt dicht an der Grenze zu Schlesien. Sein Stiefvater, ein Schuhmacher, wollte Herberger, den Primus der örtlichen Schule, bei sich in die Lehre nehmen. Aber dieser erfuhr durch seinen Paten, den Pfarrer Martin Arnolf, vom Wunsch seines schon 1571 verstorbenen Vaters, der ihn zum Studium bestimmt habe. So studierte Herberger 1582 bis 1584 in Frankfurt an der Oder und in Leipzig. Dann wurde er als Lehrer in seine Heimatstadt zurückgerufen, wurde dort 1590 nach abgelegtem Examen Diakonus und 1599 Pfarrer. Dieses Amt behielt er trotz mehrerer ehrenvoller Berufungen an andere Orte bis zu seinem Tod am 18. Mai 1627.

Er hat in und mit seiner Gemeinde auch schwere Zeiten durchgestanden. 1613 wütete die Pest in Fraustadt, aus dieser Zeit stammt sein Lied »Valet

---

1 Der Text der Predigt ist unten, 338–354, abgedruckt und wird nach den dortigen Zeilennummern zitiert.
2 Vgl. zu Herberger H. Orphal: Valerius Herberger. Ausgewählte Predigten. Mit einer einleitenden Monographie, PdK 17, Leipzig 1892, V-XLVI; Cohrs, Ferdinand: Herberger, RE³ 7, 695–697; Christian-Erdmann Schott: Die Herberger-Renaissance im 19. Jahrhundert, JSKG NF 66, 1987, 125–139; ders.: Die Mystik des Valerius Herberger, JSKG NF 68, 1989, 27–42. Dort jeweils weitere Literatur. Wo nichts anderes angegeben ist, beziehe ich mich im folgenden auf die biographischen Angaben bei Orphal, VI-XVI.

1. Vorüberlegungen

will ich dir geben«. Auch der Dreißigjährige Krieg ging nicht an Fraustadt vorüber. Vor allem aber führte die besonders mit Hilfe der Jesuiten durchgeführte Gegenreformation in Polen zu einem großen Einschnitt im Leben der Gemeinde. 1604 mußte diese die Stadtkirche, die seit 1555 von den Evangelischen genutzt worden war, an die Katholiken zurückgeben. Während in der Stadtkirche am 24. Dezember 1604 wieder die katholische Messe gefeiert wurde, trafen sich die Evangelischen an diesem Tag zum ersten Mal in einer aus zwei Privathäusern umgebauten Notkirche. Diesem Betsaal, der nach und nach ausgebaut wurde, gab Herberger daraufhin den Namen »Kripplein Christi«.

Herberger war als Pfarrer auch literarisch tätig.[3] Sein Hauptwerk sind die »Magnalia Dei«, ein Kommentar zu den Büchern Gen bis Ruth, in dem Herberger Jesus Christus als den »Kern und Stern« des Alten Testament zeigt.[4] Daneben veröffentlichte er u.a. weitere Auslegungen alttestamentlicher Texte, z.B. ein »Psalterparadies«, seinen »Passionszeiger« und Leichenreden. Am bekanntesten aber waren seine Postillen. Die evangelische Herzpostille erschien 1613, die epistolische Herzpostille und die Stoppelpostille[5] erst nach seinem Tod.

Betrachtet man die Predigtweise Herbergers, so fallen vor allem zwei Eigenheiten seines Stils auf.[6] Zum einen seine Volkstümlichkeit, die ihm die Beinamen eines »kleinen Luther« und »evangelischen Abraham a Sta. Clara«[7] eingetragen hat. Zum andern die mystische Jesusliebe und Herzensfrömmigkeit Herbergers – sein Name wurde darum manchmal zu »Herzberger« umgedeutet.[8] Christian-Erdmann Schott findet in dieser Mystik Herbergers dessen Situation widergespiegelt. Dem Katholizismus im Polen der

---

3 Zum folgenden vgl. Orphal, XVI-XXXI, der die einzelnen Werke aufführt und kurz bespricht.
4 Valerius Herberger: DE JESU, Scripturae nucleo & medulla, MAGNALIA DEI. Das ist: Die grossen Thaten Gottes, von Jesu, Der gantzen Schrifft Kern und Stern, Nebst beygefügtem Psalter-Paradise, Gefasset Durch fleißiges Gebet, Lesen und Nachdencken, Hertz Mund und Feder VALERII Herbergers, Predigers in Fraustadt. Jtzo von neuem übersehen, in vielen Stücken, besage der Vorrede, verbessert, mit nöthigen Registern, auch nützlicher Anweisung auf alle Sonntage erbaulich zu lesen, Zum sechstenmal gedruckt. Leipzig, bey Johann Friedrich Gleditschens seel. Sohn, Anno 1728. Vgl. dazu die Beispiele bei der Analyse der Predigt (unten, 248, Anm. 27, und 259, Anm. 33).
5 »Stoppelpostille oder spicilegium novi testamenti«, eine Sammlung von Predigten über neutestamentliche Texte, die nicht in der Perikopenordnung vorkommen, Orphal, XXXI.
6 Schott redet sogar von verschiedenen Sprachen Herbergers bzw. von einer »Mehrsprachigkeit«, Schott 1989, 27.
7 Orphal, V-VI.
8 Schott 1987, 132.

Gegenreformation gegenüber wird das Verdienst Jesu und damit die Bedeutung seines Leidens und Sterbens hochgehalten. Gegenüber den Sozinianern betont Herberger in seiner Mystik die Gottheit Jesu.[9] Entscheidend aber, so Schott, ist für Herberger, das »Auseinanderklaffen von Glauben und Leben, Namen und Sein bei den Mitgliedern der evangelischen Kirche«[10] zu verhindern. Es geht dem Herzprediger um die Heiligung seiner Gemeinde, um Buße und Erneuerung.[11] Herberger sagt in seiner Vorrede zur Herzpostille: »Und solche Hertz-Prediger bleiben die nützlichsten, wie es die allgemeine Erfahrung giebt. Sonst ist alle Mühe und Arbeit verlohren, wo des Zuhörers Hertz entweder nicht gerüttelt, und geritzet, oder geheilet, getröstet und gebessert wird.«[12]

Vor allem die Herzpostille, aber auch andere Schriften Herbergers wurden im 17. und 18. Jahrhundert immer wieder aufgelegt.[13] Im 19. Jahrhundert dann kam es zu einer »Herberger-Renaissance«, viele seiner Werke wurden neu herausgegeben.[14] Diese literarische Wirkungsgeschichte Herbergers zeigt seine Bedeutung und war mit ausschlaggebend dafür, eine Predigt aus seiner Herzpostille exemplarisch in der vorliegenden Arbeit zu untersuchen.

1.2. Zum Vorgehen

Die Predigt Herbergers ist lang,[15] zudem sprachlich und rhetorisch sehr dicht. Eine vollständige genaue Analyse der Predigt würde den Rahmen dieser Arbeit sprengen, ebenso eine allgemeine Würdigung Herbergers als Prediger. Hier wird daher ein anderes Vorgehen gewählt. Wie bei der Predigt Luthers wird eine ausführliche Analyse des Predigtanfangs versuchen, die Frage nach der Intention des Predigers zu klären. Im folgenden soll dann das Schwergewicht auf der Analyse des zweiten von drei Hauptteilen der Predigt liegen. An diesem Teil wird nämlich eine Problematik der Predigt Herbergers erkennbar, die für die vorliegende Arbeit von besonderer Bedeutung ist.

---

9 Schott 1989, 31–33.
10 Schott 1989, 38.
11 Schott 1989, 37–39 u.ö. Vgl. auch die abschließende Zusammenfassung 42.
12 Vorrede zur Herzpostille, unpaginiert. Vgl. dazu auch Orphal, XXXIVf.
13 So ist die in dieser Arbeit benutzte Ausgabe der Herzpostille nach dem Titelblatt die 22. Auflage von 1740. In der Vorrede des Verlegers spricht dieser sogar von der 30. Auflage.
14 Vgl. dazu Schott 1987.
15 Sie ist ungefähr um die Hälfte länger als die Predigt Luthers in der Kirchenpostille, umfaßt 691 Zeilen im Vergleich mit 458 Zeilen bei Luther (jeweils ohne Predigttext gezählt).

1. Vorüberlegungen

Die sich der Analyse anschließende Interpretation wird, entsprechend dem Vorgehen bei der Untersuchung der Predigt Luthers, einzelne Aspekte der Analyse, die für das Thema interessant sind, vertiefen.

2. Analyse der Predigt

Zum ersten Eindruck

Das erste Mal las ich die Predigt Herbergers als eine von vielen Predigten über Lk 19,41–48. Zugleich war es die erste Begegnung mit Herberger. Von daher ist mir ein zwiespältiger erster Eindruck in Erinnerung, Faszination durch den Prediger Herberger mit seiner reichen Sprache, Bilder- und Gedankenfülle, Erschrecken über manche antijüdischen Aussagen, die mir über das auch für die übrigen Predigten Typische hinauszugehen schienen.

Obwohl auch für Herberger genau wie für Luther gilt, daß es zu einfach wäre, die Predigt nur des Antijudaismus zu überführen, muß diesem Thema hier nachgegangen werden, zumal sich beim Wiederlesen der Eindruck einstellte, in der Predigt stünden zwei Predigtziele im Widerspruch zueinander, von denen eines in antijüdische Richtung zielt.

Zur Gliederung

Die Predigt Herbergers ist klar und ausführlich gegliedert. Sie ist nach dem Predigtanfang in drei »Stücke« geteilt, Z. 138–370, Z. 371–542 und Z. 543–693. Es folgt der Valetsegen, Z. 694–708. Dem eigentlichen Predigtanfang sind mehrere Teile vorgeschaltet, zuerst eine lateinische und eine deutsche Überschrift mit Themenangabe (Z. 2–4), dann ein trinitarisches Eingangsvotum, das ebenfalls auf das Thema Bezug nimmt (Z. 5–12). Im folgenden benennt der Prediger das Thema ausdrücklich und läßt ein Gebet folgen (Z. 13–27). Der Textverlesung (Z. 31–47) sind noch einmal deutende Eingangsworte vorgeschaltet (Z. 28–30). Erst nach dem Text folgt das eigentliche Exordium, das mit der Dispositio (Z. 124–133) und einem Suspirium (Z. 134–137) endet. Dieser Aufbau findet sich in den anderen Predigten der Herzpostille wieder.

Auch die einzelnen »Stücke« sind weiter untergliedert, wobei durch Marginalien der Übergang zwischen Erklärung und Anwendung markiert wird.

2.1. Der Predigtanfang

Wie die Bemerkungen zur Gliederung gezeigt haben, ist der Predigtanfang der vorliegenden Predigt nicht einfach zu bestimmen. Der Schwerpunkt der Analyse soll beim eigentlichen Exordium liegen. Auch dieses Exordium ist noch einmal unterteilt. Der erste Absatz redet von dem römischen Kaiser Augustus, nach dem der Monat August benannt ist (Z. 48–59), der zweite vom 10. August, dem Tag der Zerstörung des ersten und des zweiten Tempels (Z. 60–79). Im dritten, längsten Absatz kommt der Prediger »zur Sache«, zur Gegenwart, zum Sonntagsevangelium und zu seiner Gemeinde (Z. 80–123).

Aus dieser Beobachtung ergibt sich folgendes Vorgehen: Der Schwerpunkt wird bei der Analyse von Z. 80–123 liegen, davor sind knappe Beobachtungen zu den ersten beiden Absätzen zu machen, um den Zusammenhang zu wahren. Die Analyse von Z. 80–87 soll erste Aufschlüsse über die Intention des Predigers geben. Die Analyse von Z. 87–123 vertieft diese Ergebnisse. Dann wird die so gefundene Intention mit der Disposition (Z. 124–133) verglichen, in der der Prediger seine Ziele ausdrücklich benennt. Schließlich ist zu fragen, wie die verschiedenen vorgeschalteten Predigtanfänge in dieses Bild passen.

2.1.1. Der August – der Juden Angst-Monat (Z. 48–79)

Am Beginn des Exordiums unterhält der Prediger seine HörerInnen mit seiner Gelehrsamkeit. Er erklärt, der August trage seinen Namen dem Kaiser Augustus zu Ehren. Denn in diesem Monat sei der Kaiser nach verschiedenen persönlichen Gedenktagen auch verstorben, Gott habe ihm »ein schmertz-loses Tödelein (ευθανασίαν) bescheret« (Z. 57f).[1]

Dann deutet der Prediger den Monatsnamen um. Am 10. August hat der Märtyrer Laurentius kein schmerzloses Tödlein, sondern einen Tod voller Angst erlitten. An diesem Tag ist auch der erste und der zweite Tempel in Jerusalem verbrannt worden und war die Stadt Jerusalem voller Angst und Schrecken. Darum nennt der Prediger den Monat August »der Stadt Jerusalem und des Jüdischen Volcks Angst-Monat« (Z. 60f).

Hier wird dem guten Ende des Augustus einerseits das Ende des Laurentius, andererseits das Ende des Tempels entgegengesetzt. Verbindungs-

---

1 Vgl. zur Benennung des Monats August nach Augustus: Kenneth Scott: Greek and Roman Honorific Month, YCS 2, 1931, 199–278, darin zu Augustus 224–227. Das erste Konsulat des Augustus begann im August 43 v.Chr., seine drei Triumphe fanden im August 29 v.Chr. statt (ebd., 225). Vermutlich erhielt der Monat 27 v.Chr. den Namen August (ebd., 226), ein Zusammenhang zum Todesdatum des Augustus besteht also nicht.

2. Analyse der Predigt

glied zwischen beiden ist zum einen das Datum, zum andern der Flammentod.[2] Aber es gibt auch einen gravierenden Unterschied. Das Martyrium des Laurentius ist trotz seiner Qualen positiv besetzt, auf ihn wartet der Himmel. Die »arme Stadt Jerusalem« (Z. 63) aber geht »zu Grunde« (Z. 77), auch wenn aus der Formulierung ein gewisses Mitleid des Predigers spricht.

Der Prediger legt, wo er von der Angst der Juden spricht, den Schwerpunkt auf die Zerstörung des Tempels, nicht auf die Eroberung der Stadt. Das erklärt sich aus der Bedeutung des Datums für seinen Gedankengang. Zum Schluß spricht er aber doch den Untergang der Stadt an und stellt so die Verbindung zum Predigttext her. Alles geschah »so wie es der HErr JEsus im heutigen Evangelio verkündiget hatte« (Z. 78f).

2.1.2. Das brennende Nachbarhaus (Z. 80–87)

Mit dem Schluß des vorangegangenen Abschnittes ist der Prediger schon in der Gegenwart, beim »heutigen Evangelio«, angekommen. Nun verknüpft er noch deutlicher das bisher Gesagte mit der Gemeinde: »Dannenhero haben wir in der Christenheit eine löbliche Gewohnheit, daß wir jährlich diß Evangelium mit grosser Andacht um diese Zeit betrachten« (Z. 80–82). In dem »betrachten« steckt keine Distanzierung, nicht wie ein Bild oder ein Theaterstück, sondern »mit grosser Andacht« soll das Evangelium betrachtet werden. Die Betrachtung ist ein Genus der Erbauungsliteratur. Diese Deutung wird durch den folgenden Satz unterstützt: »Derowegen wer Ohren hat zu hören, der höre« (Z. 82). Der Prediger wechselt hier zum Imperativ. Der Satz hat Signalcharakter. Es handelt sich hierbei um ein biblisches Zitat, das sich in den Evangelien öfter findet, jeweils als Abschluß von Worten Jesu. Daß es keine Selbstverständlichkeit ist, die Ohren zum Hören zu benutzen, zeigt die klassische Beschreibung der Verstockten: »mit hörenden Ohren hören sie nicht« (Mt 13,13).[3] Der Prediger fordert seine Gemeinde zum Hören auf. Sie soll nicht, so kann man mithören, verstockt sein oder bleiben, wie es die Juden waren.[4]

Im folgenden werden Thema und einzelne Begriffe des vorigen Absatzes aufgenommen, aber nun nicht mehr in historischer Distanz. Der Prediger bleibt im Präsens: »Jerusalem stehet in grosser Angst; das edle Haus GOttes

---

2 Auch in seiner Predigt zum Laurentiustag nimmt Herberger auf dieses gemeinsame Datum Bezug: »Jerusalem ist zweymahl am Tage Laurentii durch Feuer verdorben«, Herzpostille II, 281A. Vgl. zur Verbindung dieser beiden Daten auch oben Kap. A 5.
3 Vgl. auch die Parallelen und Jes 6,9.
4 Der Begriff der Verstockung fällt allerdings nicht ausdrücklich. Im Predigttext klingt aber ein zweites Bild für die Verstockung an (Lk 19,42), das Nichtsehenkönnen (mit sehenden Augen sehen sie nicht).

brennet lichter Lohe; da ist kein Retten; darum taugts nicht, daß wir sollen sicher seyn« (Z. 83–85). Drei Hauptsätze werden hier ohne Konjunktion aneinandergereiht, dabei ergibt sich inhaltlich eine Steigerung von der Angst über das Feuer zur Unmöglichkeit der Rettung. Daran schließt sich ein vierter Hauptsatz mit abhängigem Nebensatz an, der mit den vorangehenden Sätzen kausal (»darum«) verknüpft ist. Weil Jerusalem brennt, können wir nicht sicher sein.

Der Prediger behauptet seiner Gemeinde gegenüber, daß das Schicksal Jerusalems für »uns« eine Bedeutung habe. Gleichzeitig wehrt er die falsche Haltung der Sicherheit ab: Es taugt nicht, daß wir sicher sein sollen. Hinter dieser Formulierung steckt ein versteckter Imperativ: Fühlt euch nicht zu sicher!

Dieser Gedanke wird mit dem folgenden Satzgefüge verstärkt: »Die Heyden sind der Jüden Nachbarn, weil nun der Jüden Haus brennet, so haben wir Zeit zu löschen, und unser Hertz-Haus in acht zu nehmen« (Z. 85–87). Auch hier wird eine kausale Verbindung zwischen dem Schicksal der Juden und dem Verhalten der Gemeinde hergestellt. Allerdings abstrahiert die Formulierung vom konkreten Geschehen und drückt damit auch eine Distanzierung aus: Das Nachbarhaus brennt, jetzt geht es darum, das eigene Haus zu löschen.[5]

Das Bild zeigt einerseits die Dringlichkeit des Handlungsbedarfs, andererseits die Distanzierung vom Schicksal des Nachbarn. Auf keinen Fall geht es darum, ihm zu helfen, nur die eigene Rettung ist im Blick. Das ist im konkreten Fall natürlich auch nicht anders möglich, da die Gleichzeitigkeit des Geschehens eine nur behauptete ist. Trotz des Präsens gehört das brennende Jerusalem der Vergangenheit an.[6]

Neben der Ungleichzeitigkeit zeigt sich ein weiterer Bruch in dem Bild. Das brennende Jerusalem bzw. der brennende Tempel, eine äußerliche und auch politisch bedeutsame Größe, steht dem je einzelnen »Hertz-Haus« gegenüber. Hier individualisiert und verinnerlicht der Prediger.

Aus der Analyse der Z. 80–87 ergeben sich folgende Erkenntnisse zur Intention des Predigers: Die Zerstörung Jerusalems ist eine Warnung für die Christen. Sie dürfen sich nicht in falscher Sicherheit wiegen, sondern müssen ihr »Herzhaus« schützen. Das Bild des brennenden Nachbarhauses zeigt dabei einerseits die Dringlichkeit der Bedrohung, andererseits die Distanzierung vom vergangenen Schicksal der Juden. Dem Prediger geht es nicht um das

---

5 Im Hintergrund steht ein lateinisches Sprichwort: Tunc tua res agitur, parius cum proximus ardet.
6 Dennoch drängen sich mir als Assoziation Bilder der Reichspogromnacht auf, als die Feuerwehren nicht die brennenden Synagogen löschten, sondern nur die angrenzenden Häuser schützten.

Schicksal eines Kollektivs (Gemeinde, Christenheit, Stadt oder Volk), sondern um den einzelnen. Der Appell des Predigers richtet sich gegen eine mögliche Verstockung der Gemeinde, gegen verschlossene Ohren und eine falsche Sicherheit.

2.1.3. Es gehet dich an! (Z. 85-123)

Herberger unterstreicht das gerade Gesagte mit drei gleichgebauten Argumentationsgängen (Z. 85-94. 94-102. 102-114). Der Prediger schildert jeweils im Präsens das Verhalten Jesu und nennt dann eine mögliche Reaktion des Zuhörers. Diese wird in den beiden ersten Durchgängen als Frage im Irrealis (Konjunktiv II) formuliert und danach, ebenfalls im Irrealis, gedeutet. Dabei spricht der Prediger die ZuhörerInnen das erste Mal in der Predigt direkt an (zweite Person Singular). Im dritten Durchgang gebraucht er statt dessen eine unpersönliche Konstruktion (wer ... der) und den Indikativ.

Indem der Prediger das Verhalten Jesu schildert, faßt er das Evangelium zusammen, das hier das erste Mal ausführlicher anklingt. Jesus sagt unter Tränen das Elend Jerusalems voraus (Lk 19,41-44, Z. 85-92); er reinigt voller Zorn den Tempel (Lk 19,45-47, Z. 94-99); er zeigt hintereinander ganz verschiedene Emotionen (Verbindung von V. 41-44 und 45-47, Z. 103-112).

Die mögliche Reaktion des Zuhörers ist gerade ein Nichtreagieren auf Jesus: »du woltest nicht darnach fragen?« (Z. 93) »du woltest das alles in den Wind schlagen?« (Z. 98f) »Wer hierüber sich nicht verwundert« (Z. 112f). Solches Nichtreagieren deutet der Prediger als unchristlich[7] und als Besessenheit durch einen bösen Geist.[8] Durch den Irrealis werden diese harten Vorwürfe abgemildert. Der Prediger wirft seinen ZuhörerInnen solches Verhalten nicht vor, sondern spricht davon als von einer unmöglichen Möglichkeit. Im dritten Durchgang, in dem der Prediger nicht mehr den Irrealis gebraucht, wechselt er dafür in die unpersönliche Aussage, auch hier also wirft er solches Verhalten seinen HörerInnen nicht direkt vor. Zudem wird hier von der Besessenheit als einem veränderbaren Zustand geredet: »Wer hierüber sich nicht verwundert, der mag immer sagen: Fahre aus, du unreiner Geist! und gieb Statt dem Heiligen Geist« (Z. 112-114). Auch für einen solchen Menschen hat der Seelsorger Herberger also noch eine Hoffnung.

In Z. 114-119 wird in verkürzter Form die Struktur von Z. 87-114 wiederholt. Fünfmal hintereinander kontrastiert der Prediger jeweils in einem

---

[7] Z. 93: »Das wäre nicht Christlich!« Z. 99-101: »Das wäre zu grob für einen Menschen, der sich für einen Liebhaber Christi wolte ausgeben«.
[8] Z. 94: »Du müstest gar einen bösen Gast im Hertzen haben.« Z. 101f: »es wäre daraus sehr vermuthlich, daß nichts Gutes in dir wohnen müste.« Z. 113: »Fahre aus, du unreiner Geist!«

Satz Jesu Handeln und die Reaktion des Zuhörers. Er spricht dabei weiter im Präsens und gebraucht wieder die Form des irrealen Fragesatzes. Dabei ergibt sich eine Steigerung: Jesus »weinet«, »winselt«, »rüget und ritzet die Gewissen«, »zürnet und schilt«, »brennet für grossem Ernst«. Die unmöglichen Reaktionsmöglichkeiten der Gemeinde sind meistens als Negation formuliert: »schlaffen«, »fremde Gedancken haben«, »nicht achten«, »nicht erschrecken«, »nichts darnach fragen«. Die Steigerung des Predigers mündet in die Aussage: »das taugt nimmermehr.« Damit wird noch einmal die unmögliche Möglichkeit abgewehrt.

Dieser Abschnitt ist eine Zusammenfassung des Vorangegangenen, zugleich eine Intensivierung des Appells. Dabei wird die im Präsens angesprochene Situation der Predigt Jesu durchsichtig für die Predigtsituaton Herbergers. Es geht auch um die Reaktion auf seine Predigt. Vor allem »schlafen« und »fremde Gedanken haben« sind mögliche Reaktionen eines unaufmerksamen Predigthörers, aber auch die anderen Verben passen in diese Situation.

In den folgenden Zeilen (Z. 120–123) wird ausdrücklich zwischen Vergangenheit und Gegenwart unterschieden: »Die bösen Jüden sind dahin, du lebest noch«. Die Juden als ursprüngliche Adressaten der Predigt Jesu kommen hier in den Blick. Sie haben die unmögliche Möglichkeit realisiert und nicht auf Jesu Worte gehört. Darum sind sie »böse«. Hier wird gleichzeitig die Distanz ausdrücklich ausgesprochen, die im Bild vom brennenden Nachbarhaus bereits erkennbar wurde. »Die bösen Jüden sind dahin,« um sie braucht man sich nicht mehr zu kümmern.

Auch die gottesdienstliche Situation wird jetzt direkt angesprochen: »um deiner Seligkeit willen wird es geprediget; es gehet dich an, was heute gesaget wird«. Dabei ist allerdings noch immer auch die Predigt Jesu gemeint. Doch die Worte Jesu sprechen nicht mehr unmittelbar zu den ZuhörerInnen, sondern sie werden zum Gegenstand der Betrachtung: »JEsu Christi Ernst soll mit grossem Ernst betrachtet werden.«

Der Appell, der in den beiden vorigen Abschnitten indirekt ausgesprochen wurde, wird nun ganz direkt: Es geht um dich und deine Seligkeit. Hier wird, wie schon oben bei der Rede vom In-Acht-Nehmen des Herzhauses, die Innerlichkeit und Individualisierung in der Intention des Predigers erkennbar.

Zusammenfassend läßt sich zu Z. 87–123 folgendes sagen:

Die Juden und ihr Schicksal werden nur an einer Stelle knapp angesprochen und dort ausdrücklich negativ gewertet (Z. 120). Auch unausgesprochen bilden sie sonst die Negativfolie für den starken Appell des Predigers: Sie haben die unmögliche Möglichkeit realisiert und nicht auf Jesu Predigt gehört.

2. Analyse der Predigt

Das – für die ZuhörerInnen unmögliche – Nichthören auf die Predigt Jesu deutet der Prediger als Besessenheit. Wenn man auch diese Deutung auf die Juden überträgt – was der Prediger nicht ausdrücklich tut –, so zeigt sich, daß die negative Bewertung der Juden nicht in moralischen, sondern in theologischen Kategorien erfolgt.[9]

Der Prediger appelliert an die Aufmerksamkeit seiner Gemeinde. Er tut dies einerseits durch die Vergegenwärtigung der Predigt Jesu, andererseits, indem er das Nichthören als eine unmögliche Möglichkeit darstellt, die er als unchristlich und als Zeichen für Besessenheit deutet. Hierbei stellt sich die Frage, warum der Prediger zu solch starken Mitteln greifen muß. Vielleicht sieht er gerade die Möglichkeit, die Gemeinde könnte sich nicht beeindrucken lassen.

Der Prediger spricht eine deutliche Sprache. Aber als Seelsorger will er nicht verstocken, sondern aufdecken. Darum macht er seinen ZuhörerInnen keine direkten Vorwürfe (Irrealis) und zeigt die Möglichkeit der Umkehr auf (Z. 112–114).

Vergleicht man mit der aus Z. 80–87 erhobenen Predigtintention, so ergibt sich:

Die Dringlichkeit, die sich zuerst im Bild des brennenden Nachbarhauses zeigte, findet sich wieder in dem Appell, den Worten Jesu Gehör zu schenken.

Dem Appell gegen Verstockung und falsche Sicherheit korrespondiert die Rede von der Besessenheit.

Die Tendenz zur Individualisierung und Innerlichkeit, die in der Rede vom »Herzhaus« bereits anklang, wird verstärkt: Es geht um die Seligkeit des einzelnen.

2.1.4. Die Disposition (Z. 124–133)

In der Disposition benennt der Prediger nun ausdrücklich Inhalt und Ziele seiner Predigt:

Derowegen ermuntert euch allzumahl dem HErrn JEsu zu Ehren, und höret diese folgende drey Stücke:
1. Von den heissen Zähren und bitter Thränen, die der HERR JESUS über den Untergang der Stadt Jerusalem hat vergossen; und was sie unserm Hertzen für schönen Trost bringen.
2. Von dem unerhörten Unglück, das der HErr JEsus der Stadt Jerusalem haar-klein verkündiget: und was unser Hertz dabey zu lernen habe.

---

9 Auch der Anklang an Verstockungsterminologie in Z. 82f zeigt ja den Versuch des Predigers, theologisch zu deuten.

3. Von den grossen Sünden, damit Jerusalem ihr Unglück hat verdienet; und wozu das unserm Hertzen zu wissen diene. (Z. 124-133)

Hier wird die Gemeinde wieder als ganze angeredet. Folgen die ZuhörerInnen der Ermunterung des Predigers, so könnte man aus dem Appell im Exordium folgern, dann gehören sie nicht zu denen, die, von einem bösen Geist besessen, Jesu Predigt verachten.

Die Angabe des Inhalts der drei Hauptteile zeigt deutlich die Zielrichtung auf die Applicatio. Sie folgt jeweils der Auslegung des Textes. Dabei unterscheidet der Prediger zwischen Trost, Lehre und Nutzen. Trost aus den Tränen Jesu, Lehre aus dem Unglück Jerusalems und Nutzen aus der Kenntnis der Sünden Jerusalems.

Hierbei ist der Unterschied im Modus auffällig. Jesu Tränen bringen uns Trost. Diese Aussage steht im Indikativ. Dagegen gebraucht der Prediger den Konjunktiv, wenn er von unserem Herz redet, das zu lernen habe und dem es diene, etwas zu wissen. Dieser Moduswechsel in einem so genau durchformulierten Text wie der Disposition ist nicht zufällig. Der Konjunktiv kann verschiedene Bedeutungen haben. Entweder drückt er eine Aufforderung bzw. einen Wunsch aus, oder er zeigt das Lernen und Wissen der ZuhörerInnen als eine Möglichkeit, über deren Realisierung der Prediger sich nicht sicher ist. Jedenfalls wird deutlich: Jesu Tränen bringen Trost, das steht nicht in Frage und darum im Indikativ. Lernen und Wissen hingegen ist unsere Sache, darum nur eine Möglichkeit bzw. etwas, wozu aufgefordert werden muß.

Auffällig ist die Formulierung »unser Herz«, die der Prediger hier gebraucht. Einerseits spricht er die Gemeinde als ganze an und rechnet sich auch selbst dazu, wie die erste Person Plural zeigt. Andererseits spricht er vom Herzen im Singular. Es geht also doch um jeden als einzelnen, dessen Herz Trost, Lehre und Nutzen haben soll.[10]

Zusammenfassend läßt sich sagen: In der Disposition gibt der Prediger vor allem über den Aufbau seiner Predigt Auskunft. Es ergeben sich aber auch einige Verbindungen zur Intention, wie sie im Exordium erkennbar wurde:

Die Darstellung der Predigt Jesu, des Unglücks und der Sünden Jerusalems zielen jeweils auf die Anwendung ab,[11] dem Schicksal Jerusalems gilt kein eigenständiges Interesse.

---

10 Der Begriff Herz für das Innere des Menschen wird meist im Singular gebraucht. Eine Ausnahme, die aus der Liturgie stammt, zeigt die veränderte Bedeutung des Plural. Schon seit dem 3. Jahrhundert wird das eucharistische Hochgebet mit dem »sursum corda« eröffnet, mit dem Ruf: »Erhebet eure Herzen.« Die Gemeinde antwortet »Wir haben sie beim Herrn« und wird durch dieses gemeinsame Erheben der Herzen verbunden, wie ja die ganze Eucharistie ein gemeinschaftliches Geschehen ist.

11 Vgl. dazu auch das der Disposition folgende Suspirium: »daß wir alles andächtig, nützlich und besserlich bedencken« Z. 136f.

Das Verhalten der Juden wird negativ gewertet, Jerusalem hat ihr Unglück verdient.

In der Applicatio findet sich die Wendung von außen (Jerusalem) nach innen und in den Singular (unser Herz).

2.1.5. Die vorgeschalteten Predigtanfänge

Lateinische und deutsche Überschrift der Predigt (Z. 2–4) sowie die Einleitung der Lesung (Z. 28f) betonen die Tränen Jesu. Als Grund wird der Untergang Jerusalems genannt. Hier bleibt der Prediger also beim historischen Geschehen, wobei die Wahl der Adjektive sich als Zeichen von Mitgefühl deuten läßt: bittere Tränen, jämmerlicher Untergang, erbärmliche, herzbrechende, klägliche Worte des Evangeliums.

Das Eingangsvotum zielt auf die Applicatio, auf die Wirkung der Predigt Jesu. Dabei zeigt sich schon die Individualisierungstendenz des Predigers. Jesus wünscht, das beweisen seine Tränen, »daß iedermann von Sünden ablasse, sich bekehre, fromm und selig werde« (Z. 9f). Das Negativbeispiel Jerusalems klingt hierbei nur indirekt an, Jesus gönnt »niemand unter der Sonne sein Verderben« (Z. 7f).

Der Abschnitt Z. 13–27 nimmt die drei Punkte der Disposition bereits vorweg. Daneben findet sich ein erster Hinweis auf die Verstockungsproblematik. Durch die Betrachtung der Worte Jesu sollen »alle hartsinnige Hertzen erweichet« werden (Z. 19f). Deutlich wird aber auch die Distanz zu Jerusalem: Jedermann soll »lieber mit fremdem, als mit eigenem Schaden klug« werden (Z. 21f).

2.1.6. Zusammenfassung: Die Funktion des Predigtanfangs

Nach dieser Analyse ist zusammenfassend zu fragen, welchen Weg die ZuhörerInnen geführt werden, bis die eigentliche Auslegung beginnt.

Durch die mehrfache Wiederholung wird das Thema der Predigt eingeprägt, und zwar in zwei Richtungen, auf der Ebene des Predigttextes und der Anwendung. Zum einen geht es um die Tränen Jesu und die Zerstörung Jerusalems, zum anderen um Buße und Bekehrung.

Eine zweite Funktion des langen Predigteingangs ist das Werben des Predigers um die Aufmerksamkeit seiner ZuhörerInnen. Er appelliert und schärft ein, daß die Predigt Jesu seine Gemeinde angehe.[12] Hier bleibt die Frage, warum ihm ein solch dringlicher Appell notwendig erscheint. Rechnet er mit einer abweisenden Haltung der ZuhörerInnen? Hält er es für

---

12 Das geschieht vor allem im eigentlichen Exordium. Aber auch die Gebete sprechen dieses Anliegen aus.

möglich, daß sie die Zerstörung Jerusalems nur aus der Distanz betrachten wollen? Diese Frage muß nach der Analyse der Predigt im Rahmen der Interpretation noch einmal gestellt werden.

2.2. »Vom ersten Stück«

Wie bereits oben gesagt, kann dieser Teil nicht in aller Ausführlichkeit analysiert werden. Der Gedankengang soll kurz zusammengefaßt werden. Das Interesse soll dabei vor allem der Applicatio des Predigers gelten.

2.2.1. Die Tränen Jesu (Z. 139–290)

Der Prediger beginnt seine Auslegung mit einer Paraphrase von Lk 19,41, wobei er das Geschehen zeitlich einordnet: »Lucas sagt, daß der HErr JEsus am Palm-Sonntage vor der Stadt Jerusalem stille gehalten, sich hertzlich betrübet, und gethan habe, als wolte er sich das Hertz aus dem Leibe weinen« (Z. 139–141). Diese Tränen stehen im Gegensatz zum Verhalten der anderen Menschen, die über den Einzug Jesu in der Stadt jubeln (Z. 141–146), wie zum Verhalten der üblichen Jerusalempilger, das der Prediger beschreibt und mit der Bedeutung Jerusalems, der Stadt Gottes, begründet (Z. 146–170).

Die besondere Bedeutung der Tränen Jesu liegt für den Prediger aber nicht nur in dem Gegensatz des Verhaltens Jesu zu dem seiner Umgebung, sondern auch in der Person des Weinenden. Dieser wird Z. 171–182 viermal antithetisch anderen Weinenden gegenübergestellt. Hier weint der »HErr über Himmel und Erden«, »der Brunn aller Unschuld«, der Gott-Held aus Jes 9,5, der Heiland der Welt. Ein drittes Mal wird die Bedeutung der Tränen Jesu betont, diesmal mit Hinweis auf die Tränen von Noah, Lot und Jeremia und das darauf folgende Leid (Z. 183–191).

Dann benennt der Prediger die Ursachen für die Tränen Jesu:

Der HErr JEsus bedencket drey Ding: 1. ihres Verstandes Blindheit, 2. ihres Hertzens Bosheit und Halsstarrigkeit, und 3. ihres Landes Verderben und greuliche Verwüstung. (Z. 196–199)

Die Blindheit der Juden ist auch im Predigttext selber angesprochen: »Aber nun (daß es GOtt im Himmel geklagt sey!)[13] ists vor deinen Augen verborgen« (Z. 195f). Der Prediger deutet Blindheit in diesem Abschnitt

---

13 Dieser Einschub ist wohl als Ausruf Jesu zu deuten, nicht als Kommentar des Predigers. Auch mit diesen Worten erweist sich Jesus als »Liebhaber des menschlichen Gechlechts« (Z. 5).

2. Analyse der Predigt

(Z. 200–218) als Verblendung,[14] für die er drei Beispiele nennt, jeweils eingeleitet mit der rhetorischen Frage: »Jst das nicht Blindheit?« Die Juden verlassen sich auf Gott und sündigen zugleich wider ihn;[15] sie verlassen sich auf ihre Mauern, obwohl die schon einmal zerstört wurden;[16] sie verlassen sich auf ihre Vorräte und verbrennen sich ihre Kornspeicher gegenseitig. Der Prediger faßt seine Überlegungen mit einer allgemein gültigen Sentenz zusammen: »Blindheit ist die höchste Straffe, mit welcher GOtt reiffe Buben pfleget anzugreiffen« (Z. 217f). Die Blindheit, ja Verblendung der Juden ist also von Gott selbst verursacht. Hier deutet der Prediger das Geschehen mit der Kategorie der Verstockung, ein Gedanke, der schon im Exordium anklang.

Der Begriff Verstockung selbst fällt ausdrücklich im nächsten Abschnitt (Z. 219–264): »Jerusalem bedencket keine treuhertzige Warnung, sondern fähret stracks fort in ihrem harten verstockten Sinn« (Z. 219f).[17] Dann erzählt der Prediger von den Warnungen, die Jerusalem erhielt. Warner aus dem geistlichen Stand waren Johannes der Täufer, Jesus selbst, die Apostel und die übrigen Christen. Sie alle wurden von den Juden verfolgt und vertrieben[18] oder gar getötet. Auch im weltlichen Stand gab es Warner, den König Agrippa[19] und römische Legaten. Aber den König hätten die Juden beinahe getötet,[20] die Römer wurden erschlagen.[21] Auch hier kommentiert der Prediger wieder mit einer allgemein gültigen Sentenz: »Wem nicht zu rathen, dem stehet auch nicht zu helffen« (Z. 247).

---

14 Vgl. Z. 200f: »Die Stadt Jerusalem weiß nicht, was sie wissen soll, sie ist gantz mit Blindheit geschlagen.« und die zugehörige Marginalie: »1. JESUS siehet auf der Jüden Verstand, der ist geblendet.«
15 »Titus warffs ihnen selber vor, und sprach: Jhr verlasset euch auf GOtt, und sündiget wider GOtt, wie reimet sich das zusammen? ist das nicht euer GOtt, deß Tempel ihr mit unschuldigem Blute habt besudelt?« Der Prediger bezieht sich hierbei auf Bell 6,95–102, wo Josephus im Auftrage des Titus dem Johannes freien Abzug aus dem Tempel anbietet, damit dieser nicht weiter befleckt werden muß und die Opfer fortgesetzt werden können. Bell 6,122 berichtet Josephus, daß die Aufständischen sogar in die Räume, die nicht betreten werden durften, also Heiligstes und Allerheiligstes, mit ihren benutzten, d.h. blutigen Waffen eindrangen.
16 Der Prediger meint hier die erste Zerstörung des Tempels und nennt als Beleg II Chr 36,16ff. Vgl. zu Z. 208f Magnalia Dei, Teil 9, die 86. Meditation: »Hertzog Johannes sagete: Wenn die Römer gleich Flügel hätten, wie ihre Adler, so müssen sie uns nicht hereinkommen« (748b).
17 Vgl. auch die zugehörige Marginalie: »2. Auf ihr Hertz, das ist verstockt.«
18 Hierbei spricht Herberger auch den Auszug der Christen nach Pella an.
19 Vgl. Bell 2,345–401 die Rede des Agrippa.
20 »Aber es hat wenig gefehlet, daß sie ihn nicht mit Steinen zu todte geworffen« (Z. 242f). Bei Josephus klingt die Szene weniger gefährlich, er sagt nur, einige Aufständische hätten gewagt, Steine nach dem König zu werfen (Bell 2,406).
21 Vom Tod römischer Legaten schreibt Josephus nicht, wohl aber vom Angriff auf sie, vgl. Bell 5,261.541.

Schließlich erhielten die Juden auch eine Warnung von Gott selbst. Der Prediger bezieht sich hier auf die Zeichen, die dem Untergang Jerusalems vorausgingen. Diese werden nicht ausführlich erzählt, statt dessen verweist der Prediger auf die Historie, »ein jeder fleißiger Christ soll sie heute lesen« (Z. 250), und nennt nur zwei Belege. Einen davon, den schwertförmigen Kometen (vgl. Bell 6,289), deutet Herberger biblisch: »der war wie Bileams Engel mit seinem blossen Schwerdte, der ihnen ihre verfluchten Sünden-Wege ankündigte« (Z. 255f). Hier wird deutlich, daß die Zeichen Gottes zur Umkehr bewegen sollen. Denn Bileam ließ sich ja durch den Engel von seinem verkehrten Weg abbringen (Num 22,21–35).

Der Abschnitt endet mit dem Hinweis auf die Vergeblichkeit der Warnungen und einer allgemeinen Sentenz: »Halsstarrigkeit und unverschämte Huren-Stirnen stossen dem Fasse endlich gar den Boden aus« (Z. 261–263).

Im dritten Abschnitt (Z. 264–290) spricht der Prediger vom Krieg, der für alle Lande ein Unglück ist. Hier verläßt er die Erklärung des Predigttextes und verweist direkt auf die Situation seiner Gemeinde, die bisher keinen Krieg kennt, »helffe GOtt, daß es weder wir, noch unsere Kinder dürffen erfahren!« (Z. 266f). Dann deutet er Jesu Tränen als prophetische Zeichenhandlung, wie sie auch von Jeremia (Jer 27; 28), Jesaja (Jes 20,2f) und Ezechiel (Ez 12,3–16) berichtet werden.[22] Jerusalem wird ebensolche Tränen weinen müssen, wie Jesus selbst. Der Prediger schließt seinen Gedankengang diesmal nicht mit einer Sentenz, sondern mit dem Hinweis darauf, daß eingetreten ist, was Jesus mit seinen Tränen andeutete: »Jch meyne, der Glaube ist ihnen in die Hände kommen, sind doch ihrem eigenen Feinde Tito die Augen mit Thränen übergelauffen, da er in die jämmerliche zerrissene Stadt gezogen ist« (Z. 287–290).

2.2.2. »Kern und Stern«: Gott will den Tod des Sünders nicht (Z. 291–321)

Der folgende Absatz (Z. 291–321) wird mit der Marginalie »Kern und Stern« bezeichnet. Darunter ist die kurzgefaßte Lehre zu verstehen, die aus dem Text zu ziehen ist. Diese wird unterschieden vom »Gebrauch«, der Anwendung auf das Leben der Gemeinde bzw. des einzelnen.

»Aus diesem allen lernen wir, daß gewiß und wahrhafftig unser Seligmacher JEsus keinem Menschen auf Erden sein Unglück gönne« (Z. 291–293). Herberger vergleicht Jesu Herz mit dem eines Vaters (vgl. Jes 9,5), einer Mutter (vgl. Jes 49,15; 66,13) und eines Freundes (vgl. Joh 15,15). Wie diese über das Unglück der ihnen Anvertrauten trauern, so auch Jesus.

---

22 Diese Deutung der Tränen Jesu als prophetische Zeichenhandlung ist verbreitet. So verweist z.B. Johann Arndt in seiner Postille auf Ez 5,1ff; Jer 19,10f; Jer 28, 10.13 und I Sam 15,27f, vgl. Arndt, 802. Abraham Scultetus nennt Jes 20; Jer 13; 19; 27; und Ez 12; vgl. Scultetus 1610, 827f.

Hierbei nimmt der Prediger ein Bild aus dem Exordium verändert wieder auf: Jesus versucht wie ein treuer Freund, das brennende Haus Jerusalems zu löschen, indem er warnt und zur Buße ruft (Z. 306–312). Im Gegensatz zur Gemeinde, die nur ihr eigenes Herzhaus schützen soll (vgl. Z. 85–87), steht Jesus also nicht in Distanz zur Stadt Jerusalem. Die Lehre aus den Tränen Jesu wird schließlich mit einem Zitat aus Ez 33,11 noch einmal zusammengefaßt. Jesus hat kein Wohlgefallen am Tod des Sünders. Dieser Gedanke rahmt also den Abschnitt (Z. 291f und 320f).

2.2.3. »Gebrauch«: Beispiel, Trost und Warnung (Z. 322–370)

Es folgt der »Gebrauch«[23] des Textes, die eigentliche Anwendung. In diesem Teil spricht der Prediger seine Gemeinde direkt an. Er gebraucht meist den Imperativ Plural, nur am Ende (Z. 362–370) wird der einzelne angeredet. Der Prediger wendet das bisher Gesagte auf alle Lebenssituationen der Gemeinde an. Überall ist es zu »gebrauchen«, überall läßt es sich nutzbar machen: »Dieses liebreiche Hertz JEsu Christi machet euch zu Nutze in eurem Gebet, Creutz und Leiden, Anfechtung und Betrübniß, und auch im letzten Stündlein« (Z. 322–324).

Der Prediger nimmt zuerst die Lehre auf: »Dencket nur der Sache nach: Kan sich euer Seligmacher so höchlich betrüben über dem Unglück seiner Feinde, wie solte ihm nicht frommer Leute Unglück zu Hertzen gehen?« (Z. 324–327). Hier wird der Unterschied der Gemeinde zu Jerusalem erkennbar. Die ZuhörerInnen sind, so ist zu ergänzen, auch wenn der Prediger das nicht ausdrücklich sagt, »fromme Leute«, deren sich Jesus erst recht erbarmt. Allerdings heißt das für den Prediger nicht, daß die Gemeinde keine Buße nötig hätte. Als Anleitung zu solch »wahrer Busse und Bekehrung« (Z. 334) sollen sie die Tränen Jesu gebrauchen, und sie zu diesem Zweck in den »Näpplein eures Hertzens« und in ihrem Gedächtnis sammeln (Z. 328).[24]

Es folgen ganz praktische Anweisungen: Erstens sollen die ZuhörerInnen nach dem Exempel Jesu, der über fremde Sünde weinte, über ihre eigenen Sünden weinen. Als positive Exempel solcher Tränen dienen Petrus und Magdalena. Ein unpersönlich formulierter Weheruf gilt denjenigen, die nach

---

23 Marginalie zu Z. 322.
24 Ganz ähnlich auch Johann Arndt: Unsere Tränen sind bei Gott so wertgeachtet, daß er sie sammelt und zählt. Darum sollen uns auch die Tränen Jesu wert sein. »Darum sammlet dieselben, fasset sie in euer Hertz, fahet sie auf mit dem Glauben, mit wahrer Busse und mit einem zerbrochenen, zuschlagenen Hertzen, bewahret sie als einen edlen Samen, so werden dieselben viel Frucht bringen in euren Hertzen«, 807.

dem Beispiel von Kain und Saul ihre Sünden nicht beweinen. Ihnen droht das ewige Höllenfeuer (Z. 341–344). Wie der Prediger im Exordium seinen ZuhörerInnen nicht direkt Besessenheit vorgeworfen hat, so droht er also auch hier die Höllenstrafen niemandem persönlich an.

Es folgt zweitens der Hinweis auf den Trost der Absolution. Die Tränen Jesu tilgen unsere Sünden. Hier spricht Herberger ausdrücklich die kirchliche Beichtpraxis an: »Die mit Thränen säen, (und beichten) werden mit Freuden (eine tröstliche Absolution) erndten« (Z. 352f, vgl. Ps 126,5). Die Marginalie zu Z. 345 zeigt allerdings, daß die Buße nicht auf die Beichte eingeschränkt ist: »Dienet zu täglicher Busse.« Hier klingt die Formulierung aus Luthers kleinem Katechismus an, nach der der alte Adam durch tägliche Reue und Buße ersäuft werden soll. Katechismusartig, mit Frage und Antwort, wird diese Anwendung noch einmal speziell den Kindern eingeprägt:

Mercket das heute, lieben Kinder, wenn man euch fraget: Was hat der HErr JEsus aus seinen Augen geweinet? So gebet zur Antwort: Lauter Liebes-Zeichen, lauter Liebes-Tröpfflein, eitel Absolution, Trost und Vergebung der Sünden. (Z. 356–359)

Der Prediger endet mit einer Warnung, die er aus den Tränen Jesu zieht: »Den bittern Thränen JESU Christi zu Ehren hütet euch für Sünden und Schanden, welche dem HErrn JEsu Zähren aus den Augen gepresset haben« (Z. 360–362). Dann spricht er im Singular den einzelnen an und droht diesmal direkt mit dem Verlust der Seligkeit und der Hölle:

So lieb dir deiner Seelen Seligkeit ist, so laß niemanden, der Christi Gliedmaß ist, und deiner Seelen Seligkeit suchet, sich das Hertz über deiner Bosheit abfressen, es möchte dir zu lauter höllischem Feuer werden. (Z. 366–370)

2.2.4. Zusammenfassung

Im ersten Hauptteil legt Herberger die Verse Lk 19,41–42 aus. Dabei setzt er einen ersten Schwerpunkt auf die besondere Bedeutung der Tränen Jesu (Z. 139–191). Danach benennt er drei Ursachen dieser Tränen (Z. 192–290). Es folgt die Lehre, die die Gemeinde aus diesen Tränen ziehen soll (Z. 291–321), und schließlich Anweisungen für das Verhalten der Gemeinde (Z. 322–370). Dabei ist der Zusammenhang zwischen Auslegung des Textes und der Anwendung auf die Gemeinde nicht besonders eng. Das Verbindungsglied sind die Tränen Jesu als Zeichen seiner Liebe. Ein direkter Bezug auf Jerusalem und sein Schicksal findet sich nur im »Kern und Stern«, nicht aber im »Gebrauch«.

Vor allem zwei Dinge sind nach der Analyse des ersten Hauptteils der Predigt festzuhalten. Zum einen fällt die theologische Deutung des Verhaltens der Juden auf. Herberger spricht hier ausdrücklich von Blindheit und Verstockung.[25] Es wird auch deutlich, daß diese Verstockung Teil der Strafe und damit von Gott gewirkt ist.[26]

---

25 Besonders deutlich wird das in den Marginalien zu Z. 200 und 221, die die Glie-

2. Analyse der Predigt

Zum andern wird immer wieder der Seelsorger Herberger, der sich um seine Gemeinde müht, erkennbar. Die allgemeingültigen Sentenzen, die an mehreren Stellen die Auslegung des Textes zusammenfassen, ermöglichen eine erste Übertragung in die Gegenwart (vgl. Z. 217f und 261–263). An einer Stelle verläßt Herberger die Auslegung sogar ganz und spricht seine Gemeinde direkt an (Z. 265–272). Die eigentliche Anwendung des Textes, Lehre (= Kern und Stern) und Gebrauch, umfasst dann immerhin ungefähr ein Drittel des Teils.

Besonders deutlich spricht der Seelsorger aus den konkreten Anweisungen, die er seiner Gemeinde gibt. Er ruft zur Buße und dabei ausdrücklich auch zu Beichte und Absolution. In seinen Warnungen ist er zurückhaltend, indem er sie zuerst nur unpersönlich ausspricht (Z. 341–344). Am Schluß droht er dem unbußfertigen Sünder dann aber doch direkt mit den Höllenstrafen (Z. 366–370).

Der Prediger hat neben den Erwachsenen auch die Kinder im Blick, die etwas lernen sollen. Diese Lehre für die Kinder hat keinen direkten Bezug auf Jerusalem, sie spricht nur von den Tränen Jesu (Z. 357–360).

Wie verhält sich der erste Hauptteil der Predigt zu der aus dem Predigtanfang erhobenen Predigtintention? Von der Dringlichkeit des Exordium ist kaum etwas zu spüren. Deutlich ist aber die Individualisierung und Spiritualisierung der Anwendung auf die Gemeinde. Eine Ausnahme macht hierbei der Passus, in dem Herberger vom Krieg als Strafe Gottes spricht (Z. 265–272).

2.3. »Vom andern Stück«

2.3.1. »Verzeichniß desjenigen Unglücks, das die Jüden betroffen« (Z. 372–517)

Zu Beginn des zweiten Hauptteils nimmt der Prediger die Formulierung der Partitio wieder auf: »Höret nun weiter, wie eigentlich der HErr JEsus auf das kleineste Härlein getroffen, was der Stadt Jerusalem hat begegnen sollen« (Z. 372–374). Damit ist die Struktur des folgenden Teils angegeben. Siebenmal wird der Weissagung Jesu (Lk 19,43–44 bzw. einmal Mt 23,38) jeweils die Erfüllung bei der Zerstörung Jerusalems gegenübergestellt.

---

derung von Z. 196–199 wieder aufnehmen: »JESUS siehet auf der Jüden Verstand, der ist geblendet«, »Auf ihr Hertz, das ist verstockt.«

26 Vgl. die Sentenz Z. 217f: »Blindheit ist die höchste Straffe, mit welcher GOtt reiffe Buben pfleget anzugreiffen.«

»I. Es wird die Zeit kommen, es wird nicht alsbald diß Jahr oder diese Woche geschehen, sondern Jerusalem soll Bedenck-Zeit haben noch gantzer acht und dreyßig Jahr« (Z. 374–376). Diese achtunddreißig Jahre werden doppelt gedeutet. Einerseits setzt Herberger sie in Beziehung zu den 38 bzw. 40 Jahren der Wüstenwanderung Israels. Hier sind sie Strafzeit, denn wie die Lästerer Gottes, »die Verächter der rothen Wein-Trauben« (Z. 376f) nach Num 14,23 in der Wüste sterben sollten, so sollten auch die Verächter Jesu, »welcher am Creutz blutroth gehangen« (Z. 379), innerhalb dieser Frist zugrunde gehen. Diese Deutung der Weintraube aus Num 13f auf Jesus Christus, auch mit dem Bezug auf die Zerstörung Jerusalems, findet sich ausführlich in den Magnalia Dei, auf die an dieser Stelle verwiesen wird.[27] Die zweite Deutung versteht die 38 Jahre als Bedenkzeit, wie Gott auch der ersten Welt vor der Sintflut 120 Jahre,[28] dem Volk Israel zur Zeit des Propheten Jeremia 40 Jahre[29] und dem Feigenbaum im Gleichnis Lk 13,6ff viereinhalb Jahre Bedenkzeit gab. Diese Bedenkzeit verschärft aber zugleich das Gericht, wie Herberger in zwei Sentenzen deutlich macht (Z. 384–386). Das Bild vom Zornwetter Gottes – »Aber ie langsamer seine Zorn-Wetter aufziehen, ie härter sie schlagen,« (Z. 384f) – erinnert dabei an Sprüche 1,27.[30] Nun wendet der Prediger sich, wenn auch in unpersönlicher Form, an seine Ge-

---

27 Im 8. Teil: »XXXIX. JESUS Jst die rechte rothe safftige Weintraube, aus welcher Fülle wir alle nehmen; Wer diesen verachtet, der muß sterben; wer diesen liebet, der erlanget das ewige Leben; 4 B. Mos. 13, v. 24, und Cap 14, vers. 22,23,24«, 602a–607a. Die Betrachtung hat vier Teile: »1, Was diese Wunder-Traube bedeute. 2, Wie man dieser Trauben solle gebrauchen. 3, Was man für Nutz davon habe. 4, Was die Verachtung dieser Trauben für Schaden bringe« (603b). Im 4. Teil dann wird zuerst von der Wüstenzeit gesprochen: »Gantzer viertzig Jahr, vom ersten Auszug an aus Egypten zu rechnen, werden sie darinn aufgehalten. Jnnerhalb acht und dreyßig Jahren aber, nachdem diese Traube war verhöhnet worden, müssen sie in der Wüsten zu Grunde gehen;« es folgt die Übertragung auf Jesus: »Also wird niemand, der dich, HErr JESU, verachtet, ungestrafft bleiben. […] Habens doch allbereit deine Schmäher unter dem Creutz erfahren; denn gleichwie jene Zeit die Lästerer innerhalb acht und dreyßig Jahren zu Boden gefallen: Also ist das gantze Jüdische Wesen nach der Creutzigung CHristi, da sie die rechte rothe Weintraube verachten, zu Grund und Boden gefallen innerhalb acht und dreyßig Jahren, als die Römer das Garaus mit ihnen gespielet haben« 607a.
28 Eine Marginalie verweist hier auf Gen 6,3. Die 120 Jahre der Lebenszeit für die Menschen werden als die Zeit von diesem Entschluß Gottes bis zur Sintflut verstanden.
29 Diese 40 Jahre sind die Wirkungszeit Jeremias vom ersten Auftreten bis zur Exilierung Jerusalems. Vgl. dazu auch Z. 187f.
30 »wenn über euch kommt wie ein Sturm, was ihr fürchtet, und euer Unglück wie ein WEtter; wenn über euch Angst und Not kommt.« Dieses Bild findet sich auch im 3. Satz der Kantate BWV 46 im Zusammenhang mit der Zerstörung Jerusalems. Vgl. zu dieser Kantate oben Kap. B 7. den Exkurs über die Kantaten Bachs zum 10. Sonntag nach Trinitatis.

2. Analyse der Predigt

meinde und verläßt damit die reine Erklärung des Textes: »Darum mißbrauche niemand GOttes Langmüthigkeit, sondern iederman mache sich solche zu Nutze zur seligen Busse« (Z. 387f).

Der Prediger wendet sich nach dieser Mahnung wieder dem Schicksal Jerusalems zu. Hier gilt tatsächlich, daß die lang hinausgeschobene Strafe umso härter erfolgte. Das Geschehen wird als Entsprechung zu Lk 19 und zur Passion dargestellt: »Eben dieselbe Woche, da CHristus vor acht und dreyßig Jahren hatte geweinet, aufs Oster-Fest, als die Jsraeliten beysammen waren, wie die Mäuse in der Falle, da kommt Titus, und schlägt eben an dem Orte, da Christus seine Thränen vergossen, sein Lager auf« (Z. 390–394). Allerdings ist hier der Talionsgedanke trotz der traditionellen Topik[31] noch nicht besonders ausgeprägt, die Entsprechung wird nicht ausdrücklich im Sinne einer gerechten Strafe gedeutet.

Die abschließende Sentenz redet die HörerInnen direkt an: »Das heist: Noli ludere cum sanctis, spiele nicht mit den Heiligen GOttes, wilt du nicht gezeichnet werden« (Z. 394–396). Interessant ist hier die Ausweitung auf den Plural, die Heiligen Gottes, während vorher ja nur von Jesus Christus die Rede war.[32]

Dann geht Herberger zum nächsten Teil des Textes über »II. Daß deine Feinde ec.« (Z. 397) und greift auch hier auf einen alttestamentlichen Text, auf Dtn 28,49, zurück, um daraus zu zeigen, daß schon Mose die Eroberung Israels durch die Römer vorhergesagt habe.[33] Gleichzeitig aber haben die

---

31 Die angeblich am Passafest geschehene Zerstörung Jerusalems ist eines der gängigsten Motive der Talionstopik. Vgl. dazu oben Kap. B 2.1.1 und 2.2. Herberger ist hier allerdings im Gegensatz zu Euseb genau: Die Belagerung begann am Passafest. Für die Parallelität des Ortes ist auf Bell V,70 zu verweisen, wonach eine der Legionen des Titus, nämlich die zehnte, auf dem Ölberg ihr Lager aufschlug. Auch die Szene Lk 19,41ff wird allgemein auf dem Ölberg lokalisiert. H. Windisch berichtet 1914 von einer den Franziskanern gehörigen Kirche am Ölberg, auf deren Außenmauern die Inschrift zu finden sei: »Locus in quo dominus videns civitatem flevit super illam« (Windisch, 519). 1955 wurde auf dem Ölberg ebenfalls von Franziskanern auf den Fundamenten einer byzantinischen Kirche aus dem 6. Jahrhundert eine Kapelle mit dem Namen »Dominus flevit« errichtet. Vgl. zu dieser Kirche Erhard Gorys: Das Heilige Land, DuMont Kunst-Reiseführer, Köln 1984, 133f. Mir ist nicht bekannt, ob die von Windisch erwähnte Kirche auf demselben Gelände stand, jedenfalls zeigen beide Kirchen die Lokalisierungstradition von Lk 19,41ff.
32 Vgl. die Ausweitung auf die Tränen der Glieder Jesu, wie sie Herberger zu Ende des ersten Teils gezogen hatte (Z. 366–370).
33 »Der HERR wird ein Volk über dich schicken von ferne, vom Ende der Erde, wie ein Adler fliegt, ein Volk, dessen Sprache du nicht verstehst«. Auch hier wird auf die Magnalia Dei verwiesen, und zwar auf das 86. Stück im 9. Teil: »LXXXVI. JESUS Stimmet in seiner Weissagung vom Untergang der Stadt Jerusalem, und endlichen Verwerffung des Jüdischen Volcks, richtig mit Mose: 5 Buch Mosis 28

Juden die Eroberung »sich selber in der Paßion über den Hals gefluchet, mit den Worten: Wir haben keinen König, denn den Kayser« (Z. 403–405, vgl. Joh 19,15). Wie im ersten Abschnitt endet Herberger mit zwei verallgemeinernden Sentenzen.

Es folgt die Auslegung von »Werden um dich, und deine Kinder mit dir ec.« (Z. 408). Eltern und Kinder waren gemeinsam betroffen, so tötete ein Sohn namens Simon eigenhändig seine Eltern, um sie nicht den Römern in die Hände fallen zu lassen (Z. 409–411),[34] umgekehrt tötete und aß Maria von Bezobra ihr Kind (Z. 411–417).[35] Wie schon im vorigen Abschnitt wird das Unglück Jerusalems wieder als Folge einer Selbstverfluchung, nämlich Mt 27,25, gedeutet. Das impliziert, daß den Juden recht geschieht, daß sie bekommen, was sie verdienen. Auch hier schließt Herberger dann wieder mit einer allgemeinen Sentenz, in der die Gemeinde direkt angesprochen wird, verstärkt durch ein emphatisches »Ach«: »Ach irret euch nicht, GOtt läst sich nicht spotten« (Z. 430f).[36]

Dann wird das nächste Stück der Weissagung Jesu ausgelegt: »Eine Wagen-Burg schlahen, und dich belägern« (Z. 432). Hierin erkennt Herberger den Hinweis auf die Stärke des Angreifers und die Schwere der Belagerung. Es folgt wie in Z. 390ff ein Entsprechungsmotiv, diesmal nicht traditionell, sondern möglicherweise von Herberger selbst gebildet: »Siehe, liebes Hertz,

---

Cap. v. 49.«, 748a–749a. Herberger meint dort, daß die Vorhersagen des Mose zwar auch schon auf die erste Zerstörung Jerusalems passen, und verweist dazu z. B. darauf, daß auch damals Kinder gegessen wurden (vgl. Threni 4,10). »Aber Mose hat hier vornehmlich auf das letzte gesehen, da GOtt mit der Stadt und Jüdischen Volck das Garaus hat gespielet. Er stimmet aber richtig in allen Puncten mit dem HErrn Christo; Luc. 19, v. 41 und folgenden, und Matth. 23, v. 38: Davon am zehenden Sonntage nach Trinitatis wird geredet« (748b). Die Auslegung von Dtn 28,49 entspricht der der Herzpostille. Dann erzählt Herberger weiter von der Eroberung und betont noch einmal, alles sei eingetreten, was Mose und Christus den Juden geweissagt haben. Er endet mit einer Ermahnung und einem Gebet: »Derowegen irret euch nicht, GOtt läßt sich nicht spotten [...] Alle Worte GOttes haben Eydes-Krafft, saget Philo. Die erste Welt für der Sündflut, Sodom, Gomorrha und Jerusalem, habens erfahren müssen. [...] HErr JEsu, hilff, daß wir mit frembden Schaden klug werden, und nicht erst nach aller Narren Weise warten, biß uns selber die Heiligen zeichnen« (749a). Außerdem wird auf Herbergers Predigt über die Zerstörung Jerusalems in der epistolischen Herzpostille verwiesen. Die Verbindungen zur Predigt in der Herzpostille sind deutlich.

34 Diese Begebenheit läßt sich bei Josephus nicht verifizieren, die Quelle Herbergers ist mir nicht bekannt.

35 Vgl. zu diesem besonders verbreiteten Detail des Berichtes von der Zerstörung Jerusalems Kap. B 2.1 zu Bell 6,201–213 (oben, 90).

36 Das ist eigentlich ein Bibelzitat, Gal 6,7. Aber es scheint schon für Herberger nicht mehr als solches verstanden zu sein, er verweist jedenfalls weder im Text noch am Rand auf die Stelle, wie er es sonst meist tut. Auch entspricht die Stellung dieses Zitats der der Sprichwörter bzw. Sentenzen in Z. 394f und Z. 405–407.

sie hatten dem HErrn JEsu eine spitzige stachlichte Crone von lauter Dörnern um sein Häupt geflochten; nun flechtet er wieder um ihre Haupt-Stadt eine stachlichte Crone von lauter Spiessen und Helleparten;« (Z. 437–440). Das folgende Sprichwort macht deutlich, daß die Entsprechung hier im Sinne des Talion verstanden ist: »wie die Arbeit ist, so ist der Lohn« (Z. 440f). Abgeschlossen wird der Abschnitt wieder mit einem Bibelwort (Lk 6,38a). Hierbei ist die Bedeutung des Wortes Jesu eindeutig ins Negative gewendet, während der Nachsatz in Lk 6,38 positiv wie negativ verstanden werden kann. Dieser Abschluß läßt sich nicht mehr so klar wie die vorangegangenen Sentenzen auf die Gemeinde anwenden.

Herberger fährt fort, die Weissagung Jesu auszulegen: »Und an allen Orten ängsten« (Z. 443). Diese Worte führt er aus, indem er kurz von den Schrecken während der Belagerung erzählt. Er nennt noch einmal den Hunger, dazu Pestilenz und die Parteiungen in der Stadt. Ausführlicher wird Herberger erst, als er das Talionsmotiv weiter ausführt: »Siehe, liebes Hertz, wie sie Christo mitgespielet, so wird mit ihnen gehandelt« (Z. 452f). Er beweist diesen Satz mit sieben Beispielen, von denen manche traditionell sind:

Sie liessen Christo keine Ruhe, weder Tag noch Nacht, so gehets ihnen wieder. Sie ruheten nicht, bis sie Christi Blut sahen: desgleichen thun die Römer, [...] Sie hatten Christum gekaufft um dreyßig Silberlinge, sie werden wieder so wohlfeil, nach Mosis Propheceyung im 5 Buch Mos. 28. daß Käuffer mangeln, dreyßig Jüden kaufft man um einen Silberling. Sie hatten Christi Thränen verachtet; nun weinen sie wieder, und niemand nimmts zu Hertzen.[37] [...] Sie hatten um des HErrn Christi Creutz gebrüllet, wie die wilden Thiere, Ps. 22. v. 3. nun werden ihrer hinwieder, nur zur Lust, in die zwey tausend den wilden Thieren vorgeworffen.[38] Sie hatten den HErrn JEsum zur Stadt hinaus geführet; ihrer sind nun hinwieder in die sieben und neuntzig tausend

---

37 Vgl. dazu Z. 283–287. Herberger fährt hier fort: »Hieronymus saget, daß er selber das Elend gesehen. Wenn um diese Zeit die Jüden kommen, so müssen sie ihre eigene Thränen mit baarem Gelde bezahlen, machen sie es zu lange, so müssen sie mehr Geld suchen, das mag in Zorn seyn!« (Z. 462–465). Möglicherweise bezieht sich Herberger hier auf einen Abschnitt in Hieronymus' Zephanjakommentar, vgl. Hieronymus: Commentarii in Sophoniam Prophetam, CChr.SL 76A, Turnhout 1970, 655–711, 673. Vgl.auch eine Notiz des anonymen Pilgers von Bordeaux, der 333 ins Heilige Land pilgerte. Er berichtet, auf dem Tempelplatz stehe ein durchbohrter Stein, »lapis pertusus, ad quem ueniunt Iudaei singulis annis et unguent eum et lamentant se cum gemitu et uestimenta sua scindunt et sic recedunt.« Itinerarium Burdigalense, in Itinera Hierosolymitana saeculi IIII–VIII, CSEL 39, 1–33, 22. Vgl. dazu auch Günter Stemberger: Juden und Christen im Heiligen Land. Palästina unter Konstantin und Theodosius, München 1987, 78–84. Allgemein zum Zugang der Juden nach Jerusalem ebd., 42–44.
38 An diesem Beispiel kann man gut sehen, wie sich solche Motivik entwickelt. Der neutestamentliche Passionsbericht gibt nicht genügend Anhalt für Entsprechungen, so wird der alttestamentliche Kontext herangezogen. Auch das Gegenstück, die Zahl der den wilden Tieren vorgeworfenen Juden, ist nicht direkt aus Josephus übernommen, denn dieser gibt keine Zahl an (Vgl. Bell 6,418).

zum Lande hinaus geschleppet worden. Christus hatte am Creutz nicht Ruhe, sie stachen ihm seine Seite auf; höre Wunder, unter ihnen werden fast bey zwey tausend Personen die Bäuche auf geschnitten, denn es kam ein Geschrey aus, sie hätten Gold verschlungen. (Z. 453–476)

Der Eindruck, den diese Aufzählung vermittelt, nämlich daß die Juden durchaus verdient haben, was ihnen widerfuhr, wird von Herberger noch verstärkt, indem er diesen Abschnitt mit folgenden Worten abschließt: »Aber welch ein greulich unerhörter, aber doch gerechter, untadelicher Zorn ist das!« (Z. 476f). Das Subjekt dieses Zorns wird dabei nicht genannt, sondern ist von den HörerInnen zu ergänzen. Diese Feststellung steht an der Stelle, an der in den vorigen Abschnitten jeweils eine Sentenz oder ein Sprichwort bzw. ein Bibelwort stand, die das Gesagte auch auf die HörerInnen anwendbar machte. Diese Übertragung fehlt hier wie in den beiden folgenden Abschnitten.

Die Auslegung der Worte »Und werden dich schleiffen, und keinen Stein auf dem andern lassen« ist kurz (Z. 478–483) und folgt wieder der Talionsstruktur: »Gleichwie sie den HErrn JEsum, den Grund-Stein unserer Seligkeit, ausgerottet haben aus dem Lande der Lebendigen, Daniel 9. vers 26. Also müssen sie hinwiederum bis auf den Grund geschleiffet werden« (Z. 479–482). Neben der Weissagung Jesu verweist Herberger dabei auf Dan 9,26, wo die Verbindung hergestellt wird zwischen der Tötung eines »Gesalbten«[39] und der Zerstörung von Stadt und Tempel. Der Verweis auf die Schleifung der Stadt unter Hadrian ist ein gängiger Topos,[40] der von Herberger im folgenden Abschnitt noch weiter ausgeführt wird.

Der letzte Teil der Weissagung Jesu, den Herberger auslegt, stammt aus Mt 23,38 und wird ergänzt durch Dan 9,27. Es geht um die Endgültigkeit der Zerstörung Jerusalems: »Euer Haus soll euch wüste gelassen werden« (Z. 485). Herberger berichtet von den jüdischen Aufständen unter Trajan,[41] Hadrian[42] und Constantin,[43] sowie von der jeweils erfolgten grausamen Be-

---

39 Luther übersetzte hier: »wird Christus ausgerottet werden«.
40 So heißt es bei Johann Arndt: »Und weil der HErr hier sagt, daß die Feinde die Stadt schleiffen werden, und keinen Stein auf dem andern lassen, so ist solches auch erfüllet. Denn unter dem Käyser [sic!] Adriano stand ein Jude auf, wie wir lesen Centuria 3. der gab sich für den Meßiam aus, und lieffen alle Juden zusammen, Jerusalem wieder zu bauen. Der Kayser aber erschlug sie alle, und ließ die Grund-Steine aus dem untersten Fundamente ausreissen und gar schleiffen, daß man es hat pflügen können. Kayser Julianus hat CHristo zum Verdruß erlaubet den Tempel wieder zu bauen, ist aber durch Erdbeben verhindert worden« (812).
41 Etwa in den Jahren 115–117 kam es zu Unruhen in der Diaspora und in Israel, die in der jüdischen Tradition als Kitos-Krieg bezeichnet werden, da der General Lucius Quietos gegen die Juden kämpfte, um den Aufstand niederzuwerfen. Es gibt nur wenige Quellen dazu (vgl. Safrai, 405).
42 Hier berichtet Herberger kurz vom Bar-Kochba-Aufstand und bezieht die jüdi-

2. Analyse der Predigt

strafung durch die Römer. Diese wird von ihm durchaus gebilligt: »Constantinus ließ den aufrührischen Gesellen die Ohren abschneiden:[44] Also muß man die ehebrecherische Art, wie sie Christus von Rechts wegen nennet, mutzen« (Z. 498–500). Die Bemühungen der Juden, Jerusalem wieder zu errichten, waren also, wie Herberger zeigt, erfolglos.

Seine Kritik gilt aber genauso den Bemühungen von anderer Seite um die Wiedererrichtung der Stadt. Er erzählt zuerst von Julians vergeblichen Bemühungen, den Tempel aufzubauen, wobei er die Talionsstruktur auf ihn überträgt: »Der Mammeluck[45] Julianus, besser Idolianus gennenet, wolte Christi Worte in Spott setzen, und erläubete den Jüden Jerusalem zu bauen; aber er muste selber zu Spott werden« (Z. 500–503).[46] Julians Handlungsweise ist also nach Herbergers Meinung nicht einfach antichristlich zu verstehen, sondern speziell als Versuch, Jesu Weissagung zu widerlegen.

Der Prediger wendet sich dann aber mit gleicher Härte gegen die christlichen Versuche des Wiederaufbaus (bzw. der Wiedereroberung) der Stadt Jerusalem: »Die Christen sind auch solche Affen gewesen, und haben vermeinet, Jerusalem könne wieder erbaut werden« (Z. 506–508). Hier bezieht sich Herberger auf das Königreich Jerusalem, das von Gottfried von Bouil-

---

sche Umdeutung des Namens mit ein: »Unter Adriano warff sich auf ein prächtiger Betrüger, und nennete sich Bencochba, einen Stern-Sohn, den er zog die Weissagung vom Stern aus Jacob auf sich, im 4. Buch Mose 24. aber er ward nebst fünffmahl hundert tausend Mann erschlagen; darnach nennete man ihn Bencosba, einen Lügen-Sohn« (Z. 493–498). Vgl. Claus-Hanno Hunzinger: Simon ben Kosiba, RGG³ 6, 37f. Interessant ist in diesem Zusammenhang, daß Hadrian zu Beginn seiner Regierungszeit noch den Wiederaufbau Jerusalems und die Genehmigung zur Wiedererrichtung des Tempels versprach. Gerade auch an der Zurücknahme dieser Zusagen entzündete sich dann der neue Aufstand. Vgl. dazu Safrai, 406f. Zum Bar-Kochba-Aufstand ebd., 406–409.

43 Von einem Aufstand unter Konstantin berichtet nur Johannes Chrysostomus (siehe folgende Anm.). Möglicherweise bezieht sich Chrysostomus auf den Aufstand der Juden gegen Gallus zur Zeit Konstantius'. Vgl. dazu Stemberger, 37, zum Aufstand gegen Gallus Safrai, 432f.

44 Chrysostomus schreibt in seiner fünften Rede gegen Juden, nachdem er vom Aufstand der Juden gegen Hadrian gesprochen hat: »Unter Konstantin haben sie wieder dasselbe versucht. Als aber der Kaiser ihren Versuch wahrnahm, ließ er ihnen die Ohren abschneiden. Er hat ihren Leib mit einem Mal ihres Ungehorsams gekennzeichnet und hieß sie dann überall umherführen wie irgendwelche davongelaufene, zu Schlägen verurteilte Sklaven. Durch ihre Verstümmelung wollte er sie bei allen auffallen lassen und warnte [so] die Leute überall, nie mehr solches zu versuchen.« Johannes Chrysostomus: Acht Reden gegen Juden, eingeleitet und erläutert von Rudolf Brändle, übersetzt von Verena Jegher-Bucher, Stuttgart 1995, BGrL 41, 165.

45 Mit Mammelucke übersetzt Herberger den üblichen Beinamen Julians, Apostata. Mameluck bedeutet nach DWb 12, 1518, Abtrünniger.

46 Diese Topik ist sehr verbreitet, vgl. dazu Kap. B 4.1.1 sowie Brändle.

lon errichtet wurde,⁴⁷ und das er strikt ablehnt: »die Hoffart hat nur acht und achtzig Jahr gewähret« (Z. 511). Aber auch Friedrich Barbarossa und Friedrich II.⁴⁸ waren, wie er berichtet, nicht erfolgreich. Schließlich erklärt er, warum die zu seiner Zeit existierende Stadt Jerusalem der Weissagung Jesu nicht widerspricht: »Das ietzige Jerusalem, Aelia genennet, lieget an dem Orte, wo zuvor zu Christi Zeiten die Vor-Stadt gewesen ist« (Z. 515–517). Die Bezeichnung Aelia, also Aelia Capitolina, ist dabei für Herbergers Zeit unhistorisch, da längst überholt.⁴⁹ Die veränderte Lage Jerusalems behauptet schon Gregor der Große und begründet das mit der Lage der Grabeskirche innerhalb der neuen Stadtmauern, während Jesus außerhalb der Stadt gekreuzigt und begraben wurde.⁵⁰ Wie beim vorangegangenen Abschnitt fehlt hier jede weitere zusammenfassende Bemerkung am Schluß.

---

47 Anders als Herberger schreibt, nahm Gottfried selbst aber noch nicht den Titel eines Königs von Jerusalem an, sondern nannte sich »Advocatus Sancti Sepulchri, da an dem Ort, wo Christus die Dornenkrone trug, niemand als König herrschen könne« (Friedrich Heyer: Jerusalem V. Vom Mittelalter bis zur Gegenwart, TRE 16, 624–635, 626). Erst sein Nachfolger Balduin ließ sich zum König von Jerusalem krönen (ebd.). Gottfried wird allerdings immer mit der Dornenkrone über dem Helm dargestellt, auf solche Abbildungen bezieht sich Herberger wohl, wenn er schreibt: »Gottfried Bouillonaeus, der es zum ersten erstiegen, und zum Könige erwehlet worden, hat Christo zu Ehren keine güldene, sondern eine dorne Krone getragen,« (Z. 508–511). Vgl. dazu Martin Lechner: Gottfried von Bouillon, LCI 6, 422–424.

48 »Kayser Friedrich der Andere fänget dergleichen Händel an, unterdeß fället ihm der Pabst ins Land, da wird abermahls nichts draus« (Z. 513–515). Immerhin erreichte Friedrich es durch Verhandlungen 1229, daß die Stadt noch einmal in die Hand der Christen kam (bis 1244) und krönte sich 1229 zum König von Jerusalem. Allerdings mußte Friedrich nach seiner Rückkehr päpstliche Invasionstruppen aus Sizilien vertreiben. (Vgl. Hermann Dilcher: Friedrich II., TRE 11, 659–665, 660).

49 Die römische Stadt, die Hadrian auf dem Gebiet Jerusalems errichtete, erhielt den Namen Aelia Capitolina, zu Ehren Hadrians (= Aelius Adrianus) und des Jupiter Capitolinus. Wilkinson schreibt, es habe noch zu Beginn des 4. Jahrhunderts römische Beamte gegeben, die die Stadt nur unter diesem Namen kannten (John Wilkinson: Jerusalem IV. Alte Kirche, TRE 16, 617–624, 617). Als die Stadt aber durch Konstantin und Helena zu einer christlichen Stadt gemacht wurde (vgl. dazu Wilkinson, 620; Lewis M. Barth: Jerusalem III. Judentum, TRE 16, 612–617; 613; Michael Avi-Yonah: Jerusalem. Byzantin Jerusalem, EJ 9, 1406–1408, 1406), wurde sicher sehr schnell nur noch der alte Name gebraucht. Gleiches galt später für die Kreuzfahrer, die ja ein Königreich Jerusalem errichteten. Es ist also völlig unhistorisch, wenn Herberger die Stadt »Aelia« nennt.

50 Vgl. dazu die oben besprochene Predigt Gregors des Großen über Lk 19 (Kap. A 1.2.1), FC 28/2, 808,1–4.

2. Analyse der Predigt

Zusammenfassend ist zu diesem Teil festzuhalten:
Im Laufe der Auslegung verändert sich die Zielrichtung des Predigers. Zu Beginn benennt er als Absicht zu zeigen, »wie eigentlich der HErr JEsus auf das kleineste Härlein getroffen, was der Stadt Jerusalem hat begegnen sollen« (Z. 372–374). Das entspricht der Themenangabe der Disposition: »Von dem unerhörten Unglück, das der HErr JEsus der Stadt Jerusalem haar-klein verkündiget« (Z. 129f). Es geht hier also um den Zusammenhang zwischen der Weissagung Jesu und ihrer Erfüllung. Die Struktur des Teils folgt dieser Absicht, indem die Weissagung, ergänzt durch einige alttestamentliche Weissagungen (Dtn 28; Dan 9), Stück für Stück durch die Ereignisse bei der Zerstörung Jerusalems (und danach) ausgelegt wird.

Zugleich wird aber eine konkurrierende Absicht erkennbar, der Aufweis des Talionsgedankens, der schließlich auch ausdrücklich benannt wird: »wie sie Christo mitgespielet, so wird mit ihnen gehandelt« (Z. 452f). Hier geht es also um eine andere Entsprechung, die zwischen dem Handeln der Juden an Christus und ihrem eigenen Schicksal. Damit wird die Zerstörung Jerusalems als gerechte Strafe für den Tod Jesu gedeutet. Auch diesen Gedanken spricht Herberger einmal direkt an: »Aber welch ein greulich unerhörter, aber doch gerechter, untadelicher Zorn ist das!« (Z. 476f). Er findet sich auch in der allgemeinen Sentenz: »wie die Arbeit ist, so ist der Lohn« (Z. 440f).[51] Unterstützt wird dieser Gedanke der selbstverschuldeten und gerechten Strafe der Juden durch den zweimaligen Verweis auf eine Selbstverfluchung der Juden: »Diß hatten sie sich selber in der Paßion über den Hals gefluchet, mit den Worten: Wir haben keinen König, denn den Kayser«(Z. 403–405), sowie »Diß Unglück hatten sie sich selber über den Hals gefluchet, da sie gesaget: Sein Blut komme über uns und unsere Kinder« (Z. 428–430). Gleichzeitig führt die Verschiebung der Argumentation zu einer Distanzierung der Gemeinde von dem Schicksal der Juden. Der Prediger wendet sich mit den die ersten Argumentationsgänge abschließenden Sentenzen an die ZuhörerInnen, wenn auch meist unpersönlich: »Noli ludere cum sanctis, spiele nicht mit den Heiligen GOttes, wilt du nicht gezeichnet werden« (Z. 394–396), »Wornach einer ringet, nach dem ihm gelinget. Man darff den Teufel nicht an die Wand mahlen, er kömmt wohl ungemahlet« (Z. 405–407), »Ach irret euch nicht, GOtt läst sich nicht spotten« (Z. 430f). Dazu kommt im ersten Abschnitt sogar ein ausdrücklicher Ruf zur Buße: »Aber ie langsamer seine Zorn-Wetter aufziehen, ie härter sie schlagen, tarditatem morae gravitate poenae compensat, lange geborget ist nicht geschencket. Darum mißbrauche niemand GOttes Langmüthigkeit, sondern iederman mache sich solche zu Nutze zur seligen Busse« (Z. 384–388). Der Abschluß des vierten

---

51 Vgl. auch die Marginalie zu Z. 453, die diese Sentenz noch einmal wiederholt.

Absatzes (Z. 432–442) betont dagegen, wenn auch in Sentenz und Bibelzitat, bereits den Gedanken der gerechten Strafe: »wie die Arbeit ist, so ist der Lohn. Das heist, ein voll gedruckt, gerüttelt, und überflüßiges Maaß wird man in euren Schooß geben« (Z. 440-442). Der fünfte Absatz schließlich endet mit der Feststellung des gerechten, untadeligen Zorns (Z. 475f), hat damit keinen Bezug zur Gemeinde mehr. Die letzten Abschnitte haben keine entsprechende Zusammenfassung. Dafür werden im vierten und fünften Abschnitt, jeweils zu Beginn der Talionsargumentation, die ZuhörerInnen direkt angesprochen und zu Zuschauern des Geschehens gemacht: »Siehe, liebes Hertz,« (Z. 437 und 452f). Sie sind an dem, was sie betrachten sollen, unbeteiligt, da es konkret um das geht, was die Juden Jesus angetan haben. Die hier gemachten Beobachtungen sind im Zusammenhang mit den nun folgenden »Lehren« und dem »Gebrauch« weiter zu bedenken (Vgl. 2.3.4.).

2.3.2. »Lehren«: Der Ernst und der Zorn des Herrn (Z. 518-531)

Drei »Lehren«[52] zieht Herberger aus dem bisher Gesagten. Dabei markiert er die beiden ersten sprachlich deutlich als weniger wichtig: »Diß alles dienet nicht allein dazu, daß wir bedencken,« (Z. 518) bzw. »Es dienet auch nicht allein dazu, daß wirs gewiß seyn« (Z. 521). Sie beziehen sich auf Eigenschaften Jesu, die sich aus seiner richtigen Vorhersage der Zerstörung Jerusalems erkennen lassen. Jesus ist allwissend und wahrhaftig.

Die dritte Erkenntnis wird ausdrücklich betont: »Sondern vornehmlich sehen wir auch allhier, daß der HErr JEsus eben so saur und zornig seyn kan, als er gnädig, barmhertzig und gedultig gewesen, wenn man seine liebreiche Gnade zur Schalckheit brauchen will. Kan er doch auch Feuer regnen lassen über Sodom und Gomarra, 1. Buch Mos. 19. v. 24« (Z. 525-530). Im Exordium hat Herberger den Wechsel zwischen Barmherzigkeit und Zorn Jesu noch auf den Wechsel zwischen seinen Tränen und der Tempelreinigung bezogen (Z. 103-106). Hier jetzt sieht Herberger Jesus Christus als Verursacher sowohl des Gerichts über Jerusalem als auch über Sodom und Gomorra, betont damit also die göttliche Natur Jesu und seine Einheit mit dem Vater.

Der Bezug der dritten »Lehre« auf das Vorangegangene ist nicht besonders eng. Am ehesten kann man eine Verbindung zu dem Gedanken von der Bedenkzeit (Z. 372-396) sehen. Die Lehre gibt, wie der ganze zweite Teil, keinen Hinweis auf das Phänomen der Verstockung. Die Strafe folgt der »Schalckheit«, ist also selbstverschuldet und verdient.

Der letzte Satz bereitet die Anwendung auf die Gemeinde vor: »Diesen Ernst werden alle Gottlosen am Jüngsten Tage erfahren« (Z. 530f). Bei den

---

52 Marginalie zu Z. 518.

anderen hier benannten Eigenschaften Jesu, der Allwissenheit und der Wahrhaftigkeit, ist eine Anwendung kaum im Blick. Dort bleibt Herberger bei einem sehr allgemeinen Satz: »Das giebt uns Trost und Warnung« (Z. 520f).

2.3.3. »Gebrauch«: Sei nicht stolz, sondern fürchte dich (Z. 532–542)

Knapp wie die Lehren ist auch der »Gebrauch«, der aus dem zweiten Hauptteil zu ziehen ist. Herberger richtet sich dabei an »jedermann« (Z. 532) und zitiert zwei biblische Texte: »Derowegen bedencke jedermann des HErrn JEsu Worte, Luc. 13. vers 5. So ihr euch nicht bessert, so werdet ihr alle also umkommen; und St.Pauli Worte, Röm. 11. vers 20.21. Sey nicht stoltz, sondern fürchte dich; hat GOtt der natürlichen Zweige nicht verschonet, daß er vielleicht dein auch nicht verschone« (Z. 532–536). Es geht also um Buße, sonst droht das Gericht, der Ernst Gottes.[53]

Dieser Gedanke wird aber nicht weiter ausgeführt, statt dessen kommt Herberger nun doch zu einer praktischen Anwendung, die die Argumentation aus Z. 515–517 wieder aufnimmt. »Und weil das irdische Jerusalem hinweg ist, so setze niemand sein Vertrauen auf die vermeynten Heiligen und Wallfahrten in das gelobte Land auf Erden« (Z. 536–539). Diese Abwehr gegen eine falsche Praxis richtet sich wohl gegen das katholische Umfeld, in dem Herberger lebte. Von entsprechenden evangelischen Wallfahrtsbräuchen ist jedenfalls nichts bekannt. Von dieser Polemik her wird auch die unhistorische Benennung Jerusalems als Aelia in Z. 515 verständlich.

Schließlich redet der Prediger wieder seine einzelnen Gemeindeglieder an und beendet den zweiten Hauptteil seiner Predigt tröstend und verheißungsvoll: »Suche das Jerusalem, das droben ist;[54] das ist die wunderschöne Stadt, wie sie in der Offenb. 21. v. 22. wird abgemahlet, die wird von keinem Feinde geplündert werden; da wird gut wohnen seyn!« (Z. 539–542.)

2.3.4. Zusammenfassung

In der Zusammenfassung von 2.3.1. wurde deutlich, daß Herberger in seiner Auslegung zwei Hauptgedanken verfolgt. Zum einen geht es ihm um die genaue Erfüllung der Weissagungen Jesu, zum anderen um die Übereinstimmung zwischen dem Schicksal Jesu und dem der Juden. Dieser letztere, der Talionsgedanke, erhält dabei ein Übergewicht.

---

53 Dabei ist das »vielleicht« aus Röm 11,21 keine abschwächende Zufügung Herbergers, sondern entspricht Luthers Übersetzung.
54 Dies ist eine Verbindung von Gal 4,26 und Kol 3,1.

Die beiden ersten, weniger wichtigen Lehren, die Herberger dann zieht, nehmen wieder Bezug auf Weissagung und Erfüllung. Eine Weiterführung des Taliongedankens fehlt dagegen. Die für Herberger wichtigste Lehre betont zwar die Tatsache, daß Gott bzw. Jesus auch strafen und Gericht üben kann. Auf irgendeine besondere Verfehlung wird dabei aber nicht eingegangen. Das hängt damit zusammen, daß der Gedanke der Strafe für den Tod Jesu sich nicht verallgemeinern und übertragen läßt.

Auch der »Gebrauch« bleibt zuerst unkonkret. Das Gericht Gottes kann auch die Gemeinde treffen, darum soll sie sich fürchten und Buße tun. Eine Ursache für das Gericht kann der Prediger auch hier aus den genannten Gründen nicht aufzeigen. Damit ist auch zu erklären, warum im zweiten Hauptteil der Predigt die Anwendung (Lehren und Gebrauch) verglichen mit der Texterklärung einen so geringen Raum einnimmt, nur 24 gegenüber 145 Zeilen.

Erst ganz am Schluß wird der Prediger doch konkret (Z. 536–542), bringt dabei aber ganz neue Gedanken ein, die nur durch eine Stichwortassoziation zu Jerusalem mit dem Vorherigen verbunden sind. Hierbei wird die christliche Jerusalemssehnsucht spiritualisiert und eschatologisiert.

Ein Blick auf die Predigtdisposition zeigt ein weiteres Problem des zweiten Hauptteils der Predigt. Der Talionsgedanke gibt indirekt eine Begründung für die Zerstörung Jerusalems. Gleichzeitig sollen aber die Sünden Jerusalems, die zu seiner Zerstörung geführt haben, Thema des dritten Teils sein. Herberger weicht also im zweiten Teil von seiner Predigtdisposition ab, indem er dem Talionsgedanken so viel Raum gibt.

Vergleicht man diesen Teil mit der aus dem Exordium erhobenen Predigtintention, so ergibt sich auch hier eine Abweichung. Zwar findet sich die Warnung an die Gemeinde, aber sie steht nicht im Vordergrund; der Appell, das in Jerusalem Geschehene auf sich zu beziehen, fehlt. Statt dessen zeigt der Prediger, daß Jerusalem bekommen hat, was es verdient.

Der Gedanke der Verblendung, der sowohl im Exordium als auch im ersten Hauptteil als Erklärung für das Verhalten der Juden genannt wurde, taucht im zweiten Teil nirgendwo auf.

2.4. »Vom dritten Stück«

Der dritte Hauptteil der Predigt ist etwas anders aufgebaut als der erste und zweite. Auf die Auslegung des Textes folgt ein sehr kurzer »Kern und Stern« (Z. 624–626). Nach dem »Gebrauch« (Z. 627–681) ist der letzte Abschnitt als »Nutzen« bezeichnet (Z. 682–693). Dieser Abschnitt faßt nicht nur den dritten Hauptteil zusammen, sondern nimmt auch Gedanken aus den anderen Teilen wieder auf.

2. Analyse der Predigt

2.4.1. Die Sünden Jerusalems (Z. 543–623)

Zu Beginn des Teils wird die Dispositio, umformuliert zu einer Frage, wieder aufgenommen: »MIt was für Sünden hat denn Jerusalem das unerhörte Unglück verdienet?« (Z. 543f). Der Gedanke der verdienten Strafe ist im zweiten Teil schon angesprochen worden. Hier wird nun aber eine andere Antwort gegeben, die der Prediger aus dem Evangelium (Z. 545) ableitet: »Sie haben es verdient 1. an GOtt, mit greulichem Undanck, 2. am Tempel, mit gottloser Entheiligung desselben, 3. am Evangelio, mit unverdientem Haß und Feindschafft« (Z. 545–548). Hiermit ist zugleich die Gliederung für den Teil angegeben.

Der Undank gegen Gott (Z. 560–579) besteht in der Mißachtung der gnädigen Heimsuchung Gottes. Nach der gnädigen Heimsuchung aber folgt die zornige, denn »ie grössere Gnade, ie härtere Straffe« (Z. 563f). Herberger belegt die besondere Gnade Gottes für Israel mit einem kurzen Abriß der Heilsgeschichte und verweist dabei vor allem auf den Exodus (Z. 570–573) sowie auf die Propheten (Z. 569f). Für die neutestamentliche Zeit sieht er die Gnade Gottes darin, daß er das Volk durch die Römer warnen ließ, die Religionsausübung aber ungestört blieb (Z. 573–578). Der Abschnitt schließt mit einem Fazit, das im Gegensatz zu den Wohltaten Gottes hier nicht weiter begründet wird: »Aber da gefiel kein Danck; sie boten GOtt keinen guten Morgen dafür« (Z. 578f).

Nun folgt »2. Die Entheiligung des Tempels« (Marginalie zu Z. 580). Die folgende Darstellung der Mißstände im Tempel ist so formuliert, daß sie teilweise auch, an manchen Stellen sogar nur für die (katholische) Kirche zutrifft. Dazu trägt die Tempuswahl bei, Herberger verwendet meistens das Präsens, nur an zwei Stellen gebraucht er das Imperfekt. Er stellt gegenüber, was im Tempel eigentlich geschehen sollte, was die eigentliche Aufgabe der Priester wäre, und was tatsächlich geschieht. Dabei gebraucht Herberger den Konjunktiv für das, was Aufgabe wäre, und zeigt schon dadurch, daß diese Pflicht nicht erfüllt wird: »Sie solten da nach dem Ewigen trachten, so rennen sie nach dem zeitliche Gewinnst, und sind Wucherer, Geitzhälse und Menschen-Schinder« (Z. 581–583). Das Stichwort Wucherer weist dabei noch auf die Wechslertische im Tempel, dennoch könnte man die Aussage auch auf die Christen beziehen. Der nächste Satz redet dann eindeutig von christlichen Priestern: »sie solten von Christi Opffer am Creutze lehren« (Z. 584). Die Fortsetzung dagegen trifft wieder für Gegenwart und Vergangenheit zu: »so trachten sie nach dem vollen Beutel« (Z. 584f). Anschließend vergleicht er ausdrücklich mit der katholischen Kirche und ihrer Ablaßpraxis: »wenn der Groschen im Kasten klang, so freute sich ihr Hertz, wie Johann Tetzels, des Ablaß-Krämers« (Z. 585f).

Auch in den folgenden Sätzen, in denen Christi Worte ausgelegt werden, findet sich diese Durchsichtigkeit für die Gegenwart: »Und Christus sagets unverholen: Mein Haus ist ein Bet-Haus; ihr aber habts zur Mörder-Grube gemacht. Denn sie werden darinne Mörder an den armen Seelen ihrer Zuhörer, denen sie die Wahrheit verschweigen« (Z. 586–590).[55] Die Mörder an den Seelen ihrer Zuhörer sind diejenigen, die nicht von Christi Opfer am Kreuz predigen.

Die folgende Aussage bezieht sich nicht mehr allein auf die Priester: »sie werden Mörder an ihrer eigenen Seelen, weil sie sich um derselben Seligkeit unbekümmert lassen« (Z. 590f). Danach ist eindeutig nicht mehr von den Priestern die Rede, die »Kirche«[56] verweist dabei wieder deutlich auf die Gegenwart: »Sie sitzen in der Kirche mit mörderischen Sinn und Hertzen, das ist, mit leichtfertigen Gedancken, weil sie sich nicht bessern« (Z. 591–593). Die Übertragung wird auch dadurch erleichtert, daß aus dem »mörderischen Sinn« die »leichtfertigen Gedanken« werden. Diesen Vorwurf kann der Prediger seinen ZuhörerInnen leichter machen.

In einer Sentenz verbindet Herberger die beiden Stichworte »Mörder« und »leichtfertig«: »Niemand hat ein leichtfertiger Gewissen als ein Mörder« (Z. 593f). Über das Stichwort »Mörder« kehrt er dann wieder zum Tempel zurück. »Jm Tempel ward auch offt unschuldig Blut vergossen, doch krähet kein Hahn darüber, Matth. 23. v. 35« (Z. 594f). Durch diesen Rückbezug wird deutlich, daß Herberger davor nicht vom Tempel geredet hat. Abschließend wird das Gesagte zusammengefaßt und bewertet: »Das heist den Tempel GOttes verunreinigen! 2 Chron. 36. v. 21.22«[57] (Z. 596f). Das Bibelzitat bezieht sich ursprünglich auf die Zustände in Jerusalem direkt vor der Zerstörung des ersten Tempels.[58] Es kann damit sowohl auf die Situation in Jerusalem vor der Zerstörung des zweiten Tempels als auch auf die Gegenwart Herbergers übertragen werden.

Nur in diesem Abschnitt der Predigt (Z. 580–597) vermischt Herberger Vergangenheit und Gegenwart, Erklärung und Anwendung. Er stellt die Vergangenheit so dar, daß sie für die Gegenwart durchsichtig ist. Dabei kritisiert er zusammen mit den Priestern im Tempel zuerst einmal die ver-

---

55 Vgl. die entsprechende Argumentation Luthers in der oben besprochenen Predigt, Z. 406–411.
56 Zwar wird in dieser Zeit auch von der Kirche der Juden geredet, so daß die Vergangenheit mit gemeint sein kann (vgl. Z. 607). Umgekehrt aber würde der Begriff »Tempel« die Übertragung verhindern.
57 Das ist ein Druckfehler, entweder meint Herberger II Chr 36,14, wo vom Verunreinigen des Hauses Gottes die Rede ist, oder es ist II Chr 24,21f gemeint, die Stelle, auf die sich Mt 23,35 bezieht und die Herberger schon einmal angesprochen hat (vgl. Z. 251f).
58 Unter der Voraussetzung, daß Herberger II Chr 36,14 meint.

2. Analyse der Predigt

gleichbare Gruppe der Gegenwart, diejenigen, die beauftragt sind, von »Christi Opffer am Creutze« zu lehren, und die ihren Zuhörern »die Wahrheit verschweigen«. Der Vergleich mit dem Ablaßkrämer Johann Tetzel legt nahe, an dieser Stelle an die katholische Kirche zu denken. Aber das wird ausgeweitet, wo Herberger einen mörderischen Sinn mit leichtfertigen Gedanken gleichsetzt. Dieser Vorwurf kann genausogut seine eigenen, evangelischen ZuhörerInnen treffen.

Dann kommt Herberger zur dritten Ursache, die er nur kurz abhandelt (Z. 598–605). »III. Endlich wird gesagt, daß sie Christo Spinnen-gram worden, und ihrem Warner nach Leib und Leben getrachtet haben; Das ist gar der Teufel« (Z. 598–600). Hier ist der Angriff auf Christus als Ursache genannt. Die Marginalie dagegen nennt »Haß und Verachtung des Evangelii« (zu Z. 598). Sie entspricht damit eher der Gliederung, wo von Haß und Feindschaft gegen das Evangelium geredet wurde (Z. 547f). Diese Ausweitung und Verallgemeinerung ermöglicht eine Übertragung des Vorwurfs, während das Trachten nach Jesu Leben eine einmalige historische Tat war.[59] Sie wird von Herberger sogar als teuflisch bezeichnet.[60] Er schränkt diese Tat dann allerdings im Hinblick auf die Täter ein, nimmt damit Lk 19,48 auf: »Und das thaten eben die Superlativi, die Obersten, die Aergsten« (Z. 600f). Die darauf folgende Strafe wird mit dem Zitat Ps 109,17–18a »GOttes strenger Gerechtigkeit« (Z. 601f) zugeschrieben. Dabei ermöglicht das Psalmzitat wieder eine gewisse Verallgemeinerung: »Sie wolten des Segens nicht; so wird er auch ferne von ihnen bleiben. Sie wolten den Fluch haben, der muste ihnen auch kommen; sie müssen den Fluch anziehen wie ein Hemde ec.« (Z. 602–605).

Schließlich faßt Herberger die aufgewiesenen Vorwürfe zusammen und redet vom Zustand in den drei Ständen, Kirche, Regiment und Hauswesen. Er redet pauschal und ohne Belege,[61] geht nur einmal ausdrücklich auf die historische Situation ein.[62] Als Zeugen für die allgemeine Verderbnis benennt Herberger Josephus: »Daß auch Josephus selber sagte: Wenn die Rö-

---

59 Vgl. dazu aber Erdmann Neumeister in einer Predigt zu Lk 19: »Es solte ein leichtes seyn, zwischen Jerusalem und Sachsen eine genaue Vergleichung zu finden, ohne nur, daß Christo nicht nach dem Leben getrachtet wird. Doch, was sage ich? wird er nicht leiblich, so wird er doch geistlicher Weise von den rohen Leuten und Verächtern seines Evangelii gecreutziget«, 1049.
60 So ist jedenfalls die Erklärung »das ist gar der Teuffel« am ehesten zu verstehen.
61 »Jn der Kirchen wolten sie nur Schmarutzer, Federleser, Suppenfresser, Polstermacher und Ohrenkrauer haben. [...] Jm Regiment war lauter Untreu, Ungerechtigkeit, Eigennutz, [...] Jm Haus-Wesen war lauter Unzucht, Fressen, Sauffen, Hoffart und Prahlerey« (Z. 607–615).
62 Hier redet er von Simeon, dem Jerusalemer Bischof: »Da ihnen Simeon nicht will das Liedlein singen, da muß er dafür leiden, aber zu seinem besten Glücke« (Z. 609f, vgl. schon Z. 231–235).

mer nicht kommen wären, so hätte müssen eine Sündfluth kommen, und den Buben den Hals zustopffen, 1 Buch Mos. 7. vers 17. oder es hätte Feuer vom Himmel fallen, und sie verbrennen müssen, wie Sodom, 1. Buch Mos. 19. vers 24. oder die Erde hätte müssen aufreissen, und die losen Leute verschlingen« (Z. 618–623).[63]

2.4.2. »Kern und Stern«: Die Hauptsünden, die Unglück bringen (Z. 624–626)

Der »Kern und Stern«, die aus der Auslegung zu ziehende Lehre, ist diesmal noch kürzer als im zweiten Teil der Predigt: »Allhier lernet iederman die Haupt-Sünden, und die gewissen Zünde-Knoten und Feuer-Kugeln[64] kennen, die Land und Leute in Unglück bringen; Wer Vernunfft hat, der schlage in sich!« (Z. 624–626). Zuerst wird allgemein und im Indikativ formuliert: »Allhier lernet iederman«. Immer noch in unpersönlicher Formulierung (wer – der) folgt dann eine Aufforderung. Aus dem Lernen soll also ein Handeln, zumindest ein Bewußtseinswandel folgen.

Der Stern korrespondiert der Dispositio (Z. 132f), indem er Sünden und Unglück verbindet. Allerdings wird hier abstrahiert, es ist nicht mehr von Jerusalem bzw. Israel die Rede, sondern von Land und Leuten. Der Prediger bleibt an dieser Stelle unkonkret, nennt die »Hauptsünden« nicht noch einmal, aber die Verallgemeinerung erleichtert die folgende Anwendung auf die Gemeinde.

2.4.3. »Gebrauch«: Was zum Frieden dient (Z. 627–681)

Der »Gebrauch«, den die Gemeinde von dem Gesagten machen soll, folgt den drei Punkten der Auslegung. So geht es zuerst um die gnädige Heimsuchung und den Undank gegen Gott (Z. 627–645). Hier redet Herberger wieder das einzelne Herz an und verstärkt den dabei gebrauchten Imperativ durch emphatisches »Ach«: »Ach liebes Hertz, erkenne die gnädige Heimsuchung GOttes! versündige dich nicht an GOtt und seinen Wohltathen« (Z. 627f). Die Aufforderung wird im folgenden konkretisiert: »mache fleißige Register, wie König David, Ps. 103. v. 1. seq.« (Z. 628f).

Ein solches Register hat Herberger oben für Gottes Wohltaten an Israel gemacht (Z. 569–578), jetzt zählt er die Wohltaten an der Gemeinde in Frau-

---

63 Vgl. Bell 5,566, eines der oft wiedergegebenen Josephus-Zitate, vgl. dazu oben, 93, Anm. 11.
64 Hier nimmt Herberger die Brandmetaphorik aus dem Exordium wieder auf, wenn auch diesmal etwas verändert. Es handelt sich um bewußte Brandstiftung mit Zündknoten und Feuerkugeln.

2. Analyse der Predigt

stadt auf. Er verweist auf die bevorzugte Stellung Fraustadts innerhalb Polens, fast nirgendwo ist Gottes Wort so wohlfeil. Dann betont er die äußere Bewahrung Gottes und die Verschonung vor Krieg, die gnädige Erhaltung der Armen – ein Wunder wie die Erhaltung der Witwe in Zarpat (I Kön 17,7–16) – und den reichen Segen des Landes (Z. 629–640). In der folgenden direkten Anrede der Stadt parallelisiert Herberger Jerusalem und Fraustadt und mahnt seine Gemeinde mit den Worten Jesu: »O Fraustadt, Fraustadt, laß mit dir reden! bedencke, was zu deinem Friede dienet!« (Z. 642–644) Dabei ist diese Gleichsetzung durch die Aufzählung der jeweiligen Wohltaten Gottes und die Undankbarkeit der Menschen vorbereitet.

Die beiden folgenden Sätze zeigen die Alternative auf, die Fraustadt erwartet. Bleibt die Stadt undankbar, wird ihr Schicksal dem Jerusalems ähneln, obwohl dieser Vergleich nicht ausdrücklich gezogen wird: »Wo Güte nicht hilfft, da muß denn die Ruthe helffen« (Z. 644). Als Seelsorger zeigt Herberger aber auch die andere Möglichkeit auf: »Busse und Bekehrung zu GOtt dienet zu deinem Frieden« (Z. 645).

Nun folgt in einem zweiten Abschnitt die Übertragung der Entheiligung des Tempels (Z. 646–667): »Versündige dich nicht am Krippelein Christi, und an deinem Hertz-Kirchlein« (Z. 646f). Hier werden also zwei Aspekte der Entweihung des Tempels gezeigt. Einerseits geht es um den Umgang der Fraustädter mit ihrer Kirche, dem »Krippelein Christi«, andererseits entspricht dem Tempel das »Hertz-Kirchlein« des einzelnen Christen.

Der erste Punkt wird nur knapp ausgeführt (Z. 647–650). Es ist Aufgabe der Obrigkeit, die Herberger direkt anspricht, gegen die »Sonntags-Krämerey« mit der Peitsche vorzugehen. Verfehlt die Obrigkeit ihren Auftrag, wird Gott selber »mit der Peitsche kommen, und unsere Häuser und Tische umwerffen« (Z. 649f).

Die Sorge um den »Hertz-Tempel« hingegen ist jedem einzelnen aufgetragen: »Ein ieder schaue wohl zu, daß es um seinen Hertz-Tempel richtig sey« (Z. 650f). Darum redet Herberger im folgenden auch in der zweiten Person Singular. Er spricht verschiedene Bereiche an. Zuerst geht es darum, den Teufel aus dem Herzen herauszuhalten: »Laß dein Hertz nicht seyn des Teufels Kram-Bude; räume aus alle Geitz-Tischlein;[65] nehre dich nicht mit deinem bösen Gewissen; berathschlage dich nicht mit dem Teufel; kleide dich nicht in seine verlegene Schand-Waaren von Fuß auf« (Z. 651–655). Es geht auf jeden Fall um Geiz, möglicherweise um andere finanzielle Aktionen (Krambuden, mit dem Teufel beratschlagen). In ähnliche Richtung könnte auch das Sich-Nähren mit dem schlechten Gewissen verstanden werden, also als Lebenserwerb mit unrechten Mitteln, die ein schlechtes Gewissen

---

65 Das bezieht sich vermutlich auf die Tische der Wechsler, die bei Lukas nicht erwähnt werden.

verursachen. Das Sich-Kleiden mit den Schandwaren des Teufels kann sowohl eine enge Zusammenarbeit mit ihm meinen, als auch tatsächlich ein Vorwurf gegen unangemessene, »unzüchtige« Kleidung sein.

Die Mördergrube, zu der das Herz nicht werden soll, wird wie schon Z. 587–597 direkt und übertragen verstanden. Einerseits geht es um Haß, Feindschaft, Neid und mörderische Anschläge, andererseits um den Mord an der eigenen Seele (Z. 655–659). Statt zu einer Mördergrube soll das Herz zu einem Bethaus werden (Z. 659f). Schließlich deutet Herberger das Vertreiben der Taubenhändler.[66] Die Tauben stehen für ketzerische Gedanken, aber auch dafür, sich von anderen nichts sagen zu lassen, keinen Rat und keine Warnung entgegenzunehmen (Z. 660–667).

Dieser Abschnitt klingt, als spräche Herberger konkrete Probleme in seiner Gemeinde an, die für uns aber nicht immer klar zu deuten sind. Der konkrete Bezug zu seiner Gemeindesituation wird im folgenden Abschnitt noch deutlicher, in dem die Verachtung Christi und des Evangeliums zur Sprache kommt (Z. 668–681). Hier vergleicht er sich als Seelsorger mit Christus: »Und so lieb dir Leib und Leben, und alle zeitliche und ewige Wohlfarth ist, so fleißig hüte dich für Feindschafft wider Christum und seine Diener, wider das Evangelium und deine Seel-Sorger; es kostet dir sonst den Hals, Ebr. 13. v. 17« (Z. 668–671). Das Volk in Jerusalem aus Lk 19,48 ist dabei positives Beispiel, weil es Jesus zuhörte.

»Ein jeder kehre vor seiner Thür; wenn ich nur rede, und ihr nichts dabey thun woltet, so wäre alle Arbeit verlohren« (Z. 672–674). Nach dieser Einleitung gibt Herberger den verschiedenen Gruppen bzw. Ständen seiner Gemeinde Handlungsanweisungen. Die »Kirchen-Kinder« sollen ihre Warner nicht quälen, die »Regenten« nicht zu Verrätern des Vaterlandes werden und die »Haus-Wirthe« Gott und die Engel zu ihren Herz- und Hausgenossen machen (Z. 674–679).

Am Ende faßt Herberger seine Mahnungen noch einmal mit den Worten des Evangeliums zusammen: »Jederman bedencke, was zu seinem Frieden dienet!« (Z. 680) Dabei spricht er auch noch einmal die Möglichkeit zur Umkehr an: »Wer ja was versehen hat, der bessere sich; das wird zu unserm Frieden dienen« (Z. 680f).

2.4.4. »Nutzen«: Gott bewahrt die Frommen (Z. 682–693)

Nach der Mahnung folgt am Schluß der Predigt unter dem Stichwort »Nutzen«[67] Trost und Zusage: »Wer nun wird folgen, den wird GOtt für allem

---

66 Auch die Taubenhändler werden Lk 19,45f nicht erwähnt, finden sich aber Mk 11 und Mt 21 sowie auch Joh 2.
67 So die Marginalie zu Z. 682.

Jerosolymitanischen Elend bewahren« (Z. 382f). Nachdem Herberger bei seiner Anwendung einerseits einen Schwerpunkt auf den individualistisch-innerlichen Aspekt gelegt hat, andererseits aber immer wieder auch den gesellschaftlich-politischen Aspekt angesprochen hat, vermittelt er nun zwischen beiden, indem er fragt, was mit den Frommen geschieht, die unter den Verächtern Gottes leben und so das Strafgericht Gottes mit erleben und erleiden. Er argumentiert einerseits mit zwei Schriftworten, Ps 58,12 und II Tim 2,19, und verweist andererseits auf Beispiele der Bewahrung durch Gott, auf Noah (vgl. Z. 183–185), Lot (vgl. Z. 185–187) und die Christen, die von Jerusalem nach Pella entflohen (vgl. Z. 233–235).

Aber auch die Möglichkeit, daß die Bewahrung Gottes in diesem irdischen Leben nicht erfahrbar ist, zieht er in Betracht: »So ja einem frommen Hertzen etwas möchte in diesem Leben abgekürtzet werden, so soll es ihm reichlich zugehen im himmlischen Jerusalem, das ewig wird bleiben, Amen« (Z. 691–693). Hiermit nimmt Herberger den Schluß des zweiten Teils wieder auf, wo ebenfalls auf das himmlische Jerusalem verwiesen wurde (vgl. Z. 539–542).

2.4.5. Zusammenfassung

Beim dritten Hauptteil der Predigt fällt besonders das Gewicht auf, das die Anwendung gegenüber der Erklärung des Textes gewinnt. Sie nimmt fast ebensoviel Raum ein.[68] Zählt man noch die Aussagen über die Entheiligung des Tempels mit dazu (Z. 580–597), die, wie oben gezeigt wurde, genauso die Gegenwart treffen wie die Zustände in Jerusalem, dann erhält die Anwendung sogar ein Übergewicht.

Auch abgesehen von dieser engen Verknüpfung von Anwendung und Erklärung fällt auf, daß in diesem Teil der Predigt beide Aspekte eng aufeinander bezogen sind. Die Gliederung des »Gebrauchs« entspricht genau der der Explicatio.[69] Die enge Verknüpfung zeigt sich auch daran, daß Herberger in diesem Teil nicht nur individualisiert und spiritualisiert. Die Dankbarkeit gegenüber Gottes Wohltaten, die er von seiner Gemeinde fordert, bezieht sich auf äußere gesellschaftliche und wirtschaftliche Erfahrungen. Auch die Warnungen vor Entheiligung des Tempels und Feindschaft gegen Christus betreffen nicht nur den einzelnen und sein Herz. Hier werden Obrigkeit (Z. 647f. 675–677) und Hausväter (677–679) mit angesprochen. Zudem geht es auch konkret darum, wie sich Herbergers Gemeinde ihm gegenüber verhält. Damit stellt er sich der Gemeinde ausdrücklich gegenüber.

---

68 Wenn man den »Nutzen« mitzählt, sind es 69 Zeilen gegenüber 79 Zeilen Erklärung.
69 Vgl. Z. 560–579 mit 627–645; 580–597 mit 646–667; 598–606 mit 668–681.

Der letzte Abschnitt schließlich, der »Nutzen« (Z. 682–693), vermittelt zwischen dem äußerlichen und innerlichen Aspekt wie auch zwischen der Frage nach dem irdischen Gerichtshandeln Gottes und der Bewahrung der Frommen.

Vergleicht man den dritten Teil der Predigt mit der am Anfang erhobenen Predigtintention, so findet sich vor allem der Aspekt der Warnung wieder. Die Gemeinde soll aus dem Untergang Jerusalems lernen.

2.5. Valetsegen (Z. 695–708)

Den Abschluß der Predigt bildet der Valetsegen, der noch einmal die wichtigsten Gedanken der Predigt zusammenfaßt. Dieser Segen hat drei Teile, eine Prädikation, die das Handeln Jesu benennt (Z. 695–698), eine Bitte um seine Hilfe (Z. 698–704) und die erwünschte Folge dieser Hilfe Jesu (Z. 704–708).

Jesu Handeln wird antithetisch benannt: »JESUS, welcher um unbußfertiger, halsstarriger Hertzen willen das irdische Jerusalem hat schleiffen lassen; allen bußfertigen Hertzen aber mit seinem Blut das himmlische Jerusalem erbauet und erworben hat« (Z. 695–698). Hier besteht also einerseits der Gegensatz zwischen unbußfertigen und bußfertigen Herzen, andererseits wird wieder das Gegenüber von irdischem und himmlischem Jerusalem aufgenommen. Dieses wird erbaut, jenes geschleifft. Damit ist den ZuhörerInnen noch einmal die Alternative vor Augen gestellt, um die es geht.

Die Bitte nimmt dann den Gedanken der Buße auf, damit die ZuhörerInnen die positive Alternative verwirklichen. Hierbei werden noch einmal verschiedene Gedanken der Predigt, und zwar jeweils der Applicatio, aufgenommen und verstärkt: Jesus soll dazu helfen, wahre Buße zu tun (vgl. Z. 334–359), Gottes gnädiger Heimsuchung gegenüber dankbar zu sein (vgl. Z. 627–640), den Herzenstempel zu reinigen. Auffällig ist, daß der zweite Teil der Predigt hier nicht anklingt.

Die Folge der Hilfe Jesu schließlich nimmt noch einmal den Gedanken des himmlischen Jerusalem auf, und zwar in einer Verbindung von Z. 539–542 und Z. 691–693: »damit wir also allen Schaden Leibes und der Seelen glücklich entrinnen, und seliglich ins himmlische Jerusalem kommen, das viel schöner seyn wird, als jenes gewesen, und das von keinem Feinde in Ewigkeit wird zerstöret werden, Amen« (Z. 704–708). Der Valetsegen verdoppelt damit den vorangegangenen Predigtschluß, zweimal steht der spiritualisierende, eschatologische Ausblick am Ende.

3. Interpretation

Ähnlich wie bei der Interpretation der Predigt Martin Luthers zum 10. Sonntag nach Trinitatis ist auch im folgenden bei der Interpretation der Predigt Valerius Herbergers aus seiner Evangelischen Herzpostille zu fragen, welche besondere Ausprägung er dem Sonntag als Gedenktag der Zerstörung Jerusalems gibt.

Dazu soll einerseits gefragt werden, welche Form der Herzprediger Herberger dem Bußruf gibt, der auch für ihn den Charakter des Sonntags bestimmt. In einem zweiten Schritt soll der Blick auf den zweiten Hauptteil der Predigt gerichtet werden. Hier geht es um die Deutung der Zerstörung Jerusalems als Strafe für den Tod Jesu. In diesem Zusammenhang wird in einem Exkurs eine Predigt von Johann Konrad Dannhauer dargestellt, die die Predigt Herbergers aufnimmt und dabei die hier erkennbare Problematik noch einmal verdeutlicht.

Die abschließende Zusammenfassung dient auch der Einordnung der hier gewonnenen Ergebnisse in die Gesamtargumentation der vorliegenden Untersuchung.

3.1. Der Herzprediger Herberger

Bereits in der Einleitung wurde darauf hingewiesen, daß der »Herzprediger« Herberger sich um die Heilung seiner Gemeinde, um Buße und Erneuerung müht.[1] In der Analyse der Predigt Herbergers über Lk 19 wurde solches Mühen um seine ZuhörerInnen immer wieder deutlich, vor allem im »Gebrauch« des ersten und dritten Teils der Predigt. Hier sollen nun einzelne Aspekte dieser Herzpredigt Herbergers genauer untersucht werden.

3.1.1. Individualisierung und Verinnerlichung

Der Predigttext Lk 19,41–48 spricht im Plural bzw. spricht das Kollektivum »Jerusalem« an. Sowohl in der Androhung des kommenden Gerichts für die Stadt als auch in der Reinigung des Tempels geht es um ein äußerliches Geschehen. Dagegen ist in der Predigt Herbergers eine Tendenz zur Individualisierung und zur Verinnerlichung erkennbar.

---

[1] Hier sei noch einmal auf die Arbeit Schotts zur Mystik Herbergers hingewiesen, vgl. Schott 1989, 37–39, 42 u.ö.

Für die Individualisierung steht der Wechsel vom Plural zum Singular im Exordium. Heißt es zu Beginn noch: »darum taugts nicht, daß wir sollen sicher seyn« (Z. 84f), so wird daraus am Ende des Exordiums: »um deiner Seligkeit willen wird es geprediget; es gehet dich an, was heute gesaget wird« (Z. 121f). Entsprechend kündigt Herberger das Gericht nicht seiner Gemeinde als ganzer an. Er gebraucht entweder unpersönliche Formulierungen (Z. 341–344) oder die zweite Person Singular (Z. 366–370. 668–671).

Auch die Verinnerlichungstendenz ist bereits im Exordium erkennbar. Von Anfang an redet Herberger vom Herz-Haus: »Die Heyden sind der Jüden Nachbarn, weil nun der Jüden Haus brennt, so haben wir Zeit zu löschen, und unser Hertz-Haus in acht zu nehmen« (Z. 85–87). Und am Schluß des Exordiums wird noch einmal ausdrücklich benannt: »um deiner Seligkeit willen wird es geprediget« (Z. 121).

Dementsprechend betreffen die Mahnungen des Predigers vor allem die Bereiche Glaube, Buße und religiöses Leben.[2] Allerdings nimmt Herberger damit auch den Predigttext wieder auf, wo es ja sowohl mit der Rede von der Heimsuchung als auch bei der Tempelreinigung um den Glauben geht.

Das Gericht Gottes versteht Herberger allerdings nicht nur spiritualisiert und jenseitig. Es geht sowohl um das zeitliche und damit äußerliche als auch um das ewige Gericht. Herberger droht mit dem Höllenfeuer (Z. 343f. 369f), kann aber auch »zeitliche und ewige Wohlfarth« (Z. 668f) im Blick haben. Auch die einzige im Plural formulierte Gerichtsdrohung spricht vom äußerlichen, innerweltlichen Gericht: »Gott möchte sonst mit der Peitsche kommen, und unsere Häuser und Tische umwerffen« (Z. 649f).

Deutlich erkennbar ist die Verinnerlichung, verbunden mit einer Eschatologisierung, da, wo nicht von Unheil, sondern von Heil geredet wird. Hier gebraucht Herberger das Bild des himmlischen Jerusalem, mit dem der zweite (Z. 539–542) und der dritte Teil (Z. 691–693) der Predigt sowie der Valetsegen (Z. 705–708) enden.[3]

Die Tendenzen zur Individualisierung und zur Innerlichkeit hängen zusammen. Wo es um das Herzhaus geht, wird der einzelne angeredet. Das zeigt sich umgekehrt auch da, wo Herberger die äußere, politische und gesellschaftliche Situation in Fraustadt anspricht. Hier gebraucht er den Plural und hat auch ein mögliches innerweltliches Gericht im Blick.

---

2 In Teil drei ist auch vom Zusammenleben der Bürger (Z. 634f) und vom Verhalten von Obrigkeit (Z. 647. 675–677) und Hausvätern (Z. 677–679) die Rede.
3 Der erste Teil der Predigt schließt mit dem Verweis auf das ewige Verderben (Z. 369f), so daß also alle Teile mit einem eschatologischen Ausblick enden.

3.1.2. Der Prediger als Seelsorger und Katechet

Der Prediger Herberger ist sich seiner Rolle als »Diener Christi« und »Seel-Sorger« bewußt. Sein Gegenüber zur Gemeinde spiegelt sich z.B. in den Predigtgebeten (Z. 136, vgl. auch Z. 24f). Es zeigt sich auch in der häufigen Verwendung der direkten Anrede in der zweiten Person, im Singular wie im Plural.

Als Seelsorger und Katechet legt Herberger ein besonderes Gewicht auf die Anwendung des Predigttextes. Die Disposition zielt in jedem Stück der Predigt auf »unser Herz«. Bei dieser Anwendung ist jeweils noch einmal zu unterscheiden zwischen den »Lehren«, die der Prediger zieht, und dem eigentlichen »Gebrauch«.

Im ersten Stück umfassen »Kern und Stern« (30 Zeilen) sowie der »Gebrauch« (48 Zeilen) zusammen gut halb so viele Zeilen wie die Texterklärung (151 Zeilen). Im zweiten Stück dagegen ergeben »Lehren« (13 Zeilen) und »Gebrauch« (11 Zeilen) zusammen nur ungefähr ein Sechstel des Umfangs der Texterklärung (145 Zeilen). Im dritten Stück der Predigt sind »Kern und Stern« (3 Zeilen), »Gebrauch« (54 Zeilen) und »Nutzen« (12 Zeilen) zusammen fast genauso lang wie die direkte Textauslegung (78 Zeilen).

Die lehrhaften Teile sind dabei gegenüber der direkten Anwendung, dem »Gebrauch«, weniger betont. Verglichen mit dem ersten und dritten Stück der Predigt fällt beim zweiten Stück der geringe Umfang der Anwendung des Textes auf. Diese Beobachtung ist im nächsten Abschnitt noch einmal aufzunehmen (vgl. auch schon oben, 2.3.4.).

Die Lehren der Predigt markiert der Prediger als Lehrer bzw. Katechet jeweils deutlich: »Aus diesem allen lernen wir« (Z. 291). Dabei finden sich im zweiten Stück der Predigt tatsächlich theologische Lehrsätze, die Allwissenheit und Wahrhaftigkeit Jesu (Z. 518–525). Im ersten und dritten Teil führen die Lehren stärker auf die Anwendung hin. Seine ausdrückliche Belehrung unterstützt der Prediger durch einprägsame Sentenzen, Merkworte, die auch in die Textauslegung eingestreut sind und zum Teil die Übertragung auf die Gemeinde anbahnen.

Als Seelsorger gibt Herberger seiner Gemeinde Handlungsanweisungen, oft sehr konkret und meist in der Form des Imperativs. Diese Handlungsanweisungen beziehen sich auch auf das kirchliche Leben, so ruft er die Gemeinde zu Beichte und Absolution (Z. 345–353), zur Achtung vor der Kirche (»Versündige dich nicht am Krippelein Christi« Z. 646) und vor den Pfarrern (Z. 669f).

Der Seelsorger wird in besonderer Weise da erkennbar, wo Herberger negatives Verhalten seiner ZuhörerInnen anspricht. Hier vermeidet er direkte Anklagen. Er redet im Singular (Z. 362–370), verwendet entweder den Irrealis (Z. 93f. 98–102. 114–119) oder unpersönliche Formulierungen

(Z. 112-114. 341-344). Zudem spricht er die Sünder als solche an, die sich ändern können, bzw. zeigt den Weg zur Veränderung auf: »Wer hierüber sich nicht verwundert, der mag immer sagen: Fahre aus, du unreiner Geist! und gieb Statt dem Heiligen Geist« (Z. 112-114). So vermeidet es der Seelsorger, seine Gemeinde durch direkte Schuldzuweisungen zu verstocken.

Auffällig ist, daß Herberger genauso zurückhaltend mit direkten Zusagen ist. Die Verheißungen des Predigtschlusses gelten einem unpersönlichen »frommen Herzen« (Z. 682-688). Nur in Form eines Segenswunsches spricht er davon, daß »wir also allen Schaden Leibes und der Seelen glücklich entrinnen, und seliglich ins himmlische Jerusalem kommen« (Z. 704-706). Hiermit läßt er die Möglichkeit offen, daß diese Zusage der Gemeinde gilt, bietet Hoffnung und Trost, aber keine falsche Sicherheit.

3.2. Die Zerstörung Jerusalems und der Tod Jesu

Es wurde bereits im Rahmen der Analyse (2.3.4.) darauf hingewiesen, daß das zweite Stück der Predigt aus dem sonstigen Duktus der Predigt herausfällt. Das zeigt sich an mehreren Beobachtungen. Neben dem bereits in der Disposition genannten Thema des zweiten Stücks, »Von dem unerhörten Unglück, das der HErr JEsus der Stadt Jerusalem haar-klein verkündiget« (Z. 129f), bekommt die Auslegung ein zweites Thema. Es geht nicht mehr um die Übereinstimmung der Weissagung Jesu mit der nachfolgenden Zerstörung Jerusalems, sondern um die Übereinstimmung zwischen dem, was die Juden Jesus angetan haben und dem, was ihnen als »gerechte Strafe« dafür widerfährt.

Hiermit wird eine mit dem dritten Stück konkurrierende Begründung für die Zerstörung Jerusalems gegeben. Denn dort werden dann ja Undank gegenüber Gott, Entheiligung des Tempels und Feindschaft gegenüber dem Evangelium[4] als Gründe genannt, mit denen Jerusalem seinen Untergang verdient hat.

Die Anwendung, die der Auslegung und der Lehre folgt, ist nur sehr knapp und bezieht sich da, wo sie konkret wird,[5] nur auf einen sehr be-

---

4 So Z. 547f: »am Evangelio, mit unverdientem Haß und Feindschafft« und Marginalie zu Z. 598. Im Text selber wird dann zu diesem Punkt auch der Tod Christi angesprochen: »Endlich wird gesagt, daß sie Christo Spinnen-gram worden, und ihrem Warner nach Leib und Leben getrachtet haben« (Z. 598f). Aber der Gedanke wird hier aus Lk 19,47b übernommen und auch nicht weiter ausgeführt. In der Anwendung, die ja den drei genannten Gründen für die Zerstörung Jerusalems parallel geht, sind dann beide Gedanken miteinander verbunden. Es geht um Feindschaft gegen Christus und seine Diener sowie gegen das Evangelium.

5 Die Konkretion besteht nur in der Warnung vor Wallfahrten nach Jerusalem und im Hinweis auf das himmlische Jerusalem (Z. 536-542).

3. Interpretation

schränkten Teil der Textauslegung.⁶ Das ist eine Folge der Auslegung mit Hilfe der Talionstopik. Wo die Zerstörung Jerusalems als Strafe für den Tod Jesu verstanden wird, ist eine Übertragung auf die Gemeinde nicht mehr leicht möglich. Damit gilt für diesen Teil der Predigt auch nicht mehr der Grundsatz »es gehet dich an«, den Herberger im Exordium betont hat.

Mit der Deutung der Zerstörung Jerusalems als Strafe für den Tod Jesu nimmt Herberger eine alte Tradition wieder auf. Gerade die Talionstopik ist, wie gezeigt wurde,⁷ typisch für diese Deutung. Hierbei prägt Herberger auch neue Entsprechungen, z.B. Z. 437–440. 467–470. 470–472. 472–476, und beschränkt sich nicht auf das Wiederholen der gängigsten Topoi. Das spricht dafür, daß er sich diese Argumentation an dieser Stelle zu eigen macht. Zugleich passen seine kunstvoll gesuchten Entsprechungen zum Bild des anschaulich volkstümlichen Predigers. Denn in der Form des Talion wird seine Argumentation anschaulich und behältlich.

Mit der Deutung der Zerstörung Jerusalems als Strafe bzw. Rache für den Tod Jesu bekommt die Predigt eine deutlich antijüdische Tendenz. Den Juden ist Recht geschehen, sie haben ihr schreckliches Unglück verdient. Die Gemeinde betrachtet nicht das warnende Exempel, das mit ihr selbst zu tun hat, sondern wird zur unbeteiligten Zuschauerin. Ein Bezug zu ihrem eigenen Handeln und den Konsequenzen, auch einer möglichen Strafe Gottes, gerät aus dem Blick.

Bei der Analyse des Exordiums wurde gefragt, warum der Prediger so heftig um die Aufmerksamkeit und Betroffenheit seiner ZuhörerInnen wirbt (vgl. 2.1.6.). Möglicherweise kämpft der Prediger dort gegen die distanzierte Zuschauerhaltung an, die er später dann durch seine Argumentation mit dem Talionsprinzip selber unterstützt.

Es muß aber betont werden, daß diese Tendenz, die gerade aufgewiesen wurde, nicht als Zeichen eines besonders herausragenden Antijudaismus Herbergers verstanden werden darf, der sich sonst nicht findet. Bei der Analyse der Predigt Luthers aus der Kirchenpostille wurde gezeigt, daß auch dort diese Argumentation an zwei Stellen anklingt.⁸

Im folgenden Exkurs soll ein weiteres Beispiel für diese Argumentation gegeben werden. Es handelt sich um eine 1661 veröffentlichte Predigt von Johann Konrad Dannhauer, dem Lehrer Speners aus Straßburg.⁹ Diese Pre-

---

6 Nämlich auf den Nachweis, daß das damalige Jerusalem wirklich endgültig zerstört wurde und von niemand wieder aufgebaut werden konnte (Z. 484–517).
7 Vgl. dazu Kap. B 2.1.1.
8 Vgl. dazu in der Predigt Luthers Z. 142 und die angedeutete Talionstopik Z. 134–136.
9 Johann Conrad Dannhauer: Evangelisches Memorial oder Denckmahl Der Erklärungen / vber die Sontägliche Evangelien / Welche zu Straßburg im Münster abgelegt / vnd auff inständiges begehren Christlicher Hertzen / zur künfftigen

digt wurde aus zwei Gründen ausgewählt. Einerseits benutzt Dannhauer die Predigt Herbergers und verschärft dabei die antijüdische Tendenz noch, andererseits zeigt seine Predigt, wie nach dieser Argumentation doch eine Anwendung auf die Gemeinde erfolgen kann.

Exkurs: Johann Konrad Dannhauers Predigt über Lukas 19,41–48

Hier soll zuerst ein ganz kurzer Abriß der Predigt gegeben werden, bevor der Abschnitt mit der Talionstopik und die anschließende Applicatio genauer dargestellt werden.

Im Exordium vergleicht Dannhauer Titus und Jesus. Titus, ein milder und freundlicher Fürst, wollte, als er die Schrecken der Eroberung Jerusalems sah, nicht dafür verantwortlich gemacht werden. Er habe immer wieder Friedensangebote gemacht, außerdem habe er nur durch Gottes Hilfe gesiegt. Jesus, der über Jerusalem weinte, ist unvergleichlich edler und besser gewesen als Titus. Auch er wollte den Untergang Jerusalems nicht, sondern versuchte, die Juden zu bekehren (627f).

Jesu bischöfliches Amt – damit deutet Dannhauer den Begriff der Heimsuchung – gibt der Predigt dann ihre Disposition. Dannhauer spricht über Jesu bischöfliches Auge, den bischöflichen Mund, den bischöflichen Stab und das bischöfliche Geschick. Das Auge Jesu (629–631) sieht nicht nur die Schönheit der Stadt Jerusalem,[10] sondern auch die Vorzeichen der Zerstörung und das zukünftige schreckliche Geschick der Stadt, darüber hinaus »die Höllische Fewerglut / in welche sich die vnbußfertige / vngläubige verblendete Leuth hauffenweiß gestürtzt« (630). Darum weint Jesus.[11] Der bischöfliche Mund Jesu (631–633) predigt den Grund des kommenden Gerichts. Die Juden haben die Heimsuchung trotz vielerlei Predigt nicht erkannt.[12] Sie haben sich »an jhrem Messia versündiget« (633). Seinen bischöflichen Stab gebrauchte Jesus bei der Tempelreinigung (633). Für Auge, Mund und Stab schließlich gaben die Juden Jesus den alten »Propheten Danck« (634), sein bischöfliches Geschick war der Tod.

Erinnerung vnd Nachdencken / in Truck außgefertiget worden von Johan Conrad Dannhawern / der H. Schrifft Doct. Professore, Predigern / auch deß Kirchen-Convents Präside daselbs. Straßburg (Stadel) 1661, darin die »Predigt auff den Zehenden Sontag nach Trinitatis«, 626–638. Die Seitenangaben im folgenden Text beziehen sich auf diese Predigt. Vgl. zu Dannhauer: Friedrich Bosse: Dannhauer, Johann Conrad, RE³ 4, 460–464.

10 Bei der Beschreibung gebraucht Dannhauer die Predigt Herbergers, Z. 160–165.
11 Auch hier finden sich Anklänge an Herbergers Predigt, Jesus weint Liebestränen (vgl. Z. 358f) und Löschtränen, um Gottes Zorn zu dämpfen (vgl. Z. 350f). Auch einzelnes aus Z. 171–191 klingt an. Allerdings ist die Abhängigkeit von Herberger in diesem Abschnitt nicht sehr deutlich.
12 Hier zitiert Dannhauer auch Dan 9,26, vgl. Herberger, Z. 480f.

Hier schließt Dannhauer dann die folgenden Überlegungen an, die vollständig wiedergegeben werden. Die eingeklammerten Zeilenangaben verweisen jeweils auf die entsprechenden Stellen bei Herberger, die Dannhauer hier verwendet.

Es müßte das Maß erfüllet sein / die Bier mußt nach vnd nach reiff werden / sie müssen Messias / ja Gottes-Mörder werden / vnd jmmer je länger je mehr den zorn Gottes häuffen / biß endlich deß grossen Propheten Weissagung in sein Krafft vnd event gegangen. Justa talio mußte folgen / wo mit sich daß Jüdische Volck versündiget / damit müssen sie auch gestrafft werden [Z. 452f]. Den Sohn GOttes wolten sie nicht annehmen / wolten nicht daß dießer vber sie herrschete / darumb muß des Keysers Sohn Titus kommen vnd sie vnder die Sporen nemmen. Sie stellten die Passion Tragoedi mit Christo an / mit Triumph auffs Oster-Fest: Auffs Osterfest müssen sie auch ein Passions Tragoedi halten vnd der Römer Triumph zieren [Z. 390–394]. Christum kaufften sie umb 30. Silberling: dreissig Juden werden wider verkaufft vmb einen Silberling [Z. 457–460]. Sie schreyen Crucifige, Creutzige / Creutzige jhn. Sie seind bey viel tausend gecreutziget worden. Titus hat jhnen deß Creutzigens genug geben. Dann in währender Belägerung sind täglich fünffhundert vnnd mehr an daß Creutz geschlagen worden / daß man letzlich weder Holtz noch Platz zu solchem suplicio Pein mehr finden kondt. Sie schreyen Blut vber ihren Kopff. Blut ist jhnen worden vber ihren Kopff [Z. 428–430]. Sie Krönen jhren König mit Dornen / jhre Statt wird wider gekrönet vund mit einer Kron von Spiessen vnd Hellepart vmbgeben [Z. 437–440]. Sie stechen dem gecreutzigten Christo seine Seiten auff / vnder jhnen werden fast in die 2000. Personen die Bäuche auffgeschnitten. Denn es kam ein Geschrey auß / sie hetten Gold verschlungen / daß suchten die Römische Soldaten in jhren Därmen vnd Eingeweyden [Z. 473–476]. Sie speiseten Christum mit Gall / vnd träncktens jhn mit Essig vnd bitterem getränck: das wird den Juden wider eingebrockt / vnd eingetrenckt / in dem sie mit äusserster rasender Hungers-Noth gestrafft worden / dermassen / daß sie wie die Mucken hauffenweiß auß Hunger dahin gefallen vnd gestorben.[13] Sie stossen ihren König hinauß zur Statt: Sie müssen wider hinauß gestossen werden vnd dörffen nicht mehr hinein schmecken [Z. 470–472]. Hieronymus schreibt / daß er selber das Elend gesehen / wie / wann Jährlich umb die zeit / da Jerusalem erobert worden / die Juden kommen vnd den Vndergang des Orts beweinen wollen / sie jhre eigene Thränen vnd die licenten zu beweinen / mit baarem Geld bezahlen müssen / machten sie es zu lang / so müßten sie mehr Geld suchen. das mag ein Göttlicher Zorn sein [Z. 462–465]! der Mammeluck Julianus, viel mehr Idiolanus genannt / wolt Christi Wort zur Lugen vnd schanden machen vnd erlaubete den Juden Jerusalem zu bawen / aber er mußte selber zu schanden vnd zu spott werden. Er kunt sein beginnen nicht außführen. Was sie bey Tage arbeiteten / daß warff daß Wetter vnd Erdbeben bey Nachts wider in Hauffen / vnd den Arbeitern klebten vberal Creutzlein an jhren Kleidern vnd an den Porren an / daß sie schanden halben mußten ablassen [Z. 500–506]. Die Christen seind auch solche Affen gewesen / vnd haben vermeinet / Jerusalem könne wider erbawet werden. Gottfried Bullonaeus, der die Statt erstlich erstigen / vnd zum König erwehlet worden / Hat Christo zu ehren keine guldene / sondern ein Dörnene Cron getragen. aber die Hoffart hat nur acht vnd achtzig Jahr

---

13 Für das Motiv des mit Essig und Galle Getränktwerdens gibt es mindestens einen mittelalterlichen Beleg, und zwar in der Kirchengeschichte des Haymo von Halberstadt (Haymonis Halberstatensis Episcopi historiae sacrae epitome sive de Christianarum rerum memoria libri decem, PL 118, 817–874, 833 B).

gewähret. Keyser Friederich Barbarossa wolte es wider gut machen / aber er ertranck in einem Wasser. Keyser Friederich der II. fängt dergleichen Händel an / vnder dessen fallet jhm der Papst ins Land da wird abermahl nicht auß [Z. 506–515]. Daß jetzige Jerusalem / ligt wo zu Christi zeiten die Vorstatt ist gewesen / [Z. 515–517] vnd ist die alte Jüdische Jerusalem bey weitem nicht mehr. Christi Wort muß vnaußgekratzt bleiben. Jhr Statt soll wüst gelassen weden [Z. 485]. Luc. 13.35.[14]

Hier zeigt sich die Abhängigkeit von Herberger deutlich. Dannhauer übernimmt fast alle Talionsmotive von Herberger,[15] anschließend den Abschnitt über das Schicksal Jerusalems seit Julian. Dazu gebrauchet Dannhauer weitere Motive, die er möglicherweise selbst geschaffen hat,[16] z.B. den Bezug zwischen dem Sohn Gottes und dem Sohn des Kaisers, Titus, die vielen bei der Belagerung gekreuzigten Juden und die Aufnahme von Mt 27,25.

Bei Dannhauer ist also die Talionstopik gegenüber Herberger noch intensiviert, zumal er den ganzen Abschnitt der Talionsstruktur entsprechend aufbaut. Dagegen sind bei Herberger die einzelnen Motive zu Beginn noch in eine andere Struktur – Weissagung und Erfüllung – eingestreut, die erst in Z. 443–477 gesprengt wird.

Interessant ist aber für unseren Zusammenhang vor allem, in welcher Form Dannhauer seine Aussagen über die Schuld der Juden überträgt. Darum sollen auch diese Überlegungen, die direkt an die oben zitierten anschließen, ausführlich wiedergegeben werden:

Jüdische nation vnser Spiegel! wie sie dann als Zorn-Spiegel vns vor Augen stehet vnd gehet / darinn wir vns selbst spiegeln vnd erkennen lernen sollen. so offt wir einen Juden sehen / so offt sihet der gröste Hauff der vermeinten Christen sich selbst / sein eigen gräßliches Bild vnd Gestalt. Man hat vor zeiten vor 300. Jahren / die hiesigen Juden / (vmb daß sie die Brunnen sollen vergifftet haben) auß dieser Statt gejagt / jhrer viel zum Galgen hinauß geführt vnd verbrennt: aber zum hinder Thor / sind widerumb einkommen andere / mit Christen-Larven vnd Mascarada angezogen vnd die Jüdischen Sünden wider mit gebracht / vnd noch ärger: Jüdische Sicherheit / Vndanckbarkeit / Verachtung Gottes Worts / Vngehorsam / Judensabbath / Jüdisch Würffelspiel / Jüdische Fuggerey / Schinderey / sonderlich vber-Jüdische / vber-Barbarische / vber-Teuffelische Gottslästerungen. Daß die alten vngetauffte Juden Jesum einmahl gecreutziget / geschah auß blindem Eiffer. Hetten sie es gewust / 1. Corinth. 2 v. 8 sie hetten den HErrn der Herrligkeit nicht gecreutziget. Aber wir / die wir wissen / daß Christus der HErr der Herrligkeit sey / lästern sein Persohn / sein Sacramenta, Blut vnd Wort / wissentlich / ahngewohnt. Wir / sag ich / nicht nur die es thun / sondern auch per contagium, die es nicht rügen noch straffen.[17]

---

14 Dannhauer, 634f.
15 Es fehlt nur Z. 453–457 sowie das anschauliche Bild von den wilden Tieren, Z. 467–470.
16 Sie sind mir jedenfalls nicht vorher begegnet.
17 Dannhauer, 635f.

Drei Dinge sind hier bemerkenswert. Zum einen spricht der Prediger von den Juden nicht nur im Zusammenhang der Zerstörung Jerusalems. Er geht konkret auf die Geschichte der Juden in Straßburg ein. Auch wenn er sich dabei auf Ereignisse bezieht, die 300 Jahre zurückliegen, so sind doch dadurch die Juden nicht mehr eine rein vergangene Größe. Bei seiner Darstellung distanziert sich der Prediger in keiner Weise von dem damaligen Vorgehen der Straßburger. Der Vorwurf der Brunnenvergiftung wird dabei allerdings nur als Verdacht, nicht als Tatsache formuliert. Ähnliche Aussagen über die Geschichte der Juden, die Mißhandlung, Vertreibung und Tötung von Juden zustimmend wiedergeben, sind mir sonst in Predigten über Lk 19 nicht begegnet.

Wo Dannhauer dann aber das Wiederkommen der Juden anspricht, wird zum andern deutlich, daß es nicht mehr um die tatsächlichen, jetzt möglicherweise getauften Juden geht. Vielmehr dienen die Juden nun, wo die Vorwürfe noch ausführlicher werden, als Negativbild der Scheinchristen. Dabei findet sich dann auch, das ist die dritte wichtige Beobachtung, wieder die Figur der comparatio, die für die Predigt Luthers bestimmend war. Bewußte Mißachtung Jesu, willentliche Lästerung, ist ein schlimmeres Vergehen als die damalige Kreuzigung. Für diesen steigernden Vergleich muß Dannhauer allerdings wieder die Kreuzigung Jesu und die Verachtung seines Wortes und der Sakramente parallelisieren.

Weil wir schuldig werden wie die Juden, droht auch uns die Strafe Gottes, so fährt der Prediger unter Verweis auf Römer 11 fort. Darum ist auch hier das bischöfliche Amt nötig, das die Eltern für Haus und Kind ausüben sollen, die christlichen Regenten für alle Stände, auch für die Ordnung in der Kirche. Die Prediger aber sollen mahnen und warnen, weil sie sonst mit schuldig werden am Tod der ihnen Anvertrauten (Ez 3). Schließlich, so endet die Predigt, soll jeder sein eigener Seelenbischof sein und den Tempel seines Herzens reinigen.

Zusammenfassend ist zu der Predigt von Dannhauer zu sagen:
Die bei Herberger festgestellte antijüdische Tendenz ist durch die Massierung der Talionstopik sowie durch den Bericht von der Vertreibung der Juden aus Straßburg noch verstärkt. Das Negativbild der Scheinchristen zeigt viele antijüdische Vorurteile. Zugleich aber ist Dannhauer konsequent darin, mit Hilfe der Figur der comparatio die gegen die Juden gemachten Vorwürfe auf die Gemeinde zu übertragen. Dabei vergleicht er – ähnlich wie Luther – die Kreuzigung Jesu und die Verachtung von Wort und Sakrament.

3.3. Zusammenfassung

Auch die Predigt Valerius Herbergers paßt in ihrer Grundtendenz zu dem besonderen Charakter des 10. Sonntags nach Trinitatis, wie er in dieser Arbeit aufgezeigt wurde. Herberger nimmt das Evangelium Lk 19,41–48 und die Zerstörung Jerusalems zum Anlaß, seine Gemeinde zur Buße zu rufen. Auch die Deutung der Zerstörung Jerusalems als gerechte, verdiente Strafe für den Tod Jesu, die Herberger in einem Teil seiner Predigt gibt, kann diese Grundintention der Predigt nicht aufheben.

Im Vergleich mit der Predigt Martin Luthers aus der Kirchenpostille werden aber auch deutlich andere Schwerpunkte erkennbar. Das liegt sowohl an der veränderten Situation als auch an dem anderen Selbstverständnis des Predigers. Auch wenn sich Herberger seiner Funktion und Aufgabe als Seelsorger und Prediger seiner Gemeinde sehr wohl bewußt ist und aus der damit verbundenen Autorität heraus seine ZuhörerInnen ermahnt, so richtet sich seine Predigt doch nicht an das ganze deutsche Volk, sondern nur an die Evangelischen in Fraustadt. Er hat nicht die großen (religions-)politischen Zusammenhänge im Blick. Sein Verständnis der gnädigen Heimsuchung, von der auch er für seine Heimatstadt sprechen kann, ist nicht mehr von dem besonderen epochalen Bewußtsein geprägt, wie es bei Luther zu erkennen war. Hier spricht nicht der Prophet des ganzen deutschen Volkes, sondern viel mehr der Seelsorger einer konkreten Gemeinde. Darum ist die Warnung vor dem drohenden Gericht Gottes weniger deutlich, dafür wird der Ruf zur Buße umso konkreter.

Der Herzprediger ist Seelsorger

Der Seelsorger Valerius Herberger wird erkennbar in dem Bemühen, seine ZuhörerInnen nicht direkt anzuklagen, um sie nicht zu verstocken. Vielmehr wählt Herberger für Vorwürfe meist unpersönliche Formulierungen oder den Irrealis. Zugleich aber zeigt er den damit Gemeinten den Weg zur Buße und Umkehr auf und gibt ihnen konkrete Handlungsanweisungen. Um seine Gemeinde zur Buße zu rufen, droht Herberger nicht so sehr mit dem Gericht, sondern betont vielmehr die Liebe Jesu zu den Sündern, die sich in seinen Tränen zeigt.

Herberger hat – wie Martin Luther – auch das Schicksal der Frommen im Blick, die das Gericht Gottes mit erleben, und für die er Gottes Bewahrung bzw. einen himmlischen Lohn erwartet. Aber er vermeidet es, seine Gemeinde in falscher Sicherheit zu wiegen, indem er auch seine Heilszusagen unpersönlich formuliert und nicht direkt zuspricht.

Valerius Herberger erweist sich in seiner Predigt aber nicht nur als Seelsorger, sondern auch als Katechet, der seine Gemeinde lehren will und sich sowohl durch die klare Struktur als auch durch seine einprägsamen Sentenzen um Behältlichkeit müht.

3. Interpretation

Die Herzpredigt gilt dem einzelnen

Im Vergleich mit der Predigt Martin Luthers ist bei Herberger eine deutliche Tendenz zur Individualisierung und Verinnerlichung erkennbar. Auch diese Tendenz hängt mit dem veränderten Adressatenkreis der Predigt zusammen. Nicht das deutsche Volk, sondern eine konkrete Gemeinde ist angesprochen, die aus einzelnen Gläubigen besteht. Die »Andächtigen Herzen« redet Herberger an. Die Sorge um die Herzen seiner ZuhörerInnen gilt einzelnen Menschen und ihrem Seelenheil. Das zeigt sich in dem Wechsel vom Plural zum Singular im Exordium. Auch im Fortgang der Predigt verwendet Herberger den Singular häufig. Viele seiner Ermahnungen betreffen den Glauben des einzelnen. Das drohende Gericht, vor dem Herberger seine ZuhörerInnen warnt, bezieht sich wie seine Heilszusage im Bild des himmlischen Jerusalem vor allem auf das Jenseits.

Die Tendenzen zur Innerlichkeit und zur Individualisierung bedingen sich zum Teil gegenseitig. Wo es um das Seelenheil des einzelnen geht, wird das Gericht Gottes vor allem im Jenseits erwartet. Wo man dagegen mit einem irdisch erfahrbaren Gericht Gottes rechnet, da betrifft dieses Gericht meistens auch nicht nur einzelne.

Der Betrachter wird zum Zuschauer

Wo der 10. Sonntag nach Trinitatis als Gedenktag der Zerstörung Jerusalems begangen wird, besteht immer die Gefahr, daß die christliche Gemeinde das Schicksal der Stadt Jerusalem und des jüdischen Volkes als unbeteiligte Zuschauerin beobachtet. Obwohl Herberger in seinem Exordium – ähnlich wie Martin Luther[18] – betont: »es gehet dich an, was heute gesaget wird« (Z. 121f), und seine ZuhörerInnen zur ernsthaften Betrachtung auffordert, ermöglicht es der zweite Teil seiner Predigt, das Schicksal der Stadt Jerusalem distanziert zur Kenntnis zu nehmen. Denn in diesem Teil der Predigt zeigt Herberger mit Hilfe des Taliongedankens, daß der Stadt ihre gerechte Strafe zuteil wird, die Strafe, die die Juden durch den Tod Jesu verdient haben. Es gelingt ihm kaum, von dieser Argumentation zu einer Übertragung auf seine Gemeinde zu gelangen. Der »Gebrauch« bleibt sehr allgemein bzw. hat in seiner einzigen Konkretion wenig mit den vorausgehenden Überlegungen zu tun.

Zwar ist zu betonen, daß dieser Teil der Predigt aus dem sonstigen Duktus deutlich herausfällt und sich die hier erkennbare Zuschauerhaltung in den anderen beiden Teilen der Predigt so nicht findet. Dennoch liegt hier eine Schwäche der Predigt Herbergers, die neben den Stärken seiner seelsorgerlichen und anschaulichen Predigtweise nicht verschwiegen werden darf.

---

18 Bei Martin Luther heißt es: »Vnd lasst vns eben darauff sehen / denn es gilt vns auch« (Z. 28f).

C III: Die Predigttradition am 10. Sonntag nach Trinitatis bis ins 20. Jahrhundert

1. Vorüberlegungen

Nach der ausführlichen Darstellung der Predigt Martin Luthers in der Kirchenpostille und der Analyse einzelner Abschnitte der Predigt von Valerius Herberger soll abschließend in Kürze gezeigt werden, wie sich Grundzüge der Predigttradition des 10. Sonntags nach Trinitatis bis ins 20. Jh. hinein fortgesetzt haben. Dabei werden als Beispiel für die Aufklärungszeit Predigtentwürfe zur Historie von der Zerstörung Jerusalems dargestellt. Für das 19. Jh. soll eine Predigt des Hannoveraner Theologen Gerhard Uhlhorn stehen. Von besonderem Interesse ist die spezifische Ausprägung des traditionellen Schemas, die sich in zwei Predigten von Martin Niemöller aus den Jahren 1933 und 1935 findet. Eine Predigt von Karl Steinbauer aus dem Jahr 1936 läßt erkennen, daß Niemöller mit seiner Auslegung in der Zeit des Kirchenkampfes nicht allein steht.

An diesen Predigten bzw. Predigtentwürfen zeigt sich zugleich, daß das Predigtschema, das die Christen mit Verweis auf das warnende Beispiel Jerusalems zur Buße ruft, nicht nur auf den Predigttext aus Lk 19 festgelegt ist. Auch anhand der Historie selbst und, wie die Predigt Niemöllers aus dem Jahr 1935 zeigt, auch über das neue Eisenacher Evangelium Mt 23, 34–39 kann nach diesem Schema gepredigt werden.

Selbstverständlich entsprechen nicht alle Predigten, die am 10. Sonntag nach Trinitatis gehalten wurden, diesem Schema der Bußpredigt anhand des Beispiels Israel. Es gibt auch Predigten, die das Thema der Zerstörung Israels überhaupt nicht ansprechen. Gerade in der Aufklärungszeit wurden auch andere Themen für den Sonntag vorgeschlagen, z.B. ein Fest der Vaterlandsliebe.[1] Genauso ist ja bis heute festzustellen, daß längst nicht alle Predigten oder Predigtmeditationen zum Israelsonntag das Thema aus-

---

1 Vgl. oben, 67 mit Anm. 9.

drücklich ansprechen. Für die Predigtmeditationen hat Evelina Volkmann das im Einzelnen nachgewiesen.²

In unserem Zusammenhang soll darum nur gezeigt werden, wie die Tradition des Gedenkens an die Zerstörung Jerusalems auch in der Aufklärungszeit vorhanden war, wie im 19. und 20. Jh. die jeweiligen Prediger selbstverständlich die Tradition dieses Gedenkens voraussetzen³ und welche Ausprägung sie dieser Tradition geben.

2. Predigtentwürfe aus Beyers Magazin

Wie in Kap. A und B gezeigt wurde, gehörte zu den Besonderheiten des 10. Sonntags nach Trinitatis, daß die Historie von der Zerstörung Jerusalems vorgelesen und darüber auch gepredigt wurde. Es wurden darum nicht nur in manchen Predigtsammlungen Auslegungen der Historie veröffentlicht, sondern den Predigern wurde auch Material zur Erarbeitung solcher Predigten an die Hand gegeben. Eine Reihe solcher Entwürfe aus dem Jahr 1702¹ entspricht in ihrem ganzen Duktus sehr deutlich der analysierten Predigt von Valerius Herberger, so daß ich darauf verzichte, diese Predigten und Dispositionen genauer darzustellen.² Dagegen zeigt eine Sammlung

---

2 Vgl. Volkmann, 132f. Von insgesamt 304 Predigthilfen, die sie ihrer Untersuchung zugrunde legt, gehen 92, das sind 30%, nicht explizit auf den besonderen Charakter des Sonntags ein.
3 Vgl. dazu auch oben, 68f mit Anm. 9, die Hinweise auf andere Predigten, die dieses Thema nennen.
1 Haas, 923–934. Vgl. dazu schon oben, 159 mit Anm. 9.
2 Die bei Haas als erstes angeführte, vollständig ausgearbeitete Predigt leitet die Verlesung der Historie mit folgenden Worten ein: »Es soll zwar / meine liebsten! rechtschaffner Christen ihr gantzes leben nichts anders als perpetua poenitentia, eine stete und immerwährende buße seyn [...] Gleichwohl aber müssen wir fürnehmlich den heutigen tag / welcher zum gedächtniß der jämmerlichen verwüstung der stadt Jerusalem gewidmet ist / zu unserer buß-andacht anwenden. Denn / weinet in dem heutigen Evangelio unser liebster Heyland JEsus CHristus so bitterlich über der sündigen innwohner zu Jerusalem und des gottlosen Jüdenvolcks unbußfertigkeit und verstockung / so dürffen wir anders nicht gedencken / als daß er durch seine heisse thränen uns alle zur busse locken wolle« (a.a.O., 923f). Und im letzten Absatz dieser Predigt heißt es: »Fanget diesen augenblick an euch zu bessern etc. damit könnet ihr GOttes hertz erweichen und gewinnen / daß er sich wenden wird von dem grimm seines zorns [...] Oder so ja das erfüllte maaß der sünden und die übermachte boßheit seine gerechtigkeit nöthiget / mit der straffe endlich herein zu brechen / so wird er doch euch / ihr bußfertigen / entweder durch einen seligen tod zuvorher in eure schlaff-kammern zur ruhe bringen [...] oder aber ein sicheres örtgen euch zeigen [...] da ihr unter dem schatten seiner gnaden-flügel ruhig sitzen [...] könnet« (a.a.O., 929).

von fünf kurzen Ansprachen zur Historie von der Zerstörung Jerusalems aus dem Jahr 1791[3] sehr anschaulich die verschiedenen Deutungen und Anwendungen, die dieser Geschichte durch die Aufklärungstheologie gegeben werden. Dabei wird nicht immer ein Schwerpunkt auf die Buße der Christen gelegt, diese Thematik ist aber doch innerhalb der Betrachtungen mit anzutreffen.

Die erste der Betrachtungen (144–147) erweist anhand der Weissagung Jesu vom Untergang Jerusalems die Wahrheit des Christentums. »So oft wir nun an diese Begebenheit gedenken, so oft muß uns auch die Wahrheit des Christenthums von neuem einleuchten, und so lange die Nachkommen dieses unglücklichen Volks noch in solcher Zerstreuung unter uns leben, ohne Vaterland, Regierung, Tempel und Gottesdienst, so lange haben wir einen sichtbaren Beweis vor Augen, daß Jesus wahr geredet habe. Jeder Jude, der vor uns herumwandelt, ist gleichsam ein lebendiger Zeuge, daß die Geschichte von Jesu von Nazareth keine Erdichtung, und seine Worte keine leeren Drohungen gewesen sind« (146).

Die dritte Betrachtung (153–157) steht unter dem Motto »Gerechtigkeit erhöht ein Volk, aber die Sünde ist der Leute Verderben« (Spr 14,34). Das gilt nicht nur für Völker, sondern auch für einzelne: »Wer von der Tugend weicht, der weicht von seinem Glücke« (154). Insbesondere ist die Geschichte von der Zerstörung Jerusalems ein Beweis dieser Wahrheit. Die Zerstörung wird auf die Laster im Volk zurückgeführt. Die Priester kauften ihre Ämter, das Ansehen der Religion fiel dadurch. Der schlechte Unterricht durch die Priester führte zum Verfall der Sitten, und das Volk hörte nicht auf die Belehrungen Jesu, wodurch das Verhängnis noch hätte aufgehalten werden können. Die Römer hätten das Reich nicht erobert, »wenn weniger Laster, Unordnungen und Verwirrungen im Lande gewesen, und besonders, wenn das Volk folgsamer, gelehriger und dankbarer gegen Jesum gewesen wäre. Aber so war die Sünde der Eitelkeit, des Stolzes, der Herrschsucht, und des eben daraus entstehenden Unglaubens gegen Jesum dieser Leute Verderben« (156). Und das gilt bis heute weiter: »Wo Sünde, Laster und

---

Dann wird die Disposition einer Predigt von »Herr D. Carpzov« von 1671 abgedruckt (vermutlich Johann Benedikt Carpzov, 1639–1699), der nach einer Einleitung und der Verlesung der Historie folgendermaßen gliedert: »Da liegt Jerusalem in seiner asche vor unsern augen a) als ein exempel der boßheit. b) als ein exempel des zorns GOttes [...] Hier begeht man gleiche sünden und boßheit / diese wird auch gleichen zorn und strafe über unsre stadt bringen [...] Nun so bedenckt doch was zu eurem friede dienet / und bekehrt euch. Consolat. Denen bußfertigen wird der HErr gnade erzeigen / und wenn auch alles bunt über gehen [...] sie dennoch behüten« (a.a.O., 930).

3 Kurze Betrachtungen, vgl. oben, 159, Anm. 9. Die Seitenzahlen im folgenden Text beziehen sich auf diese Betrachtungen.

Untugend herrschend werden, da muß, wenn gleich nicht auf einmal und sichtbar, doch nach und nach der Wohlstand abnehmen, und Verderben an seine Stelle treten. Wer demselben entgehen will, der muß vor der Sünde fliehen als vor einer Schlange« (156f).

Als ausdrückliches Gegenstück zu der dritten Betrachtung[4] folgt eine weitere (158–162) über das Schriftwort: »Die Gottseligkeit ist zu allen Dingen nüzze« (1 Tim 4,8). Dies läßt sich zwar nicht aus der Geschichte Jerusalems belegen, »aber wir können doch leicht einsehen, was geschehen seyn würde, wenn die Gottseligkeit wirklich vorhanden gewesen wäre« (159). Durch Jesu Religion hätten die Menschen »zu bessern und tugendhaften Menschen gemacht werden« sollen (ebd.). Sie hätten keine Empörung gegen die Römer angefangen, wären glücklicher gewesen »und Jerusalem hätte noch lange Zeit stehen können, stünde vielleicht noch jezt« (160). Auch die Eintracht als Folge der Gottseligkeit hätte dem zerstrittenen Volk im Gegenüber zu seinen Gegnern genutzt. Nun wird gezeigt, wie die Gottseligkeit auch im Alltag der Gemeinde Nutzen bringt. »So ist die Gottseligkeit zu allen Dingen, auch zu unsrer irdischen Wohlfarth nüzze, und wer seinen Vortheil recht versteht, der folgt immer am liebsten dem Rathe, den uns Gott selbst gegeben hat« (162).

Neben diesen drei Betrachtungen, die in ihrem Duktus durchaus dem oben über die Aufklärungsfassungen der Historie Gesagten entsprechen,[5] stehen zumindest zwei weitere, die vor allem den Zusammenhang von Sünde, Strafe und Ruf zur Buße betonen.

Die zweite Betrachtung (148–152) stellt zu Beginn fest, daß Unglück nicht immer Strafe, Glück nicht immer Belohnung Gottes sei. Das erweise auch das Jesuswort Lk 13,2–5. Wir dürfen uns also nicht für besser halten als andere, denen es schlechter geht. Ein deutliches Beispiel dafür ist der schuldlos leidende Hiob. Zudem gibt Gott oft noch eine Frist zur Besserung: »Harte und widrige Schiksale sind so wenig sichere Merkmale der Ungnade Gottes, als die glüklichen Umstände Zeichen seines Wohlgefallens sind« (150). Das zeigen neben Hiob z.B. die Gefangenen Josef und Paulus und auch Jesus in seiner Armut und Niedrigkeit. Aber auch die Leiden gottloser Menschen sind nicht einfach nur Strafe, sondern auch pädagogische Züchtigung und zugleich Warnung für andere: »Er sucht sie damit zur Erkenntnis der Wahrheit zu bringen, und einen guten Grund zur Besserung zu legen, und zwar nicht blos bey ihnen, sondern auch bey andern Menschen« (151).

---

4 »Die Sünde ist der Leute Verderben – das war die Wahrheit, die wir das vorigemal bey der Vorlesung der Zerstörungsgeschichte Jerusalems mit dem Schicksal des jüdischen Volkes bewiesen« (a.a.O., 158).
5 Vgl. oben Kap. B 4., vor allem 4.6.

Dafür ist Jerusalem ein Beispiel. Die Zerstörung der Stadt ist Folge des Verhaltens der Juden. Sie ist ein Strafgericht Gottes, da sie als solches angekündigt wurde. Aber nicht bloß die Sünde der damaligen Juden ist die Ursache, sonst hätte Jerusalem – wie viele andere Städte auch – schon viel früher zerstört werden müssen. Auch ist die Zerstörung nicht einfach die Strafe für den Tod Jesu, denn die meisten dafür Verantwortlichen waren längst tot und hatten zudem in Blindheit gehandelt, wie Jesu Wort am Kreuz Lk 23,34 zeigt.»Im Grunde sind also die, die Jesum in der Blindheit und Unwissenheit kreuzigten, nicht so große Sünder gewesen als diejenigen, die wissentlich und vorsäzlich ihn verachten« (152). Die Zerstörung wurde von Gott auch als Besserungsmittel gebraucht: Vielleicht hat sich mancher vor seinem Tod noch bekehrt und ist »wenigstens mit einem guten Anfange in jene Welt übergegangen« (ebd.). Außerdem war das Geschehen für spätere Juden als Beweis für die Göttlichkeit Jesu »eine wahre Wohlthat« (ebd.). Der Entwurf endet mit einem Ausblick auf die mögliche Bekehrung der Juden.

Der letzte Entwurf (163–166) zieht den Vergleich zwischen den Sünden der Juden und denen der Zuhörer: »Aber wenn wir nun denken wollten, der Unterschied zwischen der Verdorbenheit und Strafbarkeit der damaligen Menschen und der jezt lebenden sey so groß, daß jene allein die Schuldigen, und wir die Unschuldigen wären: so würden wir uns sehr irren, und weit mehr von uns halten, als sichs gebühret zu halten« (163). Auch unter den heutigen Menschen sind ähnliche Fehler und Verirrungen zu finden wie damals.

Zwar könnten manche heute behaupten: Wir haben nicht das Wort Gottes verworfen, nicht die Propheten und Christus getötet. Dennoch gilt: Die Christen sind genauso undankbar gegenüber den Wohltaten Gottes wie die Juden. Im Gegensatz zu ihnen glauben sie zwar an das Evangelium, aber sie befolgen Gottes Willen dennoch nicht. Sie sehen Gottes Wunder und werden nicht frömmer, sie fluchen Gott, wie die Juden Jesus mit ihrem »Kreuzige« verfluchten. Sie rufen zu Gott nur in der Gefahr. Die Christen verwerfen diejenigen, die sie bessern und zur Wahrheit bringen wollen. Sie tun das zwar nur bei ihresgleichen, aber auch die Juden hielten Jesus ja nur für einen ihresgleichen.»Wir haben also wirklich nicht Ursache, so sehr auf die Vorzüge unsrer Zeitgenossen zu pochen, und mit so verächtlichem Blikke auf die Juden herabzusehen, denn sie finden ihres Gleichen noch immer« (166). Zumal wir den Willen Gottes besser wissen als die Juden, müssen wir ihn auch besser tun.

Zusammenfassend läßt sich sagen:

Die hier dargestellten Predigtentwürfe wollen alle in irgendeiner Form anhand der Geschichte von der Zerstörung Jerusalems belehren. Aber während ein Teil eher allgemeine Wahrheiten aus diesem Geschehen ableitet (3. und 4. Entwurf), wird zumindest in zwei der Entwürfe auch deutlich auf die Änderung und Besserung der Christen gedrängt bzw. der Vergleich zwischen den Sünden der Juden und der Christen gezogen. Allerdings fehlt diesen Entwürfen die Dringlichkeit, die eine solche Mahnung in anderen Predigten bekommen kann. Damit passen die Texte aber in den Duktus, der auch anhand der Aufklärungsfassungen der Historie gezeigt wurde.

3. Gerhard Uhlhorn: Predigt über Lukas 19,41-48

Der Vermittlungstheologe Gerhard Uhlhorn (1826–1901)[1] war Oberhofprediger und Landeskonsistorialrat in Hannover, ab 1878 Abt von Loccum, Mitherausgeber des Hannoverschen Gesangbuchs von 1881 und der Agende von 1888. Er verfaßte »das bis heute unübertroffene Standardwerk ›Die christliche Liebesthätigkeit‹ (1882–1890, ²1895)«[2] und veröffentlichte unter anderem auch einen vollständigen Jahrgang Evangelien- und Epistelpredigten. Die dortige Predigt über Lk 19 zum 10. Sonntag nach Trinitatis[3] ist geradezu idealtypisch, viele der hier gebrauchten Topoi finden sich in anderen Predigten wieder.

Heute begeht die Kirche die Erinnerung an die Zerstörung Jerusalems. Denn um diese Zeit des Jahres war es, am 10. des Monats August im Jahre 70 n.Chr. G., als die Römer [...] das Heiligthum mit der ganzen Stadt zerstörten, also daß auch nicht ein Stein auf dem andern blieb. Daß die Kirche alle Jahre wieder die Christen an dieses Ereignis erinnern läßt, werden wir ja wohl in der Ordnung finden. Ist es doch in der Schrift so oft zuvor geweissagt, werden wir doch so oft darauf hingewiesen als auf das große Gottesgericht, da sich erfüllt das Wort des Heiligen in Israel: Ich der Herr dein Gott bin ein eifriger Gott, der über die, so mich hassen, die Sünde der Väter heimsucht bis in's dritte und vierte Glied! (83)

Dieser Predigtanfang zeigt einerseits das traditionelle Verständnis des Sonntags als Gedenktag der Zerstörung Jerusalems, hier begründet durch die Nähe zum 10. August, andererseits auch die traditionelle Deutung der Zerstörung als zuvor geweissagtes Gottesgericht, als Strafe für die Sünde. Diese Strafe wird im folgenden Absatz auch in ihren Folgen weiter dargestellt: Gottes Volk hat das angebotene Heil nicht angenommen, die Geduld Gottes ist nun ans Ende gelangt: »Vertrieben aus dem Lande seiner Väter, ohne Tempel, ohne Opfer, irrt es zerstreut umher in allen Landen, allen Völkern

---
1 Vgl. Friedrich Uhlhorn: Uhlhorn, Gerhard, RE³ 20, 197–203, sowie Hans Hohlwein: Uhlhorn, RGG³ 6, 1107f.
2 Theodor Strohm: Diakoniewissenschaft, RGG⁴ 2, 801–803, Zitat 802.
3 Gerhard Uhlhorn: Gnade und Wahrheit. Predigten über alle Episteln und Evangelien des Kirchenjahres, Bd. I/2, Stuttgart 1876, 83–89. Die Seitenzahlen im folgenden Text beziehen sich auf diese Predigt.

ein lebendiger Beweis, wohin ein Volk kommt, das seinen Gott verläßt« (83f). Nach dieser typischen Darstellung des Volkes in Anlehnung an den »ewigen Juden« gibt Uhlhorn noch eine theologische Deutung im Sinne der klassischen Substitutionstheorie. Die wilden Ölzweige ersetzen die zahmen, die Heiden treten an diesem »Wendepunkt in der Geschichte des Reiches Gottes« (84) an Israels Stelle. Mit dem Zitat von Röm 11,20–22 wird dies Geschehen als Warnung für die Christen gedeutet.

Die Predigtdisposition und der darauf hinführende Absatz kreisen um das Thema der Tränen Jesu, die diese Warnpredigt halten.[4] Der Auslegung des biblischen Textes »1) Weshalb er weint über Jerusalem« folgt im zweiten Teil der Predigt die Anwendung »2) Was seine Thränen uns zu sagen haben« (84).

Die Tränen Jesu werden als Gegensatz zum von Jubel begleiteten Einzug in Jerusalem und der üblichen Freude der Festpilger geschildert, ein Topos, der sich ähnlich schon bei Herberger und auch sonst sehr häufig findet. Als einen Grund für das Weinen benennt Uhlhorn die Blindheit der Stadt,[5] die ihr Heil nicht erkennt. Er läßt dabei Mt 23,37 anklingen, indem er von der »prophetenmörderische(n) Stadt« redet, die auch an Jesus »ihr Werk« (85) vollbringen wird. In der Vorausschau Jesu wird dann auch die kommende Eroberung der Stadt geschildert, Auslöser seiner Tränen: »Das sieht der Herr und das bewegt ihn zu Thränen, der Gegensatz zwischen dem, was sein könnte, und dem, was ist; welches Heil dieser Tag Jerusalem bringen könnte, und welches Gericht über die Stadt kommt um ihrer Sünde willen« (86). Zugleich sind Jesu Tränen – und damit nimmt Uhlhorn wieder einen weitverbreiteten Topos auf – Zeichen und Beweis seiner Liebe für sein Volk.

Jerusalem ist gnädig heimgesucht und war es auch schon in der Vergangenheit – dafür werden viele Beispiele aus der Geschichte und auch aus dem Leben Jesu genannt, als Veranschaulichung für Mt 23,37, das jetzt auch ausdrücklich zitiert wird. Aber das Volk bleibt auch bei diesem letzten Besuch, bei diesem letzten Versuch, es zu bewegen, verstockt. »Trotz aller seiner Arbeit und trotz aller seiner Liebe sind sie geblieben, wie sie waren. Immer noch dieselbe Gesetzesgerechtigkeit, immer noch derselbe Stolz: Wir sind Abrahams Kinder! immer noch derselbe störrige, dünkelhafte Sinn« (87). So verbirgt sich unter der Oberfläche der für das Fest geschmückten Stadt

---

4 Vgl. zu dem beliebten Topos der Tränen Jesu nur die Predigt von Valerius Herberger, oben Kap. C II, sowie die Sonntagslieder von Benjamin Schmolck und Johann Olearius, Kap. B 7, 166f mit Anm. 37 und 38.

5 Dieses Bild ist natürlich durch Lk 19,42 vorgegeben, aber der Prediger hat möglicherweise auch bildliche Darstellungen des blinden Israel bzw. der blinden Synagoge vor Augen, er spricht von der Möglichkeit, daß »die Binde von den Augen der ungläubigen Stadt fällt« (85).

»Gottentfremdung, die pharisäische Heuchelei, die sadducäische Genußsucht, die erregten Leidenschaften, [...] die Wankelmüthigkeit der großen Menge, die heute Hosianna! ruft, um in wenigen Tagen Kreuzige! zu rufen«[6] (ebd.). Das abschließende Urteil wird ebenfalls aus der Sicht Jesu formuliert: »Dieser Stadt und ihren Kindern ist nicht mehr zu helfen. Sie haben nicht gewollt und sich damit selbst das Urtheil gesprochen. Vor seinen Augen liegt die Stadt da wie eine große Leiche« (87).

Mit einer kurzen Überleitung kommt Uhlhorn zum zweiten Teil seiner Predigt, der Applicatio. Was Jesus vorhergesehen hat, hat sich vor langer Zeit erfüllt, auch wenn die Auswirkungen bis in die Gegenwart reichen: »an den Mauern ihrer Stadt erheben die Juden bis auf diese Stunde ihre Seufzer und stimmen jeden Freitag ihre Klagelieder an, ohne zu erkennen, weßhalb es Jerusalem und ihnen also ergangen ist« (87). Entscheidend aber ist, daß Jesu Tränen jetzt der Gemeinde predigen, sie fragen und mahnen.

Die Tränen predigen heute die gnädige Heimsuchung, da sie zeigen, daß Jesus nicht das Gericht der Sünder will, sondern ihre Rettung. »Heute heißt es bei uns: Lasset euch versöhnen mit Gott!« (88) Aber genauso gilt, daß der abgewiesenen Heimsuchung das Gericht folgt: »hier ist die allerstärkste, die allerreinste Liebe, die über das Verderben der Sünder weint. Wer dieser Liebe das Herz verschließt, wie soll dem geholfen werden? [...] So gewiß das Wort des Herrn erfüllt ist, welches er von dem Gericht über Israel weissagend geredet hat, so gewiß wird auch erfüllt werden, was er von dem Gericht über alle Völker gesagt hat.« (ebd.)

Die Tränen fragen jeden einzelnen »Hast du das schon erkannt?« (ebd.) Denn Jesus hat genausoviel Ursache, in dieser Zeit über die Menschen zu weinen und ihre Blindheit zu beklagen. Predigt und Abendmahl werden oft gering geachtet, auch heute gilt: »welche Gottentfremdung, welcher Mammonsdienst, welcher Cultus des Fleisches. Wie viel Eitelkeit und dünkelhafter Sinn, wieviel Selbstgerechtigkeit in allen Formen [...] Was ist aus der Christenheit geworden, die doch das Wort Gottes hat, und in deren Mitte sein Heiligthum aufgerichtet ist!« (88) Eindringlich wirbt der Prediger dann um die Erkenntnis der Einzelnen noch einmal mit einer Reihe von Fragen.

Schließlich ist die Mahnung für die Gegenwart, zu erkennen, was dem Frieden dient. Zum Frieden dient, so leitet Uhlhorn aus der Epistel des Tages 1 Kor 12,1–11 ab, an Christus als den Herrn zu glauben. Und zugleich leitet das Evangelium an, den Herzenstempel durch Buße zu reinigen – auch dies wieder ein ganz alter Topos, der sich so ähnlich schon bei Gregor dem Großen und u.a. auch bei Herberger findet. Aber Uhlhorn weitet diesen

---

6 Daß dieser Topos bis heute, nicht nur am 10. nach Trinitatis, sondern auch am Palmsonntag weit verbreitet ist, zeigt z.B. das Lied »Jesus zieht in Jerusalem ein« (EG 314, Strophe 6).

Gedanken dann auch wieder aus: »Dein Haus soll Gottes Tempel sein. Laß es dazu werden, daß du mit den Deinen Gott dienst. Unser ganzes Volk soll ein Tempel Gottes sein.« (89) So endet die Predigt mit dem Aufruf, sich dafür einzusetzen, »daß unser Volk werde, wozu es berufen ist, ein christliches Volk«, und dem Wunsch, daß auch hier gelten möge »alles Volk hing ihm an und hörete ihn« (ebd.).

Zusammenfassend läßt sich zu der Predigt von Gerhard Uhlhorn sagen: Sie entspricht in ihrem Grundduktus dem bekannten Schema, wie es z.B. schon bei Herberger zu erkennen war. Die nicht nur individuelle, sondern auf das ganze Volk gerichtete Linie der Applicatio ist auch im Zusammenhang mit Uhlhorns Eintreten für die Sache der Inneren Mission zu sehen.

Die zeitgenössischen Juden hat Uhlhorn kaum im Blick, sie werden nur kurz zu Beginn von Teil 2 mit ihrem Gebet an der Klagemauer erwähnt. Dabei wird deutlich, daß der Prediger jüdische Gottesdienste und Gebete wohl kaum kennt, sonst würde er nicht ausgerechnet das Gebet am Freitag Abend zu Beginn des Sabbat als Klagegebet bezeichnen.[7] Auch der fehlende Bezug auf den 9. Aw weißt darauf hin, daß Uhlhorn sicher keinen näheren Kontakt zu Juden hatte. Angesichts seines Blicks auf das Jerusalem zur Zeit Jesu ist ein solcher Kontakt allerdings auch nicht zu erwarten. Mit »eine[r] große[n] Leiche« verkehrt man nicht.

Der Bezug auf Röm 11,20–22 ist Uhlhorn möglicherweise schon durch die Fassung der Historie aus dem Bremer Gesangbuch, die auch im Hannoverschen Gesangbuch abgedruckt war, vorgegeben. Allerdings ist bei Uhlhorn die Fortsetzung, die Möglichkeit der Wiedereinpflanzung nicht im Blick. Er ist – wie das in seiner Zeit auch nicht anderes zu erwarten ist – noch völlig selbstverständlich im Substitutionsdenken verhaftet.[8]

---

7 Wobei allerdings in allen Gebeten die Bitte um den Wiederaufbau Jerusalems und des Tempels vorkommt, vgl. nur die 17. Bitte des Achtzehnbittengebetes, dazu auch die 14., die allerdings am Sabbat entfällt. Aber dennoch ist der Grundtenor gerade des Gebetes am Freitag Abend eindeutig fröhlich und festlich gestimmt.
8 Wie im Einleitungskapitel gezeigt, hat ja erst nach der Schoah langsam das Umdenken innerhalb der christlichen Theologie begonnen. So weist Volkmann darauf hin, daß in der ersten von ihr untersuchten Phase (1945–1960) noch alle Predigthilfen »von enterbender Theologie gekennzeichnet« sind. Sie führt das auch darauf zurück, daß »noch kein dogmatisches Potential vorhanden [war], auf das sie hätten zurückgreifen können« (144). Wieviel mehr gilt das für die Zeit vor der Schoah.

4. Predigten aus der Anfangszeit des »Dritten Reiches«

4.1. Martin Niemöller: »Frömmigkeit oder Glaube?«[1]

Am 20. August 1933, dem 10. Sonntag nach Trinitatis, predigt Martin Niemöller in Berlin-Dahlem über Lk 19. Der Predigt liegt nicht die ganze Perikope zugrunde, sondern nur der Abschnitt über die Tempelreinigung (19,45–47a). Aber Niemöller benennt im ersten Satz das besondere Thema des Evangeliums und des Tages.

> Das altkirchliche Evangelium des heutigen Sonntags bringt die Weissagung Jesu vom Untergang Jerusalems, und so ist es seit dem Jahrhundert der Reformation bei uns Sitte geworden, in der Predigt dieses Tages der Katastrophe des Jahres 70 und des eigenartigen Schicksals des jüdischen Volkes oder wohl auch unsrer Verpflichtung zur Judenmission zu gedenken. (120)

Damit sind gleich drei Themen angesprochen: Zerstörung Jerusalems, das Schicksal des Volkes seither und die Judenmission.[2] Im zweiten Satz wird diesem alten Thema (seit der Reformation) die neue Situation gegenübergestellt:

> Ich möchte diese alte Tradition heute um so weniger außer acht lassen, als die staatlich-politische und volklich-rassische Einstellung zur Judenfrage, wie sie unsre Gemüter bewegt, uns leicht den Blick für das, was Gott uns hier deutlich machen will, trübt und versperrt. (ebd.)

Auf dieses Versperren bzw. auf die staatlich-politische und die volklich-rassische Einstellung zur sogenannten Judenfrage geht Niemöller dann aber nicht sofort ein, vielmehr auf die Frage, was Gott uns sagen will. Das wird nämlich auch durch andere Dinge versperrt, dadurch, daß alles im ersten Blick so klar aussieht. »Ein Volk sagt sich von Gott und seinem Willen los und empfängt dafür die verdiente Strafe!« (ebd.) Eine Art »Naturgesetz im Völkerleben« (ebd.) scheint das zu sein, wie Frömmigkeit auch Kraft und Mut gibt, während umgekehrt die Lebenskraft zusammen mit Sitte und Frömmigkeit verfällt.

Und nun wird die aktuelle Situation angesprochen, in der »unser Volk angesichts der Schwierigkeiten, Nöte und Leiden, die vor uns liegen,« (ebd.) wieder von Gottvertrauen getragen werden muß. Das Volk (»wir«) hat »so etwas wie eine Tempelreinigung« hinter sich. Ist es damit nicht auf die rech-

---

1 Martin Niemöller: Frömmigkeit oder Glaube? Predigt am 20. August 1933 in der St. Annenkirche zu Berlin-Dahlem über Lk 19,45–47a, in: Karl Kampffmeyer (Hg.): Dein Wort ist deiner Kirche Schutz. Predigten von der Kirche, Göttingen 1934, 120–124, die Seitenzahlen im folgenden Text beziehen sich auf diese Predigt.
2 Vgl. oben Kap. A 4.1. zur Verbindung des Judenmissionsgedankens mit dem 10. Sonntag nach Trinitatis.

te Bahn zurückgekehrt und muß jetzt nicht »das schwere Werk gelingen« (ebd.)?

Aber das Entscheidende, Erstaunliche an dem Untergang Jerusalems ist, daß diese Nation »weder sittlich degeneriert noch religiös skeptisch gewesen« ist. Die »einfache Rechnung« ist hier eben nicht aufgegangen. Trotz Liebe zu Volk und Land, trotz unerschütterlichem Gottvertrauen kamen Gericht und Untergang.

Wer sich einmal ernsthaft und genauer mit den Ereignissen dieses tragischen Endkampfes eines vaterlandsliebenden und frommen Volkes beschäftigt, der bekommt in seinem natürlichen Gottvertrauen einen derartigen Stoß, daß er nicht mehr in gedankenloser Begeisterung singt: »Er läßt von den Schlechten nicht die Guten knechten!«[3], der wird entweder überhaupt an Gott irre oder fängt mit seinem Denken über Gott und mit seinem Fragen nach Gott wieder von vorne an. (121)

Nicht mangelnde Frömmigkeit war die Ursache für das Gericht über Israel, »wir suchen vergeblich nach einem anderen Volk, das sich in Moral und Sitte und Recht so eng und so gewissenhaft an seine Religion gebunden und gehalten hätte, das so oft und so gründlich den Tempel seines völkischen Lebens von allem Gottwidrigen und Artfremden gereinigt hätte.« (ebd.) Unsere Vorstellungen von Gottes Gerechtigkeit sind verkehrt, nur falsche Propheten können behaupten: »Habt nur wieder Vertrauen zu Gott und führt ein frommes Leben, dann kommt ihr, dann kommt unser Volk zu dem Ziel, nach dem uns verlangt, dann werden wir wieder stark und groß und frei und mächtig!« (122)

Aber es geht eben nicht um Frömmigkeit, Jesus ist nicht Reformer gewesen. Als solchen hätten und haben die Juden ihn und »seine unerhört ernsten religiösen und sittlichen Forderungen, wie wir sie aus der Bergpredigt kennen, weitgehend anerkannt und aufgenommen.« (ebd.) Aber das Eigentliche, was Gott durch ihn sagen ließ, »war nicht eine strengere Frömmigkeit und nicht eine bessere Sittlichkeit, überhaupt nicht ein Mehr oder Weniger gegenüber dem, was schon vorher da war, sondern ein ganz Anderes und völlig Neues, eine Revolution und nicht eine Reform.« (ebd.) Das zeigt Jesus mit dem »Tatgleichnis« der Tempelreinigung. Es geht hier nicht um ein moralisches Verdammungsurteil über den Gottesdienst des Volkes Israel, es geht um ein falsches, selbstsüchtiges »Gottvertrauen, das mit Gott einen Vertrag auf Gegenseitigkeit schließen möchte« (123). An dessen Stelle setzt Jesus das rechte Gebet. »Das ist die gewaltige Revolution, die Jesus in alle Frömmigkeit hineintragen will, daß es uns Menschen nicht um unsern,

---

3 Niemöller zitiert hier das zur damaligen Zeit als Ausdruck der nationalistischen »civil religion« gängige sogenannte niederländische Dankgebet: »Wir treten zum Beten vor Gott den Gerechten, er schaltet und waltet mit strengem Gericht. Er läßt von den Schlechten nicht die Guten knechten ...«

sondern um Gottes Willen zu tun sein soll.« (ebd.) Dem Volk Israel aber ging es »in seiner Frömmigkeit um die eigene Sicherung [...] deshalb mußte es an seiner Frömmigkeit zugrunde gehen.« (ebd.)

Und genau das ist heute wichtig, »weil wir uns aufgemacht haben, um wieder ein frommes Volk zu werden« (ebd.). Aber wollen wir damit nicht »uns und unserm Volk die Hilfe Gottes sichern für eine bessere Zukunft?« (123f) statt zu erkennen, »daß Gott der Herr ist und sich keinesfalls zum Diener für unsere Wünsche und Interessen hergibt« (124). Israel ist daran zugrunde gegangen, daß es ein solches Gottvertrauen, einen solchen Glauben nicht gewagt hat. Auch für uns gilt: »Buße und Glauben wollen auf das Wort Gottes hin gewagt sein, das Jesus heißt. An ihm entscheidet sich jedes Schicksal – auch das unsere, auch das unseres Volkes« (ebd.).

Zusammenfassend läßt sich zu dieser Predigt sagen:

Hier wird das Volk Israel in seinem Glauben und Leben nicht schlecht gemacht, sondern erst einmal sehr stark, um dieses starke Israel mit dem starken, frommen, sittlichen Neuaufbruch in Deutschland vergleichen zu können, der damit ebenso zuerst einmal positiv bewertet wird. Dann setzt der Prediger einen völlig neuen Maßstab. Es geht nicht um eine bessere Frömmigkeit, es geht um Glauben statt Frömmigkeit, wie es schon die Überschrift pointiert benennt.

Auch Niemöller verwendet also das grundsätzliche Schema, anhand des Beispiels und Schicksals Israels die eigene Gemeinde zum Glauben bzw. zur Umkehr zu rufen. Dabei vergleicht er die Situation des jüdischen Volkes mit der Deutschlands ein halbes Jahr nach der »Machtergreifung« der Nationalsozialisten. Er tut dies in einer besonderen Form, indem gerade in einer Zeit, in der den Juden vorgeworfen wird, unmoralische und degenerierte, nur nach ihrem Gewinn strebende Menschen zu sein, ihre hohe Moralität und ihre hohe Religiosität bescheinigt wird. Aber auf diese kommt es nicht an, mehr noch, gerade das Vertrauen auf die eigene Moralität und Frömmigkeit führte zum Verderben. Durch diese Deutung kann Niemöller gleichzeitig seiner Gegenwart eine noch andere Tempelreinigung predigen, ohne die moralische und auch religiöse Qualität des Neuanfangs von vorneherein herabzusetzen.

4.2. Martin Niemöller: »Ein letztes Wort«[4]

Auch 1935 hat Niemöller am 10. Sonntag nach Trinitatis in Dahlem gepredigt, diesmal über das neue Eisenacher Evangelium Mt 23,34–39. Auch in dieser Predigt benennt er zu Beginn die besondere Zeit, in der »mit ganz neuer Energie der Versuch gemacht wird, der gesamten Wirklichkeit mit all ihren Nöten und Sorgen […] durch einen festen kühnen Zugriff Herr zu werden.« (84f) Wir – d. h. in diesem Fall das deutsche Volk, »wir« ist in dieser Predigt eine stark changierende Größe – sind bedrückt über die vergangene Zeit, in der Schwierigkeiten nicht angegangen wurden, und haben darum das Ziel, »ein Neues zu gestalten.« (85) Auch »die religiösen Kräfte und Mächte […] in unserem Volk« (ebd.) werden nach ihrer Beziehung zu diesem Ziel beurteilt, darum die Rede von »positivem Christentum« bzw. »positiver Religion«:

> damit ist gemeint: positiv ist für uns, auch auf religiösem Gebiet, alles das, was uns hilft, unser großes Ziel eines geeinten, starken und stolzen Volkes zu verwirklichen und ihm Bestand zu geben; was dem nicht dient, ist uns gleichgültig; was dem entgegensteht, muß beseitigt werden. (ebd.)

Darum wird alle Verkündigung einer scharfen Kritik unterzogen und der »wohlmeinende Rat gegeben« (ebd.), sie der neuen Zeit und ihren Zielen im Sinne dieses positiven Christentums anzupassen. So soll die moralische, sittliche Predigt Jesu ebenso betont werden wie seine heroische Persönlichkeit, in der das »von ihm geforderte Heldentum seine vollkommene Verwirklichung in Dienst, Opfer und Hingabe gefunden hat.« (86) Sein Gottesverhältnis und seine Gottessohnschaft sind demgegenüber zu vernachlässigen bzw. bleiben »der Sphäre des persönlichen freien Glaubens überlassen« (ebd.).

Vor allem aber wird ein »negatives Christentum« abgelehnt, das »von Sünde und Vergebung, von Buße und Gnade« (ebd.) spricht und den gekreuzigten und auferstandenen Christus predigt. Dieses tritt »dem Ideal des freien, starken und stolzen Menschen zu nahe« (ebd.) und verhindert, voll und ganz an die eigene Sache und das eigene Werk zu glauben. »Gnade und Vergebung, das besagt ja, daß nicht wir […] den Erfolg und seine Dauer zu bestimmen vermögen.« (ebd.)

Nun bekommt das »Wir«, das Niemöller gebrauchte, noch eine zweite Bedeutung, auch wenn immer noch im Sinne des Volkes bzw. für das Volk gedacht wird: »Sollen wir uns dem beugen, oder müssen wir uns nicht dem entgegenstemmen, wenn wir wirklich wollen, was wir wollen?« (ebd.) Die

---

4 Martin Niemöller: Ein letztes Wort. (10. Sonntag nach Trinitatis), in: ders.: Alles und in allem Christus! Fünfzehn Dahlemer Predigten, Berlin 1935, 84–90. Die Seitenzahlen im folgenden Text beziehen sich auf diese Predigt.

4. Predigten aus der Anfangszeit des »Dritten Reiches« 301

Alternative ist dabei: »soll der Wille Gottes sich unserm Willen – oder soll unser Wille sich dem Willen Gottes bequemen?« (87)

Nach dieser »Einleitung«, die ungefähr zwei Fünftel der Predigt umfaßt, setzt Niemöller mit einem neuen, zweiten Thema ein, dem 10. Sonntag nach Trinitatis, der »seit Jahrhunderten [...] dem Gedächtnis an die Zerstörung Jerusalems und an das Schicksal des jüdischen Volkes« (ebd.) gewidmet ist. Dieses Schicksal wird dann mit vielen typischen, auch deutlich antijüdischen Topoi geschildert: Der ewige Jude, das Volk »das weder leben noch sterben kann«, das unter einem Fluch steht, das hochbegabt ist, »aber was es auch beginnt, verwandelt sich in Gift« (ebd.). Allerdings dürfen wir nicht »dem Fluch Gottes mit unserem Haß« (ebd.) nachhelfen.

Aber das jüdische Volk steht unter Jesu Gerichtswort Mt 23,38f. Der Grund für dieses Gericht ist nicht einfach die Verantwortung für die Kreuzigung Jesu, »als ob so etwas einem anständigen Volk nicht passieren könne und dürfe« (88). Wenn wir so denken, droht uns die gleiche Verdammnis. Vielmehr, und hier nimmt Niemöller nun das Thema seines ersten, einleitenden Teiles wieder auf:

> »Das jüdische Volk ist gescheitert und zuschanden geworden an seinem positiven Christentum«; es trägt seinen Fluch darum durch die Weltgeschichte, weil es seinen Messias genau so lange [...] gelten zu lassen bereit war, als es sich von ihm [...] eine Förderung der eigenen Pläne und Ziele versprach; weil es ihn aber von sich wies und bis aufs Blut bekämpfte, wo immer deutlich wurde, daß dieser Jesus von Nazareth nicht gewillt war, auf den Ruf zur Buße und zum Glauben zu verzichten, obgleich man sich auf ein freies, starkes, stolzes Menschentum und ein reinblütiges, rassebewußtes Volkstum berief: »Wir sind Abrahams Same und sind niemals jemandes Knechte gewesen!« [...] Hier trat das positive Christentum, wie das jüdische Volk es wollte, dem negativen Christentum, wie Jesus selber es vertrat, gegenüber; der fromme Menschenwille geriet in Konflikt mit dem Willen Gottes [...] Da ist die Entscheidung gefallen [...]. (88f.)

Und darum, weil es die Vergebung ablehnte, trägt nun das Volk den Fluch und die Blutschulden seiner Geschichte. Noch einmal betont Niemöller hier: »Wer aber mag noch hassen, wo Gottes Gericht in vollem Gange ist!« (89)

Am Schluß seiner Predigt zeigt er die Konsequenzen für uns auf: »Ich meine, uns müßte heute angst und bange werden in dem Gedanken und in der Erkenntnis, daß wir mit unserm Volk sichtbar und auf der ganzen Linie vor dieselbe Frage und Entscheidung gestellt sind.« (89) Als Beispiel zitiert er einen Vertreter der positiven Religion mit den Worten: »Jesus Christus ist in den neuen deutschen Glauben nicht hinüberzuretten« (ebd.). Aber können »wir« – wieder meint Niemöller hier die Christen wie das ganze Volk – ohne das sogenannte negative Christentum wirklich leben? »Ich kann es nicht und ihr könnt es nicht und unser Volk kann es nicht« (90). Niemöller schließt mit der Bitte um das Häuflein der Gerechten, die an der Vergebung festhalten, damit das Volk als ganzes noch Zeit zur Umkehr habe, und mit dem Gebet um Erbarmen.

Zusammenfassend läßt sich sagen:

In dieser Predigt fällt die Kritik am Nationalsozialismus deutlich schärfer aus als zwei Jahre zuvor, trotz einer ganz ähnlichen Grundstruktur, die jeweils die Ursache für das Gericht über das Volk Israel auch im deutschen Volk aufzeigt, sei es nun die falsche Frömmigkeit oder das positive Christentum. Die Übertragung wird besonders dicht und eindringlich, wo vom positiven Christentum der Juden die Rede ist. Zugleich ist hier – ähnlich wie in der Predigt von 1933 – der Versuch zu erkennen, nicht in die abwertende Polemik gegen das Judentum einzustimmen, eben indem sie wie die Deutschen als frei, stark, stolz, reinblütig und rassebewußt gekennzeichnet werden. Diesem Versuch, der sich auch in der mehrfachen Abwehr des Hasses und eines menschlichen Gerichts über Israel zeigt, stehen aber die antijüdischen Stereotypen vom Volk unter dem Fluch gegenüber. Dabei ist zu bedenken, daß die Gemeinde in der aktuellen Benachteiligung, Ausgrenzung und beginnenden Verfolgung der Juden eine Veranschaulichung für diesen »Fluch« erkennen konnte. Die aktuelle Situation verstärkte also möglicherweise diese Argumentation des Predigers.

4.3. Karl Steinbauer: Predigt über Lukas 19,41–44[5]

Karl Steinbauer (1906–1988),[6] bayrischer Pfarrer, bekanntes Mitglied der Bekennenden Kirche, von norddeutschen Brüdern der BK der »Löwe aus Bayern« genannt, legte 1936 eine Predigt über Lk 19 der kirchlichen Zensur vor. Steinbauer, der auch innerhalb der bayrischen Landeskirche massive Kritik übte, was u.a. zu seiner zeitweiligen Amtsenthebung im Jahr 1934 führte, geriet seit 1935 immer wieder in offenen Konflikt mit der Regierung, so weil er angeordnete Beflaggung von Kirchengebäuden und angeordnetes Glockenläuten verweigerte. Im Juni 1936 wurde er das erste Mal verhaftet, allerdings nur für einige Tage; er wurde aus Oberbayern ausgewiesen und erhielt ein Redeverbot für das ganze Reichsgebiet. Die Kirchenleitung erreichte dann eine bedingte Rücknahme dieses Verbotes, allerdings unter der Bedingung, daß Steinbauer seine Predigten der kirchlichen Zensur durch den Dekan von Augsburg unterziehen werde, in dessen Dekanatsbezirk er für

---

5 Karl Steinbauer: Zur Zensur vorgelegte Predigt aus der Augsburger Zeit (Augsburg-Lechhausen, 16. August 1936), in: »Ich glaube, darum rede ich!« Karl Steinbauer: Texte und Predigten im Widerstand, hg. von Johannes Rehm, 2. Aufl., Tübingen 2001, 209–221. Die Seitenzahlen im folgenden Text beziehen sich auf diese Predigt.

6 Vgl. zu Karl Steinbauer die Einführung von Johannes Rehm, a.a.O., 8–55, dort auch weitere Literatur.

einige Wochen einer Gemeinde zugewiesen wurde. Ende September konnte er in seine eigene Gemeinde Penzberg in Oberbayern zurückkehren. Aus der Zeit in Augsburg also stammt seine Predigt zum 10. Sonntag nach Trinitatis, die hier als Ergänzung zu den Predigten von Niemöller dargestellt werden soll, weil sie auf ähnliche Weise die Deutung des Gerichts an Israel mit der Kritik am Nationalsozialismus und den Deutschen Christen verbindet.[7]

Steinbauer gibt keine Hinweis auf den besonderen Kasus des 10. Sonntags nach Trinitatis. Als erstes Predigtthema benennt er den Krieg bzw. den Frieden zwischen Gott und den Menschen. Mit der Geburt Christi hat Gott der Welt ein Friedensangebot gemacht. »Der aufreibende, unheimliche Krieg des heiligen, zornigen Gottes wider die sündige Welt, die gegen ihn im Aufruhr steht, ist zu Ende. Gott selber hat Frieden gemacht und die Kriegsschuld selber gezahlt« (210f). Aber das Volk Gottes ist dabei, Gottes Sohn von neuem den Krieg zu erklären, obwohl der Jubel für den Friedefürsten beim Einzug in Jerusalem noch einmal laut erklingt. Aber in diesem Jubel – auch hier wieder der altvertraute Topos – ist für Jesus das »Kreuzige« vorauszuhören. So weint er, weil er sieht, daß das Volk nicht erkennen wird, was zu seinem Frieden dient.

Obwohl sich die Verantwortlichen zur Zeit Jesu nach menschlichen Maßstäben ernsthaft um den Frieden mühten, taten sie in ihrer Blindheit gerade das Verkehrte. Der Friedefürst wurde als Aufrührer bekämpft, der sein Volk geliebt hat, mußte als »Volks- und Vaterlandsverräter, ausgestoßen aus der Volksgemeinschaft den Schandtod sterben« (212). Beim Aufweis der Folgen bedient sich Steinbauer alter Stereotypen und auch der Talionsstruktur:

Denn seitdem sie den »Frieden Gottes«, den »Friedefürsten« aus ihrem Volk ausgetilgt haben, lebt dieses Volk unstet und flüchtig im Unfrieden – seit sie den »Vaterlandsverräter« ausgestoßen haben, daß er sie nicht um »Land und Leute brächte«, sind sie vaterlands- und heimatlos geworden, seit sie den Gotteslästerer, den vermeintlichen Gotteslästerer, gekreuzigt haben, sind sie als Volk in unheimliche Gottesferne gefallen. (213)

Die Übertragung auf die Gegenwart wird durch eine allgemeine Aussage vorbereitet: »Der Ungehorsam gegen das Wort Gottes, gegen das letzte Wort Gottes, das lebendige Wort Gottes, gegen Christus macht blind und wahnsinnig und treibt unaufhaltsam einem erschreckenden Gericht zu« (214). Auch in unserem Volk, in Staat und Kirche, gibt es die Menschen, die sich zwar um Frieden mühen, aber in Blindheit. Dabei hilft es nicht, sich auf die

---

7 Die Ähnlichkeiten im Predigtduktus sind dabei sicher durch die Prägung beider Prediger durch die Theologie Karl Barths mit bestimmt. Allerdings ist auch die Möglichkeit gegeben, daß Steinbauer die Predigt von Niemöller kannte, die ja bereits 1935 veröffentlicht wurde.

alte Entscheidung der Reformatoren zu berufen.»›Wir sind Abrahams Kinder!‹[8] protzen die Juden, wir sind die Evangelisch-lutherischen Christen, sagen im Brustton die anderen« (214).

Heute wie damals muß – in Kirche und im Staat – die Entscheidungsfrage beantwortet werden, »ob der lebendige, wahrhaftige Gott, der sich in Christus uns offenbar gemacht hat, recht hat, und er allein, oder ob der Menschengott recht hat, der Zeitgott, der ein Götze und Widergott ist gegen den Vater unseres Herrn Jesu Christi.« (215f) Wie passen denn lästernde Aussagen von Parteigrößen wie Himmler – »Unsere Aufgabe ist es, das Wissen von der Rasse im Leben unseres Volkes zu verbreiten und jedem, auch dem Jüngsten, als Evangelium, als unser Deutsches Evangelium in Herz und Hirn einzuprägen.« (216) – zusammen mit »dem Paragraphen vom positiven Christentum?« (ebd.) Steinbauer fährt fort:»Und das wissen wir, von solchen Heuchlern und Pharisäern kann nicht Adolf Hitler Deutschland befreien, sondern wenn überhaupt noch etwas, das heilige Evangelium vom Kreuze Christi. Und man soll nun nicht sagen, all diese Reden aus dem Munde verantwortlicher Männer des Staates und der Partei seien nicht so gemeint. Sie müssen es selbst wissen und da und dort wird es auch immer wieder einmal offen ausgesprochen, daß, wer so redet wie sie, vom Evangelium und dem Herrn Christus geschieden ist wie Himmel und Hölle« (216f).

Die Frage Jesu danach, was zum Frieden dient, ruft den einzelnen Christen zur Entscheidung für Christus, wobei dies auch eine Entscheidung gegen den Nationalsozialismus werden kann. Aber auch das ganze Volk steht vor dieser Entscheidungsfrage, und das nötigt Steinbauer zu offener Rede:[9]

Wir wissen, wie unser Volk in weiten und gerade in den führenden Teilen drauf und dran ist, an Christus vorbeizugehen, ja sein Werk zu verachten und zu lästern. Weil wir aber wissen, daß sich das Schicksal unseres Volkes an Christus entscheidet, darum treibt uns die Sorge zum Reden. [...] Wir können ja nicht mehr an Christus vorbei oder vor Christus zurück und plötzlich christuslos werden, wir können nur Antichristen werden. Und davon können wir nicht schweigen und werden wir nicht schweigen, weil wir christus-gläubig und christus-gehorsam sein wollen und weil wir wissen, daß für uns und unser ganzes Volk in keinem anderem [sic!] Heil ist als in Christus. [...] Weil wir wissen, daß der Herr Christus und sein Evangelium so sehr viel mit Politik zu tun hat, daß ohne ihn ganze Völker an ihrer Maßlosigkeit und Unkontrolliertheit zugrunde gehen, und weil er uns durch sein heiliges Evangelium

---

8 Das Zitat aus Joh 8,33, das sich schon bei Uhlhorn in diesem Zusammenhang fand, bekommt bei Niemöller und Steinbauer im Kontext der nationalsozialistischen Rassenideologie eine neue Qualität, es ermöglicht eine sehr direkte Übertragung auf die Gegenwart.

9 Dies muß wie gesagt auch vor dem Hintergrund eines erst vor kurzem ausgesprochenen Redeverbots und der Vorlage dieser Predigt immerhin vor der innerkirchlichen Zensur gehört werden.

den Auftrag gegeben hat, allen christlichen Völkern und auch unserm Volk die Schreckpredigt der Zerstörung Jerusalems zu halten, so tun wir dies in Gehorsam und um unseres Volkes willen. (218.220)

Im Vergleich der Predigten von Niemöller und Steinbauer ist zu sagen: Steinbauer findet noch deutlichere Worte als Niemöller, wobei natürlich auch mit zu bedenken ist, daß Steinbauer 1936 predigt und daß ja auch Niemöllers Predigt von 1935 gegenüber der von 1933 schärfere Worte findet.

In der Dringlichkeit der grundsätzlichen Entscheidung für Christus, um die es geht – und zwar jeweils nicht nur für die Kirche, sondern für das ganze deutsche Volk –, ähneln beide der Predigt Luthers. Steinbauer endet schließlich auch mit einem ausdrücklichen Lutherzitat: »Unser Vater Luther hat gesagt: ›Der letzte Prediger des Evangeliums wird Deutschland mit in den Abgrund nehmen!‹« (220)[10] Auch das Ende der Predigt Niemöllers von 1935 erinnert an den Schluß der Lutherpredigt aus der Kirchenpostille: »so laßt uns darnach ringen und darum beten, daß es unserm Volk nicht fehle an jenem Häuflein von Gerechten, von Menschen, die um Christi willen Vergebung der Sünden haben, damit Gott ihm gnädig sei, damit er – noch – nicht das abschließende letzte Wort spreche: ›Ihr habt nicht gewollt!‹, sondern uns – noch – wieder Zeit und Raum gebe, auf das Wort zu hören, das uns zu Christus als dem Sünderheiland ruft« (90).[11]

5. Ausblick auf die Zeit nach 1945

Die bereits mehrfach erwähnte Arbeit von Evelina Volkmann ermöglicht einen kurzen Blick auf die Predigt am 10. Sonntag nach Trinitatis nach 1945. Dabei legt Volkmann die Predigthilfeliteratur aus den Jahren 1946–1996 zugrunde. Hierbei kommen neben Lk 19,41–48 und Mt 23,37–39 auch weitere Predigttexte des Tages in den Blick. Die Arbeit versucht ausdrücklich, die »Frage nach der Überwindung homiletischen Antijudaismus sowie nach der sachgemäßen Rede von Israel in christlicher Predigt«[1] zu beantworten. Dabei werden die Predigtmeditationen unter drei unterschiedlichen Blickwinkeln klassifiziert. Erstens fragt Volkmann im Blick auf den besonderen Charakter des Sonntages: Charakterisieren die Autoren den 10. Sonntag nach

---

10 Es folgt die biblische Mahnung »Wer Ohren hat zu hören, der höre«, noch einmal der Predigttext und schließlich das Agnus Dei.
11 Auch bei Niemöller folgt als letzter Abschluß die Bitte um das Erbarmen Gottes mit einem Liedzitat, dem Ende von »Großer Gott, wir loben dich«: »Herr, erbarm, erbarme dich! – Auf dich hoffen wir allein, laß uns nicht verloren sein!« (90).
1 Volkmann, 109.

Trinitatis als Gedenktag der Tempelzerstörung oder der Judenverfolgung, oder soll er das Verhältnis Israel-Kirche reflektieren? Zweitens wird danach unterschieden, welche Predigtaufgabe die Autoren sehen: Soll die Predigt an diesem Tag als Paränese zur Buße rufen, sucht sie nach einem theologisch konstruktiven Verhältnis zum Judentum, oder fordert sie aufgrund der Überzeugung von der Wahrheit des Christentums zur Judenmission auf? Drittens geht es um die theologischen Denkmuster der Verhältnisbestimmung zwischen Kirche und Israel: Ist das Verhältnis von Israel und Kirche für die Autoren durch die Enterbung oder die bleibende Erwählung Israels bestimmt?[2]

Die Predigttradition vor 1945 ließe sich nach diesem Klassifizierungssystem folgendermaßen einordnen: Die Prediger verstehen den Sonntag als Gedenktag der Zerstörung Jerusalems, sehen ihre Aufgabe im paränetischen Bußruf mit Verweis auf das Schicksal Israels und setzen die Enterbung Israels voraus.

Diese Tradition setzt sich zumindest in der ersten der vier von Volkmann unterschiedenen Phasen, in der Zeit von 1945–1960,[3] deutlich fort. Der Tag behält als »Judensonntag« ganz überwiegend seinen Charakter als Gedenktag der Tempelzerstörung; und schon mangels neuerer dogmatischer Denkmodelle prägt die Enterbung Israels weiter die Überlegungen, auch wenn manche Autoren bereits versuchen, antijudaismusfreie Theologie zu treiben und sich der besonderen Bedeutung bewußt sind, die dieser Sonntag für die Beziehung von Israel und Kirche hat.

Die zweite Phase (1961–1974)[4] wird für Volkmann eingeleitet durch den Eichmann-Prozeß in Jerusalem. Dieser weckt neues Interesse für die Schoah. Er führt u.a. sogar dazu, daß Hanns Lilje 1961 im Auftrag der EKD eine eigene Predigthilfe zum 10. Sonntag nach Trinitatis verfaßt.[5] Aber auch die Gründung der Arbeitsgemeinschaft »Juden und Christen« beim Deutschen Evangelischen Kirchentag ist eines der Zeichen für einen Neuaufbruch, so daß Volkmann diese Phase überschreibt »Wie das Judentum entdeckt wird«. In dieser Zeit taucht auch zum ersten Mal der Begriff »Israelsonntag« auf.[6] Neben dem Gedenken an die Zerstörung Jerusalems wird nun auch das Verhältnis Kirche und Israel oft als besonderes Thema des Sonntags genannt. Obwohl weiterhin die Paränese als Hauptaufgabe der Predigt gesehen wird, kommen andere Aspekte deutlicher in den Blick, vor allem die

---

2 Vgl. zu diesem Klassifizierungssystem, das Volkmann jeweils noch feiner unterteilt, a.a.O., 115–131.
3 Vgl. zu dieser Phase 134–150, vor allem die homiletischen Ergebnisse ab 147.
4 Vgl. a.a.O., 151–182, besonders ab 176.
5 Vgl. a.a.O., 71f und 151.
6 A.a.O., 151 mit Anm. 202 und 203.

5. Ausblick auf die Zeit nach 1945

Überwindung des Antijudaismus. Allerdings erstarkt gegenüber der ersten Phase auch der Gedanke der Judenmission wieder. Immerhin ein Fünftel der Predigtmeditationen dieser Zeit geht von der bleibenden Erwählung Israels aus.

Am Beginn der dritten Phase (1975–1989)[7] – von Volkmann überschrieben mit »Wie sich der Israelsonntag profiliert« – steht die EKD-Denkschrift »Juden und Christen« von 1975. Der Rheinische Synodalbeschluß ist Vorreiter für ähnliche Beschlüsse in anderen Gliedkirchen der EKD, die diese Phase mit prägen. Auch die neuen Perikopen seit 1977 verändern die Situation, nachdem nun klassische Belegtexte für die Substitution, vor allem Mt 21, 33–46, ersetzt werden.[8] Volkmann arbeitet heraus, daß in dieser Zeit nur noch ein Drittel der Predigthilfen die Enterbung Israels voraussetzen. Wo die bleibende Erwählung Israels anerkannt wird, ist auch eine ermahnende Predigt möglich, die »die Ermahnung *nicht* mit einer für das Judentum nachteiligen paränetischen Verzweckung«[9] verbindet. Die Bedeutung von Judenmission bzw. Zeugnis für Israel nimmt in dieser Phase wieder ab. Insgesamt wächst nach Volkmann kontinuierlich das Bewußtsein für »ein klares, von Antijudaismus befreites Profil«[10], was aber nicht bedeutet, daß der Sonntag damit ein einheitliches Thema bekommt. Vielmehr steht das Gedenken der Tempelzerstörung neben dem Gedenken der Schoah; auch das christlich-jüdische Gespräch kann thematisiert werden. Wichtig ist nach Volkmann neben der Ablehnung der Enterbung, daß der Israelsonntag als eigener Kasus erkannt wird.[11]

Charakteristisch für den christlich-jüdischen Dialog der letzten Phase (1990er Jahre bis 1996)[12] ist das Erscheinen der EKD-Denkschrift »Juden und Christen II«. Selbst in diesen Jahren gibt es nach Volkmann noch immer ein doppeltes Kasusprofil des Sonntags. »Erstens wird der klassische Gedenktag modifiziert beibehalten. Hierbei handelt es sich um die von Judenfeindlichkeit durchsetzte Prägung dieses Tages. Das Ziel der Antijudaismusfreiheit erreicht sie häufig trotz gegenteiliger Beteuerungen nicht.«[13] Eine zweite Gruppe setzt die Überzeugungen des christlich-jüdischen Dialogs voraus. Aus dieser Richtung kamen nach Volkmann auch die Impulse, die schließlich zu einem neuen Proprium für den 10. Sonntag nach Trinitatis führten. Insgesamt sieht sie in diesen Jahren den Versuch, die – weiterhin vielfältige –

---

7 A. a. O., 182–216, besonders 209ff.
8 Vgl. zur Perikopenentwicklung das oben in der Einleitung unter 2.4. Gesagte.
9 Volkmann, 191.
10 A. a. O., 209.
11 Vgl. dazu a. a. O., 216.
12 A. a. O., 217–236, homiletische Ergebnisse ab 232.
13 A. a. O., 236.

Thematik des Sonntags mit dem individuellen Alltagshorizont der Gemeinde zu verbinden. »Die Erfahrungswelt des Einzelnen«, so wird diese Phase darum von ihr überschrieben.

Bei dieser insgesamt positiven Beurteilung der Entwicklung der letzten Jahrzehnte durch Volkmann ist allerdings eines zu beachten: Gerade im Blick auf den methodischen Ansatz von Volkmann bei den Predigtmeditationen und darum relativ weit weg von den gehaltenen[14] und erst recht den gehörten Predigten darf nicht vergessen werden, daß das Predigtgeschehen immer auch durch Verstehenstraditionen und Hörgewohnheiten der Predigtgemeinde beeinflußt ist. Hier ist ein antijudaistisches Verständnis der Texte einschließlich des Substitutionsgedankens auch beim besten Willen der Predigenden nicht von heute auf morgen zu verändern. Wir müssen darum realistisch wahrnehmen, inwieweit das Erbe unserer Tradition, die fast 2000 Jahre die Kirche bestimmt hat, noch immer prägend ist, gerade weil wir diese Tradition verändern wollen und müssen.

Über die neueste Entwicklung seit der Einführung des Evangelischen Gottesdienstbuchs und damit des neuen Propriums mit dem Kirchenjahr 1999/2000 lassen sich noch keine Aussagen treffen. Nach meiner persönlichen Beobachtung ist die Perikopenrevision für den Israelsonntag bei vielen noch gar nicht bewußt geworden, zumal auch den Predigtmeditationen der letzten Jahre z.T. noch die alten Perikopen zugrunde lagen.[15]

---

14 Volkmann selbst benennt die Schwierigkeiten einer pragmatischen Inhaltsanalyse der Predigthilfeliteratur, die nach der Wirkung auf die Rezipienten fragt. »Dazu müsste ein repräsentativer Einblick in Predigten möglich sein, die auf Grund der Lektüre der analysierten Predigthilfen verfasst wurden« (110), was nicht durchführbar ist.
15 So findet sich z.B. in GPM 56 (2002) noch eine Meditation zu 2 Kön 25,8–12. (Ralph Kunz: 10. Sonntag nach Trinitatis – 4.8.2002. 2. Könige 25,8–12, GPM 56 (2002), 354–361.)

Zusammenfassung und Ausblick

Einleitung

1. Nach 1945, vor allem ausgelöst durch die Schoah, setzte im Verhältnis zwischen Christen und Juden ein Erneuerungsprozeß ein. Der wichtigste Schritt des Umdenkens ist die theologisch begründete <u>Anerkennung der bleibenden Erwählung Israels</u>. Damit kann die Kirche nicht mehr an ihrem alten Selbstverständnis, sie habe das Volk Israel als Gottes Volk abgelöst, also an der sogenannten Substitutionstheorie, festhalten. Sie muß statt dessen nach einer <u>neuen Verhältnisbestimmung von Israel und Kirche</u> fragen.

1.1. Der Erneuerungsprozeß beschränkt sich nicht auf den Bereich der wissenschaftlichen Theologie. Er zeigt sich genauso in Verlautbarungen auf verschiedensten kirchlichen Ebenen, denen zum Teil lange Diskussionsprozesse an der Gemeindebasis vorangegangen sind.

1.2. Gemeindeglieder, auch diejenigen, die sich nicht ausdrücklich für das Judentum und die Beziehungen zwischen Christen und Juden interessieren, begegnen der Thematik des Verhältnisses von Christen und Juden in Unterricht und Predigt. In diesen Bereichen des kirchlichen Lebens treffen theologische Überlegungen und alltägliche Gemeindepraxis aufeinander.

1.2.1. In Unterricht und Predigt ist darauf zu achten, daß nicht vom christlichen Antijudaismus geprägte Vorurteile verstärkt oder sogar neu vermittelt werden.

1.2.2. Andererseits bietet gerade die Katechese die Möglichkeit, Einstellungs- und Verhaltensänderungen zu bewirken. Auch durch die Predigt können neue Einsichten vermittelt werden.

1.3. Darum ist die praktische Umsetzung der in der Theologie gewonnenen und in vielen kirchlichen Verlautbarungen ausgesprochenen Erkenntnisse über die Neubewertung des christlich-jüdischen Verhältnisses eine wichtige Aufgabe.

2. Der 10. Sonntag nach Trinitatis, der sogenannte Israelsonntag, ist als ein Tag im Kirchenjahr, an dem sich die Frage nach der Beziehung von Christen und Juden ausdrücklich stellt, besonders ins Bewußtsein gerückt.

2.1. Es wurden in den vergangenen Jahren vielfältige Vorschläge gemacht, diesen Sonntag neu zu gestalten. Diese Bemühungen zeigen, daß die Prägung des Tages, wie sie durch das Proprium vor Einführung des Evangelischen Gottesdienstbuchs 1999 vorgegeben war, als problematisch empfunden wurde.

2.1.1. Verschiedene Themen, die die Gestaltung des Sonntags bestimmen sollen, wurden in der Diskussion vorgeschlagen. Neben der alten Tradition, den Tag als Gedenktag der Zerstörung Jerusalems zu begehen, wurden die Verfolgungsgeschichte der Juden bis heute, die Schuldgeschichte der christlichen Judenfeindschaft und Judenverfolgung, aber auch die Neubestimmung des Verhältnisses von Christen und Juden bzw. die Besinnung auf die gemeinsamen Wurzeln als Leitgedanken für den Sonntag genannt.

2.1.2. Die Kritik an der bisherigen Tradition und Gestaltung des Sonntags schloß auch eine Kritik an den für diesen Tag vorgeschriebenen Perikopen ein. Neuvorschläge für die Perikopen nahmen die neu in die Diskussion gebrachten Themen auf.

2.1.3. Es wurde darüber nachgedacht, das Thema Christen und Juden vom 10. Sonntag nach Trinitatis auf einen anderen, günstigeren Zeitpunkt im Jahr zu verlegen, da der 10. Sonntag nach Trinitatis oft in die Ferienzeit fällt und darum bei Pfarrern wie bei Gemeinden wenig Beachtung findet. Dabei wurden z.B. die Friedensdekade bzw. der 9. November, die Woche der Brüderlichkeit oder der Gedenktag der Schoah als mögliche Termine genannt. Die jeweiligen Termine bedeuten zugleich eine Entscheidung für bestimmte Themen.

2.1.4. Neben der Veränderung von Leitgedanken, Perikopen und Termin des Sonntags wurde auch über eine besondere liturgische Farbe diskutiert. Schwarz als Farbe der Trauer, Violett als Farbe der Buße sowie Rot als Farbe für die jüdischen Märtyrer bzw. für die Juden als Lehrer der Kirche wurden genannt. In der Vielfalt der Vorschläge spiegelt sich noch einmal die Vielfalt der Themen, die mit diesem Sonntag verbunden werden.

2.2. Die Diskussion ist durch die Einführung des Evangelischen Gottesdienstbuchs 1999 und die damit verbundene Revision der Perikopen und Umgestaltung des Propriums für den 10. Sonntag nach Trinitatis zu einem vorläufigen Abschluß gekommen.

2.2.1. Verschiedene Vorschläge aus der Diskussion wurden dabei aufgenommen, vor allem kann nun ein alternatives Evangelium, Mk 12,28–34, neben dem altkirchlichen Evangelium Lk 19,41–48 gelesen werden. Das neue Proprium ist also nicht durch ein Thema eindeutig bestimmt, sondern verbindet weiterhin sehr unterschiedliche Aspekte des Tages.

2.2.2. Es steht ein weiteres Proprium »Christen und Juden« zur Verfügung, das am 10. Sonntag nach Trinitatis oder an anderen Tagen verwendet werden kann. Auch dieses Proprium verbindet sehr unterschiedliche Themen miteinander.

2.3. Auch nach der Neugestaltung des Propriums stellt sich noch immer die besondere Aufgabe, den Israelsonntag mit seinen vorgegebenen und stark divergierenden Themen sinnvoll zu gestalten.

3. Der Blick auf die Geschichte des Sonntags und seine liturgische und homiletische Tradition erscheint für die aktuelle Gestaltung des 10. Sonntags nach Trinitatis hilfreich.

3.1. Die Tradition des Israelsonntags ist bisher nur sehr bruchstückhaft bekannt.

3.2. Mit dieser Tradition wurde dennoch immer wieder argumentiert, um die Notwendigkeit einer Neugestaltung des Sonntags zu begründen. Dabei wurde und wird der Israelsonntag oft als Teil der Schuldgeschichte der christlichen Judenfeindschaft gesehen.

A: Die Geschichte des 10. Sonntags nach Trinitatis

1. Das Sonntagsevangelium und das Datum des 10. Sonntags nach Trinitatis sind Gründe dafür, daß sich für diesen Tag in der deutschen evangelischen Tradition eine besondere Prägung als Gedenktag der Zerstörung Jerusalems herausgebildet hat.

1.1. Im altkirchlichen Evangelium für diesen Sonntag, Lk 19,41–48, kündigt Jesus die Zerstörung Jerusalems an.

1.2. Der 10. Sonntag nach Trinitatis liegt je nach Ostertermin zwischen dem 26. Juli und dem 29. August. Nach christlicher Tradition wird die Zerstörung des Tempels auf den 10. August datiert. Auch der jüdische Gedenktag der Tempelzerstörung, der 9. Aw, fällt in diese Zeit.

1.3. Mit dem bewußten Wahrnehmen des Zusammenhangs der Lesung von der Ankündigung der Zerstörung Jerusalems durch Jesus und des Datums der Zerstörung des Tempels bekommt zugleich der Bericht von der Zerstörung Jerusalems, wie er vor allem durch den jüdischen Autor Flavius Josephus bekannt ist, besondere Bedeutung für den Gottesdienst an diesem Tag.

2. Die besondere Prägung dieses Sonntags, die ihm ausdrücklich das Thema der Zerstörung Jerusalems zuweist, läßt sich im Mittelalter noch nicht feststellen, obwohl in manchen Predigten zu Lk 19,41ff die Zerstörung Jerusalems angesprochen und mehr oder weniger ausführlich von ihr berichtet wird.

2.1. In mittelalterlichen Liturgiekommentaren, die eine Gesamtdeutung der verschiedenen Propriumsstücke für die einzelnen Sonntage versuchen, wird – ausgehend vom zweiten Teil der Evangelienperikope, Lk 19,45–47 – an diesem Tag der Tempel als bestimmendes Motiv gesehen.

2.2. Nur in einer mittelalterlichen Quelle, einem Liturgiekommentar des Honorius Augustodunensis, habe ich zu diesem Sonntag einen Hinweis auf das Datum der Zerstörung des Tempels gefunden.

2.3. Eine bewußte Wahl der Perikope Lk 19,41ff im Zusammenhang mit dem 10. August bzw. dem 9. Aw, wie sie seit dem 16. Jahrhundert immer wieder angenommen wird, läßt sich nicht nachweisen und erscheint unwahrscheinlich.

2.3.1. Wird in mittelalterlichen Texten überhaupt ein Datum für die Zerstörung Jerusalems genannt, so ist es im Normalfall das Passafest. Durch diese Datierung wird eine Verbindung zwischen der Zerstörung Jerusalems und dem Tod Jesu hergestellt.

2.4. Zur Auslegung und Anwendung des Textes Lk 19,41ff dient im Mittelalter vor allem die Allegorie. Die historische Erklärung des Textes, damit die historische Erfüllung der Worte Jesu, ist nicht von besonderem Interesse. Sie bekommt darum keine den Sonntag bestimmende Bedeutung.

3. Die besondere Prägung als Gedenktag der Zerstörung Jerusalems erhält der 10. Sonntag nach Trinitatis in der Reformationszeit. Das »Sonntagsthema« bestimmt nicht nur die Predigt, sondern auch die sonstige Gestaltung des Gottesdienstes.

3.1. Die Prägung des Sonntags läßt sich an dem Brauch ablesen, im Gottesdienst die Geschichte der Zerstörung Jerusalems zu verlesen. Viele Kirchenordnungen des 16. bis 18. Jahrhunderts ordnen eine solche Verlesung für den 10. Sonntag nach Trinitatis an. Der Text der Geschichte in verschiedenen Fassungen findet sich in Kirchenordnungen und wird auch in Gesangbüchern abgedruckt.

3.1.1. Die Prägung des Sonntags findet sich nicht nur in lutherischen, sondern auch in manchen reformierten Kirchen, soweit dort an der Perikopenordnung festgehalten wird.

3.2. Es läßt sich kein einzelner Grund dafür benennen, warum in der Reformationszeit dem Sonntag sein besonderes Thema zuwuchs. Vielmehr ist hier eine Vielzahl von Faktoren zu benennen.

3.2.1. Die Reformation wird als Zeit besonderer gnädiger Heimsuchung Gottes erlebt, vergleichbar der Zeit Jesu. Die gleichzeitige Erfahrung der Verfolgung des Evangeliums führt dazu, auch in dieser Hinsicht die eigene Situation mit der vor der Zerstörung Jerusalems zu vergleichen. Gott hat sein Volk Israel nicht verschont. So droht auch die gegenwärtige Mißachtung der Heimsuchung Gottes Strafe nach sich zu ziehen. Jesu Ankündigung der Zerstörung Jerusalems erhält dadurch besondere Aktualität.

3.2.2. In der Reformationszeit rückt gegenüber einer individualisierenden Auslegung im Mittelalter das Volk als Adressat der Verkündigung wieder stärker in den Blick. Hierdurch wird eine Identifikation mit dem Volk Israel und seiner Geschichte erleichtert.

3.2.3. Das Judentum wird seit der Zeit des Humanismus neu wahrgenommen. Die Kenntnis der hebräischen Sprache unter christlichen Theologen nimmt zu, sie ist vor allem auch für die Übersetzung der hebräischen Bibel, die die Vulgata ersetzt, von Bedeutung. Damit verbunden ist wohl auch eine bessere Kenntnis des Judentums und seiner Feiertage, so daß der 9. Aw als jüdischer Gedenktag der Zerstörung Jerusalems ins Bewußtsein rückt.

3.2.4. Das historische Bewußtsein ist im 16. Jahrhundert ausgeprägter als im Mittelalter. Darum spielt möglicherweise auch der 10. August als Datum der Zerstörung des Tempels eine größere Rolle.

3.2.5. In der Reformationszeit erfolgt zumindest teilweise eine Abkehr von der Auslegung der Bibel mit Hilfe der Allegorie bzw. des vierfachen Schriftsinns. Die Betonung des Wortsinns erweckt auch das Interesse an den historischen Ereignissen, durch die die Worte Jesu erfüllt wurden.

3.3. In der katholischen Kirche wurde das Evangelium Lk 19,41ff seit dem Tridentinum – bis zur Neugestaltung der Leseordnung nach dem 2. Vatikanum – am 9. Sonntag nach Pfingsten gelesen. Eine Prägung dieses Sonntags durch das Thema der Zerstörung Jerusalems ist mir nicht begegnet.

4. Seit dem 19. Jahrhundert haben sich zusätzliche Inhalte für den 10. Sonntag nach Trinitatis ergeben, die in verschiedener Weise die Thematik der Beziehung von Christen und Juden aufnehmen.

4.1. An diesem Sonntag wurde seit dem 19. Jahrhundert in vielen Landeskirchen eine Kollekte für die Judenmissionsgesellschaften erhoben. Auch in der Predigt wurde dann zum Teil die Judenmission thematisiert.

4.2. Nach 1945 wurde der 10. Sonntag nach Trinitatis gewählt, um an diesem Tag zu verschiedenen Themen Stellung zu nehmen, die das Verhältnis zwischen Christen und Juden betreffen, zum Beispiel zur Schuld der Kirche gegenüber den Juden oder zum Antisemitismus. Das führte schließlich zu der oben genannten Vielfalt von Themen, die dem sogenannten Israelsonntag zuwuchsen.

B: Die Historie von der Zerstörung Jerusalems

1. Die Zerstörung Jerusalems und des Tempels durch Titus im Jahre 70 nach Christus war für die Christen von großer Bedeutung. Seit der Zeit des Neuen Testaments haben sich verschiedene Deutungsmuster für dieses Geschehen herausgebildet. Sie finden sich z.B. in der Kirchengeschichte des Euseb schon voll entwickelt.

1.1. Die Zerstörung Jerusalems wird als Erfüllung alttestamentlicher und vor allem jesuanischer Weissagungen verstanden. Dazu werden genaue Übereinstimmungen zwischen Weissagung und Erfüllung aufgezeigt.

1.1.1. Die prophetische Ankündigung beweist nach dieser Argumentation, daß die Zerstörung Jerusalems und des Tempels von Gott gewollt war.

1.1.2. Die Erfüllung der biblischen Weissagungen, vor allem der Worte Jesu, gilt als Wahrheitsbeweis für das Christentum.

1.2. Die Zerstörung Jerusalems und vor allem des Tempels wird auch als Beweis für die Ablösung der jüdischen Religion und des jüdischen Kultes durch das Christentum verstanden und unterstützt damit die sogenannte Substitutionstheorie.

1.3. Die Zerstörung Jerusalems wird als Strafe für den Tod Jesu gedeutet. Im Zusammenhang dieser Deutung hat sich eine Talionstopik herausgebildet, die Entsprechungen zwischen dem Schicksal Jesu und dem Schicksal der Juden bei der Belagerung und Zerstörung Jerusalems aufzeigt: Den Juden ist ein gerechtes Urteil widerfahren, so behauptet diese Argumentation, indem sie genau das erdulden mußten, was sie selber Jesus angetan haben.

1.4. Der wichtigste Zeuge für die Zerstörung Jerusalems ist Josephus, dessen Darstellung eine sehr große Bedeutung für die Christen bekam, dafür von den Juden lange Zeit kaum rezipiert wurde.

2. Seit dem 16. Jahrhundert wurde die Geschichte der Zerstörung Jerusalems am 10. Sonntag nach Trinitatis im Gottesdienst gelesen.

2.1. Die Hauptquelle für diesen Bericht ist der »Jüdische Krieg« des Josephus, der nicht immer direkt benutzt wird, sondern auch durch die bearbeitende Übersetzung des Hegesipp und die verschiedensten Kirchengeschichtswerke vermittelt wird. Zusätzliche Informationen zum Schicksal der christlichen Gemeinde Jerusalems während des jüdischen Kriegs bietet Euseb.

2.2. Der älteste der Berichte, die im Gottesdienst gelesen wurden, stammt von Johannes Bugenhagen aus dem Jahr 1534. In der Zeit der Aufklärung und im 19. Jahrhundert wurden neue Fassungen der Geschichte verfaßt, die den Bericht von Bugenhagen im Gottesdienst ersetzen sollten und auch in neuere Gesangbuchausgaben übernommen wurden.

3. Die Darstellung der Zerstörung Jerusalems, wie sie im Gottesdienst vorgelesen wurde, ist jeweils auch mit einem gewissen Maß an Deutung des Geschehens verbunden. Dabei finden sich die verschiedenen Deutungsmuster wieder, die sich seit dem Beginn der Kirchengeschichte herausgebildet haben. Bestimmend wird aber eine zusätzliche neue Deutung: Die Zerstörung Jerusalems wird als warnendes Beispiel für die Christen verstanden.

3.1. Vor allem für die Aufklärungstheologen ist die Übereinstimmung von Weissagung und Erfüllung und damit der Beweis für die Wahrheit des Christentums, der durch die Zerstörung Jerusalems gegeben wird, von großer Bedeutung und prägt zum Teil die Darstellungsweise der jeweiligen Berichte.

3.2. Die Deutung, die in der Zerstörung des Tempels einen göttlichen Beweis für die Ablösung der jüdischen Religion durch die christliche sieht, findet sich in den in der vorliegenden Arbeit untersuchten Texten nur am Rande.

3.3. Die Zerstörung Jerusalems wird regelmäßig als Strafe Gottes gedeutet. Dabei ist aber die Sünde der Juden, die zu dieser Strafe geführt hat, für die jeweiligen Verfasser der Berichte nicht vorrangig die Kreuzigung Jesu. Vielmehr wird die Verachtung des Evangeliums bzw. die Mißachtung der Heimsuchung Gottes als entscheidende Sünde der Juden genannt. In manchen Texten, vor allem in solchen aus der Zeit der Aufklärung, werden statt dessen auch moralische Verfehlungen der Juden als Grund für die Strafe Gottes aufgeführt.

3.4. Entscheidend ist in vielen Fassungen der Geschichte von der Zerstörung Jerusalems die Deutung des Geschehens als warnendes Exempel für die Christen.

3.4.1. Dieses Deutungsmuster wird dadurch ermöglicht, daß die Zerstörung Jerusalems nicht als Strafe für den Tod Jesu, sondern für andere Sünden der Juden verstanden wird.

3.4.2. Sündigen die Christen ebenso wie die Juden, so droht ihnen auch ein vergleichbares Gericht Gottes. Die Zerstörung Jerusalems ist also ein warnendes Beispiel im Sinne von Röm 11,20b–22, das die Christen zur Umkehr ruft.

4. Ein Grund für das Deutungsschema, das die Zerstörung Jerusalems als warnendes Beispiel für die Christen versteht, liegt in der Gattung der Texte, die im Zusammenhang des 10. Sonntags nach Trinitatis vom Schicksal Jerusalems erzählen.

4.1. Diese Texte sind zur gottesdienstlichen Verwendung gedacht und sind damit Teil der Verkündigung. Die Geschichte von der Zerstörung Jerusalems hat dabei eine ähnliche Funktion wie ein biblischer Text.

4.1.1. In Gesangbüchern und Kirchenordnungen wird die Historie im Zusammenhang mit den sonntäglichen Perikopen und der Passionsharmonie abgedruckt, also neben biblischen Predigttexten. Schon Johannes Bugenhagen hat seine Fassung der Historie als Abschluß seiner Passions- und Auferstehungsharmonie neben biblische Texte gestellt.

4.1.2. Viele Kirchenordnungen schreiben vor, die Geschichte von der Zerstörung Jerusalems an Stelle der nachmittäglichen Epistel- oder Katechismuspredigt zu lesen. An sie anschließend wird oft eine Predigt, eine Ermahnung oder ein Gebet angeordnet. Damit wird die Historie von ihrer Funktion her einem Predigttext vergleichbar.

4.2. Da es in der Verkündigung darum geht, den jeweiligen Text anzuwenden, ihn auf das Leben der Menschen zu beziehen, sind diejenigen Deutungsmuster der Zerstörung Jerusalems besonders geeignet, die eine solche Anwendung ermöglichen.

4.2.1. Indem die Zerstörung Jerusalems als warnendes Beispiel verstanden wird, erfolgt die Anwendung in Form von Gerichtsdrohung oder Bußruf. Den Christen wird ein dem Schicksal Jerusalems vergleichbares Gericht Gottes angedroht, falls sie ihr Verhalten nicht ändern.

4.2.2. Aber auch die Deutung des Geschehens nach dem Schema von Weissagung und Erfüllung, die in der Aufklärung ein besonderes Gewicht bekommt, läßt eine Anwendung zu: Der Beweis für die Wahrheit des Christentums soll den Glauben wecken bzw. stärken.

5. Indem die Zerstörung Jerusalems als warnendes Beispiel für die Christen verstanden wird, erhält der 10. Sonntag nach Trinitatis den Charakter eines Bußtages. Die Christen werden durch das Beispiel Jerusalems zur Buße gerufen, um der ihnen drohenden Strafe Gottes zu entgehen. Dieser Charakter des Sonntags zeigt sich nicht nur in den verschiedenen Fassungen der Historie von der Zerstörung Jerusalems und in den gesondert zu besprechenden Predigten, sondern auch in anderen für den Gottesdienst bestimmten Stücken.

5.1. Bei den für diesen Sonntag bestimmten Liedern handelt es sich überwiegend um Buß- oder Volksklagelieder. Dabei finden sich unter den Bußliedern sowohl kollektiv als auch individuell formulierte Lieder. Vor allem die Lieder, in denen ein Kollektiv spricht oder angeredet wird und die oft durch die Psalmen geprägt sind, zeigen dabei eine deutliche Identifikation mit dem Volk Israel.

5.1.1. Für das 16. und 17. Jahrhundert kann man von einem Hauptlied des Sonntags sprechen. Es handelt sich um eine Nachdichtung des 137. Psalms, »An Wasserflüssen Babylon«. In der Wahl dieses Psalms wird die Identifikation mit dem von Gott gestraften, aber auch von Feinden verfolgten Volk Israel besonders deutlich.

5.2. Die ebenfalls für die gottesdienstliche Verwendung bestimmten Kantaten Johann Sebastian Bachs für den 10. Sonntag nach Trinitatis zeigen beispielhaft die feststehende Prägung des Tages durch den Gedanken der Buße, wobei nicht einmal von der Zerstörung Jerusalems geredet werden muß.

C: Die Predigt am 10. Sonntag nach Trinitatis

1. Anders als bei den verschiedenen Fassungen der Geschichte von der Zerstörung Jerusalems, bei denen das Schwergewicht auf der Darstellung der historischen Ereignisse liegt und deren Deutung und Anwendung nur einen kleinen Raum einnehmen, legen Predigten grundsätzlich ein besonderes Gewicht auf die Anwendung. Darum läßt sich an Predigten zum 10. Sonntag nach Trinitatis das anhand der übrigen Texte bereits aufgezeigte Deutungsschema der Zerstörung Jerusalems, das diesen Tag prägt, genauer untersuchen.

1.1. Anhand zweier exemplarischer Predigten werden Stärken und Möglichkeiten, aber auch Probleme der Predigttradition erkennbar, die für den 10. Sonntag nach Trinitatis seit dem 16. Jahrhundert bestimmend war.

1.2. Ein Überblick über weitere Predigten aus dem 18. bis 20. Jahrhundert bestätigt und ergänzt die Ergebnisse der exemplarischen Predigtanalyse.

2. Die Grundstruktur der Predigten über Lk 19,41–44(45–48), die am 10. Sonntag nach Trinitatis als dem christlichen Gedenktag der Zerstörung Jerusalems gehalten werden, besteht darin, der Gemeinde Jerusalem als warnendes Beispiel für das Gericht Gottes vor Augen zu stellen.

2.1. Die Übertragung von Jerusalem bzw. dem jüdischen Volk auf die jeweilige Gemeinde erfolgt, indem die Sünden der Juden, die die Strafe der Zerstörung Jerusalems herbeigeführt haben, mit den Sünden der jeweiligen Gemeinde in Beziehung gesetzt werden. Dabei zeigen sich zwei verschiedene Grundtendenzen im Aufweisen der jeweiligen Sünden.

2.1.1. Bei einem vor allem theologischen Verständnis von Sünde wird die Ursache des Gerichtes über Israel im Unglauben der Juden gesehen. Entsprechend werden dann die Christen zur Bekehrung, zur Annahme des Evangeliums und zum Glauben gerufen.

2.1.2. Ein moralisches Verständnis von Sünde findet sich weniger in den zwei exemplarisch untersuchten Predigten, sondern vor allem in den in der Aufklärung entstandenen Fassungen der Geschichte von der Zerstörung Jerusalems und entsprechend in Predigtentwürfen zur Historie aus dieser Zeit. Hierbei wird der Untergang der Juden auch als Folge des moralischen Niederganges des Volkes – und daneben als Folge des übertriebenen Nationalstolzes und Erwählungsbewußtseins – gesehen. Parallel dazu wird von den Christen sittliches Handeln gefordert.

2.2. Neben der Parallelisierung der jeweiligen Sünden und im Zusammenhang mit ihr kann auch eine Parallele zwischen der besonderen gnädigen Heimsuchung zur Zeit Jesu und in der jeweiligen Gegenwart gezogen werden.

2.3. Obwohl die Prediger den Schwerpunkt ihrer Auslegung auf die Anwendung des Geschehens für ihre Gemeinde und ihre Zeit legen, bleibt daneben das Interesse an dem historischen Geschehen der Zerstörung Jerusalems bestehen, so daß auch von der Belagerung und Eroberung der Stadt mit all ihren besonderen Grausamkeiten ausführlich berichtet werden kann.

2.4. Die Struktur der Predigten über Lk 19,41–44(45–48), die am Gedenktag der Zerstörung Jerusalems gehalten werden, unterscheidet sich in der Art der Anwendung von den mittelalterlichen Predigten über diesen Text.

2.4.1. Auch die mittelalterliche Auslegung der Perikope Lk 19,41–44, die auf eine Predigt Gregors des Großen zurückgeht, legt das Schwergewicht auf die Anwendung. Diese erfolgt aber über eine allegorische Auslegung: Die Stadt Jerusalem entspricht der menschlichen Seele, die im Augenblick ihres Todes von den Feinden, nämlich von bösen Geistern, belagert wird. Ob diese sie vernichten können, hängt daran, ob der Mensch in seinem Leben die Heimsuchung Gottes angenommen hat. Für diese Form der Anwendung spielt die historische Auslegung des Textes keine Rolle, die Zerstörung Jerusalems wird oft nur kurz erwähnt.

2.4.2. In den mittelalterlichen Predigten, die ausführlicher auf die Zerstörung Jerusalems Bezug nehmen und von ihr erzählen, erfolgt die Deutung des historischen Geschehens entweder mit Hilfe der Talionstopik oder die Zerstörung wird direkt als Rache und Strafe für den Tod Jesu verstanden. Die Anwendung auf die Gemeinde erfolgt auch in diesen Predigten meist mit Hilfe der allegorischen Auslegung nach dem Muster Gregors.

3. Die Grundstruktur der Predigt am 10. Sonntag nach Trinitatis kann verschieden ausgeformt werden. Wichtige Faktoren sind dabei die Anrede der Zuhörer als Individuen oder als Kollektiv, die Situationsanalogie zwischen der Zeit Jesu und der jeweiligen Gegenwart sowie das Selbstverständnis des Predigers.

3.1. Die Predigt Martin Luthers über Lk 19,41–48 in der Kirchenpostille legt einen Schwerpunkt auf die Gerichtsankündigung.

C: Die Predigt am 10. Sonntag nach Trinitatis

3.1.1. Adressat der Predigt ist nicht der einzelne, sondern ein »Wir«, das ganz Deutschland meint.

3.1.2. Luther behauptet eine große Übereinstimmung seiner Situation mit der zur Zeit Jesu. Deutschland erlebt eine gnädige Heimsuchung durch das Evangelium. Aber wie zur Zeit Jesu wird das Evangelium abgelehnt, unterdrückt und verfolgt.

3.1.3. Luther kündigt für Deutschland ein dem Schicksal Jerusalems entsprechendes bzw. dieses noch übertreffendes Gericht an. Diese Gerichtsansage gilt kollektiv, das Gericht wird als historisches Ereignis erwartet. In der Ansage des Gerichtes versteht Luther sich ausdrücklich als Prophet.

3.1.4. Die Grundstruktur der Predigt Luthers findet sich knapp und ohne ausdrücklichen prophetischen Charakter z.B. auch bei Johannes Bugenhagen als Schlußbemerkung zu seiner Historie von der Zerstörung Jerusalems.

3.2. Die Predigt Valerius Herbergers über Lk 19,41–48 in seiner Evangelischen Herzpostille legt dagegen den Schwerpunkt auf den Ruf zur Buße.

3.2.1. Adressat der Predigt ist für Herberger überwiegend das Herz des einzelnen Zuhörers.

3.2.2. Das Bewußtsein, in einer besonderen, herausragenden historischen Situation zu leben, wie es für die Zeit der Reformation typisch war, fehlt bei Herberger. Die gnädige Heimsuchung wird eher individualistisch und verinnerlicht verstanden.

3.2.3. Obwohl auch Herberger die Sünde seiner Zuhörer ausdrücklich anspricht und sie vor dem Gericht Gottes warnt, spricht er als Seelsorger, der bei seiner Gemeinde um Umkehr wirbt, nicht als Prophet. Wie die Heimsuchung gilt auch das Gericht Gottes vor allem dem einzelnen und wird überwiegend eschatologisch erwartet.

3.3. In Predigten von Martin Niemöller und Karl Steinbauer aus den Anfangsjahren des »Dritten Reichs« zeigen sich Parallelen zur Predigt Martin Luthers.

3.3.1. Auch Niemöller und Steinbauer deuten ihre Zeit als eine herausragende Situation, in der Deutschland vor der Entscheidung für oder gegen Christus steht. Dabei fehlt allerdings aus begreiflichen Gründen die ausdrückliche Situationsanalogie zur Zeit Jesu. Der Nationalsozialismus wird – anders als die Reformation – nicht als gnädige Heimsuchung gedeutet.

3.3.2. Adressat ihrer Predigten ist nicht nur der einzelne, auch nicht nur die Kirche bzw. die Christen, sie haben vielmehr ausdrücklich das ganze deutsche Volk im Blick. Der Ruf zur Entscheidung und Umkehr wird allerdings nicht wie bei Luther mit einer prophetischen Gerichtsankündigung verbunden.

4. Die Deutung der Zerstörung Jerusalems als warnendes Exempel konkurriert mit der Deutung, die die Zerstörung als Strafe für den Tod Jesu versteht.

4.1. Die Parallelisierung zwischen der Sünde der Juden zur Zeit Jesu und der Sünde der Christen in der Gegenwart ist da kaum möglich, wo als Hauptsünde der Juden die Verantwortung für den Tod Jesu benannt wird. Die Anwendung auf die Gemeinde wird damit erschwert oder unmöglich gemacht, da den Christen nicht die Verantwortung für den Tod Jesu zugewiesen werden kann.

4.1.1. Die Übernahme einer solchen Verantwortung für den Tod Jesu durch die Christen findet sich zwar im Zusammenhang der Passionsgeschichte und gehört zur Topik vieler Passionslieder. Aber dabei wird der Tod Jesu theologisch gedeutet. Die Christen haben durch ihre Sünden den Tod Jesu mit verursacht, er nimmt stellvertretend das Gericht Gottes auf sich. Dagegen erfahren die Juden in der Zerstörung Jerusalems selbst das Gericht Gottes für ihre Sünde.

4.2. Im zweiten Hauptteil der Predigt Herbergers läßt sich die Problematik erkennen, die sich durch die Deutung der Zerstörung Jerusalems als Strafe für den Tod Jesu ergibt. Herberger parallelisiert mit Hilfe der Talionstopik die Passion Jesu und das Schicksal Jerusalems. Im Gegensatz zu den sehr ausführlichen Anwendungen der übrigen beiden Hauptteile seiner Predigt beschränkt sich die Übertragung auf die Gemeinde hier auf zwei Bibelstellen, die vor dem Gericht Gottes warnen.

4.3. Auch da, wo die Zerstörung Jerusalems in Predigten teilweise als Strafe für den Tod Jesu gedeutet wird, überwiegt, wie die Predigt Herbergers zeigt, normalerweise die andere, eine Anwendung ermöglichende Deutung des Geschehens.

4.4. Wird die Zerstörung Jerusalems vor allem als gerechte Strafe für den Tod Jesu dargestellt und gedeutet, so ermöglicht das eine distanzierende Betrachtung des Geschehens. Eine solche Beobachtung aus der Distanz birgt in sich die Gefahr, antijüdische Einstellungen zu fördern.

5. In Predigten findet sich eine weitere Linie der Anwendung auf die Gemeinde, die vom Schicksal der Christen im belagerten Jerusalem ausgeht. Wie Gott diese bewahrt hat, indem sie aufgrund einer Weissagung rechtzeitig nach Pella flohen, kann er auch in der Gegenwart die wahren Frommen vor dem Gericht bewahren bzw. ihnen zumindest einen himmlischen Zufluchtsort gewähren.

5.1. Dieser Gedanke entschärft die Gerichtsansage bzw. den Bußruf der Predigt, da er es den Zuhörern ermöglicht, sich zu den Frommen zu zählen, für die das Gericht keine Bedeutung hat.

5.2. Bei Luther findet sich dieser Gedanke in einer besonderen Ausprägung, da er nicht zuerst nach dem Schicksal, sondern vor allem nach der Funktion der Christen bzw. der Frommen fragt. Hierbei parallelisiert Luther die Apostel mit den wahren Gläubigen seiner Zeit, zu denen er auch sich selbst zählt. Ihre Anwesenheit und ihre Verkündigung in der bedrohten Stadt Jerusalem bzw. in Luthers Gegenwart in Deutschland halten das Gericht Gottes auf, damit in der Zwischenzeit möglichst viele Menschen zur Umkehr und zum wahren Glauben gerufen werden können. Auch Niemöller weist den Gerechten, wie er sie nennt, ein entsprechende Aufgabe zu, allerdings ohne sich selbst ausdrücklich zu dieser Gruppe zu rechnen.

5.3. Der Gedanke der Bewahrung Gottes wird in verschiedenen Fassungen der Historie von der Zerstörung Jerusalems aus der Aufklärung ebenfalls betont und dabei noch ausgeweitet: Gott bzw. die göttliche Weltregierung wird nicht nur die Frommen bewahren, sie kann überhaupt aus Schlimmem, in diesem konkreten Fall aus der schrecklichen Zerstörung Jerusalems, Gutes entstehen lassen, im konkreten Fall die Ausbreitung und Förderung des Christentums.

Ausblick auf die aktuelle Gestaltung des Israelsonntags

1. Die besondere Prägung des 10. Sonntags nach Trinitatis als eines christlichen Gedenktags der Zerstörung Jerusalems ist bedingt durch das altkirchliche Evangelium des Sonntags und durch seinen Termin.

1.1. Die seit 1999 gültige Perikopenordnung, die die Ersetzung des altkirchlichen Evangeliums ermöglicht, gibt damit einen Anknüpfungspunkt an die Geschichte des Sonntags auf. Entsprechendes gilt auch für die – vorläufig nicht realisierten – Vorschläge der letzten Jahre, den Sonntag so zu verschieben, daß er nicht mehr in die Ferienzeit fällt.

1.2. Eine solche Veränderung innerhalb der Ordnung des Kirchenjahres, die von alten, vorgegebenen Prägungen abweicht, ist selbstverständlich möglich und ist auch an anderen Tagen vorgenommen worden. Allerdings sollte dazu ein in sich stimmiger Vorschlag zur Gestaltung des Sonntags bzw. der Thematik »Christen und Juden« vorliegen, was m.E. durch die Vielfalt der vorgegebenen Themen auch nach der Revision von 1999 noch nicht der Fall ist.

2. Die Geschichte des 10. Sonntags nach Trinitatis ist nicht einfach zur christlichen Schuldgeschichte gegenüber dem Volk Israel zu rechnen, wie das in der Diskussion um den Sonntag oft behauptet wird.

2.1. Auch wenn das Verständnis der Zerstörung Jerusalems als warnendes Beispiel für die Christen nicht nur positiv zu bewerten ist, da es u.a. normalerweise die Substitutionstheorie voraussetzt, ist es doch deutlich weniger vom christlichen Antijudaismus geprägt als die übrigen Deutungen der Zerstörung Jerusalems, die sich in der christlichen Tradition finden.

2.2. Eine Deutung innerweltlicher Ereignisse als Gottesgericht entspricht und entspringt biblischem Geschichtsverständnis. Entsprechend gibt es viele jüdische Traditionen, die auch die Zerstörung Jerusalems und des Tempels als Strafe Gottes für die Sünden des Volkes Israel deuten. Allerdings verändert eine solche Deutung ihren Charakter, wenn nicht mehr von der Strafe Gottes für eigene Sünden geredet wird, sondern der Zusammenhang zwischen Sünde und Strafe bei anderen festgestellt wird. Am 10. Sonntag nach Trinitatis bleibt es aber nicht bei einer solchen unbeteiligten Feststellung, sondern es wird der Bezug zur Sünde der Christen und dem ihnen drohenden Gericht hergestellt.

3. Die Tradition des 10. Sonntags nach Trinitatis enthält Elemente, die für die gegenwärtige Praxis der Kirche beachtenswert sind.

3.1. Das besondere Thema, das diesem Tag zugewachsen ist, die Warnung vor dem Gerichtshandeln Gottes, weist hin auf ein Defizit gegenwärtiger Predigt, die kaum vom Gericht Gottes redet.

3.2. Eine gewisse Identifikation der Kirche mit dem Volk Israel, wie sie sich besonders in den für den 10. Sonntag nach Trinitatis bestimmten Liedern ausdrückt, prägt den Tag mit Elementen von Trauer und Buße und rückt ihn in die Nähe des 9. Aw.

4. Es ist m.E. dennoch nicht möglich, in der heutigen Zeit die Tradition, die sich in den vergangenen Jahrhunderten für den 10. Sonntag nach Trinitatis entwickelt hat, unreflektiert fortzusetzen bzw. wieder aufzunehmen.

4.1. Wenn vom Gericht Gottes über Israel geredet wird, besteht die Gefahr, die Zerstörung Jerusalems und des Tempels – wie das in der Geschichte der Kirche tatsächlich immer wieder geschehen ist – als Verwerfung Israels zu verstehen.

4.2. Werden die Gerichtsworte Jesu, die die Zerstörung Jerusalems ankündigen, als Worte an die Gemeinde verstanden, so liegt es nahe, die Parallelisierung zwischen Juden und Christen, die die Übertragung ermöglicht, mit der Substitution Israels durch die Kirche zu begründen, obwohl das für die Argumentation nicht notwendig ist.

4.3. Das Erzählen von der Zerstörung Jerusalems kann – gerade wegen der in ihrer Grausamkeit bis heute stark beeindruckenden damaligen Ereignisse, wie sie Flavius Josephus berichtet – zum Selbstzweck werden. Damit werden die Christen zu Zuschauern des Geschehens, zu Zuschauern beim Gericht über andere. Eine Übernahme des alten Brauches, die Geschichte der Zerstörung zu verlesen, wie sie eine Fassung dieser Erzählung noch aus dem Jahr 1970 nahelegt, erscheint keinesfalls mehr möglich.

5. Will man an die Geschichte des 10. Sonntags nach Trinitatis anknüpfen, so braucht es gleichzeitig Korrektive, um nicht die problematischen Seiten der Tradition fortzuführen.

5.1. Zielpunkt einer Predigt über Lk 19,41–44(45–48) ist die Gerichtsansage bzw. der Bußruf für die jeweilige Gemeinde, nicht das Reden vom Gericht über andere, nämlich das Volk Israel. Je konkreter die Predigt die Sünden der Gegenwart benennt und der Gemeinde Gericht und Umkehr predigt, desto weniger Gewicht erhält das Reden über die Zerstörung Jerusalems als Beispiel für Gottes Gerichtshandeln und über die Sünden Israels.

5.2. Die Deutung der Zerstörung Jerusalems am 10. Sonntag nach Trinitatis und ihre Anwendung auf die Gemeinde, wie sie sich seit der Reformationszeit herausgebildet hat, läßt sich mit den Worten des Paulus aus Röm 11, 20b–22 zusammenfassen, wie das in manchen Fassungen der Geschichte von der Zerstörung Jerusalems ausdrücklich geschieht. Das kann heute nicht mehr geschehen, ohne dabei die Fortsetzung des Ölbaumgleichnisses Röm 11,23–24 im Blick zu behalten, also die Zerstörung Jerusalems nicht als Verwerfung Israels zu verstehen.

6. Es ist möglich, Anliegen der gegenwärtigen Diskussion um den Israelsonntag und Elemente des aktuellen Propriums mit dem Thema der Zerstörung Jerusalems zu verbinden und so an die Tradition des 10. Sonntags nach Trinitatis anzuknüpfen.

6.1. Indem die Verbindung zwischen dem 10. Sonntag nach Trinitatis und dem 9. Aw aufgezeigt wird, läßt sich von gemeinsamen Wurzeln und verbindenden Traditionen zwischen Kirche und Judentum reden. In diesen Zusammenhang paßt u. a. der Marginaltext Thr 1+2 sowie das Bußlied EG 146 als mögliches Wochenlied.

6.2. Der Rückblick auf verschiedene christliche Deutungen der Zerstörung Jerusalems kann und muß zugleich aufzeigen, inwieweit diese Deutungen christlichen Antijudaismus gefördert haben und so mit für die Judenfeindschaft der Kirche verantwortlich waren. In diesem Zusammenhang sind neben dem genannten Wochenlied auch die Bußelemente des Propriums »Juden und Christen« zu nennen, z.B. die liturgische Farbe Violett.

7. Es erscheint mir sinnvoll, neben dem 10. Sonntag nach Trinitatis an anderen Tagen im Kirchenjahr das Thema »Christen und Juden« aufzunehmen. Damit kann das Proprium dieses Sonntags eindeutiger gestaltet werden.

7.1. Die Vielfalt der verschiedenen Aspekte, die zu diesem Thema gehören, sprengen den Rahmen dessen, was an einem einzelnen Sonntag bedacht und gesagt werden kann. Eine deutlich gestaltete Thematik des Sonntags erleichtert die tatsächliche Umsetzung in den Gemeinden. Das ist auch durch die Revision von 1999 noch nicht erreicht worden.

7.2. Grundsätzlich ist es bedenklich, sich bei der Diskussion um Israel im christlichen Gottesdienst auf den sogenannten Israelsonntag oder andere kirchlich verordnete Tage zu beschränken. Hierbei besteht die Gefahr, das Thema »Christen und Juden« an einzelnen Tagen »abzuhandeln« und für den Rest der Zeit zu verdrängen, statt es durch das ganze Jahr hindurch immer wieder anzusprechen, wenn es Predigttext, Lesungen oder die konkrete Situation nahelegen.

ANHANG I: QUELLENTEXTE

Dem Abdruck der Predigten liegen folgende Ausgaben zugrunde:

Martin Luther:
Auslegung der Episteln vnd Euangelien / von Ostern bis auff das Aduent, D.Mar.Lut. Auffs new zugericht. Wittemberg. Gedruckt durch Hans Lufft. M.D.XLIIII.
Exemplar der UB Erlangen, Signatur: Thl. V,17

Valerius Herberger:
Evangelischen HertzPostilla Valerij Herbergeri Erster Theil, Jn welcher alle ordentliche Sonntags-Evangelia und auch aller fürnehmen berühmten Heiligen gewöhnliche Feyertags-Texte durchs gantze Jahr aufgeklitschet, die Kerne ausgeschelet, aufs Hertze andächtiger Christen geführet, und zu heilsamer Lehre, nothwendiger Warnung, nützlichem Troste, andächtigem Gebet, unsträflichem Leben, und seliger Sterbens-Kunst abgerichtet werden. Mit lieblichen Eingängen, leichten verständlichen Erklärungen, Hertzrührenden Valet-Segen, [...] Durch fleißiges Gebet, Lesen, Nachdencken, Hertz, Mund und Feder, bey dem Kripplein Christi zu Frauenstadt gestellet. [...] Die zwey und zwantzigste Auflage. [...] Leipzig, verlegts Johann Friedrich Gleditsch. Gedruckt im Jahr Christi 1740.
Exemplar im Privatbesitz der Verfasserin

Regeln für die Wiedergabe der Texte:
– Der Text folgt buchstabengetreu der Vorlage.
– Kürzungen und Ligaturen sind aufgelöst.
– Hochgestelltes e als diakritisches Zeichen bei a, o und u wird mit ä, ö oder ü wiedergegeben.
– Unterschiedliche Größen und Arten der Drucktypen werden nicht wiedergegeben. Ausnahme ist die Hervorhebung der Überschriften, die jeweils durch Fettdruck wiedergegeben wird.
– In eckigen Klammern ist jeweils der Seitenumbruch des Originals angegeben. Dabei bezeichnet »b« bei Luther die Rückseite des Blattes. Wo der Text der Predigt Herbergers zweispaltig gedruckt ist, bezeichnen »A« und »B« die linke und rechte Spalte einer Seite.
– In der Herzpostille gegebene Verweise auf andere Werke Herbergers werden nicht wiedergegeben.

Martin Luther: Predigt über Lukas 19, 41–48
am 10. Sonntag nach Trinitatis
aus Crucigers Sommerpostille von 1544, Blatt CCCX-CCCXV

Euangelium am X. Sontag nach Trinitatis.
[CCCXb] Luc. XIX.

VND als er nahe hinzu kam / sahe er die Stad an / vnd weinet
vber sie / vnd sprach / Wenn du es wüstest / So würdestu auch
bedencken / zu dieser deiner zeit / was zu deinem Friede dienet /
Aber nu ists fur deinen augen verborgen. Denn es wird die zeit
vber dich komen / Das deine Feinde werden vmb dich / vnd deine
Kinder mit dir / eine Wagenburg schlahen / dich belegern /
vnd an allen Orten engsten / vnd werden dich schleiffen / vnd
keinen Stein auff dem andern lassen / Darumb / das du nicht erkennet hast die zeit / darinnen du heimgesucht bist.

VND er gieng in den Tempel / vnd fieng an aus zu treiben die
drinnen verkaufften vnd kaufften / vnd sprach zu jnen / Es stehet
geschrieben / MEJn Haus ist ein Bethaus / Jr aber habts gemacht
zur Mördergruben. Vnd leret teglich im Tempel. Aber die Hohenpriester vnd Schrifftgelerten / vnd die Furnemesten im Volck
trachten jm nach / das sie jn vmbbrechten / Vnd funden nicht /
wie sie jm thun solten / denn alles Volck hieng jm an / vnd höret jn.

DJS Euangelium ist auff den Palmtag geschehen / da der HErr
einreit gen Jerusalem / da ist er bald in den Tempel gegangen /
vnd darin drey tage nach einnander geprediget / welchs er vor nie
gethan hatte. Die Summa vnd der inhalt dieses Euangelij ist /
das er sich bekümmert / vnd beklaget den jamer deren / die das Wort
Gottes verachten. Denn hie leret er nicht / was das Wort Gottes
sey / was es mit sich bringe / vnd was es fur Schüler habe / Allein
wird angezeigt die straffe vnd jamer / der vber die Jüden gehen
solt / von wegen des / das sie die zeit jrer heimsuchung nicht er-
kand haben. Vnd lasst vns eben darauff sehen / denn es gilt vns
auch. Werden die gestrafft / die nicht erkennen / das sie sind
heimgesucht / Was wird denen geschehen / die das Euangelium
vnd Wort Gottes wissentlich verfolgen / lestern vnd schenden?
Wiewol er hie sagt allein von denen / die es nicht erkennen.

Es sind zweierley weise zu predigen / wider die verechter des
Worts Gottes. Zum ersten mit drawen / wie jnen Christus drawet
Matth.xj. Weh dir Corazin / weh dir Bethsaida / weren solche tha-
ten zu Tyro vnd Sidon geschehen / als bey euch geschehen sind /
sie hetten vorzeiten im sacke vnd in der aschen busse gethan /
Doch sage ich euch / Es wird Tyro vnd Sidon treglicher ergehen

Weissagung der greulichen straffe vber verachtung Gottes Worts.

am Jüngsten gerirht [sic] / denn euch. Vnd du Capernaum (welche
seine Stad war / da er am meisten wunder that) die du bist erhaben bis an den himel / [CCCXI] wirst bis in die Helle hinunter gestossen werden / Denn so zu Sodoma die thaten geschehen weren / die bey dir geschehen sind / sie stünde noch heutiges tages. Doch ich sage euch / es wird der Sodomer land treglicher ergehen am Jüngsten gerichte / denn dir. Dis sind drauwort / damit er sie erschreckt / das sie das Wort / welches jnen Gott schickt / nicht also in wind schlahen sollen. Drawen Christi / wider die verechter.

Die ander weise / zeiget der HErr an / da er hie weinet vnd erbarmet sich vber die armen blinden Leute / schilt vnd drawet jnen nicht als den verstockten vnd verblenten / sondern verschmiltzt in der liebe / vnd erbarmet sich vber seine feinde / vnd aus grossem hertzlichem mitleiden vnd klagen zeigt er an / was jnen widerfaren werde / Wolt es gerne abwenden / aber es ist verloren.

Zum ersten / als er zu der Stad nahet / giengen sie jm vor vnd nach / sungen mit grossen freuden vnd sprachen / Hosiana dem Son Dauid / legten kleider auff den weg / hieben zweige von den bawmen / streweten sie auff den weg / vnd gieng gantz herrlich zu / Mitten in der freude hebt er an / vnd weinet / lesst alle Welt frölich sein / jm aber giengen die augen vber / da er die Stad sahe / vnd sprach. Erbarmung Christi vber das verderben / dere / so nicht hören wollen.

Wenn du es wüstest / So würdestu auch bedencken / zu dieser deiner zeit / was zu deinem Friede dienet / Aber nu ists fur deinen augen verborgen.

ALs wolt der HErr sprechen / O wüstestu / was dazu dienete / das du nicht zerstört / sondern stehen bliebest / vnd beide / zeitlichen vnd ewigen friede behalten möchtest / du würdest es noch heute bedencken. Jtzund were es zeit / das du dein bestes erkenntest / Aber du bist blind / vnd wirst die zeit verseumen / so wird denn weder hülffe noch rat da sein. Jtzt stehestu da / wol gebawet / vnd sind gewaltige Leute in dir / die sind sicher vnd frölich / meinen / es habe kein not / Aber es ist noch etwo vmb vierzig jar zu thun / so wird es aus sein mit dir. Das verkleret er noch weiter mit diesen worten.

Denn es wird die zeit vber dich komen / das deine Feind werden vmb dich / vnd deine Kinder mit dir / eine Wagenburg schlahen / dich belegern / vnd an allen Orten engsten / vnd werden dich schleiffen / vnd keinen Stein auff dem andern lassen / Darumb / das du nicht erkennet hast die zeit / darinnen du heimgesucht bist.

Der Jüden sicherheit.

DJE Jüden stunden steiff / verliessen sich auff die zusagung Gottes / das sie nicht anders meineten / denn sie solten ewiglich bleiben / waren sicher / vnd dachten / Wir haben einen Tempel / hie wonet Gott selbs / so haben wir treffliche Leute / gelt vnd gut genug / trotz wer vns thue. Denn es haben auch die Römer vnd der Keiser / nach dem er die Stad gewann / selbs bekant / die Stad sey so wol erbawet vnd so fest gewesen / das es vnmüglich were sie zu gewinnen / wo es nicht Gott sonderlich gewolt hette. Darumb stunden sie auff jrem eigen rhum / satzten jr zuuersicht auff falschen wahn / Das hat sie auch betrogen.

Der HErr aber sahe tieffer denn sie / da er saget / O Jerusalem / wüstest du / was ich weis / du würdest nach deinem friede trachten (Friede heisst in der Schrifft / wenn es einem wolgehet) Du meinest / dn [sic] ha- [CCCXIb] best gute tage / Wüstestu aber wie dich deine feinde vmblegern / engsten vnd treiben an allen örtern / alle heuser einreissen / schleiffen / vnd keinen stein auff dem andern lassen würden / du wurdest das Wort wol annemen / welchs dir brechte rechten fried vnd alles gutes.

Jemerliche Historien der zerstörung Jerusalem.

Die jemerliche Historien der zerstörung Jerusalem magstu anderswo lesen / Daraus / wer da wil / wird dis Euangelium wol verstehen / Denn Gott hat es eben also geschickt / das die Stad belegert ward auff die Osterliche zeit / darinne die Jüden aus allen landen gen Jerusalem zusamen kamen / Vnd sind bey einander gewesen (als Josephus schreibet) fast bey dreissig mal hundert tausent Man. Das ist ein grewlich gros Volck / were noch gnug / wenn jr ein mal hundert tausent gewesen weren / Die hat Gott zusamen gebacken / in einen hauffen schmeltzen vnd schmiden wöllen. Denn die Aposteln vnd Christen waren alle heraus gezogen / in Herodis land / Samaria / Galilea / vnd vnter die Heiden zerstrewet. Also hat Gott das korn heraus genomen / vnd die sprewe auff einen hauffen geschüt. Der war ein solch grosse menge / das sie ein Königreich ausgeessen hetten / ich wil geschweigen eine Stad.

Sie kamen auch in solchen jamer vnd hungers not / da sie alles verzereten / vnd nichts mehr hatten / das sie die sehnen von den armbrüsten / vnd die riemen vnd lappen von den schuhen musten essen. Vnd zu letzt ein Weib fur grossem hunger jr eigen Kind schlachtet / welches jr doch die Kriegsknechte namen / rochen den braten vber zwo gassen / Taubentreck branchten [sic] sie fur köstliche speise / vnd der galt viel gelt. Summa / es war ein solcher jamer vnd ein solch blutvergiessen / das es ein stein möcht erbarmet haben / Das niemand hette können gleuben / das Gott künde so grewlich zürnen / vnd ein Volck so jemerlich verderben.

Es lagen die heuser vnd gassen vol todten / die hungers halben gestorben waren / Noch waren die Jüden so tol / trotzten auff Gott / vnd wolten sich nicht ergeben / Bis das der Keiser mit gewalt dazu thet / vnd sie sich auch lenger nicht in der Stadt kundten enthalten / vnd also die Stad eroberte.

Da aber der Jüden etliche so schalckhafftig waren / vnd frassen gelt / das man es jnen nicht nemen solte / meineten die Kriegsknechte / sie hetten alle gelt gefressen / Darumb schnitten sie jr wol bey tausent die beuche auff / vnd suchten gelt bey jnen. Da ward ein solch schlachten vnd würgen / das es auch die Heiden erbarmete / vnd der Keiser befelhen mußte / sie nicht mehr also zu würgen / sondern gefangen zu nemen / vnd verkeuffen. Da waren die Jüden so wolfeil / das man jr dreissig vmb einen pfenning kauffte / wurden also in die gantze Welt zurstrewet / vnd fur das aller verechteste Volck gehalten / wie es auch noch heute des tages das verachteste Volck auff Erden ist / allenthalben zurstrewet / haben kein eigene Stedte noch Land / vnd können nicht zusamen komen / vnd nimermehr jr Priesterthumb vnd Königreich / wie sie doch meinen / wiederumb werden können auffrichten. Also hat Gott den tod Christi vnd aller Propheten gerochen/ Also ist jnen vergolten / das sie nicht erkennet haben die zeit jrer heimsuchung.

Rache des tods Christi vnd der verfolgung des Euangelij.

Hie lasst vns lernen / denn es gilt vns / nicht alleine hie / sondern dem gantzen Deudschen lande. Es ist kein schertz / wir dürffens [CCCXII] auch nicht in sinn nemen/ das es vns anders gehen werde / Die Jüden wolten es auch nicht gleuben / bis sie es erfuren vnd inne wurden. Wir werden jtzt auch also heimgesucht von Gott / Er hat vns einen schatz auffgethan / sein heiliges Euangelium / dadurch wir seinen willen erkennen / vnd sehen / wie wir in des Teufels gewalt gesteckt haben / Aber niemand wil es mit ernst annemen / Ja wir verachtens dazu / vnd habens fur einen spot / Keine Stad / kein Fürst ist dafur Gotte danckbar / vnd das noch grösser ist / der mehr teil verfolgens vnd verschmehens. Gott ist gedültig / sihet vns eine weil zu/ Versehen wirs aber ein mal / das er das Wort wider auffhebet / so wird eben der zorn / der vber die Jüden gieng / vber vns auch gehen / Denn es ist gleich ein Wort / eben der selbige Gott vnd Christus / den die Jüden gehabt haben / Darumb wird gewislich die straff an leib vnd an seele auch gleich sein / Vnd wird / hab ich sorg / noch dazu komen / das Deudsch land auff einem hauffen wird ligen / Vnd die plagen / so wir bisher vnd noch haben / nur ein vorlauff vnd ein drawung sein / damit er vns wil schrecken / das wir vns fursehen sollen / Es

Der Jüden straffe / vns zur warnung geschehen.

Anfang des endlichen zorns Gottes / durch falsche lere vnd Rotterey.

ist noch nicht mehr / denn ein fuchsschwantz / kömpt er mit der 165
rechten peitschen hernach / so wird er gar redlich drein schmeissen.

Wir werden aber auch eben thun wie die Jüden / werden es
nicht achten / bis vns weder zu raten noch zu helffen sein wird.
Jtzt möchten wirs vorkomen / jtzund were es zeit / das wir vnser
bestes erkenneten / vnd das Euangelium mit friede annemen / 170
weil vns die gnade furgetragen / vnd friede angeboten wird /
Aber wir lassen einen tag nach dem andern / ein jar nach dem
andern hingehen / thun weniger dazu / denn vor / nemen es
nicht zu hertzen / meinen / wir sind sicher / vnd sehen nicht den
grossen jamer / der schon ergangen ist / Wie Gott die vndanck- 175
bare Welt straffet mit falscher lere vnd Secten. Das ist aber erst ein
anheben / wiewol schrecklich vnd greulich gnug. Denn es ist kein
grösser hertzleid vnd jamer / denn wo Gott Secten vnd falsche
Geister schickt.

<small>Grosse gnade vnd schatz Gottes Wort haben.</small>

Widerumb / ist das Wort Gottes so ein grosser schatz / das es 180
niemand gnugsam begreiffen kan / Denn Gott selbs achtet solches
mechtig gros / vnd wenn er vns heimsucht mit gnaden / wolt er
gerne / das wirs mit liebe vnd danck von vns selbs annemen / wil
vns nicht dazu zwingen / wie er wol thun möchte / Sondern wil /
das wir mit lust vnd mit liebe gern folgen / Wiewol er nicht harret 185
bis wir komen / sondern kompt vns zuuor / dienet vns / stirbt fur
vns / stehet widerumb auff / schicket vns den heiligen Geist / gibt
vns sein Wort wider / thut den Himel so weit auff / das es alles
offen stehet / Gibt vns dazu reiche verheissung vnd zusagung / das
er vns wölle versorgen / zeitlich vnd ewiglich / hie vnd dort / vnd 190
schüttet seine gnade gantz vnd gar aus / Darumb ist die gnadenreiche zeit jtzt hie / wir aber verachtens / vnd schlahens in wind / Das
wird er vns nicht schencken / vnd kans vns nicht schencken.

<small>Straff vber Deudschland fur handen.</small>

Denn so wir sonst vbertretten vnd sündigen / kan er noch besser schonen vnd durch die finger sehen / Das wir jm aber sein 195
Wort verachten / da gehört die letzte straffe zu / die wird vns
auch treffen / Vnd je heller das Wort ist / je grösser die straffe wird
sein / Das ich fürchte [CCCXIIb] es werde gantz Deudsch land
kosten / Gott wölle / das ich ein falscher Prophet sey in dieser
sache / Es wird aber all zu gewis geschehen / Denn er kan die 200
schendliche verachtung seines Worts vngerochen nicht lassen /
Wird auch nicht lang zusehen / Denn das Euangelium ist so reichlich geprediget / das es so klar nicht ist gewesen / sint der Apostel
zeit / als es jtzt / Gott / lob / ist.

Wir / die wir das Euangelium lang gehört haben / solten Gott 205
hertzlich bitten / das er wölte lenger friede geben. Fürsten vnd

Herrn wöllen es allein mit dem schwert hinaus füren / greiffen
Gott zu frech in den bart / der wird sie auch auff das maul schla-
hen/ Darumb were es hohe zeit / Gott mit ernst zu bitten damit
das Euangelium weiter möcht komen in Deudsch land / zu denen / die es noch nicht gehört haben / Denn wo die straffe so bald
vber vns keme / so ists schon aus / So bleiben denn viel Seelen
dahinden / ehe das Wort zu jnen kömpt. Darumb wolt ich / das
wir das Euangelium / den köstlichen schatz / nicht so vbel verachteten / nicht allein von vnsern / sondern auch von deren wegen /
die es noch sollen hören.

    Aber wir thun gleich wie die Jüden/ Die hatten mehr acht auff
jren bauch / denn auff Gott / haben sich mehr geuliessen / wie sie
den Geitz fülleten / denn wie sie solten selig werden / Darumb
haben sie die beide verloren / vnd ist jnen recht geschehen / dieweil sie das ewige Leben vnd friede nicht wolten annemen / hat
jnen Gott den bauch dazu genomen / das sie nu leib vnd seele
verloren haben. Haben auch gleich die vrsach furgewand / wie
jtzund die vnsern / Wir wolten das Euangelium wol gerne annemen / wo nicht darauff stünde ferligkeit leibs vnd des gutes / wo
es nicht kostet Weib vnd Kinder / Denn wo wir an jn gleuben
(sprachen sie) so komen die Römer / vnd nemen vns Land vnd
Leute / wie denn nicht deste weniger geschehen ist / Denn was
der Gottlose fürcht / das wird jm zu teil / spricht Salomon.

    Dis hat die Jüden verhindert / das sie Gott nicht gleuben wol-
ten / vnd haben nicht angesehen / die grossen reichen zusagung /
die jnen Gott gethan hat. Also gehen wir auch fur vber / vnd sehen
nicht die mechtigen / tröstlichen verheissungen / die vns Christus
thut / als da er sagt / Ich wil dirs hundertfeltig wider geben / vnd
dort das ewige Leben / Las Weib vnd Kind faren / ich wils wol
erhalten / oder auch widergeben / Woge [sic] es nur frisch auff
mich / vnd ob dirs hie genomen wird / wol dir / Himel vnd Erde
ist mein / ich wil dich freilich wol bezalen.

    Vber diese vnd der gleichen viel Sprüche gehen wir fur vber /
verachtens dazu / sehen nur was wir im kasten haben / vnd wie
vns die taschen vol werde / vnd sehen nicht / das vns Gott auch
dis / das wir haben / gegeben hat / vnd wil vns noch mehr dazu
geben / Sehen auch nicht / wenn wir Gotte verlieren / das der
bauch auch hinweg mus/ Darumb geschicht vns eben recht / das
wir beide verlieren / Gott vnd die Creaturen dazu.

    Die aber gleuben / die wagens auff Gott / vnd setzen alles da-
hin in Gottes gewalt / das er es mache nach seinem gefallen / vnd
dencke also / Gott hat dir Haus / Hoff / Weib vnd Kind gegeben /

Marginalia:
- Not vmb friede zu beten.
- Verachtung Gottes Worts vmb zeitlichs nutz willen.
- Prouer. 10.
- Vnglaube Gottes Worts / verleuret zeitlichs vnd ewigs.

du hasts selber nicht gezeuget / Dieweil es denn Gottes ist / so will ichs [CCXIII] auff jn wagen / er wirds wol erhalten / Wil er mich hie haben / so wird er mir wol anders geben / Denn er hat verheissen / genug zu geben / hie vnd dort ewiglich. Wil er mich nicht hie haben / so bin ich jm einen tod schüldig / wenn er mich foddert / der mich zum ewigen Leben bringet / so woge [sic] ichs von des Worts wegen.

Bauch zeuhet vns von Gottes Wort.

Wer nicht also thut / der verleugnet Gott / vnd mus gleichwol verlieren beide / zeitlichs vnd ewiges leben. Der stinckend bauch / der vnser Gott ist / machet / das wir dem Wort Gottes nicht anhangen. Das Euangelium spricht / Vertrawe Gott / So wil ich den bauch gewis versorget haben / vnd genug geben. Vnd wenn ich nur zehen gülden habe / so machen sie mir einen mut / das ich gedencke / ich habe jrgend zehen tage zu essen / verlasse mich auff solchen nichtigen vorrat / vnd vertrawe Gott nicht / der mich bisher erneeret hat / das er mich morgen auch versorgen werde. Pfu dich des schendlichen vnglaubens / Sol ein groschen bey mir mehr gelten / vnd mir grössern mut machen / denn Gott selbs / der Himel vnd Erden vnter jm hat / der vns othem vnd leben / korn vnd alle ding gibt. Warumb denckestu nicht / Der Gott / der mich erschaffen hat / wird mich wol erneeren / wil er mich lebendig haben / Wil er nicht / Ey / so werde ich viel ein bessers haben.

Die da verachten Gottes heimsuchung / mit denen machets Gott gar aus.

Wolan / wo diese plage angehet vnd vberhand nimpt / das man vmb des bauchs vnd kleines zeitlichen nutzs vnd vorteils willen / den tag / da vns Gott durch sein Wort vnd gnade heimsucht / mutwilliglich verachtet / So mus auch darauff folgen die endliche straffe vnd zorn / der es gar ausmachet / vnd dem fas den boden ausstösset / Land vnd Leute zu grund vmbkeret / das man beide / zeitlichs vnd ewiges verlieren mus. Denn was sol er auch anders vns thun / vmb solche lesterliche vndanckbarkeit / fur so grosse liebe vnd wolthat / so er vns erzeiget durch die gnedige heimsuchung. Wie sol oder kan er vns mehr helffen / so wir mit freuel vnd trotz die hülffe von vns schlahen / vnd jmer fort nach zorn vnd verderben ringen vnd streben? Denn so die der straffe nicht frey sind / so das Gesetz vbertretten / vnd wider die zehen Gebot sündigen / wie viel weniger wird er vngestraffet lassen / die / so das Euangelium seiner gnade lestern vnd verachten? Sintemal das Gesetz noch lang nicht so viel guts bringet / als das Euangelium.

Wer die Gnade verachtet / dem kompt der Fluch.

Wöllen wir des frölichen tags nicht haben / den er vns zu gnaden vnd seligkeit gibt/ so kan er vns auch dafur eitel finstere vnd betrübte nacht alles jamers vnd vnglücks lassen sehen vnd fülen. Vnd weil wir dis liebe Wort vnd die Predigt des friedes nicht wollen hören / So werden wir dafur müssen hören des Teufels mordgeschrey / zu allen seiten zun ohren schallen. Jtzt ist die zeit / das wir solten den tag erkennen / vnd des reichen gülden jars wol brauchen / weil wir den Jarmarck fur der thür haben / vnd sehen / das er vns heimsuchet / Versehen wirs / vnd lassens fur vber gehen / so dürffen wir auch keines bessern tages / noch friedes mehr / hoffen vnd warten / Denn der HErr wird auch nicht mehr da sein / der da ist / der HErr des Friedes.

Wenn aber Christus nicht mehr da ist / so sol vnser ding auch nicht mehr bleiben / Vnd wo man diesen lieben Gast verstösset / vnd [CCCXIIIb] seine Christen nicht mehr leiden wil / so sol auch Regiment / friede / vnd alles zu grund gehen / Denn er wil auch mit essen vnd regieren / vnd gnug geben / Er wil aber auch erkent sein fur solchen HErrn / das wir jm danckbar sein / vnd lassen auch diesen Gast vnd seine Christen mit vns essen / vnd den Zinsgroschen fur jn geben / Wo nicht / so werden wir es müssen einem andern geben / der vns also dafur dancken vnd lohnen wird / das wir keinen bissen brots vnd keinen pfennig mit friede behalten. Aber das mus die Welt nicht gleuben / wie es die Jüden auch nicht gleuben wolten / bis sie es erfare / vnd der Glaube jnen in die hand kompt / Denn es ist ja von Gott beschlossen / das dieser Christus sol der HErr vnd König sein auff Erden / dem es alles vnter die füsse gethan / vnd wer es gut vnd friede haben wolle / müsse jm hülden vnd gehorsam sein / oder sol wie ein töpffen zuschmettert werden / Psalm. ij.

Wo man Christum nicht leiden wil / da sol auch nichts mehr bleiben.

Das ander teil des Euangelij.

VND er gieng in den Tempel / vnd fieng an aus zu treiben / die darinne verkaufften vnd kaufften / Vnd sprach zu jnen / Es stehet geschrieben / Mein Haus ist ein Bethaus / jr aber habts gemacht zu einer Mördergruben.

HJE zeigt er / warumb es jm zu thun ist / vnd was jm zum höchsten anligt / welches jm auch vrsach seines weinens gegeben / Vnd ist wol ein ebentheurliche Historia / das der jtzt aus grossem mitleiden vnd erbarmung geweinet / so bald sich wandelt vnd mit grossem zorn daher feret / Denn er brennet / der liebe HErr / fur grosser andacht vnd eiuer / vnd also hinein in den Tempel gehet / als in einen sturm / vnd greiffet mit der faust drein / als der HERR des Tempels / freilich aus trefflichem heissem Geist / in dem er entbrand ist / vnd die heubt vrsach sihet / des jamers vnd verderbens / dauon er gesagt / vnd darob geweinet hat / Nemlich / das in dem furnemesten Regiment / das da sol Gottes eigen sein / vnd sein Tempel heisset / alles verkeret vnd

Vrsache beide / des weinens vnd des zorns Christi.

verwüstet ist / Gottes Wort vnd rechter Gottesdienst gar vnterdrückt vnd zustöret / eben durch die / so die Heubter vnd Lerer sein sollen / vmb jres schendlichen Geitzs vnd eigen ehre willen / Als wolt er hiemit sagen / Ja / das ists / das wird den jamer gar anrichten / vnd alles ein ende machen in diesem Volck.

Darumb / so barmhertzig vnd mitleidig er sich erzeigt gegen dem armen hauffen des Volcks / die so jemerlich zu jrem verderben verfüret werden / So grossen zorn erzeigt er wider die / so solches verderbens vrsach sind / Sonst hat er nicht viel also selbs mit der faust drein gegriffen vnd rumort / wie er hie thut / das es wol zu wundern / von einem solchem trefflichem / gütigem Man / vnd so voller liebe. Aber es thut es die grosse mechtige brunst vnd hitze des Geistes / der da sihet / woher aller jamer vnd hertzleid kompt / nemlich / das man den rechten Gottesdienst so zustöret / vnd den namen Gottes so schendet / so man zum schein furwendet.

[CCCXIIII] Denn der Tempel vnd das gantze Priesterthumb war dazu geordnet / das man solt Gottes Wort treiben / sein gnad vnd barmhertzigkeit preisen etc. vnd mit dem eusserlichen Gottesdienst des opfferns solches bezeugen vnd jm dafur dancken / Dafur lereten sie nicht Gott loben vnd dancken / sondern machten auch eine Mönchische wercklere daraus / das man mit solchem Opffer Gottes gnade verdienete / vnd wenn sie nur viel opfferten / so würde jnen Gott den Himel vnd alles guts auff Erden dafur geben / Baweten also alles / so sie von Gott warten solten aus lauter güte vnd gnade / auff jre werck vnd verdienst / Vnd dazu in des Teufels namen dahin gerieten / das sie aus jrem geitz da im Tempel gesetzt hatten wechsel tische vnd bencke / vnd kremer mit tauben vnd allerley viehe / so man zum Opffer brauchet / Das die / so aus fernen landen vnd stedten dahin kamen / solches da gnug funden zu keuffen / oder so sie nicht gelt hetten / bey diesen auff wechsel nemen oder borgen möchten / Das ja das Opffer gros vnd viel würde.

Das heisst eben vnter dem namen Gottesdiensts / den rechten Gottesdienst vmbgekeret vnd getilget / Aus Gottes gnade vnd güte vnser verdienst / aus seinem geschenck / vnser werck gemacht / die er müsse von vns annemen / vnd vns dafur dancken / vnd sich müsse lassen fur einen Götzen halten / der es müsse machen / wie es vns gefellet / zürnen oder lachen / darnach wir wollen / Vnd dazu mit solcher Abgötterey jren schendlichen geitz füllen / vnd vnuerschempt einen öffentlichen jarmarck treiben.

Verkerung des rechten Gottesdiensts bey den Jüden vmb jres Geitzes willen.

Gleich wie vnser Babstshauffe / Pfaffen vnd Mönche / auch gethan / so nichts anders geleret / denn auff vnser werck trawen /
vnd darauff alles gerichtet in jrem Kirchen Regiment / das man
jnen solches abkeuffen muste / vnd einen teglichen jarmarck ge-
stifftet in aller Welt / Da ist nichts vberblieben / das jnen nicht zu
jrem Geitz hette müssen dienen / vnd fur gelt feil getragen were /
Gott / Christus / Sacrament in der Messe / Absolutio vnd vergebung der sünde / lösen vnd binden. Jtem / darüber auch jr eigen
erdichter Menschen tand / so sie fur Gottes dienst furgegeben / als
der Mönchen bruderschafft / vnd jre vbrige verdienst / ja auch
kappen vnd stricke den todten an zu legen / Des gleichen der
Bischoue vnd Pfaffen garstiger Chresem / allerley Todten bein /
welches sie heiligthumb hiessen / Butter brieue / Eheweiber /
Pfaffenkinder etc. Das hat alles teglich müssen jnen gelt tragen vnd
geben.

<small>Des Bapstumbs Kirchen Regiment / alles zum Geitz verkeret.</small>

Vnd sonderlich der grosse Ratten könig zu Rom / mit seinem
Judas beutel / der ist erst der geltschlund / so vnter dem namen
Christi vnd der Kirchen / aller Welt güter zu sich gerissen / Denn
er jm die gewalt furbehalten / alles was er gewolt zu verbieten /
vnd wider vmb gelt zu erleuben / auch Königreich zu nemen vnd
zu geben / wenn vnd wie offt er wolte / vnd die Könige vnd
Herrn geschatzt / wie er gewolt hat.

Das heisst viel schendlicher vnd vnuerschampter aus dem Tempel Gottes ein Kauffhaus / ja Mördergruben gemacht / denn diese
zu Jerusalem gethan haben / Wie denn dem End Christ gebüret /
als von jm geweissagt ist / das er würde der Welt schetze erheben / vnd zu sich bringen / Vnd S.Petrus / ij.Pet.ij. von solchem
hauffen sagt / Durch Geitz mit ertichten worten / werden sie an
euch hantieren etc.

[CCCXIIIIb] Darumb zürnet Christus hie billich vber solche entheiligung seines Tempels / dieser Geitzwenste / so nicht allein den
rechten Gottes dienst verachten vnd nachlassen / sondern auch
vmbkeren vnd mit füssen tretten/ Vnd also warhafftig aus dem
Tempel / den Gott geordnet / das man solt die Leute Gottes Wort
leren / vnd gen Himel bringen / nichts anders denn eine Mördergruben gemacht / da eitel verderben vnd seelen morden geschicht / weil man Gottes Wort schweiget / dadurch die Seelen
selig werden / vnd dafur auff des Teufels lügen weiset etc.

<small>Mördergruben aus dem Tempel gemacht.</small>

Das ist die rechte heubtsünde vnd vrsach / damit sie verdienet / das sie mit Tempel vnd allem müsten zu scheitern gehen /
Denn weil sie Gottes Reich selbs zustören / so wil er jres auch

Wo man Gottes Reich wil zustören / da mus auch das leibliche zu grund gehen.	nicht lenger bawen/ Darumb spricht er / Weil jr zufaret / vnd fur mein Reich des Teufels Reich bawet / so wil ich mit euch wider also faren / vnd alles zu grund zustören / was ich an euch gebawet habe. Des hat er dieses tages / da er also im Tempel vnter jnen rumoret / das vorspiel angefangen / eben zur letze vor seinem abscheid / Welches hernach / wenn er hinweg were / die Römer solten recht ausfüren / Nemlich / das sie solten also mit allem / was sie hatten / auffgereumet werden / wie er sie da aus dem Tempel reumet / Das sie weder Gottesdienst / Tempel noch Priesterthumb / Land noch Leute mehr haben würden.
Zustörung des Bapstumbs.	Er hat / Gott lob / jtzt auch angefangen / vnsern Götzen vnd Laruen / des Bapstumbs lesterlichen treudelmarck nider zu legen / vnd seine Kirchen zu reinigen / durch sein Euangelium / auch zum vorspiel / das man sehe / das er es mit jnen auch ein ende machen wil / Wie es fur augen schon angefangen zu fallen / vnd teglich mehr vnd mehr fallen mus / Vnd viel greulicher wird zu bodem gestossen werden / vnd ewiglich zu grund gehen müssen / denn die Jüden zustört vnd vertilget sind / Dieweil es auch viel ein schendlicher grewel ist. Das sol sich erst recht anfahen / wenn nu das Euangelium hinweg ist / vmb der schendlichen / greulichen lesterung willen / Aber zu letzt mit dem Jüngsten tag erst recht sein endliche vnd ewige zerstörung nemen.
Der Welt klage vber das Euangelium.	Deudschland / so Gott lob / jtzt das Euangelium hat / mag zusehen / das es jm nicht auch also gehe / wie sichs schon leider all zu starck dazu anlesst / Denn wir dürffen nicht dencken / das die verachtung vnd vndanckbarkeit / die bey vns ja so gros / als bey den Jüden / vberhand nimpt / werde vngestrafft bleiben. Darnach wird er auch die gottlose Welt lassen klagen vnd schreien/ were das Euangelium nicht komen / so were vns solches nicht widerfaren / Gleich wie die Jüden zu Jerusalem / alle jre plage dem schuld gaben / das die Aposteln predigten / vnd selbs vber jren hals weissagten / wo der Christus würde mit seinem Euangelio fortfaren / so würden die Römer komen / vnd jnen Land vnd Leute nemen etc. Also auch hernach / die Römer auch jrer zustörung diesem newen Gott vnd der newen lere schuld gaben / Gleich wie man jtzt sagt / weil das Euangelium auff komen sey / sey es nie gut gewest.

Aber es sol auch der Welt also gehen / das sie vber das / so sie Gottes Wort verachtet vnd verfolget / auch so verstockt vnd verblendet werde / das sie die vrsach vnd verdienst jres verderbens niemands [CCCXV] denn dem lieben Euangelio aufflege / Welches doch allein erhelt (Gott lob) was noch gehalten wird / sonst lege es

schon lengest auff einem hauffen / Noch mus es die schuld tragen / alles was der Teufel vnd seine Schupen ausrichten / Weil man denn also fort feret zu lestern / vnd / nicht erkennen wil
460 vnser eigen verdienst / vnd die gnade vnd wolthat / so wir vom Euangelio haben / So mus Gott solche lesterer auch also bezalen / auff das sie jr eigen Propheten seien / vnd fur zwifeltige bosheit auch zwifeltigen lohn empfahen.

Des ist schon das vorspiel auch angefangen / on das es noch
465 auff gehalten wird / vmb weniger fromen willen / Gleich wie er mit den Jüden mit diesem Exempel vorgespielet hat / da er die verkeuffer vnd keuffer aus dem Tempel stosset / vnd darnach selbs in Tempel gehet / vnd zur letze noch leret / bis auff den tag seines leidens / Vnd noch ein zeit lang auffgehalten hat / so lang
470 er kunde / vnd hernach durch seine Aposteln / bis man sie nicht mehr leiden wolte / Also auch jtzt wir noch auffhalten / so lang wir leben / die an Christo hangen / Aber wenn die auch das heubt legen / so mag denn die Welt sehen / was sie gehabt hat.

Das Euangelium helt noch auff die künfftig vnd lang verdiente straffe.

Valerius Herberger: Predigt über Lukas 19, 41–48
am 10. Sonntag nach Trinitatis
aus der Evangelischen Herzpostille, S.505–515

Am zehenden Sonntage nach Trinitatis.
Salvatoris lachrymae denunciantes excidium Hierosolymae
Die bitteren Thränen JEsu Christi über den
jämmerlichen Untergang der Stadt Jerusalem.

[506] Das walt der grosse Liebhaber des menschlichen Geschlechts, JEsus Christus, welcher vor die Stadt Jerusalem bitterlich hat geweinet, und mit seinen heissen Thränen klar bewiesen, daß er niemand unter der Sonne sein Verderben gönne, sondern hertzlich wünsche, daß iederman von Sünden ablasse, sich bekehre, fromm und selig werde, hochgelobet und geliebet für sein liebreiches Hertze, samt GOtt dem himmlischen Vater und Heiligem Geiste in Ewigkeit, Amen.

[506A] ANdächtige Hertzen, wir sollen heute bedencken, wie bitterlich unser Seligmacher JEsus die endliche Zerstörung der Stadt Jerusalem habe beweinet, wie hertzlich er sich darüber betrübet, wie deutlich er sie verkündiget, und wie richtig er die Ursachen derselben vermeldet habe. Damit nun des HErrn JEsu Worte auch uns zu Hertzen gehen, wie sie ihm vom Hertzen geflossen, und bey solcher Betrachtung alle gottselige Hertzen getröstet, alle hartsinnige Her-[506B]tzen erweichet und iederman zu wahrer Busse und Christlicher Frömmigkeit getrieben, und also lieber mit fremdem, als mit eigenem Schaden klug werde, so wollen wir hertzlich beten: Hilff mir, GOtt, durch deinen Nahmen! GOtt stehe mir bey! HErr, erhalte mein Hertz, Mund und Seele, (bey guten Gedancken und Reden) so will ich dir ein Freuden-Opffer thun, und deinem Nahmen, HErr, dancken, daß er so tröstlich ist, Psalm 54. vers 3–8.

[506] Höret an die erbärmlichen, hertzbrechenden, kläglichen Worte des heutigen Evangelii, aus dem 19. Cap. St. Lucä, vers 41.–48.

vers 41. UNd als JEsus nahe hinzu kam, sahe er die Stadt Jerusalem an, und weinete über sie. vers 42. Und sprach: Wenn du es wüstest, so würdest du auch bedencken zu dieser deiner Zeit, was zu deinem Frieden dienet. Aber nun ist es vor deinen Augen verborgen. vers 43. Denn es wird die Zeit über dich kommen, daß deine Feinde werden um dich, und deine Kinder mit dir eine Wagen-Burg schlagen, dich belägern, und an allen Orten ängsten, vers 44.

Und werden dich schleiffen, und keinen Stein auf dem andern lassen, darum, daß du nicht erkennet hast die Zeit, darinnen du heimgesuchet bist. vers 45. Und er gieng in den Tempel, und fieng an auszutreiben, die darinnen verkaufften und kaufften. v. 46. Und sprach zu ihnen: Es stehet geschrieben, mein Haus ist ein Bet-Haus; ihr aber habts gemacht zur Mörder-Grube. vers 47. Und lehrete täglich im Tempel. Aber die Hohenpriester [507] und Schrifftgelehrten, und die Vornehmsten im Volck trachteten ihm nach, daß sie ihn umbrächten. vers 48. Und funden nicht, wie sie ihm thun solten; denn alles Volck hieng ihm an, und hörete ihn.

[507A] DEr ietzt-lauffende Monat wird genennet August-Monat, zu Ehren dem Kayser Augusto, unter welchem der HErr JEsus gebohren, Luc.2. v.1. auf löbliche Anordnung des gesammten Raths zu Rom, Macrob.lib.1.c.12. (nach rühmlichen Thaten folget durch GOttes Gnade ein ehrlich Gedächtniß; wie mancher gelebet hat, so klingen ihm die Glocken.) Denn diesen Monat war Augustus in sein Amt getreten; und diesen Monat hat er zu dreyen unterschiedenen mahlen aufs herrlichste, nach überwundenen Feinden, triumphiret; endlich hat ihm auch GOtt eben diesen Monat, den 19. Augusti, nach seines Hertzens Wunsch, ein schmertzloses Tödelein (ευθανασίαν) bescheret. Grosse HErrn können auch dem Tode nicht entlauffen. *August- Monat.*

Wir möchten ihn aber wohl nennen der Stadt Jerusalem und des Jüdischen Volcks Angst-Monat. Denn am zehenden Tage Augusti, eben denselben Tag, da S.Laurentius auf einem feurigen Angst-Rost hat braten müssen, da hat die arme Stadt Jerusalem zu zweyen unterschiedenen mahlen in grosser Angst und Elend gestecket, und redlich auf ihrem feurigen Rost schwitzen müssen. Einmahl hat denselben Tag, (diesen Monat jährig) der König von Babel den schönen Tempel Salomonis, mundi miraculum, ein Wunder-Werck der Welt, in welchem der güldene Gnaden-Thron mit der Lade des Bundes gestanden, in Grund eingebrennet, 2.Chron.36. v.19. Und abermahl hat denselben Tag Titi Vespasiani Römisches Kriegs-Volck den andern Tempel, (dessen Herrlichkeit viel grösser gewesen, Hagg.2. v.8. weil ihn nicht allein Herodes sechzehen Jahr vor Christi Geburt viel schöner gebauet, als weiland der Tempel Salomonis gewesen, sondern weil auch Christus, welcher mehr als Salomo, Matth.12. v.42. selber in seiner zarten Menschheit an den Hertzen der Jsraeliten darinnen gebauet hat,) in die Asche geleget; darauf innerhalb vier Wochen die gantze Stadt zu Grunde gegangen, so wie es der HErr JEsus im heutigen Evangelio verkündiget hatte. *Der Jüden Angst- Monat.*

Darum wird dieser nachdrückliche Text abgehandelt.

Dannenhero haben wir in der Christenheit eine lobliche Gewohnheit, daß wir jährlich diß Evangelium mit grosser Andacht um diese Zeit betrachten. Derowegen wer Ohren hat zu hören, der höre. Jerusalem stehet in grosser Angst; das edle Haus GOttes brennet lichter Lohe; da ist kein Retten; darum taugts nicht, daß wir sollen sicher seyn. [507B] Die Heyden sind der Jüden Nachbarn, weil nun der Jüden Haus brennet, so haben wir Zeit zu löschen, und unser Hertz-Haus in acht zu nehmen. Der HERR JEsus bedencket das Elend 38. Jahr zuvor, und winselt sehr erbärmlich, er girret wie eine Taube, kluchzet wie eine Henne, Matth.23. vers 37. Er weinet, das ein Tropffe den andern schlägt; es möchte einen Stein erbarmen; er thut, als wolte er für Hertzeleid in Ohnmacht sincken, er kan die gebrochenen Worte kaum von sich bringen; und du woltest nicht darnach fragen? Das wäre nicht Christlich! Du müstest gar einen bösen Gast im Hertzen haben. Der HErr JEsus ritzet der Leute Hertzen, er rüget ihr Gewissen, er brennet für Zorn über die Leute, die nicht in der Kirche zu Jerusalem andächtig seyn, sondern handthieren und kauffschlagen. Er greifft auch zur Peitsche, und drischt die Krämer über die Köpffe; und du woltest das alles in den Wind schlagen? Das wäre zu grob für einen Menschen, der sich für einen Liebhaber Christi wolte ausgeben; es wäre daraus sehr vermuthlich, daß nichts Gutes in dir wohnen müste. (Wir haben dergleichen Evangelium nicht durch das gantze Jahr.) Wie wunderlich wechselt sich das Hertz JESU! Jm Anfange schmeltzet es für Liebe, daß ihm die Augen übergehen; am Ende brennet sein Hertz für Grimm als Feuer: die Augen funckeln für Zorn, als wäre er niemahls freundlich gewesen. Er prediget wunderlich mit dem Munde, mit den Augen, mit den Händen. Er prediget mit Thränen, mit Worten und mit der Peitsche. Er weinet erstlich eine feine Weile. Habet ihr auch zuvor geweinete Predigten gehöret? Er redet sehr klägliche Worte; denn weß sein Hertz voll ist, deß gehet der Mund über; bald schmeißt er zu, daß die Schwarten knacken. Wer hierüber sich nicht verwundert, der mag immer sagen: Fahre aus, du unreiner Geist! und gieb Statt dem Heiligen Geist. JEsus weinet, und du woltest schlaffen? Ach kräncke nicht das hochbekümmerte Hertz JEsu Christi! JEsus winselt, und du woltest fremde Gedancken haben? JEsus rüget und ritzet die Gewissen, und du woltest es nicht achten? JEsus zürnet und schilt, und du woltest nicht erschrecken? JEsus brennet für grossem Ernst, und du woltest nichts darnach fragen? das taugt nimmermehr. Die bösen Jüden sind dahin, du lebest noch; um deiner Seligkeit willen wird es geprediget; es gehet dich an,

Matth.12. vers 34.

was heute gesaget wird; JEsu Christi Ernst soll mit grossem Ernst betrachtet werden.

[508A] Derowegen ermuntert euch allzumahl dem HErrn JEsu zu Ehren, und höret diese folgende drey Stücke:

1. Von den heissen Zähren und bittern Thränen, die der HERR JESUS über den Untergang der Stadt Jerusalem hat vergossen; und was sie unserm Hertzen für schönen Trost bringen.

2. Von dem unerhörten Unglück, das der HErr JEsus der Stadt Jerusalem haar-klein verkündiget: und was unser Hertz dabey zu lernen habe.

3. Von den grossen Sünden, damit Jerusalem ihr Unglück hat verdienet; und wozu das unserm Hertzen zu wissen diene.

HErr JEsu, beweise auch heute an uns ein Stück der Liebe, wie weiland an Jerusalem; laß die Krafft deiner allerheiligsten Thränen auf mein und meiner Zuhörer Hertzen fallen, daß wir alles andächtig, nützlich und besserlich bedencken! Amen.

Vom ersten Stück.

S. Lucas sagt, daß der HErr JEsus am Palm-Sonntage vor der Stadt Jerusalem stille gehalten, sich hertzlich betrübet, und gethan habe, als wolte er sich das Hertz aus dem Leibe weinen. Das muß fürwahr wichtige Ursachen haben; denn der gantze helle Hauffe, der bey ihm ist, lobete GOtt mit Freuden, und mit lauter Stimme, und sang, daß es in der Lufft erklang: Gelobet sey, der da kömmt, ein König, in dem Nahmen des HErrn! Friede sey im Himmel, und Ehre in der Höhe! wie kurtz zuvor zu lesen. Und alle andere Reise-Leute waren frölich, so bald sie dieser Wunder-Stadt ansichtig wurden. Denn sie war ja des gelobten Landes Krone, und gleichwie ein Paradies auf Erden; da hatte GOtt seinen Herd und Feuer; wenn man GOtt suchte, so fand man ihn gewiß zu Jerusalem; darum betet David, Ps.27 v.4. Eines bitte ich vom HErrn, das hätte ich gerne; daß ich im Hause des HErrn (zu Jerusalem) bleiben möchte mein Lebelang, zu schauen die schönen Gottesdienste des HErrn, und seinen Tempel zu besuchen. Und Psal.122. vers 1.seqq. Jch freue mich deß, das mir geredt ist, daß wir werden in das Haus des HErrn gehen, und daß unsere Füsse werden stehen in deinen Thoren, Jerusalem. Jerusalem ist gebauet, daß es eine Stadt sey. (Sie bestehet für eine Stadt.) Wünschet Jerusalem Glück; Es müsse wohlgehen denen, die dich lieben ec. Uber diß war sie auch von aussen wunderschöne anzusehen; denn sie war mit drey hohen Mauren umschlossen; auf denselben stunden hundert [508B] und vier und sechzig hohe zierliche Thürme; der Tempel war von lauter Marmor-Steinen gebauet, und der heiligste Chor war mit lauter

JESUS weinet hier gantz alleine.

Golde bedeckt; das gläntzete den Reise-Leuten mächtig in die Augen! oben auf dem Försten stund ein Spitzlein neben dem andern, damit kein Vogel darauf sitzen und nisten konte. Darum sagten vorzeiten die gefangenen Jsraeliten zu Babel, Ps.137. v.5. Vergesse ich dein, Jerusalem, so werde meiner Rechten vergessen: meine Zunge müsse an meinem Gaumen kleben, wo ich nicht lasse Jerusalem meine höchste Freude sein!

Besonders machet diß dem Handel ein grosses Ansehen, daß hier nicht weinet ein armer Bettelmann, sondern ein HErr über Himmel und Erden; nicht ein böses Kind, das ein Brand-Mahl im Gewissen hat, sondern der Brunn aller Unschuld, der das Lob hat, daß er alles habe wohl und gut gemacht. Nicht ein feiges furchtsames Weib, von welchem man saget: Ut flerent, oculos erudiere suos, sie haben sich zum Weinen gar wohl geschickt gemacht; sondern der großmüthige Held, Esaiä 9. vers 6. und Himmels-Mann, der mit Jacob hatte gerungen, im 1.B.Mos. am 32. vers 24. nicht ein schlechter blosser Mensch, sondern der eingebohrne Sohn vom Vater, der Welt Heiland, nach welchem sich alle fromme Hertzen gesehnet haben, welcher aus dem Hertzen des Vaters entsprossen ist.

1.B. Mos. 6. und 7.
1.B. Mos. 19.

Dencke nur nach, liebes Hertz! da Noah weinete, und die Welt es nicht achten wolte, da muste Himmel und Erde Wasser weinen, und die erste Welt ersäuffen. Da Loth zu Sodom weinete, und die Leute wolten sich nicht bessern, da fänget der Himmel Feuer-Funcken an zu weinen, und das gantze Land muß verbrennen. Da Jeremias viertzig Jahr über Jerusalem weinete, und seine Kirch-Kinder lacheten, da müssen sie hernachmahls gantzer siebentzig Jahr an den Wassern zu Babel sitzen und weinen, Ps.137 v.1. Derowegen müssen die Thränen des HErrn JEsu fürwahr auch viel auf sich haben!

Die Ursachen dieser Thränen JESU.

Freylich, freylich sind grosse Ursachen, die sie hervor zwingen. Der HErr JEsus sagt es selber: 1. Wenn du es wüstest, 2. So würdest du auch bedencken, zu dieser deiner Zeit, 3. Was zu deinem Frieden dienet: Aber nun (daß es GOtt im Himmel geklagt sey!) ists vor deinen Augen verborgen. Der HErr JEsus bedencket drey Ding: 1. ihres Verstandes Blindheit, 2. ihres Hertzens Bosheit und Halsstarrigkeit, und 3. ihres Landes Verderben und greuliche Verwüstung.

1. JESUS siehet auf der Jüden Verstand, der ist geblendet.

I. Die Stadt Jerusalem weiß nicht, was sie wissen soll, sie ist gantz mit Blindheit geschlagen. Jst das nicht Blindheit? Sie trotzen auf GOtt, und halten es nicht [509A] mit GOtt, das ist eine grosse Sünde wider das andere Gebot, das heisst, GOttes Nahmen mißbrauchen. Titus warffs ihnen selber vor, und sprach: Jhr verlasset euch auf GOtt, und sündiget wider GOtt, wie reimet sich das zu-

sammen? ist das nicht euer GOtt, deß Tempel ihr mit unschuldigem Blute habt besudelt? Jst das nicht Blindheit? Sie trotzten auf ihre hohe Mauren. Hertzog Johannes durffte sagen: und wenn die Römer Flügel hätten, wie die Adler, an ihren Fähnlein, so müssen
210 sie uns nicht herüber kommen, und hatten es doch zuvor auch 2 Chron.36. vers 16.seqq. erfahren, daß alles, was Menschen-Hände bauen, von Menschen-Händen wieder kan zerrissen werden. Wenn GOtt die Hände abzieht, so muß eine Mauer zur Spinnewebe werden. Jst das nicht Blindheit? Sie verlassen sich auf ihren
215 grossen Vorrath, und verbrennen selber einander zu Trotz in die hundert und viertzig Korn-Häuser, sie fangen alle Sachen widersinnisch an. Blindheit ist die höchste Straffe, mit welcher GOtt reiffe Buben pfleget anzugreiffen.

    II. Jerusalem bedencket keine treuhertzige Warnung, sondern
220 fähret stracks fort in ihrem harten verstockten Sinn. Jm geistlichen Stande warnete sie Johannes der Täuffer, und sagte: Die Zorn-Axt GOttes wäre allbereit den unfruchtbaren Bäumen an ihre Lebens-Wurtzeln geleget. Wie hertzlich warnete sie der HErr JEsus, Matth. 23. v.37. Jerusalem! Jerusalem! wie offt habe ich deine Kinder ver-
225 sammlen wollen, wie eine Henne versammlet ihre Küchlein unter ihre Flügel, und ihr habt nicht gewolt? Die Apostel und die gläubigen Christen thaten deßgleichen. Aber wie wirds angenommen? Johannes muß ins Loch kriechen, Christus muß ans Creutz, sie spotten ihn noch darzu, ob er schon allhier mildiglich Thränen-
230 Wasser, hernach am Creutze lauter Blut weinete. Stephanus wird gesteiniget, Jacobus enthäuptet, Simeon wird mit sechs tausend Christen aus der Stadt gejaget; aber zu seinem und seiner Zuhörer Glück. Denn er zieht mit ihnen über den Jordan, in ein Städtlein Pella, da sassen sie im Frieden zu der Zeit, da die Römer Jerusalem
235 plünderten. Jm weltlichen Stande warnet sie der König Agrippa, daß ihm über seinen Reden die Augen übergiengen, und bate: Sie wolten die grosse mächtige Last des Römischen Reichs, wider welche weder die Athenienser, noch Lacedämonier, noch die streitbaren Deutschen, deren Gemüth viel grösser gewesen, als ihre Lei-
240 ber, hätten bestehen mögen, nicht auf sich laden, dieweil man es mit Fäusten möchte greiffen, daß GOtt selbst auf der Römer Seite wäre ec. Aber es hat wenig gefehlet, daß sie ihn nicht mit Steinen zu todte geworffen. Die Römer, als weise vernünfftige Leute, schickten zweene hochberedete Gesandten [509B] zu ihnen, die sie
245 aufs hertzlichste vermahneten, sie solten nicht über sich hauen, die Späne möchten ihnen in die Augen fallen; aber sie haben sie beyde erschlagen. Wem nicht zu rathen, dem stehet auch nicht zu helffen.

2. Auf ihr Hertz, das ist verstockt. Matth. 3. vers 10.

Uber diß warnete sie GOtt mit vielen unerhörten Zeichen in der Lufft, zu Lande und Wasser. (Welche in der Historie nach der Länge erzehlet werden, ein jeder fleißiger Christ soll sie heute lesen.) Gleichwie das Blut Zachariä in der ersten Zerstörung anfieng im Tempel zu kriebeln, zu jeschen und zu sieden, also waren auch zu dieser Zeit gewisse Vorboten der bevorstehenden Aenderung. Ein Comet in Schwerdts-Gestalt stund ein gantzes Jahr der Stadt gerade über, der war wie Bileams Engel mit seinem blossen Schwerdte, der ihnen ihre verfluchten Sünden-Wege ankündigte. Tertullianus berichtet, daß man alle Morgen eine Stadt in den Wolcken gesehen, welche mit angehendem Tage verschwunden; das war ein gewisses Merckmahl, daß ihre Stadt mit ihrer schönen Policey sich würde verlieren. Aber es war eben so viel, als wenn sie eine Gans anpfiffe. Jerusalem war nie ärger ewesen. Halsstarrigkeit und unverschämte Huren-Stirnen stossen dem Fasse endlich gar den Boden aus.

3. Auf ihr Land, das wird voll Unglück seyn.

III. Der HErr JEsus siehet, wie sich aller Friede wird verlieren, es wird Krieg seyn auf allen Gassen. Was Krieg für ein Kräutlein sey, das wissen wir in diesen Landen nicht; helffe GOtt, daß es weder wir, noch unsere Kinder dürffen erfahren! Mein seliger Praeceptor M. Mencelius sagte: Bellum est malum Ecclesiasticum, Politicum Oeconomicum, im Kriege verdirbet alles, was in Religions-Sachen, im Regimente und in der Nahrung ist gut gewesen. (Das gäbe eine besondere Predigt.) Alle Gottesfurcht wird vergessen, alle gute Ordnung hat ein Ende, alle Einigkeit und Ruhe zerrinnet. Diß alles gehet dem HErrn JEsu so zu Hertzen, daß er ohne Thränen nicht davon reden kan. Ja, gleichwie der Prophet Jeremias mit seinem höltzernen und eisernen Joch das künfftige Unglück weiset und gleichsam saget: Also, also wird Jerusalem in ein Unglücks-Joch gespannet werden, Cap. 27. v.2.seqq. und Cap. 20. v.12. Gleichwie Esaias barfüßig weiset, wie sie werden wandern müssen, Cap.20. v.23. Gleichwie Ezechiel ihnen vor Augen weiset, wie sie werden müssen das Land räumen, Cap.12. vers 3.seq. Also weisets der HErr JEsus mit seinen Thränen, als mit einem sichtbaren Wahr-Zeichen, was sie für Unglück werde betreffen, als wolte er sagen: Siehe Jerusalem, also wirst du weinen! Gleichwie sich ietzund niemand recht in meine Thränen richten kan: Also wird niemand in der Welt dein Elend gnugsam verstehen können. Gleichwie mich niemand unter dem grossen Hauffen tröstet: Also wird dir [510A] niemand auf Erden ein tröstliches Wort zusprechen. Jch meyne, der Glaube ist ihnen in die Hände kommen, sind doch ihrem eigenen Feinde Tito die Augen mit Thränen übergelauffen, da er in die jämmerliche zerrissene Stadt gezogen ist.

Aus diesem allen lernen wir, daß gewiß und wahrhafftig unser Seligmacher JEsus keinem Menschen auf Erden sein Unglück gönne. Er ist ja Pater aeternitatis, der ewige Vater, Esa. 9. vers 6. Er hat ja ein liebreiches Vater-Hertz, ein süsses Mutter-Hertz, Esa. 49. vers 15. und Cap. 66. v.13. und eines treuen Freundes Hertz. Er saget Joh. 15 v.15. Jhr seyd meine Freunde ec. Jch sage hinfort nicht, daß ihr Knechte seyd, denn ein Knecht weiß nicht, was sein Herr thut; euch aber habe ich gesagt, daß ihr Freunde seyd. Ach wie kan sich ein Vater grämen, wenn seine Kinder dem Scharffrichter in die Hände kommen! Nun siehet aber jetzund der HErr JEsus, wie sein Volck den Römischen Scharffrichtern in ihre unbarmhertzige Tortur gerathen. Ach wie kan die liebe Mutter weinen, wenn ihr Kind ein Aermlein oder Beinlein bricht, oder im Koth ersticket! Nun siehet ietzund der HErr JEsus, wie die Stadt Jerusalem nicht allein ein Arm oder Bein, sondern den Hals brechen, und in ihrem Sünden-Schlamm ersticken wird. Ach wie kan ein treuer Freund mit seinen Feuer-Hacken und Wasser-Kannen lauffen, wenn seines guten Freundes Haus brennet! Jetzund aber siehet der HErr JEsus, wie der Zorn GOttes über Jerusalem werde brennen und lodern, darum füllet er beyde Kannen seiner Augen mit Thränen-Wasser, und läufft mit den Feuer-Hacken seiner treuhertzigen Warnung, ob er sie möchte retten, und zur Busse bringen. Er ist aus dem Hertzen des himmlischen Vaters entsprossen, nun siehet er, daß sein zorniger Vater Ruthen bindet und einweichet, die Stadt Jerusalem zur Staupen zu schlagen; er gebeut schon allen Creaturen, daß sie wider Jerusalem sollen streiten, die Stadt soll kein Glück mehr haben; er siehet schon, daß die heiligen Engel ihr Wander-Geräthe fertig machen, und aus der Stadt weichen wollen; er siehet schon, wie der Teufel seine Zähne wetzet; Das ist ihm unmüglich ohne bittere Thränen zu bedencken, denn er hat kein Wohlgefallen an des Sünders Tode ec. Ezech. 13. v.11.

Dieses liebreiche Hertz JEsu Christi machet euch zu Nutze in eurem Gebet, Creutz und Leiden, Anfechtung und Betrübniß, und auch im letzten Stündlein. Dencket nur der Sache nach: Kan sich euer Seligmacher so höchlich betrüben über dem Unglück seiner Feinde, wie solte ihm nicht frommer Leute Unglück zu Hertzen gehen?

Endlich aber suchet hervor die Näpplein eures Hertzens, und sammlet in euer Gedächtniß die edlen Augen-Thränen eures [510B] Heilandes JEsu Christi, als ein rechtes Heiligthum: Hie habt ihr die sanctas lacrymarum Domini reliquias, die heiligen Reliquien der Thränen Christi. Hat man doch vorzeiten zu Rom die Thränen guter Freunde bey dem Begräbniß pflegen zu sammlen.

Brauchet sie aber zu wahrer Busse und Bekehrung. I. Nehmet ein Exempel, weil der HErr JEsus über fremde Sünde sich so hertz- lich kan betrüben; Ach so lasset vielmehr eure Augen Thränen-Brunnen werden, und über eure eigene Untugend fliessen, saget aus dem 95.Psalm v.6. Lasset uns weinen vor dem HErrn, der uns gemacht hat. Weinet bitterlich wie Petrus, wie Magdalena. Lacrymae poenitentium vinum Angelorum, der Büssenden Weinen ist der Engel Wein. Wehe dem, der kein Auge naß macht im Jahr über seine Buben-Stücke, wie Cain und Saul! wer mit den Gottlosen über Schelmstücke lachet, der wird auch mit ihnen ewig im höllischen Feuer weinen und heulen müssen.

Dienet zu täglicher Busse.

II. Nehmet allhier einen Trost. Wenn ihr eure Sünde in Demuth erkennet und bereuet habet, so holet Trost und Absolution aus dem gebenedeyeten Abgrund der Thränen JEsu Christi, in dem Gnaden-Brunnen seiner allerheiligsten Augen, da fleust heraus das rechte aqua benedicta, quae delet omnia vestra delicta, das gesegnete Wasser, welches alle eure Sünden tilget; da qvillt hervor das selige Lösch-Wasser, damit man GOttes Zorn dämpffen kan. Hier wirds heissen: Die mit Thränen säen, (und beichten) werden mit Freuden (eine tröstliche Absolution) erndten, Psalm 126 v.5. So viel Wasser-Tröpflein aus den Augen des HErrn JEsu fliessen, so viel Beweis und Zeugen haben wir seiner ungefärbten Liebe gegen bußfertige Hertzen. Mercket das heute, lieben Kinder, wenn man euch fraget: Was hat der HErr JEsus aus seinen Augen geweinet? So gebet zur Antwort: Lauter Liebes-Zeichen, lauter Liebes-Tröpfflein, eitel Absolution, Trost und Vergebung der Sünden.

III. Nehmet auch daraus nöthige Warnung. Den bittern Thränen JESU Christi zu Ehren hütet euch für Sünden und Schanden, welche dem HErrn JEsu Zähren aus den Augen gepresset haben. Laß nicht arme Wittwen und Wayselein, die JEsum lieb haben, über dich weinen; das Wasser fließt wohl unterwärts, und beisset rothe Strassen über die Wangen, aber die Krafft steiget überwärts, und dringet durch die Wolcken des Himmels, Sir. 35. v.18. So lieb dir deiner Seelen Seligkeit ist, so laß niemanden, der Christi Gliedmaß ist, und deiner Seelen Seligkeit suchet, sich das Hertz über deiner Bosheit ab-[511A] fressen, es möchte dir zu lauter höllischem Feuer werden.

Vom andern Stück.

Verzeichniß desjenigen Unglücks, das die Jüden betroffen.

Höret nun weiter, wie eigentlich der HErr JEsus auf das kleineste Härlein getroffen, was der Stadt Jerusalem hat begegnen sollen. I. Es wird die Zeit kommen, es wird nicht alsbald diß Jahr oder diese Woche geschehen, sondern Jerusalem soll Bedenck-Zeit haben noch gantzer acht und dreyßig Jahr, denn gleichwie die Verächter der rothen Wein-Trauben alle innerhalb acht und dreyßig Jahren sterben musten, 4 B. Mos. 14. v.23. Also solten auch die Spötter JEsu, welcher am Creutz blutroth gehangen, alle innerhalb 38.Jahren zu Grunde gehen. Das ist GOttes alte Gnaden-Weise, daß er keinen Sünder mit seinem Zorn übereilet. Der ersten Welt gab er zur Bedenck-Zeit hundert und zwantzig Jahr. Zur Zeit Jeremiä viertzig Jahr. Gleichwie er dem unfruchtbaren Feigen-Baume zusiehet viertehalb Jahr, Luc. 13. vers 16.seq. Aber ie langsamer seine Zorn-Wetter aufziehen, ie härter sie schlagen, tarditatem morae gravitate poenae compensat, lange geborget ist nicht geschencket. Darum mißbrauche niemand GOttes Langmüthigkeit, sondern iederman mache sich solche zu Nutze zur seligen Busse. Weil Jerusalem Christi Langmuth in Wind schläget, so kömmt endlich, was geweissaget war, desto schwerer. Eben dieselbe Woche, da CHristus vor acht und dreyßig Jahren hatte geweinet, aufs Oster-Fest, als die Jsraeliten beysammen waren, wie die Mäuse in der Falle, da kommt Titus, und schlägt eben an dem Orte, da Christus seine Thränen vergossen, sein Lager auf. Das heist: Noli ludere cum sanctis, spiele nicht mit den Heiligen GOttes, wilt du nicht gezeichnet werden.

 II. Daß deine Feinde ec. Wer die seyn sollen, hatte schon Moses funffzehnhundert und acht und vierzig Jahr zuvor gesaget, im 5 B. Mos.28. Der HErr wird ein Volck über dich schicken von ferne, von der Welt Ende (aus Welsch-Land) wie ein Adler fleucht, (da hast du den Römischen Adler, den sie im fliegenden Fähnlein geführet haben) dessen Sprache du nicht verstehest. (Denn sie haben Lateinisch geredet ec.) Diß hatten sie sich selber in der Paßion über den Hals gefluchet, mit den Worten: Wir haben keinen König, denn den Kayser. Wornach einer ringet, nach dem ihm gelinget. Man darff den Teufel nicht an die Wand mahlen, er kömmt wohl ungemahlet.

 Werden um dich, und deine Kinder mit dir ec. Eltern und Kinder sollen zugleich herhalten. Simon erwürget seine eigne Eltern, nur daß sie nicht dem Feinde in die Hände [511B] kommen möchten. Maria von Bezobra schlachtet ihr eigenes Kind, wie Mose auch gesehen, 5 B.Mos.28. und saget: Jch weiß dich nicht besser zu begraben, als in meinem Leibe, hoc erit tibi Mausoleum sepulchrum, der soll dein Grab seyn. Und da die Kriegs-Knechte, die dem Geruch nachlauffen, einen Abscheu dafür trugen, spricht sie: Was? Wolt ihr barmhertziger seyn, als eine natürliche Mutter? Das mag ein Elend seyn? Durch die Kinder verstehet auch der HErr JEsus, nach Art der Hebräischen Sprache, die umliegenden Filias, und Nachbarn, das ist auch erfüllet worden, denn die umliegenden Nachbarn waren um des Oster-Fests willen gen Jerusalem gezogen. Tacitus saget, daß damahls in die sechsmahl hundert tausend (so viel ihrer weiland aus Egypten-Land gezogen) in der Stadt gewesen, denn sie hat in ihrem Umkreise eine gute wohlgemessene Deutsche Meilweges innen gehabt. Egesippus saget, daß desselbigen Jahres zweyhundertmahl tausend, sechs und funffzig tausend und fünff hundert Oster-Lämmelein sind aufgegangen, nun ist klar, daß nichts davon muste überbleiben: Darum rechne, wer rechnen kan, was für eine Menge dazu gehöre? Diß Unglück hatten sie sich selber über den Hals gefluchet, da sie gesaget: Sein Blut komme über uns und unsere Kinder. Ach irret euch nicht, GOtt läst sich nicht spotten.

Matth.27. v.25.

Eine Wagen-Burg schlahen, und dich belägern. Da siehet der HErr JEsus, daß es nicht eine kleine Streiff-Rotte und Buben-Marter seyn werde, sondern ein schwerer Vogel. Das Römische Reich wird alle seine Macht daran versuchen, und die Stadt gantzer fünff Monden lang so hart belagern, daß auch nicht ein Hund soll heraus kommen. Siehe, liebes Hertz, sie hatten dem HErrn JEsu eine spitzige stachlichte Crone von lauter Dörnern um sein Häupt geflochten; nun flechtet er wieder um ihre Haupt-Stadt eine stachlichte Crone von lauter Spiessen und Helleparten; wie die Arbeit ist, so ist der Lohn. Das heist, ein voll gedruckt, gerüttelt, und überflüßiges Maaß wird man in euren Schooß geben, Luc.6. v.37.

Die schwere Last des Römischen Reichs.

Und an allen Orten ängsten. Jn der Stadt sollen alle Winckel voll Unglücks seyn, vor der Stadt soll der Tod vor Augen stehen. Das ist alles erfolget. Der Hunger hat so überhand genommen, daß sie auch in heimlichen Gemächern gesuchet, des Hungers sich zu erwehren. Titus wolte etliche vornehme Leute aufqveicheln, aber sie waren zu sehr abgemattet; da war alles verlohren. An der Pestilentz sind in die viertzig tausend Personen gestorben, derer Leichname über die Mauren geworffen wurden. Die Stadt war in drey Partheyen getheilet, eine jedere thät der andern zum Verdruß, was sie konte. Siehe, liebes Hertz, wie sie Christo mitgespielet, so wird mit ihnen gehan-[512A]delt. Sie liessen Christo keine Ruhe, weder Tag noch Nacht, so gehets ihnen wieder. Sie ruheten nicht, bis sie Christi Blut sahen: desgleichen thun die Römer, man kan es ausrechnen, daß in diesem Jüdischen Kriege in die eilffmahl hundert tausend Jüden sind umkommen. Sie hatten Christum gekaufft um dreyßig Silberlinge, sie werden wieder so wohlfeil, nach Mosis Propheceyung im 5 Buch Mos.28. daß Käuffer mangeln, dreyßig

Bei ängstigung an allen Orten.

Wie die Arbeit gewesen, so ist der Lohn.

460 Jüden kaufft man um einen Silberling. Sie hatten Christi Thränen verachtet; nun weinen sie wieder, und niemand nimmts zu Hertzen. Hieronymus saget, daß er selber das Elend gesehen. Wenn um diese Zeit die Jüden kommen, so müssen sie ihre eigene Thränen mit baarem Gelde bezahlen, machen sie es zu lange, so müs-
465 sen sie mehr Geld suchen, das mag ein Zorn seyn! Zu Rabba gehet es auch erbärmlich zu, 2.B. Sam. 12. aber das ist nur eine kleine Buben-Marter dagegen. Sie hatten um des HErrn Christi Creutz gebrüllet, wie die wilden Thiere, Ps.22. v.3. nun werden ihrer hinwieder, nur zur Lust, in die zwey tausend den wilden Thieren
470 vorgeworffen. Sie hatten den HErrn JEsum zur Stadt hinaus geführet; ihrer sind nun hinwieder in die sieben und neunzig tausend zum Lande hinaus geschleppet worden. Christus hatte am Creutz nicht Ruhe, sie stachen ihm seine Seite auf; höre Wunder, unter ihnen werden fast bey zwey tausend Personen die Bäuche
475 auf geschnitten, denn es kam ein Geschrey aus, sie hätten Gold verschlungen. Aber welch ein greulich unerhörter, aber doch gerechter, untadelicher Zorn ist das!

Und werden dich schleiffen, und keinen Stein auf dem andern lassen. Gleichwie sie den HErrn JEsum, den Grund-Stein unserer *Gäntzliche Schleiffung.*
480 Seligkeit, ausgerottet haben aus dem Lande der Lebendigen, Daniel 9. vers 26. Also müssen sie hinwiederum bis auf den Grund geschleiffet werden. Der Kayser Aelius Adrianus hat den besten Zeug weggenommen, und zu seiner Lust brauchen lassen.

Jm Evangelio Matthäi. Cap.23. vers 39. saget der HErr JEsus *Ohne Aufhören.*
485 noch eins: Euer Haus soll euch wüste gelassen werden. Gleichwie der Prophet Daniel berichtet, Cap.9. v.27. daß die Verwüstung ewig soll trieffen, das ist, nimmermehr überstanden werden. Diß stimmet mit der Erfahrung. Denn die Jüden haben dem armen Jerusalem wollen auf die Beine helffen unter den Kaysern Trajano,
490 Adriano und Constantino: Aber ob sie schon unter Trajano so gewütet, daß sie auch der Erschlagenen Fleisch gefressen, und sich mit ihrem Blute beschmieret, so sind ihrer doch in die viermahl hundert tausend erwürget worden. Unter Adriano warff sich auf ein prächtiger Betrüger, und nennete sich Bencochba, einen Stern-
495 Sohn, den er zog die Weissagung vom Stern [512B] aus Jacob auf sich, im 4.Buch Mose 24. aber er ward nebst fünffmahl hundert tausend Mann erschlagen; darnach nennete man ihn Bencosba, einen Lügen-Sohn. Constantinus ließ den aufrührischen Gesellen die Ohren abschneiden: Also muß man die ehebrecherische Art, wie
500 sie Christus von Rechts wegen nennet, mutzen. Der Mammeluck Julianus, besser Idolianus genennet, wolte Christi Worte in Spott

setzen, und erläubete den Jüden Jerusalem zu bauen; aber er muste selber zu Spott werden, was bey Tage ward gearbeitet, das warff das Wetter und Erdbeben bey Nacht wieder in Hauffen, und die Arbeiter bekamen überall Creutzlein an ihren Kleidern und an ihren Brodten, daß sie Schanden halber musten ablassen. Die Christen sind auch solche Affen gewesen, und haben vermeinet, Jerusalem könne wieder erbaut werden. Gottfried Bouillonaeus, der es zum ersten erstiegen, und zum Könige erwehlet worden, hat Christo zu Ehren keine güldene, sondern eine dornene Krone getragen, aber die Hoffart hat nur acht und achtzig Jahr gewähret. Käyser Friedrich Barbarossa wolte es wieder gut machen, aber er ertranck in einem Wasser. Kayser Friedrich der Andere fänget dergleichen Händel an, unterdeß fället ihm der Pabst ins Land, da wird abermahls nichts draus. Das ietzige Jerusalem, Aelia genennet, lieget an dem Orte, wo zuvor zu Christi Zeiten die Vor-Stadt gewesen ist.

Lehren. Diß alles dienet nicht allein dazu, daß wir bedencken, der HErr JEsus sey ein allwissender HErr, zukünfftige Dinge sind ihm so richtig bewust, als was vergangen ist. Das giebt uns Trost und Warnung. Es dienet auch nicht allein dazu, daß wirs gewiß seyn, der HErr JEsus sey ein wahrhafftiger HErr, wie denn Augustinus die Gewißheit des Jüngsten Tages artig hieraus erzwinget. Christus hat beydes gesaget, weil er in einem nicht gefehlet, so wird gewiß das andere nicht aussen bleiben: Sondern vornehmlich sehen wir auch allhier, daß der HErr JEsus eben so saur und zornig seyn kan, als er gnädig, barmhertzig und gedultig gewesen, wenn man seine liebreiche Gnade zur Schalckheit brauchen will. Kan er doch auch Feuer regnen lassen über Sodom und Gomarra, 1.Buch Mos. 19. v.24. Diesen Ernst werden alle Gottlosen am Jüngsten Tage erfahren.

Gebrauch. Derowegen bedencke jedermann des HErrn JEsu Worte, Luc. 13. vers 5. So ihr euch nicht bessert, so werdet ihr alle also umkommen; und St.Pauli Worte, Röm. 11. vers 20.21. Sey nicht stoltz, sondern fürchte dich; hat GOtt der natürlichen Zweige nicht verschonet, daß er vielleicht dein auch nicht verschone. Und weil das [513A] irdische Jerusalem hinweg ist, so setze niemand sein Vertrauen auf die vermeynten Heiligen und Wallfahrten in das gelobte Land auf Erden; Suche das Jerusalem, das droben ist; das ist die wunderschöne Stadt, wie sie in der Offenb. 21. v.22. wird abgemahlet, die wird von keinem Feinde geplündert werden; da wird gut wohnen seyn!

Vom dritten Stück.

MIt was für Sünden hat denn Jerusalem das unerhörte Unglück verdienet? Jm Evangelio finden wir drey Stücke. Sie haben es verdienet 1. an GOtt, mit greulichem Undanck, 2. am Tempel, mit gottloser Entheiligung desselben, 3. am Evangelio, mit unverdientem Haß und Feindschafft. Der HErr JEsus thut, wie unsere Herren von Gerichten; wenn sie iemanden zu Leib und Leben gesprochen haben, so lassen sie das Bekenntniß unter freyem Himmel zu dreyen unterschiedenen mahlen ausruffen, und schreiben es auch zum Gedächtniß in ihr schwartzes Register, damit iederman wisse, sie haben der verdammten Person nicht Unrecht gethan. Also, weil er, als der Richter der Lebendigen und der Todten, der Stadt Jerusalem zu Leib und Leben hat gesprochen, so läßt er ihr Verbrechen heute in der gantzen Welt ausruffen; und läßt es auch durch Lucam zum Gedächtniß aufs Papier setzen: damit alle Welt wisse, er habe ihr nicht Unrecht gethan, daß er Recht behalte, wenn er geurtheilet wird, Psal.51. vers 6.

I. Saget der HErr JEsus: Darum, daß du nicht erkennet hast die Zeit, darinnen du heimgesucht bist. Auf Visitationem gratiae, die gnädige Heimsuchung folget gewiß bey gottlosen Leuten Visitatio irae, die zornige Heimsuchung; ie grössere Gnade, ie härtere Straffe. Der 147. Psalm vers 20. saget von dem Jüdischen Volck: Deus non fecit taliter omni nationi, GOtt hat keinem Volck unter der Sonne so viel Gutes gethan. Weil er aber keinen Danck verdienen kan, so muß man darnach sagen: GOtt hat kein Volck unter der Sonne also gestürtzet und gestraffet. Es ist alles wahr. Dencke nach, liebes Hertz! GOtt wohnete bey diesem Volck; er gab ihnen einen Propheten nach dem andern; er holete sie aus Egypten; er speisete sie in der Wüsten vom Himmel, und tränckete sie aus dem Stein-Felsen; er weisete ihnen selber den Weg bey Tag und Nacht, und gab ihnen das schöne Land, da Milch und Honig floß; auch zu Christi Zeiten ließ er sie so trefflich für Schaden warnen, ob schon die Römer ihrer Sünden halben ihnen die Schwing-Federn ausraufften, so liessen sie sich doch um ihren Gottesdienst und Tempel unbekümmert, das Exercitium Religionis und die Freyheit der Religion war frey. Aber da gefiel kein Danck; sie boten GOtt keinen guten Morgen dafür.

[513B] II. Die andere Ursache weiset Christus selber im Tempel, der stund voll Wechsel-Tische und Tauben-Krämer; Sie solten da nach dem Ewigen trachten, so rennen sie nach dem zeitliche Gewinnst, und sind Wucherer, Geitzhälse und Menschen-Schinder; sie solten von Christi Opffer am Creutze lehren; so trachten sie

Die Ursachen dieses Untergangs der Stadt Jerusalem.

1. Undanck.

2. Die Entheiligung des Tempels.

nach dem vollen Beutel, wenn der Groschen im Kasten klang, so 585
freute sich ihr Hertz, wie Johann Tetzels, des Ablaß-Krämers. Und
Christus sagets unverholen: Mein Haus ist ein Bet-Haus; ihr aber
habts zur Mörder-Grube gemacht. Denn sie werden darinne Mörder an den armen Seelen ihrer Zuhörer, denen sie die Wahrheit
verschweigen; sie werden Mörder an ihrer eigenen Seelen, weil sie 590
sich um derselben Seligkeit unbekümmert lassen. Sie sitzen in der
Kirche mit mörderischen Sinn und Hertzen, das ist, mit leichtfertigen Gedancken, weil sie sich nicht bessern. Niemand hat ein
leichtfertiger Gewissen als ein Mörder. Jm Tempel ward auch offt
unschuldig Blut vergossen, doch krähet kein Hahn darüber, Matth. 595
23. v.35. Das heist den Tempel GOttes verunreinigen! 2 Chron. 36.
v.21.22.

Haß und Verachtung des Evangelii.

III. Endlich wird gesagt, daß sie Christo Spinnen-gram worden,
und ihrem Warner nach Leib und Leben getrachtet haben; Das ist
gar der Teufel. Und das thaten eben die Superlativi, die Obersten, 600
die Aergsten. Darum drücket sie nach GOttes strenger Gerechtigkeit der 109. Psalm vers 17. Sie wolten des Segens nicht; so wird er
auch ferne von ihnen bleiben. Sie wolten den Fluch haben, der
muste ihnen auch kommen; sie müssen den Fluch anziehen wie
ein Hemde ec. 605

Kurtzer Begriff aller Ursachen diese Unterganges.

Mit einem Worte: Es wimmelte zu Jerusalem für Lastern, wie im
Egypten-Lande für Fröschen. Jn der Kirchen wolten sie nur Schmarutzer, Federleser, Suppenfresser, Polstermacher und Ohrenkrauer
haben. Da ihnen Simeon nicht will das Liedlein singen, da muß er
dafür leiden, aber zu seinem besten Glücke. Jm Regiment war lau- 610
ter Untreu, Ungerechtigkeit, Eigennutz, einer hub den andern aus
dem Sattel mit seltsamen Practicken, und machten das Sprichwort
wahr: Wer sich in ein Amt kauffet, der ist entweder schon ein loser
Schalck, oder wills bald werden. Jm Haus-Wesen war lauter Unzucht, Fressen, Sauffen, Hoffart und Prahlerey; alle Ehrbarkeit war 615
gestorben, alle Treu und Ehre hatte ein Ende. Man hätte mögen
singen: Die Wahrheit ist gen Himmel geflogen, die Gerechtigkeit
ist über Meer gezogen; Daß auch Josephus selber sagte: Wenn die
Römer nicht kommen wären, so hätte müssen eine Sündfluth kommen, und den Buben den Hals zustopffen, 1 Buch Mos.7. [514A] 620
vers 17. oder es hätte Feuer vom Himmel fallen, und sie verbrennen müssen, wie Sodom, 1.Buch Mos.19. vers 24. oder die Erde
hätte müssen aufreissen, und die losen Leute verschlingen.

Kern und Stern.

Allhier lernet iederman die Haupt-Sünden, und die gewissen
Zünde-Knoten und Feuer-Kugeln kennen, die Land und Leute in 625
Unglück bringen; Wer Vernunfft hat, der schlage in sich!

I. Ach liebes Hertz, erkenne die gnädige Heimsuchung GOttes! <small>Gebrauch.</small>
versündige dich nicht an GOtt und seinen Wohltathen: mache fleißige Register, wie König David, Ps.103. v.1.seq. Wie wenig sind
630 der Städte, die Gottes Wort so wohlfeil haben, als wir? Sind wir
doch quasi miraculum majoris Poloniae, als ein Wunder in Groß
Polen. Durch wie viel Plagen hat uns GOtt hindurch geholffen?
Wie viel Länder haben bisher Krieg und Aufruhr erfahren, und
wir sitzen GOtt Lob! im Rosen-Garten? Wenn ihr Bürger einander
635 selber nur treu wäret, ihr dürfftet über keinen ausländischen Feind
klagen. Wie gnädiglich hat GOtt euch arme Leute in dieser schweren Zeit erhalten? Es ist ja eben so ein grosses Wunder, als da der
Wittwe zu Zarpath kleines Vorräthlein so sonderweit reichet. Wie
hat GOtt das liebe Land über all unser Verhoffen und Verdienst
640 gesegnet? Seyd ihr auch danckbar? Deberemus quidem, Domine
Episcope, ja Herr Bischoff, wir solten wohl, saget jene Nonne, da
der Bischoff fragte, ob sie keusch und züchtig lebeten. O Fraustadt, Fraustadt, laß mit dir reden! bedencke, was zu deinem Friede dienet! Wo Güte nicht hilfft, da muß denn die Ruthe helffen.
645 Busse und Bekehrung zu GOtt dienet zu deinem Frieden.

II. Versündige dich nicht am Krippelein Christi, und an deinem
Hertz-Kirchlein; mache der Sonntags-Krämerey nicht zu viel; Obrigkeit, greiffe zur Peitsche, wie Christus und Nehemias, cap.13.
v.28. Gott möchte sonst mit der Peitsche kommen, und unsere
650 Häuser und Tische umwerffen. Ein ieder schaue wohl zu, daß es
um seinen Hertz-Tempel richtig sey. Laß dein Hertz nicht seyn des
Teufels Kram-Bude; räume aus alle Geitz-Tischlein; nehre dich
nicht mit deinem bösen Gewissen; berathschlage dich nicht mit
dem Teufel; kleide dich nicht in seine verlegene Schand-Waaren
655 von Fuß auf. Laß dein Hertz nicht eine Mörder-Grube seyn, die
mit lauter Haß, Feindschafft, Neid und mörderischen Anschlägen
gefüllet sey; Werde nicht deiner eigenen Seelen Mörder. Auf eine
Mörder-Grube, da Menschen-Blut vergossen wird, gehöret ein
grosses schweres Creutz. Dein Hertz sey ein Bet-Haus; laß einen
660 starcken Seuffzer nach dem andern in den Himmel fahren. Niemand dulte in seinem Hertzen ein halb Schock wilder ketzerischen
Tauben- **[514B]** Körbe, dein Hertz habe keinen unnützen Tauben-Schlag; liebkose dir nicht selber in öffentlichen Bubenstücken; das
sind Tauben-Körbe, die ich meyne! dencke, daß der Heilige Geist
665 auch in andern Leuten wohne, und dich warne. Mache zu den
närrischen und dir schädlichen Tauben-Schlag, und folge gutem
Rathe.

III. Und so lieb dir Leib und Leben, und alle zeitliche und ewige Wohlfarth ist, so fleißig hüte dich für Feindschafft wider Christum und seine Diener, wider das Evangelium und deine Seel-Sorger; es kostet dir sonst den Hals, Ebr.13. v.17. Machet es wie das Volck im Evangelio, das hieng dem HErrn JEsu an, und hörete ihn. Ein jeder kehre vor seiner Thür; wenn ich nur rede, und ihr nichts dabey thun woltet, so wäre alle Arbeit verlohren. Jhr Kirchen-Kinder, qvälet nicht die gerechten Seelen eurer Warner, 2 Petr.2. v.7. Jhr Regenten seyd Patres, Väter, nicht Pestes und Proditores Patriae, das ist, Pesten und Verräther des Vaterlandes. Jhr Haus-Wirthe, machets also, daß GOtt euer Hertz-Genoß, und die heiligen Engel eure Haus-Genossen bleiben können ec. Jch sage noch einmahl: Jederman bedencke, was zu seinem Frieden dienet! Wer ja was versehen hat, der bessere sich; das wird zu unserm Frieden dienen.

Nutzen.

Wer nun wird folgen, den wird GOtt für allem Jerosolymitanischen Elend bewahren; und wenn ja Unglück solte über die Welt kommen, und ein fromm Hertz möchte durch einen grossen Land-Regen mit betreuschet werden, so wird GOtt doch auf ein solches Hertz Achtung haben, utique salus erit iusto, der Gerechte wird sein ja geniessen, Psalm 58. vers 12. Konte doch GOtt Noam erreten, konte doch GOtt den Loth erlösen; konte doch GOtt die sechs tausend Christen zu Pella erhalten; derselbe GOtt lebet noch; Der feste Grund GOttes bestehet, und hat dieses Siegel: GOtt kennet die Seinen, 2.Tim.2. vers 19. So ja einem frommen Hertzen etwas möchte in diesem Leben abgekürtzet werden, so soll es ihm reichlich zugehen im himmlischen Jerusalem, das ewig wird bleiben, Amen.

Valet-Segen

UNser liebster Seligmacher, JESUS, welcher um unbußfertiger, halsstarriger Hertzen willen das irdische Jerusalem hat schleiffen lassen; allen bußfertigen Hertzen aber mit seinem Blut das himmlische Jerusalem erbauet und erworben hat: Der helffe, daß wir, auf seinen treuhertzigen, Rath bedencken, was zu unserm Frieden dienet, und demnach hertzliche Busse thun; (denn allein wahre Busse dienet zu unserm zeitlichen und ewigen Friede) die Zeit der gnädigen Heimsuchung GOttes mit Danck annehmen; allen Teufels- [515A] Krambuden, Mörder-Gruben, und weltlichen Tauben-Körben feind werden, und ihm von Hertzen anhangen, damit wir also allen Schaden Leibes und der Seelen glücklich entrinnen, und seliglich ins himmlische Jerusalem kommen, das viel schöner seyn wird, als jenes gewesen, und [515B] das von keinem Feinde in Ewigkeit wird zerstöret werden, Amen.

ANHANG II: Tabellen zu dem Exkurs in Kap. B: Die Sonntagslieder des 10. Sonntags nach Trinitatis

Titel[1]	Autor	Quellen	Fundort[2]	EG[3]
Ach bleib bei uns, Herr Jesu Christ	Nicolaus Selnecker	GB Hanau 1756	W IV 392	246
Ach bleib mit deiner Gnade	Josua Stegmann	GB Züllichau 1890	FT II 467	347
ACh Gott, erhör mein seufftzen und wehklagen	Jakob Peter Schechs	GB Hanau 1756	FT III 247	
ACh Gott, laß dir befohlen sein	Nicolaus Acker	KO Colberg 1586	W IV 731	
ACh Gott, thu dich erbarmen	M. R. Müntzer	GB Hanau 1756, GB Magdeburg 1760	W III 899	
Ach Gott, vom Himmel sieh darein	Martin Luther	KO Hohenlohe 1596, KO Hessen 1669, GB Riga 1741, GB Gotha 1742, GB Hanau 1756, GB Magdeburg 1760,	W III 3	273
(2. Fassung:) ACh Gott, vom himmel sieh darein	David v. Schweinitz	GB Riga 1741	FT I 428	
ACh GOtt wir treten hier für dich		GB Hannover 1659		
ACh Herr, du aller höchster Gott	Bartholomäus Ringwald?[4]	GB Riga 1741	W III 1231 + W IV 277	
Ach! HErre, du gerechter GOtt, dein'n Zorn lässt du jetzt gehen	Samuel Zehner	GB Langensalza 1765	vgl. F I 12f[5]	
ACh, HERR, mich armen Sünder	Cyriacus Schneegaß	GB Hanau 1756	W V 216	
Ach HErr! wenn kommt das Jahr die Deinen zu erlösen?	[6]	GB Magdeburg 1760	F I 15	
Ach Jesu, muß dein Angesicht		GB Leipzig 1830		
ACh lieben Christen, seid getrost	Johannes Henne	GB Riga 1741, GB Hanau 1756	W IV 257	

---

1 Die Schreibweise des Titels wird, wo das Lied noch heute gebräuchlich ist, aus dem Evangelischen Gesangbuch (EG) übernommen, sonst aus Wackernagel bzw. Fischer-Tümpel. Wo das Lied in diesen Sammlungen nicht auftaucht, übernehme ich die Schreibweise der benutzten Gesangbücher.

2 W bedeutet die Sammlung von Wackernagel, FT die Sammlung von Fischer-Tümpel, die römischen Zahlen stehen für die Bandnummern, die arabischen für die Liednummern. F verweist auf das Kirchenliedlexikon von A. F. W. Fischer, auch hier meinen die römischen Zahlen die Bandnummern.

3 In dieser Spalte ist die Nummer des Liedes im Stammteil des Evangelischen Gesangbuchs (EG) angegeben.

4 Vgl. zur Verfasserfrage F I, 12. Das Lied ist bei Wackernagel zweimal abgedruckt, jeweils ohne Namen.

5 Fischer schreibt hier über das bekanntere Lied »Ach Herre du gerechter Gott«, (vgl. W V 264), erwähnt aber in diesem Zusammenhang auch das Lied von Samuel Zehner.

6 Die Verfasserschaft ist unklar, Fischer nennt Bartholomäus Crasselius sowie Paul Astmann als mögliche Verfasser, F I, 15.

Ah HErr, mit deiner hülff erschein	Johannes Freder	GB Hannover 1659	W III 233	
AN wasserflüssen Babilon	Wolfgang Dachstein	KO Pommern 1569, KO Weissenfels 1578, KO Mansfeld 1580, KO Colberg 1586, GB Hannover 1659, KO Hessen 1669, KO Magdeburg 1740, GB Riga 1741, GB Gotha 1742, GB Hanau 1756, GB Magdeburg 1760, GB Langensalza 1765	W III 135	
AUs der Tieffen ruffe ich; HErr zu dir, erhöre mich.	Georg Christoph Schwämmlein	GB Hanau 1756	FT V 357	
Aus tiefer Not schrei ich zu dir	Martin Luther	GB Gotha 1742, GB Hanau 1756	W III 5	299
Aus tiefer Not laßt uns zu Gott	Michael Weiße	GB Hannover 1659	W III 390	144
Der du die Liebe selber bist	Christoph Christian Sturm	GB Züllichau 1890		
Du Friedefürst, Herr Jesu Christ	Jacob Ebert	GB Hanau 1756, GB Magdeburg 1760, GB Langensalza 1765	W V 628	422
Du rächer, Gott! wie schrecklich drohn	B. Münter	GB Bayreuth 1780		
DU weinest für Jerusalem	Johann Heermann	GB Hannover 1659, GB Magdeburg 1760, GB Langensalza 1765, GB Marburg 1774, GB Leipzig 1830	FT I 339	
Ein Christ, ein tapfrer Kriegesheld		GB Züllichau 1890	F I 152	
ERbarm dich meyn, o herre got	Erhart Hegenwald	GB Riga 1741, GB Gotha 1742, GB Hanau 1756	W III 70	
ES spricht der vnweisen mund wol	Martin Luther	KO Pirna 1568, GB Gotha 1742, GB Hanau 1756	W III 4	
Es weinet um jerusalem[7]	Johann Adolph Schlegel	GB Bayreuth 1780		

---

[7] Es handelt sich um eine Bearbeitung des Liedes »Du weinest für Jerusalem« von Johann Heermann.

Die Sonntagslieder des 10. Sonntags nach Trinitatis

Es wolle Gott uns gnädig sein	Martin Luther	KO Pirna 1568, GB Gotha 1742, GB Hanau 1756	W III 7	280
Gib frid zu vnser zit o Herr!	Wolfgang Köpfel	KO Hessen 1669	W III 841	
GOTT, Du hast es so beschlossen	Herzog Anton Ulrich	GB Hanau 1756	FT V 373	
GOtt hat das Euangelium	Erasmus Albers	GB Hanau 1756, GB Langensalza 1765, GB Marburg 1774	W III 1033	
HElp godt, wo geyt dat yumer to	Andreas Knöpken	KO Pommern 1569, KO Colberg 1586, GB Riga 1741	W III 138–140	
HERR! deine Treue ist so groß, daß wir uns wundern müssen	Johann Weidenheim	GB Magdeburg 1760	F I 255	
HErr, der du gnad und hülff verheisst	Justus Gesenius / David Denicke	GB Bayreuth 1780	FT II 386	
HERR, der du vormals gnädig hast Geholffen deinem Lande		GB Hannover 1659		
Herr, durch den wir sind und leben	Chr. Felix Weise	GB Züllichau 1890		
HERR, geuß deines zornes Wetter	Johann Franck	GB Riga 1741	FT IV 81	
Herr Jesu, Gnadensonne	Ludwig Andreas Gotter[8]	GB Züllichau 1890	F I 278f	404
Herr! schau in was für grosser noth		GB Bayreuth 1780 (zur Historie)		
HIerusalem, des louen stat (Jerusalem des Glaubens Stadt)		KO Pommern 1569, KO Colberg 1586	W III 625 vgl. F I 364	
HIlff got, wie ist der menschen not so gross	Paul Speratus	KO Naumburg 1537	W III 58	
Ihr heissen thränen-quellen	Benjamin Schmolck	GB Gotha 1742, GB Langensalza 1765	F I 403	
ISt Ephraim nicht meine kron	Paul Gerhardt	GB Riga 1741, GB Hanau 1756	FT III 442	
JAmmer hat mich gantz umbgeben	Johann Rist	GB Hanau 1756	FT II 195	
Kommt her zu mir, spricht Gottes Sohn	Georg Grünwald	GB Hanau 1756	W III 166ff	363
Liebster Heiland! dein Verlangen	Johann Olearius	GB Hamburg 1766, GB Riga 1741		
Mitten wir im Leben sind	Martin Luther	GB Hannover 1659	W III 12	518
Nimm von uns Herr du treuer Gott (Aufer immensam)	Martin Moller	KO Magdeburg 1740, GB Hanau 1756, GB Magdeburg 1760, GB Bayreuth 1780	W V 73	146

---

8 Das Gesangbuch Züllichau nennt als Verfasser Laurentius v. Schnüffis. Es handelt sich bei dem abgedruckten Lied um das von Gotter, an manchen Stellen mit kleinen Abweichungen.

NJmm von uns HErre GOtt All unser sünd und missethat (Aufer immensam)	Cyriakus Spangenberg?[9]	KO Mansfeld 1580, GB Hannover 1659, KO Magdeburg 1740, GB Gotha 1742	F II 99	
Nun bitten wir den heiligen Geist	Martin Luther	GB Gotha 1742	W III 28	124
O Du allersüßte Freude!	Paul Gerhardt	GB Züllichau 1890	FT III 389	
O Grosser Gott von Macht (2. Fassung:) O grosser Gott von macht! An huld und gnade reich![10]	Balthasar Schnurr / Johann Matthias Meyfart[11]	GB Hanau 1756, GB Bayreuth 1780	FT III 321 vgl. F II 159f	
O Herre Gott, dein Göttlichs wordt		KO Mansfeld 1580	W III 163	
O wunderfluth! Das höchste gut	Johann Jakob Rambach	GB Magdeburg 1760, GB Bayreuth 1780	F II 221	
So wahr ich lebe, spricht dein Gott	Johann Heermann	GB Bayreuth 1780	FT I 318	234
Treuer Wächter Israel	Johann Heermann	GB Riga 1741	FT I 351	248
Von allen menschen abgewand	Andreas Knöpken	GB Riga 1741	W III 144f	
WAs sol ich doch, o Ephraim	Paul Gerhardt	GB Riga 1741	FT III 443	
WEnd ab deinen Zorn, lieber Herr (Aufer immensam)	Thomas Bremel	GB Riga 1741, GB Marburg 1774	W V 67	
Wenn wir in höchsten Nöten sein	Paulus Eber	GB Hannover 1659, GB Hanau 1756, GB Bayreuth 1780 (zur Historie, bearbeitet)	W IV 6	366
Wie gnädig warst du, Gott!	Johann Andreas Cramer	GB Bayreuth 1780 (zur Historie)		
WJe lang hab ich, O höchster Gott	Johann Heermann	GB Riga 1741	FT I 345	
WJr wissen nicht/ HErr Zebaoth		GB Hannover 1659		
Wo Gott der Herr nicht bei uns hält	Justus Jonas	KO Hohenlohe 1596	W III 62	297
ZJon klagt mit Angst und Schmertzen	Johann Heermann	GB Hanau 1756	FT I 36	
ZU dir allein in dieser noth		GB Riga 1741		
JERUSALEM, nim doch einmal zu Hertzen	Johann Frentzel	Taucht in den Registern nicht auf.	FT IV 6	
STeh auff von deinem Sünden-Schlaff	Johann Frentzel	Taucht in den Registern nicht auf.	FT IV 60	

---

9 Diese Angabe macht das Gesangbuch Gotha.
10 Es handelt sich um eine Bearbeitung des Liedes aus FT III 321.
11 Fischer-Tümpel und auch das Kirchenliederlexikon von Fischer nennen Balthasar Schnurr als Autor, beide hier genannten Gesangbücher schreiben es Meyfart zu. Zur Diskussion um den Autor vgl. F II, 159f.

Die Sonntagslieder des 10. Sonntags nach Trinitatis

Titel	Melodie / Text[12]	Rubrik, unter der das Lied abgedruckt ist[13]	Häufigkeit[14]
AN wasserflüssen Babilon	Ps 137	Vom Creutz und Verfolgung (Go) Psalmen-Lieder (Ha) Von der Christlichen Kirchen (Hann) Christl. Lebens- Bet- Verfolgungs- Noth- Creutz- und Trost-Lieder (La) Von der Verfolgung und dem Verderben, worunter die Kirche GOttes seufzet (Mag) Vom creutz, verfolgung und anfechtung (Ri)	12 (L11)
Nimm von uns Herr du treuer Gott		Jn gemeiner Noth (Bay) Gemeiner Noth-Lieder (Ha) Bey allgemeinen Land-Plagen (Mag) Vom Gebeth (Go) Buß-Gesänge (Hann)	4+4+2 (L4)
(2. Fassung:) NJmm von uns HErre GOtt All unser sünd und missethat			
(3. Fassung:) WEnd ab deinen Zorn, lieber Herr *(Übersetzungen des »Aufer immensam«)*		Bitt- und Buß-Gesänge (Mar) Vom creutz, verfolgung und anfechtung (Ri)	
Ach Gott, vom Himmel sieh darein	Ps 12	Von der Christl.Kirchen (Go) Psalmen-Lieder (Ha) Von der Verfolgung und dem Verderben, worunter die Kirche GOttes seufzet (Mag) Vom creutz, verfolgung und anfechtung (Ri)	6+1 (L4)
(2. Fassung:) ACh Gott, vom himmel sieh darein		Von der christlichen kirchen (Ri)	
DU weinest für Jerusalem	Lk 19	Vom creutz und unglück (Hann) Von Christi Thränen (La) Von der Buße und Vergebung der Sünden (Lei) Von den Thränen und Seufzern JEsu (Mag)	5+1
(2. Fassung:) Es weinet um jerusalem		Von den Trübsalen der Christen (Bay)	
Aus tiefer Not schrei ich zu dir	Ps 130	Buß-Lieder (Go) Psalmen-Lieder (Ha)	2+1+1 (L3)
(2. Fassung:) Aus der Tieffen ruffe ich, Herr zu dir, erhöre mich		Von der Buß, Beicht und Absolution (Ha)	
(3. Fassung:) Aus tiefer Not laßt uns zu Gott		Buß-Gesänge (Hann)	

---

12 Diese Spalte verweist auf biblische Vorlagen für den Text. Das Sigel »M!« zeigt, daß das betreffende Lied auf die Melodie »An Wasserflüssen Babylon« gedichtet ist.
13 Die Sigel in Klammern verweisen auf das jeweilige Gesangbuch: »Bay« = GB Bayreuth 1780; »Go« = GB Gotha 1742; »Ha« = GB Hanau 1756; »Ham« = GB Hamburg 1766; »Hann« = GB Hannover 1659; »La« = GB Langensalza 1765; »Lei« = GB Leipzig 1830; »Mag« = GB Magdeburg 1760; »Mar« = GB Marburg 1774; »Ri« = GB Riga 1741; »Zü« = GB Züllichau 1890.
14 In Klammern und mit dem Sigel »L« jeweils die Zahl der Nennungen bei Rochus von Liliencron.

HElp godt, wo geyt dat yumer to	Ps 2	Von der christlichen kirchen (Ri)	3 (L6)
ES spricht der vnweisen mund wol	Ps 14	Von der Christl.Kirchen (Go) Psalmen-Lieder (Ha)	3 (L5)
Du Friedefürst, Herr Jesu Christ		Lieder in Kriegs-Zeiten (Ha) Jn Kriegs-Zeiten (La) Jn Kriegs-Zeiten (Mag)	3
ERbarm dich meyn, o herre got	Ps 51	Buß-Lieder (Go) Psalmen-Lieder (Ha) Von der busse (Ri)	3
Es wolle Gott uns gnädig sein	Ps 67	Von der Christl. Kirchen (Go) Psalmen-Lieder (Ha)	3
GOtt hat das Euangelium		Vom Jüngsten Gericht und Aufferstehung der Todten (Ha) Von der Auferstehung der Todten (La) Vom jüngsten Gericht und Auferstehung der Todten (Mar)	3
Wenn wir in höchsten Nöten sein		Jn gemeiner Noth (Bay) Gemeiner Noth-Lieder (Ha) Jn gemeiner noth (Hann)	3
ACh Gott, thu dich erbarmen		Vom jüngsten Gericht und Aufferstehung der Todten (Ha) Von der Verfolgung und dem Verderben, worunter die Kirche GOttes seufzet (Mag)	2 (L2)
ACh lieben Christen, seid getrost		Jn Sterbens-Läufften (Ha) Sterb- und begräbniß-lieder (Ri)	2
HIerusalem, des louen stat	Ps 147		2
Ihr heissen thränen-quellen	Lk 19	Sonntagslied (Go, La)	2
ISt Ephraim nicht meine kron	Jer 31,18–20	Creutz- und Trost-Lieder (Ha) Vom creutz, verfolgung und anfechtung (Ri)	2
Liebster Heiland! dein Verlangen	Lk 19	Sonntagslied (Ham, Ri)	2
O Grosser Gott von Macht (2. Fassung:) O grosser Gott von macht! An huld und gnade reich!		Jn gemeiner Noth (Bay) Gemeiner Noth-Lieder (Ha)	1+1
O wunderfluth! Das höchste gut	(Lk 19)	Von der Liebe und Gnade Gottes in Christo (Bay) Von den Thränen und Seufzern JEsu (Mag)	2
Ach bleib bei uns Herr Jesu Christ		Von der Rechtfertigung (Ha)	1
Ach bleib mit deiner Gnade		Vom Worte Gottes und der christlichen Kirche (Zü)	1
ACh Gott, erhör mein seufftzen und wehklagen		Creutz- und Trost-Lieder (Ha)	1
ACh Gott, laß dir befohlen sein			1
ACh GOtt wir treten hier für dich		Jn kriegs-zeiten und ümb friede.	1
ACh Herr, du aller höchster Gott		Um den lieben frieden. (Ri)	1

Die Sonntagslieder des 10. Sonntags nach Trinitatis 361

Ach! HErre, du gerechter GOTT, dein'n Zorn lässt du jetzt gehen		Jn Kriegs-Zeiten	1
ACh, HERR, mich armen Sünder	Ps 6	Psalmen-Lieder (Ha)	1
Ach HErr! wenn kommt das Jahr, die Deinen zu erlösen?		Von der Verfolgung und dem Verderben, worunter die Kirche GOttes seufzet (Mag)	1
Ach Jesu, muß dein Angesicht	Lk 19 M!	Von der Buße und Vergebung der Sünden (Lei)	1
Ah HErr, mit deiner hülff erschein	Ps 79	In kriegs-zeiten und ümb friede (Hann)	1
Der du die Liebe selber bist	M!	Vom christlichen Leben und Wandel überhaupt (Zü)	1
Du rächer, Gott! wie schrecklich drohn	M!	Jn gemeiner Noth	1
Ein Christ, ein tapfrer Kriegesheld		Vom christlichen Leben und Wandel überhaupt (Zü)	1
GIb frid zu vnser zit, o Herr!			1
GOtt, Du hast es so beschlossen		Christliche Lebens- und Wandels-Lieder (Ha)	1
HERR! deine Treue ist so groß, daß wir uns wundern müssen	Röm 8,13–23	Von der Verfolgung und dem Verderben, worunter die Kirche GOttes seufzet (Mag)	1
HErr, der du gnad und hülff verheisst		Jn gemeiner Noth (Bay)	1
HERR, der du vormals gnädig hast Geholffen deinem Lande	Ps 85	Jn gemeiner noth (Hann)	1
Herr, durch den wir sind und leben		Vom Worte Gottes und der christlichen Kirche (Zü)	1
HERR, geuß deines zornes Wetter	Ps 6	Von der busse (Ri)	1
Herr Jesu, Gnadensonne		Vom christlichen Leben und Wandel überhaupt (Zü)	1
Herr! schau in was für grosser noth		Jn gemeiner Noth	1
HIlff got, wie ist der menschen not so gross			1
JAmmer hat mich gantz umbgeben		Creutz- und Trost-Lieder (Ha)	1
Kommt her zu mir, spricht Gottes Sohn		Christliche Lebens- und Wandels-Lieder (Ha)	1
Mitten wir im Leben sind		Buß-Gesänge (Hann)	1
Nun bitten wir den heiligen Geist		Auf das H. Pfingst-Fest (Go)	1
O Du allersüßte Freude!		Von der Sendung des heiligen Geistes (Zü)	1
O Herre Gott, dein Göttlichs wordt			1
So wahr ich lebe, spricht dein Gott		Von der Busse und Bekehrung (Bay)	1
Treuer Wächter Israel		Um den lieben frieden (Ri)	1
Von allen menschen abgewand	Ps 25	Von der busse (Ri)	1

WAs sol ich doch, o Ephraim	Hos 11 M!	Vom creutz, verfolgung und anfechtung (Ri)	1
Wie gnädig warst du, Gott!		Jn gemeiner Noth	1
WJe lang hab ich, O höchster Gott		Von creutz, verfolgung und anfechtung (Ri)	1
WJr wissen nicht/ HErr Zebaoth	M!	Jn kriegs-zeiten und ümb friede.	1
Wo Gott der Herr nicht bei uns hält			1
ZJon klagt mit Angst und Schmertzen		Creutz- und Trost-Lieder (Ha)	1
ZU dir allein in dieser noth		Vom creutz, verfolgung und anfechtung	1
JERUSALEM, nim doch einmal zu Hertzen	Lk 19		
STeh auff von deinem Sünden-Schlaff	Lk 19 M!		

Literaturverzeichnis

Die im Literaturverzeichnis und in den Anmerkungen verwendeten Abkürzungen sind aufgelöst bei Siegfried M. Schwertner: Theologische Realenzyklopädie. Abkürzungsverzeichnis, 2., überarb. Aufl., Berlin u. New York 1994 (=IATG²). Literatur wird in den Anmerkungen nach der ersten Erwähnung mit dem Nachnamen des Autors, bei mehreren Werken eines Autors zusätzlich mit der Jahreszahl zitiert. Abweichungen von dieser Regel sind in den Anmerkungen und im Literaturverzeichnis vermerkt.

1. Quellen

Zur Wiedergabe der Quellen ist folgendes zu sagen. Interpunktion und Groß- und Kleinschreibung folgen genau den Quellen. Die Textwiedergabe erfolgt buchstabengetreu, mit folgenden Ausnahmen:
– Die verschiedenen diakritischen Zeichen für die Umlaute werden alle durch ä, ö und ü wiedergegeben, außer wenn der Laut in der Quelle mit nachstehendem e geschrieben wird (Ae, ae, Oe, oe, Ue, ue).
– Ligaturen (z.B für tz, sz, ff, ae) und Kürzungen (für Buchstabenverdoppelungen, Endsilben u.ä.) werden aufgelöst.
– Die unterschiedlichen Größen der Drucktypen, die oft zur Heraushebung einzelner Satzteile, meist Bibelstellen, gebraucht werden, werden im Normalfall nicht gekennzeichnet.

1.1. Predigten und Predigtmeditationen

Wo von einem Prediger mehrere Predigten bzw. Meditationen genannt sind, werden sie nach folgenden Gesichtspunkten geordnet: Predigtsammlungen stehen, nach dem Titel geordnet, vor Einzelpredigten. Diese sind nach Bibeltexten geordnet, mehrere Predigten zum selben Text nach dem Datum. Die anonym überlieferten Predigten des Mittelalters werden unter dem Namen des Herausgebers aufgeführt.

Ahlfeld, Friedrich: Predigten über die evangelischen Perikopen, 8., vermehrte Aufl., Halle 1868.

Arndt, Johann: Postille Oder Geistreiche Erklärung Derer Evangelischen Texte durch das gantze Jahr, Auf alle Sonn- Hohe- und andere Fest- und Apostel-Tage, Sammt Betrachtungen über die Paßions-Historie ..., 2. Band, Hof (Johann Ernst Schultz) 1737.

Aktion Sühnezeichen / Friedensdienste e.V. (Hg.): Predigthilfen. Volkstrauertag 1978. 40 Jahre »Kristallnacht«, Berlin 1978.

Birlinger, Anton: Elsaessische Predigten, Alemannia 1 (1873), 60–87. 186–194. 225–250, Alemannia 2 (1875), 1–28. 101–119. 197–223.

Bonaventura: Doctoris Seraphici S. Bonaventurae: Sermones de Tempore, Opera Omnia Tomus IX, Quaracchi 1901, 23–461.

Bugenhagen, Johannes: INDICES QUIDAM IOANNIS BUGENHAgij Pomerani in Euangelia (ut uocant) dominicalia, Insuper usui temporum et sanctorum totius anni seruientia. AB IPSE AVCTORE IAM primum emisi et locupletati. o.O. u.J. (Ausgabe Geisenhof Nr. 51).

Busch, Ernst: Predigt zum Gedenken an die Reichspogromnacht am 9. November 1988 in der Kirche St. Johannis in Göttingen, in: Predigen zum Weitersagen. Mitteilungen des ökumenischen Vereins zur Förderung der Predigt e.V., Nr. 7 (Buß- und Bettag 1990), 2–6.

Carpzov, Johann Benedikt: Evangelische Fragen und Unterricht: Oder Sonderbahrer Jahr-Gang / Da aus allen Sonn- und Fest-täglichen Evangeliis / welche im Eingange erkläret und mit einer Historie oder Fürbilde aus dem Alten Testament überleget seynd / Vier Fragen abgehandelt werden / Nemlich I. eine Catechismus-Frage / II. eine Streit-Frage / III. eine Gewissens-Frage / IV. eine curiöse Frage, Leipzig (Thomas Fritsch) 1700.

Conrad, Paul: Glaube, Hoffnung, Liebe – diese drei. Auslegung der fünf sonntäglichen Schriftabschnitte des Kirchenjahres, Berlin 1928.

Dannhauer, Johann Conrad: Evangelisches Memorial oder Denckmahl Der Erklärungen / vber die Sontägliche Evangelien / Welche zu Straßburg im Münster abgelegt / vnd auff inständiges begehren Christlicher Hertzen / zur künfftigen Erinnerung vnd Nachdencken / in Truck außgefertiget worden von Johan Conrad Dannhawern / der H. Schrifft Doct. Professore, Predigern / auch deß Kirchen-Convents Präside daselbs. Straßburg (Stadel) 1661.

Diemer, Joseph: Deutsche Predigtentwürfe aus dem XIII. Jahrhundert, in: Germania. Vierteljahresschrift für Deutsche Alterthumskunde, hg. v. Franz Pfeiffer, 3 (1858), 360–367.

Eckhart (Meister E.): Predigt über Lk 19,47, in: Philipp Strauch (Hg.): Paradisus anime intelligentis, DTMA 30, Berlin 1919, Nr. 15, 37–39.

Geiler v. Kaysersberg, Johannes: Euangelia Das plenarium vßerlesen vnd davon gezogen in des hochgelehrten Doctor keiserspergs vßlegung der ewangelien vnd leren. Anfang der meß / Colect / secret / Epistel vnd Complend. Auch de sanctis von den heiligen / Summer vnd winterteil durch das gantz iar. ..., Straßburg (Johannes Grieninger) 1522.

1. Quellen

Gerhardt, Johann: Postille das ist Auslegung und Erklärung der sonntäglichen und vornehmsten Fest-Evangelien über das ganze Jahr ... Nach den Original-Ausgaben von 1613 und 1616. Vermehrt durch die Zusätze der Ausgabe von 1663. Zweiter Theil. Die Trinitatis-Sonntage, hg. und verlegt von Gustav Schlawitz, Berlin 1871.

Gradwohl, Roland: Bibelauslegungen aus jüdischen Quellen, Bd. 1–4: Die alttestamentlichen Predigttexte des 3.–6. Jahrgangs, Stuttgart 1986–1989.

Gregor der Große: Homiliae in Evangelia. Evangelienhomilien, übersetzt und eingeleitet von Michael Fiedrowicz, Bd. 1, FC 28/1 Freiburg 1997, Bd. 2, FC 28/2, Freiburg 1998.

Haas, Nicolaus: Allzeit fertiger geistlicher Redner, Leipzig (Gleditsch) 1702.

Haimo v. Halberstadt: Haymonis Halberstatensis Episcopi Homiliarum sive concionum ad plebem in Evangelia de tempore et Sanctis, PL 118, 9–816.

Hasak, Vincenz: Die Himmelstrasse, oder: Die Evangelien des Jahres in Erklärungen für das christliche Volk nach deutschen Plenarien aus der Zeit 1500, Regensburg 1882.

Heinzelmann, Otto: Predigten über die Evangelien aller Sonn- und Festtage des christlichen Kirchenjahres, Potsdam 1869.

Herberger, Valerius: DE JESU, Scripturae nucleo & medulla, MAGNALIA DEI. Das ist: Die grossen Thaten Gottes, von Jesu, Der gantzen Schrifft Kern und Stern, Nebst beygefügtem Psalter-Paradise, Gefasset Durch fleißiges Gebet, Lesen und Nachdencken, Hertz Mund und Feder VALERII Herbergers, Predigers in Fraustadt. Jtzo von neuem übersehen, in vielen Stücken, besage der Vorrede, verbessert, mit nöthigen Registern, auch nützlicher Anweisung auf alle Sonntage erbaulich zu lesen, Zum sechstenmal gedruckt. Leipzig, bey Johann Friedrich Gleditschens seel. Sohn, Anno 1728 (zitiert: Magnalia Dei).

Herberger, Valerius: Evangelischen HertzPostilla Valerij Herbergeri Erster Theil, Jn welcher Alle ordentliche Sonntags-Evangelia und auch aller fürnehmen berühmten Heiligen gewöhnliche Feyertags-Texte durchs gantze Jahr aufgeklitschet, die Kerne ausgescheiet, aufs Hertze andächtiger Christen geführet, und zu heilsamer Lehre, nothwendiger Warnung, nützlichem Troste, andächtigem Gebet, unsträflichem Leben, und seliger Sterbens-Kunst abgerichtet werden. Mit lieblichen Eingängen, leichten verständlichen Erklärungen, Hertzrührenden Valet-Segen, einig und allein aus dem Hertz-Blätlein und Adern, aus dem Marck und Safft der abgehandelten Texte geflösset, Bevoraus dem liebreichen treuen Hertzen JESU Zu Lobe: Darnach allen GOTT-ergebenen Evangelischen Hertzen, die Lust haben, alle Sonntage, Feyertage und Feyer-Stunden Christlich zu heiligen, Zu Liebe; Durch fleißiges Gebet, Lesen, Nachdencken, Hertz, Mund und Feder, bey dem Kripplein Christi zu Frauenstadt gestellet. Salomo saget in Sprüchwört. 23. vers 26. Gib mir, mein Sohn, dein Hertz. JESUS, mehr als Salomo, Matth. 12. vers 42. spricht Joh. 14. vers 1. Euer Hertz erschrecke nicht. Die zwey und zwantzigste Auflage. [...] Leipzig, verlegts Johann Friedrich Gleditsch. Gedruckt im Jahr Christi 1740 (zitiert: Hertzpostille).

Herberger, Valerius: Evangelischen HertzPostilla Valerij Herbergeri Ander Theil, Jn welchem Aller führnehmen berühmten Heiligen Feyertags-Texte auf die Gold-Wage geleget, mit Fleiß ausgeschälet, und aufs Hertz geführet werden. Mit lieblichen Eingängen, leichten Erklärungen und Hertzrührenden Valet-Segen, einig und allein aus dem Hertz-Blätlein der abgelesenen Worte geflösset. [...] Allen andächtigen Hertzen, die auch zu Hause Lust haben, die Feyer-Tage und alle Feyer-Stunden zu heiligen, Zu Liebe; Besonders aber dem liebreichen süssen Hertzen JEsu Christi Zu Lobe: Durch fleißiges Gebet, Lesen, Nachdencken, in Hertz, Mund und Feder, bey dem Kripplein Christi in Frauenstadt gesammlet. Leipzig (Johann Friedrich Gleditsch) 1740 (zitiert: Herzpostille II).

Herberger, Valerius: Epistolischen Hertz-Postilla Valerii Herbergers Erster Theil, Jn welcher Alle ordentliche Sonntags- und hohen Fest-Episteln durchs gantze Jahr deutlich erkläret, aufs Hertze andächtiger Christen geführet, und zu heylsamer Lehre, nothwendiger Warnung, nützlichem Trost, andächtigem Gebet, unsträfflichem Leben, und seliger Sterbens-Kunst abgerichtet werden; Mit lieblichen Eingängen, schönen Gleichnissen, anmuthigen Historien und merckwürdigen Sprüchen der heiligen Väter, auch Hertzrührendem Valet-Segen ausgezieret, und fürnemlich aus dem Hertz-Blätlein und Adern, aus dem Marck und Saffte der abgehandelten Texte geflösset; Bevoraus dem liebreichen treuen Hertzen JESU Zu Lobe: Darnach allen GOtt-ergebenen Christlichen Hertzen, die Lust haben, alle Sonntage, Feyertage und Feyer-Stunden Christlich zu heiligen, Zu Liebe: Durch fleißiges Gebet, Lesen und Nachdencken, Hertz, Mund und Feder, vormals bey dem Kripplein Christi zur Fraustadt gestellet; Jtzo aber auf inständiges Anhalten, hertzliches Wünschen und Verlangen vieler rechtschaffenen Liebhaber JEsu und seines Wortes, aus des seel. Valerii Herbergers eigenhändigen hinterlassenen Concepten treulich und mit besonderem Fleiß herausgegeben, Und nebst dem Lebens-Lauff des seel. Herrn Autoris, Wie auch mit ausführlichen Registern zum Fünfften mahl in Druck befördert, Leipzig (Gleditsch) 1724 (Zitiert: Herberger, Epistolische Herzpostille).

Hirschberg, Peter: Lesepredigt zu Joh 2,13–22, in: Israel-Gedenken im evangelischen Gottesdienst, hg.v. Kirchenamt der EKD u. d. Luth. Kirchenamt der VELKD, Hannover 1993, 30–36.

Hirschberg, Peter: Predigtmeditation für den 10. Sonntag nach Trinitatis: Lukas 19, 41–47, FÜI 74 (1991), 58–62.

Holland, Martin: Erneuerung aus Gnade. Predigtmeditation zu Daniel 9,15–19, FÜI 73 (1990), 64–70.

Honorius Augustodunensis: Speculum Ecclesiae, PL 172, 807–1104.

Hrabanus Maurus: Homiliae in Evangelia et Epistolas, PL 110, 135–468.

Huß, Hans Siegfried (Hg.): Redet mit Jerusalem freundlich. Predigten, hg. im Auftrag der Arbeitsgemeinschaft für Lutherische Judenmission, Neuendettelsau 1951.

Huth, Caspar Jacob: Herrn D. Caspar Jacob Huths der heiligen Gottesgelahrtheit ordentlichen Professors, … in Erlang Erbauliche Sonn- und Festtags-Predigten … Schwabach 1767 (Joh. Gottlieb Mizler).

Israel im christlichen Gottesdienst. Predigten. Ansprachen. Begegnungen, hg.v. Peter von der Osten-Sacken, VIKJ 10, Berlin 1980.

Johannes Tauler: Die Predigten Taulers aus der Engelberger und der Freiburger Handschrift sowie aus Schmidts Abschriften der ehemaligen Straßburger Handschriften, hg.v. Ferdinand Vetter, DTMA 11, Berlin 1910.

Just, Friedrich: Sonntagsarbeit. Evangelienpredigten für einsame und gemeinsame Erbauung im Haus- und Lesegottesdienst, Dresden 1933.

Katara, Pekka: Ein mittelniederdeutsches Plenar aus dem Kodex MSC. G. K. S. 94 Fol. der Grossen Kgl. Bibliothek zu Kopenhagen, AASF Ser.A, Bd. XXIV, Helsinki 1932.

Kraus, Wolfgang: Predigtmeditation über 2 Kön 25,8–12 für den 10. Sonntag nach Trinitatis, FÜI 73 (1990), 59–63.

Kunz, Ralph: 10. Sonntag nach Trinitatis – 4.8.2002. 2. Könige 25,8–12, GPM 56 (2002), 354–361.

Kurze Betrachtungen bey Verlesung der Geschichte von der Zerstörung Jerusalems, Allgemeines Magazin für Prediger nach den Bedürfnissen unserer Zeit, hg.v. Johann Rudolph Gottlieb Beyer, Leipzig, Band 5, 1791, 144–166.

Leo Magnus: Sermones in praecipuis totius anni festivitatibus ad Romanam plebem habitati, PL 54, 137–468.

Lichtenstein, Adolf: Christus, Volk und Vaterland, in: ders.: Evangelium und Vaterland. Fünf Predigtzeugnisse aus bewegter Gegenwart, Berlin 1933, 16–20.

Luther, Martin: Adventspostille, 1522, WA 10 I 2, (IX–XII) 1–208.

Luther, Martin: Auslegung der Episteln vnd Euangelien / von Ostern bis auff das Aduent. D. Mar.Lut. Auffs new zugericht. Wittemberg. Gedruckt durch Hans Lufft. M. D. XLIIII.

Luther, Martin: Crucigers Sommerpostille, 1544, WA 21, 195–551. WA 22, (IX–XIX) 1–424.

Luther, Martin: Fastenpostille, 1525, WA 17 II, (IX–XXVI) 1–247.

Luther, Martin: Hauspostille 1544, WA 52, (VII–XXXV) 1–733.

Luther, Martin: Matth. 18–24 in Predigten ausgelegt. 1537–1540, WA 47, (IX–XI) 232–627.

Luther, Martin: Roths Winterpostille, 1528, WA 21, (IX–XXV) 1–193.

Luther, Martin: Roths Sommerpostille, 1526, WA 10 I 2, (LXXXI–LXXXV) 209–441.

Luther, Martin: Weihnachtspostille, 1522, WA 10 I 1, (VII–X) 1–728.

Luther, Martin: Predigt über Mt 23,34 am 26.12.1520, WA 9, 527–530.

Luther, Martin: Auff das vier und zwentzigst Capittel Matthei, von des Judischen reichs und der welt ende. Predigt am 26. Sonntag nach Trinitatis (20. November) 1524, WA 15, (738–741) 741–758.

Luther, Martin: Sermon von dem unrechten Mammon, 17. August 1522, WA 10 III, (CXLII–CXLVIII) 273–282.283–292.

Luther, Martin: Sermon von dem reichen Mann und dem armen Lazarus. 22. Juni 1522, WA 10 III, (CXIII–CXXII) 176–200.

Luther, Martin: Predigt am 10. Sonntag nach Trinitatis. (31. Juli 1524, über Lk 19), WA 15, (662–664) 664–671.

Luther, Martin: Predigt am Sonntag nach Laurentii. (13. August 1525, über Lk 19), WA 17 I, (XLIII–LVI) 380–399.

Luther, Martin: Predigt am 10. Sonntag nach Trinitatis. (5. August 1526, über Lk 19), WA 20, 470–473.

Luther, Martin: Predigt am 10. Sonntag nach Trinitatis. (16. August 1528, über Lk 19), WA 27, 304–311.

Luther, Martin: Predigt am 10. Sonntag nach Trinitatis. (1. August 1529, über Lk 19), WA 29, 506–510.

Luther, Martin: Predigt am 10. Sonntag nach Trinitatis. (13. August 1531, über Lk 19), WA 34 II, (596–597) 80–97.

Luther, Martin: Predigt am 10. Sonntag nach Trinitatis (im Hause). (4. August 1532, über Lk 19), WA 36, (XIX) 224–228.

Luther, Martin: Predigt am 10. Sonntag nach Trinitatis (im Hause). (9. August 1534, über Lk 19), WA 37, (XXXVII) 504–506.

Luther, Martin: Predigt am 10. Sonntag nach Trinitatis. (5. August 1537, über Lk 19), WA 45, (XXVI) 122–125.

Luther, Martin: Predigt in Leipzig gehalten. (12. August 1545, über Lk 19), WA 51, (VIII–IX) 22–41.

Luther, Martin: Predigt am zehenten Sonntage nach Trinitatis. Evang. Lucä 19,41–48, Dr. Martin Luthers sämmtliche Werke, 2. Aufl., Frankfurt am Main u. Erlangen, Bd. 13, 312–334.

Luther, Martin: Ein Sermon vom ehelichen Stand. 1519, WA 2, (162–165) 166–171. Der nicht von Luther selbst in den Druck gegebene Text des Sermons vom ehelichen Stand. 1519, WA 9, (213) 213–219.

Marquardt, Friedrich-Wilhelm: Aber Zion nenne ich Mutter … . Evangelische Israel-Predigten mit jüdischen Antworten, hg. v. Joachim Hoppe, München 1989.

Mathesius, Johannes: Postilla. Das ist / Außlegung der Sontags vnnd fürnembsten Fest Euangelien / über das gantze Jar. Durch M. Johann Mathesium / Pfarrer der Christlichen Kirchen im Joachims Thal / gepredigt, Bd. 2: Postilla. Das ist: Außlegung der Sontags Evangelien / von Ostern biß auffs Advent, Bd. 4: Außlegung der Evangelien / von den fürnemsten Festen / von Ostern biß auffs Advent, Nürnberg (Katharina Gerlach) 1584.

Mone, Franz Joseph: Altteutsche Predigten, Predigtbruchstücke. Anzeiger für Kunde der teutschen Vorzeit 7 (1838), 513–515.

Müller, Christiane und Hans-Jürgen (Hg.): Israel-Sonntag 1996. Freut euch über Jerusalem. Eine Arbeitshilfe zum 10. Sonntag nach Trinitatis (11. August 1996).

Müller, Christiane und Hans-Jürgen (Hg.): Israelsonntag 1997. Eine Arbeitshilfe zum 10. Sonntag nach Trinitatis (3. August 1997).

Müller, Christiane und Hans-Jürgen (Hg.): Israelsonntag 1998. Eine Arbeitshilfe zum 10. Sonntag nach Trinitatis (16. August 1998).

Müller, Heinrich: Evangelischer Hertzens-Spiegel / in Oeffentlicher Kirchen-Versammlung / bey Erklärung der Sonntäglichen und Fest-Evangelien / Nebst beygefügten Passion-Predigten / der Gemeine GOttes / zu St. Marien vorgestellet / Frankfurt a. M. 1705.

Münkel, Karneades Konrad: Der Tag des Heiles. Evangelienpredigten über das ganze Kirchenjahr, 2. Aufl., Hannover 1877.

Neumeister, Erdmann: Heilige Sonntags-Arbeit, An ordentlichen Amts-Predigten So wohl über alle gewöhnliche Sonn- als auch Festtages-Evangelia durchs gantze Jahr, Nach unterschiedener und zufälliger Lehr-Arth, … Leipzig (Johann Friedrich Gleditsch und Sohn) 1716.

Niemöller, Martin: Ein letztes Wort. (10. Sonntag nach Trinitatis), in: ders.: Alles und in allem Christus! Fünfzehn Dahlemer Predigten, Berlin 1935, 84–90.

Niemöller, Martin: Frömmigkeit oder Glaube? Predigt am 20. August 1933 in der St. Annenkirche zu Berlin-Dahlem über Lk 19,45–47a, in: Karl Kampffmeyer (Hg.): Dein Wort ist deiner Kirche Schutz. Predigten von der Kirche, Göttingen 1934, 120–124.

Paulus Diaconus: Homeliarius Doctorum, Basel (Nicolai Kessler) 1498, (=Hain 8793).

Paulus Diaconus: Homiliarius. Hoc est praestantissimorum ecclesiae patrum sermones sive conciones ad populum, primum a Paulo Diacono jussu Caroli Magni in unum collecti, Nachdruck der Ausgabe Köln (Eucharius Cervicornus) 1539, PL 95, 1159–1566.

Paulus Diaconus: HOMILIARIVS Doctorum, a Paulo Diacono collectus, pars aestivalis, Köln (Conrad de Homborch) s.a. (=Hain 8789).

Pfeiffer, Franz: Weingartner Predigten, in: ders.: Altdeutsches Übungsbuch, Wien 1866, 182–190.

Plenarium, o. O. o. J. (Straßburg (Heinrich Knoblochtzer) um 1492). (=Copinger 2315)

Predigen in Israels Gegenwart. Predigtmeditationen im Horizont des christlich-jüdischen Gesprächs, hg. im Auftrag der Studienkommission »Kirche und Judentum« der EKD von Arnulf H. Baumann und Ulrich Schwemer, Gütersloh, Bd. 1 1986, Bd. 2 1988, Bd. 3 1990.

1. Quellen

Radulfus Ardens: Radulphi Ardentis Epistolas et Evangelia Dominicalia Homiliae, PL 155, 1665–2118.

Raupach, Wolfgang (Hg.): Weisung fährt von Zion aus, von Jerusalem seine Rede. Exegesen und Meditationen zum Israelsonntag, Berlin 1991.

Rendtorff, Rolf: Predigtmeditation zum 9. November 1978, dem 40. Jahrestag der »Reichskristallnacht«, GPM 32 (1977/78), 417–426.

Reyle, Manfred: Ekklesia und Synagoge. Römer 9,1–5; 10,1–4, Predigten für Jedermann, hg. v. Otto Müllerschön in Verbindung mit W. Jetter, 16,3 (März 1969).

Roth, Johann Erdmann (Hg.): Neueste Sammlung kurzer und auserleßner Predigten über alle Sonn- u. Festtägliche Evangelien des ganzen Jahrs. Besonders zum Gebrauch des gemeinen Mannes eingerichtet und herausgegeben von Johann Erdmann Roth, Schneeberg 1787.

Ruppel, Helmut: Träume (Ps. 16,10–11), in: Peter von der Osten-Sacken (Hg.): Israel im christlichen Gottesdienst. Predigten. Ansprachen. Begegnungen, VIKJ 10, Berlin 1980, 170–174.

Schmiedehausen, Hans: 10. Sonntag nach Trinitatis, 11. August 1996, 2. Könige 25,8–12, in: DtPfrBl 63 (1996), 377.

Schönbach, Anton Emanuel: Altdeutsche Predigten, Bd. 1, Graz 1886 (zitiert: Schönbach 1).

Schönbach, Anton Emanuel: Altdeutsche Predigten, Bd. 2, Graz 1888 (zitiert: Schönbach 2).

Schönbach, Anton Emanuel: Altdeutsche Predigten, Bd. 3, Graz 1891 (zitiert: Schönbach 3).

Schönbach, Anton Emanuel: Mittheilungen aus altdeutschen Handschriften, 2. Stück: Predigten, SAWW. PH 94 (1879), 187–232.

Scultetus, Abraham: IDEA Concionum dominicalium, Hanoviae (=Hanau) 1610.

Scultetus, Abraham: Psalmpostill / Darinne Vff einen jeden Sontag im jar / einer oder mehr psalmen / welche sich vff die Sontägliche Evangelien reimen / erklärt ..., 2. Teil Heidelberg 1619.

Seiler, Georg Friedrich: Erbauliche Betrachtungen über die Leidensgeschichte Jesu, 2., unveränderte Aufl., Erlangen 1799.

Selnecker, Nikolaus: Evangeliorvm et Epistolarvm dominicalvm, quae in ecclesia Christi proponi solent, Explicationis, pars tertia, Frankfurt 1577.

Souchon, Adolph Friedrich: Evangelien-Predigten auf alle Sonn- und Festtage des Kirchenjahres. Zweite Sammlung, Berlin 1861.

Souchon, Adolph Friedrich: Predigten über die Evangelien auf alle Sonn- und Festtage des Kirchen-Jahres, 2. Aufl., Berlin 1850.

Spener, Philipp Jakob: Die Evangelische Glaubens-Lehre 1688. Predigten über die Evangelien (1686/87). 1. Advent bis 4. p. Trin., eingeleitet von Dietrich Blaufuß und Erich Beyreyther, Philipp Jakob Spener: Schriften Band III. 1 Teilband 1, Hildesheim 1986.

Steinbauer, Karl: Zur Zensur vorgelegte Predigt aus der Augsburger Zeit (Augsburg-Lechhausen, 16. August 1936), in: »Ich glaube, darum rede ich!« Karl Steinbauer: Texte und Predigten im Widerstand, hg. von Johannes Rehm, 2. Aufl., Tübingen 2001, 209–221.

Stöcker, Adolf: Den Armen wird das Evangelium gepredigt. Ein Jahrgang Volkspredigten über die Evangelien des Kirchenjahres, 3. Aufl., Berlin 1890.

Uhlhorn, Gerhard: Gnade und Wahrheit. Predigten über alle Episteln und Evangelien des Kirchenjahres, Bd. I/2, Stuttgart 1876.

Veghe, Johannes: Johannes Veghe. Ein deutscher Prediger des XV. Jahrhunderts, hg. v. Franz Jostes, Halle 1883.

Vogel, Heinrich: Bußpredigt zur 25. Wiederkehr der Kristallnacht, in: ders.: Wir sind eingeladen. Predigten eines Grenzgängers, Hamburg 1974, 73–80.

Vollmer, Hans: Berlin Ms.Germ.Fol. 706 nebst nächster Verwandschaft und Berlin Ms.Germ.Oct. 228., in: ders. (Hg.): Neue Texte zur Bibelverdeutschung des Mittelalters, BDK 10 (1936), 1–23.

Walafrid Strabo: Walafridi Strabi fuldensis Monachi de subversione Jerusalem. Sermo, seu Tractatus, PL 114, 965–974.

Wiener, Wilhelm: Drei Perikopenreihen, die altkirchlichen, die von Nietzsch ausgewählten und die Württembergischen, in Predigtentwürfen, Bd. II: Die Trinitatiszeit, Leipzig-Philadelphia 1891.

Wittenberg, Martin: Misericordiae David fideles. Handreichung zu einer Predigt am 10. Sonntag nach Trinitatis, in: ders.: Zeugnis von Israel, Neuendettelsau 1956, 8–19.

Wolff, Hans Walter: Was zu deinem Frieden dient. Predigt über Lukas 19,41–48 in der evangelischen Kirche Solingen-Wald am 10. Sonntag nach Trinitatis (25. August) 1946, in: ders.: … wie eine Fackel, Predigten aus drei Jahrzehnten, Neukirchen-Vluyn 1980, 184–192.

1.2. Ausgaben der Historie von der Zerstörung Jerusalems

Beschreibung, wie das der Stadt Jerusalem angedrohte Gericht Gottes vollzogen, und die Stadt zerstört wurde, in: Gesangbuch Anhalt 1859, 545–548.

Bugenhagen, Johannes: Das leiden vnd Aufferstehung vnsers HERRN Jhesu CHristi / aus den vier Euangelisten / Durch D. Johan Bugenhagen / Pomern / vleissig zusamen gebracht. Auffs new mit vleis emendirt. Auch die verstörung Jerusalem vnd der Jüden kurtz gefasset. Wittemberg (Georg Rhaw) 1544.

Bugenhagen, Johannes: Historia Des lydendes unde upstandige / unses Heren Jesu Christi: / uth den veer Euangelisten. Niederdeutsche Passionsharmonie, Faksimiledruck nach der Barther Ausgabe von 1586, hg. u. mit einem Nachwort versehen von Norbert Buske, Berlin u. Altenburg 1985.

Crome, Karl Petrus Theodor: Beschreibung der Zerstörung Jerusalems, in: Gesangbuch Crome 1861, Lectionarium, 84–91.

Geschichte von der Zerstörung der Stadt Jerusalem, in: Gesangbuch Heilbronn 1774, Anhang, 107–112.

Löhr, Detlef: Die Geschichte der Zerstörung Jerusalems, FÜI 53 (1970), 78–81.

Nachricht von der Zerstörung Jerusalems, Kleine auserlesene Bibliothek für Prediger Bd. 6, Gotha (Ettinger) nach 1793, 1–18 (zitiert: Wagnitz*).

Schlegel, Johann Adolf: Weissagungen Jesu von der Zerstörung Jerusalems, erläutert und mit der Geschichte verglichen, Leipzig (Weidmanns Erben und Reich) 1775.

Seiler, Georg Friedrich: Geschichte der Zerstörung Jerusalems, in: ders.: Liturgisches Magazin, Bd. 1, Erlangen 1784, 1–28.

Seiler, Georg Friedrich: Geschichte der Zerstörung Jerusalems auf eine dreyfache Weise beschrieben, in: ders.: Allgemeine Sammlung liturgischer Formulare der evangelischen Kirchen, Ersten Bandes dritte Abtheilung, Erlangen 1788.

1. Quellen

Taube, Otto Freiherr von: Historie von der Zerstörung Jerusalems im Jahre 70, in: Redet mit Jerusalem freundlich. Predigten, hg.v. Hans Siegfried Huß, Neuendettelsau 1951, 90–94.

Wagnitz, Heinrich Balthasar: Nachricht von der Zerstörung Jerusalems, Journal für Prediger 23 (1790), 20–33.

Wagnitz, Heinrich Balthasar: Plan zu einer für die Erbauung der Zuhörer zweckmäßig eingerichteten Nachricht von der Zerstörung Jerusalems, Journal für Prediger 18 (1786), 285–289.

Wagnitz, Heinrich Balthasar: Ueber die Phaenomene vor der Zerstöhrung Jerusalems, Halle 1780.

Zuverlässige Nachricht von der Zerstörung der Stadt Jerusalem, in: Gesangbuch Bremen 1814, Anhang, 99–104.

1.3. Gesangbücher

Die Gesangbücher sind nach Geltungsgebiet, bei nichtoffiziellen Ausgaben nach Herausgeber oder Erscheinungsort, und nach der Jahreszahl geordnet. Sie werden im Text nach dem vorangestellten Kurztitel zitiert.

Gesangbuch Altmark und Prignitz 1786: Alt-Märkisch- und Prignitzsches Neu-eingerichtetes Gesangbuch ... zum Gebrauch der Kirchen, bey dem öffentlichen Gottesdienst, Besonders in der Alten-Mark und Prignitz ... mit einem Gebet-Buch ..., Salzwedel 1786. Beigebunden: Geistreiches Gebet-Buch und Trostreiche Morgen- und Abendsegen auf alle Tage der Wochen ... Wie auch die gewöhnliche Buß- Beicht- Communion- und andere Gebete, dem beygefüget die Geschichte von der Zerstörung der Stadt Jerusalem. Imgleichen die Kirchen-Gebete ... Salzwedel 1786.

Gesangbuch Altmark und Prignitz 1883: Altmärkisch- und Prignitzsches neu eingerichtetes Gesang-Buch ... auch mit einem Gebet-Büchlein ..., 21. Aufl., Salzwedel 1883. Beigebunden: Geistreiches Gebet-Buch ... dem beigefügt die Geschichte von der Zerstörung Jerusalem ... Salzwedel 1883 [= um zwei zusätzliche Liederanhänge erweiterte Fassung des Gesangbuchs von 1786].

Gesangbuch Anhalt 1859: Anhaltisches Gesangbuch für Kirche, Schule und Haus, Elberfeld 1859.

Gesangbuch Bayreuth 1750: Sammlung erbaulicher und geistreicher Alter und neuer Lieder, oder Vollständigeres Gesang-Buch ... zum Gebrauch der Hochfürstlichen Hofkirche allhier zu Bayreuth ..., Bayreuth 1750. Beigebunden: Episteln und Evangelia, Wie solche an denen Sonn- und Fest-Tagen erkläret werden; mit kurzen Gebet-Seufzern. ... Ingleichen die Zerstörung der Stadt Jerusalem, ... , Zwickau o.J.

Gesangbuch Brandenburg-Bayreuth 1780: Neue Sammlung auserlesener evangelischer Lieder oder vollständigeres Gesangbuch zum öffentlichen und besonderen Gebrauch der christlichen Gemeinen in dem Burggrafthum Nürnberg oberhalb Gebürgs zusammen getragen und nach vorhergegangener Genehmigung des Hochfürstlichen Konsistorii herausgegeben von M. Friedrich Adam Ellrodt Hochfürstl. Brandenburgl. Oberhofprediger Consistorialrath und Superintendent. Zwote Auflage, Bayreuth (Johann Andreas Lübeck und Andreas Stephan Senffts Witwe und Söhne) 1780.

Gesangbuch Braunschweig 1782: Neues Braunschweigisches Gesangbuch, nebst einem kurzen Gebetbuche, zum öffentlichen und häuslichen Gottesdienste, Braunschweig 1782. Beigebunden: Episteln und Evangelia auf die Sonn- und Festtage, nebst der Leidensgeschichte Jesu, und kurzen Morgen- und Abendgebeten auf jeden Tag der Woche, Braunschweig 1786.

Gesangbuch Braunschweig 1902: Gesangbuch für die Braunschweigische evangelisch-lutherische Landeskirche vom Jahre 1902, Braunschweig o.J. Beigebunden: Lektionar enthaltend Episteln und Evangelien auf die Sonn- und Festtage ... sowie die Leidensgeschichte ... und die Beschreibung der Zerstörung der Stadt Jerusalem ..., o.O. o.J.

Gesangbuch Bremen 1814: Gesangbuch der evangelischlutherischen Domgemeinde zu Bremen, 6. Aufl., Bremen 1814.

Gesangbuch Bunsen 1846: Allgemeines evangelisches Gesang- und Gebetbuch zum Kirchen- und Hausgebrauch, Hamburg 1846 [nach dem Vorwort zur 2. Aufl. 1871 hg. v. Christian Carl Josias von Bunsen].

Gesangbuch Crome 1861: Christliches Kirchen- und Haus-Gesangbuch. Für evangelisch-lutherische Gemeinen. Nebst einem Gebetbuch, einem Lectionarium, und dem kleinen Katechismus D. Martin Luthers, hg. v. Karl Petrus Theodor Crome, 2. Aufl., Elberfeld 1861.

Gesangbuch Dresden 1793: Das Privilegierte Ordentliche und vermehrte Dreßdnische Gesang-Buch, Dreßden und Leipzig 1793. Beigebunden: Die in der Evangelischen Kirche gewöhnlichen Sonn- und Festtäglichen Episteln und Evangelia mit kurzen summarischen Betrachtungen: Wie auch die Historie vom Leiden und Sterben, Auferstehung und Himmelfahrt Jesu Christi, nebst der Sendung des heil. Geistes, nach den vier Evangelisten; Ingleichen die Beschreibung der Zerstörung der Stadt Jerusalem ..., Leipzig 1790.

Evangelisches Gesangbuch. Ausgabe für die Evangelisch-Lutherischen Kirchen in Bayern und Thüringen, München u. Weimar o.J. (1994) (=EG).

Evangelisches Kirchengesangbuch. Ausgabe für die Evangelisch-Lutherische Kirche in Bayern, 20., durchg. Aufl., München 1984 (=EKG).

Gesangbuch Gotha 1742: Geistliches neu-vermehrtes Gothaisches Gesang-Buch, Worinnen D. Martin Luthers, und anderer frommer Christen Geistreiche Lieder und Gesänge, 1369 an der Zahl, enthalten, nach Ordnung der Jahrs-Zeit und des Catechismi ein- und abgetheilet, Nebst einer Vorrede von Johann Benjamin Huhn, General-Superint. und Ober-Consistorial-Rath zum Friedenstein, Gotha (Andreas Neyher) 1742.

Gesangbuch Hamburg 1766: Neu-vermehrtes Hamburgisches Gesang-Buch zum heiligen Gebrauche des öffentlichen Gottes-Dienstes, als auch der Haus-Andachten, herausgegeben von dem Hamburgischen Ministerio, Hamburg (Jer. Conr. Piscator) 1766.

Gesangbuch Hamburg 1829: Neues Hamburgisches Gesangbuch zum öffentlichen Gottesdienste und zur häuslichen Andacht, Hamburg 1829 (1. Aufl. 1787). Beigebunden: Episteln und Evangelia auf alle Sonntage und vornehmsten Feste durch das ganze Jahr. Nebst der Geschichte von dem Leiden und Sterben unsers Heilandes Jesu Christi wie auch von der Zerstörung der Stadt Jerusalem, Hamburg o.J.

Gesangbuch Hamburg 1843: Hamburgisches Gesangbuch für den öffentlichen Gottesdienst und die häusliche Andacht, Hamburg 1843. Beigebunden: Text-Buch, enthaltend die zum abwechselnden Gebrauche verordneten evangelischen und epistolischen Texte. Nebst der Geschichte des Leidens und Sterbens Jesu Christi und der Zerstörung der Stadt Jerusalem, Hamburg 1843.

Gesangbuch Hanau 1756: Das Singende Hanauische Zion, Oder Hanauisches Gesang-Buch, Darinnen Zur Uebung der Gottseeligkeit, 618. auserlesene Lieder, So wohl des seel. Hrn. D. Martin Luthers als anderer Gottseeligen Männer enthalten; Nebst einem Gebet-Büchlein, Jn welchem aus des seel. Hrn. D. Joh. Arndens Paradieß-Gärtlein, auch andern Geistreichen Büchern zusammen getragene Morgen- und Abend- Krancken- Trost- und Sterbe- Buß- Beicht- Communion- und andere Gebether mehr beysammen gefunden werden, Hanau (Philipp Casimir Müller) 1756.

Gesangbuch Hannover 1659: Das Hannoverische / ordentliche / vollständige GEsangbuch / Darinn 300. außerlesene Psalmen / Lob-Gesänge und geistliche Lieder / zur Befoderung [sic] der Privat- und öffentlichen Andacht / zusammen getragen/und also über vorige Editionen mit unterschiedlichen newen nothwendigen und sehr nützlichen Gesängen zum allerletztenmal endlich verbessert, Lüneburg (Die Sterne) 1659.

Gesangbuch Hannover 1828: Hannoversches Kirchen-Gesang-Buch nebst einem Anhange neuer Gesänge und einem Gebetbuche, 55. Aufl., Hannover 1828. Beigebunden: Episteln und Evangelia auf alle Sonn- und Fest-Tage, nebst den festlichen Verlesungen, mit beigefügter Harmonischer Geschichte des Leidens, Todes und der Auferstehung JEsu Christi, wie auch der Beschreibung von der Zerstörung der Stadt Jerusalem, Hannover 1825.

Gesangbuch Hannover 1883: Evangelisch-lutherisches Gesangbuch der Hannoverschen Landeskirche, Stade 1883. Beigebunden: Lektionar. Episteln und Evangelien, nebst den epistolischen und evangelischen Lektionen auf alle Sonn- und Festtage, sowie die aus den Evangelisten zusammengezogene Geschichte vom Leiden, Sterben und Auferstehen unseres HErrn Jesu Christi und die Beschreibung der Zerstörung Jerusalems, Stade 1883.

Gesangbuch Hannover 1928: Evangelisch-lutherisches Gesangbuch der Hannoverschen Landeskirche, 111. Aufl., Hannover 1928. Beigebunden: Evangelienbuch, Anlage zum Evang.-lutherischen Gesangbuch der Hannov.Landeskirche, Hannover o. J.

Gesangbuch Heilbronn 1774: Sammlung alter und neuer Geistlicher Lieder zum öffentlichen und besondern Gebrauch der Heilbronnischen Stadt- und Dorf-Gemeinden auf Obrigkeitliche Verordnung herausgegeben. Samt einem kurzgefaßten Gebet-Büchlein, den gewöhnlichen Sonn- Fest- und Feyertäglichen Evangelien und Episteln, und Der Geschichte des Leidens JESU, wie auch der Zerstörung der Stadt Jerusalem, Heilbronn (Wilhelm Ludwig Allinger) o.J. (1774).

Gesangbuch Kurpfalz 1749: Chur-Pfälzisches Allgemeines Reformiertes Gesang-Buch, Mannheim und Franckfurt (Knoch und Eßlinger) 1749. Beigebunden: Evangelien und Episteln, Auf alle Sonn- und Fest-Tage, samt der Geschichte vom Leiden JEsu Christi, und der Zerstörung Jerusalems, Franckfurt am Mayn (Knoch und Eßlinger) 1749.

Gesangbuch Langensalza 1765: Vollständiges neu aufgelegtes und vermehrtes Evangelisches Gesang-Buch, darinnen 1031. geistreiche alte und neue Lieder und Psalmen des hocherleuchteten Mannes GOttes D. Martini Lutheri, auch vieler anderer frommen und gelehrten Personen, wie solche sowol in denen Chur- und Fürstl. Sächsis. als auch in denen Thüringischen Landen und andern Orten beym öffentlichen Gottesdienst und Privat-Andachten gebräuchlich, zu finden; Nebst einem geistreichen Gebet-Buch, worinnen Morgen- Abend- Beicht- Communion- Fest- und andere Gebete befindlich, Langensalza 1765. Beigebunden: Episteln und Evangelia, wie solche auf alle Sonn- Fest- und Feyer-Tage, durchs gantze Jahr pflegen gelesen zu werden. Das Leiden, Sterben, Auferstehung und Himmelfahrt JEsu Christi, nach denen vier Evangelisten: Die Sendung des Heil. Geistes, aus dem Luca; Jngleichen die Zerstörung der Stadt Jerusalem; Der kleine Catechismus D. Martin Luthers; Das Corpus Doctrinae, die Haupt-Symbola, nebst der ungeänderten Augspurgischen Confeßion, zur Ehre GOttes und heiliger Andacht, so wohl bey, als ausser dem Gottesdienst, zu gebrauchen.

Gesangbuch Leipzig 1830: Christliches Gesangbuch oder Sammlung von 784 meist alten Kernliedern der evangelischen Kirche, nach den Festzeiten und der Heilsordnung eingetheilt, Leipzig 1830.

Gesangbuch Magdeburg 1760: Neu-eingerichtetes Kirchen- und Haus-Gesang-Buch, Welches nach der Ordnung des Heils, die nöthigsten Glaubens-Lehren und Christen-Pflichten, Jn 1060. auserlesenen alten und neuen Liedern in sich fasset, Zum Gebrauch der Evangelisch-Lutherischen Gemeinden im Hertzogthum Magdeburg, Auf allergn. Königl. Vergünstigung nach vorhergegangener allerhöchst-angeordneten Censur, mit nöthiger Erklärung dunckeler Worte und Redens-Arten herausgegeben von Johann Adam Steinmetz, König. Preußis. Consist. Rath, Gen. Superint. im Hertzogth. Magdeburg, und Abt des Closters Berga, Die vierte Auflage, Magdeburg (Michael Jacob Behle und Gabriel Gotthilf Faber) 1760.

Gesangbuch Marburg 1774: Vollständiges Marburger Gesang-Buch, Zur Uebung der Gottseligkeit; Worinnen 615. auserlesene Trost-reiche Psalmen und Gesänge Hn.D. Martin Luthers und anderer gottseliger Lehrer ordentlich in XII. Theile verfasset, Und mit nöthigen Registern versehen, Auch zur beförderung des so Kirchen- als Privat-Gottesdienstes, mit erbaulichen Morgen- Abend- Buß- Beicht- und Communion-Gebätlein vermehret, Marburg u. Frankfurt (Heinrich Ludwig Brönner) 1774.

Gesangbuch Riga 1741: Neu-Vielvermehrtes Rigisches Gesang-Buch, Bestehend Aus schönen Geistreichen Liedern und Psalmen, Nach Ordnung der Jahr-Zeiten, auch hiesigem Kirchen-Gebrauche eingerichtet, und ietzo mit Geist- und Trostreichen Liedern an der Zahl bis auf 1377. vermehret; Nebst einem Andacht- und Trostvollen Gebeth-Buche, So wohl auf jeden Tag in der Wochen, als Vesper- Fest-Zeit, Buß- Beicht- und Communion- Fast- und Beth-Tage, ja alle Noth und Anliegen gerichtet, Jedermänniglich zu seeliger Erbauung zu gebrauchen, aufs neue mit grossem Fleiß übersehen, Und mit dem Kern aller Gebethe, Wie auch Jhro Majestät Kirchen-Gebeth, und sonsten mercklich verbessert, Riga u. Leipzig (Samuel Lorentz Frölich) 1741.

Gesangbuch Schaumburg-Lippe 1875: Gesangbuch für die evangelisch-lutherische Kirche des Fürstenthums Schaumburg-Lippe, Bückeburg 1875. Beigebunden: Anhang kurzer Gebet zu dem Gesangbuche der evangelisch-lutherischen Gemeinden des Fürstenthums Schaumburg-Lippe.

Gesangbuch Schleswig-Holstein 1790: Allgemeines Gesangbuch, auf Königlichen Allergnädigsten Befehl zum öffentlichen und häuslichen Gebrauche in den Gemeinen des Herzogthums Schleswig, des Herzogthums Hollstein, der Herrschaft Pinneberg, der Stadt Altona, und der Grafschaft Ranzau gewidmet und mit Königlichem Allerhöchsten Privileg herausgegeben, 2. Ausgabe, Kiel 1790. Beigebunden: Die Collecten, Episteln und Evangelia auf alle Sonn- und Fest-Tage durchs ganze Jahr. Nebst beigefügter Historie vom Leiden und Sterben JEsu Christi, wie auch die Beschreibung der Zerstörung der Stadt Jerusalem und dem allgemeinen Kirchengebet, Altona o.J. [vor 1793].

Gesangbuch Nikolaus Selnecker 1587: Christliche Psalmen / Lieder / und KIrchengesenge / in welchen die Christliche Lehre zusam gefasset und erkleret wird / Trewen Predigern in Stedten und Dörffern / Auch allen frommen Christen zu diesen letzten und schweren zeiten / nütz und tröstlich. Durch D. Nicolaum Selneccerum, Leipzig (Johan Beyer) 1587.

Gesangbuch St. Louis 1903: Kirchen-Gesangbuch für Evangelisch-Lutherische Gemeinden ungeänderter Augsburgischer Confession. darin des sel. Dr. Martin Luthers und anderer geistreichen Lehrer gebräuchlichste Kirchen-Lieder enthalten sind, St. Louis 1903.

Gesangbuch Württemberg 1912: Gesangbuch für die evangelische Kirche in Württemberg 1912, Stuttgart o.J.

Gesangbuch Züllichau 1801: Züllichau'sches Gesang- und Gebetbuch [beim mir vorliegenden Exemplar fehlt das Titelblatt]. Beigebunden: Die Episteln und Evangelia, auf alle Sonn- und Fest-Tage durchs gantze Jahr nebst der Geschichte vom Leiden und Sterben JEsu Christi, und von der Zerstöhrung der Stadt Jerusalem ..., Züllichau 1801.

Gesangbuch Züllichau 1871: Züllichau'sches Gesang- und Gebetbuch. Mit den sonn- und festtäglichen Episteln und Evangelien, der Geschichte des Leidens des Herrn und der Zerstörung Jerusalems ... Frankfurt / Oder 1871.

Gesangbuch Züllichau 1890: Züllichausches Gesang- und Gebet-Buch mit den sonn- und festtäglichen Episteln und Evangelien, der Geschichte des Leidens des Herrn und der Zerstörung Jerusalems, ... auch mit einem Liederverzeichniß nach dem Inhalt der Evangelien und Episteln. Neue, sorgfältig durchgesehene Ausgabe, Züllichau 1890 [das mir vorliegende Exemplar enthielt die auf dem Titelblatt erwähnten Textbeigaben nicht].

1.4. Kirchenordnungen und Agenden

Die alten Kirchenordnungen und Agenden sind nach Geltungsgebiet bzw. Name des Verfassers und Jahreszahl geordnet, sie werden im Text mit dem vorangestellten Kurztitel zitiert.

Allgemeines Gebetbuch. Ein Haus- und Kirchenbuch für evangelisch-lutherische Christen, hg. im Auftrag der Allgemeinen lutherischen Konferenz, 2. Aufl., Leipzig 1884.

Allgemeines Gebetbuch. Ein Haus- und Kirchenbuch für evangelisch-lutherische Christen, hg. im Auftrag der Allgemeinen lutherischen Konferenz, 5. Aufl., Leipzig 1887.

Kirchenordnung Braunschweig 1528: Der erbarn stadt Brunswig christlike ordeninge to denste dem hilgen evangelio, christlicher leve, tucht, frede unde eynicheit. Ock darunder vele christlike lere vor de borgere. Dorch joannem Bugenhagen Pomeren bescreven. 1528, EKO VI,1, 348–455.

Kirchenordnung Colberg 1586: Colbergische closter-ordeninge und ceremonien. Anno 1586, 27. Mai, EKO IV, 500–506.

Dietrich, Veit: Agendbüchlein 1545: Agend / Buchlein für die / Pfarrherrn auff / dem Land. Durch / Vitum Dietrich./ M. D. XLV., EKO XI, 487–553.

Kirchenordnung Erbach 1753: Kirchen-Ordnung und AGENDA der Grafschaft Erbach, Wertheim 1753 (Johann Georg Rehr). Beigebunden: ENCHIRIDION. Der kleine Katechismus D. Martini Lutheri, Wertheim (Johann Georg Rehr) 1753.

Erneuerte Agende. Vorentwurf, im Auftrag des Rates der EKU ... und der VELKD erarbeitet von der Arbeitsgruppe »Erneuerte Agende«, Hannover 1990.

Evangelisches Gottesdienstbuch. Agende für die EKU und die VELKD, hg. v. der Kirchenleitung der VELKD und im Auftrag des Rates von der Kirchenkanzlei der EKU, Berlin u. a. 1999.

Evangelisches Gottesdienstbuch. Ergänzungsband, hg. v. der Kirchenleitung der VELKD und im Auftrag des Rates von der Kirchenkanzlei der EKU, Berlin u. a. 2002.

Evangelisches Tagzeitenbuch. Ordnung für das tägliche Gebet, hg. im Auftrag der Evangelischen Michaelsbruderschaft von Albert Mauder, 3. veränderte Aufl., Kassel 1979.

Evangelisches Tagzeitenbuch, hg. von der Evangelischen Michaelsbruderschaft, 4., völlig neu gestaltete Auflage, Münsterschwarzach u. Göttingen 1998.

Kirchenordnung Fraustadt 1576: Artickel der kirchenordnung, welche durch gottes hülf mit verwilligung und befurderung eines erbaren raths und ganzer gemeine alhie gehalten werden. 1576., EKO IV, (291–293)294–296.

Kirchenordnung Hamburg 1529: Der Ehrbaren Stadt Hamburg Christliche Ordnung 1529. De Ordeninge Pomerani, unter Mitarbeit von Annemarie Hübner hg. u. übers. v. Hans Wenn, AKGH 13, Hamburg 1976.

Kirchenordnung Hessen 1657: AGENDA, Das ist: Kirchen-Ordung / Wie es im Fürstenthumb Hessen mit Verkündigung Göttlichen Worts / Reichung der heiligen Sacramenten und andern Christlichen Handlungen und Ceremonien gehalten werden soll, Cassel (Sebald Köhler) 1657.

Kirchenordnung Hildesheim 1544: Christlike kerckenordeninge der löffliken stadt Hildensen. Mit einer vörrede Antonii Coruini. [1544], EKO VII,2,1, 829–884.

Kirchenordnung Joachimsthal 1551: Georg Loesche: Die evangelischen Kirchenordnungen Oesterreichs. Die Kirchenordnung von Joachimsthal in Böhmen, 1551, JGGPÖ 15 (1894), 1–14.49–57.

Kirchenordnung Kursachsen 1580: Des durchlauchtigsten, hochgebornen fürsten und herrn, herrn Augusten, herzogen zu Sachsen u.s.w. Ordnung, wie es in seiner churf.g.landen bei den Kirchen mit lehr und ceremonien, desgleichen in deselben beiden universiteten, consistorien, fürsten und partikular schulen, visitation, synodis und was solchem allem mehr anhanget, gehalten werden soll. 1580., EKO I,1, 359–557.

Löhe Wilhelm: Agende für christliche Gemeinden des lutherischen Bekenntnisses, GW 7.1, Neuendettelsau 1953 (=Nachdruck der 2. Aufl. von 1853/1859).

Löhe, Wilhelm: Agende für christliche Gemeinden des lutherischen Bekenntnisses, 3. Aufl., besorgt von J. Deinzer, Nördlingen 1884.

Kirchenordnung Löwenstein-Wertheim 1756: Kirchen-Ordnung und AGENDA für die Hochfürstl. Löwenstein-Wertheimische Kirchen Augspurgischer Confession, Wertheim 1756 (Johann Georg Rehr).

Kirchenordnung Lübeck 1531: Der keiserliken Stadt Lübeck christlike Ordeninge tho denste dem hilgen Evangelio, Christliker leve, tucht, frede unde einicheit vor de jöget in einer guden Scholen to lerende. Unde de kerken denere und rechten armen Christlick tho versorgende. Dorch Jo. Bugen.Pom beschreven. 1531., EKO V, 334–368.

Lutherische Liturgische Konferenz Deutschlands: Ordnung der Lesungen und Predigttexte. Revisionsvorschlag 1995.

Kirchenordnung Magdeburg 1740: Kirchen-AGENDA Des Hertzogthums Magdeburg, nebst denen von Sr. Königl. Majest. in Preussen verordneten Kirchen-Gebethen An den Sonn- hohen Fest- und Bußtägen nach der Predigt, auch bey den Wochenpredigten und in den Bethstunden, Mit Seiner Königlichen Majestät in Preussen ec.ec. allergnädigsten Approbation von neuem wieder aufgelegt, im Jahr 1740, Magdeburg (Nicolaus Günther) 1740.

1. Quellen

Kirchenordnung Mansfeld 1580: Kirchen-agenda, darinnen tauf, einsegen, und traubüchlein, communion, sampt den teglichen collecten, welche in der kirchen gebraucht werden. Für die prediger der grafschaft Mansfeld. Gedruckt zu Eisleben bei Urban Gaubisch auf dem Graben 1580, EKO I,2, 215–248.

Kirchenordnung Naumburg 1537/38: Kirchen-Ordnung für die St.Wenzelskirche zu Naumburg von 1537/1538, EKO I,2, 61–90.

Kirchenordnung Öttingen 1707: Kirchen-Ordnung / Wie es bißhero mit der Lehr und CEREMONIEN In denen Fürstl. Oettingischen Kirchen gehalten worden ist / Und ins künfftige noch gehalten werden soll, Öttingen (Stephan Rolck) 1707.

Perikopenbuch mit Lektionar, hg. von der Lutherischen Liturgischen Konferenz, 6., aktualisierte Aufl., Hannover 2001.

Kirchenordnung Pirna: Kirchenordnung für die Stadt Pirna, verfasst von Anton Lauterbach, EKO I,1, 641–645.

Kirchenordnung Pommern 1535: Kercken-ordeninge des ganzen Pamerlandes dorch de hochgelbaren försten und heren, heren Barnym unde Philips, beyde gevedderen, up dem landdage to Treptow, to eeren dem hilligen evangelio bestaten. Dorch Doc.Joannem Bugenhagen. 1535., EKO IV, 328–344.

Kirchenordnung Pommern 1569: Agenda, dat is ordninge der hiligen kerckenemter unde ceremonien, wo sick de parrherren, seelsorgere unde kerckendenere in erem amte holden schölen, gestellet vor de kercken in Pamern, up bevel der dorchlüchtigen, hochgebarnen försten unde herren, herrn Barnim des öldern, herrn Johan Friederichen, herrn Bugslaffen, herrn Ernst Ludwigen, herrn Barnim des jüngeren unde herrn Casimiren, geveddern unde gebröder, hertogen to Stettin Pamern, der cassuben unde wenden, försten to Rügen unde graven to Gutzkow etc. Anno M. D. LXIX., EKO IV, 419–480.

Kirchenordnung Preußen 1568: Kirchenordnung und ceremonien, wie es in ubung gottes worts und reichung der hochwirdigen sacrament in den kirchen des herzogthums Preussen sol gehalten werden. 1568, EKO IV, 72–106.

Kirchenordnung Regensburg 1567: (Nikolaus Gallus:) Kirchenordnung der neuen pfarre zu Regenspurg [1567?], EKO XIII, (380–383.) 452–489.

Ritter, Karl Bernhard: Die eucharistische Feier. Die Liturgie der evangelischen Messe und des Predigtgottesdienstes, Kassel 1961.

Kirchenordnung Schaumburg-Lippe 1767: Schaumburglippische Kirchenagende, mit Genehmigung des Konsistorii herausgegeben, Stadthagen (Johan Friedrich Althans) 1767. Beigebunden: Episteln und Evangelien auf alle Sonn- und Fest-Tage des ganzen Jahres, nebst einem Anhange, Stadthagen (Johan Friedrich Althans) 1767.

Seiler, Georg Friedrich: Allgemeine Sammlung liturgischer Formulare der evangelischen Kirche, 1. Bd. 1. Abt., Erlangen 1787, 1. Bd. 3. Abt., Erlangen 1788.

Kirchenordnung Weissenfels 1578: Ordnung der geseng, so zu Weissenfels in der kirchen das jahr uber gehalten wird. 1578., EKO I,1, 693–695.

Kirchenordnung Wolfenbüttel 1543: Christlike kerken-oredninge im lande Brunschwig, Wulffenbüttels deles 1543, EKO 6.1, 22–80.

Kirchenordnung Wolfstein 1574: Christliche Instructio, wie die getrückte brandenburgische und nürnbergische kürchenordnung mit andern nötigen angehengten artikeln in unsers gnedigen herrn, hern Hans Endresen vom Wolffstain, freiherrn zu Obernsulzbürg, land und herrschaft in seinem rechten, christlichen gebrauch fortgesetzt und erhalten werden soll, gestelt durch M. Thomam Stibarum, pfarhern zum Sulzberg und der löblichen freien herrschaft Obernsulzbürg superintendenten, anno verbi incarnati 1574., EKO XIII, 566–592.

1.5. Sonstiges

Aktionsgemeinschaft Dienst für den Frieden e.V. (Hg.): Handreichung für Kirchengemeinden zur Friedensdekade 1998 (8.–18.11.), Bonn 1998.

Ambrosius: Sancti Ambrosii Mediolanensis Episcopi De excidio urbis Hierosolymitanae libri quinque, PL 15, 2061–2326.

Bach, Johann Sebastian: Kantaten zum 9. und 10. Sonntag nach Trinitatis, hg. von Robert L. Marshall, Johann Sebastian Bach: Neue Ausgabe sämtlicher Werke, Serie I: Kantaten, Band 19, Kassel 1985.

Bender, Julius: Kollekte für die Judenmission betr., Gesetzes- u. Verordnungsblatt für die Vereinigte Evangelisch-protestantische Landeskirche Badens 1948, 21.

BIBLIA. Das ist: Die ganze Heil. Schrift Alten und Neuen Testaments, von Herrn D. Martin Luther verdeutscht; ... Sammt der kurz-verfaßten Lebens-Beschreibung und Tod unsers Erlösers und seiner Apostel. Deme am Ende noch beygefüget ist, Die Historia von der Zerstöhrung der Stadt Jerusalem. Nebst der Vorrede des seel. Herrn Gustav Philipp Mörls, Predigers der vördern Haupt- und Pfarr-Kirche bey St.Sebald, und des Ministerii Ecclesiastici Antist. SS. Theol. Phil. Moral. & Geograph. Prof. Publ. in Auditorio Aegidiano, & Reipublicae Bibliothecarii, o.O., o.J. (Nürnberg, Vorrede von 1730).

Christen und Juden. Einladung zu einem Neuanfang, Beschluß der Landessynode vom 23. April 1997, Amtsblatt für die Evangelisch-Lutherische Kirche in Bayern, hg. vom Landeskirchenrat der Evangelisch-Lutherischen Kirche in Bayern, 10/1997, 188–191.

Christen und Juden II. Zur theologischen Neuorientierung im Verhältnis zum Judentum, Eine Studie der Evangelischen Kirche in Deutschland, im Auftrag des Rates der Evangelischen Kirche in Deutschland hg. vom Kirchenamt der EKD, Gütersloh 1991 (zitiert: Christen und Juden II).

Christen und Juden III. Schritte der Erneuerung im Verhältnis zum Judentum, Eine Studie der Evangelischen Kirche in Deutschland, im Auftrag des Rates der Evangelischen Kirche in Deutschland hg. vom Kirchenamt der EKD, Gütersloh 2000 (zitiert: Christen und Juden III).

Eusebius: Kirchengeschichte, hg.v. Eduard Schwartz, Kleine Ausgabe, 5. Aufl. (=unveränderter Nachdruck der 2., durchg. Aufl.), Leipzig 1955.

Fischer, Albert: Das deutsche evangelische Kirchenlied des siebzehnten Jahrhunderts, vollendet und hg.v. W. Tümpel, Bd. 1–6, Gütersloh 1904–1916, Reprografischer Nachdruck Hildesheim 1964 (zitiert: Fischer-Tümpel).

Fischer, A. F. W.: Kirchenliederlexikon. Hymnologisch-literarische Nachweisungen über ca. 4500 der wichtigsten und verbreitetsten Kirchenlieder aller Zeiten in alphabetischer Folge nebst einer Übersicht der Liederdichter, Bd. I–II, Gotha 1878–1879, Reprographischer Nachdruck Hildesheim 1967.

Flavius Josephus: De Bello Judaico. Der Jüdische Krieg. Zweisprachige Ausgabe der sieben Bücher, hg. u. mit einer Einleitung sowie mit Anmerkungen versehen v. Otto Michel u. Otto Bauernfeind, Bd. I–III, Darmstadt 1959–1969.

Haymo v. Halberstadt: Haymonis Halberstatensis Episcopi historiae sacrae epitome sive de Christianarum rerum memoria libri decem, PL 118, 817–874.

Hegesipp: Hegesippi qui dicitvr Historiae libri V, CSEL 66.

Henrix, Hans Herman u. Wolfgang Kraus (Hg.): Die Kirchen und das Judentum. Bd. II: Dokumente von 1986–2000, Paderborn u. Gütersloh 2001 (zitiert: Kirchen und Judentum II).

1. Quellen

Hieronymus: Commentarii in Sophoniam Prophetam, in: S. Hieronymi Presbyteri Opera Pars I,6: Commentarii in Prophetas minores, CChr.SL 76A, Turnhout 1970, 655–711.

Honorius Augustodunensis: Gemma animae, PL 172, 541–738.

Irenäus: Irénée de Lyon: Contre les hérésies IV. Ed. Adelin Rousseau, SC 100, Paris 1965.

Itinerarium Burdigalense, in: Itinera Hierosolymitana saeculi IIII–VIII, CSEL 39, 1–33.

Iustinus Martyr: Dialogus, in: Die ältesten Apologeten, Texte mit kurzen Einleitungen, hg. v. Edgar J. Goodspeed, Neudruck der 1. Aufl. v. 1914, Göttingen 1984, 90–265.

Iustinus: Iustini Martyris Apologiae pro Christianis, edited by Miroslav Marcovich, Berlin 1994, PTS 38.

Johannes Chrysostomus: Acht Reden gegen Juden, eingeleitet und erläutert von Rudolf Brändle, übersetzt von Verena Jegher-Bucher, Stuttgart 1995, BGrL 41.

Johannes Chrysostomus: Adversus Judaeos et Gentiles demonstratio, quod Christus sit Deus, ex iis, quae multis in locis de illo dicta sunt apud prophetas, PG 48, 813–838.

Kirchenamt der EKD (Hg.): Bittgottesdienst für den Frieden in der Welt 1998, Hannover 1998.

Luther, Martin: An die Ratsherren aller Städte deutsches Lands, daß sie christliche Schulen aufrichten und halten sollen. 1524. WA 15, (8–26) 27–53.

Luther, Martin: Biblia. Das ist die gantze Heilige Schrifft. Deudsch auffs new zugericht. Wittenberg 1545, hg. v. Hans Volz unter Mitarbeit von Heinz Blanke, Textredaktion Friedrich Kur, Bd. 1–3, München 1974.

Luther, Martin: Vorrede zu Johann Sutel, Das Euangelion von der grausamen, erschrecklichen Zerstörung Jerusalems. 1539, WA 50, 665–667.

Mekilta de Rabbi Ishmael. A critical edition on the basis of the manuscripts and early editions with an English translation, introduction and notes, by Jacob Z. Lauterbach, 2. Aufl., Vol. 2, Philadelphia 1949.

Micrologus de ecclesiasticis observationibus, PL 151, 973–1022.

Philostratus: Das Leben des Apolonius von Tyana. Griechisch-Deutsch, hg., übersetzt und eingeleitet von Vroni Mumprecht, München 1983, Sammlung Tusculum.

Rendtorff, Rolf u. Hans Hermann Henrix (Hg.): Die Kirchen und das Judentum. Dokumente von 1945 bis 1985, 2. Aufl., Paderborn u. München 1989 (zitiert: Kirchen und Judentum).

Rupert von Deutz: Liber de divinis officiis. Der Gottesdienst der Kirche, auf der Textgrundlage der Edition von Hrabanus Haacke neu hrg., übersetzt u. eingeleitet v. Helmut u. Ilse Deutz, Bd. 4, FC 33/4, Freiburg 1999.

Sueton: C. Suetonius Tranquillus: Die Kaiserviten = De Vita Caesarum. Berühmte Männer = De Viribus Illustribus. Lateinisch-deutsch, herausgegeben und übersetzt von Hans Martinet, Düsseldorf u. Zürich 1997, Sammlung Tusculum.

Tacitus: Historien. Lateinisch-deutsch, hg. v. Joseph Borst unter Mitarbeit von Helmut Hross und Helmut Borst, 5., durchg. Aufl., München u. Zürich 1984, Sammlung Tusculum.

Thesen zur Erneuerung der Verhältnisses von Christen und Juden, in: Umkehr und Erneuerung. Erläuterungen zum Synodalbeschluß der Rheinischen Landessynode 1980 »Zur Erneuerung des Verhältnisses von Christen und Juden«, hg. v. Bertold Klappert u. Helmut Starck, Neukirchen-Vluyn 1980, 267–281.

Wackernagel, Philipp: Das deutsche Kirchenlied von der ältesten Zeit bis zum Anfang des XVII. Jahrhunderts, Bd. 1–5, Reprografischer Nachdruck der Ausgabe Leipzig 1864–1877, Hildesheim 1964.

2. Bibliographien und Hilfsmittel

Buchwald, Georg: Lutherkalendarium, SVRG 147, 1929, 1–159.

Copinger, Walter Arthur: Supplement to Hain's Repertorium Bibliographicum or Collections towards a New Edition of that Work, Bd. 2,1, London 1898.

Deutsches Wörterbuch, begründet v. Jacob u. Wilhelm Grimm, Bd. 1–16, Leipzig 1854–1960.

Froriep, Ruth u. Ortwin Rudloff: Bibliographie Bremer Gesangbücher, HosEc 13 (1982), 11–99.

Geisenhof, Georg: Bibliotheca Bugenhagiana. Bibliographie der Druckschriften des D. Joh. Bugenhagen, Nachdruck der Ausgabe Leipzig 1908, QDGR 6, Nieuwkoop 1963.

Hain, Ludovicus: Repertorium Bibliographicum, Bd. 2,1, Stuttgart u. Paris 1831.

Morvay, Karin und Dagmar Grube: Bibliographie der deutschen Predigt des Mittelalters. Veröffentlichte Predigten, MTUDL 47, München 1974.

Schreckenberg, Heinz: Bibliographie zu Flavius Josephus, ALGHJ 1, Leiden 1968.

Schreckenberg, Heinz: Bibliographie zu Flavius Josephus. Supplementband mit Gesamtregister, ALGHJ 14, Leiden 1979.

Schwertner, Siegfried M.: Theologische Realenzyklopädie. Abkürzungsverzeichnis, 2., überarb. Aufl., Berlin u. New York 1994 (=IATG²).

3. Monographien, Aufsätze und Lexikonartikel

Arbeitsbuch Christen und Juden. Zur Studie des Rates der Evangelischen Kirche in Deutschland, hg. v. Rolf Rendtorff, Gütersloh 1979.

Aring, Paul Gerhard: Christen und Juden heute – und die »Judenmission«? Geschichte und Theologie protestantischer Judenmission in Deutschland, dargestellt und untersucht am Beispiel des Protestantismus im mittleren Deutschland, 2. Aufl., Frankfurt am Main 1989.

Aring, Paul Gerhard: Christliche Judenmission. Ihre Geschichte und Problematik dargestellt und untersucht am Beispiel des evangelischen Rheinlandes, FJCD 4, Neukirchen-Vluyn 1980.

Aring, Paul Gerhard: Judenmission, TRE 17 (1988), 325–330.

Avi-Yonah, Michael: Jerusalem. The Byzantine Jerusalem, EJ 9, 1406–1408.

Axmacher, Elke: »Aus Liebe will mein Heiland sterben«. Untersuchungen zum Wandel des Passionsverständnisses im frühen 18. Jahrhundert, BTBF 2, Stuttgart 1984.

Axmacher, Elke: Bachs Kantatentexte in auslegungsgeschichtlicher Sicht, in: Bach als Ausleger der Bibel. Theologische und musikwissenschaftliche Studien zum Werk Johann Sebastian Bachs, hg. von Martin Petzoldt, Berlin 1985.

3. Monographien, Aufsätze und Lexikonartikel

Baader, Gerhard: Haimo v. Halberstadt, LThK² 4, 1325f.

Barié, Helmut: Juden aus der Sicht junger Prediger. Dokumentation einer nötigen und schon in Gang gekommenen homiletischen Umkehr, KuI 3 (1988), 65–80.

Barié, Helmut: Pharisäer – typisch für »die Frommen«? Zum Pharisäerbild junger Prediger, ThBeitr 19 (1988), 257–267.

Barkenings, Hans-Joachim: Ein großer Schritt voran. Zur Änderung der rheinischen Kirchenordnung, KuI 2 (1987), 178–183.

Barth, Lewis M.: Jerusalem III. Judentum, TRE 16 (1987), 612–617.

Baumann, Arnulf H.: Christliches Zeugnis und die Juden heute. Zur Frage der Judenmission, Vorlagen 5, Hannover 1981.

Baumann, Arnulf H.: Einführungen, in: Christen und Juden. Anregungen zum Gottesdienst, hg. vom Kirchenamt der EKD und dem Lutherischen Kirchenamt der VELKD, o.O. o.J. (1990), 1–6.

Beissel, Stephan: Entstehung der Perikopen des römischen Messbuches. Zur Geschichte der Evangelienbücher in der ersten Hälfte des Mittelalters, Nachdruck der 1. Aufl. 1907, Rom 1967.

Berndt, Rainer: Haimo v. Auxerre, LThK³ 4, 1150.

Bieber, Anneliese: Gottes Wort und Erbauung der Christen. Bugenhagens Harmonie der Passions- und Auferstehungsgeschichte, in: Kirchenreform als Gottesdienst. Der Reformator Johannes Bugenhagen 1485–1558, hg.v. Karlheinz Stoll, Hannover 1985, 92–105.

Bieber, Anneliese: Johannes Bugenhagen zwischen Reform und Reformation. Die Entwicklung seiner frühen Theologie anhand des Matthäuskommentars und der Passions- und Auferstehungsharmonie, FKDG 51, Göttingen 1993.

Bloth, Peter C.: Die Treue Gottes in der christlichen Predigt. Überlegungen mit Günther Harders homiletischer Arbeit, in: Treue zur Thora. Beiträge zur Mitte des christlich-jüdischen Gesprächs, FS für G. Harder zum 75. Geburtstag, hg.v. Peter von der Osten-Sacken, VIKJ 3, 3., durchg. Aufl., Berlin 1986, 149–154.

Bohren, Rudolf: Predigt verantworten, in: ders.: Geist und Gericht. Arbeiten zur praktischen Theologie, Neukirchen-Vluyn 1979, 100–121.

Boschert-Kimmig, Reinhold: Erziehung nach Auschwitz. Zur praktischen Dimension des christlich-jüdischen Dialogs, KuI 7 (1992), 83–91.

Bosse, Friedrich: Dannhauer, Johann Conrad, RE³ 4, 460–464.

Brändle, Rudolf: Das Tempelneubauprojekt Julians, in: Israel und Kirche heute. Beiträge zum christlich-jüdischen Dialog, FS für Ernst Ludwig Ehrlich, hg.v. Marcel Marcus, Ekkehard W. Stegemann u. Erich Zenger, Freiburg 1991, 168–183.

Brandt, Henry: Der 9. Aw – Gedenktag der Zerstörung Jerusalems, in: Israel-Gedenken im evangelischen Gottesdienst, Hannover 1993, 16–20.

Brocke, Edna: Der Holocaust als Wendepunkt? in: Umkehr und Erneuerung. Erläuterungen zum Synodalbeschluß der Rheinischen Landessynode 1980 »Zur Erneuerung des Verhältnisses von Christen und Juden«, hg.v. Bertold Klappert u. Helmut Starck, Neukirchen-Vluyn 1980, 101–110.

Brocke, Michael u. Herbert Jochum (Hg.): Wolkensäule und Feuerschein. Jüdische Theologie des Holocaust, ACJD 13, München 1982.

Brückner, Wolfgang: Sterben im Mönchsgewand. Zum Funktionswandel einer Totenkleidsitte, in: Kontakte und Grenzen. Probleme der Volks-, Kultur- und Sozialforschung, FS für Gerhard Heilfurth, Göttingen 1969, 259–277.

Buchwald, Georg (Hg.): Predigten D. Martin Luthers auf Grund von Nachschriften Georg Rörers und Anton Lauterbachs bearbeitet, Bd. 1, Gütersloh 1925.

Buren, Paul M. van: A Theology of the Jewish-Christian Reality. San Francisco, Part 1: Discerning the Way, 1980, Paperback 1987, Part 2: A Christian Theology of the People Israel, 1983, Paperback 1987, Part 3: Christ in Context, 1988.

Buren, Paul M. van: Eine Theologie des christlich-jüdischen Diskurses. Darstellung der Aufgaben und Möglichkeiten, München 1988.

Buschbeck, Reinhard u.a.: »Lobe mit Abrahams Samen«. Israel im evangelischen Gottesdienst, eine Arbeitshilfe, Heppenheim 1995.

Campenhausen, Hans v.: Die Entstehung der Heilsgeschichte. Der Aufbau des christlichen Geschichtsbildes in der Theologie des ersten und zweiten Jahrhunderts, Saeculum 21 (1970), 189–212.

Chavasse, Antoine: Die Quatembertage, HLW(M) II, 277–284.

Classen, Peter: Haimo, RGG³ 3, 30.

Cohrs, Ferdinand: Herberger, RE³ 7, 695–697.

Cruel, Rudolf: Geschichte der deutschen Predigt im Mittelalter, Detmold 1879.

Crüsemann, Frank: »Ihnen gehören ... die Bundesschlüsse« (Röm 9,4). Die alttestamentliche Bundestheologie und der christlich-jüdische Dialog, KuI 9 (1994), 21–38.

Cunz, Franz August: Geschichte des deutschen Kirchenliedes vom 16. Jahrhundert bis auf unsere Zeit, Teil 1: Leipzig 1855.

Debus, Gerhard, in Verbindung mit Rudolf Bohren, Ulrich Brates, Harald Grün-Rath, Georg Vischer: Thesen zur Predigtanalyse, in: Rudolf Bohren u. Klaus-Peter Jörns (Hg.): Die Predigtanalyse als Weg zur Predigt, Tübingen 1989, 55–61.

Deeg, Alexander (Hg.): Der Gottesdienst im christlich-jüdischen Dialog. Liturgische Anregungen – Spannungsfelder – Stolpersteine, Gütersloh 2003.

Denecke, Axel: Israel-Gedenktage im Laufe des Kirchenjahres, in: Israel-Gedenken im evangelischen Gottesdienst, hg. v. Kirchenamt der EKD u. d. Luth. Kirchenamt der VELKD, Hannover 1993, 6–16.

Dibelius, Franz: Selnecker, Nikolaus, RE³ 18, 184–191.

Dilcher, Hermann: Friedrich II., TRE 11 (1983), 659–665.

Döpp, Heinz Martin: Die Deutung der Zerstörung Jerusalems und des Zweiten Tempels im Jahre 70 in den ersten drei Jahrhunderten n. Chr., TANZ 24, Tübingen 1998.

Dürr, Alfred: Die Kantaten von Johann Sebastian Bach. Mit ihren Texten, 5., überarb. Aufl., Bd. 1 und 2, München u. Kassel 1985.

Ebach, Jürgen: Die Niederlage von 587/6 und ihre Reflexion in der Theologie Israels, in: Einwürfe, hg. v. Friedrich-Wilhelm Marquardt u. a., Bd. 5: Umgang mit Niederlagen, München 1988, 70–103.

Eck, Nathan: Holocaust Remembrance Day, EJ 8, 916–917.

Editorial Staff der EJ: Gans, David Ben Solomon, EJ 7, 310–311.

Ehrlich, Ernst Ludwig: Wünsche eines Juden an christliche Prediger, in: Predigen in Israels Gegenwart. Predigtmeditationen im Horizont des christlich-jüdischen Gesprächs, hg. im Auftrag der Studienkommission »Kirche und Judentum« der EKD von Arnulf H. Baumann und Ulrich Schwemer, Bd. 1, Gütersloh 1986, 16–17.

Erbacher, Hermann: Die Gesang und Choralbücher der lutherischen Markgrafschaft Baden-Durlach 1556–1821, VVKGB 35, Karlsruhe 1984.

Evangelischer Pressedienst Landesdienst Bayern: Die epd-Woche. Wochenübersicht vom 18.08.95 bis 23.08.95.

Fascher, Erich: Jerusalems Untergang in der urchristlichen und altkirchlichen Überlieferung, ThLZ 89 (1964), 81-98.

Fiedler, Peter: Zehn Thesen zur Behandlung des Judentums im Religionsunterricht, KuI 2 (1987) 169-171.

Flusser, David: Der lateinische Josephus und der hebräische Josippon, in: Josephus-Studien. Untersuchungen zu Josephus, dem antiken Judentum und dem Neuen Testament, FS für Otto Michel, hg.v. Otto Betz, Klaus Haacker und Martin Hengel, Göttingen 1974, 122-132.

Fritz, Josef Anton: Butterbrief, WWKL 2, 1620.

Geis, Robert Raphael u. Hans-Joachim Kraus (Hg.): Versuche des Verstehens. Dokumente jüdisch-christlicher Begegnung aus den Jahren 1918-1933, ThB 33, München 1966.

Ginzel, Günther Bernd: Christen und Juden nach Auschwitz, in: Auschwitz als Herausforderung für Juden und Christen, hg.v. Günther Bernd Ginzel, Heidelberg 1980, 234-274.

Gojowy, Detlef: Lied und Sonntag in Gesangbüchern der Bach-Zeit. Zur Frage des »Detempore« bei Chorälen in Bach-Kantaten, BJ 37 (1972), 24-60.

Gorys, Erhard: Das Heilige Land, DuMont Kunst-Reiseführer, Köln 1984.

Das Gottesjahr, hg.v. Walther Kalbe, ab 1924 v. Wilhelm Stählin, 1921-1928 Rudolfstadt, 1929-1938 Kassel.

Graff, Paul: Geschichte der Auflösung der alten gottesdienstlichen Formen in der evangelischen Kirche Deutschlands bis zum Eintritt der Aufklärung und des Rationalismus, zweite, vermehrte und verbesserte Aufl., Göttingen 1937, reprographischer Nachdruck, Waltrop 1994. Bd. II: Die Zeit der Aufklärung und des Rationalismus, Göttingen 1939, reprographischer Nachdruck, Waltrop 1994.

Grisar, Hartmann S.J.: Die Stationsfeier und der erste römische Ordo. Ein Beitrag zur Geschichte der römischen Meßliturgie aus der Zeit ihres Abschlusses am Ende des sechsten Jahrhunderts, ZKTh 9 (1885), 389-422.

Gross, Julius: Haimo v. Auxerre, LThK² 4, 1325.

Grün-Rath, Harald: Zur Predigt von Karl Barth über Galater 6,2, in: Rudolf Bohren u. Klaus-Peter Jörns (Hg.): Die Predigtanalyse als Weg zur Predigt, Tübingen 1989, 63-76.

Haacke, Rhaban und Maria Ludovica Arduini: Honorius Augustodunensis, TRE 15 (1986), 571-578.

Hänggi, Anton: Micrologus, LThK² 7, 406.

Handbuch der deutschen evangelischen Kirchenmusik, hg. von Konrad Ameln u.a., Bd. I.: Der Altargesang. 1. Teil: Die einstimmigen Weisen, Göttingen 1941.

Heidkämper, Hermann: Herder in Bückeburg, ZGNKG 16 (1911), 1-42.

Henkys, Jürgen: Die Stadt im geistlichen Lied. Vision – Symbol – Milieu, in: Michael Beintker, Eberhard Jüngel und Wolf Krötke (Hg.): Wege zum Einverständnis, FS Christoph Demke, Leipzig 1997, 69-89.

Hermle, Siegfried: Evangelische Kirche und Judentum – Stationen nach 1945, AKZG 16, Göttingen 1990.

Heyer, Friedrich: Jerusalem V. Vom Mittelalter bis zur Gegenwart, TRE 16 (1987), 624-635.

Hövelmann, Hartmut: Kernstellen der Lutherbibel. Eine Anleitung zum Schriftverständnis, TAzB 5, Bielefeld 1989.

Hohlwein, Hans: Uhlhorn, RGG³ 6, 1107f.

Hunzinger, Claus-Hanno: Simon ben Kosiba, RGG³ 6, 37f.

Intersynodaler Arbeitskreis Köln/Bonn/Bad Godesberg: Zehn Punkte zur Selbstkontrolle christlichen Redens mit und über Juden. Eine Einladung zum Umdenken, KuI 1 (1986), 82–86.

Israel-Gedenken im evangelischen Gottesdienst, hg. v. Kirchenamt der EKD und dem lutherischen Kirchenamt der VELKD, Hannover 1993.

Iwand, Hans Joachim: Umkehr und Wiedergeburt, Nachgelassene Werke 2, München 1966, 362–370.

Jakob, Georg: Die lateinischen Reden des seligen Berthold von Regensburg, Regensburg 1880.

Jeremias, Alfred: Jüdische Frömmigkeit, Religionswissenschaftliche Darstellungen für die Gegenwart 2, 2., neubearbeitete Aufl., Leipzig 1929.

Jochum, Herbert u. Heinz Kremers (Hg.): Juden, Judentum und Staat Israel im christlichen Religionsunterricht in der Bundesrepublik Deutschland, Paderborn u.a. 1980.

Jordahn, Ottfried: Georg Friedrich Seilers Beitrag zur Praktischen Theologie der kirchlichen Aufklärung, EKGB 49, Nürnberg 1970.

Kämpfer, Winfrid: Plenarium, LThK² 8, 559f.

Kaiser, Jochen-Christoph: Evangelische Judenmission im Dritten Reich, in: ders. und Martin Greschat (Hg.): Der Holocaust und die Protestanten. Analyse einer Verstrickung, Konfession und Gesellschaft 1, Frankfurt 1988, 186–215.

Kastning-Olmesdahl, Ruth: Die Juden und der Tod Jesu. Antijüdische Motive in evangelischen Religionsbüchern für die Grundschule, Neukirchen-Vluyn 1981.

Klappert, Bertold: Die Wurzel trägt dich. Einführung in den Synodalbeschluß der Rheinischen Landessynode 1980 »Zur Erneuerung des Verhältnisses von Christen und Juden«, in: Umkehr und Erneuerung. Erläuterungen zum Synodalbeschluß der Rheinischen Landessynode 1980 »Zur Erneuerung des Verhältnisses von Christen und Juden«, hg. v. Bertold Klappert u. Helmut Starck, Neukirchen-Vluyn 1980, 23–54, (zitiert: Klappert 1980/1).

Klappert, Bertold: Israel und die Kirche. Erwägungen zur Israellehre Karl Barths, TEH 207, München 1980.

Klauser, Theodor: Das römische Capitulare Evangeliorum. Texte und Untersuchungen zu seiner ältesten Geschichte, I. Typen, LQF 28, 2., um Verbesserungen und Ergänzungen vermehrte Aufl., Münster 1972.

Knolle, Theodor und Wilhelm Stählin (Hg.): Das Kirchenjahr. Eine Denkschrift über die kirchliche Ordnung des Jahres, im Auftrag der Niedersächsischen Liturgischen Konferenz und des Berneuchener Kreises hg., Kassel 1934.

Kohn, Johanna: Haschoah, Christlich-jüdische Verständigung nach Auschwitz, FThS 13, München u. Mainz 1986.

Konrad, Johann Friedrich: Zur Predigt, in: Herbert Girgensohn: Klage über Jerusalem. Predigt über Matthäus 23,34–39, gehalten am 25. August 1946 in Lübeck, Predigt im Gespräch 29, Aug. 1969.

Kottje, Raymund: Haimo v. Halberstadt, LThK³ 4, 1151.

Kraus, Hans-Joachim: Systematische Theologie im Kontext biblischer Geschichte und Eschatologie, Neukirchen-Vluyn 1983.

Kraus, Wolfgang (Hg.): Christen und Juden. Perspektiven einer Annäherung, Gütersloh 1997.

Kremers, Heinz: Römer 9–11 in Predigt und Unterricht, in: Im Dienst für Schule, Kirche und Staat, Gedenkschrift für Arthur Bach, hg. v. Hermann Horn und Ingeborg Röbbelen, Heidelberg 1970, 153–172.

Kriener, Tobias: Johannes Bugenhagens Passionsharmonie als ein Stück judenfeindlicher christlicher Theologie, in: Martin Stöhr (Hg.): Lernen in Jerusalem – Lernen mit Israel. Anstöße zur Erneuerung in Theologie und Kirche, VIKJ 20, Berlin 1993, 334–370.

Kunze Gerhard: Die gottesdienstliche Zeit, in: Leit. 1, Kassel 1954, 437–535.

Lanzmann, Claude: Shoah, Taschenbuchausgabe München 1988.

Lau, Israel Meir: Wie Juden leben. Glaube, Alltag, Feste, Gütersloh 1988.

Leaver, Robin A.: Bachs theologische Bibliothek. Eine kritische Bibliographie, BTBF 1, Stuttgart 1983.

Lechner, Martin: Gottfried von Bouillon, LCI 6, 422–424.

Liliencron, Rochus Freiherr von: Liturgisch-musikalische Geschichte der evangelischen Gottesdienste von 1523–1700, Schleswig 1893.

Linder, Amnon: The destruction of Jerusalem Sunday, in: SE 30 (1987/88), 253–292.

Linsenmayer, Anton: Geschichte der Predigt in Deutschland von Karl dem Großen bis zum Ausgange des vierzehnten Jahrhunderts, München 1886.

Loesche, Georg: Johann Mathesius. Ein Lebens- und Sitten-Bild aus der Reformationszeit, 2 Bände, Gotha 1895.

Löhe, Wilhelm: Die Kirche in der Anbetung. Gebete. Zur Liturgik. Zum Gesangbuch. Paramentik, GW 7.2, Neuendettelsau 1960.

Löhe, Wilhelm: Martyrologium. Zur Erklärung der herkömmlichen Kalendernamen, Nürnberg 1868.

Maier, Peter: Chrisam, LThK³ 2, 1099.

Markus, Robert Austin: Gregor I., TRE 14 (1985), 135–145.

Marquardt, Friedrich-Wilhelm: Das christliche Bekenntnis zu Jesus, dem Juden. Eine Christologie, Bd. 1, München 1990, Bd. 2, München 1991.

Marquardt, Friedrich-Wilhelm: Von Elend und Heimsuchung der Theologie. Prolegomena zur Dogmatik, München 1988.

Marquardt, Friedrich-Wilhelm: Was dürfen wir hoffen, wenn wir hoffen dürften? Eine Eschatologie, Gütersloh, Bd. 1 1993, Bd. 2 1994, Bd. 3 1996.

Marti, Andreas: « ... die Lehre des Lebens zu hören«. Eine Analyse der drei Kantaten zum 17. Sonntag nach Trinitatis unter musikalisch-rhetorischen und theologischen Gesichtspunkten, BSHST 46, Bern 1981.

Maurer, Wilhelm: Die Zeit der Reformation, KuS 1, 363–452.

Meyer, Ulrich: »Sein menschlich Wesen machet euch Den Engelsherrlichkeiten gleich« – J. S. Bachs Kantate BWV 91, in: Johann Sebastian Bachs Choralkantaten als Choral-Bearbeitungen. Bericht über die Tagung Leipzig 1990. Referate, Diskussionen, Materialien, hg. von Renate Steiger, Internationale Arbeitsgemeinschaft für theologische Bachforschung. Bulletin 3, Heidelberg 1991, 9–31.

Michel, Otto u. Otto Bauernfeind (Hg.): Flavius Josephus: De Bello Judaico. Der Jüdische Krieg. Zweisprachige Ausgabe der sieben Bücher, hg. u. mit einer Einleitung sowie mit Anmerkungen versehen, I–III, Darmstadt 1959–1969.

Mildenberger, Irene: Volkmann, Evelina: Vom »Judensonntag« zum »Israelsonntag«, ThLZ 128 (2003), 664–666.

Mülhaupt, Erwin (Hg.): D Martin Luthers Evangelien Auslegung, Dritter Teil: Markus- und Lukasevangelium (Mark. 1–13; Luk. 3–21), Göttingen 1953.

Neumann, Werner (Hg.): Sämtliche von Johann Sebastian Bach vertonte Texte, Leipzig 1974.

Oehler, K. Eberhardt: »Die Historie von der Zerstörung Jerusalems«, JLH 38 (1999), 88–98.

Orphal, Hugo: Valerius Herberger. Ausgewählte Predigten. Mit einer einleitenden Monographie, PdK 17, Leipzig 1892.

Osten-Sacken, Peter von der: Grundzüge einer Theologie im christlich-jüdischen Gespräch, ACJD 12, München 1982.

Pauli, Frank: Anno Domini. Blätter aus dem Kalender der Kirche, Hannover 1986.

Petersen, Birte: Theologie nach Auschwitz? Jüdische und christliche Versuche einer Antwort, VIKJ 24, Berlin 1996.

Pfeilschifter, Georg: Die authentische Ausgabe der 40 Evangelienhomilien Gregors des Grossen. Ein erster Beitrag zur Geschichte ihrer Überlieferung, München 1900.

Pietsch, Paul: Ewangely und Epistel Teutsch. Die gedruckten hochdeutschen Perikopenbücher (Plenarien) 1473–1523, Göttingen 1927.

Pohl, Gerhart: Bin ich noch in meinem Haus? Die letzten Tage Gerhart Hauptmanns, Berlin 1953.

Pruner, Johannes Ev.: Fastenspeisen, WWKL 4, 1252–1256.

Ranke, Ernst: Das kirchliche Perikopensystem aus den ältesten Urkunden der Römischen Liturgie dargelegt und erläutert, Berlin 1847.

Rau, Gerhard: Die antijüdisch-antisemitische Predigt, in: Auschwitz – Krise der christlichen Theologie. Eine Vortragsreihe, hg.v. Rolf Rendtorff u. Ekkehard Stegemann, ACJD 10, München 1980, 26–48.

Raupach, Wolfgang: Der Israel-Sonntag, in: Weisung fährt von Zion aus, von Jerusalem seine Rede. Exegesen und Meditationen zum Israelsonntag, hg.v. Wolfgang Raupach, Berlin 1991, 7–15.

Raupach-Rudnick, Wolfgang: Die liturgische Farbe des Israel-Sonntags, in: Israel-Gedenken im evangelischen Gottesdienst, hg.v. Kirchenamt der EKD u.d. Luth. Kirchenamt der VELKD, Hannover 1993, 20–23.

Raupach-Rudnick, Wolfgang: Was ist der Israel-Sonntag? in: Müller, Christiane und Hans-Jürgen (Hg.): Israel-Sonntag 1996. Freut euch über Jerusalem. Eine Arbeitshilfe zum 10. Sonntag nach Trinitatis (11. August 1996), 6–9.

Rehm, Johannes (Hg.): »Ich glaube, darum rede ich!« Karl Steinbauer: Texte und Predigten im Widerstand, 2. Aufl., Tübingen 2001.

Rendtorff, Rolf: Hat denn Gott sein Volk verstoßen? Die evangelische Kirche und das Judentum seit 1945. Ein Kommentar, ACJD 18, München 1989.

Richter-Böhne, Andreas: Unbekannte Schuld. Politische Predigt unter alliierter Besatzung, Stuttgart 1989.

Riegner, Gerhart M.: Verpaßte Chancen im christlich-jüdischen Dialog vor der Scho'a, KuI 4 (1989), 14–30.

Roi, Johannes Friedrich Alexander de le: Die evangelische Christenheit und die Juden unter dem Gesichtspunkt der Mission geschichtlich betrachtet, Bd. I–III 1884–1892, Nachdruck Leipzig 1974.

Rothgangel, Martin: Antisemitismus als religionspädagogische Herausforderung. Eine Studie unter besonderer Berücksichtigung von Röm 9–11, Lernprozeß Christen Juden Bd. 10, 2. Aufl., Freiburg 1997.

Safrai, Shmuel: Das Zeitalter der Mischna und des Talmuds (70–640), in: Geschichte des jüdischen Volkes, hg.v. Haim Hillel Ben-Sasson, München 1978, Bd. 1, 377–469.

Schering, Arnold (Hg.): Johann Sebastian Bach: CANTATA. Schauet doch und sehet (Dominica 10 post Trinitatis) für 3 Solostimmen, Chor und Kammerorchester BWV 46, London u. a., o. J.

Schian, Martin: Geschichte der christlichen Predigt, RE³ XV, 623–747 und RE³ XXIV, 333–346.

Schlichtegroll, Friedrich (Hg.): Nekrolog auf das Jahr 1790. Enthaltend Nachrichten von dem Leben merkwürdiger in diesem Jahre verstorbener Personen. Gesammelt von Friedrich Schlichtegroll. Erster Band, Gotha 1791.

Schott, Christian-Erdmann: Die Herberger-Renaissance im 19. Jahrhundert, JSKG NF 66, 1987, 125–139.

Schott, Christian-Erdmann: Die Mystik des Valerius Herberger, JSKG NF 68, 1989, 27–42.

Schreckenberg, Heinz: Die Flavius-Josephus-Tradition in Antike und Mittelalter, ALGHJ 5, Leiden 1972.

Schreckenberg, Heinz: Josephus und die christliche Wirkungsgeschichte seines »Bellum Judaicum«, ANRW 21,2; Berlin – New York 1984; 1106–1217.

Schreckenberg, Heinz: Rezeptionsgeschichtliche und textkritische Untersuchungen zu Flavius Josephus, ALGHJ 10, Leiden 1977.

Schulze, Ludwig Theodor: Veghe, Johannes, RE³ 20, 478–483.

Schweikhart, Wilfried: Zwischen Dialog und Mission. Zur Geschichte und Theologie der christlich-jüdischen Beziehungen seit 1945, SJVCG 2, Berlin 1980.

Schweitzer, Wolfgang: Der Jude Jesus und die Völker der Welt. Ein Gespräch mit Paul M. van Buren, Mit Beiträgen von Paul M. van Buren, Bertold Klappert und Michael Wyschogrod, VIKJ 19, Berlin 1993.

Schwemmer, Wilhelm: Alt-Reichenschwand. Aus der Geschichte einer Gemeinde im Hersbrucker Land, Hersbruck 1978.

Schwier, Helmut: Die Erneuerung der Agende. Zur Entstehung und Konzeption des »Evangelischen Gottesdienstbuches«, Leiturgia, N. F. Bd. 3, Hannover 2000.

Schwier, Helmut: Tempel und Tempelzerstörung. Untersuchungen zu den theologischen und ideologischen Faktoren im ersten jüdisch-römischen Krieg (66–74 n. Chr.), NTOA 11, Freiburg (Schweiz) u. Göttingen 1989.

Scott, Kenneth: Greek and Roman Honorific Month, YCS 2, 1931, 199–278.

Senftleben, Martin: Mit dem Kirchenjahr leben. Eine Handreichung für unsere Gottesdienste, 2. Aufl., Konstanz 1988.

Smid, Marikje: Deutscher Protestantismus und Judentum 1932/1933, HUWJK 2, München 1990.

Späth, Adolph: Nordamerika, Vereinigte Staaten von. e) Die lutherische Kirche, RE³ 14, 184–213.

Spitta, Philipp: Johann Sebastian Bach, Bd. 1, 7. Aufl., Wiesbaden 1970 (=Nachdruck der 4. Aufl., Leipzig 1930).

Stählin, Wilhelm: Große und kleine Feste der Christenheit. Eine Anleitung, sie recht zu begehen, Gütersloh 1963.

Steck, Odil Hannes: Israel und das gewaltsame Geschick der Propheten. Untersuchungen zur Überlieferung des deuteronomistischen Geschichtsbildes im Alten Testament, Spätjudentum und Urchristentum, WMANT 23, 1967.

Steiger, Lothar und Renate Steiger: Sehet! Wir gehn hinauf gen Jerusalem. Johann Sebastian Bachs Kantaten auf den Sonntag Estomihi, Veröffentlichungen zur Liturgik, Hymnologie und theologischen Kirchenmusikforschung 24, Göttingen 1992.

Steiger, Renate: Actus tragicus und ars moriendi. Bachs Textvorlage für die Kantate »Gottes Zeit ist die allerbeste Zeit« (BWV 106), in dies.: Gnadengegenwart. Johann Sebastian Bach im Kontext lutherischer Orthodoxie und Frömmigkeit, Stuttgart-Bad Cannstatt 2002, 227–239.

Steiger, Renate: Bach und Israel, MuK 50 (1980), 15–22.

Steiger, Renate: Eine emblematische Predigt. Die Sinnbilder der Kantate »Ich will den Kreuzstab gerne tragen« BWV 56, in: dies.: Gnadengegenwart. Johann Sebastian Bach im Kontext lutherischer Orthodoxie und Frömmigkeit, Stuttgart-Bad Cannstatt 2002, 93–118.

Steiger, Renate: Eine Predigt zum Locus De iustificatione. Die Kantate »Jesu, der du meine Seele« BWV 78, in: dies: Gnadengegenwart. Johann Sebastian Bach im Kontext lutherischer Orthodoxie und Frömmigkeit, Stuttgart-Bad Cannstatt 2002, 22–52.

Steiger, Renate: Johann Sebastian Bachs Kantaten zum 10. Sonntag nach Trinitatis und die Frage nach dem Antijudaismus, in: Der Freund des Menschen, FS für Christian Macholz, hg.v. Arndt Meinhold u. Angelika Berlejung, Neukirchen-Vluyn 2003, 283–323.

Steiger, Renate: Vom Sieg singen – den Frieden austeilen. Die Kantate »Halt im Gedächtnis Jesum Christ« BWV 67 auf den Sonntag nach Ostern, in: dies: Gnadengegenwart. Johann Sebastian Bach im Kontext lutherischer Orthodoxie und Frömmigkeit, Stuttgart-Bad Cannstatt 2002, 3–21.

Stemberger, Günter: Juden und Christen im Heiligen Land. Palästina unter Konstantin und Theodosius, München 1987.

Strohm, Theodor: Diakoniewissenschaft, RGG[4] 2, 801–803.

Theiner, Johann Anton und Augustin Theiner: Die Einführung der erzwungenen Ehelosigkeit bei den christlichen Geistlichen und ihre Folgen. Ein Beitrag zur Kirchengeschichte. 3. Aufl., Bd. 1–3, Barmen 1892–1898.

Tüchle, Hermann: Wala(h)frid Strabo, LThK[2] 10, 925–927.

Ueber die Perikopen, Eusebia, hg.v. Heinrich Philipp Conrad Henke, 2 (1797), 68–76.

Ueding, Gert u. Bernd Steinbrink: Grundriß der Rhetorik. Geschichte, Technik, Methode, Stuttgart 1986.

Uhlhorn, Friedrich: Uhlhorn, Gerhard, RE[3] 20, 197–203.

Umkehr und Erneuerung. Erläuterungen zum Synodalbeschluß der Rheinischen Landessynode 1980 »Zur Erneuerung des Verhältnisses von Christen und Juden«, hg.v. Bertold Klappert u. Helmut Starck, Neukirchen-Vluyn 1980.

Vischer, Georg: Zur Predigt von Paul Tillich über Röm 5,20, in: Rudolf Bohren u. Klaus-Peter Jörns (Hg.): Die Predigtanalyse als Weg zur Predigt, Tübingen 1989, 77–91.

Vivian, Angelo: Josippon, TRE 17 (1988), 268f.

Volkmann, Evelina: Vom »Judensonntag« zum »Israelsonntag«. Predigtarbeit im Horizont des christlich-jüdischen Gesprächs, Stuttgart 2002.

Was jeder vom Judentum wissen muß, im Auftrag des Arbeitskreises Kirche und Judentum der Vereinigten Evangelisch-Lutherischen Kirche Deutschlands und des Deutschen Nationalkomitees des lutherischen Weltbundes hg.v. Arnulf H. Baumann, 8. Aufl., Gütersloh 1997.

Werner, Felix: Johann Rudolf Schlegel 1760–1790, in: 350 Jahre Gymnasium in Heilbronn. FS zum Jubiläum des Theodor-Heuss-Gymnasiums, Heilbronn 1971.

Werthemann, Helene: Die Kantate 158 »Der Friede sei mit dir«, in: Johann Sebastian Bachs Choralkantaten als Choral-Bearbeitungen. Bericht über die Tagung Leipzig 1990. Referate, Diskussionen, Materialien, hg. von Renate Steiger, Internationale

Arbeitsgemeinschaft für theologische Bachforschung e.V., Bulletin 3, Heidelberg 1991, 123-132.

Werthemann, Helene: Erforsche mich Gott und erfahre mein Herz. Kantate 136 auf den 8. Sonntag nach Trinitatis ... , in: Parodie und Vorlage. Zum Bachschen Parodieverfahren und seiner Bedeutung für die Hermeneutik. Die Messe BWV 234 und die Kantaten BWV 67, 179, 79 und 136, hg. von Renate Steiger, Internationale Arbeitsgemeinschaft für theologische Bachforschung e.V., Bulletin 2, Heidelberg 1988, 158-165.

Weyer, Adam: Neuanfang? Die Juden in evangelischen Predigten nach 1945, KuI 3 (1988), 163-178.

Wiegand, Friedrich: Das Homiliarium Karls des Großen auf seine ursprüngliche Gestalt hin untersucht, SGTK I,2, Leipzig 1897.

Wiegand, Friedrich: Homiliarium, RE³ VIII, 308-311.

Wiesel, Elie: Lebensstationen, KuI 2 (1987), 56-68.

Wilkinson, John: Jerusalem IV. Alte Kirche, TRE 16 (1987), 617-624.

Windisch, Hans: Der Untergang Jerusalems (anno 70) im Urteil der Christen und Juden, ThT 48 (1914), 519-550.

Wirth, Wolfgang: Solidarität mit Israel. Die theologische Neubestimmung des Verhältnisses der Kirche zum Judentum anhand der offiziellen Verlautbarungen, EHS.T. 312, Frankfurt a.M., 1987.

Wittekind, Ernst E.: Synagoge und Kirche. Eine bleibende Frage unserer Predigt, PTh 56 (1967), 241-250.

Ydit, Meir: Av, The Ninth of, EJ 3, 936-940.

73

Lieder 1 163 ✓
         59